감정
평가사 1차

부동산학원론

한권으로 끝내기

끝까지 책임진다! 시대에듀!
QR코드를 통해 도서 출간 이후 발견된 오류나 개정법령, 변경된 시험 정보, 최신기출문제, 도서 업데이트 자료 등이 있는지 확인해 보세요!
시대에듀 합격 스마트 앱을 통해서도 알려 드리고 있으니 구글 플레이나 앱 스토어에서 다운받아 사용하세요.
또한, 파본 도서인 경우에는 구입하신 곳에서 교환해 드립니다.

편집진행 김현지 | **표지디자인** 박종우 | **본문디자인** 손설이·임창규

2026 Certified Appraiser

2026 시대에듀 감정평가사 1차
부동산학원론 한권으로 끝내기

Always with you

사람의 인연은 길에서 우연하게 만나거나 함께 살아가는 것만을 의미하지는 않습니다.
책을 펴내는 출판사와 그 책을 읽는 독자의 만남도 소중한 인연입니다.
시대에듀는 항상 독자의 마음을 헤아리기 위해 노력하고 있습니다.
늘 독자와 함께하겠습니다.

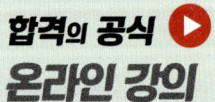 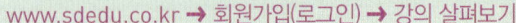 

PREFACE 머리말

감정평가란 부동산, 동산을 포함하여 토지, 건물, 기계기구, 항공기, 선박, 유가증권, 영업권과 같은 유·무형의 재산에 대한 경제적 가치를 판정하여 그 결과를 가액으로 표시하는 행위를 뜻합니다. 이러한 평가를 하기 위해서는 변해가는 경제상황 및 이에 기반한 다양한 이론과 법령을 알아야 하며, 그 분량이 매우 많습니다.

감정평가사 1차 시험은 모든 과목 40점 이상, 전 과목 평균 60점을 넘으면 합격하는 절대평가 시험이며, 그 중 부동산학원론은 기본이론과 구체적 사례, 계산 문제 등 복합적인 유형이 출제되는 과목입니다. 부동산학원론을 시험의 평균점수를 높이는 전략과목으로 만들기 위해서는 학습 분량을 체계적으로 파악하여 시험에 나오는 내용 중심으로 학습할 필요가 있습니다.

본서는 부동산학원론 학습에 필요한 내용을 간결하되 충실히 정리하여 수록하였고, 필수적인 기본이론과 문제까지 한 권에 수록하여 학습자의 수학 부담을 최소화하면서 동시에 최대의 효과를 보는 방향으로 기획되었습니다. 기본서의 이론학습과 병행하여 기출문제를 통해 이론과 문제를 한 번에 정리하시기 바랍니다. 특히 기출문제를 통해 출제방향을 살피고 구체적인 사례까지 학습하시는 것을 추천드립니다.

도서의 특징

❶ 필수이론과 기출문제를 한 권에 수록하여 방대한 학습분량을 최적화하였습니다.

❷ 시대에듀 교수진의 철저한 검수를 통해 교재상의 오류를 없애고, 최근 출제경향을 반영하여 출제가능성이 높은 테마를 빠짐없이 학습할 수 있도록 하였습니다.

❸ 감정평가사 1차 시험의 기출문제를 분석하여 상세한 해설을 수록하였고, 중요이론에 대해서는 기출표시를 통해 빈출되는 개념을 확인할 수 있습니다.

❹ 보다 깊이 있는 학습을 원하는 수험생들은 본 도서를 교재로 사용하는 시대에듀 유료 동영상 강의를 통해 검증된 수준의 강의를 지원받을 수 있습니다.

본서로 학습하는 수험생들의 합격을 기원합니다.

편저자 드림

STRUCTURES
이 책의 구성과 특징

기출 빈도 표시
최근 7개년(2025년~2019년)에 대한 기출 표시를 통해 출제 빈도가 높은 이론을 집중적으로 학습할 수 있습니다.

알아보기
심화학습을 위한 이론을 ➕ 알아보기 를 통해 정리하였습니다.

실전문제

감정평가사 1차 최근 7개년 기출문제를 진도별 실전문제로 수록하여 이론과 연계된 문제를 풀어볼 수 있습니다.

14 다음 중 유량(flow)의 경제변수가 아닌 것은? 기출 24

CHECK O △ ×

① 소득 ② 수출
③ 재산 ④ 소비
⑤ 투자

해설

③ (×) 재산, 자산, 부채, 인구 등은 저량(stock) 변수이다.

답 ③

15 부동산 매매시장에서 수요와 공급이 동시에 변화하는 경우, 시장균형의 변화에
않은 것은? (단, 수요곡선은 우하향하고, 공급곡선은 우상향하며, 다른 조건은

CHECK O △ ×

① 수요와 공급이 동시에 증가하는 경우, 공급의 증가폭이 수요의 증가폭보다
하락하고 균형거래량은 증가한다.
② 수요와 공급이 동시에 감소하는 경우, 수요의 감소폭이 공급의 감소폭보다
하락하고 균형거래량은 감소한다.
③ 수요와 공급이 동시에 증가하는 경우, 수요의 증가폭과 공급의 증가폭이
불변이고 균형거래량은 증가한다.
④ 수요와 공급이 동시에 감소하는 경우, 공급의 감소폭이 수요의 감소폭보다
하락하고 균형거래량도 감소한다.
⑤ 수요와 공급이 동시에 증가하는 경우, 수요의 증가폭이 공급의 증가폭보다
상승하고 균형거래량도 증가한다.

해설

④ (×) 수요와 공급이 동시에 감소하는 경우, 공급의 감소폭이 수요의 감소폭보다 크면, 균형가격은
감소한다.

88 제2편 | 부동산학 각론

CHAPTER 01 실전문제

제3편 | 감정평가이론

01 감정평가에 관한 규칙의 내용으로 옳지 않은 것은? 기출 23

CHECK O △ ×

① 시장가치란 감정평가의 대상이 되는 토지등이 통상적인 시장에서 충분한 기간 동안 거래를 위하여 공개된 후 그 대상물건의 내용에 정통한 당사자 사이에 신중하고 자발적인 거래가 있을 경우 성립될 가능성이 가장 높다고 인정되는 대상물건의 가액을 말한다.
② 일체로 이용되고 있는 대상물건의 일부분에 대하여 감정평가하여야 할 특수한 목적이나 합리적인 이유가 있는 경우에는 그 부분에 대하여 감정평가할 수 있다.
③ 감정평가는 대상물건마다 개별로 하여야 하되, 가치를 달리하는 부분은 이를 구분하여 감정평가할 수 있다.
④ 감정평가법인등은 과수원을 감정평가할 때에 공시지가기준법을 적용해야 한다.
⑤ 감정평가는 기준시점에서의 대상물건의 이용상황(불법적이거나 일시적인 이용은 제외한다) 및 공법상 제한을 받는 상태를 기준으로 한다.

해설

① (○) 감정평가에 관한 규칙 제2조(정의) 제1호에 따르면 시장가치란 ...는 토지등이 통상적인 시장에서 충분한 기간 동안 거래를 위하여 공개된 후 그 대상물건의 내용에 정통한 당사자 사이에 신중하고 자발적인 거래가 있을 경우 성립될 가능성이 가장 높다고 인정되는 대상물건의 가액을 말한다.
② (○) 감정평가에 관한 규칙 제7조(개별물건기준 원칙 등) 제4항에 따르면 일체로 이용되고 있는 대상물건의 일부분에 대하여 감정평가하여야 할 특수한 목적이나 합리적인 이유가 있는 경우에는 그 부분에 대하여 감정평가할 수 있다.
③ (○) 감정평가에 관한 규칙 제7조 참조

> **감정평가에 관한 규칙 제7조(개별물건기준 원칙 등)**
> ① 감정평가는 대상물건마다 개별로 하여야 한다.
> ③ 하나의 대상물건이라도 가치를 달리하는 부분은 이를 구분하여 감정평가할 수 있다.

④ (×) 감정평가에 관한 규칙 제18조(과수원의 감정평가)에 따르면 감정평가법인등은 과수원을 감정평가할 때에 거래사례비교법을 적용해야 한다.
⑤ (○) 감정평가에 관한 규칙 제6조(현황기준원칙) 제1항에 따르면 감정평가는 기준시점에서의 대상물건의 이용상황(불법적이거나 일시적인 이용은 제외한다) 및 공법상 제한을 받는 상태를 기준으로 한다.

답 ④

456 제3편 | 감정평가이론

상세한 해설

실전문제에 대한 상세한 해설을 통해 이론을 효과적으로 학습할 수 있습니다.

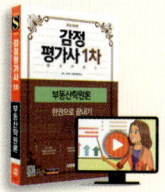

유료 동영상 강의 교재

본 도서를 교재로 사용하는 시대에듀 유료 동영상 강의가 진행되고 있습니다. 충분히 독학할 수 있도록 기획 · 제작되었으나, 내용 이해가 어려운 수험생들은 유료 동영상 강의를 이용해 주시기 바랍니다.

INFORMATION
감정평가사 자격시험 안내

❖ 2025년 제36회 시험공고 기준

⭐ 감정평가

감정평가란 부동산, 동산을 포함하여 토지, 건물, 기계기구, 항공기, 선박, 유가증권, 영업권과 같은 유·무형의 재산에 대한 경제적 가치를 판정하여 그 결과를 가액으로 표시하는 것

⭐ 수행직무

❶ 정부에서 매년 고시하는 공시지가와 관련된 표준지의 조사·평가
❷ 기업체 등의 의뢰와 관련된 자산의 재평가
❸ 금융기관, 보험회사, 신탁회사의 의뢰와 관련된 토지 및 동산에 대한 평가
❹ 주택단지나 공업단지 조성 및 도로개설 등과 같은 공공사업 수행

⭐ 응시자격 및 결격사유

❶ 응시자격 : 제한 없음
   ※ 단, 최종 합격자 발표일(2025.10.22.) 기준, 감정평가 및 감정평가사에 관한 법률 제12조의 결격사유에 해당하는 사람 또는 같은 법 제16조 제1항에 따른 처분을 받은 날부터 5년이 지나지 아니한 사람은 시험에 응시할 수 없음

❷ 결격사유 : 감정평가 및 감정평가사에 관한 법률 제12조의 다음 각 호 중 어느 하나에 해당하는 사람

> 1. 파산선고를 받은 사람으로서 복권되지 아니한 사람
> 2. 금고 이상의 실형을 선고받고 그 집행이 종료(집행이 종료된 것으로 보는 경우를 포함한다)되거나 그 집행이 면제된 날부터 3년이 지나지 아니한 사람
> 3. 금고 이상의 형의 집행유예를 받고 그 유예기간이 만료된 날부터 1년이 지나지 아니한 사람
> 4. 금고 이상의 형의 선고유예를 받고 그 선고유예기간 중에 있는 사람
> 5. 제13조에 따라 감정평가사 자격이 취소된 후 3년이 지나지 아니한 사람
>   ※ 단, 제39조 제1항 제11호 및 제12호에 따라 자격이 취소된 후 5년이 지나지 아니한 사람은 제외한다.
> 6. 제39조 제1항 제11호 및 제12호에 따라 자격이 취소된 후 5년이 지나지 아니한 사람

⭐ 공인어학성적 기준점수

시험명	TOEFL		TOEIC	TEPS	G-TELP	FLEX	TOSEL	IELTS
	PBT	IBT						
일반 응시자	530	71	700	340	65 (level-2)	625	640 (Advanced)	4.5 (Overall Band Score)
청각 장애인	352	—	350	204	43 (level-2)	375	145 (Advanced)	—

※ 청각장애인(장애의 정도가 심한 청각장애인을 말한다)의 경우 듣기부분을 제외한 나머지 부분의 합계점수를 말함. 청각장애인의 기준 점수를 적용받으려는 수험자는 원서접수 마감일까지 장애의 정도가 심한 청각장애인으로 유효하게 등록되어 있어야 하며, 원서접수 마감일부터 4일 이내에 장애인등록증의 사본을 원서접수 기관에 제출하여야 함

시험일정(2026년)

감정평가사 시험은 1차와 2차 각각 연 1회 실시됩니다. 1차 시험은 그 해의 상반기(4월)에 실시하고, 2차 시험은 그 해의 하반기(7월)에 실시합니다. 매해 시험일정이 상이하므로 상세한 시험일정은 한국산업인력공단 홈페이지(www.q-net.or.kr)를 통하여 확인하시기 바랍니다.

시험과목

구 분	시험과목	시험방법
1차 시험	❶ 「민법」 중 총칙, 물권에 관한 규정 ❷ 경제학원론 ❸ 부동산학원론 ❹ 감정평가관계법규 ··· 「국토의 계획 및 이용에 관한 법률」, 「건축법」, 「공간정보의 구축 및 관리 등에 관한 법률」 중 지적에 관한 규정, 「국유재산법」, 「도시 및 주거환경정비법」, 「부동산등기법」, 「감정평가 및 감정평가사에 관한 법률」, 「부동산 가격공시에 관한 법률」 및 「동산·채권 등의 담보에 관한 법률」 ❺ 회계학 ❻ 영어(영어시험성적 제출로 대체)	객관식 5지 택일형
2차 시험	❶ 감정평가실무 ❷ 감정평가이론 ❸ 감정평가 및 보상법규 ··· 「감정평가 및 감정평가사에 관한 법률」, 「공익사업을 위한 토지 등의 취득 및 보상에 관한 법률」, 「부동산 가격공시에 관한 법률」	주관식 논술형 (기입형 병행가능)

※ 시험과 관련하여 법률, 회계처리기준 등을 적용하여 정답을 구하여야 하는 문제는 시험시행일 현재 시행 중인 법률, 회계처리기준 등을 적용하여 그 정답을 구하여야 함
※ 회계학 과목의 경우 한국채택국제회계기준(K-IFRS)만 적용하여 출제
※ 기활용된 문제, 기출문제 등도 변형·활용되어 출제될 수 있음

합격자 결정

구 분	내 용
1차 시험	영어 과목을 제외한 나머지 시험과목에서 과목당 100점을 만점으로 하여 모든 과목 40점 이상이고, 전 과목 평균 60점 이상인 사람
2차 시험	❶ 과목당 100점을 만점으로 하여 모든 과목 40점 이상, 전 과목 평균 60점 이상을 득점한 사람 ❷ 최소합격인원에 미달하는 경우 최소합격인원의 범위에서 모든 과목 40점 이상을 득점한 사람 중에서 전 과목 평균점수가 높은 순으로 합격자를 결정

※ 동점자로 인하여 최소합격인원을 초과하는 경우에는 동점자 모두를 합격자로 결정. 이 경우 동점자의 점수는 소수점 이하 둘째자리까지만 계산하며, 반올림은 하지 아니함

감정평가사 자격시험 안내

⭐ 과목별 시험시간

구 분	교 시	시험과목	입실완료	시험시간	시험방법
1차 시험	1교시	❶ 민법 (총칙, 물권) ❷ 경제학원론 ❸ 부동산학원론	09:00	09:30~11:30(120분)	과목별 40문항 (객관식 5지 택일형)
	2교시	❹ 감정평가관계법규 ❺ 회계학	11:50	12:00~13:20(80분)	
2차 시험	1교시	감정평가실무	09:00	09:30~11:10(100분)	과목별 4문항 (주관식)
	중식시간 11:10~12:10(60분)				
	2교시	감정평가이론	12:10	12:30~14:10(100분)	
	휴식시간 14:10~14:30(20분)				
	3교시	감정평가 및 보상법규	14:30	14:40~16:20(100분)	

※ 장애인 등 응시 편의 제공으로 시험시간 연장 시 수험인원과 효율적인 시험 집행을 고려하여 시행기관에서 휴식 및 중식 시간을 조정할 수 있음

⭐ 감정평가사 시험 통계자료

구 분		2021년(32회)	2022년(33회)	2023년(34회)	2024년(35회)	2025년(36회)
1차 시험	대 상	4,019명	4,513명	6,484명	6,746명	7,969명
	응 시	3,176명	3,642명	5,515명	5,755명	6,702명
	응시율	79%	80.7%	85.06%	85.31%	84.1%
	합 격	1,171명	877명	1,773명	1,340명	1,914명
	합격률	36.9%	24.08%	32.15%	23.28%	28.55%
2차 시험	대 상	1,905명	2,227명	2,655명	2,950명	-
	응 시	1,531명	1,803명	2,377명	2,667명	-
	응시율	80.36%	80.96%	89.53%	90.4%	-
	합 격	203명	202명	204명	195명	-
	합격률	13.26%	11.20%	8.58%	7.31%	-

⭐ 부동산학원론 출제비율

구분		2021년 (32회)	2022년 (33회)	2023년 (34회)	2024년 (35회)	2025년 (36회)	전체 통계 합계	전체 통계 비율
부동산학 총론	부동산학 개관	–	–	–	–	–	–	0%
	부동산의 개념과 분류	2	2	5	3	6	18	9%
	부동산 특성과 속성	1	2	1	1	1	6	3%
	소계	3	4	6	4	7	24	12%
부동산학 각론	부동산 경제론	3	2	4	5	2	16	8%
	부동산 경기변동과 부동산시장론	2	3	2	1	1	9	4.5%
	부동산 정책론	5	3	2	3	4	17	8.5%
	부동산 금융론	5	6	5	4	6	26	13%
	부동산 투자론	5	4	4	4	2	19	9.5%
	지대지가이론	1	–	–	–	1	2	1%
	부동산 입지론	–	1	2	–	2	5	2.5%
	부동산 개발론 등	8	10	9	7	9	43	21.5%
	소계	29	29	28	24	27	137	68.5%
부동산학 감정평가론	감정평가기초이론	3	1	1	2	–	7	3.5%
	감정평가 3방식	4	6	4	10	5	29	14.5%
	부동산 가격공시제도	1	–	1	–	1	3	1.5%
	소계	8	7	6	12	6	39	19.5%
총계		40	40	40	40	40	200	100%

이 책의 차례

제1편 부동산학 총론

CHAPTER 01 부동산학 총론
- 제1절 부동산학의 개관 · · · · · 002
- 제2절 부동산의 개념과 분류 · · · · · 006
- 제3절 부동산의 특성 · · · · · 021
- 제4절 부동산 가치의 본질 · · · · · 029
- 실전문제 · · · · · 034

제2편 부동산학 각론

CHAPTER 01 부동산 경제론
- 제1절 부동산 수요와 공급이론 · · · · · 058
- 제2절 부동산시장의 균형 · · · · · 065
- 제3절 수요와 공급의 가격탄력성 · · · · · 068
- 제4절 부동산 경기변동론 · · · · · 075
- 실전문제 · · · · · 079

CHAPTER 02 부동산 경기변동과 부동산시장론
- 제1절 부동산 경기변동의 이해 · · · · · 090
- 제2절 부동산시장에 대한 이해 · · · · · 095
- 제3절 부동산시장에 대한 여러 이론 · · · · · 100
- 실전문제 · · · · · 108

CHAPTER 03 부동산 정책론
- 제1절 부동산 문제 · · · · · 116
- 제2절 정부의 시장개입 · · · · · 118
- 제3절 토지정책 · · · · · 124
- 제4절 주택정책 · · · · · 128
- 제5절 부동산 조세정책 · · · · · 135
- 실전문제 · · · · · 140

CHAPTER 04 부동산 금융론

제1절 부동산 금융의 개관 · 153
제2절 부동산 금융의 기초 및 부동산 대출 · 157
제3절 부동산 금융 조달 방법 · 165
제4절 부동산의 증권화와 유동화 제도와 한국의 부동산 금융제도 · 169
실전문제 · 191

CHAPTER 05 부동산 투자론

제1절 부동산 투자의 이해 · 221
제2절 부동산 투자 분석기법 · 233
제3절 부동산 포트폴리오 이론 · 242
실전문제 · 253

CHAPTER 06 지대지가이론

제1절 고전학파와 신고전학파의 지대이론 · 271
제2절 농경지 지대이론 · 275
제3절 도시토지 지가이론 · 284
제4절 도시성장 구조이론 · 293
실전문제 · 298

CHAPTER 07 부동산 입지론

제1절 부동산 입지의 이해 · 302
제2절 상업입지론 · 304
제3절 공업입지론 · 314
제4절 주거입지론 · 318
제5절 부동산입지 분석 · 320
실전문제 · 339

CHAPTER 08 부동산 개발론 등

제1절 부동산 개발론 · 345
제2절 부동산 권리분석 · 359
제3절 부동산 관리론 · 364
제4절 부동산 마케팅론 · 370
제5절 부동산 중개론 · 372
실전문제 · 380

이 책의 차례

제3편 감정평가이론

CHAPTER 01 감정평가론

제1절 감정평가의 개념 · 422
제2절 부동산 가격론 · 426
제3절 부동산 가격 제원칙 · 437
제4절 지역분석과 개별분석 · 448
실전문제 · 456

CHAPTER 02 감정평가의 3방식

제1절 감정평가 3방식의 접근의 원리 · · · · · · · · · · 464
제2절 원가법(비용접근법) · 467
제3절 거래사례비교법(시장접근법) · · · · · · · · · · · 476
제4절 수익환원법(소득접근법) · · · · · · · · · · · · · · · · 483
제5절 물건별 평가방법 · 498
제6절 감정평가의 절차 · 504
실전문제 · 508

CHAPTER 03 부동산 가격공시제도

제1절 공시지가제도 · 539
제2절 주택가격공시 · 544
제3절 비주거용 부동산 가격공시 · · · · · · · · · · · · · · 548
실전문제 · 551

제1편

부동산학 총론

2026 시대에듀 감정평가사 1차 부동산학원론 한권으로 끝내기

CHAPTER 01　부동산학 총론

CHAPTER 01 부동산학 총론

제1절 부동산학의 개관

Ⅰ 부동산학의 정의

부동산학이란 "부동산현상을 정확하게 인식하고 부동산활동을 전개해 나가기 위해 부동산의 기술적, 경제적, 법률적 측면을 기초로 하여 연구하는 종합응용과학"이라 정의할 수 있으며, 이러한 부동산학의 연구대상으로는 "부동산현상과 부동산활동"이 있다.

① 부동산학은 토지 및 주택을 중심으로 하는 부동산의 이용, 거래, 경영과 관리, 개발 및 건설활동을 체계화하기 위한 원리 및 기법을 연구, 개발하는 종합응용 사회과학이다. (이원준 교수)

② 부동산학은 부동산의 가치증진과 관련된 의사결정과정을 연구하기 위하여 부동산에 대해 법적, 경제적, 기술적 측면에서 접근을 시도하는 종합응용 사회과학이다. (조주현 교수)

③ 부동산학은 토지와 토지상에 부착되어 있거나 연결되어 있는 여러 가지 항구적인 토지개량물에 관하여 그것과 관련된 직업적·물적·법적·금융적 제 측면을 기술하고 분석하는 학문연구의 한 분야이다. (안정근 교수)

Ⅱ 부동산학의 이념

1. 의 의

부동산학이 무엇이며 부동산학의 목적을 파악하고 부동산학의 방향을 올바르게 세워 부동산학의 해석을 적절하게 지도해 나가는 원리를 말한다.

(1) 부동산학의 일반이념

① **합법성의 원리** : 부동산 현상과 부동산 활동이 법의 테두리 안에서 법률적 적합성을 지니고 이루어져야 한다는 것을 의미한다.

② **효율성의 원리(능률성의 원리)** : 경제적 원리로서 인적·물적 자원과 시간을 투입하여 최대의 산출을 얻자는 원리를 말한다. 이때의 효율성이란 부동산이 가지고 있는 특성과 관련시켜 합리적 차원에서 일반 재화와 다른 관점으로 접근하는 효율성을 말하는데 개인 및 국가의 자산가치로서 부동산의 보존 또는 활용이 최소비용을 통해서 최대산출을 확보하기 위하여 부동산의 유지와 이용상의 최고최선의 이용을 말한다. 따라서 이에 대한 실증적 연구를 통한 이론의 개발과 방법이 모색되어야 할 것이다.

③ 형평성의 원리 : 사회적 형평성·평등성·배분적 정의로 표현되는 사회적 정의를 고려한 개념으로 부동산의 이용은 절대적 사유권을 보장하지만, 그 이용에 있어서 공공재로 인식하고 지나친 사적 이익 추구에 의한 개발과 이용은 자제하고, 타인에게 부정적 외부효과를 발생시키는 토지이용은 규제할 수 있다는 지도이념이다. 공익성을 강조하는 것은 능률성과 경제성에 상반하므로 효율성의 원리와는 배치되는 경향이 있다.

(2) 부동산학의 지도이념

① **공·사익 조화의 원리(법제도적인 측면)** : 이것은 법률적 측면의 지도이념으로서 사익과 공익은 조화를 이루어야 한다는 이념이다. 부동산관계법은 부동산사법과 부동산공법으로 나누어질 수 있다. 부동산사법은 사익의 보호를 추구하고 있으며, 공법은 공익의 보호를 추구하고 있다. 이때 부동산사법은 소유권 보장적 측면이 강조되고 부동산공법은 소유권 제한적 측면이 강조됨으로써 상충적 측면이 있기도 하므로 사익과 공익의 조화원리가 필요하다.

② **효율적 관리의 원리(경제적 측면)** : 이것은 경제적 측면의 지도이념으로서, 희소한 부동산 경제자원을 수요·공급의 시장경제원리에 의하여 효율적으로 배분하여야 한다는 지도이념이며, 바람직한 부동산 활동으로 인간과 부동산과의 관계를 개선하고자 하는 부동산학의 이념이다. 부동산 경제론 측면에서 효율적 보존과 이용 및 개발 등 관리가 강조된다. 주로 부동산가격과 관련하여 부동산이 지니는 본질적 특성에 따라 일반상품과 다른 수요, 공급 조절과정이 생기며 여기에 영향을 미치는 제 요인과 이들이 가격에 미치는 영향력 분석의 측면에서 효율적 관리의 원리가 요구된다.

③ **공간 및 환경가치 증대의 원리(기술적인 측면)** : 이것은 공학적 측면의 지도이념으로서 기술혁신에 의하여 주어진 유한한 공간 및 환경의 응용가치를 증대시켜야 한다는 지도이념이다. 공간가치 증대의 원리는 자연적 공간을 인간생활의 욕구에 부응하는 인위적 공간으로 변화시켜 가치를 증대시키는 것이고, 환경가치 증대의 원리는 나날이 중시되는 환경과의 조화를 추구하는 환경가치를 증대시키는 것이다.

(3) 부동산학의 분야

1) 부동산 결정분야
부동산투자, 부동산금융, 부동산개발은 부동산 결정분야에 속하며, 이 분야에 속하는 부동산 활동의 공통 요소는 바로 의사결정이다. 투자할 것인가, 자금을 대출할 것인가, 개발을 할 것인가 또는 그러지 않을 것인가는 부동산에 있어서 가장 기본적인 의사결정 사항이 된다.

2) 부동산 결정지원분야
부동산마케팅, 부동산평가, 부동산관리, 부동산상담 등은 부동산 결정의 지원분야에 속하며, 이같은 활동은 부동산투자자, 개발업자, 대출자와 같은 의사결정자에게 전문적인 서비스를 제공하는 역할, 즉 지원기능을 수행한다.

3) 부동산 기초분야
이는 부동산 결정분야나 부동산 결정 지원분야에 속하는 부동산활동에 대해서 기초적인 이론과 지식을 제공하는 기능을 한다. 부동산의 특성, 법적성질, 세금, 부동산시장, 도시지역, 기초적 금융수학 등에 관한 이해는 복잡한 부동산활동을 수행하는데 있어 필수적으로 요구되고 있다.

Ⅲ 부동산학의 연구대상

1. 부동산 현상

(1) 의 의

부동산 현상이란 인간이 삶을 영위하는 터로서의 부동산 자체가 시간의 흐름 속에서 생태적으로 변화하는 모습 내지는 그 모습으로부터 도출될 수 있는 여러 가지 반복성, 법칙성 등을 말한다.

(2) 부동산현상의 유형(분류)

1) 법률적 현상

부동산 현상 중 제도적 측면과 관련된 내용으로 궁극적으로 토지소유권을 중심으로 하는 법률적 환경이 주요내용을 구성한다. 이에는 부동산소유권의 의미와 소유권의 연혁, 부동산소유권제도의 역사적 변천, 부동산소유권제도 및 부동산 공개념과 관련된 것들이 있다.

2) 경제적 현상

부동산 현상 가운데서 경제와 관련된 내용으로서 주로 부동산의 가격과 관련된다. 이에는 부동산경기 변동과 경기순환, 부동산투자와 투기 및 그 유형, 부동산시장의 특성과 기능 등과 관련된 현상 등이 있다.

3) 기술적 현상

부동산 현상 가운데서 주로 인위적인 물리력 등으로 이루어질 수 있는 제반 현상으로서 그 법칙성의 양상이 매우 다양하며 기술혁신 등으로 인하여 법칙성의 파괴, 새로운 운동현상의 창조 등 실로 끊임없는 변화를 몰고 오는 현상을 말한다. 이에는 자연적 현상, 도시화와 도시 스프롤 현상, 인근지역 age cycle 등이 있다.

2. 부동산 활동 기출 20

(1) 의 의

부동산 활동이란 인간이 부동산을 상대하여 전개하는 관리적 측면에서의 활동을 말한다. 부동산학의 목적은 이러한 부동산 활동을 능률화하는 데에 있다. 부동산 활동이란 인간이 부동산을 상대하는 활동을 의미하므로 자연현상과는 구별되며 이는 사회현상으로서의 부동산 현상으로 현시된다.

〈우리나라의 표준산업분류(SIC ; Standard Industrial Classification)〉

대분류	중분류	소분류	세분류
부동산업	부동산 임대업 및 공급업	부동산 임대업	• 주거용 건물임대업 • 비주거용 건물임대업 • 기타 부동산 임대업
		부동산 개발 및 공급업	• 주거용 건물 개발 및 공급업 • 비주거용 건물 개발 및 공급업 • 기타 부동산 개발 및 공급업
	부동산 관련 서비스업	부동산 관리업	• 주거용 부동산 관리업 • 비주거용 부동산 관리업
		부동산 중개 및 감정평가업	• 부동산 중개 및 대리업 • 부동산 투자 및 자문업 • 부동산 감정평가업

(2) 부동산 활동의 분류
① 활동주체에 따라 사적부동산활동, 공적부동산활동으로
② 표준산업분류상 부동산임대업, 부동산개발업, 기타의 부동산업으로
③ 전문성에 따라 1차, 2차, 3차 수준의 부동산활동으로
④ 전문직을 기준으로 평가, 중개, 컨설팅활동 등으로
⑤ 학문체계상 거래활동(부동산경영, 감정평가, 권리분석, 중개, 상담, 금융, 입지선정 등), 이용활동(부동산관리, 개발, 투자), 행정활동(부동산정책, 부동산조세) 등으로 분류된다.

(3) 부동산활동의 속성
① **과학성 및 기술성** : 이론활동에서의 과학성과 이론·실무의 응용에서의 기술성이 요구된다.
② **사회성·공공성 및 사익성** : 부동산의 사회성·공공성으로 인하여 부동산활동에도 역시 사회성·공공성이 요구되며 사회성·공공성이 강조된다. 그러나 사익성이 배제되는 것은 아니다.
③ **전문성** : 1차, 2차, 3차 수준으로 구별된다. 구별기준은 이론 및 경험의 차이, 주의의무의 차이, 신뢰도의 차이, 윤리의식의 차이 등이 있다.
④ **윤리성** : 부동산업은 전문직업의 하나로서 그 대상인 부동산 및 부동산활동에는 높은 사회성과 공공성이 강조된다. 이에 따라 윤리성도 요구된다. 부동산윤리는 고용윤리, 조직윤리, 서비스윤리, 공중윤리로 구분되기도 하며, 윤리의 규제방법으로는 법률적 규제, 자율적 규제, 절충적 규제가 있다.
⑤ **정보활동·대인활동·대물활동** : 부동산활동에서는 정보의 수집·분석·판단 및 효과적인 이용·관리가 중요하며, 부동산활동 역시 인간의 활동이므로 대인관계가 주요한 부분을 차지한다. 또한 부동산도 물리적 실체를 가진 재화인 바 대물활동성도 지니고 있다.
⑥ **임장활동성** : 부동산은 지리적 위치의 고정성이라는 고유의 자연적 특성을 지니고 있으므로 이에 기인하여 부동산활동 또한 탁상활동보다는 임장활동이 요구된다.
⑦ **예측의 장기성** : 부동산의 영속성과 용도의 다양성 때문에 부동산활동은 장래에 대한 예측을 거쳐 결정, 시행되어야 하며, 이때 필수적으로 그 부동산의 사회적, 경제적, 행정적 위치의 가변성에 대한 배려가 수반된다.
⑧ **공간활동** : 부동산을 공간으로 이해하고 그 공간을 활동대상으로 한다.

(4) 부동산활동의 일반원칙
① **능률성의 원칙** : 이 원칙이 주장하는 능률성은 실무활동의 능률성, 부동산학 이론의 개발 및 그 전달과정의 능률성, 이론과 실무의 연계에 관한 능률성 등이 있다.
② **안전성의 원칙** : 부동산활동은 안전성에 기초하여 접근해야 한다는 원칙이며, 능률성과 안전성은 상호 견제관계에 있어 어느 한쪽에만 치우치면 다른 쪽이 저해되므로 양가치의 조화에 유의하여야 한다. 안전성의 개념은 법률적·경제적·기술적 안전성을 들고 있다.
③ **경제성의 원칙** : 부동산활동에 있어서의 경제원칙의 추구를 말하며 경제원칙이란 최소의 비용으로 최대의 효과를 얻는 것을 말한다.
④ **공정성의 원칙** : 위에서 든 것 외에 합리성의 원칙을 들기도 한다. 여기서 제기되는 합리성은 법률적, 기술적, 경제적 측면에서의 합리성이기 때문에 안전성의 원칙에 포함된다고 할 수 있다.

구 분		공 통		차 이
일반원칙		① 능률성의 원칙	② 안전성의 원칙	③ 경제성의 원칙
특별원칙	권리분석	① 능률성의 원칙	② 안전성의 원칙	③ 증거주의 ④ 탐문주의
	감정평가	① 능률성의 원칙	② 안전성의 원칙	③ 전달성의 원칙

3. 부동산 현상과 부동산 활동의 관계

① 부동산 활동은 부동산 현상에 대한 분석이나 장래의 바람직한 부동산 현상을 의도하기 위한 동적 전개의 과정이다. 그러므로 원칙적으로 부동산 현상은 제 부동산 활동을 전개해 나가기 위한 지침이 된다.
② 부동산 현상은 주로 인간의 활동과 부동산에 내재하는 본질적인 성격이 융합되어 나타나는 것으로 부동산 활동과 비교할 경우 상대적으로 인간의 의지나 행태와의 관계가 덜한 편이다.
③ 부동산현상은 특정시점에서의 부동산활동을 분석하는 정태적분석이며 부동산활동은 동태적분석에 해당한다.
④ 이들은 부동산학의 연구대상으로서 부동산학은 바람직한 부동산현상이 존재하도록 행하는 부동산 활동에 주된 관심을 갖는다.

제2절 부동산의 개념과 분류

I 부동산 개념 기출 19·21

1. 복합개념의 부동산과 복합부동산

(1) 복합개념의 부동산

부동산을 유형적 측면인 물리적(기술적) 측면과 무형적 측면인 법률적·경제적 측면의 복합개념으로 이해하는 것을 말한다.

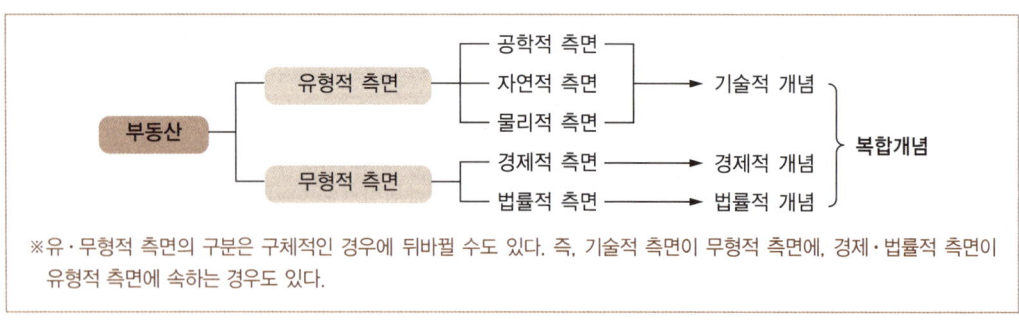

※ 유·무형적 측면의 구분은 구체적인 경우에 뒤바뀔 수도 있다. 즉, 기술적 측면이 무형적 측면에, 경제·법률적 측면이 유형적 측면에 속하는 경우도 있다.

부동산학에서 부동산의 개념은 부동산활동의 범위를 획정시켜 준다는 것이다. 따라서 준부동산도 부동산학에서 연구대상이 된다.

(2) 복합부동산(compound real estate)

토지와 그 토지 위의 정착물이 각각 독립된 거래의 객체이면서도 마치 하나로 결합된 상태로 다루어져 부동산활동의 대상으로 삼을 때를 가리킨다.

2. 부동산의 개념

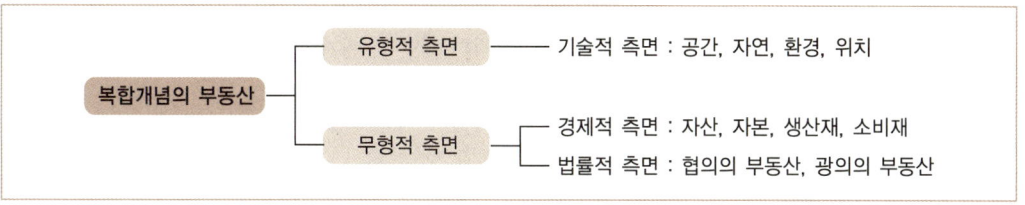

(1) 부동산의 기술적(물리적) 개념
부동산활동의 대상인 유형적 측면의 부동산을 이해하는 데 도움이 된다.
① 자연 : 토지는 자연물이다. 자연물로서의 토지는 자연환경을 구성하고 있는 요소에 가깝다.
② 공간 : 부동산활동의 대상은 3차원공간이다. 토지를 소유한다는 것은, 지표공간과 공중공간과 지중 공간까지도 소유한다는 것이다.
③ 위치 : 특정위치는 특정가격을 발생시키며 대부분의 토지이용은 이 위치와 접근성에 따라 결정된다. 토지는 위치에 따라 그 가치나 토지이용의 상태가 달라진다.
④ 환경 : 부동산은 크게는 자연의 한 부분이지만 작게는 환경의 일부분에 놓여 있다. 부동산의 이용형태나 가치는 주변 환경에 많은 영향을 받고 있다.

(2) 부동산의 경제적 개념
① 자산 : 부동산은 경제적 가치가 크기 때문에 자산으로서의 성격이 강하다.
② 자본 : 토지는 자본이나 자본증식 수단으로 본다. 주택은 소비자본으로서 자본재로 취급한다.
③ 생산요소 : 부동산은 생산요소, 즉 노동, 자본, 경영, 토지 중에 한 요소이다.
④ 소비재 : 토지는 인간생활에 재화를 생산하는 필수 생산요소이며, 소비재이기도 하다.
⑤ 상품 : 부동산은 소비재인 만큼 상품(commodity)이다.

(3) 부동산의 법률적 개념
부동산은 사법적 입장과 공법적 입장을 모두 고려할 대상이 된다.

3. 부동산의 법률적 개념

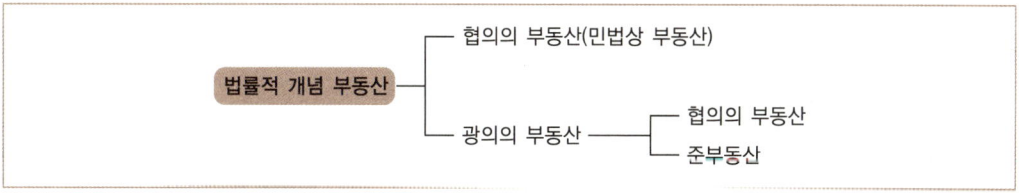

법률적 측면에서 부동산은 협의의 부동산과 광의의 부동산으로 구분한다. 이러한 부동산의 법률적 개념은 주로 「민법」 등의 법률에서 규정하고 있는 사항에 근거하고 있다. 협의의 부동산은 「민법」 상에서 규정하는 부동산을 말한다. 반면에 광의의 부동산은 협의의 부동산에 준(의제)부동산을 포함한 것을 말한다.

(1) 협의의 부동산

협의의 부동산은 「민법」(제99조 제1항)에 "토지와 그 정착물은 부동산이다"라고 규정하고 있으며, (제99조 제2항)에 "부동산 이외의 물건은 동산이다"라고 규정하고 있다. 이처럼 「민법」상 부동산을 협의의 부동산이라 한다.

① 토 지
  ㉠ 토지 소유자는 법률의 범위 내에서 사용·수익·처분할 수 있다.
  ㉡ "토지소유권은 정당한 이익이 있는 범위 내에서 토지의 상하에 미친다."고 규정하고 있다(민법 제212조). 즉, 토지의 소유권 범위는 3차원 공간에 미치되, 정당한 이익이 있는 범위 내에서 미친다. 여기서 정당한 이익은 사회통념상 인정되는 범위로 한다. 따라서 광업권의 객체가 되고 있는 광물(광업법 제5조)이나 지정된 항공기 통행권(항공법 제38조)에 대해서는 소유권에 미치지 못한다.

② 정착물(fixture 또는 개량물, improvement) [기출 24]
  ㉠ 개념: 정착물은 본질적인 성격상 동산이었지만, 정착물은 사회·경제적인 면에서 토지에 부착되어 계속적(항구적)으로 이용된다고 인정되는 물건이다.
  ㉡ 정착물의 종류: 우리나라 민법에서는 정착물을 다시 독립된 부동산으로 간주되는 것(독립정착물)과 토지의 일부로 간주되는 것(종속정착물)으로 나누고 있다.
    ⓐ 토지와 독립된 정착물(독립정착물): 건물, 명인방법을 취한 수목 또는 미분리과실, 소유권보존 등기된 입목, 권원에 의한 타인의 토지에서 재배되고 있는 농작물 등은 토지와 독립된 정착물(독립정착물)로서 토지로부터 독립하여 거래·등기할 수 있다.
    ⓑ 토지의 일부로 간주되는 정착물(종속정착물): 축대, 도로, 교량, 제방, 도랑, 돌담 등의 공작물, 일반수목의 집단, 토지에 정착되어 있으며 매년 경작노력을 요하지 않는 나무, 자연식생, 다년생 식물 등은 토지로부터 독립성이 없는 정착물이다.
    ⓒ 경작 수확물(예 옥수수, 감자 등), 계속성이 없는 판잣집, 가식(假植) 중에 있는 수목, 경작 수확물, 기타 쉽게 이동할 수 있는 물건은 정착물이라 하지 않는다.

+ 알아보기 정착물의 구분

민법상 정착물로 취급	종속정착물 (일체거래)	• 교량, 제방, 돌담, 도로, 구거 등 • 별도의 경작노력이 없는 수목, 자연식생, 다년생식물 등
	독립정착물 (독립거래)	• 건물, 명인방법에 의한 수목, 입목 • 정당한 권원에 의해 타인 토지에 재배 중인 농작물
민법상 동산으로 취급	동 산	계속성이 없는 판잣집, 가식(假植)중인 수목, 경작수확물

③ 정착물과 동산의 구분기준
  ㉠ 물건이 부동산에 부착되어 있는 방법: 부착된 물건을 제거할 경우 건축물에 손상을 준다면 정착물이고, 손상을 주지 않는다면 동산(예 벽에 걸린 그림)으로 간주된다. 그러나 물리적으로 아무런 손상 없이 제거할 수 있지만 제거하여 건축물의 효용에 지장을 주게 되는 경우에는 정착물(예 수도꼭지·형광등·인터폰 등)로 간주한다.
  ㉡ 물건의 성격: 물건이 건물의 특정위치·용도에 맞도록 고안·구축된 물건은 해당 건물에 항구적으로 설치할 의도가 있었던 것으로 간주되어 정착물로 간주한다.

ⓒ 물건을 설치한 의도(당사자의 의도) : 물건을 설치한 목적(의도)이 더 높은 수익을 얻을 목적이라면 정착물이고, 이용목적이라면 동산으로 간주한다.
② 거래당사자 간의 관계
- 임차인과 임대인일 경우 : 진열대나 선반이 건물에 부착되어 있다고 하더라도 임대인이 설치했다면 정착물이고, 임차인이 설치했다면 동산으로 간주한다.
- 매도자와 매수자일 경우 : 쌍방과의 관계가 매도자와 매수자일 경우 물건의 주인이 불분명할 때에는 일단 정착물로 간주되어 매수자 것으로 취급한다.

> **+ 알아보기** 임차자 정착물(tenant fixture)
>
> 임차자 정착물의 소유권은 원칙적으로 임차자에게 있다. 임차자 정착물은 거래정착물, 농업정착물, 가사정착물 등이 있다.

(2) 광의의 부동산 기출 23·25

광의의 부동산이란 협의의 부동산에 준부동산을 합친 개념이다.

① **준부동산의 의의** : 개별 법률에 의해 등기·등록의 공시방법을 갖춤으로써 부동산에 준하여 취급되는 특정의 동산 등을 말한다.

예 선박(20톤 이상), 항공기, 자동차, 건설기계, 공장재단과 광업재단, 입목, 어업권 등

② **준부동산의 특징**
ⓐ 준부동산은 광의의 부동산이며, 법률적 개념에 따른 구분이다.
ⓑ 준부동산은 소유권 또는 저당권의 객체가 될 수도 있다.
ⓒ 준부동산은 감정평가의 대상이 되기도 하며, 일부는 중개의 대상이 될 수도 있다.

> **+ 알아보기** 준부동산의 종류
>
> 1. 공장재단(공장 및 광업재단 저당법 제2조)
>   공장재단이란 공장에 속하는 일정한 기업용 재산으로 구성되는 일단의 기업재산으로서 이 법에 따라 소유권과 저당권의 목적이 되는 것을 말한다.
> 2. 광업재단(광업재단 저당법 제2조)
>   광업재단이란 광물을 채굴·취득하기 위한 각종 설비 및 이에 부속하는 사업의 설비로 구성되는 일단의 기업재산으로서 이 법에 따라 소유권과 저당권의 목적이다.
> 3. 입목(입목에 관한 법률 제2조)
>   입목이란 토지에 부착된 수목의 집단으로서 그 소유자가 이 법에 따라 소유권보존의 등기를 받은 것을 말한다.
> 4. 어업권(수산업법 제2조)
>   면허 또는 허가를 받아 어업을 경영할 수 있는 권리로 공유수면에서 수산물을 독점적·배타적으로 채취·포획 및 양식할 수 있다. 어업권은 토지에 관한 규정이 준용된다.
> 5. 20톤 이상의 선박
>   20톤 이상의 선박으로 선박법 및 선박등기법에 따라 등기된 선박은 한 개의 부동산처럼 취급되어 소유권, 임차권, 저당권의 객체가 된다.
> 6. 자동차, 항공기, 건설기계
>   자동차등록원부, 항공기등록원부, 건설기계등록원부에 등록된 것을 말하며, 각각 「자동차 등 특정동산 저당법」에 의해 저당권 설정이 가능하다.

Ⅲ 부동산 분류 및 용어

토지는 지목, 이용 목적, 이용 상황 등에 따라 다양하게 분류할 수 있다. 그중 「공간정보의 구축 및 관리 등에 관한 법률」 상 지목에 따른 토지 분류, 「국토의 계획 및 이용에 관한 법률」 상 용도지역에 따른 토지 분류, 부동산 활동상의 토지 분류방법이 있다.

(1) 지목에 따른 토지의 분류(「공간정보의 구축 및 관리 등에 관한 법률」) 기출 25

지목의 종류는 총 28개로 구성되어 다음과 같은 지목의 종류가 있다.
① 전(전) : 물을 상시적으로 이용하지 않고 곡물·원예작물(과수류는 제외한다)·약초·뽕나무·닥나무·묘목·관상수 등의 식물을 주로 재배하는 토지와 식용(食用)으로 죽순을 재배하는 토지
② 답(답) : 물을 상시적으로 직접 이용하여 벼·연(蓮)·미나리·왕골 등의 식물을 주로 재배하는 토지
③ 과수원(과) : 사과·배·밤·호두·귤나무 등 과수류를 집단적으로 재배하는 토지와 이에 접속된 저장고 등 부속시설물의 부지. 다만, 주거용 건축물의 부지는 "대"로 한다.
④ 목장용지(목) : 다음 각 목의 토지. 다만, 주거용 건축물의 부지는 "대"로 한다.
　가. 축산업 및 낙농업을 하기 위하여 초지를 조성한 토지
　나. 「축산법」 제2조 제1호에 따른 가축을 사육하는 축사 등의 부지
⑤ 임야(임) : 산림 및 원야(原野)를 이루고 있는 수림지(樹林地)·죽림지·암석지·자갈땅·모래땅·습지·황무지 등의 토지
⑥ 광천지(광) : 지하에서 온수·약수·석유류 등이 용출되는 용출구(湧出口)와 그 유지(維持)에 사용되는 부지. 다만, 온수·약수·석유류 등을 일정한 장소로 운송하는 송수관·송유관 및 저장시설의 부지는 제외한다.
⑦ 염전(염) : 바닷물을 끌어들여 소금을 채취하기 위하여 조성된 토지와 이에 접속된 제염장(製鹽場) 등 부속시설물의 부지. 다만, 천일제염 방식으로 하지 아니하고 동력으로 바닷물을 끌어들여 소금을 제조하는 공장시설물의 부지는 제외한다.
⑧ 대(대) : 영구적 건축물 중 주거·사무실·점포와 박물관·극장·미술관 등 문화시설과 이에 접속된 정원 및 부속시설물의 부지
⑨ 공장용지(장) : 제조업을 하고 있는 공장시설물의 부지
⑩ 학교용지(학) : 학교의 교사(校舍)와 이에 접속된 체육장 등 부속시설물의 부지
⑪ 주차장(차) : 자동차 등의 주차에 필요한 독립적인 시설을 갖춘 부지와 주차전용 건축물 및 이에 접속된 부속시설물의 부지
⑫ 주유소용지(주)
　가. 석유·석유제품 또는 액화석유가스 등의 판매를 위하여 일정한 설비를 갖춘 시설물의 부지
　나. 저유소(貯油所) 및 원유저장소의 부지와 이에 접속된 부속시설물의 부지
⑬ 창고용지(창) : 물건 등을 보관하거나 저장하기 위하여 독립적으로 설치된 보관시설물의 부지와 이에 접속된 부속시설물의 부지
⑭ 도로(도) : 일반 공중(公衆)의 교통 운수를 위하여 보행이나 차량운행에 필요한 일정한 설비 또는 형태를 갖추어 이용되는 토지
⑮ 철도용지(철) : 교통 운수를 위하여 일정한 궤도 등의 설비와 형태를 갖추어 이용되는 토지와 이에 접속된 역사(驛舍)·차고·발전시설 및 공작창 등 부속시설물의 부지
⑯ 제방(제) : 조수·자연유수(自然流水)·모래·바람 등을 막기 위하여 설치된 방조제·방수제·방사제·방파제 등의 부지
⑰ 하천(천) : 자연의 유수(流水)가 있거나 있을 것으로 예상되는 토지
⑱ 구거(구) : 용수 또는 배수를 위하여 일정한 형태를 갖춘 인공적인 수로·둑 및 그 부속시설물의 부지와 자연의 유수(流水)가 있거나 있을 것으로 예상되는 소규모 수로부지

⑲ 유지(溜池)(유) : 물이 고이거나 상시적으로 물을 저장하고 있는 댐·저수지·소류지(소유지)·호수·연못 등의 토지와 연·왕골 등이 자생하는 배수가 잘 되지 아니하는 토지
⑳ 양어장(양) : 육상에 인공으로 조성된 수산생물의 번식 또는 양식을 위한 시설을 갖춘 부지와 이에 접속된 부속시설물의 부지
㉑ 수도용지(수) : 물을 정수하여 공급하기 위한 취수·저수·도수(導水)·정수·송수 및 배수 시설의 부지 및 이에 접속된 부속시설물의 부지
㉒ 공원(공) : 일반 공중의 보건·휴양 및 정서생활에 이용하기 위한 시설을 갖춘 토지로서 「국토의 계획 및 이용에 관한 법률」에 따라 공원 또는 녹지로 결정·고시된 토지
㉓ 체육용지(체) : 국민의 건강증진 등을 위한 체육활동에 적합한 시설과 형태를 갖춘 종합운동장·실내체육관·야구장·골프장·스키장·승마장·경륜장 등 체육시설의 토지와 이에 접속된 부속시설물의 부지
㉔ 유원지(원) : 일반 공중의 위락·휴양 등에 적합한 시설물을 종합적으로 갖춘 수영장·유선장(遊船場)·낚시터·어린이놀이터·동물원·식물원·민속촌·경마장 등의 토지와 이에 접속된 부속시설물의 부지
㉕ 종교용지(종) : 일반 공중의 종교의식을 위하여 예배·법요·설교·제사 등을 하기 위한 교회·사찰·향교 등 건축물의 부지와 이에 접속된 부속시설물의 부지
㉖ 사적지(사) : 문화재로 지정된 역사적인 유적·고적·기념물 등을 보존하기 위하여 구획된 토지
㉗ 묘지(묘) : 사람의 시체나 유골이 매장된 토지, 「도시공원 및 녹지 등에 관한 법률」에 따른 묘지공원으로 결정·고시된 토지 및 「장사 등에 관한 법률」 제2조 제9호에 따른 봉안시설과 이에 접속된 부속시설물의 부지
㉘ 잡종지(잡)
　가. 갈대밭, 실외에 물건을 쌓아두는 곳, 돌을 캐내는 곳, 흙을 파내는 곳, 야외시장, 비행장, 공동우물
　나. 영구적 건축물 중 변전소, 송신소, 수신소, 송유시설, 도축장, 자동차운전학원, 쓰레기 및 오물처리장 등의 부지

(2) 용도지역에 따른 토지의 분류(「국토의 계획 및 이용에 관한 법률」) 기출 20·21·25

① 용도지역제의 의의 : 용도지역제란 도시·군관리계획에 의하여 토지에 관하여 토지를 특정한 지역·지구·구역으로 지정하고, 그 지정된 곳에 대하여 토지이용에 관한 공법상의 제한을 가함으로써 전국 토지이용의 합리화와 양호한 생활환경을 조성하기 위한 제도를 말한다.

구 분	지정 목적
용도지역	토지의 이용 및 건축물의 용도·건폐율·용적률·높이 등을 제한함으로써 토지를 경제적·효율적으로 이용하고 공공복리의 증진을 도모하기 위하여 서로 중복되지 아니하게 도시·군관리계획으로 결정하는 지역을 말한다. 중복 지정할 수가 없다.
용도지구	토지의 이용 및 건축물의 용도·건폐율·용적률·높이 등에 대한 용도지역의 제한을 강화 또는 완화하여 적용함으로써 용도지역의 기능을 증진시키고 미관·경관·안전 등을 도모하기 위하여 도시·군관리계획으로 결정하는 지역을 말한다. 용도지구는 중복 지정할 수가 있다.
용도구역	토지의 이용 및 건축물의 용도·건폐율·용적률·높이 등에 대한 용도지역 및 용도지구의 제한을 강화 또는 완화하여 따로 정함으로써 시가지의 무질서한 확산방지, 계획적이고 단계적인 토지이용의 도모, 토지이용의 종합적 조정·관리 등을 위하여 도시·군관리계획으로 결정하는 지역을 말한다

② 용도지역
　㉠ 용도지역의 지정

용도지역의 구분		지정 목적
도시지역	주거지역	거주의 안녕과 건전한 생활환경의 보호를 위하여 필요한 지역
	상업지역	상업이나 그 밖의 업무의 편익증진을 위하여 필요한 지역
	공업지역	공업의 편익을 증진하기 위하여 필요한 지역
	녹지지역	자연환경, 농지 및 산림의 보호, 보건위생, 보안과 도시의 무질서한 확산을 방지하기 위하여 녹지의 보전이 필요한 지역
관리지역	보전관리지역	자연환경보호, 산림보호, 수질오염방지, 녹지공간 확보 및 생태계 보전 등을 위하여 보전이 필요하나, 주변의 용도지역과의 관계 등을 고려할 때 자연환경보전지역으로 지정하여 관리하기가 곤란한 지역
	생산관리지역	농업·임업·어업생산 등을 위하여 관리가 필요하나, 주변 용도지역과의 관계 등을 고려할 때 농림지역으로 지정하여 관리하기가 곤란한 지역
	계획관리지역	도시지역으로의 편입이 예상되는 지역이나 자연환경을 고려하여 제한적인 이용·개발을 하려는 지역으로서 계획적·체계적인 관리가 필요한 지역
농림지역		도시지역에 속하지 아니하는 「농지법」에 의한 농업진흥지역 또는 「산지관리법」에 의한 보전산지 등으로서 농림업의 진흥과 산림의 보전을 위하여 필요한 지역
자연환경보전지역		자연환경·수자원·해안·생태계·상수원 및 문화재의 보전과 수산자원의 보호·육성 등을 위하여 필요한 지역

　㉡ 세분지정 : 국토교통부장관, 시·도지사 또는 대도시 시장은 다음에 정하는 바에 따라 용도지역을 도시·군관리계획결정으로 다시 세분하여 지정하거나 이를 변경할 수 있다(법 제36조).

				지정 목적
도시지역	주거지역	전용	제1종	단독주택 중심의 양호한 주거환경을 보호하기 위하여 필요한 지역
			제2종	공동주택 중심의 양호한 주거환경을 보호하기 위하여 필요한 지역
		일반	제1종	저층주택(4층 이하)을 중심으로 편리한 주거환경을 조성하기 위하여 필요한 지역
			제2종	중층주택(도시군계획조례로 층수를 제한하는 경우 그 층수 이하)을 중심으로 편리한 주거환경을 조성하기 위하여 필요한 지역
			제3종	중고층주택을 중심으로 편리한 주거환경을 조성하기 위하여 필요한 지역
		준		주거기능을 위주로 이를 지원하는 일부 상업기능 및 업무기능을 보완하기 위하여 필요한 지역
	상업지역	중심		도심·부도심의 상업기능 및 업무기능의 확충을 위하여 필요한 지역
		일반		일반적인 상업기능 및 업무기능을 담당하게 하기 위하여 필요한 지역
		유통		도시 내 및 지역간 유통기능의 증진을 위하여 필요한 지역
		근린		근린지역에서의 일용품 및 서비스의 공급을 위하여 필요한 지역
	공업지역	전용		주로 중화학공업, 공해성 공업 등을 수용하기 위하여 필요한 지역
		일반		환경을 저해하지 아니하는 공업의 배치를 위하여 필요한 지역
		준		경공업 그 밖의 공업을 수용하되, 주거기능·상업기능 및 업무기능의 보완이 필요한 지역

구분			내용
도시지역	녹지지역	보전	도시의 자연환경·경관·산림 및 녹지공간을 보전할 필요가 있는 지역
		생산	주로 농업적 생산을 위하여 개발을 유보할 필요가 있는 지역
		자연	도시의 녹지공간의 확보, 도시확산의 방지, 장래 도시용지의 공급 등을 위하여 보전할 필요가 있는 지역으로서 불가피한 경우에 한하여 제한적인 개발이 허용되는 지역
관리		보전관리	자연환경 보호, 산림 보호, 수질오염 방지, 녹지공간 확보 및 생태계 보전 등을 위하여 보전이 필요하나, 주변 용도지역과의 관계 등을 고려할 때 자연환경보전지역으로 지정하여 관리하기가 곤란한 지역
		생산관리	농업·임업·어업 생산 등을 위하여 관리가 필요하나, 주변 용도지역과의 관계 등을 고려할 때 농림지역으로 지정하여 관리하기가 곤란한 지역
		계획관리	도시지역으로의 편입이 예상되는 지역이나 자연환경을 고려하여 제한적인 이용·개발을 하려는 지역으로서 계획적·체계적인 관리가 필요한 지역
농림지역			도시지역에 속하지 아니하는 「농지법」에 따른 농업진흥지역 또는 「산지관리법」에 따른 보전산지 등으로서 농림업을 진흥시키고 산림을 보전하기 위하여 필요한 지역
자연환경보전			자연환경·수자원·해안·생태계·상수원 및 문화재의 보전과 수산자원의 보호·육성 등을 위하여 필요한 지역

③ 용도지구

구 분	세분지정	내 용
경관지구		경관의 보전·관리 및 형성을 위하여 필요한 지구
	자연경관지구	산지·구릉지 등 자연경관을 보호하거나 유지하기 위하여 필요한 지구
	시가지경관지구	지역 내 주거지, 중심지 등 시가지의 경관을 보호 또는 유지하거나 형성하기 위하여 필요한 지구
	특화경관지구	지역 내 주요 수계의 수변 또는 문화적 보존가치가 큰 건축물 주변의 경관 등 특별한 경관을 보호 또는 유지하거나 형성하기 위하여 필요한 지구
방재지구		풍수해, 산사태, 지반의 붕괴, 그 밖의 재해를 예방하기 위하여 필요한 지구
	시가지방재지구	건축물·인구가 밀집되어 있는 지역으로서 시설 개선 등을 통하여 재해 예방이 필요한 지구
	자연방재지구	토지의 이용도가 낮은 해안변, 하천변, 급경사지 주변 등의 지역으로서 건축 제한 등을 통하여 재해 예방이 필요한 지구
보호지구		문화재, 중요 시설물(항만, 공항 등 대통령령으로 정하는 시설물을 말한다) 및 문화적·생태적으로 보존가치가 큰 지역의 보호와 보존을 위하여 필요한 지구
	역사문화환경 보호지구	문화재·전통사찰 등 역사·문화적으로 보존가치가 큰 시설 및 지역의 보호와 보존을 위하여 필요한 지구
	중요시설물 보호지구	중요시설물(항만, 공항, 공용시설, 교정시설·군사시설을 말한다)의 보호와 기능의 유지 및 증진 등을 위하여 필요한 지구
	생태계보호지구	야생동식물서식처 등 생태적으로 보존가치가 큰 지역의 보호와 보존을 위하여 필요한 지구

취락지구	녹지지역·관리지역·농림지역·자연환경보전지역·개발제한구역 또는 도시자연공원구역의 취락을 정비하기 위한 지구	
	자연취락지구	녹지지역·관리지역·농림지역 또는 자연환경보전지역 안의 취락을 정비하기 위하여 필요한 지구
	집단취락지구	개발제한구역 안의 취락을 정비하기 위하여 필요한 지구
개발진흥지구	주거기능·상업기능·공업기능·유통물류기능·관광기능·휴양기능 등을 집중적으로 개발·정비할 필요가 있는 지구	
	주거개발진흥지구	주거기능을 중심으로 개발·정비할 필요가 있는 지구
	산업·유통 개발진흥지구	공업기능 및 유통·물류기능을 중심으로 개발·정비할 필요가 있는 지구
	관광·휴양 개발진흥지구	관광·휴양기능을 중심으로 개발·정비할 필요가 있는 지구
	복합개발진흥지구	주거기능, 공업기능, 유통·물류기능 및 관광·휴양기능 중 2 이상의 기능을 중심으로 개발·정비할 필요가 있는 지구
	특정개발진흥지구	주거기능, 공업기능, 유통·물류기능 및 관광·휴양기능 외의 기능을 중심으로 특정한 목적을 위하여 개발·정비할 필요가 있는 지구
고도지구	쾌적한 환경 조성 및 토지의 효율적 이용을 위하여 건축물 높이의 최고한도를 규제할 필요가 있는 지구	
방화지구	화재의 위험을 예방하기 위하여 필요한 지구	
특정용도제한지구	주거 및 교육 환경 보호나 청소년 보호 등의 목적으로 오염물질 배출시설, 청소년 유해시설 등 특정시설의 입지를 제한할 필요가 있는 지구	
복합용도지구	지역의 토지이용 상황, 개발 수요 및 주변 여건 등을 고려하여 효율적이고 복합적인 토지이용을 도모하기 위하여 특정시설의 입지를 완화할 필요가 있는 지구	

④ 용도구역

구역명	지정목적
개발제한구역	국토교통부장관은 도시의 무질서한 확산을 방지하고 도시주변의 자연환경을 보전하여 도시민의 건전한 생활환경을 확보하기 위하여 도시의 개발을 제한할 필요가 있거나 국방부장관의 요청이 있어 보안상 도시의 개발을 제한할 필요가 있다고 인정되면 개발제한구역의 지정 또는 변경을 도시·군관리계획으로 결정할 수 있다.
시가화 조정구역	시·도지사는 직접 또는 관계 행정기관의 장의 요청을 받아 도시지역과 그 주변지역의 무질서한 시가화를 방지하고 계획적·단계적인 개발을 도모하기 위하여 대통령령으로 정하는 기간 동안 시가화를 유보할 필요가 있다고 인정되면 시가화조정구역의 지정 또는 변경을 도시·군관리계획으로 결정할 수 있다. 다만, 국가계획과 연계하여 시가화조정구역의 지정 또는 변경이 필요한 경우에는 국토교통부장관이 직접 시가화조정구역의 지정 또는 변경을 도시·군관리계획으로 결정할 수 있다.
수산자원보호구역	해양수산부장관은 직접 또는 관계 행정기관의 장의 요청을 받아 수산자원을 보호·육성하기 위하여 필요한 공유수면이나 그에 인접한 토지에 대한 수산자원보호구역의 지정 또는 변경을 도시·군관리계획으로 결정할 수 있다.

도시자연공원구역	시·도지사 또는 대도시 시장은 도시의 자연환경 및 경관을 보호하고 도시민에게 건전한 여가·휴식공간을 제공하기 위하여 도시지역 안에서 식생(植生)이 양호한 산지(山地)의 개발을 제한할 필요가 있다고 인정하면 도시자연공원구역의 지정 또는 변경을 도시·군관리계획으로 결정할 수 있다.
도시혁신구역	공간재구조화계획 결정권자(국토교통부장관, 시·도지사)는 창의적이고 혁신적인 개발이 필요하다고 인정되는 경우 공간재구조화계획의 일환으로 결정할 수 있다.
복합용도구역	주거, 상업, 업무, 문화 등 다양한 기능이 한 곳에 모여 서로 유기적으로 연결될 수 있도록 하는 것으로서, 공간재구조화계획 결정권자는 산업구조 또는 경제활동의 변화로 복합적 토지이용이 필요한 지역, 노후 건축물 등이 밀집하여 단계적 정비가 필요한 지역, 그 밖에 복합된 공간이용을 촉진하고 다양한 도시공간을 조성하기 위하여 계획적 관리가 필요하다고 인정되는 경우로서 대통령령으로 정하는 지역을 복합용도구역으로 지정할 수 있다.
도시·군계획시설 입체복합구역	도시·군관리계획의 결정권자는 도시·군계획시설의 입체복합적 활용을 위하여 도시·군계획시설 준공 후 10년이 경과한 경우로서 해당 시설의 개량 또는 정비가 필요한 경우, 주변지역 정비 또는 지역경제 활성화를 위하여 기반시설의 복합적 이용이 필요한 경우, 첨단기술을 적용한 새로운 형태의 기반시설 구축 등이 필요한 경우, 그 밖에 효율적이고 복합적인 도시·군계획시설의 조성을 위하여 필요한 경우 대통령령으로 정하는 지역을 도시·군계획시설입체복합구역으로 지정할 수 있다.

> **➕ 알아보기** 공간재구조화계획
>
> 1. 개념 : 토지의 이용 및 건축물이나 그 밖의 시설의 용도, 건폐율, 용적률, 높이 등을 완화하는 용도구역의 효율적이고 계획적인 관리를 위하여 수립하는 계획으로, 지역의 특수한 수요와 여건에 대응하고, 다양하고 창의적인 도시공간을 조성하기 위해서 용도지역지구에 따른기준의 예외 적용이 필요한 경우에 수립한다.
> 2. 입안권자 : 국토교통부장관(수산자원보호구역의 경우 해양수산부장관을 말한다), 시·도지사, 시장, 군수, 구청장 및 주민
> 3. 결정권자 : 국토교통부장관, 시·도지사, 대도시 시장
> 4. 공간재구조화계획이 만들어지면 도시·군관리계획의 결정고시가 있는 것으로 간주한다.

(3) 부동산 활동상에 따른 토지의 분류 기출 19·20·21·22·23·24·25

① 택지(宅地, 건축용지)·부지(敷地)·대지(垈地)

㉠ 택지(宅地) : 택지는 지상에 건축물이 있거나 향후에 건축물로 이용할 수 있는 토지를 말한다. 즉, 주거용·상업용·공업용 등으로 이용 중이거나 이용 가능한 토지이다.

㉡ 부지(敷地) : 건축용지 외에 철도용 부지·수도용 부지 등에도 사용되는 포괄적 용어이다. 건축 불가능한 토지가 포함된 가장 넓은 의미의 토지가 부지이다.

㉢ 대지(垈地) : 건축법에서 대지란 주거용과 상업용 건축물뿐만 아니라, 학교용지, 공장용지 등에도 건축물을 지을 수 있는 토지라면 '대지'에 속한다. 따라서「공간정보의 구축 및 관리 등에 관한 법률」에서 지목인 '대(垈)'는 공장용지가 포함되지 않지만, 건축법상 '대지(垈地)'는 공장용지도 포함됨을 유의할 필요가 있다.

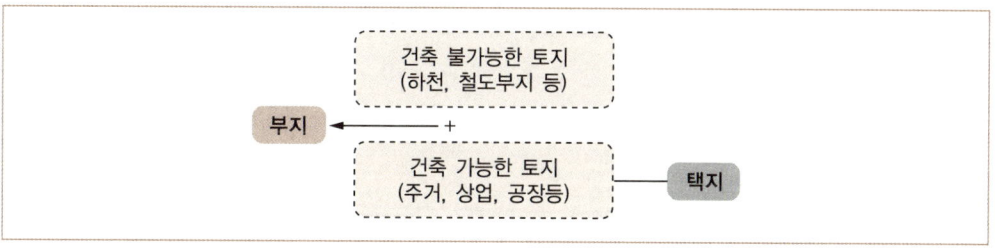

② 필지·획지
  ㉠ 필지(筆地) : 필지란 하나의 지번이 붙은 등기·등록단위로서 토지소유자의 권리를 구분하기 위한 법적 개념이다.
  ㉡ 획지(劃地) : 획지는 인위적·자연적·행정적 조건에 의해 다른 토지와 구별되는 가격수준이 비슷한 일단의 토지의 면적을 말한다. 거래 또는 이용 등의 부동산활동 또는 부동산현상의 단위로서 가격수준을 구분하기 위한 경제적 개념이다.
  ㉢ 필지와 획지의 관계 : 필지와 획지의 크기는 같은 경우, 하나의 필지가 여러 개의 획지가 되는 경우, 여러 개의 필지가 하나의 획지를 이루는 경우가 있다.

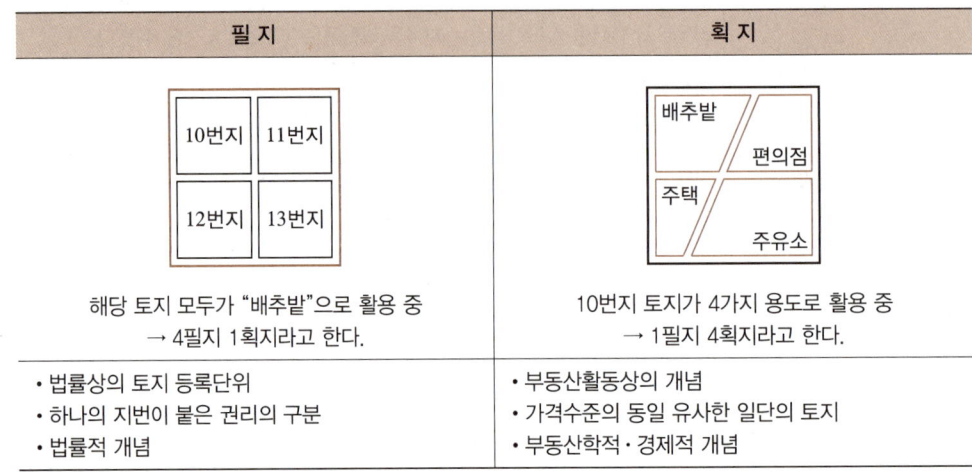

필 지	획 지
해당 토지 모두가 "배추밭"으로 활용 중 → 4필지 1획지라고 한다.	10번지 토지가 4가지 용도로 활용 중 → 1필지 4획지라고 한다.
• 법률상의 토지 등록단위 • 하나의 지번이 붙은 권리의 구분 • 법률적 개념	• 부동산활동상의 개념 • 가격수준의 동일 유사한 일단의 토지 • 부동산학적·경제적 개념

➕ **알아보기** 면적단위와 면적환산방법

1. 면적단위 : m^2가 원칙이다. → $1m^2 = 0.3025$평, 1평 $= 3.3058m^2$
2. 면적 환산 방법
   ① m^2를 평으로 환산하는 방법 : 해당면적 × 0.3025
      $85m^2 = 85 \times 0.3025 =$ 약 25.71평
   ② 평을 m^2로 환산하는 방법 : 해당면적 × 3.3058 25.71평 $= 25.71 \times 3.3058 = 84.99m^2$(약 $85m^2$)
   ③ 1정보 → 3,000평, 1단보 → 300평

③ 후보지·이행지
　㉠ 후보지(가망지, 예정지) : 후보지란 택지지역, 농지지역, 산지지역 상호 간에 다른 지역으로 전환되고 있는 토지이다. 후보지는 반드시 지목변경을 초래한다.

〈부동산감정평가상 토지의 용도별 구분〉

토지	택지지역	주거지역
		상업지역
		공업지역
	농지지역	전지(田地)지역
		답지(畓地)지역
		과수원지역
	산지지역	용재림(用材林)지역
		신탄림(薪炭林)지역

　㉡ 이행지 : 택지 간(주거용, 상업용, 공업용), 농지 간(전, 답, 과수원), 산지 간(용재림, 신탄림) 용도가 변화하고 있는 토지를 말한다. 즉, 용도지역 내에서 지역 간 용도변경이 진행되고 있는 토지로서, 반드시 지목변경을 초래하는 것은 아니다.

④ 정착물의 유무에 따른 분류[나지(裸地)·공지(空地)·건부지(建附地)]
　㉠ 건부지(建敷地) : 건부지란 건물 등의 용도에 제공되고 있는 부지(敷地)로서 그 부지의 사용·수익을 제약하는 권리 등이 부착되어 있지 않은 택지이다.
　㉡ 나지(裸地) : 나지라 함은 토지에 건물 기타 정착물이 없고 지상권 등 토지에 사용·수익을 제한하는 사법상의 권리가 설정되어 있지 않은 토지를 말한다.
　㉢ 공지(空地) : 「건축법」에 의한 건폐율·용적률 등의 제한으로 인해 필지 중 건축물을 제외하고 남은 부분의 토지를 말한다.

> **＋ 알아보기**　**나지와 건부지 비교**
>
> 1. 나 지
>   ① 나지는 최유효이용을 전제로 평가하기 때문에, 토지가격에 대한 감정평가의 기준이 된다.
>   ② 나지는 지목을 알 수 없지만, 지목이 대(垈)인 경우는 "나대지"라 한다.
> 2. 나지와 건부지 비교
>   ① 원칙 : 건부감가
>   　건부지는 부지와 건물의 부적합한 토지이용이 되어 건부지가 최유효이용의 상태가 아닌 경우에 시장성이 떨어져 나지에 비하여 건부지 가격이 감가되는 현상을 말한다.
>   ② 예외 : 건부증가
>   　부지와 건물의 적합도와 관계없이 건물이 존재함으로써 토지의 가격이 증가되는 정도를 말한다(예 개발제한구역 내의 건부지, 유휴지 지정, 택지개발예정지구, 「건축법」이 강화되는 경우 등).

⑤ 대지(袋地)·맹지(盲地)
　㉠ 대지(袋地) : 어떤 토지가 공도(公道)와 좁은 통로에 의해 접속면을 가진 자루형의 모양을 띠게 된 토지를 말한다.
　㉡ 맹지(盲地) : 타인의 토지에 둘러싸여 도로에 어떤 접속면도 가지지 못하는 토지를 말하며, 이 위에는 건축법상 건축을 할 수 없다.

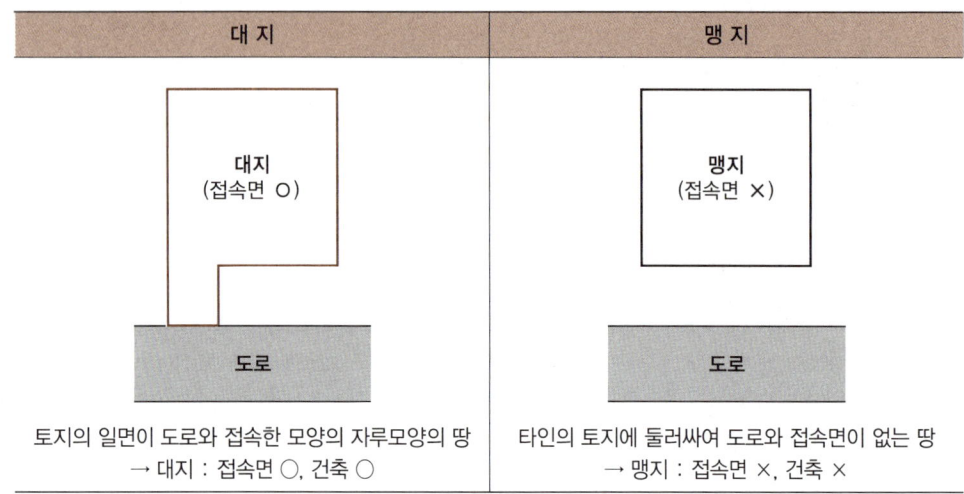

⑥ 법지(法地)·빈지(濱地)
　㉠ 법지(法地) : 법으로만 소유할 뿐 활용실익이 없는 토지이다.
　㉡ 빈지(濱地) : 활용실익은 있으나, 소유권이 인정되지 않는 토지이다. 일반적으로 바다와 육지 사이의 해변토지를 말한다.

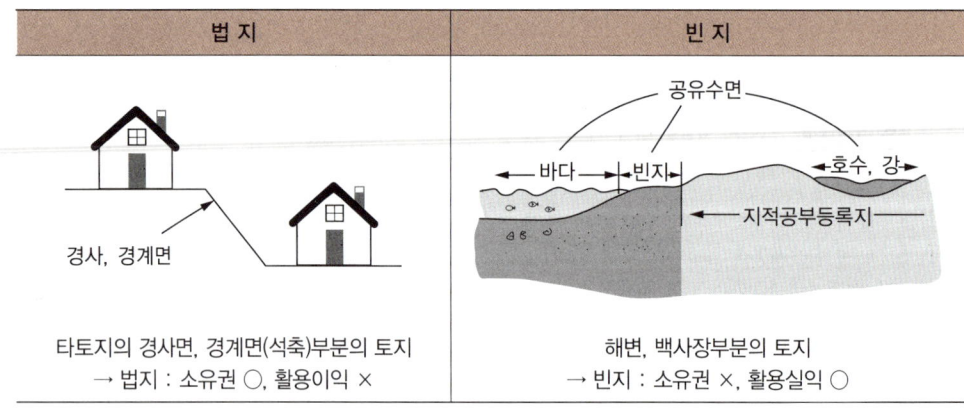

⑦ 유휴지(遊休地)·휴한지(休閑地)·공한지(空閑地)
　㉠ 유휴지(遊休地) : 정당한 이유 없이 방치되고 있는 토지를 말한다.
　㉡ 휴한지(休閑地) : 토지의 지력(地力)회복 등을 위하여 정당한 이유로 쉬고 있는 토지를 말한다.
　㉢ 공한지(空閑地) : 도시 내의 택지 중에 지가상승, 투기 등의 목적으로 장시간 방치되고 있는 토지를 말한다. 그러나 도시계획 등 때문에 공지(空地)로 된 토지는 공한지가 아니다.

⑧ 기 타
  ㉠ 소지(素地) : 개발하기 이전의 자연상태 그대로의 토지로서, 원지(原地)라고도 한다. 소지(沼地)란 늪과 연못 등이 많은 땅을 가리킨다.
  ㉡ 포락지(浦落地) : 지적공부에 등록된 토지로 지반이 홍수 등으로 절토되어 하천이나 강으로 침식된 토지를 말한다. 이 토지는 성토하더라도 소멸된 사권은 부활하지 않는다.
  ㉢ 선하지(線下地) : 고압선 아래의 토지로 그 목적을 위하여 지상권 또는 임차권이 설정된 경우가 많다.
  ㉣ 한계지(限界地) : 택지이용의 최원방권 토지를 말하며, 행정구역상 타 지역과 인접한 지역 내의 토지의 경계점을 말한다.
⑨ 갱지·저지
  ㉠ 갱지 : 나지 중 사법상의 권리가 설정되어 있지 않은 토지(일본용어)
  ㉡ 저지 : 나지 중 공법상, 사법상의 권리가 설정되어 있는 토지(일본용어)

2. 건물의 분류

(1) 주택법상 주택 기출 23·24

세대의 구성원이 장기간 독립된 주거생활을 할 수 있는 구조로 된 건축물의 전부 또는 일부 및 그 부속 토지를 말하며, 이를 단독주택과 공동주택으로 구분한다(법 제2조 제1호).

① **단독주택** : 1세대가 하나의 건축물 안에서 독립된 주거생활을 할 수 있는 구조로 된 주택을 말하며, 그 종류와 범위는 대통령령으로 정한다(법 제2조 제2호).
  ㉠ 단독주택
  ㉡ 다중주택 : 다음의 요건을 모두 갖춘 주택을 말한다.

> ⓐ 학생 또는 직장인 등 여러 사람이 장기간 거주할 수 있는 구조로 되어 있는 것
> ⓑ 독립된 주거의 형태를 갖추지 아니한 것(각 실별로 욕실은 설치할 수 있으나, 취사시설은 설치하지 아니한 것을 말한다)
> ⓒ 1개 동의 주택으로 쓰이는 바닥면적의 합계가 330제곱미터 이하이고 주택으로 쓰는 층수(지하층은 제외한다)가 3개 층 이하일 것

  ㉢ 다가구주택 : 다음의 요건을 모두 갖춘 주택으로서 공동주택에 해당하지 아니하는 것을 말한다.

> ⓐ 주택으로 쓰는 층수(지하층은 제외한다)가 3개 층 이하일 것. 다만, 1층의 전부 또는 일부를 필로티 구조로 하여 주차장으로 사용하고 나머지 부분을 주택 외의 용도로 쓰는 경우에는 해당 층을 주택의 층수에서 제외한다.
> ⓑ 1개 동의 주택으로 쓰이는 바닥면적(부설 주차장 면적은 제외한다)의 합계가 660제곱미터 이하일 것
> ⓒ 19세대(대지 내 동별 세대수를 합한 세대를 말한다) 이하가 거주할 수 있을 것

  ㉣ 공 관

② **공동주택** : 공동주택이란 건축물의 벽·복도·계단이나 그 밖의 설비 등의 전부 또는 일부를 공동으로 사용하는 각 세대가 하나의 건축물 안에서 각각 독립된 주거생활을 할 수 있는 구조로 된 주택을 말하며, 그 종류와 범위는 대통령령으로 정한다(법 제2조 제3호).
  ㉠ 아파트 : 주택으로 쓰는 층수가 5개 층 이상인 주택
  ㉡ 연립주택 : 주택으로 쓰는 1개 동의 바닥면적 합계가 660m^2를 초과하고, 층수가 4개 층 이하인 주택
  ㉢ 다세대주택 : 주택으로 쓰는 1개 동의 바닥면적 합계가 660m^2 이하이고, 층수가 4개 층 이하인 주택
  ㉣ 기숙사

③ **준주택**
  ㉠ 준주택이란 주택 외의 건축물과 그 부속토지로서 주거시설로 이용 가능한 시설 등을 말하며, 그 범위와 종류는 대통령령으로 정한다(법 제2조 제4호).
  ㉡ 준주택의 범위와 종류
    ⓐ 건축법령에 따른 다중생활시설
    ⓑ 건축법령에 따른 노인복지시설 중 「노인복지법」의 노인복지주택
    ⓒ 건축법령에 따른 오피스텔
    ⓓ 건축법령에 따른 기숙사

④ **국민주택규모** : 주거의 용도로만 쓰이는 면적(주거전용면적)이 1호 또는 1세대 당 85제곱미터 이하인 주택(「수도권정비계획법」에 따른 수도권을 제외한 도시지역이 아닌 읍 또는 면 지역은 1호 또는 1세대 당 주거전용면적이 100제곱미터 이하인 주택을 말한다)을 말한다. 이 경우 주거전용면적의 산정방법은 국토교통부령으로 정한다(법 제2조 제6호).

⑤ **토지임대부 분양주택** : 토지의 소유권은 제15조에 따른 사업계획의 승인을 받아 토지임대부 분양주택 건설사업을 시행하는 자가 가지고, 건축물 및 복리시설 등에 대한 소유권(건축물의 전유부분에 대한 구분소유권은 이를 분양받은 자가 가지고, 건축물의 공용부분·부속건물 및 복리시설은 분양받은 자들이 공유한다)은 주택을 분양받은 자가 가지는 주택을 말한다.

⑥ **주택조합** : 많은 수의 구성원이 제15조에 따른 사업계획의 승인을 받아 주택을 마련하거나 제66조에 따라 리모델링하기 위하여 결성하는 다음의 조합을 말한다(법 제2조 제11호).
  ㉠ 지역주택조합 : 지역에 거주하는 주민이 주택을 마련하기 위하여 설립한 조합
  ㉡ 직장주택조합 : 같은 직장의 근로자가 주택을 마련하기 위하여 설립한 조합
  ㉢ 리모델링주택조합 : 공동주택의 소유자가 그 주택을 리모델링하기 위하여 설립한 조합

⑦ **세대구분형 공동주택** : 공동주택의 주택 내부 공간의 일부를 세대별로 구분하여 생활이 가능한 구조로 하되, 그 구분된 공간 일부에 대하여 구분소유를 할 수 없는 주택으로서 대통령령으로 정하는 건설기준, 면적기준 등에 적합하게 건설된 주택을 말한다(법 제2조 제19호).

> ① 세대별로 구분된 각각의 공간마다 별도의 욕실, 부엌과 현관을 설치할 것
> ② 하나의 세대가 통합하여 사용할 수 있도록 세대 간에 연결문 또는 경량구조의 경계벽 등을 설치할 것
> ③ 세대구분형 공동주택의 세대수가 해당 주택단지 안의 공동주택 전체 세대수의 3분의 1을 넘지 아니할 것
> ④ 세대별로 구분된 각각의 공간의 주거전용면적 합계가 해당 주택단지 전체 주거전용면적 합계의 3분의 1을 넘지 아니하는 등 국토교통부장관이 정하여 고시하는 주거전용면적의 비율에 관한 기준을 충족할 것

⑧ **도시형 생활주택** : 도시형 생활주택이란 300세대 미만의 국민주택규모에 해당하는 주택으로서「국토의 계획 및 이용에 관한 법률」에 따른 도시지역에 건설하는 다음의 주택을 말한다.
  ㉠ 단지형 연립주택 : 원룸형 주택이 아닌 연립주택. 다만,「건축법」에 따른 건축위원회의 심의를 받은 경우에는 주택으로 쓰는 층수를 5층까지 건축할 수 있다.
  ㉡ 단지형 다세대주택 : 원룸형 주택이 아닌 다세대주택. 다만,「건축법」에 따른 건축위원회의 심의를 받은 경우에는 주택으로 쓰는 층수를 5층까지 건축할 수 있다.
  ㉢ 아파트형 주택 : 다음의 요건을 모두 갖춘 공동주택
    ⓐ 세대별로 독립된 주거가 가능하도록 욕실 및 부엌을 설치할 것
    ⓑ 지하층에는 세대를 설치하지 아니할 것
⑨ **에너지절약형 친환경주택** : 저에너지 건물 조성기술 등 대통령령으로 정하는 기술을 이용하여 에너지 사용량을 절감하거나 이산화탄소 배출량을 저감할 수 있도록 건설된 주택을 말한다.
⑩ **건강친화형 주택** : 건강하고 쾌적한 실내환경의 조성을 위하여 실내공기의 오염물질 등을 최소화할 수 있도록 대통령령으로 정하는 기준에 따라 건설된 주택을 말한다.
⑪ **장수명 주택** : 구조적으로 오랫동안 유지·관리될 수 있는 내구성을 갖추고, 입주자의 필요에 따라 내부 구조를 쉽게 변경할 수 있는 가변성과 수리 용이성 등이 우수한 주택을 말한다.
⑫ **공업화주택** : 주요 구조부의 전부 또는 일부를 국토교통부에서 정하는 성능·생산기준에 따라 모듈러 등 공업화공법으로 건설한 주택을 말한다.

제3절 부동산의 특성 기출 19·20·21·22·23·25

I 개요

부동산은 토지와 정착물로 보통 정의되나, 일반적으로 부동산의 특성은 주로 토지의 특성을 의미하는 것으로 이해하면 된다. 부동산의 일반 재화와는 다른 여러 가지 특성을 이해함으로 인하여, 왜 부동산시장이 불완전하고 균형가격 성립이 어려운지, 이로 인해 일반재화와는 왜 다른 가격형성과정, 차별화된 투자방식이 필요한지, 부동산정책은 그래서 왜 중요한지 등에 대한 이해가 필요하다. 부동산의 특성을 논하는 데 있어, 정형화된 기준은 없지만, 국내에서 주로 통용되는 자연적 특성과 인문적 특성으로 분류될 수 있기에 이를 기준으로 서술하겠으며, 최근에는 주로 경제적인 특성이 학문적으로 보다 중요성을 지니고 있기에 이를 추가 서술하였다. 부동산이 일반재화와는 어떤 특성이 있으며, 이로 인해 부동산시장과 경제, 부동산투자, 부동산 개발, 부동산 정책과 어떤 파생관계가 있는지 이해하는 것은 경제학과는 별도로 부동산학을 배우는 이유가 되며, 따라서 부동산학의 가장 기본적인 것이라 할 수 있겠다.

II 부동산의 자연적 특성

자연적 특성이란 토지 자체가 지니고 있는 고유의 절대적이고 물리적 특성이다. 즉 인간의 개입이 있기 전부터 물리적으로 지니고 있는 특성으로 인문적 특성과 비교하여 선천적, 태고적, 본원적, 비가변적 성질을 갖는다.

1. 지리적 위치의 고정성

(1) 의 의

고정성이란 부동산의 위치를 인간의 힘으로 이동시킬 수 없다는 지리적 위치의 절대성으로, 토지의 유용성을 지배하는 가장 큰 요인일 뿐 아니라 부동산 고유문제를 파생시키는 가장 주된 특성이다.

(2) 파생현상

① 부동산과 동산의 구별 기준이 된다.
② 부동산시장이 불완전하게 되어 완전경쟁시장을 사실상 불가능하게 한다. 즉, 시장을 국지적으로 만들어 다수의 수요공급이 어렵게 되며, 부동산활동에 임장활동이 필수화되며, 정보 비용을 유발시킨다.
③ 인근 환경은 부동산이 위치한 인근지역에 영향을 주고 부동산 자체의 서비스 기능은 인근 지역의 환경에 의하여 영향을 받는다. 즉 이러한 외부효과에 영향을 많이 받게 되어 부동산 관련 법규가 복잡해지고, 지역분석의 필요성이 대두된다.
④ 부동산활동 및 현상을 국지화시키고, 부동산가격을 위치가격으로 만들게 된다.

2. 부증성

(1) 의 의

부증성이란 토지는 생산비나 노동력을 투입하여 물리적인 절대량을 임의로 증가시킬 수 없다는 특성이다. 여기서 말하는 토지는 선천적인 자연적인 토지를 말하는 것으로 택지조성이나 수면매립, 또는 토지개발은 물리적인 양의 증가라기보다 토지이용의 전환 내지 효용성의 증가라는 측면에서 파악하여야 한다. 따라서, 선천적 태고적인 토지의 공급곡선은 아래와 같은 수직모양을 보인다.

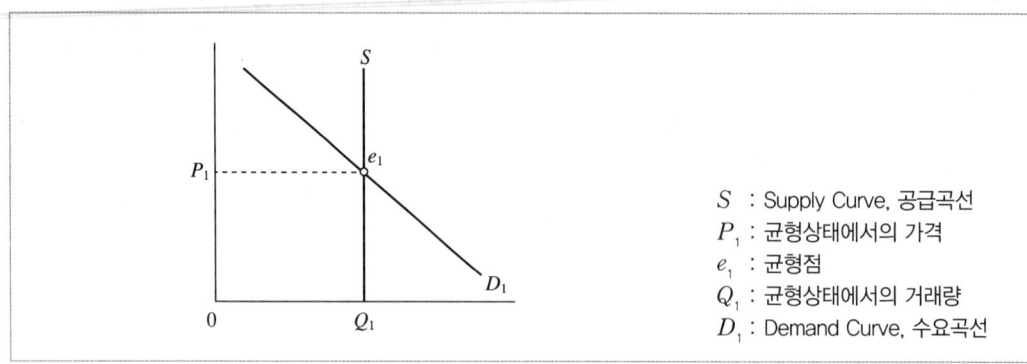

S : Supply Curve, 공급곡선
P_1 : 균형상태에서의 가격
e_1 : 균형점
Q_1 : 균형상태에서의 거래량
D_1 : Demand Curve, 수요곡선

(2) 파생현상
① 토지 희소성 문제의 근원으로 지가상승요인이 된다.
② 건물의 공급능력에 한계를 가져오게 되어 수요 공급의 불균형을 가져온다.
③ 공급자 경쟁보다 수요자 경쟁을 유발한다.
④ 토지에 생산비법칙이 원칙적으로 적용되지 않는다. 따라서 조성, 매립의 경우를 제외하고는 토지의 원가방식적용이 배제된다.

3. 영속성

(1) 의 의
영속성이란 토지는 다른 재화와는 달리 그 물리적 측면에서 소멸, 마모되지 않는 것을 말하는 것으로, 홍수 등으로 유실되거나 외부압력에 의해 물리적인 영향을 받아도 토지 자체의 본질은 영구불변한다는 의미이다.

(2) 파생현상
① 부동산의 유용성을 영속화시키고 소유의 이익과 이용의 이익의 분리를 가능하게 하여 임대차 시장을 발달시킨다.
② 가치보존수단으로서 중요성을 가짐으로써 투기심리 또는 투자심리를 유발하며, 가격의 하방경직성향을 보인다.
③ 토지에 물리적 감가상각이론의 적용을 배제시킨다.
④ 부동산활동에 장기적 배려가 필요케 한다.

4. 개별성

(1) 의 의
개별성이란 자연적, 물리적으로 동일한 토지는 없다는 특성으로 이는 지리적 위치가 고정되어 있으므로 다른 토지와 물리적으로 대체할 수 없다는 점(지리적 위치의 고정성)에 기인한다.

(2) 파생현상
① 일반재화와는 달리 부동산 현상이 개별화되는 이유이며, 개개 부동산 가격 및 수익 등을 개별화·구체화 시키고, 정형화, 표준화를 어렵게 한다. 이로 인해 개별요인분석을 요하는 근거가 된다.
② 표본추출 및 부동산간의 비교를 어렵게 하여, 일반적인 부동산지수 산정이 어렵고, 감정평가가 필요한 이유가 된다.
③ 일물일가의 법칙을 배제시키고, 토지간 대체성이 결여되는 등으로 일반 경제학이론 등의 적용이 어렵게 되고, 부동산학 이론의 일반화를 어렵게 한다.

Ⅲ 부동산의 인문적 특성

인문적 특성은 부동산, 그중에서도 토지를 인간이 이용함으로 인해 발생되는 특성으로서 자연적 특성을 완화시키는 역할을 한다. 이는 자연적 특성과 달리 후천적, 가변적, 인위적, 조화적인 특징을 갖는다.

1. 용도의 다양성

(1) 의 의

용도의 규모와 이용방법이 다양한 탓으로 그 이용은 2개 이상의 용도가 동시에 경합이 가능하며(용도의 경합), 어떤 용도에서 다른 용도로의 전환도 가능하며(용도의 전환), 필요에 따라 한 개의 부동산에 2개 이상의 복합용도가 병존할 수 있다(용도의 병존).

(2) 파생현상

① 토지이용의 우선순위에 대한 중요성이 요구된다. 즉, 토지의 부증성으로 인해 경합된 용도 중에서 가장 우선하는 용도를 발견하여 이용도와 유용성을 증대시켜야 할 과제가 주어지며, 이때 그 적정성을 판정하는 기준으로 최유효이용의 원칙이 적용된다.
② 부동산시장이 부동산의 용도에 따라 세분화된다.
③ 가격다원론의 논리적 근거를 제시한다.
④ 토지의 경제적 공급을 가능케 하여 공급의 완전비탄력성을 완화시킨다.

(3) 자연적 특성과의 관계

토지의 부증성으로 절대적인 공급이 제한되어 있으나, 용도의 다양성으로 인해 경제적 공급을 통한 상대적인 공급이 가능해진다. 즉 부증성에 의한 절대적 희소성이 상대적 희소성으로 변하게 되는 것이다. 또한, 개별성으로 인해 토지는 비대체성을 띠게 되나 용도의 다양성으로 용도적 측면에서는 대체가 가능하게 된다.

2. 병합·분할의 가능성

(1) 의 의

토지는 이용목적에 따라 그 크기를 인위적으로 병합·분할·구획하여 사용할 수 있다는 특성으로 이는 용도의 다양성을 지원하는 특성이다. 이와 같은 물리적 분할 이외에도 권리 및 기간의 분할도 가능하다.

(2) 내 용

효과적인 토지의 병합과 분할이 가능해짐으로써, 토지의 최유효이용 구현이 가능하게 되어, 최고의 가격 형성이 기대된다. 이때, 물리적 분할은 토지 크기의 분할을 말하고 권리 측면에서의 분할은 소유권과 소유권 이외의 권리로 나뉘는 것을 말하며, 전 기간의 대가인 가격과 용익기간 동안의 대가인 임료로 나뉘는 것은 기간의 분할을 뜻한다.

(3) 파생현상

① 규모의 경제 개념의 적용이 가능해지고, 공급의 완전비탄력성이 완화된다.
② 병합·분할로 최유효이용을 지원, 가능하게 한다.
③ 기여의 원칙과 한정가격 개념의 제시 근거가 된다.

3. 사회적·경제적·행정적 위치의 가변성

(1) 의 의
부동산의 인문적 환경으로서 사회적·경제적·행정적 위치가 시간의 흐름에 따라 변화한다는 특성이다. 즉 인문적인 측면에서 토지는 결코 부동·불변이 아니라는 것으로 이러한 가변성이 부동산 가격에 막대한 영향을 미치게 된다.

(2) 내 용
① **사회적 위치의 가변성** : 주거환경의 악화, 슬럼화, 공장의 전입, 공공시설의 이전 등으로 인한 사회적 환경의 악화 또는 개선 등 지역요인이 변화하는 것과 인구상태 등으로 인하여 부동산의 수요가 변화하는 것 등을 의미한다.

② **경제적 위치의 가변성** : 도로, 철도, 전철, 항만, 역 등의 신설·이전·축소·확장 등으로 인한 시가지의 변화·발전·쇠퇴 등을 들 수 있고, 경제성장·소득증대·경기순환 등으로 인한 부동산의 수요 및 유동성의 변화 등을 들 수 있다.

③ **행정적 위치의 가변성** : 부동산에 대한 정부의 정책과 행정 등의 변동으로 부동산 활동이나 가격이 직접, 간접으로 영향을 받음으로써 부동산의 위치가 변화하는 것을 말한다. 행정적 요인으로는 토지제도, 토지이용활동의 규제상태, 토지세제상태, 토지 및 건축물의 구조, 방화 등에 관한 규제상태 등이 있다.

(3) 파생현상
① 사회적·경제적·행정적 위치는 계속하여 변동하므로 토지이용에 장기적 배려가 요구된다.
② 부동산 가격지수 산정을 어렵게 하고, 감정평가의 smoothing 이슈를 발생시킨다.

4. 지역성

(1) 의 의
부동산은 그 부동산이 속한 지역의 구성분자로서 그 지역 및 지역 내의 다른 부동산과 의존·보완·협동·대체·경쟁의 상호관계를 이루며, 이러한 상호관계를 통하여 당해 부동산의 사회적·경제적·행정적 위치가 정해진다는 부동산의 특성을 말한다.

(2) 파생현상
① 다른 지역과 구별되는 지역적 특성을 발생시키고, 가격형성의 지역적 분석 요인이 된다.
② 부동산이 속하는 지역의 사회적·경제적·행정적 위치는 항상 확대·축소·집중·확산·발전·쇠퇴 등의 변화의 과정에 있다. 이에 따라 부동산의 가격도 항상 변화의 과정에 있게 된다.
③ 지역분석 및 입지분석의 이론적 근거가 된다.

Ⅳ 부동산의 경제적 특성

1. 위치의 선호성

(1) 의 의

용도적 관점에서 쾌적성, 수익성, 생산성이 선호의 주요 요인이 되며 이들은 시간의 경과에 따라 변화하는 가변성을 지니고 있다.

(2) 내 용

부동산은 특히 도시적 관점에서 공간적 불균등성의 특성을 지닌다. 위치가 중요성을 가지기 위해서는 다음과 같은 요인들이 있다.
① 천연적인 수혜 : 기후, 안전성
② 투자 지출의 증가(capital inflow) : 도로, 공항, 항구 등의 infrastructure와 주거시설, 상업시설 및 각종 amenity facility의 증가
③ 투자이익의 증대(increasing return) : 복합경제의 양상을 띠어, 기업, 기관, human resource 등이 집중화되고, 지속적인 투자를 발생시킨다.

(3) 위치성 선호에 영향을 주는 변수

① 토지의 위치성은 특정토지에 대한 개인이나 집단의 상호 선택과 선호의 결과로서 나타나기도 하지만, 정부정책의 변화도 지대한 영향을 미친다. 일례로 최근 정부의 신도시 정책 등으로 인한 송도, 판교 등의 신도시로 인한 주거 환경의 변화와 이로 인한 해당 지역 위치 선호성 증가가 그 예일 것이다.
② 부동산의 위치성에 가장 중요한 영향을 미치는 것은 접근성이다. 접근성이란 대상 부동산이 위치하는 장소에서 다른 장소에 도달하는데 소요되는 시간, 경비, 노력 등으로 측정되는 상대적 비용을 말하며, 접근성에 따라 부동산 가치는 크게 영향을 받는다.

2. 권리의 분할 가능성

(1) 의 의

실제로 시장에서 거래되는 부동산에 대한 권리를 거래하는 것으로 부동산의 소유권에는 여러 가지 법적 "권리의 묶음"으로 구성되어 있다.

(2) 내 용

① 크게는 소유, 사용, 처분의 권리로 이루어져 있다. 이중 사용권만 거래하는 시장을 임대차 시장이라 하며, 지역권, 지상권도 분할하여 거래할 수 있다. 또한, 소유권을 특정목적에 맞게 분할하여 거래할 수 있는데 이러한 기법을 제켄드로 기법 또는 파인애플기법 이라 한다.
② 부동산 소유 권리(control claim)의 범위는 실제 소유자와 정부 또는 지자체 regulator에 의해 분할되는 의미를 가지고 있다. 즉, 소유권은 용도, 높이, 면적, 신용 등등에서 그 권리가 제한된다.

3. 파생수요와 유효수요

① 파생수요란 직접적인 수요의 결과 생겨나는 간접적인 수요를 말하는 것으로 부동산은 부동산 자체의 수요보다 부동산에 대한 간접적 수요가 실질적인 수요를 일으킴을 의미한다. 예를 들어 스마트폰은 폰 자체의 디자인이나 기능이 수요를 견인시키는 요인이라면, 부동산은 인근 지하철역의 위치, 경관이나 조망, 또는 학군이나 생활편의시설 등 생활효용 증진(amenity) 등의 수요로 인한 간접적인 수요가 더 중요하다는 것이다.

② 유효수요란 실제로 물건을 살 수 있는 돈을 갖고 물건을 구매하려는 욕구를 말하는 것으로 일반재화보다 유효수요의 중요성이 더 크다고 이해할 필요가 있다. 예를 들어 실제로 누구나 고가의 호화주택에 살고 싶은 욕망은 있지만, 실제로 시장에서는 지불능력이 있는 자(ability to pay)만이 시장에 참여할 수 있음을 의미한다.

4. 경제적 집적성(Agglomeration economy)

(1) 의 의

부동산을 투자의 관점에서 본다면 투자지출에 비해 투자수익이 높아질 때까지는 지속적인 투자가 이루어질 것이고, 이로 인해 경제적 집적현상이 일어난다.

(2) 내 용

① 경제적 집적현상은 생산성을 향상시키고, 이에 따른 재투자로 경제적 집적현상은 심화된다. 예를 들어 인구가 증가하게 되어, 이에 따른 부가 편의 시설이 증대하고 상권은 활성화되어, 그 지역 생산성을 더욱 향상시키게 된다.

② 같은 업종이 같은 공간에 모임으로 인하여 비용이 절감되거나 판매가 잘 이루어지는 것과 같은 긍정적인 효과가 발생하는 현상이 발생한다.

③ 그 지역의 이해관계가 첨예화됨에 따라 이해관계가 복잡해지고, 사회갈등이 심화되어 사회 통합이 어려워진다.

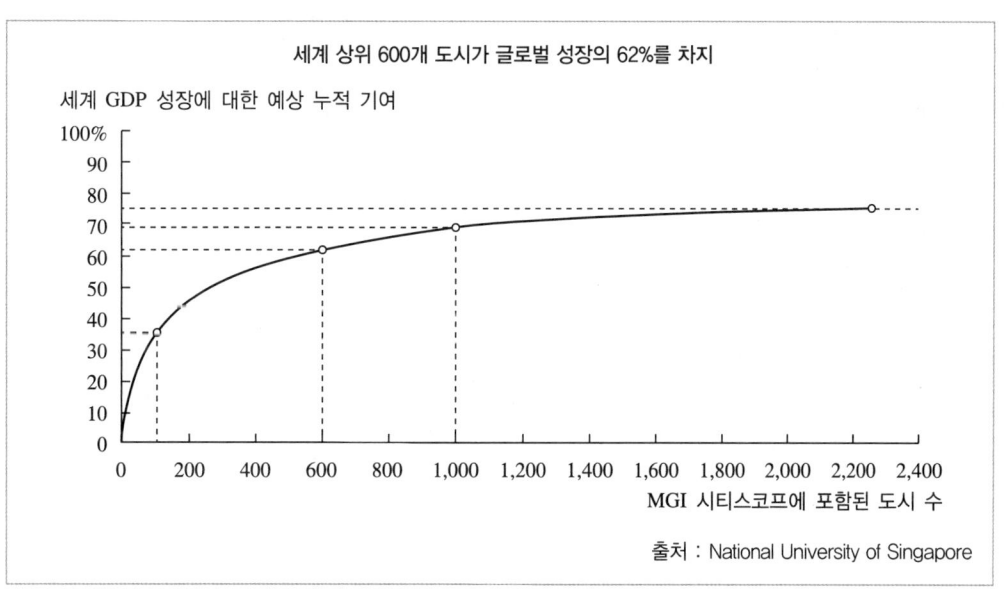

5. 그 밖의 경제적 특성

(1) 투자의 고가성과 장기성(Long Term Investment)
(2) 지역 내에서 연관산업의 value chain 형성 : 부동산 개발, 관리 및 운영, 매각
(3) 경제 관점에서의 부동산의 위치
   ① 내구적 소비재 : 장기간에 걸쳐 오래 사용하는 소비재이다(예 주거용).
   ② 생산적 자산 : 임대용 자산, 공업용 자산 등 실질적 수익창출자산이다.
   ③ 가치보존 수단 : 인플레이션 hedge 등이 가능하다.
   ④ 금융시장과 연관 : 금융자산과 연계되고, 은행건전성과 직접적 관련이 있으며, 자본의 흐름과의 상관 관계가 매우 높다.
   ⑤ 노동시장과 연관 : 노동인구의 이동 및 증감, 실업률의 변화 등이 부동산시장에 미치는 영향이 지대하다.
   ⑥ 거시경제와 연관 : 경기싸이클과 연관되며, 부의 전가, 소비자 신용 관계 등 거시경제(macro economy) 와 직접적인 연관이 있다.
   ⑦ 상대적 희소성 : 토지는 애초 완전비탄력 공급을 가지고, 경제적 공급을 이행하여도, 일반재화와 같은 공급곡선을 가지지 못하며, 토지는 결국 상대적으로 희소성을 지닌다.
   ⑧ Improvement로 인한 토지 효용가변성 : 경제적 공급가능성을 의미

V 건물의 특성

부동산 중에서 토지는 자연상태의 근원물로서 영구적인데 비하여 건물은 인위적인 축조물로 재생산이 가능하며, 상각자산으로서 양자는 매우 대조적인 성격을 갖는다.

1. 비영속성(영속성의 반대)
건물은 토지와는 달리 인위적인 축조물이므로 재생산이 가능한 내구소비재로서 내용연수를 가진 부동산이다.

2. 생산가능성(부증성의 반대)
건물은 물리적, 경제적인 내용연수를 가지고 있지만 개보수를 통해 어느 정도의 수명을 연장할 수 있으며 개축이나 증축 등으로 그 규모를 증가시킬 수 있다. 즉 건물의 경우 부증성이 해당되지 않는다.

3. 비개별성(개별성의 반대)
토지상에 존재한다는 한계가 있기는 하나 이를 배제한다면 토지와 같은 개별성은 없다.

4. 이동가능성(고정성의 반대)
건물은 원칙적으로 부동성이 있다고 볼 수 있으나 최근에는 이동식 주택 등이 나타나고 건물 이축 및 이전 기술의 발달로 비이동성의 특성만이 있다고는 할 수 없다.

5. 토지에의 종속성
건물은 그가 속해 있는 토지의 위치 등 개별적 요인의 영향에 따라 그 경제적 가치에 커다란 영향을 받게 된다.

제4절 부동산 가치의 본질

1. 자연으로서의 부동산

(1) 자연의 의미[1]

부동산은 자연물로서의 가치를 지니는 존재이다. 즉 부동산은 자연(nature)이다.

(2) 자연으로서의 토지(토지의 경제적 의의)

① 토지는 인간에게 일정한 지표를 제공한다.
② 토지는 인위적으로 생산할 수 없다는 점에서 부증성과 가장 밀접한 관계를 지닌다.
③ 토지는 공공복리의 증진이 중시되므로 사회성·공공성과 밀접한 관계를 지닌다.
④ 자연자원 측면을 고려한다면 토지의 개발보다 보전을 위한 노력이 더욱 필요하게 되었다.

2. 공간으로서의 부동산 기출 20

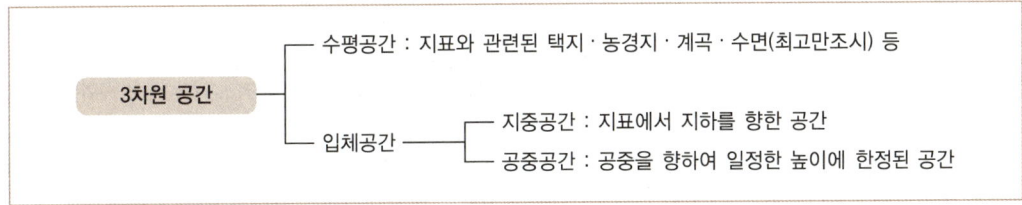

(1) 공간의 의미

토지는 물리적 형태로서의 지표면뿐 아니라 공중공간과 지하공간을 포함한다. 따라서 공간이란 3차원 공간을 의미하며 이를 입체공간이라 한다. 부동산 활동은 입체공간이 대상이 된다.

(2) 3차원 공간으로서의 토지(부동산활동의 대상)

① 부동산활동은 3차원의 공간이므로 입체공간의 일부를 매매·임대·전세권 설정 등을 하는 것도 가능하다.
② 부동산의 가격은 3차원공간 가격의 총화이다.
③ 부동산의 소유권 및 재산권보장의 이론적 근거가 된다.
④ 부동산의 공간개념은 건물의 고층화, 집합건물의 등장으로 그 중요성이 높아지고 있다. 입체공간의 확대되는 현상은 도시의 고층화나 지하화에서 알 수 있다.
⑤ 수평공간의 확대는 과도한 직주분리현상을 유발한다.

---

[1] 이창석, 신부동산학개론, 형설출판사, 1997, pp.161~164

(3) 부동산소유권의 공간적 범위[2]

토지의 소유권은 정당한 이익이 있는 범위 내에서만 토지의 상·하에 미치고 무제한으로 미치는 것은 아니다. 즉 토지소유권은 사람이 지배할 수 있는 한도 내에서 지상·지하에 미치는 것으로 본다.

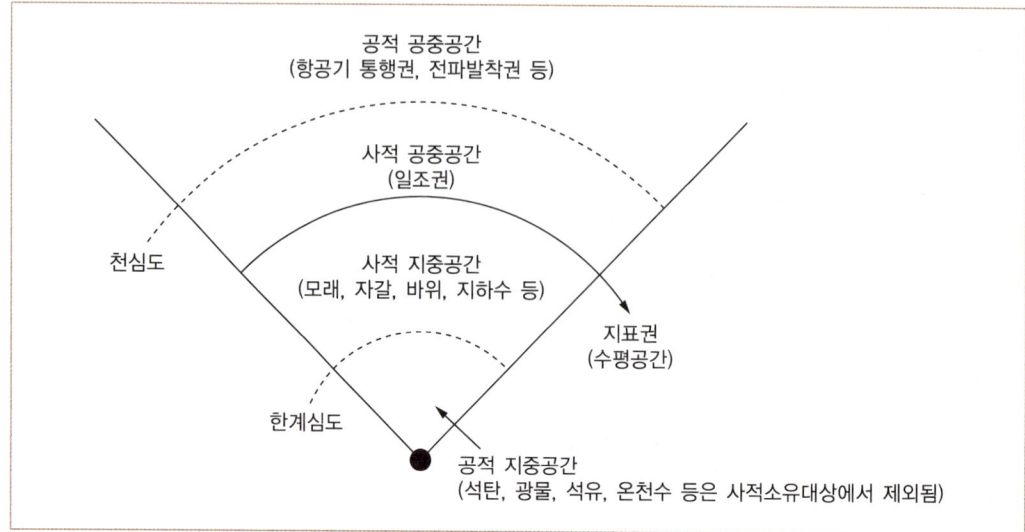

① **지표권(地表權)** : 지표상의 토지를 타인에게 배타적으로 이용할 수 있는 권리를 말한다. 즉 작물을 경작하고 건물을 짓고 지표수 등을 이용하는 권리를 지표권이라 한다. 특히 지표권에서 물에 대한 권리가 상당히 중요한데, 이에는 '물을 이용할 권리'와 '수면하 토지(水面下土地)에 대한 소유권'이 있다.

> **알아보기** 물에 관한 권리
>
> 1. '물에 대한 권리(water rights)' : 지표권의 일부로서 물을 이용할 권리로 유역주의와 선용주의가 있다.
>   1) 유역주의(流域主義)
>   물을 형평성 있게 분배받을 권리로서 주로 습윤지역에서 많이 행한다. 그러나 모든 사람이 용수권을 형평성 있게 나누어 가져가는 것이 아니고, 유역지 근처에 있는 사람만이 이에 해당되는 것이고, 비유역권지역에 있는 사람들까지 동일한 용수권을 가지는 것은 아니다.
>   2) 선용주의(先用主義)
>   먼저 온 사람이 물을 독점적으로 사용하고 남은 것이 있으면 그 다음 사람이 차지하는 형태로서 이 경우 물의 사용 순서를 정하기 위하여 등기를 한다.
> 2. 유역지 소유권자의 인접한 하천, 호수 등에 대한 소유권의 경계(수면하의 토지 소유권)
>
> | 항해가 불가능한 경우 | 수로의 중앙선까지 소유권의 경계가 미친다. |
> |---|---|
> | 항해가 가능한 경우 | 공공도로와 같이 수로의 가장자리까지만 개인의 소유권이 미치고, 수면 아래에 있는 토지는 공공의 소유가 된다. |

---

[2] 안정근, 현대부동산, 법문사, 1997, pp.67~71

② 지중권(subsurface right)
　　㉠ 개념 : 소유권자의 토지구역의 지하공간으로부터 어떤 이익을 획득하거나 사용할 권리를 말한다. 이런 지중권을 보는 나라들의 인식은 차이가 있다. 즉 어떤 나라에 지하권을 모두 토지소유자의 권리로 인정하는 경우도 있고, 일부만을 소유권의 범위로 보는 나라도 있다.
　　㉡ 공중권의 한도에 대해서는 건축법 등 명문화 규정이 있지만, 지하권의 한도에 대해서는 명문의 규정이 없다.
　　㉢ 대체로 우리나라의 지중권은 다음과 같다.
　　　ⓐ 토지의 구성부분(토지·암석·지하수 등)과 토지로부터 독립성이 없는 부착물에도 소유권의 효력이 미친다.
　　　ⓑ 광업권의 객체가 되는 지하에 있는 미채굴된 광업권은 광업권의 목적이 되므로 소유권의 권리에 포함되지 않는다.
③ 공중권(air right)
　　㉠ 공중권의 개념 : 공중권이란 소유권자의 토지구역상의 공중공간을 타인에게 방해받지 않고 토지의 상층공간을 수평으로 구획하여 일정한 고도까지 포괄적으로 이용하고 관리할 수 있는 권리를 말한다.
　　㉡ 공중권의 구분

사적 공중권 (private right)	일정범위까지 소유자가 개인적으로 이용·관리할 수 있는 권리로서 토지소유자의 사적 공중권의 이용은 인접 토지소유자의 권리를 방해해서는 안 된다. 예를 들어 일조권(日照權)과 같은 문제가 여기에 속한다.
공적 공중권	사적 공중권 이상의 공중공간에 대해 공공기관이 공익을 목적으로 사용할 수 있는 권리를 말한다. 이는 개인의 소유권 범위에는 속하지 않는다. 예로써 항공기 통행권이나 전파의 발착권 등이 이에 속한다.

　　㉢ 공중권의 필요성 및 유용성 : 토지의 부족현상 때문에 현대에서는 공중공간의 이용의 중요성이 더욱더 확산되어 가고 있다. 공중공간을 활용하는 방안으로 구분지상권, 개발권이전제도(TDR), 용적률 인센티브 등이 있다.

3. 위치로서의 부동산

(1) 개념

부동산의 특성인 '위치의 고정성과 인접성' 때문에 위치는 매우 중요한 요소 중에 하나이다. 부동산은 위치에 따라 유용성이 달라진다. 따라서 어떤 부동산이 다른 부동산과 가치를 달리하는 요인 가운데 하나가, 그들 부동산이 있는 곳, 즉 위치가 다르다는 점이다.

(2) 위치의 평가

① 부동산의 위치가치는 그 부동산의 유용성에 따라 평가가 달라진다. 유용성 역시 용도에 따라 판단기준이 다르게 나타난다. 따라서 위치가치를 평가할 때 최우선적으로 판단해야 할 것은 용도이다. 그리고 용도에 따른 유용성의 판단기준은 다음과 같다.
　㉠ 주거용 : 쾌적성
　㉡ 상업용 : 수익성
　㉢ 공업용 : 생산성 또는 생산비

② 위치의 가치판단에 있어 특히 어떤 대상과의 접근성과 환경에 의하여 이루어지는 경우가 많고, 또한 부동산의 위치가치는 부지의 선정주체·용도·규모에 따라 그 높·낮음이 다양하게 부여된다.

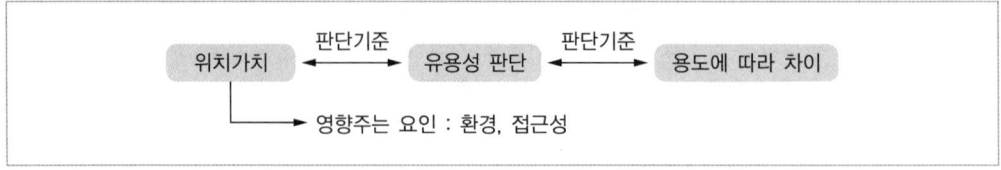

(3) 위치에 관한 학자

① **마샬(A. Marshall)** : 위치의 중요성을 강조하여 '위치가치'라는 표현을 많이 사용하였다. 즉, 그는 '택지가치는 농지지대의 위치의 합'이라 하여 택지가치는 위치에 따라 크게 좌우된다고 했다.

② **허드(R. M. Hurd)** : 지가는 경제적 지대에 바탕을 둔다. 그리고 지대는 위치에 의존하고, 위치는 편리함에 의존하며, 편리함은 가까움에 의존한다. 결국 지가는 가까움(nearness)에 의존한다.

(4) 접근성(accessibility)

① **접근성의 개념** : 접근성은 어떤 목적물에 도달하는 데 시간적·경제적·거리적 부담이 적은 것을 말한다. 따라서 용도에 맞는 접근성이 좋을수록 부동산의 입지조건이 양호하고 그 가치는 크다.

② **접근의 대상물(對象物)** : 일반적으로 어떤 대상물에 대한 접근성이 좋으면 대체로 그 부동산가치는 증가요인이 되지만 그 접근대상물이 인간생활에 위험이나 혐오의 대상 등이라면 그 부동산은 감가요인이 된다.

③ **거리와 접근성** : 일반적으로 거리가 가까울수록 접근성이 높다고 볼 수 있고 또한 부동산 가치도 상승하나, 반드시 접근성의 판단이 거리와 비례함수의 관계에 있는 것은 아니다.
  ㉠ 일반적으로 거리가 가까울수록 접근성이 높다(예 주거지 안의 상가, 역세권 근처의 주택 등).
  ㉡ 예외적으로 거리는 가까운데 접근성이 나쁜 경우도 있다.
    ⓐ 접근의 정도에 따라 대상물이 인간 생활에 필요한 경우라도 지나치게 가까운 경우(예 상가 안의 주택, 공중통행로 근처의 주택)
    ⓑ 위험이나 혐오의 대상인 경우(예 주거지 근처에 쓰레기 매립장 또는 가스충전소 등)
    ⓒ 그 외의 경우
      • 거리는 가까워도 주차장이 원거리인 경우(예 주차문제, 통행문제)
      • 가로의 횡단문제로 우회하는 경우

④ **부동산의 용도와 접근성의 관계** : 부동산의 용도에 따라 접근성의 중요성은 달라진다.
  ㉠ 접근성이 중요시 되는 경우 : 소매상점의 경우 고객의 접근이 중요시된다.
  ㉡ 접근성의 문제와 관련이 없는 것도 있다(예 강한 흡인력이나 독점력을 발휘하는 시설, 사람이 찾는 빈도가 많지 않은 부동산, 독점기업 등).

4. 환경으로서의 부동산
부동산환경이란 그 부동산을 둘러싸고 영향을 주는 자연·물리·사회·경제적 제조건이나 상황을 말한다. 부동산은 환경과 밀접한 관계를 가진다.
① 부동산은 환경의 구성분자이다. 환경과 부동산간에는 전체와 부분에 해당되는 관계가 성립하므로 환경의 변화는 개개의 부동산에 영향을 미치며, 또한 대상 부동산의 상태는 환경에 영향을 미치기도 한다.
② 환경은 부동산활동을 지배하고 부동산현상에 영향을 미친다. 부동산환경은 고정적이 아니라 가변적이므로 부동산활동에 있어서도 환경의 지배와 영향을 구체적으로 분석하여 환경에 적응하도록 노력하여야 한다.
③ 인간의 보다 나은 환경개선을 위한 부단한 노력을 하면 환경은 다시 부동산활동이나 현상을 통하여 인간에게 영향을 준다.
④ 환경의 경계를 파악하여 부동산활동을 하여야 한다. 부동산환경은 공간적 확대현상이므로 무한대로 확대되는 것이 아니라 경계의 작용으로 확대현상이 차단되기도 한다. 이러한 부동산환경의 경계는 지역분석을 통하여 그 범위를 명확히 파악을 할 수가 있다.

5. 기 타
(1) 자산으로서의 부동산
부동산은 인간의 생활에 기초가 되며, 인간의 경제활동의 이윤추구 수단으로서 부동산의 가치는 국가의 가장 큰 부의 원천이며, 민간활동 주체에서도 자산으로서 비중이 큰 편이다. 자산으로서의 부동산은 이용의 대상인 사용가치와 거래·투자대상인 교환가치가 있다. 또한 토지는 사용·수익·처분의 대상이 된다.

(2) 생산요소로서의 부동산
① 토지는 자본, 노동과 더불어 3대 생산요소 중의 하나이다.
② 토지는 재화생산에 필요한 부지를 제공할 뿐 아니라 에너지나 광물질, 건축자재 등의 원료를 공급한다. 즉, 토지는 그 가치가 토지의 생산성에 영향을 받는다.

(3) 소비재로서의 토지
토지는 생산재인 동시에 소비재이다. 토지는 인간생활에 필요한 필수재화로서 생활의 편의를 제공하는 소비재이기도 하다. 즉, 토지는 관광휴양지, 공원, 아파트 등의 최종소비재로 사용된다.

(4) 자본으로서의 토지
사회 전체로서 토지는 무료로 주어지는 재화일지 모르나 개인이나 기업의 경우 다른 자본재와 마찬가지로 임대하거나 구입해야 한다. 토지는 사회 전체로서는 자본이 아닐지 모르나 개인적으로는 자본이다.

CHAPTER 01 실전문제

제1편 | 부동산학 총론

01 토지의 분류 및 용어에 관한 설명으로 옳은 것은?　　　기출 23

CHECK ○△×

① 획지(劃地)는 하나의 필지 중 일부에 대해서도 성립한다.
② 건부지(建敷地)는 건축물의 부지로 이용중인 토지 또는 건축물의 부지로 이용가능한 토지를 말한다.
③ 나지(裸地)는 택지 중 정착물이 없는 토지로서 공법상 제한이 없는 토지를 말한다.
④ 제내지(堤內地)는 제방으로부터 하심측으로의 토지를 말한다.
⑤ 일단지(一團地)는 용도상 불가분의 관계에 있는 두 필지 이상을 합병한 토지를 말한다.

해설

① (○) 획지(劃地)는 하나의 필지 중 일부에 대해서도 성립한다는 표현은 필지와 획지는 크기를 다르게 표현한 것이다. 즉 필지와 획지의 크기는 클 수도 작을 수도 같을 수도 있다는 것이다. 1필지 내에 여러 개 획지가 있을 수도 있다는 것이다.
② (×) 건부지(建敷地)에 대한 설명이 아니라 택지에 대한 설명이다. 건부지란 건축물 등의 부지로 활용되고 있는 토지를 말한다.
③ (×) 나지(裸地)는 택지 중 정착물이 없는 토지이며 지상권 등 사법상 제한은 없지만 공법상 제한이 있는 토지를 말한다.
④ (×) 주어진 지문은 제외지(堤外地)에 대한 설명이다. 즉, 제외지란 하천제방으로 둘러싸인 하천 측 지역으로, 하천수가 흐르는 공간을 의미한다. 제내지(堤內地)란 하천제방에 의해 보호되고 있는 지역으로, 제방으로부터 보호되고 있는 마을까지를 말한다.
⑤ (×) 일단지(一團地)란 지적 공부상 구분되어 있는 여러 필지가 일체로 거래되거나 용도상 불가분의 관계에 있는 토지를 말한다. 이때 감정평가에서는 일괄평가할 수 있다.

답 ①

02 토지의 분류 및 용어에 관한 설명으로 옳은 것을 모두 고른 것은? 기출 24

ㄱ. 획지(劃地)는 인위적, 자연적, 행정적 조건에 따라 다른 토지와 구별되는 가격수준이 비슷한 일단의 토지를 말한다.
ㄴ. 후보지(候補地)는 용도적 지역의 분류 중 세분된 지역 내에서 용도에 따라 전환되는 토지를 말한다.
ㄷ. 공지(空地)는 관련법령이 정하는 바에 따라 안전이나 양호한 생활환경을 확보하기 위해 건축하면서 남겨놓은 일정 면적의 토지를 말한다.
ㄹ. 갱지(更地)는 택지 등 다른 용도로 조성되기 이전 상태의 토지를 말한다.

① ㄱ
② ㄹ
③ ㄱ, ㄷ
④ ㄴ, ㄹ
⑤ ㄱ, ㄷ, ㄹ

해설

ㄴ. (×) 후보지가 아닌 이행지에 대한 설명이다.
ㄹ. (×) 나지 중 사법상의 권리가 설정되어 있지 않은 토지를 의미한다.

답 ③

03 토지의 특성과 감정평가에 관한 내용이다. ( )에 들어갈 것으로 옳은 것은? 기출 24

- (ㄱ)은 장래편익의 현재가치로 평가하게 한다.
- (ㄴ)은 원가방식의 평가를 어렵게 한다.
- (ㄷ)은 개별요인의 분석과 사정보정을 필요하게 한다.

	ㄱ	ㄴ	ㄷ
①	영속성	부증성	개별성
②	개별성	영속성	부동성
③	영속성	개별성	부증성
④	부증성	영속성	개별성
⑤	영속성	개별성	부동성

해설

① ㄱ : 영속성, ㄴ : 부증성, ㄷ : 개별성이 각 항목에 부합하는 토지 특성이다.

답 ①

04 감정평가사 A가 실지조사를 통해 확인한 1개 동의 건축물 현황이 다음과 같다. 건축법령상 용도별 건축물의 종류는?

기출 23

- 1층 전부를 필로티 구조로 하여 주차장으로 사용하며, 2층부터 5층까지 주택으로 사용함
- 주택으로 쓰는 바닥면적의 합계가 1,000m²임
- 세대수 합계가 16세대로서 모든 세대에 취사시설이 설치됨

① 아파트
② 기숙사
③ 연립주택
④ 다가구주택
⑤ 다세대주택

해설

③ 연립주택 : 주택으로 쓰는 1개 동의 바닥면적(2개 이상의 동을 지하주차장으로 연결하는 경우에는 각각의 동으로 본다) 합계가 660m²를 초과하고, 층수가 4개 층 이하인 주택을 말한다.

알아보기 준부동산의 종류

단독주택의 분류	
① 단독주택	1건물에 1세대가 거주하는 주택을 말한다(가정보육시설포함).
② 다중주택	• 여러 사람이 장기간 거주 • 독립된 주거 형태를 갖추지 아니한 것(욕실설치○, 취사시설 설치×) • 1개 동의 주택으로 쓰이는 바닥면적의 합계가 660m² 이하, 주택으로 쓰는 층수(지하 층 제외)가 3개 층 이하
③ 다가구주택	• 주택으로 쓰는 층수(지하층 제외)가 3개 층 이하 • 1개 동의 주택으로 쓰이는 바닥면의 합계가 660m² 이하 • 19세대 이하 거주
④ 공관	정부기관의 고위관리가 공적으로 사용하는 주택
공동주택의 분류	
① 아파트	주택으로 쓰는 층수가 5개 층 이상인 주택을 말한다.
② 연립주택	• 주택으로 쓰는 1개 동의 바닥면적 합계가 660m² 초과 • 층수가 4개 층 이하인 주택
③ 다세대주택	• 주택으로 쓰는 1개 동의 바닥면적 합계가 660m² 이하 • 층수가 4개 층 이하인 주택
④ 기숙사	학교 또는 공장 등의 학생 또는 종업원 등을 위하여 쓰는 것으로서 1개 동의 공공취사 시설 이용 세대수가 전체의 50% 이상인 것

답 ③

05 등기를 통해 소유권을 공시할 수 있는 물건 또는 권리는 몇 개인가?

기출 23

- 총톤수 30톤인 기선(機船)
- 적재용량 25톤인 덤프트럭
- 최대 이륙중량 400톤인 항공기
- 동력차 2량과 객차 8량으로 구성된 철도차량
- 면허를 받아 김 양식업을 경영할 수 있는 권리
- 5천만 원을 주고 구입하여 심은 한 그루의 소나무

① 1개
② 2개
③ 3개
④ 4개
⑤ 5개

해설

① 등기를 통해 소유권을 공시할 수 있는 물건 또는 권리인 것 : 선박 등기법에 의하면 총톤수 20톤 이상의 기선(機船)과 범선(帆船) 및 총톤수 100톤 이상의 부선(艀船), 소유권보존 등기된 입목, 공장재단, 광업재단 등

+ 알아보기   등록을 통해 소유권을 공시할 수 있는 물건 또는 권리인 것

건설기계(덤프트럭), 항공기, 자동차, 철도차량, 어업양식업, 광업권

답 ①

06 주택법령상 준주택에 해당하지 않는 것은?   기출 23

① 건축법령상 공동주택 중 기숙사
② 건축법령상 업무시설 중 오피스텔
③ 건축법령상 숙박시설 중 생활숙박시설
④ 건축법령상 제2종 근린생활시설 중 다중생활시설
⑤ 건축법령상 노유자시설 중 노인복지시설로서 「노인복지법」상 노인복지주택

해설

③ (×) 건축법상 생활숙박시설은 숙박시설이다. 건축법령상 [별표 15]의 숙박시설은 다음과 같다.
- 일반숙박시설 및 생활숙박시설
- 관광숙박시설(관광호텔, 수상관광호텔, 한국전통호텔, 가족호텔, 호스텔, 소형호텔, 의료관광호텔 및 휴양 콘도미니엄)

알아보기 준주택

'준주택'이란 주택 외의 건축물과 그 부속토지로서 주거시설로 이용가능한 시설 등을 말한다. 준주택의 범위와 종류는 다음과 같다.
- 건축법령에 따른 2종 근린생활시설 중 다중생활시설
- 건축법령에 따른 「노인복지법」의 노인복지주택
- 건축법령에 따른 업무시설 중 오피스텔
- 건축법령에 따른 공동주택 중 기숙사

답 ③

07 주택법령상 주택의 정의에 관한 설명으로 옳은 것은?   기출 24

① 민영주택은 임대주택을 제외한 주택을 말한다.
② 세대구분형 공동주택은 공동주택의 주택 내부 공간의 일부를 세대별로 구분하여 생활이 가능한 구조로 하되, 그 구분된 공간의 일부를 구분소유 할 수 있는 주택으로서 대통령령으로 정하는 건설기준, 설치기준, 면적기준 등에 적합한 주택을 말한다.
③ 도시형 생활주택은 300세대 미만의 국민주택규모에 해당하는 주택으로서 대통령령으로 정하는 주택을 말한다.
④ 에너지절약형 친환경주택은 저에너지 건물 조성기술 등 대통령령으로 정하는 기술을 이용하여 에너지 사용량을 절감하거나 이산화탄소 배출량을 증대할 수 있도록 건설된 주택을 말한다.
⑤ 장수명 주택은 구조적으로 오랫동안 유지·관리될 수 있는 내구성을 갖추고 있어 내부 구조를 쉽게 변경할 수 없는 주택을 말한다.

해설

① (×) 민영주택은 국민주택을 제외한 주택을 의미한다.
② (×) 세대구분형 공동주택은 공간의 일부를 구분소유 할 수 없다.
④ (×) 에너지절약형 친환경주택은 이산화탄소 배출량을 저감할 수 있는 주택을 말한다.
⑤ (×) 장수명 주택은 내부구조를 쉽게 변경할 수 있는 주택을 의미한다.

답 ③

08 토지의 특성과 내용에 관한 설명으로 옳지 않은 것은? 기출 23

① 토지는 시간의 경과에 의해 마멸되거나 소멸되지 않으므로 투자재로서 선호도가 높다.
② 물리적으로 완전히 동일한 토지는 없으므로 부동산시장은 불완전경쟁시장이 된다.
③ 토지는 공간적으로 연결되어 있으므로 외부효과를 발생시키고, 개발이익 환수의 근거가 된다.
④ 토지는 용익물권의 목적물로 활용할 수 있으므로 하나의 토지에 다양한 물권자가 존재할 수 있다.
⑤ 토지의 소유권은 정당한 이익있는 범위내에서 토지의 상하에 미치며, 한계고도와 한계심도의 범위는 법률로 정하고 있다.

해설

① (○) 토지는 영속성 때문에 시간의 경과에 의해 마멸되거나 소멸되지 않으므로 투자재로서 선호도가 높다.
② (○) 개별성으로 인하여 물리적으로 완전히 동일한 토지는 없으므로 부동산시장은 불완전경쟁시장이 된다.
③ (○) 토지는 인접성으로 인하여 공간적으로 연결되어 있으므로 외부효과를 발생시키고, 개발이익 환수의 근거가 된다.
④ (○) 토지는 부동성 때문에 권리의 분할이 가능하므로 용익물권의 목적물로 활용할 수 있으므로 하나의 토지에 다양한 물권자가 존재할 수 있다.
⑤ (×) 토지의 소유권(민법 제212조)은 정당한 이익있는 범위내에서 토지의 상하에 미친다. 이때 정당한 이익이 있는 범위 내는 법률로 정해져 있는 것이 아니라 사회통념상 인정되는 범위이다.

답 ⑤

09 CHECK ○△×

감정평가사 A는 표준지공시지가의 조사·평가를 의뢰받고 실지조사를 통해 표준지에 대해 다음과 같이 확인하였다. 표준지조사·평가보고서상 토지특성 기재방법의 연결이 옳은 것은? 기출 23

> ㄱ. 토지이용상황 : 주변의 토지이용상황이 '전'으로서 돈사와 우사로 이용되고 있음
> ㄴ. 도로접면 : 폭 10미터의 도로와 한면이 접하면서 자동차 통행이 불가능한 폭 2미터의 도로에 다른 한면이 접함

	ㄱ	ㄴ
①	전기타	중로한면
②	전기타	소로한면
③	전축사	소로각지
④	전축사	소로한면
⑤	목장용지	소로한면

해설

ㄱ. 주변의 토지이용상황이 '전'이고 대상 토지는 돈사와 우사로 이용되는 '축사'이므로 '전축사'로 기재한다.
ㄴ. 소로한면은 폭 8m 이상~12m 미만의 도로에 한면이 접하고 있는 토지를 말한다.

➕ 알아보기   도로접면 구분표

도로접면 구분표는 도로폭, 도로접합면, 자동차 통행 여부에 따라서 12종류로 구분된다. 토지정보의 도로조건을 확인하면 다음과 같다.
① 표 기
    ㉠ 도로폭 기준
        ⓐ 광대로 : 25m 이상
        ⓑ 중로 : 12m 이상~25m 미만
        ⓒ 소로 : 8m 이상~12m 미만
        ⓓ 세로 : 8m 미만
    ㉡ 도로와 접한 면을 기준
        ⓐ 1면 : 한면
        ⓑ 2면 이상 : 각지
    ㉢ 자동차 통행 가능 여부를 기준
        ⓐ 통행 가능 : (가)
        ⓑ 통행 불가능 : (불)
② 도로접면 구분표

도로접면	약 어	적용범위
광대로한면	광대한면	폭 25m이상의 도로에 한면이 접하고 있는 토지
광대로-광대로 광대로-중로 광대로-소로	광대소각	광대로에 한면이 접하고 소로(폭 8m이상~12m미만) 이상의 도로에 한면 이상 접하고 있는 토지

광대로-세로(가)	광대세각	광대로에 한면이 접하면서 자동차 통행이 가능한 세로(폭 8m미만)에 한면 이상 접하고 있는 토지
중로한면	중로한면	폭 12m이상~25m미만 도로에 한면이 접하고 있는 토지
중로-중로 중로-소로 중로-세로(가)	중로각지	중로에 한면이 접하면서 중로, 소로, 자동차 통행이 가능한 세로(가)에 한면 이상이 접하고 있는 토지
소로한면	소로한면	폭 8m이상~12m미만의 도로에 한면이 접하고 있는 토지
소로-소로 소로-세로(가)	소로각지	소로에 두면 이상이 접하거나 소로에 한면이 접하면서 자동차 통행이 가능한 세로(가)에 한면이상 접하고 있는 토지
세로한면(가)	세로(가)	자동차 통행이 가능한 폭 8m미만의 도로에 한면이 접하고 있는 토지
세로(가)-세로(가)	세각(가)	자동차 통행이 가능한 세로에 두면 이상이 접하고 있는 토지
세로한면(불)	세로(불)	자동차 통행이 불가능하나 이륜자동차와 통행이 가능한 세로에 한면이 접하고 있는 토지
세로(불)-세로(불)	세각(불)	자동차 통행이 불가능하나 이륜자동차와 통행이 가능한 세로에 두면이상 접하고 있는 토지
맹지	맹지	이륜자동차의 통행이 불가능한 도로에 접한 토지와 도로에 접하지 아니한 토지

답 ④

10 토지에 관한 설명으로 옳지 않은 것은?

① 공간으로서 토지는 지표, 지하, 공중을 포괄하는 3차원 공간을 의미한다.
② 자연으로서 토지는 인간의 노력에 의해 그 특성을 바꿀 수 없다.
③ 소비재로서 토지는 그 가치가 시장가치와 괴리되는 경우가 있다.
④ 생산요소로서 토지는 그 가치가 토지의 생산성에 영향을 받는다.
⑤ 재산으로서 토지는 사용·수익·처분의 대상이 된다.

해설

② (×) 자연으로서 토지는 인간의 노력에 의해 그 특성을 바꿀 수 있다. 자연으로서의 토지는 인간의 삶에 필요한 장소를 제공하면서 모든 생산활동을 위한 요소이다. 토지는 생산할 수 없으므로 유한성을 극복하기 위해서 효율적인 이용을 강조하여 최유효이용의 개념이 중시된다. 그리고 자연으로서의 토지가치를 점차 크게 인식하기 때문에 토지는 개발보다는 보전을 위한 노력이 필요하다.

답 ②

11. 부동산활동에 관련된 설명으로 옳은 것을 모두 고른 것은?

ㄱ. 공유지(共有地)란 1필지의 토지를 2인 이상이 공동으로 소유한 토지로, 지분비율 또는 지분의 위치에 따라 감정평가한다.
ㄴ. 일단지란 용도상 불가분의 관계에 있고 지가형성요인이 같은 2필지 이상의 토지로, 필지별로 감정평가한다.
ㄷ. 선하지란 고압선 아래의 토지로, 고압선 등 통과부분의 면적 등 제한의 정도를 고려하여 감정평가한다.
ㄹ. 맹지란 도로와 접한 면이 없는 토지로, 도로로 사용하기 위한 지역권이 설정되어 있는 경우 도로가 있는 것으로 보고 감정평가한다.
ㅁ. 환지란 도시개발사업에서 사업 전 토지의 위치 등을 고려하여 소유자에게 재분배하는 사업 후의 토지로, 환지처분 이전에 환지예정지로 지정된 경우에는 종전 토지의 위치 등을 기준으로 감정평가한다.

① ㄱ, ㄴ, ㄷ
② ㄱ, ㄷ, ㄹ
③ ㄱ, ㄷ, ㅁ
④ ㄴ, ㄷ, ㄹ
⑤ ㄴ, ㄹ, ㅁ

해설

ㄱ. (○) 1필지의 토지를 2인 이상이 공동으로 소유하고 있는 토지의 지분을 감정평가할 때에는 대상토지 전체의 가액에 지분비율을 적용하여 감정평가한다. 다만, 대상지분의 위치가 확인되는 경우에는 그 위치에 따라 감정평가할 수 있다.
ㄴ. (×) 일단(一團)으로 이용 중인 토지 2필지 이상의 토지가 일단으로 이용 중이고 그 이용 상황이 사회적·경제적·행정적 측면에서 합리적이고 대상토지의 가치형성 측면에서 타당하다고 인정되는 등 용도상 불가분의 관계에 있는 경우에는 일괄 감정평가를 할 수 있다.
ㄷ. (○) 선하지는 고압선 등이 통과하는 토지는 통과전압의 종별, 고압선 등의 높이, 고압선 등 통과부분의 면적 및 획지 안에서의 위치, 철탑 및 전선로의 이전 가능성, 지상권설정 여부 등에 따른 제한의 정도를 고려하여 감정평가할 수 있다.
ㄹ. (○) 맹지는 지적도상 도로에 접한 부분이 없는 토지를 말하며 「민법」제219조에 따라 공로에 출입하기 위한 통로를 개설하기 위해 비용이 발생하는 경우에는 그 비용을 고려하여 감정평가한다. 다만, 다음 각 호의 어느 하나에 해당하는 경우에는 해당 도로에 접한 것으로 보고 감정평가할 수 있다.
ⓐ 토지소유자가 그 의사에 의하여 타인의 통행을 제한할 수 없는 경우 등 관습상 도로가 있는 경우
ⓑ 지역권(도로로 사용하기 위한 경우) 등이 설정되어 있는 경우
ㅁ. (×) 「도시개발법」에서 규정하는 환지방식에 따른 사업시행지구 안에 있는 토지는 다음과 같이 감정평가한다.
ⓐ 환지처분 이전에 환지예정지로 지정된 경우에는 환지예정지의 위치, 확정예정지번(블록·롯트), 면적, 형상, 도로접면 상태와 그 성숙도 등을 고려하여 감정평가한다. 다만, 환지면적이 권리면적보다 큰 경우로서 청산금이 납부되지 않은 경우에는 권리면적을 기준으로 한다.
ⓑ 환지예정지로 지정 전인 경우에는 종전 토지의 위치, 지목, 면적, 형상, 이용상황 등을 기준으로 감정평가한다.

답 ②

12 토지의 특성에 관한 설명이다. ( )에 들어갈 내용으로 옳게 연결된 것은?　　　기출 22

- (ㄱ)은 토지에 대한 소유욕을 증대시키며 토지이용을 집약화시킨다.
- (ㄴ)은 임장활동과 지역분석의 근거가 된다.
- (ㄷ)은 토지간의 비교를 어렵게 하며 완전한 대체를 제약시킨다.

	ㄱ	ㄴ	ㄷ
①	개별성	부동성	영속성
②	영속성	부동성	용도의 다양성
③	영속성	인접성	용도의 다양성
④	부증성	인접성	부동성
⑤	부증성	부동성	개별성

해설

주어진 지문에 대한 설명으로, ㄱ : 부증성, ㄴ : 부동성, ㄷ : 개별성에 대한 것이다.

답 ⑤

13 부동산의 특성에 관한 설명으로 옳은 것의 개수는?

기출 22

- 용도의 다양성은 최유효이용을 선택할 수 있는 근거가 된다.
- 인접성은 외부효과의 원인이 된다.
- 분할·합병의 가능성은 부동산의 가치를 변화시킨다.
- 부동성은 인근지역과 유사지역의 분류를 가능하게 한다.
- 영속성은 부동산활동을 장기적으로 고려하게 한다.

① 1 ② 2
③ 3 ④ 4
⑤ 5

해설

주어진 내용은 모두 옳은 지문이다.
- 용도다양성은 최유효이용, 경제적 공급 등과 연관되어 있다.
- 외부효과는 부동성 또는 인접성과 연관되어 있다.
- 분할·합병의 가능성은 부동산의 가치를 변화시킨다.
- 부동성은 인근지역과 유사지역의 분류, 즉 지역분석의 근거가 된다.
- 영속성은 부동산활동을 장기적으로 고려하게 한다.

답 ⑤

14 부동산의 개념에 관한 설명으로 옳지 않은 것은?

기출 21

① 자연, 공간, 위치, 환경 속성은 물리적 개념에 해당한다.
② 부동산의 절대적 위치는 토지의 부동성에서 비롯된다.
③ 토지는 생산의 기본요소이면서 소비재가 된다.
④ 협의의 부동산과 준부동산을 합쳐서 광의의 부동산이라고 한다.
⑤ 부동산의 법률적·경제적·물리적 측면을 결합한 개념을 복합부동산이라고 한다.

해설

⑤ (✕) 복합부동산이 아니라 복합개념의 부동산에 대한 설명이다. 복합부동산이란 토지와 그 토지 위의 정착물이 각각 독립된 거래의 객체이면서도 마치 하나의 결합된 상태로 다루어져 부동산활동의 대상으로 삼는 것을 말한다.

답 ⑤

15 토지의 분류 및 용어에 관한 설명으로 옳은 것은? 기출 21

① 필지는 법률적 개념으로 다른 토지와 구별되는 가격수준이 비슷한 일단의 토지이다.
② 후보지는 부동산의 용도지역인 택지지역, 농지지역, 임지지역 상호간에 전환되고 있는 지역의 토지이다.
③ 나지는 「건축법」에 의한 건폐율·용적률 등의 제한으로 인해 한 필지 내에서 건축하지 않고 비워둔 토지이다.
④ 표본지는 지가의 공시를 위해 가치형성요인이 같거나 유사하다고 인정되는 일단의 토지 중에서 선정한 토지이다.
⑤ 공한지는 특정의 지점을 기준으로 한 택지이용의 최원방권의 토지이다.

해설

① (×) 필지는 법률적 개념으로 다른 토지와 구별되는 권리가 동일한 일단의 토지이다.
③ (×) 나지가 아니라 공지에 대한 설명이다.
④ (×) 표본지가 아니라 표준지에 대한 설명이다.
⑤ (×) 공한지가 아니라 한계지에 대한 설명이다.

답 ②

---

16 토지의 특성에 관한 설명으로 옳은 것을 모두 고른 것은? 기출 21

> ㄱ. 부증성으로 인해 이용전환을 통한 토지의 용도적 공급이 불가능하다.
> ㄴ. 부동성으로 인해 부동산 활동이 국지화된다.
> ㄷ. 영속성으로 인해 토지는 감가상각에서 배제되는 자산이다.
> ㄹ. 개별성으로 인해 외부효과가 발생한다.

① ㄱ, ㄹ
② ㄴ, ㄷ
③ ㄱ, ㄴ, ㄷ
④ ㄴ, ㄷ, ㄹ
⑤ ㄱ, ㄴ, ㄷ, ㄹ

해설

ㄱ. (×) 부증성으로 인해 물리적 공급은 불가능하나, 이용전환을 통한 토지의 용도적 공급이 가능하다.
ㄹ. (×) 인접성으로 인해 외부효과가 발생한다.

답 ②

17 토지의 특성에 관한 설명으로 옳지 않은 것은?

① 부동성으로 인해 지역분석을 필요로 하게 된다.
② 용도의 다양성은 최유효이용의 판단근거가 된다.
③ 영속성은 부동산활동에 대해서 장기적 배려를 필연적으로 고려하게 한다.
④ 합병·분할의 가능성은 토지의 이행과 전환을 가능하게 한다.
⑤ 개별성으로 인해 일물일가의 법칙이 적용되지 않고, 부동산시장에서 부동산상품 간에 완벽한 대체는 불가능하다.

해설

④ (×) 합병·분할의 가능성이 아니라 용도 다양성에 대한 설명이다.

답 ④

18 다음의 내용과 관련된 토지의 특성은?

- 지가를 상승시키는 요인이 된다.
- 토지는 생산비를 투입하여 생산할 수 있다.
- 토지의 독점 소유욕을 갖게 하며, 토지이용을 집약화 시킨다.

① 부동성
② 부증성
③ 영속성
④ 개별성
⑤ 인접성

해설

② 주어진 제시문은 부증성에 대한 설명이다.

답 ②

19 공간으로서의 부동산에 관한 설명으로 옳지 않은 것은? 기출 20

① 토지는 물리적 형태로서의 지표면과 함께 공중공간과 지하공간을 포함한다.
② 부동산활동은 3차원의 공간활동으로 농촌지역에서는 주로 지표공간이 활동의 중심이 되고, 도시지역에서는 입체공간이 활동의 중심이 된다.
③ 지표권은 토지소유자가 지표상의 토지를 배타적으로 사용할 수 있는 권리를 말하며, 토지와 해면과의 분계는 최고만조시의 분계점을 표준으로 한다.
④ 지중권 또는 지하권은 토지소유자가 지하공간으로부터 어떤 이익을 획득하거나 사용 할 수 있는 권리를 말하며, 물을 이용할 수 있는 권리가 이에 포함한다.
⑤ 공적 공중권은 일정범위 이상의 공중공간을 공공기관이 공익목적의 실현을 위해 사용할 수 있는 권리를 말하며, 항공기 통행권이나 전파의 발착권이 이에 포함된다.

해설

④ (×) 물을 이용할 수 있는 권리는 지표권에 해당된다. 지하권은 토지소유자가 지하공간으로부터 어떤 이익을 획득하거나 사용할 수 있는 권리를 말한다.

답 ④

20
한국표준산업분류에 따른 부동산업의 세분류 항목으로 옳지 않은 것은?

① 주거용 건물 건설업
② 부동산 임대업
③ 부동산 개발 및 공급업
④ 부동산 관리업
⑤ 부동산 중개, 자문 및 감정평가업

해설

① (×) 주거용 건물 건설업이 아니라 주거용 건물 개발 및 공급업이다.

알아보기 표준산업분류(SIC ; Standard Industrial Classification)

대분류	중분류	소분류	세분류
부동산업	부동산 임대업 및 공급업	부동산임대업	• 주거용 건물임대업 • 비주거용 건물임대업 • 기타 부동산임대업
		부동산개발 및 공급업	• 주거용 건물 개발 및 공급업 • 비주거용 건물 개발 및 공급업 • 기타 부동산개발 및 공급업
	부동산 관련 서비스업	부동산관리업	• 주거용 부동산관리업 • 비주거용 부동산관리업
		부동산중개 및 감정평가업	• 부동산 중개업 및 대리업 • 부동산 투자자문업 및 감정평가업

답 ①

21 토지의 특성에 관한 설명으로 옳지 않은 것은?

① 부동성은 부동산 활동 및 현상을 국지화하여 지역특성을 갖도록 한다.
② 부증성은 생산요소를 투입하여도 토지 자체의 양을 늘릴 수 없는 특성이다.
③ 영속성은 토지관리의 필요성을 높여 감정평가에서 원가방식의 이론적 근거가 된다.
④ 개별성은 대상토지와 다른 토지의 비교를 어렵게 하며 시장에서 상품 간 대체관계를 제약할 수 있다.
⑤ 인접성은 물리적으로 연속되고 연결되어 있는 특성이다.

해설

③ (×) 영속성은 토지관리의 필요성을 높여주지만, 감정평가에서 원가방식의 이론적 근거가 되지는 않는다.

답 ③

22 전, 답, 임야 등의 지반이 절토되어 하천으로 변한 토지는?

① 포락지
② 유휴지
③ 공한지
④ 건부지
⑤ 휴한지

해설

① (○) 포락지에 대한 설명이다.
② (×) 유휴지 : 비정상적으로 쉬고 있는 토지
③ (×) 공한지 : 도시토지로서 지가상승을 목적으로 장기간 방치된 토지
④ (×) 건부지 : 건물 등의 부지로 활용되는 토지
⑤ (×) 휴한지 : 토지의 지력회복을 목적으로 쉬고 있는 토지

답 ①

23. 다음의 내용과 관련된 부동산활동상의 토지 분류에 해당하는 것은? 기출 19

- 주택지가 대로변에 접하여 상업지로 전환 중인 토지
- 공업지가 경기불황으로 공장가동률이 저하되어 주거지로 전환 중인 토지
- 도로변 과수원이 전으로 전환 중인 토지

① 이행지
② 우등지
③ 체비지
④ 한계지
⑤ 후보지

해설

① (○) 지역 내의 변화이므로 이행지에 대한 설명이다.
② (×) 우등지 : 토지의 비옥도 중에 열등지의 상대적 개념으로 상대적으로 비옥한 토지를 말한다.
③ (×) 체비지 : 토지구획정리사업의 시행자가 그 사업에 필요한 재원을 확보하기 위하여 환지(換地) 계획에서 제외하여 유보한 토지를 말한다.
④ (×) 한계지 : 어떤 용도로 최원방권에 있는 토지를 말한다.
⑤ (×) 후보지 : 택지지역, 농지지역, 임지지역 상호 간에 다른 지역으로 전환되고 있는 토지를 말한다.

답 ①

24. 토지의 일부로 간주되는 정착물에 해당하는 것을 모두 고른 것은? 기출 24

ㄱ. 가식 중에 있는 수목
ㄴ. 매년 경작의 노력을 요하지 않는 다년생 식물
ㄷ. 건 물
ㄹ. 소유권보존등기된 입목
ㅁ. 구 거
ㅂ. 경작수확물

① ㄱ, ㅂ
② ㄴ, ㅁ
③ ㄷ, ㄹ
④ ㄹ, ㅁ
⑤ ㅁ, ㅂ

해설

ㄴ·ㅁ. (○) 정착물은 원래는 동산이나, 토지에 부착되어 계속적으로 이용되고 있다고 인정되는 물건으로 토지와 별도로 거래되는 독립정착물과 토지의 일부로 간주되는 종속정착물로 나눌 수 있으며, 문제는 종속정착물 종류를 물어보는 것으로 종속정착물은 축대, 도로, 구거, 매년 경작을 요하지 않는 다년생식물, 자연식생물 등이 대표적이다.
ㄱ·ㅂ. (×) 가식 중에 있는 수목, 경작수확물은 정착물이 아니다.
ㄷ·ㄹ. (×) 건물, 소유권 보존등기된 입목은 토지와 독립된 정착물(독립정착물)이다.

답 ②

25 부동산의 개념에 관한 설명으로 옳지 <u>않은</u> 것은? 　　기출 19

① 토지는 제품생산에 필요한 부지를 제공하는 생산요소이다.
② 토지는 생활의 편의를 제공하는 최종 소비재이기도 하다.
③ 「민법」상 부동산은 토지 및 그 정착물이며, 부동산 이외의 물건은 동산이다.
④ 준부동산에는 등기나 등록수단으로 공시된 광업재단, 공장재단, 선박, 항공기, 어업권 등이 있다.
⑤ 입목에 관한 법률에 의해 소유권보존등기를 한 입목은 토지와 분리하여 양도할 수 없다.

해설

⑤ (×) 입목에 관한 법률에 의해 소유권보존등기를 한 입목은 독립정착물로서 토지와 분리하여 양도할 수 있다. 독립정착물로서 건물, 명인방법을 취한 수목, 타인토지에 경작되고 있는 농작물 등이 이에 속한다.

답 ⑤

26 다음의 내용에 모두 관련된 토지의 특성은? 　　기출 19

- 최유효이용의 판단근거가 되며, 최고의 효율성을 발휘하게 하여 경제적 가치를 증대시킨다.
- 토지이용의 이행과 전환을 가능하게 한다.
- 부동산의 가격은 그 이용을 통해 초과이윤을 얻기 위한 시장참여자들의 경쟁관계에 의해 형성된다.

① 인접성
② 용도의 다양성
③ 위치의 가변성
④ 고가성
⑤ 부동성

해설

② 해당 제시문의 내용은 용도의 다양성에 대한 설명이다.

답 ②

27 토지에 관한 설명으로 옳지 않은 것은?

① "토지의 표시"란 지적공부에 토지의 소재·지번(地番)·지목(地目)·면적·경계 또는 좌표를 등록한 것을 말한다.
② "지번"이란 필지에 부여하여 지적공부에 등록한 번호를 말한다.
③ "토지의 이동(異動)"이란 홍수나 산사태 등으로 인해 토지의 지형이 변경된 것을 말한다.
④ "합병"이란 지적공부에 등록된 2필지 이상을 1필지로 합하여 등록하는 것을 말한다.
⑤ "분할"이란 지적공부에 등록된 1필지를 2필지 이상으로 나누어 등록하는 것을 말한다.

해설

③ (×) 토지의 이동은 토지의 표시(소재, 지번, 지목, 면적, 경계 등)를 새로이 정하거나 변경·말소하는 행위를 말하며, 소유권 변경이나 주소 변경 등은 해당하지 않는다.

답 ③

28 준부동산(準不動産)에 관한 설명으로 옳지 않은 것은?

① 준부동산은 특정의 부동산, 동산과 부동산의 집단을 말한다.
② 공장재단이란 공장에 속한 일정한 기업용 재산으로 구성되는 일단(一團)의 기업재산으로 「공장 및 광업재단 저당법」에 따라 소유권과 저당권의 목적이 되는 것을 말한다.
③ 광업재단이란 광업권과 광업권에 기하여 광물을 채굴·취득하기 위한 각종 설비 및 이에 부속하는 사업의 설비로 구성되는 일단의 기업재산으로 「공장 및 광업재단 저당법」에 따라 소유권과 저당권의 목적이 되는 것을 말한다.
④ 입목이란 토지에 부착된 수목의 집단으로서 그 소유자가 「입목에 관한 법률」에 따라 소유권보존등기를 받은 것을 말하며, 토지소유권 또는 지상권 처분의 효력이 미친다.
⑤ 「수산업법」의 규정에 따른 어업권이란 면허를 받아 어업을 경영할 수 있는 권리를 말한다.

해설

① (×) 개별 법률에 의해 등기·등록의 공시방법을 갖춤으로써 부동산에 준하여 취급되는 특정의 동산 등을 말한다(예 선박(20톤 이상), 항공기, 자동차, 건설기계, 공장재단과 광업재단, 입목, 어업권 등).
④ (×) 입목이란 토지에 부착된 수목의 집단으로서 그 소유자가 이 법에 따라 소유권보존의 등기를 받은 것을 말하며, 지상권 처분의 효력이 미치지 않는다.

답 ①·④

29. 다음 조건에 모두 해당하는 것은?

기출 25

- 토지 위에 건물 등의 정착물이 없다.
- 사용을 제약하는 권리의 부착이 없다.
- 수익을 제약하는 권리의 부착이 없다.

① 갱지(更地) ② 저지(底地)
③ 나지(裸地) ④ 공지(空地)
⑤ 필지(筆地)

해설

① (○) 갱지 : 나지 중 사법상의 권리가 설정되어 있지 않은 토지(일본용어)
② (×) 저지 : 나지 중 공법상, 사법상의 권리가 설정되어 있는 토지(일본용어)
③ (○) 나지 : 토지에 건물 기타 정착물이 없고, 지상권 등 토지에 사용수익을 제한하는 사법상의 권리가 설정되어 있지 않은 토지
④ (×) 공지 : 건축법에 의한 건폐율, 용적률등의 제한으로 인해 필지 중 건축물을 제외하고 남은 부분의 토지
⑤ (×) 필지 : 하나의 지번이 붙은 등기, 등록단위로 토지소유자의 권리를 구분하기 위한 법적 개념

답 ① · ③

30. 용도지역 내에서 용도변경이 진행되고 있는 토지는?

기출 25

① 후보지 ② 이행지
③ 포락지 ④ 선하지
⑤ 휴한지

해설

① (×) 후보지란 택지지역, 농지지역, 산지지역 상호 간에 다른 지역으로 전환되고 있는 토지이다. 후보지는 반드시 지목변경을 초래한다.
② (○) 이행지는 택지 간(주거용, 상업용, 공업용), 농지 간(전, 답, 과수원), 산지 간(용재림, 신탄림) 용도가 변화하고 있는 토지를 말한다. 즉, 용도지역 내에서 지역 간 용도변경이 진행되고 있는 토지로서, 반드시 지목변경을 초래하는 것은 아니다.

답 ②

31 부동산소유권의 사적제한에 해당하는 것은? 기출 25

① 지역권
② 귀속권
③ 과세권
④ 수용권
⑤ 경찰권

해설

지역권만이 소유권을 사적으로 제한하는 것이고, 수용권은 공적으로 제한한다.

답 ①

32 부동산의 특성에 관한 설명으로 옳지 않은 것은? 기출 25

① 부동산은 물리적 구성요소들의 결합체일 뿐만 아니라 여러가지 경제적·사회적 특성의 결합체이다.
② 토지의 개별성으로 인해 일물일가의 법칙이 적용되지 않고, 부동산상품 간에 완전한 대체는 불가능하다.
③ 토지거래허가구역의 지정이나 해제 등으로 인해 주택가격이 하락하거나 상승하는 것은 경제적 위치의 변화에 따른 것이다.
④ 토지는 용도전환 및 합병·분할이 가능하며, 두 개 이상의 용도가 병존할 수도 있다.
⑤ 토지의 부동성으로 인해 부동산시장을 국지화시키며, 이로 인해 부동산의 가치는 주변환경의 영향을 많이 받는다.

해설

③ (×) 토지거래허가구역의 지정이나 해제 등으로 인해 주택가격이 하락하거나 상승하는 것은 행정적 위치의 가변성에 따른 것이다.

답 ③

33 용도지역·지구·구역제에 관한 설명으로 옳지 않은 것은? 기출 25

① 용도지역·지구·구역제는 특정 토지를 용도지역 등으로 지정한 후 해당 토지를 이용목적에 맞게 적용하는 제도이다.
② 용적률·건폐율 등의 밀도규제와 특정행위의 허가·불허가 등의 행위규제로 구성되어 있다.
③ 용도지역은 토지를 경제적·효율적으로 이용하고 공공복리의 증진을 도모하기 위하여 서로 중복되지 아니하게 도시·군관리계획으로 결정하는 지역을 말한다.
④ 용도지구는 용도지역의 제한을 강화 또는 완화하여 적용하며, 경관·안전 등을 도모하기 위하여 서로 중복되지 아니하게 도시·군관리계획으로 결정하는 지역을 말한다.
⑤ 용도구역은 용도지역 및 용도지구의 제한을 강화 또는 완화하여 적용하며, 시가지의 무질서한 확산방지, 계획적이고 단계적인 토지이용의 도모 등을 위하여 도시·군관리계획으로 결정하는 지역을 말한다.

해설

④ (×) 도시·군관리계획으로 결정하는 지역은 용도구역이다.

답 ④

34 국토의 계획 및 이용에 관한 법령상 기반시설의 유형으로 옳지 않은 것은? 기출 25

① 공공·문화체육시설 : 광장·공원·녹지·유원지·공공공지
② 유통·공급시설 : 유통업무설비, 수도·전기·가스·열공급설비, 방송·통신시설, 공동구, 시장, 유류저장 및 송유설비
③ 보건위생시설 : 장사시설·도축장·종합의료시설
④ 방재시설 : 하천·유수지·저수지·방화설비·방풍설비·방수설비·사방설비·방조설비
⑤ 교통시설 : 도로·철도·항만·공항·주차장·자동차정류장·궤도·차량 검사 및 면허시설

해설

① (×) 공공·문화체육시설 : 학교·운동장·공공청사·문화시설·공공필요성이 인정되는 체육시설·도서관·연구시설·사회복지시설·공공직업훈련시설·청소년수련시설
　공간시설 : 광장·공원·녹지·유원지·공공공지

답 ①

35. 국토의 계획 및 이용에 관한 법률상 다음에 해당하는 계획은?

> 토지의 이용 및 건축물이나 그 밖의 시설의 용도·건폐율·용적률·높이 등을 완화하는 용도구역의 효율적이고 계획적인 관리를 위하여 수립하는 계획을 말한다.

① 성장관리계획
② 도시혁신계획
③ 복합용도계획
④ 지구단위계획
⑤ 공간재구조화계획

해설

공간재구조화계획은 2025년도 국토계획법(약칭)상 새로 신설된 규정으로 위 정의를 숙지하시길 바란다.

➕ 알아보기 도시혁신계획과 복합용도계획 (신설)

- 도시혁신계획 : 창의적이고 혁신적인 도시공간의 개발을 목적으로 용도·건폐율·용적률·높이 등의 제한에 관한 사항을 따로 정하기 위해 공간재구조화계획으로 결정하는 도시·군관리계획
- 복합용도계획 : 주거, 상업, 산업, 교육, 문화, 의료등 다양한 도시기능이 융복합된 공간의 조성을 목적으로 복합용도구역에서의 건축물 용도별 구성비율 및 건폐율, 용적률, 높이 등의 제한에 관한 사항을 따로 정하기 위해 공간재구조화계획으로 결정하는 도시·군관리계획

답 ⑤

36. 부동산권리분석활동을 위한 자료의 조사·확인 및 분석에 관한 설명으로 옳지 않은 것은?

① 「공간정보의 구축 및 관리 등에 관한 법령」상 지적도에 기재된 분석대상 부동산의 지목이 '공'으로 표기되어 있어, 지목을 공원으로 판단하였다.
② 구거는 용수(用水) 또는 배수(排水)를 위하여 일정한 형태를 갖춘 인공적인 수로·둑 및 그 부속시설물의 부지와 자연의 유수(流水)가 있거나 있을 것으로 예상되는 소규모 수로부지로 지적도에는 '구'로 표기한다.
③ 유지(溜池)는 자연의 유수(流水)가 있거나 있을 것으로 예상되는 토지로 지적도에는 '유'로 표기한다.
④ 건물의 소재지, 구조, 용도 등의 사실관계를 건축물대장을 통하여 확인·판단하였다.
⑤ 권리분석보고서에는 대상부동산 및 의뢰인, 권리분석의 목적, 판단결과의 표시 및 이유, 권리분석의 방법 및 성격, 수집한 자료의 목록 및 면책사항 등이 포함된다.

해설

③ (✕) 유지(溜池)는 물이 고이거나 상시적으로 물을 저장하고 있는 댐, 저수지, 소류지, 호수, 연못 등의 토지와 연, 왕골 등이 자생하는 배수가 잘되지 아니한 토지로 지적도에는 '유'로 표기된다.

답 ③

제2편
부동산학 각론

2026 시대에듀 감정평가사 1차 부동산학원론 한권으로 끝내기

CHAPTER 01 부동산 경제론
CHAPTER 02 부동산 경기변동과 부동산시장론
CHAPTER 03 부동산 정책론
CHAPTER 04 부동산 금융론
CHAPTER 05 부동산 투자론
CHAPTER 06 지대지가이론
CHAPTER 07 부동산 입지론
CHAPTER 08 부동산 개발론 등

CHAPTER 01 부동산 경제론

제2편 | 부동산학 각론

제1절 부동산 수요와 공급이론

1. 부동산 수요

(1) 부동산 수요의 개념 기출 23·24

수요(Demand)란 소비자가 일정기간 동안에 부동산을 구매 또는 임차하고자 하는 욕구를 말한다.
① 수요량이란 일정시점이 아니라, 일정기간을 명시해야 하는 유량(flow)의 개념이다.
② 수요는 소비자가 실제 구입한 양이 아니라, '구입하고자 하는' 의도된 양을 나타낸다.
③ 수요행위는 구입할 능력과 구입의사가 수반된 유효수요를 의미한다.
④ 주어진 조건에서 구입하고자 하는 최대수량을 의미한다.

> **+ 알아보기** 저량변수와 유량변수
>
> 1. 저량(stock)변수
>   ① 저량변수란 일정시점에서 측정할 수 있는 변수를 말한다.
>   ② 예로는 주택재고량, 자산, 가치, 부채, 인구, 국부, 통화량, 외환보유고 등이 있다.
> 2. 유량(flow)변수
>   ① 유량변수란 일정기간이 명시되어야 측정할 수 있는 변수를 말한다.
>   ② 예로는 연간임대료수입, 주택거래량, 신규주택공급량, 순수익, 월소득, 지대수입 등이 있다.

(2) 수요법칙과 수요곡선

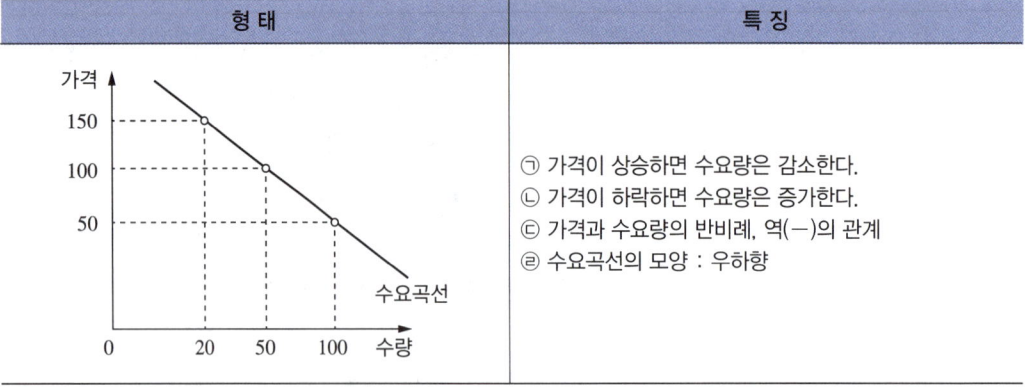

형 태	특 징
	㉠ 가격이 상승하면 수요량은 감소한다. ㉡ 가격이 하락하면 수요량은 증가한다. ㉢ 가격과 수요량의 반비례, 역(-)의 관계 ㉣ 수요곡선의 모양 : 우하향

① 수요법칙 : 가격과 수요량은 반비례

수요법칙이란 가격과 수요량의 관계가 역(-)의 함수(반비례)이다. 즉, 가격(임대료)이 상승하면 수요량은 감소하고 가격(임대료)이 하락하면 수요량은 증가하는 것을 말한다.

② 수요곡선 : 우하향 곡선
　재화 가격과 수요량은 반비례관계 때문에 수요곡선은 우하향한다.
③ 수요곡선이 우하향하는 이유 : '수요곡선이 왜 우하향하는가?'의 문제에 대하여 다음과 같이 답을 할 수가 있다.
　㉠ 가격효과(price effect) : 가격효과는 소득효과와 대체효과를 합성작용으로 나타난다.
　㉡ 소득효과 : 소득효과란 한 재화의 가격이 변동했을 때 이것이 수요자의 실질소득에 영향을 미치며 나타나는 효과를 의미한다. 따라서 소득효과로 수요법칙을 설명한다면 다음과 같이 정리할 수 있다.

> • 소득효과 : 가격이 변동하였을 때 수요자의 실질소득의 변화로 인한 수요량의 변화
> • 주택가격(임대료) 상승 → 수요자의 실질소득 하락 → 주택에 대한 수요량 감소
> • 주택가격(임대료) 하락 → 수요자의 실질소득 증가 → 주택에 대한 수요량 증가

　㉢ 대체효과 : 대체효과란 한 재화의 가격이 변동했을 때 대체관계에 있는 다른 재화의 영향으로 인하여 해당 재화의 수요량이 변화하는 현상이다.
　㉣ 기회비용(opportunity cost) : 어떤 재화의 가격이 하락하면 그 재화를 종전과는 다른 용도에도 사용할 수 있게 함으로써 수요량을 증가시킨다.

(3) 개별수요와 시장수요

개별수요의 수평의 합계는 시장(전체)수요가 된다. 일반적으로 시장수요곡선이 개별수요곡선보다 더 탄력적(완만한) 형태를 나타낸다.

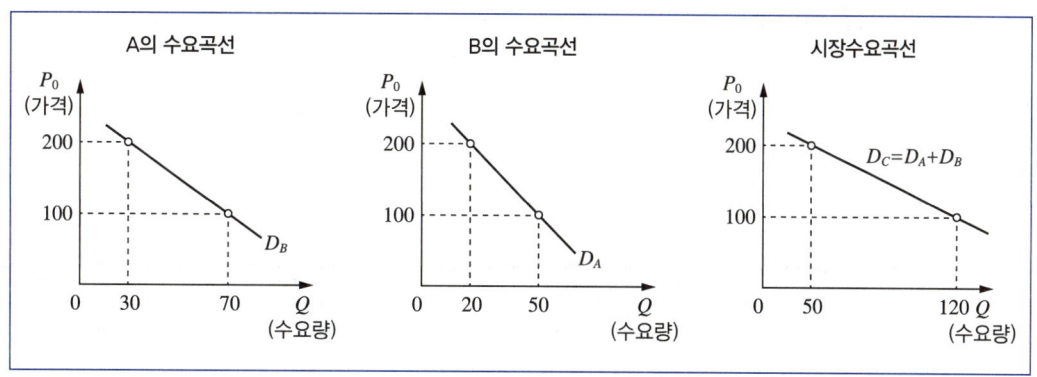

(4) 수요량의 변화와 수요의 변화

수요량의 변화는 '수요곡선상의 변화'를 말하고 수요의 변화는 '수요곡선 자체의 변화'를 말한다.
① 수요량의 변화(곡선상의 점의 이동)
　㉠ 해당 재화의 가격(임대료)이 변화하여 수요량이 변화하면 이를 수요량의 변화라고 한다.
　㉡ 수요량의 변화는 해당 재화의 가격이 변화할 때 곡선상 점이 이동하는 형태로 나타난다. 예컨대 아래 그림 (a)에서, 점 E에서 점 B로의 이동은 수요곡선상의 점의 이동이며, 가격이 하락($P_0 \to P_2$)함에 따라 수요량의 증가($Q_0 \to Q_2$)를 나타낸다.

② 수요의 변화(곡선자체의 이동)
　㉠ 수요의 결정요인 중 '당해 재화가격 이외의 다른 요인'(예소득, 기호, 관련재의 가격 등)이 변화하여 수요곡선 자체가 이동하는 것을 '수요의 변화'라고 한다.
　㉡ 수요곡선 자체가 우측으로 이동(우상향 이동)할 때를 '수요의 증가'라 하고, 좌측으로 이동(좌하향 이동)할 때를 '수요의 감소'라 한다. 아래의 그림 (b)에서 수요증가는 수요곡선 D_0에서 D_2로 곡선이 우측으로 이동한다.

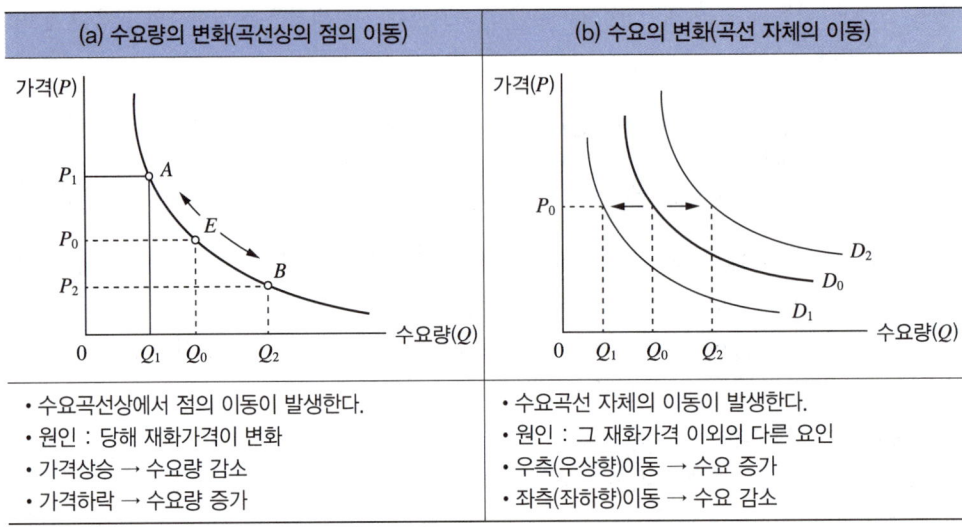

(a) 수요량의 변화(곡선상의 점의 이동)	(b) 수요의 변화(곡선 자체의 이동)
• 수요곡선상에서 점의 이동이 발생한다. • 원인 : 당해 재화가격이 변화 • 가격상승 → 수요량 감소 • 가격하락 → 수요량 증가	• 수요곡선 자체의 이동이 발생한다. • 원인 : 그 재화가격 이외의 다른 요인 • 우측(우상향)이동 → 수요 증가 • 좌측(좌하향)이동 → 수요 감소

(5) 수요의 결정요인 기출 24
　① 당해 부동산의 가격 : 부동산 가격이 상승하면 부동산 수요량은 감소하고 가격이 하락하면 수요량은 증가한다.
　② 소비자의 소득수준과 수요의 변화
　　㉠ 정상재 : 소득이 증가하면 수요는 증가하고, 소득이 감소하면 수요는 감소한다.
　　㉡ 열등재 : 소득이 증가하면 수요는 감소하고, 소득이 감소하면 수요는 증가한다.

수요변화의 요인		수요의 변화	수요곡선의 이동
소득 증가	정상재	증 가	우측이동
	열등재	하 락	좌측이동

　③ 관련재화의 가격변동과 수요의 변화
　　㉠ 대체재 : 재화를 소비할 때 얻는 효용이 비슷하여 서로 경쟁관계가 성립하는 두 재화의 관계를 대체재의 관계라고 한다(예콜라 VS 사이다). 예를 들어 오피스텔과 아파트가 대체재라면, 두 재화 사이에는 다음과 같은 특징이 존재한다.
　　　ⓐ 오피스텔의 가격이 상승하면 대체재인 아파트의 수요는 증가한다. → 오피스텔 가격상승 → 오피스텔 수요감소 → 아파트의 수요증가

ⓑ 오피스텔의 가격이 하락하면 대체재인 아파트의 수요는 감소한다. → 오피스텔 가격하락 → 오피스텔의 수요증가 → 아파트의 수요감소

ⓒ 오피스텔의 가격이 상승하면 대체재인 아파트의 가격은 상승한다. → 오피스텔 가격상승 → 오피스텔 수요감소 → 아파트 수요증가 → 아파트가격 상승

ⓒ 보완재 : 재화를 소비할 때 따로 소비하는 것보다는 동시에 소비할 때 더욱 효용이 극대화되는 두 재화의 관계를 보완재라고 한다(예 커피 & 프림). 예를 들어 부동산시장에서 빌라와 아파트가 보완재라면, 두 재화 사이에는 다음과 같은 특징이 존재한다.

ⓐ 빌라의 가격이 상승하면 보완재인 아파트의 수요는 감소한다. → 빌라 가격상승 → 빌라의 수요 감소 → 아파트의 수요감소

ⓑ 빌라의 가격이 하락하면 보완재인 아파트의 수요는 증가한다. → 빌라 가격하락 → 빌라의 수요 증가 → 아파트의 수요증가

ⓒ 빌라의 가격이 상승하면 보완재인 아파트의 가격은 하락한다. → 빌라 가격상승 → 빌라의 수요 감소 → 아파트 수요감소 → 아파트가격이 하락

수요변화의 요인		수요의 변화	수요곡선의 이동
관련재화의 가격 상승	대체재	증 가	우측이동
	보완재	하 락	좌측이동

④ 기대심리와 수요의 변화 : 장래 부동산가격이 오를 것이라는 기대심리가 크면, 주택의 수요도 증가한다.

수요변화의 요인	수요의 변화	수요곡선의 이동
가격 상승(하락)에 대한 기대심리	증가(감소)	우측(좌측)

⑤ 기 타
　㉠ 인구 증가, 금리 하락, 세금 감면, 핵가족화, 이혼율 증가 등은 수요가 증가한다.
　㉡ 소비자의 특정 재화에 대한 선호도가 높을수록 수요는 증가(우측이동)한다.

➕ 알아보기 **수요변화 요인**

수요 증가(곡선이 우측이동)	수요 감소(곡선이 좌측이동)
• 소득수준 향상 • 대체재 가격상승 • 보완재 가격하락 • 가격상승 예상의 기대심리 • 인구 증가 • 세금인하/금리인하 • 부동산의 대체투자대상 불황 • 대부비율(LTV) 상향조정	• 소득수준 하락 • 대체재 가격하락 • 보완재 가격상승 • 가격하락 예상의 기대심리 • 인구 감소 • 세금인상/금리인상 • 유사부동산의 과잉공급 • 총부채상환율(DTI) 하향조정

2. 부동산 공급

(1) 공급의 개념

공급이란 일정기간 동안에 생산자가 재화와 서비스를 판매하고자 하는 욕구를 말한다.
① 공급과 공급량은 일정기간을 명시해야 하는 유량의 개념이다.
② 공급과 공급량에서 '판매하고자 하는'의 의미는 사전적 개념임을 알 수 있다.
③ 공급행위는 공급자가 기꺼이 공급하려 하고 공급할 수 있는 유효공급을 말한다.
④ 주어진 조건에서 공급량은 최대수량을 의미한다.

(2) 공급법칙과 공급곡선

① 공급의 법칙 : 가격과 공급량은 비례

가격이 상승(하락)하면 공급량이 증가(감소)하는 것으로, 가격과 공급량은 비례 관계이다.

② 공급곡선 : 우상향곡선

일반적인 공급곡선은 우상향곡선의 형태로 나타난다. 해당 공급곡선은 가격이 P_1수준일 때 공급량이 Q_1이었다면, 만약 가격이 P_2로 상승하게 되면 공급량이 Q_2로 증가한다.

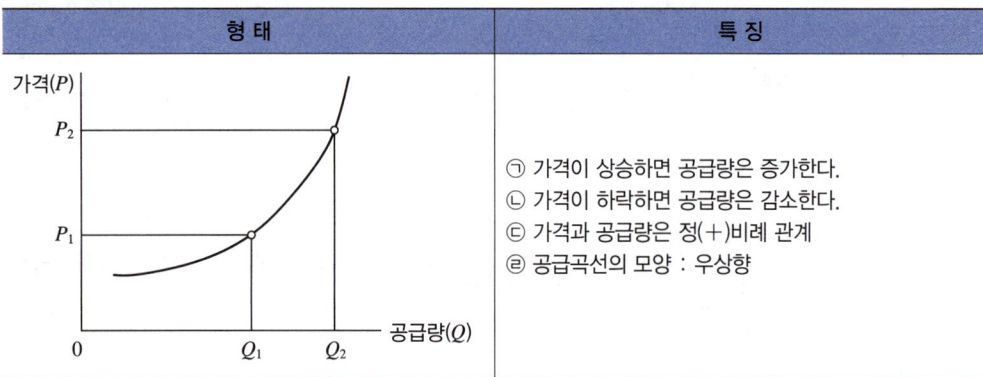

형 태	특 징
(그래프)	㉠ 가격이 상승하면 공급량은 증가한다. ㉡ 가격이 하락하면 공급량은 감소한다. ㉢ 가격과 공급량은 정(+)비례 관계 ㉣ 공급곡선의 모양 : 우상향

(3) 개별공급과 시장공급

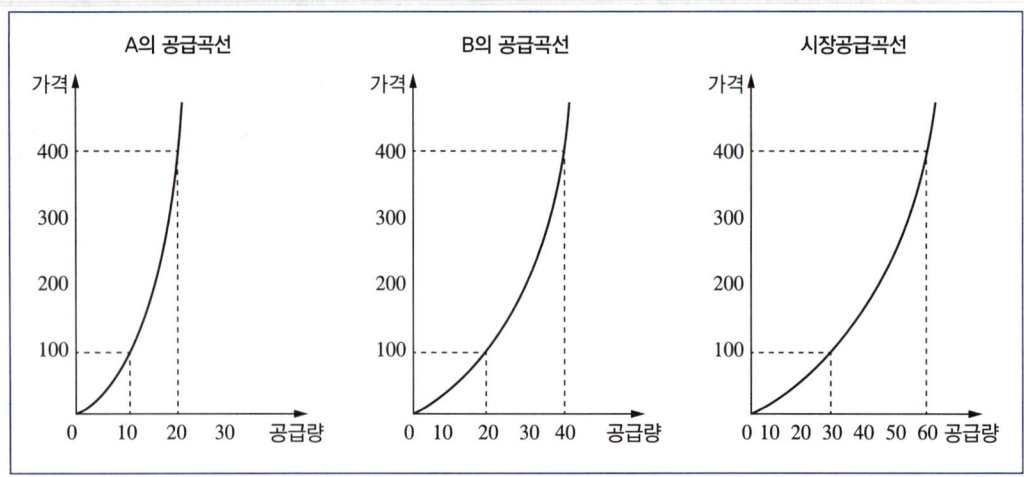

① 개별기업의 공급곡선의 수평의 합이 시장 전체의 공급곡선이다.
② 개별기업의 공급곡선보다 시장전체의 공급곡선의 기울기가 더 완만하다. 또는 더 탄력적이다.

(4) 공급량의 변화와 공급의 변화

공급량의 변화는 '곡선상의 이동'이라 하고 공급의 변화는 '공급곡선 자체의 이동'을 말한다.

① 공급량의 변화(공급곡선상의 변화)
  ㉠ 공급량의 변화란 "공급곡선상의 이동"을 말한다.
  ㉡ '당해 재화의 가격'이 변화하면 공급 곡선상 점의 이동으로 공급량이 변화한다. 그림 (a)에서, 점 E에서 점 B로의 이동은 공급곡선상의 점이 이동한다.

② 공급의 변화(공급곡선 자체의 이동)
  ㉠ 공급의 변화란 "공급곡선 자체의 이동"을 말한다.
  ㉡ 당해 재화의 가격 이외의 요인(예 기술수준, 생산요소 가격 등)이 변화하면 공급곡선 자체가 이동하는데 이를 공급의 변화라고 한다.
  ㉢ 공급곡선 자체가 우측으로 이동(우하향 이동)할 때를 '공급의 증가'라 하고, 좌측으로 이동(좌상향 이동)할 때는 '공급의 감소'라 한다. 아래 그림 (b)에서 '공급의 증가'하면 공급곡선 S_0가 S_2로 이동한다.

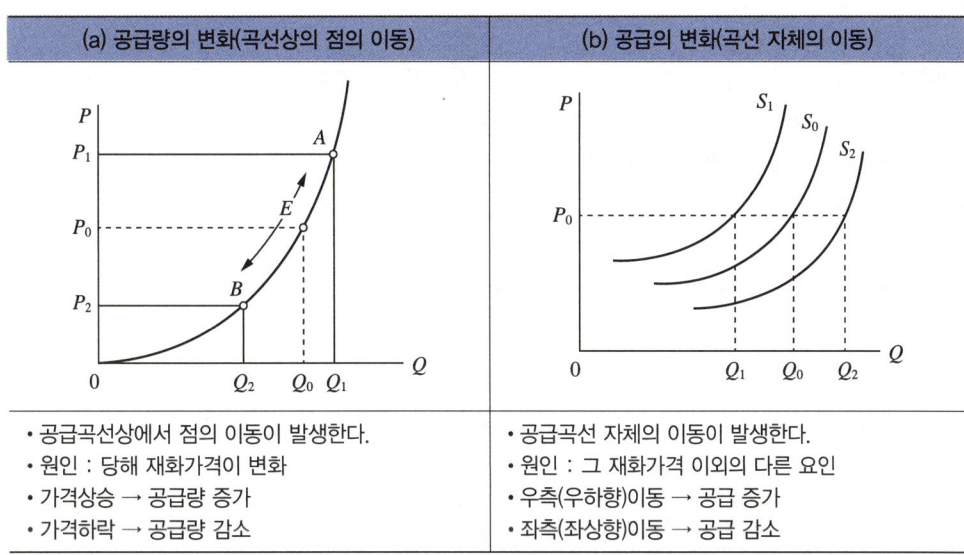

(a) 공급량의 변화(곡선상의 점의 이동)	(b) 공급의 변화(곡선 자체의 이동)
• 공급곡선상에서 점의 이동이 발생한다. • 원인 : 당해 재화가격이 변화 • 가격상승 → 공급량 증가 • 가격하락 → 공급량 감소	• 공급곡선 자체의 이동이 발생한다. • 원인 : 그 재화가격 이외의 다른 요인 • 우측(우하향)이동 → 공급 증가 • 좌측(좌상향)이동 → 공급 감소

(5) 공급변화의 요인

① 기술수준과 공급의 변화 : 생산기술이 진보하면 공급은 증가(우측으로 이동)한다.
② 생산요소 가격과 공급의 변화 : 생산요소 가격이 하락하면 공급이 증가하여 공급곡선은 우측으로 이동한다.
③ 관련재 가격과 공급의 변화
  ㉠ 대체재 : 공급면에서 대체관계에 있는 상품 A의 가격이 상승하면 당해 재화의 공급은 감소되고, 공급곡선은 좌측으로 이동된다.
  ㉡ 보완재 : 보완관계에 있는 상품 A의 가격이 상승하면 당해 재화의 가격이 변하지 않더라도 당해 재화의 공급량이 증가하고, 공급곡선은 우측으로 이동한다.

④ **가격에 대한 기대심리와 공급의 변화** : 특정재화의 가격이 상승(하락)할 것으로 예상되면 해당재화의 공급은 감소(증가)한다.
⑤ **공급자의 수** : 다른 조건이 일정할 때 공급자의 수가 많으면 많을수록 공급은 증가한다.

➕ 알아보기 공급변화

공급변화의 요인	공급변화	공급곡선의 이동
기술진보	증 가	우측(우하향) 이동
생산요소가격의 하락	증 가	우측(우하향) 이동
공급자들의 가격상승예상	감 소	좌측(좌상향) 이동
조세감면, 보조금지급	증 가	우측(우하향) 이동

3. 부동산 수요와 공급의 특징

(1) 부동산수요 특징
부동산수요는 부동산의 특성으로 인하여 일반 경제재의 수요와는 다른 특징들이 있다.
① 부동산은 가격비중이 크므로 구매자금을 저축하는 데 오랜 시간이 요구된다.
② 부동산은 수요활동의 판단에 영향을 미치는 주안점은 수요활동의 주체와 부동산의 종류에 따라 현저한 차이가 있다.
③ 부동산은 구매결정을 함에 있어서 검토되어야 할 사항이 일반 경제재에 비하여 전문적이고 복잡하다.
④ 부동산은 구매절차에 있어서도 일반 경제재와는 다른 특수한 방법이 이용된다.
⑤ 수요의 탄력성은 일반 경제재와 같이 부동산에도 원칙적으로 적용되는 것이나 그 폭은 부동산의 종류와 기간에 따라 각기 상이한 양상을 보인다.
⑥ 부동산은 개별성으로 인한 차별화된 수요유형과 독점적 경쟁시장 성격을 보유하고 있다.

(2) 부동산공급
① **부동산공급의 개념** : 부동산, 특히 토지에는 부증성의 특성이 있어 물리적 공급은 불가능하다. 토지의 물리적 공급곡선은 수직선이 되나, 경제적 공급곡선은 우상향하는 곡선이 된다.
② **부동산의 공급자** : 부동산공급자에는 생산자뿐만 아니라 기존의 주택이나 건물의 소유주도 포함된다.
③ **부동산의 공급곡선**
　㉠ 물리적 공급(그림 S_1) : 토지의 자연적 특성인 부증성 때문에 토지의 물리적 공급곡선은 수직이며, 토지공급의 가격탄력성은 완전 비탄력적이다.
　㉡ 경제적 공급(그림 S_2) : 토지서비스의 가격이 상승함에 따라 그 토지서비스양이 증가하기 때문에 우상향의 모양으로 나타난다.
　㉢ 장기와 단기의 공급곡선 비교 : 단기공급곡선(S_3)이 장기공급곡선(S_4)보다 기울기가 급경사인 비탄력적 곡선을 가진다. 급경사인 이유는 가용자원수가 제한되기 때문이다.

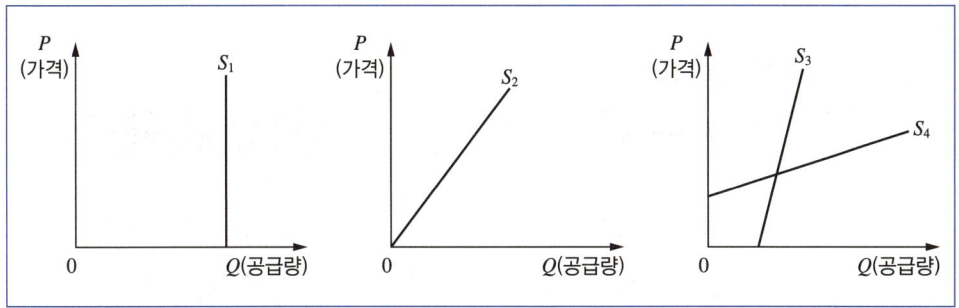

④ 부동산공급의 특징
  ㉠ 부동산의 공급부족문제를 해결하는 방안은 물리적 공급곡선이 아니라, 경제적 공급곡선으로만 해결할 수가 있다.
  ㉡ 일반재화는 대체로 수요와 공급이 뚜렷이 구별되어지나, 부동산의 공급자는 생산자, 기존주택의 소유주도 포함된다.
  ㉢ 대체재 사용이 어렵거나 용도변경을 제한하는 법규가 많을수록 공급은 비탄력적이다.

제2절 부동산시장의 균형 기출 19·21·22·25

1. 균형가격과 균형량의 결정
① 수요곡선과 공급곡선이 일치하는 점을 균형점(a_0)이라고 하며 이 점의 가격을 균형가격(P_0), 이 점의 거래량을 균형량(Q_0)이라고 한다.

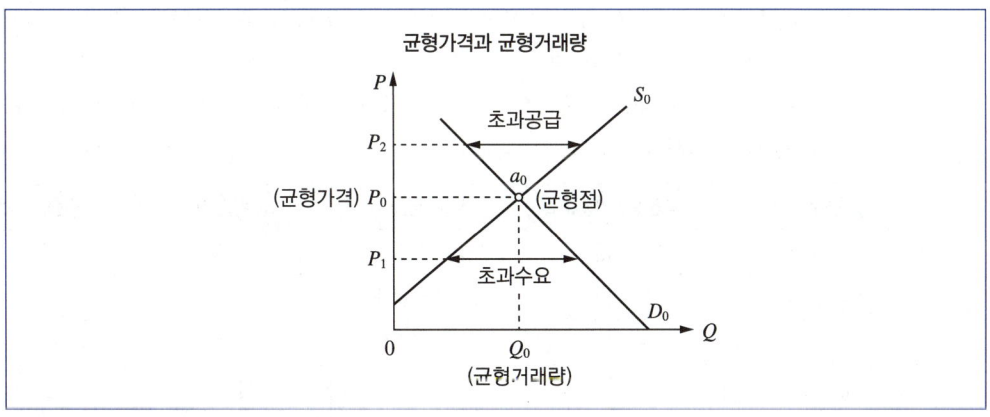

균형가격과 균형거래량

② **초과수요** : 초과수요가 존재하면 가격은 상승하게 된다.
③ **초과공급** : 초과공급이 존재하면 가격은 하락하게 된다.

2. 시장균형의 변동

(1) 수요변화와 공급변화가 독립적인 경우

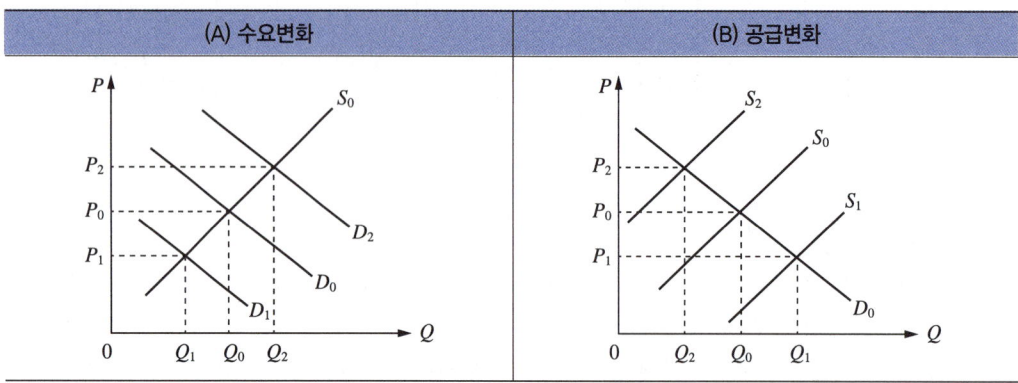

① 수요변화의 경우
  ㉠ 위의 (A) 그림은 공급이 일정한 가운데 수요변화가 있을 때 균형가격의 변동과 균형거래량의 변동에 대해서 나타내고 있다.
  ㉡ 공급이 일정한 가운데 수요가 D_0에서 D_1으로 감소하면, 균형가격은 P_0에서 P_1으로 하락하고 균형거래량은 Q_0에서 Q_1으로 감소한다.
  ㉢ 공급이 일정한 가운데 수요가 D_0에서 D_2로 증가하면, 균형가격은 P_0에서 P_2로 상승하고 균형거래량은 Q_0에서 Q_2로 증가한다.

② 공급변화의 경우
  ㉠ 위의 (B) 그림은 수요가 일정한 가운데 공급변화가 있을 때 균형가격의 변동과 균형거래량의 변동에 대해서 나타내고 있다.
  ㉡ 수요가 일정한 가운데 공급이 S_0에서 S_1으로 증가하면, 균형가격은 P_0에서 P_1으로 하락하고 균형거래량은 Q_0에서 Q_1으로 증가한다.
  ㉢ 수요가 일정한 가운데 공급이 S_0에서 S_2로 감소하면, 균형가격은 P_0에서 P_2로 상승하고 균형거래량은 Q_0에서 Q_2로 감소한다.

구 분	곡선위치이동	시장 상태	균형가격	균형거래량
수요 증가	우측이동	초과수요발생	상 승	증 가
수요 감소	좌측이동	초과공급발생	하 락	감 소
공급 증가	우측이동	초과공급발생	하 락	증 가
공급 감소	좌측이동	초과수요발생	상 승	감 소

(2) 수요변화와 공급변화가 동시적인 경우 기출 25

① 수요와 공급이 동시에 증가하는 경우
  ㉠ 아래 그림의 (A)는 수요의 증가가 공급의 증가보다 많은 경우로, 균형가격은 P_0에서 P_1으로 상승하고, 균형거래량은 Q_0에서 Q_1으로 증가한다.
  ㉡ 아래 그림의 (B)는 수요의 증가보다 공급의 증가가 많은 경우로, 균형가격은 P_0에서 P_2로 하락하고, 균형거래량은 Q_0에서 Q_1으로 증가한다.
  ㉢ 아래 그림의 (C)는 수요의 증가와 공급의 증가가 같은 경우로, 균형가격은 변하지 않고, 균형거래량은 Q_0에서 Q_1으로 증가한다.

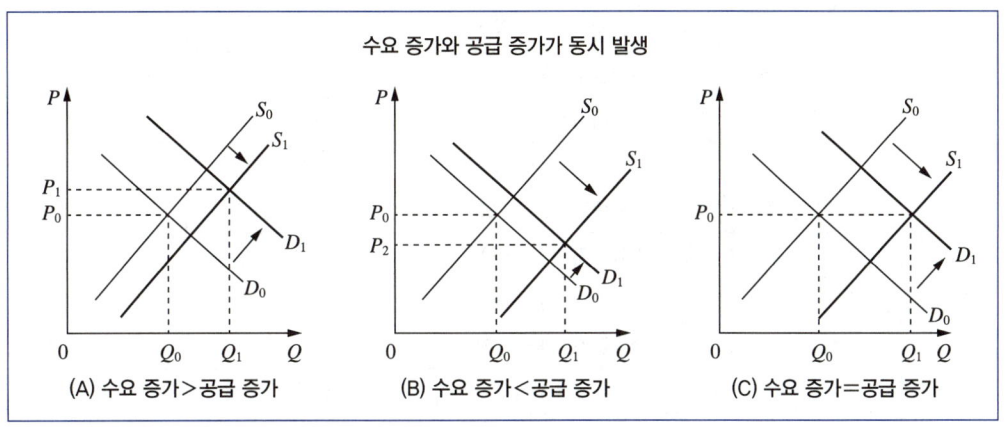

② 수요와 공급이 동시에 감소하는 경우
  ㉠ 아래 그림에서 (A)는 수요의 감소가 공급의 감소보다 많은 경우로, 균형가격은 P_0에서 P_2로 하락하고, 균형거래량은 Q_0에서 Q_2로 감소한다.
  ㉡ 아래 그림에서 (B)는 수요의 감소보다 공급의 감소가 많은 경우로, 균형가격은 P_0에서 P_1으로 상승하고, 균형거래량은 Q_0에서 Q_2로 감소한다.
  ㉢ 아래 그림에서 (C)는 수요의 감소와 공급의 감소가 같은 경우로, 균형가격은 변하지 않고, 균형거래량은 Q_0에서 Q_2 감소한다.

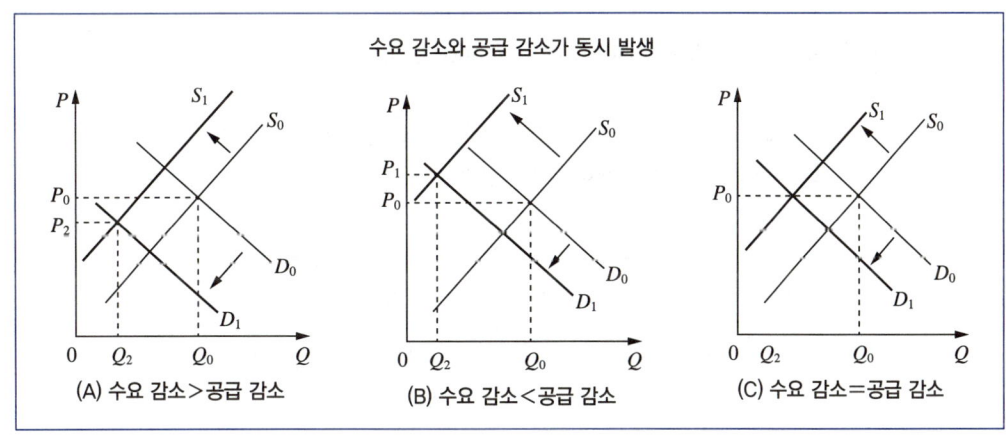

구 분	수요 감소>공급 감소	수요 감소<공급 감소	수요 감소=공급 감소
균형가격	하 락	상 승	불 변
균형거래량	감 소	감 소	감 소

구 분		균형가격	균형수급량
수요증가, 공급증가	수요증가>공급증가	상 승	증 가
	수요증가<공급증가	하 락	증 가
	수요증가=공급증가	불 변	증 가
수요감소, 공급감소	수요감소>공급감소	하 락	감 소
	수요감소<공급감소	상 승	감 소
	수요감소=공급감소	불 변	감 소
수요증가, 공급감소	수요증가>공급감소	상 승	증 가
	수요증가<공급감소	상 승	감 소
	수요증가=공급감소	상 승	불 변
수요감소, 공급증가	수요감소>공급증가	하 락	감 소
	수요감소<공급증가	하 락	증 가
	수요감소=공급증가	하 락	불 변

제3절 수요와 공급의 가격탄력성 기출 20·22·23

1. 수요의 탄력성

탄력성이란 자극에 대한 반응의 영향력 크기를 살펴보는 민감도 분석이라고 할 수 있다.

(1) 수요의 가격탄력성(ε_D : price elasticity of demand) 기출 21

① 개념 및 측정방법

㉠ 개념 : 특정 재화 가격이 변화할 때 수요량이 얼마나 변화하는가를 측정하는 척도이다.

㉡ 측정 : 수요의 가격탄력성은 수요량의 변화율을 가격의 변화율로 나눈 값이다.

$$\frac{수요량의\ 변화율}{가격의\ 변화율} = \frac{수요량의\ 변화분/원래의\ 수요량}{가격의\ 변화분/원래의\ 가격}$$

*단, 부(−)의 기호를 무시한다.

② 종 류
  ㉠ 탄력적 : 수요량의 변화율이 가격의 변화율보다 클 때, 즉 탄력성이 1보다 클 때를 수요는 가격에 대해 탄력적이라 하며 기울기는 완만하다.
  ㉡ 비탄력적 : 수요량의 변화율이 가격의 변화율보다 작을 때, 즉 탄력성이 1보다 작을 때를 수요는 가격에 대해 비탄력이라 하며 기울기는 급경사이다.
  ㉢ 단위탄력적 : 수요량의 변화율과 가격의 변화율이 같을 때, 즉 탄력성은 1이다.
  ㉣ 완전비탄력적 : 가격변화에 대해서 수요량의 변화가 전혀 없는 경우로 수직선이다.
  ㉤ 완전탄력적 : 가격변화에 대해 수요량이 무한대로 변화하는 경우로 수평선이다.

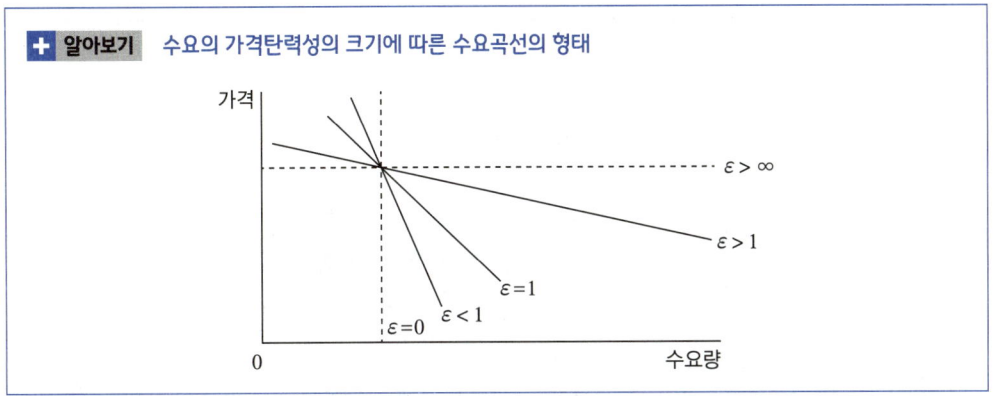

알아보기 수요의 가격탄력성의 크기에 따른 수요곡선의 형태

구 분	탄력성	특 징
완전비탄력적	탄력성=0	가격 변화와 관계없이 균형거래량은 불변함(수직선)
비탄력적	0<탄력성<1	균형가격의 변화율이 균형거래량의 변화율보다 클 때
단위탄력적	탄력성=1	균형가격의 변화율과 균형거래량의 변화율이 같을 때
탄력적	1<탄력성<∞	균형거래량의 변화율이 균형가격의 변화율보다 클 때
완전탄력적	탄력성=∞	미세한 가격변화에 거래량이 무한히 변화함(수평선)

③ 수요의 가격탄력성 계산법

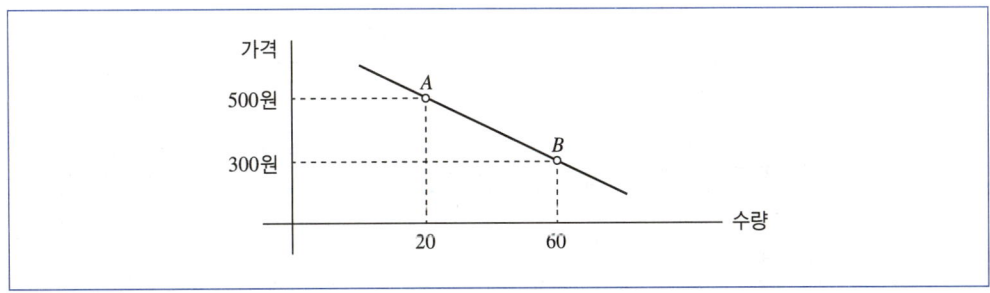

조건은 가격이 500원에서 300원으로 하락하여 수요량이 20에서 60으로 증가한 경우이다.

최초가격 기준(A점)

$$\text{수요의 가격탄력성} = \frac{\text{수요량의 변화분/원래의 수요량}}{\text{가격의 변화분/원래의 가격}} = \frac{40}{20} / \frac{200}{500} = 5$$

④ 수요의 가격탄력성과 총수입과의 관계

> 기업의 총수입(소비자 총지출액, 임대용 부동산의 총수입)＝가격(임대료)×수요량

수요의 가격탄력성·가격(또는 임대료)·총수입의 관계를 살펴보면 다음과 같다.

㉠ 수요의 가격탄력성이 탄력적인 경우(1＜탄력성＜∞) : 가격의 변화율보다 수요량의 변화율이 더 크다. 가격을 상승시키면 수요량은 크게 감소하기 때문에 면적 ㉮가 면적 ㉯보다 작으므로 가격의 인상은 총수입을 감소시킨다. 그 반대로 가격 하락시에는 반대현상으로서 총수입을 증가시키는 현상이 나타난다.

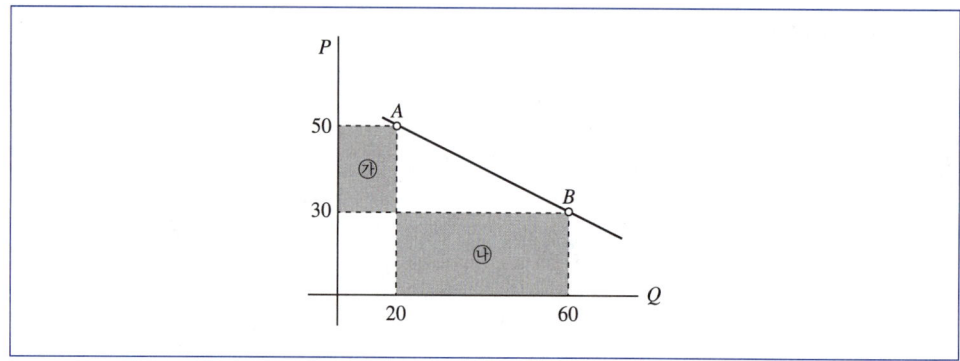

㉡ 수요의 가격탄력성이 비탄력적인 경우(0＜탄력성＜1) : 가격의 변화율보다 수요량의 변화율이 더 적다. 가격을 상승시키면 수요량은 적게 감소하기 때문에 면적 ㉮가 면적 ㉯보다 크므로 가격의 인상은 총수입을 증가시킨다.

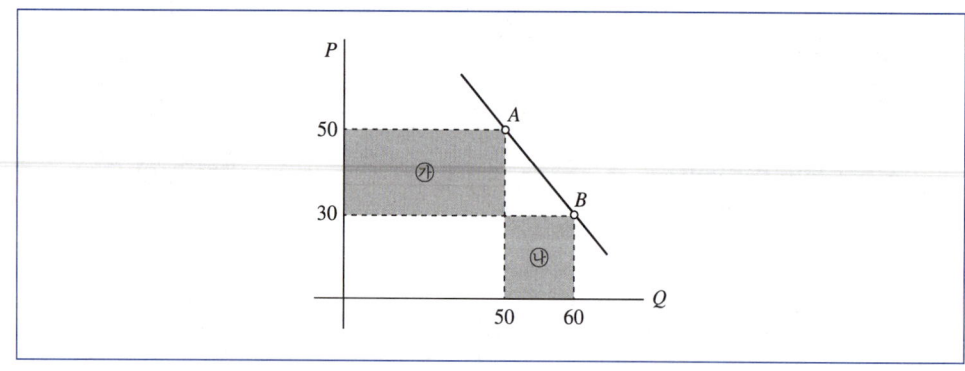

탄력성 크기	가격 하락시	가격 상승시
탄력적	총수입 증가	총수입 감소
비탄력적	총수입 감소	총수입 증가
단위탄력적	총수입 불변	총수입 불변

⑤ 수요의 가격탄력성 결정요인
  ㉠ 대체재 유무
    ⓐ 수요의 탄력성에 영향을 주는 요인은 시간, 소득, 상품의 성질, 대체재 유무 등이 있으며, 그 중에서 부동산에 가장 중요한 요인은 대체재 유무이다.
    ⓑ 당해 재화에 대한 대체재의 수가 많을수록 탄력적이며, 수요곡선도 완만해진다.
  ㉡ 부동산 유형에 따른 탄력성 정도
    ⓐ 전체 부동산 수요는 비탄력적이지만, 종류별로 나누고 세분화하면 보다 탄력적이 된다.
    ⓑ 용도가 다양하거나 용도전환이 용이할수록 수요의 가격탄력성이 크고 탄력적이다.
    ⓒ 주거용이 다른 용도(상업용, 공업용)보다 더 탄력적이다.
  ㉢ 측정단위시간
    ⓐ 일반적으로 장기의 수요탄력성은 단기의 수요탄력성보다 더 크다.
    ⓑ 측정단위시간이 짧을수록 비탄력적이고, 길수록 탄력적이다.
    ⓒ 관찰기간이 짧을수록 비탄력적이고, 길수록 탄력적이다.
  ㉣ 재화에 대한 지출이 소득에서 차지하는 비율 : 다른 조건이 일정한 경우, 상품에 대한 소비지출이 가계소득에서 차지하는 비중이 크면 클수록 수요의 탄력성은 커진다.
  ㉤ 재화의 성격 : 생필품 수요는 비탄력적이지만, 사치품 수요는 탄력적으로 나타난다.

(2) 수요의 소득탄력성(income elasticity of demand)

① 개념 : 소득의 변화율에 대한 수요의 변화율의 정도를 측정하는 척도이다.

$$\text{수요의 소득탄력성}(\varepsilon_i) = \frac{\text{수요량 변화율}}{\text{소득 변화율}} = \frac{\dfrac{\text{수요량 변동분}(\Delta Q_D)}{\text{원래 수요량}(Q_D)}}{\dfrac{\text{소득 변동분}(\Delta I)}{\text{원래 소득}(I)}}$$

② 수요의 소득탄력성과 재화 : 소득탄력성의 부호에 따라 정상재와 열등재로 구분된다.
  ㉠ 정상재 : 수요의 소득탄력성>0 → 소득의 증가에 따라 수요가 증가
  ㉡ 열등재 : 수요의 소득탄력성<0 → 소득의 증가에 따라 수요가 감소

(3) 수요의 교차탄력성(cross elasticity of demand)

① 개념 : 한 재화의 가격 변화율에 대한 다른 재화의 수요의 변화율을 측정하는 척도이다.

$$\text{수요의 교차탄력성}(\varepsilon_{XY}) = \frac{X\text{재의 수요량 변화율}}{Y\text{재의 가격 변화율}} = \frac{\dfrac{X\text{재의 수요량 변동분}(\Delta Q_{D(X)})}{X\text{재의 원래 수요량}(Q_{D(X)})}}{\dfrac{Y\text{재의 가격 변동분}(\Delta P_Y)}{Y\text{재의 원래 가격}(P_Y)}}$$

② 수요의 교차탄력성의 재화
  ㉠ 대체재 : 교차탄력성>0 → 커피 가격이 상승하면 녹차의 수요는 증가한다.
  ㉡ 보완재 : 교차탄력성<0 → 자동차 가격이 상승하면 휘발유 수요는 감소한다.

2. 공급의 탄력성

(1) 공급의 가격탄력성 개념
① 의의 : 가격이 변화할 때 공급량이 얼마나 변화하는가를 측정하는 척도이다.
② 측정 : 공급의 가격탄력성은 공급량의 변화율을 가격의 변화율로 나눈 값이다.

$$공급의\ 가격탄력성 = \frac{공급량의\ 변화율}{가격의\ 변화율} = \frac{공급량의\ 변화분/원래의\ 공급량}{가격의\ 변화분/원래의\ 가격}$$

③ 공급의 탄력성 종류
  ㉠ 탄력적 : 공급량의 변화율이 가격의 변화율보다 클 때, 즉 탄력성이 1보다 클 때를 공급은 가격에 대해 탄력적이라 하며 기울기는 완만하다.
  ㉡ 비탄력적 : 공급량의 변화율이 가격의 변화율보다 작을 때, 즉 탄력성이 1보다 작을 때를 공급은 가격에 대해 비탄력이라 하며 기울기는 급경사이다.
  ㉢ 단위탄력적 : 공급량의 변화율과 가격의 변화율이 같을 때, 즉 탄력성이 1일 때를 공급은 가격에 대해 단위탄력적이라 한다.
  ㉣ 완전비탄력적 : 가격변화에 대해서 공급량의 변화가 전혀 일어나지 않는 극단적인 경우를 '완전비탄력적'이라 하며, 공급곡선은 종축에 평행한 수직선으로 나타난다.
  ㉤ 완전탄력적 : 가격변화에 대해 공급량이 무한대로 반응을 보이는 경우를 '완전탄력적'이라 하며, 공급곡선은 횡축에 평행한 수평선으로 나타난다.

탄력성(ε_s) 크기	가격 변화율과 공급량 변화율	탄력성 정도
$\varepsilon_s = 1$	가격 변화율 = 공급량 변화율	단위탄력적
$0 < \varepsilon_s < 1$	가격 변화율 > 공급량 변화율	비탄력적
$1 < \varepsilon_s < \infty$	가격 변화율 < 공급량 변화율	탄력적
$\varepsilon_s = 0$	공급량 변화율 = 0	완전비탄력적
$\varepsilon_s = \infty$	공급량 변화율 = ∞	완전탄력적

(2) 공급의 가격탄력성 결정요인
① 측정기간의 장기와 단기 구분 : 측정기간이 단기일수록 공급은 비탄력적이고, 반면에 장기이면 탄력적이다.
② 생산에 소요되는 기간의 길이 : 제품의 생산에 소요되는 기간이 짧을수록 탄력적인 반면에 제품에 생산에 소요되는 기간이 길수록 비탄력적이다.
③ 생산량 증가에 따른 비용의 변화 : 생산량이 증가할 때 비용이 급격히 상승할수록 공급의 가격탄력성은 작다.
④ 신규주택의 공급곡선은 비탄력적이고, 오래된 주택일수록 탄력적인 경향이 강하다.

3. 탄력성과 균형의 변화 [기출] 23·24

(1) 완전탄력적과 완전비탄력적일 때 가격과 균형량의 변화폭

① 공급이 증가할 경우에 수요가 완전탄력적이라면 가격은 변하지 않고, 거래량은 증가한다. 아래 (A) 그림에서 공급이 S_0에서 S_1으로 증가할 때 수요가 완전탄력적이라면 가격은 P_0로 불변이고, 균형거래량은 Q_0에서 Q_1으로 증가하며 그 증가폭이 가장 크게 된다.

② 공급이 증가할 경우에 수요가 완전비탄력적이라면 가격은 하락하고, 거래량은 변하지 않는다. 아래 (A) 그림에서 공급이 S_0에서 S_1으로 증가할 때 수요가 완전비탄력적이라면 가격은 P_0에서 P_1으로 하락하고 그 하락폭이 가장 크게 된다. 그런데 이 경우에 균형거래량은 공급이 증가하더라도 Q_0로 변하지 않는다.

③ 수요가 증가할 경우에 공급이 완전탄력적인 경우 가격은 변하지 않고, 균형거래량은 증가한다. 아래 (B) 그림에서 수요가 D_0에서 D_1으로 증가할 경우에 공급이 완전탄력적일 때 가격 P_0는 불변이나 거래량은 Q_0에서 Q_1으로 증가한다.

④ 수요가 증가할 경우에 공급이 완전비탄력적인 경우에는 가격은 상승하나, 균형거래량은 변하지 않는다. 아래 (B) 그림에서 수요가 D_0에서 D_1으로 증가할 경우에 공급이 완전비탄력적일 때 가격은 P_0에서 P_1으로 상승하나 거래량은 Q_0로 불변이다.

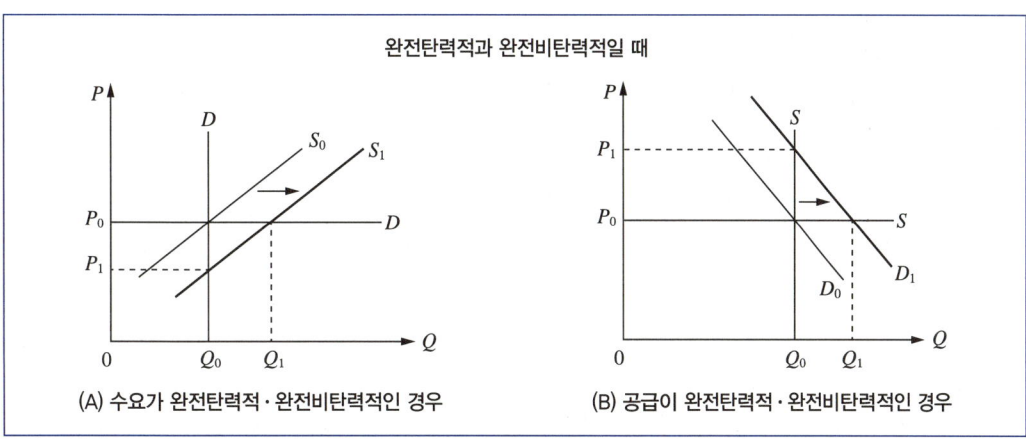

완전탄력적과 완전비탄력적일 때

(A) 수요가 완전탄력적·완전비탄력적인 경우

(B) 공급이 완전탄력적·완전비탄력적인 경우

➕ 알아보기 완전비탄력적, 완전탄력적인 조건에서 균형의 판단

- 수요가 완전비탄력적일 때 공급이 증가하면 → 균형거래량은 불변하고, 균형임대료는 하락한다.
- 공급이 완전비탄력적일 때 수요가 증가하면 → 균형거래량은 불변하고, 균형임대료는 상승한다.
- 수요가 완전탄력적일 때 공급이 증가하면 → 균형임대료는 불변하고, 균형거래량은 증가한다.
- 공급이 완전탄력적일 때 수요가 증가하면 → 균형임대료는 불변하고, 균형거래량은 증가한다.

(2) 탄력적과 비탄력적일 때 가격과 균형량의 변화폭

① 공급이 증가할 경우에 수요의 가격탄력성이 비탄력적일수록 가격 하락폭은 더 커지고, 거래량 증가폭은 작아진다. 아래의 (A) 그림에서 공급이 S_0에서 S_1으로 증가할 때 가격은 P_0에서 P_1, P_2, P_3로 하락하게 된다. 그런데 공급증가에 따른 가격 하락폭은 수요가 비탄력적일수록 더 커지게 된다. 그리고 공급이 S_0에서 S_1으로 증가할 때 거래량은 Q_0에서 Q_1, Q_2, Q_3로 증가하게 된다. 그런데 거래량 증가폭은 수요가 비탄력적일수록 작아지게 된다.

㉠ 공급 증가 시 수요가 비탄력적일수록 가격은 더 내리고, 거래량은 덜 늘어난다. 공급 증가 시 수요가 탄력적일수록 가격은 덜 내리고, 거래량은 더 늘어난다.

㉡ 반대로 공급 감소 시 수요가 비탄력적일수록 가격은 더 오르고, 거래량은 덜 줄어든다. 공급 감소 시 수요가 탄력적일수록 가격은 덜 오르고, 거래량은 더 줄어든다.

② 수요가 증가할 경우에 공급이 비탄력적일수록 가격 상승폭은 더 커지고, 균형거래량의 증가폭은 작아진다. 아래의 (B) 그림에서 수요가 D_0에서 D_1으로 증가할 때 가격은 P_0에서 P_1, P_2, P_3까지 상승하게 된다. 그런데 수요증가에 따른 가격 상승폭은 공급이 비탄력적일수록 커지게 된다. 거래량은 수요증가에 따라 Q_0에서 Q_1, Q_2, Q_3까지 증가한다. 그런데 거래량의 증가폭은 공급이 비탄력적일수록 작아지게 된다.

㉠ 수요 증가 시 공급이 비탄력적일수록 가격은 더 오르고, 거래량은 덜 늘어난다. 수요 증가 시 공급이 탄력적일수록 가격은 덜 오르고, 거래량은 더 늘어난다.

㉡ 반대로 수요 감소 시 공급이 비탄력적일수록 가격은 더 내리고, 거래량은 덜 줄어든다. 수요 감소 시 공급이 탄력적일수록 가격은 덜 내리고, 거래량은 더 줄어든다.

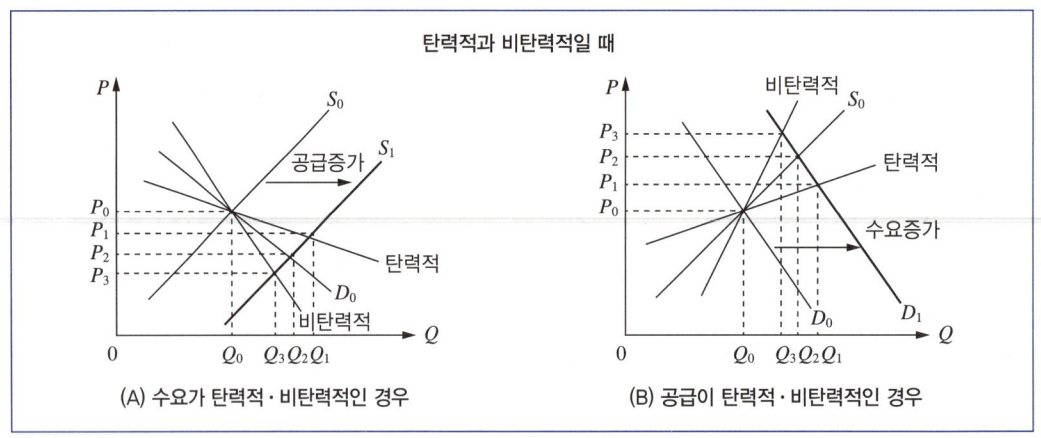

탄력적과 비탄력적일 때

(A) 수요가 탄력적·비탄력적인 경우

(B) 공급이 탄력적·비탄력적인 경우

➕ 알아보기 비탄력적, 탄력적인 조건에서 균형의 판단

구 분	균형가격(균형임대료)	균형거래량
공급증가, 수요 비탄력적	더(더 많이) 하락(내리고)	덜(더 적게) 증가(오름)
공급증가, 수요 탄력적	덜(더 적게) 하락(내리고)	더(더 많이) 증가(오름)
수요증가, 공급 비탄력적	더(더 많이) 상승(오르고)	덜(더 적게) 증가(오름)
수요감소, 공급 탄력적	덜(더 적게) 하락(내리고)	더(더 많이) 감소(내림)

제4절 부동산 경기변동론

1. 일반경기변동

(1) 경기변동의 의의

호·불경기를 규칙적 또는 불규칙적으로 파도와 같이 항상 움직이는 성질을 갖는데 이러한 성질을 경기의 순환이라고 하며, 이러한 경제활동의 순환적 변동을 경기변동이라고 한다.

(2) 경기변동의 국면

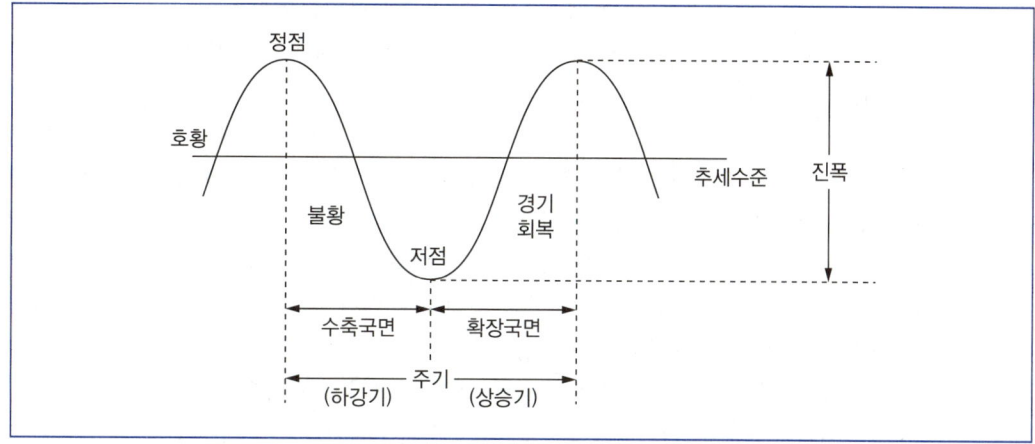

① 경기순환의 국면은 학자에 따라 여러 가지로 구분하나 호황 → 후퇴 → 불황 → 회복의 4국면으로 나누는 것이 일반적 통설이다.
② 확장국면은 저점에서 정점까지를 말하며 이 단계는 회복국면과 호황국면으로 구성된다.

(3) 경기변동의 주기

경기변동의 유형을 주기에 따라 구분하면 다음의 표와 같다. 여기서 건축순환으로서 한센파동의 주기가 대략 17~18년 정도가 된다.

구 분	주 기	원 인
콘트라티에프(Kondratieff)파	약 50~60년(장기파동)	대대적 기술혁신 등
쥬글라(Juglar)파	약 9~10년(주순환)	설비투자의 변동
쿠즈네츠(S. S. Kuznets)파	약 20년(건축파동)	건축경기의 변동

2. 부동산경기변동

(1) 부동산경기변동의 개념 및 특징

① **부동산경기의 개념**
  ㉠ 부동산경기는 일반경기와 아주 밀접한 관계를 가지고 있다. 왜냐하면, 부동산경제는 일반경제를 구성하고 있는 가장 중요한 부문 중의 하나이다.
  ㉡ 부동산경기는 일반적으로 건축경기를 말하는데, 이 중에서 중심이 되는 경기는 주거용 부동산의 건축경기를 의미하는 경우가 많다.
  ㉢ 주거용 부동산경기를 협의의 부동산경기라 하며, 광의의 부동산경기는 주거용과 상업용·공업용 부동산경기라 하며, 최광의의 부동산경기는 광의의 부동산경기에 토지경기를 포함한 개념이다.

② **부동산경기변동의 특징**
  ㉠ 변동주기 : 부동산경기는 일반경기의 변동주기에 비하여 매우 길다. 대체로 부동산의 경기변동은 약 20년을 주기로 하고 있는 반면에, 일반경제의 경기변동의 주기는 약 10년임을 고려할 때 부동산 경기변동은 일반경기보다 약 2배 정도가 길다.
  ㉡ 변동의 진폭 : 부동산경기는 일반경기의 진폭보다 월등히 크다는 특징이 있다. 즉, 부동산경기는 일반경기에 비해서 그 저점(低點)이 더 깊고 정점(頂點)이 더 높다.
  ㉢ 부동산경기는 순환국면이 뚜렷하거나 일정치가 않다.
  ㉣ 부동산경기는 다양한 경기적 양상을 가지며, 지역적·개별적 현상으로 나타나지만, 때에 따라 시간이 경과하면 전국적·광역적으로 확산되는 현상이 나타나기도 한다.
  ㉤ 부동산경기는 일반경기와 병행하는 것이 일반적이지만, 때에 따라서는 독립적일 수도, 역행할 수도, 선행할 수도 있다.
  ㉥ 부동산경기변동의 경기순환국면은 학자에 따라 차이가 있겠지만, 4개 또는 5개가 존재한다. 즉, 회복시장, 상향시장, 후퇴시장, 하향시장에 안정시장이 포함되기도 한다.
  ㉦ 부동산경기는 우경사비대칭(右傾斜非對稱 : 긴 확장, 짧은 수축)의 형태를 보인다.

(2) 부동산경기변동의 측정지표

일반적으로 경기측정을 할 때는 종합적 지표를 통하여 하는 것이 가장 바람직하다. 즉 부동산의 경기 변동은 수요·공급·가격면 등의 여러 측면을 종합적으로 측정하는 것이 바람직하다.
① **공급측면** : 공급측면의 측정지표로 착공량, 완공량, 허가량, 택지의 분양실적, 미분양상태 등이 있다.
② **수요측면** : 주택의 거래량, 매매량, 주택금융상태 등은 부동산경기를 측정하는 지표가 될 수 있다.
③ **부동산의 가격변동** : 부동산가격이 상승을 했다고 해서 부동산경기가 좋다고 말하는 것은 이론적으로 반드시 옳다고 말할 수는 없을 것이다.

(3) 일반경기와 부동산경기의 시간적 관계

일반경기와 부동산경기순환은 시간적 관계를 가진다. 즉, ① 전순환적, ② 후순환적, ③ 동시순환적, ④ 역순환적의 4가지로 표현한다.

① 전순환적(pre-cyclical) : 주식시장

이는 부문별 경기가 일반경기에 비하여 앞서 진행되는 것을 말하는데, 대개 주식시장이 일반경기보다 전순환적이다.

② 후순환적(post-cyclical) : 부동산시장

대개 부동산경기가 일반경기보다 후순환적이다. 이렇게 되는 이유는 부동산의 각 부문별 경기변동이 가중평균치적 성격을 가지고 있기 때문이다.

③ 동시순환적(equi-cyclical) : 상업용 부동산과 공업용 부동산의 건축경기

상업용과 공업용 부동산의 경기순환은 일반경제의 경기순환과 거의 일치하고 있다.

④ 역순환적(counter-cyclical) : 주거용 부동산의 건축경기

㉠ 주거용 부동산의 건축경기는 일반경기와는 반대되는 역순환적 현상을 보이고 있다.
㉡ 역순환이 되는 이유는 주거용과 다른 용도의 부동산 간의 자금의 유용성 차이다.

(4) 다른 형태의 경기변동

부동산경기변동은 경기순환 이외의 또 다른 형태의 경기변동의 형태도 있다.

① 계절적 변동(seasonal variation) : 일 년을 단위로 하여, 적어도 일 년에 한 번씩 정기적으로 나타나는 경기변동을 계절적 경기변동이라 한다. 예컨대 방학을 주기로 대학가 근처의 임대주택의 공가율이 높아진다.

② 장기적(추세) 변동(long-term movement) : 장기적 변동이란 50년 이상의 기간으로 측정되는 것으로 부동산부문에서는 어떤 지역이 새로 개발된다거나 기존의 지역이 재개발되었을 때 나타난다.

③ 무작위적(불규칙적, 비순환적) 변동 : 정부의 정책변동, 천재지변 등으로 인해 초래되는 비주기적 경기 변동현상을 말한다.

(5) 부동산경기의 순환국면

① 하향(불황)시장

㉠ 하향시장의 중개활동은 매도자보다는 매수자를 중시하게 된다.
㉡ 하향시장은 건축허가신청 건수가 최저, 부동산의 공실률이 최대가 되는 시장이다.
㉢ 하향시장에서 과거의 사례가격은 새로운 거래가격의 상한선의 성격이 된다.

② 회복시장

㉠ 회복시장의 중개활동은 매수자보다는 매도자를 중시하게 된다.
㉡ 회복시장은 점차 건축허가건수가 증가하며, 부동산에 대한 수요도 증가하기 시작한다.
㉢ 회복시장에서 과거의 사례가격은 새로운 거래가격의 하한선의 성격이 된다.

③ 상향시장
    ㉠ 상향시장의 중개활동은 매수자보다는 매도자를 중시하게 된다.
    ㉡ 상향시장은 건축허가량이 증가하며 공실이 최소화되는 국면이다.
    ㉢ 상향시장에서 직전 회복시장의 거래사례가격은 현재시점에서 하한가가 된다.
④ 후퇴시장
    ㉠ 후퇴시장에서의 중개활동은 매도자보다는 매수자를 중시하게 된다.
    ㉡ 후퇴시장은 건축허가신청 건수가 점차 감소하고 공실률이 점차 증가하는 시기이다.
    ㉢ 후퇴시장에서 과거의 사례가격은 새로운 거래의 기준가격이 되거나 상한선이 된다.
⑤ 안정시장
    ㉠ 안정시장은 부동산에만 존재하는 고유의 시장이다.
    ㉡ 안정시장은 주로 도심의 입지가 좋은 소규모 점포에서 발생하는 경기 국면을 의미한다.
    ㉢ 기존의 거래사례가격은 새로운 거래의 기준이 되거나 신뢰할 수 있는 수준이 된다.

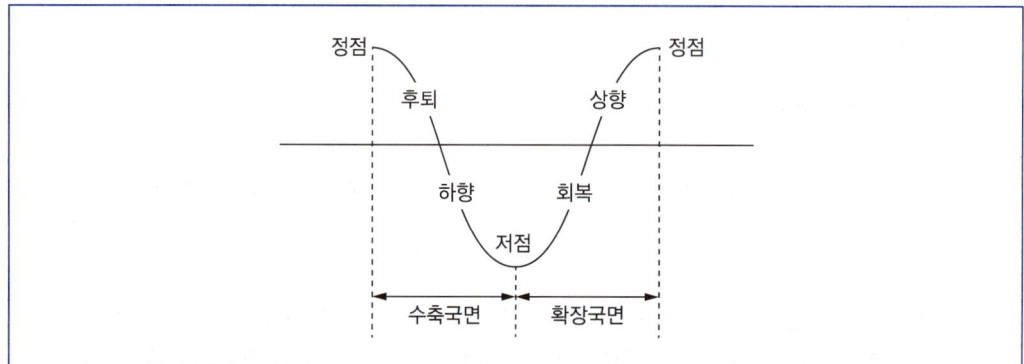

수축국면	확장국면
후퇴시장, 하향시장	회복시장, 상향시장
매수자 우위시장	매도자 우위시장
기존사례가격 : 상한선	기존사례가격 : 하한선
후퇴국면 : 공실률 증가	회복국면 : 건축허가신청 증가
하향 : 회복 가능성내포	상향 : 후퇴 가능성내포

CHAPTER 01 실전문제

제2편 | 부동산학 각론

01
CHECK
○△×

아파트 가격이 5% 하락함에 따라 아파트의 수요량 4% 증가, 아파트의 공급량 6% 감소, 연립주택의 수요량이 2% 증가하는 경우, (ㄱ)아파트 공급의 가격탄력성, (ㄴ)아파트와 연립주택의 관계는? (단, 수요의 가격탄력성은 절댓값이며, 주어진 조건에 한함) 기출 23

	ㄱ	ㄴ
①	탄력적	보완재
②	비탄력적	보완재
③	탄력적	대체재
④	비탄력적	대체재
⑤	단위탄력적	대체재

해설

(ㄱ) 아파트 공급의 가격탄력성 $= \dfrac{\text{아파트의 공급량}(6\%)}{\text{아파트 가격}(5\%)} = 1.2$ (탄력적)

(ㄴ) 교차탄력성 $= \dfrac{\text{연립주택의 수요량}(2\% \text{ 증가})}{\text{아파트 가격}(5\% \text{ 하락})} = -0.4$ (보완재)

답 ①

02 부동산의 가격탄력성과 균형변화에 관한 설명으로 옳지 않은 것은? (단, 완전탄력적과 완전비탄력적 조건이 없는 경우 수요와 공급법칙에 따르며, 다른 조건은 동일함) 기출 23

① 공급이 완전비탄력적일 경우, 수요가 증가하면 균형가격은 상승하고 균형량은 불변이다.
② 수요가 완전비탄력적일 경우, 공급이 감소하면 균형가격은 상승하고 균형량은 불변이다.
③ 수요가 완전탄력적일 경우, 공급이 증가하면 균형가격은 불변이고 균형량은 증가한다.
④ 공급이 증가하는 경우, 수요의 가격탄력성이 작을수록 균형가격의 하락폭은 크고 균형량의 증가폭은 작다.
⑤ 수요가 증가하는 경우, 공급의 가격탄력성이 작을수록 균형가격의 상승폭은 작고 균형량의 증가폭은 크다.

해설

⑤ (×) 수요가 증가하는 경우, 공급의 가격탄력성이 작을수록 균형가격의 상승폭은 크고 균형량의 증가폭은 작다.
- 비탄력적일 때는 가격의 변화폭은 크고 균형량의 변화폭은 작다.
- 탄력적일 때는 가격의 변화폭은 작고, 균형량의 변화폭은 크다.
- 완전비탄력적일 때는 균형량은 불변이 된다.
- 완전탄력적일 때는 균형가격은 불변이 된다.

답 ⑤

03 저량(stock)의 경제변수가 아닌 것은? 기출 23

① 가계 자산
② 주택 가격
③ 주택 재고량
④ 주택 보급률
⑤ 신규주택 공급량

해설

⑤ (×) 신규주택 공급량은 유량의 경제변수에 속한다.

유량(flow)	저량(stock)
기간, 신규주택, 임료(지대), 소득(수입), 거래량(착공량), 원리금상환액 등	시점, 재고주택, 가격(지가), 자산, 인구, 통화량, 총량 등

답 ⑤

04 부동산시장의 수요와 공급의 가격탄력성에 관한 설명으로 옳지 <u>않은</u> 것은? (단, 다른 조건은 동일함)

기출 23

① 측정하는 기간이 길수록 수요의 탄력성은 더 탄력적이다.
② 공급의 탄력성은 생산요소를 쉽게 얻을 수 있는 상품일수록 더 탄력적이다.
③ 수요의 탄력성이 탄력적일 경우 임대료가 상승하면 전체 임대수입은 감소한다.
④ 대체재가 많을수록 수요의 탄력성은 더 탄력적이다.
⑤ 제품의 가격이 가계소득에서 차지하는 비중이 작을수록 수요의 탄력성이 더 탄력적이다.

> **해설**

① (○) 측정하는 기간이 길수록 수요의 탄력성은 더 탄력적이다. 반면에 제품완성기간이 길수록 비탄력적이다.
② (○) 공급의 탄력성은 생산요소를 쉽게 얻을 수 있는 상품일수록 대체재가 많기 때문에 더 탄력적이다.
③ (○) 수요의 탄력성이 탄력적일 경우 임대료가 상승하면 전체 임대수입은 감소한다. 반면에 비탄력적일 경우 임대료가 상승하면 임대수입은 증가한다.
④ (○) 대체재가 많을수록 수요의 탄력성은 더 탄력적이다. 대체재가 적을수록 비탄력적이다.
⑤ (×) 제품의 가격이 가계소득에서 차지하는 비중이 작을수록 수요의 탄력성이 더 비탄력적이고, 가계소득에 차지하는 비중이 클수록 수요의 탄력성은 탄력적이다.

 ⑤

05 A지역 전원주택시장의 시장수요함수가 $Q_D=2,600-2P$이고, 시장공급함수가 $3Q_S=600+4P$일 때, 균형에서 수요의 가격탄력성과 공급의 가격탄력성의 합은? (단, Q_D : 수요량, Q_S : 공급량, P : 가격이고, 가격탄력성은 점탄력성을 말하며, 다른 조건은 동일함) 〔기출 22〕

① $\dfrac{58}{72}$
② $\dfrac{87}{72}$
③ $\dfrac{36}{29}$
④ $\dfrac{145}{72}$
⑤ $\dfrac{60}{29}$

해설

(1) 수요와 공급을 일치시킨다.

수요함수 : $Q_D=2,600-2P$, 공급함수 : $3Q_S=600+4P \rightarrow Q_S=200+\dfrac{4}{3}P$

∴ 균형가격＝720, 균형량＝1,160

(2) 탄력성을 구하기 위하여 수요함수와 공급함수를 미분한다.

• 수요의 가격탄력성(ε_P) : $-\dfrac{dQ}{dP} \times \dfrac{P}{Q} = -(-2) \times \dfrac{720}{1,160} = \dfrac{36}{29}$

• 공급의 가격탄력성(η) : $\dfrac{dQ}{dP} \times \dfrac{P}{Q} = \dfrac{4}{3} \times \dfrac{720}{1,160} = \dfrac{24}{29}$

(3) 수요와 공급 가격탄력성의 합은 다음과 같다.

수요의 가격탄력성$\left(\dfrac{36}{29}\right)$＋공급의 가격탄력성$\left(\dfrac{24}{29}\right)=\dfrac{60}{29}$

 ⑤

06 A지역 주택시장의 시장수요함수는 $Q_D=-2P+2,400$이고 시장공급함수는 $Q_S=3P-1,200$이다. 정부가 부동산거래세를 공급측면에 단위당 세액 20만원의 종량세 형태로 부과하는 경우에 A지역 주택시장의 경제적 순손실은? (단, Q_D : 수요량, Q_S : 공급량, P : 가격, 단위는 만호, 만원이며, 다른 조건은 동일함) 〔기출 22〕

① 60억원
② 120억원
③ 240억원
④ 360억원
⑤ 480억원

해설

종량세란, 단위당 t원의 조세를 부과하는 방식으로 조세를 부과하면 공급곡선이 상방으로 평행이동 또는 수요곡선이 하방으로 평행이동한다. 조세는 공급자에게 부과하거나 소비자에게 부과하나 결과는 같다. 단, 주의할 것은 단위당 세금이 부과되었으므로 가격을 '$1P$'로 변형하는 것이 중요하다.

따라서 주어진 조건을 변형한다. 시장수요함수는 $P = 1,200 - \frac{1}{2}Q_D$이고, 공급함수는 $P = 400 + \frac{1}{3}Q_S$가 된다.

(1) 조세부과 전 주택시장의 균형가격과 균형거래량은 다음과 같다.

수요와 공급을 일치시키면 균형거래량과 균형가격을 측정할 수 있다.

균형가격(Q)은 960(∵ $1,200 - \frac{1}{2}Q_D = 400 + \frac{1}{3}Q_S$, $5Q = 4,800$, $Q = 960$)이고, 이를 수요함수(혹은 공급함수)에 대입하면 균형가격(P) = 720임을 알 수 있다.

(2) 조세부과 후 주택가격과 균형거래량은 다음과 같다.

단위당 20만원의 조세가 부과되면 공급곡선이 20만원 만큼 상방으로 이동하므로 공급함수가 $P = 420 + \frac{1}{3}Q_S$로 바뀌게 된다. 이제 조세부과 이후의 균형거래량을 구하면 균형가격(Q)은 936(∵ $1,200 - \frac{1}{2}Q_D = 420 + \frac{1}{3}Q_S$, $5Q = 4,680$, $Q = 936$)이고, 이를 수요함수(혹은 공급함수)에 대입하면 균형가격(P) = 732임을 알 수 있다. 그러므로 조세부과에 따라 거래량은 24만호 감소하고, 가격은 12만원 상승한다.

따라서 조세부과에 따른 사회적 후생손실(즉, 초과부담)은 240억원(= $\frac{1}{2}$ × 세금(20만원) × 거래량(24만호) = 240억원)이 된다.

답 ③

---

07 부동산수요의 가격탄력성에 관한 설명으로 옳지 <u>않은</u> 것은? (단, 다른 조건은 동일함)

① 수요곡선 기울기의 절댓값이 클수록 수요의 가격탄력성이 작아진다.
② 임대주택 수요의 가격탄력성이 1보다 작을 경우 임대료가 상승하면 전체 수입은 증가한다.
③ 대체재가 많을수록 수요의 가격탄력성이 크다.
④ 일반적으로 부동산의 용도전환 가능성이 클수록 수요의 가격탄력성이 커진다.
⑤ 수요의 가격탄력성이 비탄력적이면 가격의 변화율보다 수요량의 변화율이 더 크다.

해설

⑤ (×) 수요의 가격탄력성이 비탄력적이면 가격의 변화율보다 수요량의 변화율이 더 작아진다. 반면에 수요의 가격탄력성이 탄력적이면 가격의 변화율보다 수요량의 변화율이 더 커진다.

답 ⑤

08 A지역 아파트시장의 단기공급함수는 $Q=300$, 장기공급함수는 $Q=P+250$이고, 수요함수는 장단기 동일하게 $Q=400-\frac{1}{2}P$이다. 이 아파트시장이 단기에서 장기로 변화할 때 아파트시장의 균형가격(ㄱ)과 균형수량(ㄴ)의 변화는? (단, P는 가격이고, Q는 수급량이며, 다른 조건은 일정하다고 가정함) 기출 21

	ㄱ	ㄴ
①	50 감소	50 증가
②	50 감소	100 증가
③	100 감소	50 증가
④	100 감소	100 증가
⑤	100 감소	150 증가

해설

균형가격은 수요량과 공급량이 일치할 때이다.
(1) 단기시장에서 균형가격과 균형량은?

단기공급함수는 $Q=300$, 수요함수는 $Q=400-\frac{1}{2}P$

→ ㉠ 균형가격은 $300=400-\frac{1}{2}P$ → $P=200$

㉡ 균형량은 300

(2) 장기시장에서 균형가격과 균형량은?

장기공급함수는 $Q=P+250$, 수요함수는 $Q=400-\frac{1}{2}P$

→ ㉠ 균형가격은 $P+250=400-\frac{1}{2}P$ → $\frac{3}{2}P=150$ → $P=100$

㉡ P 대신 100을 삽입하면 균형량은 350이 된다.

(3) 결 과

㉠ 균형가격 : 200 → 100 ∴ 100 감소
㉡ 균형량 : 300 → 350 ∴ 50 증가

답 ③

09 A지역 오피스텔시장의 시장수요함수가 $Q_D=100-P$이고, 시장공급함수가 $2Q_S=-40+3P$일 때, 오피스텔 시장의 균형에서 수요의 가격탄력성(ε_P)과 공급의 가격탄력성(η)은? (단, Q_D : 수요량, Q_S : 공급량, P : 가격이고, 수요의 가격탄력성과 공급의 가격탄력성은 점탄력성을 말하며, 다른 조건은 동일함)

기출 20

① $\varepsilon_P=\dfrac{12}{13}$, $\eta=\dfrac{18}{13}$

② $\varepsilon_P=\dfrac{12}{13}$, $\eta=\dfrac{13}{18}$

③ $\varepsilon_P=\dfrac{13}{12}$, $\eta=\dfrac{18}{13}$

④ $\varepsilon_P=\dfrac{12}{13}$, $\eta=\dfrac{13}{18}$

⑤ $\varepsilon_P=\dfrac{18}{13}$, $\eta=\dfrac{12}{13}$

해설

(1) 수요와 공급을 일치시킨다.

 수요함수 : $Q_D=100-P$, 공급함수 : $2Q_S=-40+3P$, $Q_S=-20+\dfrac{3}{2}P$

 ∴ 균형가격=48, 균형량=52

(2) 탄력성을 구하기 위하여 수요함수와 공급함수를 미분한다.

 ① 수요의 가격탄력성(ε_P) : $-\dfrac{dQ}{dP}\times\dfrac{P}{Q}=-(-1)\times\dfrac{48}{52}=\dfrac{12}{13}$

 ② 공급의 가격탄력성(η) : $\dfrac{dQ}{dP}\times\dfrac{P}{Q}=\dfrac{3}{2}\times\dfrac{48}{52}=\dfrac{18}{13}$

답 ①

10 A지역 임대아파트의 시장수요함수가 $Q_d=100-\frac{1}{2}P$이고, 시장공급함수는 $Q_s=20+\frac{1}{3}P$이다. 정부가 임대료를 시장균형임대료에서 36만원 낮추었을 경우 A지역 임대의 초과수요량은? (단, Q_d=수요량, Q_s=공급량, P : 임대료, 단위는 천호 및 만원이고, 다른 조건은 불변임) 기출 19

① 30천호   ② 32천호
③ 40천호   ④ 52천호
⑤ 70천호

해설

시장균형임대료에서 36만원을 낮추었다고 하였으므로 시장임대료를 구해야 한다.
$100-\frac{1}{2}P=20+\frac{1}{3}P \to \frac{5}{6}P=80 \to P=96$만원

96만원에서 정부가 36만원을 낮추었으므로 시장균형임대료는 60만원

$Q_d=100-\frac{1}{2}P \to P$에 60만원 대입하면, 수요량은 70천호

$Q_s=20+\frac{1}{3}P \to P$에 60만원 대입하면, 공급량은 40천호

따라서 초과수요량은 30천호가 된다.

답 ①

11 아파트시장의 균형가격과 균형거래량에 관한 설명으로 옳지 않은 것은? (단, 완전탄력적과 완전비탄력적 조건이 없는 경우는 수요와 공급의 법칙에 따르며, 다른 조건은 동일함) 기출 24

① 수요의 증가폭이 공급의 증가폭보다 클 경우, 균형가격은 하락하고 균형거래량은 증가한다.
② 균형상태인 아파트시장에서 건축원자재의 가격이 상승하면 균형가격은 상승하고 균형거래량은 감소한다.
③ 공급이 가격에 대해 완전탄력적인 경우, 수요가 증가하면 균형가격은 변하지 않고 균형거래량만 증가한다.
④ 공급이 가격에 대해 완전비탄력적인 경우, 수요가 증가하면 균형가격은 상승하고 균형거래량은 변하지 않는다.
⑤ 공급의 감소폭이 수요의 감소폭보다 클 경우, 균형가격은 상승하고 균형거래량은 감소한다.

해설

① (×) 수요의 증가폭이 공급의 증가폭보다 클 경우, 균형가격은 상승하고, 균형거래량은 증가한다.

답 ①

12. 아파트시장에서 아파트의 수요곡선을 우측(우상향)으로 이동시킬 수 있는 요인은 모두 몇 개인가? (단, 다른 조건은 동일함) 기출 24

- 아파트 가격의 하락
- 대체 주택 가격의 상승
- 총부채원리금상환비율(DSR) 규제 완화
- 가구수 증가
- 모기지 대출(mortgage loan) 금리의 상승
- 수요자의 실질 소득 감소
- 부채감당률(DCR) 규제 강화

① 2개 ② 3개
③ 4개 ④ 5개
⑤ 6개

해설

아파트 가격 하락과 DSR 규제완화 그리고 가구수 증가는 수요를 견인하는 요인들이다.
반면 금리의 상승이나 실질소득 감소 대출, 규제 강화 등은 대출금액의 부담이나 대출의 어려움 또는 가처분 소득의 감소로 이어져 수요를 억제하는 요인들이다.

답 ②

13. 부동산의 수요와 공급에 관한 설명으로 옳지 않은 것은? (단, 우하향하는 수요곡선과 우상향하는 공급곡선을 가정하며, 다른 조건은 동일함) 기출 24

① 단기적으로 가격이 상승해도 부동산의 공급량이 크게 증가할 수 없기 때문에 공급이 비탄력적이다.
② 부동산의 공급량은 주어진 가격 수준에서 일정기간에 판매하고자 하는 최대수량이다.
③ 용도전환 및 개발이 가능한 장기에는 공급의 탄력성이 커진다.
④ 부동산의 수요량은 구매능력을 갖춘 수요자들이 구매하려는 수량이므로 유효수요를 의미한다.
⑤ 공급의 가격탄력성이 작을수록 수요변화시 균형가격의 변동폭은 작지만 균형거래량의 변동폭은 크다.

해설

⑤ (×) 공급의 가격탄력성이 작을수록(비탄력적을 의미) 수요변화시 균형가격의 변동폭은 커지고, 균형거래량의 변동폭은 작아진다. 무조건 암기보다는 수요공급 그래프를 그려가면서 정오답을 체크하는 게 유용하다.

답 ⑤

14 다음 중 유량(flow)의 경제변수가 아닌 것은? 기출 24

① 소득 ② 수출
③ 재산 ④ 소비
⑤ 투자

> 해설

③ (×) 재산, 자산, 부채, 인구 등은 저량(stock) 변수이다.

답 ③

15 부동산 매매시장에서 수요와 공급이 동시에 변화하는 경우, 시장균형의 변화에 관한 설명으로 옳지 않은 것은? (단, 수요곡선은 우하향하고, 공급곡선은 우상향하며, 다른 조건은 동일함) 기출 25

① 수요와 공급이 동시에 증가하는 경우, 공급의 증가폭이 수요의 증가폭보다 크면, 균형가격은 하락하고 균형거래량은 증가한다.
② 수요와 공급이 동시에 감소하는 경우, 수요의 감소폭이 공급의 감소폭보다 크면, 균형가격은 하락하고 균형거래량은 감소한다.
③ 수요와 공급이 동시에 증가하는 경우, 수요의 증가폭과 공급의 증가폭이 같다면, 균형가격은 불변이고 균형거래량은 증가한다.
④ 수요와 공급이 동시에 감소하는 경우, 공급의 감소폭이 수요의 감소폭보다 크면, 균형가격은 하락하고 균형거래량도 감소한다.
⑤ 수요와 공급이 동시에 증가하는 경우, 수요의 증가폭이 공급의 증가폭보다 크면, 균형가격은 상승하고 균형거래량도 증가한다.

> 해설

④ (×) 수요와 공급이 동시에 감소하는 경우, 공급의 감소폭이 수요의 감소폭보다 크면, 균형가격은 증가하고 균형거래량도 감소한다.

답 ④

16 A지역 아파트시장의 기존 수요함수는 $2P=-Q_d+400$, 공급함수는 $P_1=Q_{S1}+20$이었다. 이후 수요함수는 변하지 않고 공급함수가 $P_2=Q_{S2}+80$으로 변하였다. 다음 설명으로 옳은 것은? (단, X축은 수량, Y축은 가격, P는 가격(단위 : 만원/m^2), Q_d는 수요량(단위 : m^2), Q_s는 공급량(단위 : m^2)이며, 다른 조건은 동일함)

기출 25

① 아파트 공급량의 증가에 따라 공급곡선이 좌측(좌상향)으로 이동한다.
② 기존 아파트시장의 균형가격은 120만원/m^2이다.
③ 공급함수 변화이후, 아파트시장의 균형거래량은 160m^2이다.
④ 공급함수 변화이후, 아파트시장의 균형가격은 20만원/m^2만큼 감소한다.
⑤ 공급함수 변화이후, 아파트시장의 균형거래량은 40m^2만큼 감소한다.

> **해설**

기존 수요함수와 공급함수를 Q로 정리해서 연립방정식의 해를 구하면 균형가격 140만원/m^2, 균형거래량 120m^2이고, 변경된 공급함수와 기존의 수요함수를 Q로 정리해서 연립방정식의 해를 구하면 균형가격 160만원/m^2, 균형거래량 80m^2이므로 아파트시장의 균형거래량이 40m^2만큼 감소한다.

답 ⑤

CHAPTER 02 부동산 경기변동과 부동산시장론

제1절 부동산 경기변동의 이해

Ⅰ 부동산 경기변동의 의의 및 분석의 필요성

1. 부동산 경기변동의 의의

경기변동이란 경기순환을 포함하여 일반경기와 경제활동의 수준이 지속적으로 변동하는 현상을 의미하며 자본주의 시장경제의 특징적 현상이다. 경기변동은 순환적, 계절적, 장기적, 무작위적 변동이 혼합되어 있으며 이 중에서 가장 중요하고 비교적 뚜렷이 나타나는 것은 경기순환으로서, 경기순환이란 경제활동이 몇 년을 주기로 반복적으로 상승과 하락을 되풀이하는 현상을 말한다. 부동산경제는 일반경제를 구성하는 가장 중요한 부문 중의 하나로서 일반경제의 경기변동과 유사한 현상이 나타나는바, 이하에서는 부동산 경기변동을 살펴보되 경기순환과 부동산시장의 관계를 중심으로 살펴보고자 한다.

Ⅱ 부동산 경기변동의 특징

1. 주기 및 진폭

부동산 경기는 부동산 수급의 불균형 정도가 일반재화에 비하여 심하므로 저점과 정점이 일반 경기보다 깊고, 일반의 그것에 비해 타성기간이 길며 또한 순환국면이 뚜렷하지 않은 특징을 갖는데 이는 부동산 공급의 비탄력성, 투자의 장기성, 부동산의 영속성 때문이다.

2. 우경사 비대칭성

일반경기는 경기확장국면이 느리며 길게 진행되고 수축국면이 빠르고 짧아 좌경사 비대칭성을 보임에 비해 부동산경기는 확장국면이 짧고 빠르게 진행되며 수축국면이 상대적으로 긴 기간동안 서서히 진행되어 우경사 비대칭성을 보이고 있다.

3. 시계열적 불일치

부동산 경기순환은 부문별 경기변동의 가중평균치적인 성격을 지니게 된다. 일반적으로 상업용 부동산, 공업용 부동산은 일반경기에 동행하는 경향이 있다. 그러나 주거용 부동산의 경우에는 주택금융의 이용가능성으로 인하여 일반경제의 변동과 반대되는 역순환적 현상을 보인다.

4. 기 타

붐과 디플레이션에 강하고, 일반경기 변동요인은 고용, 소득수준 등 수요측면에 주로 작용하는데 비해 부동산경기는 건축비변동, 인구변동, 가구구성변화 등 공급측면에서 주요 영향을 미침이 특징이다.

Ⅲ 부동산 경기의 측정지표

1. 개 요

부동산 경기의 종합적이고 과학적인 측정방법은 아직 개발되지 않고 있지만 여러 지표를 이용하여 어느 정도 예측가능하다. 이는 단순지표가 아닌 여러 지표들의 종합적 분석이 요구되며, 최근 부동산 증권화에 대비한 부동산가격의 측정지표 개발이 요구되고 있다.

2. 경기변동의 측정방법

(1) 과거의 추세치를 연장하는 방법

이 방법은 단순하기는 하나 미래가 반드시 과거로부터 추세 속에 일직선상으로 발전하지 않는다는 점 때문에 이 방법에만 의존할 수는 없다.

(2) 지역 경제분석 등에 의한 경제분석 방법

이 방법은 비용이 많이 들고 많은 자료를 요구하는 점에서 흔히 사용할 수 없다는 단점이 있다.

(3) 지수를 사용하는 방법

몇 개의 대표적인 수치를 통해 그 경향을 파악하는 방법으로 미국의 경우 실거래를 기반으로 하는 지수와 감정평가를 기반으로 하는 지수가 있다. 부동산의 고유 특성으로 인해 지수작성에 한계가 있으나, 점차 그 필요성이 증가하고 있다.

(4) 대체수요를 이용하는 방법

예금과 증권은 투자 3분법상 부동산과 대체재로 구분된다. 따라서 주가지수, 정기예금금리, 일반대출금리 등과 부동산 경기와의 역행성을 이용하여 경기변동을 예측할 수 있다.

3. 부동산 경기측정지표

(1) 개 요

부동산경기측정지표란 경기를 표시하는 지표(Index)를 말하며 부동산 특성상 다양한 방법이 있다. 일반 경기변동시는 선행·동행·후행지표를 활용하나 부동산은 고정성, 부증성 등으로 인해 체계적 파악이 곤란한 측면이 있다. 따라서 단순지표로서 판단은 지양해야 하며 종합적·동태적 파악이 필요하다.

(2) 장기측정지표

① **부동산 가격변동** : 부동산 경기가 좋을 때 부동산가격이 상승하는 경향이 있으나, 부동산가격 변동이 경기변동의 개념자체를 구성하고 있는 것은 아님에 유의한다. 즉 건축비상승, 투기로 인한 일시적인 가격상승은 부동산 경기의 상승이 아니다.

② **주택 거래량** : 부동산시장이 활황이면 일반적으로 거래가 활발하며, 공실·공가 등의 경향은 부동산 경기의 선도지표이다.

③ **건축량** : 건축 착공량은 부동산 경기측정지표로서 매우 빈번히 사용된다. 이때 착공을 지연시키는 '착공의 수성현상'을 주의 깊게 관찰하여야 하는데 이는 부동산 경기의 후퇴조짐 및 정부의 주택행정상의 문제점을 나타낸다.

(3) 단기측정지표

① **내적요인** : 이는 부동산 경기변동에 직접적인 영향을 미치는 요인으로 수요관련지표로는 인구·가구수·주택보급률 등이 있으며, 공급관련지표로는 주택건설호수 등이 있다.

② **외적요인** : 주변적 효과를 미치는 요인으로 도매물가, GNP, 통화량, 국제지수 등 거시경제지표가 이에 해당된다.

③ **대체요인** : 투자 3분법에 해당하는 요인으로 예금/대출금리·주가지수 등이 이에 해당되며 역행성을 이용하여 경기를 측정하는 지표이다.

4. 부동산 경기의 순환국면

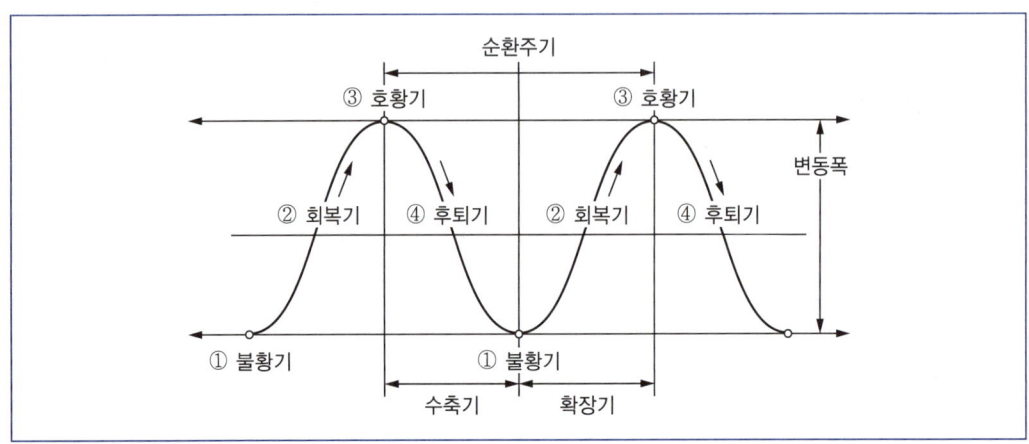

(1) 개 설

일반경기변동은 수축기·회복기·확장기·후퇴기 4가지 국면으로 나타나나, 부동산 경기변동은 여기에 고유국면으로 안정시장국면이 나타난다. 그러나 각 국면은 일률적 판단이 어려우며 일반경기 및 부동산 수요 등에 의해 일정하지 않을 수도 있다.

(2) 회복시장(Recovery)

의 의	경기가 저점을 지나 상향을 시작하나 아직 불황기에 있는 시장
가격등락	가격의 하락 또는 가격 상승률의 저하가 중단, 반전하여 가격의 상승이 시작
시장상황	• 금리는 낮아지고 자금의 여유가 있기 때문에 부동산 거래가 활기를 띠기 시작 • 투기 또는 투자심리가 작용, 매도인 중시 현상으로 변화
과거 거래가격 의미	새로운 거래가격의 기준 또는 하한선

(3) 상향시장(Expansion)

의 의	• 불황을 벗어나 호황에 이르러 경기상승국면을 지속해가는 일반경기의 확장에 해당하는 시장 • 부동산의 특성으로 인하여 경기회복은 개별적, 지역적으로 이루어지는 것이 일반적
가격등락	계속적인 상승현상
시장상황	거래 활발하며, 가격상승률이 점차 높아지므로 매도인은 거래의 성립을 미루는 반면, 매수인은 거래의 성립을 당기려 하므로 부동산 전문 활동에 있어 매도인의 관리에 더욱 주안점
과거 거래가격 의미	새로운 거래의 하한선

(4) 후퇴시장(Peak/Hypersupply)

의 의	경기의 상향 전환점을 지나 하강세로 바뀌나 아직 불황시장까지 하강하지 않는 시장
가격등락	가격 상승이 중단, 반전하여 경기의 후퇴가 시작
시장상황	• 거래는 점차 한산, 매도인 중시에서 매수인 중시현상으로 변화 • 경기하강이 급격하게 진행되어 단시일에 하강하는 곳에서는 부동산거래활동이 중단되기도 함. • 금리는 높아지고 여유자금이 부족해짐
과거 거래가격 의미	새로운 거래의 기준선 또는 상한선

(5) 하향시장(Recession)

의 의	불황 하에서 계속적인 경기의 하강이 진행
가격등락	지속적인 부동산가격 상승률의 저하 또는 가격의 하락
시장상황	• 부동산 전문 활동에 있어서 매수인 중시 현상, • 공실률 증가, 거래한산, 건축허가 신청건수 상당히 저하 • 규모가 큰 호화주택은 큰 타격 • 회복시장 전 국면의 시장으로 경기회복의 가능성 내포 • 금리는 높아 부동산을 소유하는 것이 부담
과거 거래가격 의미	새로운 거래가격의 상한선

(6) 안정시장(Stable Market)

의 의	부동산의 가격이 가벼운 상승을 유지하거나 안정되어 있는 불황에 강한 유형의 부동산 고유의 시장으로 주로 위치가 좋은 곳의 적당한 규모의 주택과 도심의 택지가 여기에 속함
가격등락	가격등락의 폭이 심하지 않고 가벼운 상승
시장상황	시장 안정
과거 거래가격 의미	새로이 신뢰할 수 있는 거래의 기준

5. 경기변동에 관한 제이론

(1) 가속도 승수 이론

사무엘슨, 힉스 등에 의해 주장되었으며, 가속도 효과와 승수 효과의 작용으로 부동산 경기가 누적적으로 상승 또는 하락한다고 한다.

(2) 화폐적 경기변동론

프리드만, 루카스 등에 의해 제시된 이론으로서 화폐부문의 충격, 특히 통화공급과 은행의 신용의 변동이 경기변동을 일으킨다고 보았다. 이는 합리적 기대가설에 기인하여 동태적 분석을 시도하였고, 경제정책의 일관성을 중시하였으나, 시장의 불균형존재, 불완전 정보, 비싼 정보의 취득비용존재 등을 무시한 단점이 있다.

(3) 물거품 경기변동론

경제주체들의 주관적 요소 즉 시장심리에 의해서도 경기변동이 증대된다는 것을 말한다. 이에 의하면 부동산 투기, 거품지가 등의 설명이 용이하나 단기적 투기시장으로의 변동만을 설명할 수 있다는 한계가 있다.

(4) 정치적 경기변동론

노드하우스 등에 의해 주장되었으며, 집권당의 정치적 선택에 의해 경기변동이 발생할 수도 있다고 한다. 이에 의하면 단기적 현상을 일시적으로 설명하는 것은 가능하나, 합리적 기대가설의 입장에서 볼 경우 장기에는 아무런 영향을 미치지 못한다.

6. 부동산 유형에 따른 경기순환 현상(Sub-Market Cycle)

(1) 개 요

일반경기와 부문별 경기순환의 시간적 관계는 전순환적, 동시순환적, 후순환적, 역순환적의 4가지로 표현된다. 일반적으로 주식시장의 경기는 전순환적이며, 부동산시장의 경기는 후순환적인 것으로 알려져 있다. 그러나 부동산시장도 부문에 따라 그 유형을 달리하는바, 이하에서 자세히 살펴본다.

(2) 주거용부동산

1) 개 요

주거용부동산의 건축경기는 일반경제의 경기와는 반대되는 역순환적 현상을 보이는데 이것은 주거용부동산의 공급자와 수요자에게 제공되는 신용의 유용성과 밀접한 관계가 있다.

2) 일반경기 호황시

① 유용한 자금의 상당부분이 수익성이 높은 다른 부문으로 투자되기 때문에 주택부문에 투자되는 부분은 상대적으로 적어진다.

② 호황기에는 기업으로부터 자금수요가 많아 이자율이 높아지는 경향이 있다. 그런데 주택자금은 대부분 저리인 경우가 많으므로 금융기관이나 투자자는 수익성이 높은 다른 부문으로 자금을 이동시킨다. 따라서 주택자금의 융통이 어렵게 됨에 따라 주택에 대한 수요는 감소하고 주택수요가 감소함에 따라 주택건설업체의 주택공급량도 줄어든다.

3) 일반경기 불황시

① 불황시는 일반산업부문의 투자기회가 적어지게 되어, 기업의 자금수요가 감소한다. 따라서 시장의 이자율은 하락하고, 상대적으로 저리인 주택금융부문에서 이용할 수 있는 자금이 풍부해진다.

② 이자율이 하락하므로 주택수요자나 공급자들의 자금융통도 수월해지고 그에 따라 주택 착공량도 증가하게 된다.

(3) 상업용부동산과 공업용부동산

1) 개 요

상업용부동산과 공업용부동산의 건축경기는 일반경제의 경기순환과 거의 일치하는데 이것은 공업용부동산과 상업용부동산이 일반경제활동과 밀접한 관계를 가지고 있기 때문이다.

2) 일반경기 호황시

① 경제가 활성화되면, 생산을 위한 공장건물이나 업무를 위한 사무실 공간에 대한 수요가 증대된다.

② 호경기가 되면 소비자들의 구매력이 향상되기 때문에 판매를 위한 매장공간에 대한 수요도 아울러 증가한다.

③ 수요가 증대됨에 따라 부동산의 공급도 늘어나게 되므로 상업용부동산과 공업용부동산의 건축경기는 일반경기와 대체로 일치하는 경향이 있다.

제2절 부동산시장에 대한 이해

I 부동산시장의 정의

① 부동산의 수요·공급을 통해 경쟁적 이용에 의한 공간배분 및 토지이용패턴을 결정하는 부동산의 교환 및 가격결정의 공간이다.
② 부동산시장이란 양·질·위치 등 제 측면에서 유사한 부동산에 대하여 그 가격이 균등해지려는 경향이 있는 지리적 구역이다.
③ 부동산시장이란 부동산이라는 재화의 유통을 가능하게 해주며 교환이 이루어지는 장소를 말한다. 즉 부동산시장은 부동산이라는 재화를 효율적으로 배분하는 중요한 기능을 수행한다.

II 부동산시장과 완전경쟁시장

1. 완전경쟁시장의 조건

① 완전경쟁시장은 무수히 많은 다수의 매도자와 다수의 매수자가 존재하고,
② 제품의 질은 동일하며,
③ 시장참여자에게 주어지는 정보는 완전하고,
④ 누구든지 자유롭게 시장에 진입하거나 탈퇴할 수 있으며,
⑤ 어느 누구도 시장가격에 영향을 미칠 수 없는 시장이다.

2. 부동산시장이 완전경쟁시장이 아닌 이유

① 부동산은 지리적 위치의 고정성과 지역성에 의하여, 그리고 경제적 비중으로 인하여 한정된 시장 참가자를 가지고, 이들은 가격순응자가 아닌 가격협상의 주체로서 개입하게 된다.
② 부동산은 지리적 위치의 고정성과 개별성으로 인하여 비표준화된 시장으로서 본질적으로 비대체적인 이질적 상품이다.
③ 거래내역은 완전히 공개되지 않고, 정보의 비공개성으로 정보비용이 발생하며 정보의 비대칭 가능성이 높은 시장이다.
④ 고정성, 부증성 등의 특성으로 생산요소의 자유로운 이동이 제한된다. 자금의 유동성이 낮고, 투자의 대규모성 또한 진입과 탈퇴를 제약하는 요인으로 작용한다.

완전경쟁시장	부동산시장
• 다수의 수요자와 공급자 • 시장의 진입과 퇴거의 자유 • 정보의 공개성과 대칭성 • 동질적인 재화(일물일가의 원칙성립)	• 제한된 수요자와 공급자 • 시장의 진입과 퇴거의 어려움 • 정보의 비공개성과 비대칭성 • 개별성으로 인한 비동질적인 재화

Ⅲ 부동산시장의 특징 기출 19·21

1. 지역성으로 인한 부동산시장의 특징
① **외부효과성** : 부동산의 고정성으로 인해 외부환경의 영향을 많이 받게 되는바 이러한 외부효과가 토지의 본질적 가치에 영향을 미친다. 이러한 연유로 각종 토지이용규제와 같은 정부개입이 나타나게 된다.
② **국지적 시장과 시장분화현상** : 부동산의 고정성으로 부동산시장은 지역적·국지적으로 형성되며, 다시 부동산의 용도·유형·크기에 따라 부분시장(sub-market)으로 나뉘고, 부분시장별 불균형현상이 발생한다. 이는 부동산활동을 부분시장별로 임장활동화하고 부분시장별 수요공급 분석을 요구하게 된다.
③ **규제적 제한** : 부동산의 사회성·공공성으로 인해 나라마다 다르지만 법적, 행정적 규제가 많다. 각종 공사법적 제한은 시장의 조절기능을 저하시키는 요인으로 작용하며 이에는 지역지구제, 토지거래허가제 등이 있다.

2. 수요·공급 측면에서의 부동산시장의 특징
① **투자의 대규모성과 고정성** : 부동산은 경제적 비중이 크고 투자가 대규모적이며 투자기간은 장기적이다. 그러나 최근에는 부동산금융제도의 도입, 부동산유동화·증권화에 따라 부동산에 대한 간접투자가 가능해짐에 따라 소액투자 및 단기적인 투자가 가능해지는 추세에 있어 이러한 성격을 완화시키는 역할을 한다.
② **수급조절의 곤란성** : 부동산은 부증성으로 인해 공급이 비탄력적이고 수급조절에 장시간이 걸리며 단기적으로 가격왜곡현상이 나타날 수 있다.

3. 개별성에 의한 부동산시장의 특징
① **재화의 비표준성** : 부동산의 개별성으로 표준화가 불가능하며 이는 가치형성요인을 개별화, 다양화시키고 일물일가의 법칙도 성립하지 않는다.
② **거래의 비공개성** : 사회적 통제 또는 사회적 인식으로 거래의 내용, 사실의 공개를 꺼리는 관행이 존재하나, 이는 부동산금융제도의 도입과 관련, 투자지표, 각종 데이터의 구축, 수익지수의 작성, 회계경비관련 등의 투자정보가 구축되어 투명성이 강화될 것으로 보인다.

4. 자본시장과의 관련성
부동산시장은 자금의 유용성과 밀접한 관련이 있으며 투자재로서의 부동산은 타금융상품과 대체관계를 형성하므로 증권시장과 은행의 금리 등 자본시장의 영향력이 크다. 근래 부동산의 유동화와 관련하여 그 영향력은 더욱 커지고 있다.

Ⅳ 부동산시장의 기능

1. 부동산시장의 순기능
① **가격창조기능** : 매도인의 주관적 제안가격과 매수인의 주관적 제안가격의 절충과 조절을 통해 양자가 교차하는 지점에서 거래가격이 창조된다.
② **수급조절기능** : 수요증가에 따른 경제적 공급이 이루어지기도 한다.
③ **자원배분기능** : 기존 부동산 공간을 수요자에게 배분하거나, 건물 등의 건축·유지·수선 등과 관련하여, 다른 자원의 부동산에 대한 분배를 촉진한다.
④ **정보제공기능** : 투자자, 건축가, 개발업자 등에게 업무성 가격결정이나, 투자성 판단 등 의사결정에 유용한 정보를 제공한다.
⑤ **도시성장기능** : 계속적인 부지이용과 경쟁을 통해 대체·경쟁에 의한 최유효이용이 도출되며 부동산의 성격, 양·질 등이 조정되어 나가면서 장기적으로 도시성장이 이루어진다.
⑥ **매매·교환기능** : 부동산 이용자의 기호에 따라 부동산 또는 공간을 재분배하는 과정에서 부동산과 현금, 부동산과 부동산, 소유와 임대 등의 교환이 이루어진다.

2. 부동산시장의 역기능
불완전경쟁으로 인한 구조적 결함이 존재, 즉 다수의 수요자와 소수의 공급자, 비공개적 거래정보, 부동산의 비동질성, 단기진입, 탈퇴 곤란 등으로 균형가격의 성립이 어렵고, 부의 외부효과 등으로 인하여 시장실패, 자원분배의 왜곡 등이 일어난다. 즉, 효율성과 형평성 측면에서의 문제가 발생한다.

Ⅴ 부동산시장의 분류

1. 용도에 따른 시장분류
주거용·상업용·공업용·농업용 시장 등 부동산 사용용도에 따라 분류된다. 각각의 시장은 다시 단독·공동주택, 사무실·매장용, 중공업·경공업·창고용, 초지·임지·경지·과수원 등으로 나뉘며 하위시장으로 세분될수록 부동산은 동질화되는 경향이 있다.

2. 주체에 의한 시장분류
매도자시장, 매수자시장으로 분류되며 시장참여자의 행태분석에 유용하다.

3. 경쟁원리에 따른 시장분류
부동산의 거래는 부동산시장을 거치는 거래와 그렇지 않은 거래가 있다. 전자는 교환가치를 가지는 부동산에 대가가 지불되는 거래이며, 후자는 장래 사용가치를 지니는 부동산에 대한 대가가 지불되는 거래이다.

4. 기 타
당사자의 자연성 및 정보의 공개성에 따른 시장분류로서 공개시장과 폐쇄시장으로, 부동산의 거래품목에 따른 시장분류로서 소유권을 대상으로 하는 매매시장과 사용권을 대상으로 하는 임대차시장 등으로 나누어 살펴볼 수 있다.

Ⅵ 부동산시장의 패러다임 변화

1. 개발의 시대에서 관리의 시대로
점차 국내가 성숙된 도시화 시대로 진입됨에 따라 부동산의 문제가 자연스럽게 양적인 문제로부터 질적인 문제로, 그리고 개발중심으로부터 관리중심으로 전환될 수밖에 없으며 부동산에 대한 투기적 이익도 기대하기 어려우므로 자본차익보다는 부동산의 이용과 활용에 따른 경상수익을 취하려는 경향이 높아질 것이다.

2. 매도인의 시장에서 매수인의 시장으로
부동산 문제가 양적인 문제로부터 질적인 문제로 변화함으로써 부동산가격이 안정되고 그에 따라서 과거와 같은 투기적 수요 혹은 가수요가 사라짐으로써 부동산시장은 자연스럽게 매도인이 주도하는 시장에서 매수인이 주도하는 시장으로 전환되고 있다. 이제 핵심적인 부동산 문제는 양적인 부족문제가 아니라 수급의 종류별, 질적 부조화 문제라고 할 수 있다.

3. 저량(Stock)에서 흐름(Flow)으로
우리나라의 부동산시장은 그 동안 자산을 중심으로 한 저량의 경제에 기반을 두고 진행되어 왔다고 해도 과언이 아니다. 담보금융 위주의 부동산 융자관행과 낮은 융자율에 의한 융자제약 등의 공금융의 제약은 주택분야에서는 세계에서 유일한 전세라는 제도를 만들어 냈다. 그러나, 최근 현금흐름의 중요성이 증대하고, 이른바 갭투자 환경이 점점 어려워짐에 따라 점차 월세로 전환하는 경향을 띠고 있다.

4. 부동산 실물자산의 증권화(Securitization)
원래 부동산은 저량상품으로서 구입하는 데 많은 돈이 필요하며 분리하여 소비하기 어렵고 유동성이 낮은 고유한 특성을 지니고 있다. 그러나, 최근 부동산투자의 중요성과 양적증가가 늘어나면서, 부동산이라는 실물을 증권화하는 상품이 많이 나오고 있으며, 부동산의 자연적 특성은 부동산 유동화 혹은 부동산 증권화를 통해서 서서히 극복되고 있다.

5. 폐쇄에서 개방으로
① 외국인의 부동산 투자 활성화 : 외국인의 국내투자 증가추세로 인하여 우리의 부동산시장활동에도 많은 변화가 초래되었는바, 예컨대 부동산 투자가치의 평가에 있어서 수익환원법의 중요성이 부각되고 부동산의 자산관리적 측면의 관심이 고조되고 있다. 결국 외국인의 국내 부동산 투자증대는 종래의 매매차익을 중심으로 한 부동산 투자관행으로부터 벗어나 임대료 수입과 운영관리비의 적정화 등 운영수익을 극대화하기 위한 투자관행으로의 변화를 촉진할 것이다.
② 부동산 정보산업의 발달 : 종래의 우리나라 부동산시장은 미공개 독점 정보에 의해 가치가 창출되는 경향이 많았으며 이로 인해 투기가 만연하였다. 그러나 인터넷의 보급이 급속히 확산되고 상당한 수준의 실시간 고급의 정보들이 온라인상에서 공유됨으로써 정보의 불완전성이 점차 극복되고 있다.

Ⅶ 부동산시장과 자본시장과의 관련성

1. 부동산 구입시 타인자본의 활용
부동산의 고가성과 관련하여 부동산투자는 단독으로 이루어지기 곤란하므로 저당 등의 이용이 필요하다.

2. 부동산투자의 장기성
부동산의 내구성은 생산자의 입장에서는 투하된 자본의 회수기간이 길게 되어 신중한 투자가 요구되는바 주택모기지론과 같은 장기의 주택금융이 활성화된다.

3. 부동산시장에서의 할당적 효율성
부동산시장에서 자원이 효율적으로 할당되었다는 말은 매도자가 얻을 수 있는 임대료 수익률과 매수자가 자본시장에서 얻을 수 있는 이자율이 상호간의 위험을 감안하여 서로 같도록 할당되었다는 것을 의미한다.

4. 부동산의 증권화
투자대상으로서의 부동산이 중요해지고, ABS, MBS, REITs 등 부동산시장이 증권화가 가능하게 되면서 전통적인 자본시장에 관한 이론 등이 유입되고 분석의 대상으로 동시에 논의되는 등 그 관련성이 커지고 있다.

Ⅷ 이자율 상승이 부동산시장에 미치는 영향

1. 단 기

1) 수 요
단기에는 시장이자율의 상승은 부동산 보유에 따른 기회비용의 상승으로 인한 부동산의 내재가치 하락을 발생시킨다. 따라서 은행예금이나 채권 등의 부동산 대체투자 상품에 부동산 수요자금이 유입되어 부동산시장은 급격히 위축되게 된다.

2) 공 급
단기에는 물리적 공급이 부증성이라는 부동산만이 갖는 특수한 특성에 의해 완전 비탄력적이어서 시장이자율의 영향이 수요에 비해 적게 미치지만, 공급자의 투자비용 상승으로 공급 감소를 가져오기도 한다. 따라서 비탄력적인 공급에는 거의 변화가 없으나 수요가 감소하게 되어 부동산시장은 위축되고 부동산가격은 하락하게 된다.

2. 장 기

1) 수 요
장기에도 수요는 감소하나 수요자는 일반경제학의 논리에 따라 합리적 기대로 수요 감소를 어느 정도 예상함으로써 그 감소폭은 단기에 비해 상대적으로 줄어드는 효과가 있게 된다.

2) 공 급
장기적으로 이자율의 상승은 부동산 투자 및 개발에 있어 비용 등을 상승시켜 공급감소를 가져오게 되며, 결과적으로 이자율의 상승에 따른 부동산가격의 하락폭이 단기보다는 줄어들게 된다.

제3절 부동산시장에 대한 여러 이론

I 거미집 이론 기출 21·25

1. 거미집이론(Cobweb Theory)의 개요

에치켈(M. J. Eziekel)이 주장한 이론으로, 균형의 변동과정을 동태적 모형으로 나타낸 것을 부동산시장에서 적용한 것이다. 일반경기와 마찬가지로 부동산 경기도 침체와 상승을 반복하는 것으로 되어 있다. 또한 부동산시장은 주기적으로 수요초과와 공급초과를 반복하는 경향이 있는데 이와 같은 현상은 시간적 갭으로 인한 수요와 공급 사이의 불일치 때문인 것으로 알려져 있다. 이러한 수요와 공급의 시간적 갭에 대해서 일반경제학의 거미집 모형으로 설명 가능한지 살펴보기로 한다.

2. 거미집이론의 조정과정

(1) 유 형

① 수렴형 : 수요의 가격탄력성이 공급의 가격탄력성보다 클 경우, 즉 기울기는 공급곡선이 수요곡선보다 클 경우 발생한다.

- 수요의 가격탄력성 > 공급의 가격탄력성
- 수요곡선의 기울기 < 공급곡선의 기울기

② 발산형 : 수요의 가격탄력성이 공급의 가격탄력성보다 작은 경우, 즉 기울기는 수요곡선이 공급곡선보다 클 경우 발생한다.

- 수요의 가격탄력성 < 공급의 가격탄력성
- 수요곡선의 기울기 > 공급곡선의 기울기

③ 순환형 : 수요의 가격탄력성과 공급의 가격탄력성이 같은 경우에 발생한다.

- 수요의 가격탄력성 = 공급의 가격탄력성
- 수요곡선의 기울기 = 공급곡선의 기울기

부동산시장은 수렴형의 특징을 보여주고 있다.

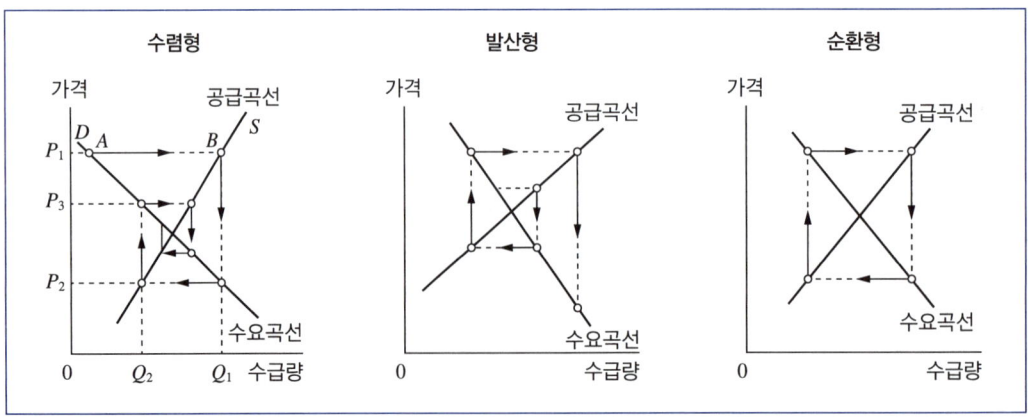

(2) 부동산시장에 적용

① 수요는 현시장의 임대료에 대하여 즉각적인 반응을 보이지만, 공급량은 현시장의 가격에 반응을 보여 주택 등을 만들 수 있는 시간이 장기간 소요되어 현시장의 공급량에 영향을 주는 것이 아니라 일정한 시차가 지난 후인 그 다음 기(期)의 공급량에 영향을 준다.
② 부동산시장에도 수요와 공급의 시간적인 차(gab, 갭)가 존재하여 수요초과와 공급초과를 반복하는 경향이 있다. 따라서 단기는 가격왜곡이 발생하지만, 장기는 균형을 이룬다.
③ 부동산에는 이런 주기적 현상은 주거용보다는 상업용이나 공업용 부동산에 더 강하게 나타나고 있는 것으로 알려져 있다.

3. 거미집 모형의 전제(가정)

① 기간구분이 가능해야 한다.
① "수요와 공급은 현시장의 임대료에만 반응을 보인다."라고 가정을 둔다.
② 수요는 당기가격에 반응하고 공급은 전기가격에 반응한다(정태적 기대).
③ 공급량의 조절에는 많은 시간이 소요된다. 즉 수요공급간 시차가 존재한다.
④ 당기의 공급량은 당기에 모두 소비되고, 공급자의 기대는 실패한다.
⑤ 수요의 탄력성이 공급의 탄력성보다 크다.

4. 거미집 모형의 내용

(1) 부동산시장에서의 수요·공급의 특성

① 부동산은 어떤 원인에 의해 수요가 급등해도 공급이 바로 증가하지 못하므로 단기적으로 가격이 급등하고, 이에 공급자의 기대이윤이 증가하여 건물착공량도 증가하나, 시간이 경과하여 공급물량이 막상 시장에 출하되면 이번에는 오히려 공급초과 현상이 발생한다.
② 공급초과는 가격을 하락시키고 부동산시장은 초과공급된 물량이 소화될 때까지 침체국면에 접어든다는 것이다.
③ 이같은 주기적 현상은 생필품적인 성격을 띠는 주거용보다는 대규모의 임대공간을 동시에 창출하는 상업용이나 공업용 부동산에 더 강하게 나타나고 있는 것으로 알려져 있는데 이 과정을 거미집 모형으로 설명하면 다음과 같다.

(2) 거미집 모형의 수렴과정

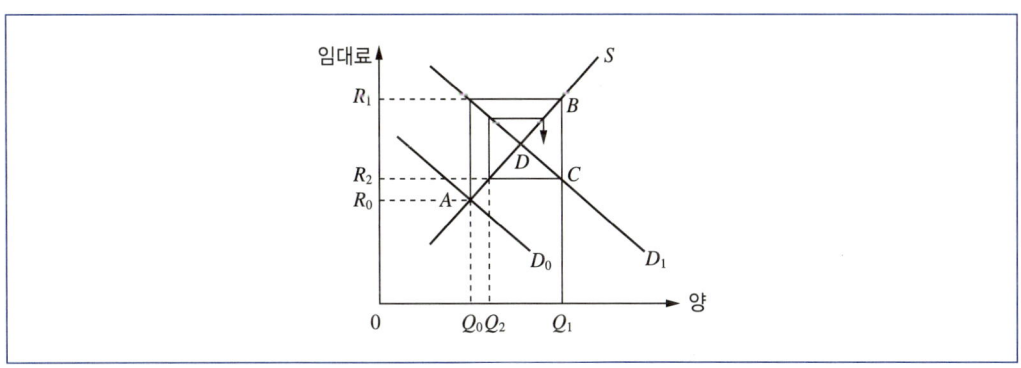

① 현 상태에서 부동산시장은 임대료 R_0, 수급량 Q_0에서 균형을 이루고 있다. 현재의 수요곡선은 D_0, 공급곡선은 S이다.

② 어떤 원인에 의해 수요가 증가하여, 수요곡선이 D_1으로 이동하였다. 부동산의 공급은 단기에 불변이므로 공급량은 여전히 Q_0이다. 이 수준의 공급량에서 수요자는 R_1까지 임대료를 지불할 용의가 있고, 따라서 임대료는 R_1으로 상승한다.

③ 시장임대가 R_1까지 상승함에 따라 공급자는 Q_1까지 공급을 증대시킬 용의가 있다. 따라서 부동산의 착공량은 Q_1이 된다.

④ 일정한 시간이 지나면, 착공된 부동산이 시장에 출하되어 공급량은 Q_1이 되나, 수요량은 Q_0로 하락하게 된다. 즉 Q_0Q_1 만큼의 초과공급이 발생하게 된다. 이에 따라, 임대료는 R_1에서 R_2 수준으로 하락하게 된다. R_2 수준의 임대료에서 다시 Q_1Q_2 만큼의 초과수요(공급자는 현재의 임대료에만 반응)가 생기게 되고, ①~④까지의 과정을 반복하여 결국 D에서 새로운 균형이 형성되게 된다.

(3) 거미집 모형의 의미

부동산 임대료나 가격은 초과수요가 있을 경우에는 몇 년 동안 계속해서 상승하다가 초과공급이 발생하면 부동산가격은 오랫동안 침체국면에 접어들게 된다. 이같은 현상은 공실률에도 나타난다. 즉, 몇 년 동안은 계속해서 공실률이 거의 없다가 또 몇 년 동안은 계속해서 공실률이 높은 현상이 주기적으로 반복해서 나타난다는 것이다.

5. 부동산시장의 적용에 있어서 유용성 및 한계

(1) 유용성

단기적인 공급곤란, 수요의 탄력성이 공급의 탄력성보다 크다는 것, 부동산공급에 시간적 갭이 존재한다는 등의 가정은 부동산시장의 특성을 반영하며 어느 정도 수요 공급에 대한 이론적 설명을 가능하게 한다.

(2) 한 계

① 일반적으로 합리적인 공급자는 현재의 시장가격으로 차기의 부동산공급을 결정하지는 않는다는 점
② 부동산은 고가의 재화이므로 당기 공급된 양을 당기에 모두 소비하기 어렵다는 점
③ 실제로 기간을 단기와 장기로 구분하기 어렵다는 점
④ 부분균형 분석으로서, 봉쇄경제에만 타당하고 개방경제에는 부적합한 문제가 있다.

Ⅱ 디파스퀠리-위튼(DiPasquale & Wheaton)의 사분면 모형 기출 20·22·24

1. 사분면 모형의 개념

부동산은 소비재인 동시에 투자재이기도 하다. 디파스퀠리 등은 부동산의 점유, 임대 및 매각이 이루어지는 시장을 소비재시장이라고 하고, 투자대상으로서 부동산시장을 자산시장이라고 구분하였다. 부동산 공간(이용)시장과 자산시장 간의 상호관계를 4사분면 모형을 이용하여 전체 부동산시장의 작동체계와 함께 설명하여 준다. 4사분면 모형은 공간과 자산시장이 각각 어떻게 작용하며, 두 시장간의 상호작용에 의해 장기균형이 어떻게 형성되는가를 밝혀주고 있다. 여기서 장기란 의미는 수요를 충족하기 위해 공간을 추가적으로 공급할 때 시간적 관계를 가진다는 의미이다. 사각형의 각 축은 공간의 재고(량), 임대료, 자산(부동산)가격, 신규건설(량)인 4개의 내생변수가 존재하며, 1·4사분면은 공간(소비, 이용)시장을 나타내고, 2·3사분면은 부동산의 소유권을 다루는 자산시장을 나타낸다.

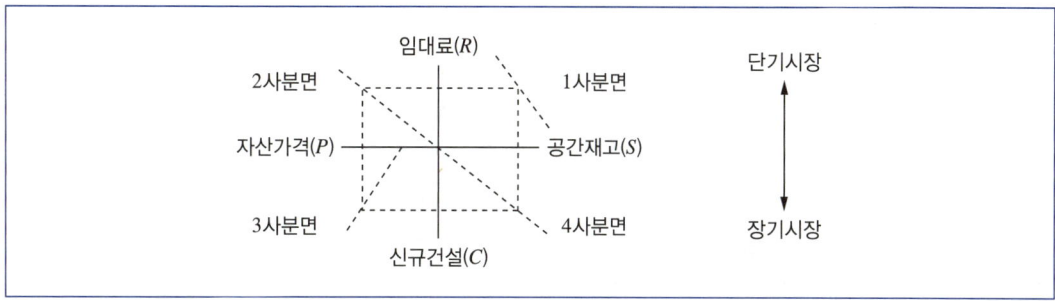

2. 각 분면의 특징

① 1사분면 : 공간시장의 임대료 결정, 건물공간서비스 임대시장

단기적(저량)으로 공간시장에서 결정되는 임대료를 설명해준다. 횡축은 공간시장의 물리적 재고량을 말하고, 종축은 단위면적당 연간 임대료이다. 현재 재고량을 나타내는 지점과 수요곡선이 만나는 지점에서 현재의 임대료가 결정된다. 즉, 공간재고가 많을수록 임대료는 낮아진다. 수요곡선은 임대료와 균형거래량을 의미함으로서 부동산의 공간에 대한 수요는 임대료와 지역 경제변수의 함수로 결정된다.

② 2사분면 : 자산시장의 부동산가격, 자산시장의 균형 원점에서 시작하는 곡선은 자산시장의 자본환원율(요구수익률, 할인율)을 나타낸다. 자본환원율은 임대료(R)와 자산가격(P)의 비율을 의미한다. 이때의 기울기는 할인율에 의해 완만하거나 급경사를 나타낸다. 할인율에는 조세, 금리, 기대상승률, 위험프리미엄 등의 모든 요인을 포함한다. 할인율을 구성하는 요인이 변하게 되면 동일한 임대료에서 기울기가 변화하면서 다른 자산 가격을 만들어 내게 된다.

$$자산가격(P) = \frac{임대료(R)}{자본환원율(i)}$$

③ 3사분면 : 자산시장의 신규공급량

신규부동산의 건설량은 자산가격(P)과 생산요소의 가격(C) 및 정부규제에 의해 결정된다는 이론이다. 원가방식에 접근하여 재조달원가와 자산가격과의 관계에 의해서 주택건설량이 결정된다는 이론이다. 따라서 자산가격이 동일한 품질의 부동산 가격(P)으로 결정되려면, 개발사업자들이 자신들의 이윤을 극대화하려면 어느정도의 재조달원가가 존재하는가에 따라 신규부동산의 공급량이 결정된다. 부동산 가격이 어느 시점 이하로 떨어지면 개발 자체가 이루어질 수 없기 때문에 건설곡선은 원점에서 떨어진 지점에서 시작한다. 이때 그래프는 재조달원가곡선을 의미한다. 또한 원점에서 떨어져 그래프가 시작하는 이유는 건설의 기본비용 때문이다. 좌하향하는 그래프는 자산가격이 높아질수록 신규건설이 촉진되는 것을 의미한다.

㉠ 자산가격 > 재조달원가일 때 신규개발이 이루어진다.
㉡ 자산가격 < 재조달원가일 때 개발을 하지 않는다.

④ 4사분면 : 공간시장의 총재고량(공간재고의 조정)

신규공급물량과 기존 공급된 물량의 멸실량이 더해져서 공간재고가 조정된다는 것이다. 여기에서 공간시장과 자산시장의 장기적 통합이 달성된다. 원점에서 시작되는 직선은 시장에서 꼭 유지하여야 하는 재고수준을 유지하기 위한 신규건설량을 연평균으로 나타낸 것이다. 공간시장의 필요 재고량이 많으면 연간 신규건설의 비율이 올라간다. 재고량의 변동분은 신규건설량에서 재고 감소량을 공제한 것과 같다. 그래프의 기울기는 감가상각률을 의미한다. 장기적 균형 측면에서 재고수준의 처음과 끝이 같다면 공간시장과 자산시장의 결합은 균형을 이루게 되지만, 재고시장의 처음과 끝이 같지 않다면 균형상태가 유지되지 않는다.

3. 부동산 임대수요의 변화

① 부동산 수요곡선의 이동은 소득, 가구수, 생산량 등의 변화에 의해서 초래된다.
② 이는 그림에서와 같이 현재의 임대료 수준에서 부동산 소비수요를 증가시키고 → 소비수요가 가용 공간과 일치하는 점까지 임대료 상승 → 자산가격 상승 → 신규 건축증가 → 부동산 재고의 증가로 이어진다.
③ 결국 새로운 균형점에서의 임대료, 가격, 건축량, 재고는 모두 증가하게 된다.

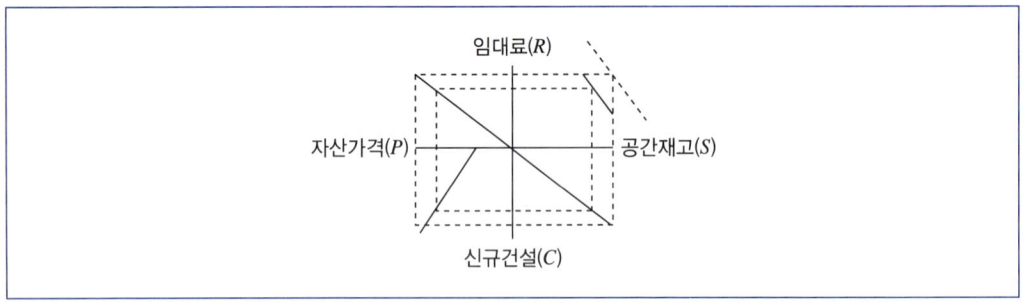

4. 장기이자율의 변화

① 장기이자율의 변화는 2사분면에서의 환원이율의 변화를 초래하여 환원이율곡선을 회전하게 한다. 만일, 이자율이 하락하면 부동산에 대한 요구수익률이 하락하게 되며 2사분면에서 환원이율곡선을 시계반대방향으로 회전시킨다.

② 환원이율이 낮아짐에 따라 자산가격은 상승하고 신규건축은 증가하게 된다. 따라서 재고도 증가하고 임대료는 하락하게 된다. 결국 균형점에서의 임대료는 하락하고 가격, 신규공급, 재고는 증가하게 된다.

5. 건설비용의 변화

① 건축조건의 변화는 3사분면의 곡선을 회전 혹은 이동하게 한다.

② 예컨대 개발규제의 강화로 인한 고정비용의 상승은 곡선을 왼쪽으로 이동시킨다. 개발비용이 증가하게 되면 건물물량은 감소하고 부동산 재고도 감소하며 이에 따라 임대료는 증가하고 궁극적으로 가격도 상승한다. 따라서 균형점에서의 가격과 임대료는 상승하고, 건설과 재고는 하락하게 된다.

Ⅲ 효율적 시장이론 기출 21·22·23·24

1. 효율적 시장의 개념

부동산시장도 일반재화와 마찬가지로 수요와 공급이 일치하는 곳에서 균형을 이룬다. 그런데 시장상황이 별다른 변화가 없는 것처럼 보이는데도 특정 지역의 부동산가격은 등락을 반복하는 경우가 있는바, 이러한 현상을 설명해 주는 것이 효율적 시장이론이다. 시장의 효율성이란 부동산시장이 새로운 정보를 얼마나 지체 없이 가치에 반영하는 정도를 일컫는다.

2. 효율적 시장의 유형

① **약성 효율적 시장** : 현재의 시장가치가 과거의 역사적 추세를 충분히 반영하고 있는 시장을 말한다. 따라서 약성 효율적 시장에서는 가치에 대한 과거의 역사적 자료를 분석함으로써 초과수익을 획득하지 못한다. 과거의 역사적 자료를 토대로 시장가치의 변동을 분석하는 것을 "기술적 분석"이라고 한다.

② **준강성 효율적 시장** : 공표되는 모든 정보가 지체 없이 시장가치에 반영된다. 역사적 자료를 포함해서 회사의 영업실적, 사업계획 등과 같은 공표된 사실을 분석하고 이를 토대로 이를테면 주식을 매수한다고 해도 초과수익을 올릴 수 없다. 위와 같은 분석을 "기본적 분석"이라고 한다.

③ **강성 효율적 시장** : 공표된 것이든, 되지 않은 것이든 모든 정보가 시장가치에 반영된 시장을 의미한다. 강성효율적 시장에서는 어느 누군가 어떤 정보를 이용한다 하더라도 정상이상의 이윤을 획득할 수 없으며, 완전경쟁시장에서 "정보는 완전하며 모든 정보는 공개되어 있다"는 가정에 부합되는 시장으로서, 진정한 의미의 효율적 시장이다.

3. 부동산시장에의 적용

① 부동산시장에 어떠한 형태의 효율적 시장이 나타나는가는 나라마다 다를 수도 있고 효율성의 정도도 다를 수 있다. 일반적으로 부동산시장은 약성 또는 준강성의 효율적 시장으로 분류되므로 우수한 정보를 통한 초과이윤의 획득이 가능하다 하겠다.

② 시장의 효율성 이론은 정보가 가치에 영향을 미치는 것을 통하여 주식가격처럼 부동산가격이 시장 상황에는 별다른 변화가 없으나, 단기간에 쉽게 변하는 현상을 설명할 수 있다.

③ 우리나라의 부동산시장은 준강성시장이라 할 수 있으며, 초과이윤을 획득가능하나 초과이윤을 발생시키는 비용과 일치되는 경우 초과이윤이 "Zero"인 할당효율적 시장일 수 있으며, 그렇지 않은 경우 투기 등의 문제가 발생할 수 있다.

4. 할당적 효율성

(1) 할당적 효율성의 의미

① 일반적으로 자금이 자본시장의 위험과 이자율을 감안한 요구수익률로 각 부문에 균형적으로 배분되게 되면 이때 자본이 "효율적으로 할당되었다"고 한다.

$$\frac{위험1}{이자율1} = \frac{위험2}{이자율2} = \frac{위험3}{이자율3}$$

② 부동산시장에서 자원이 효율적으로 할당되었다는 말은 "매수자가 얻을 수 있는 임대료 수익률과 매도자가 자본시장에서 얻을 수 있는 이자율"이 상호간의 위험을 감안하여 서로 같도록 할당되었다는 것을 의미한다.

③ **효율성의 달성과정** : 만약 위험을 감안하고서도 임대료의 수익률이 자본시장의 그것보다 높다고 한다면 자금은 계속해서 부동산시장으로 유입될 것이다. 다른 조건이 동일할 때 부동산시장으로의 계속적인 자금유입은 부동산의 가격을 상승시키게 되고, 부동산가격이 상승함에 따라 임대료 수익률은 점차 하락하게 된다. 임대료 수익률이 하락하게 되면 자금의 유입도 점차 줄어들게 되어, 위험을 감안한 임대료 수익률과 자본시장의 이자율이 같아지는 선에서 균형을 이루게 된다. 따라서 자금은 부동산시장과 다른 자본시장에 효율적으로 할당되게 된다.

(2) 할당적 효율성과 부동산시장
   ① 개요 : 완전경쟁시장에서는 자원이 효율적으로 배분된다. 그렇다면 불완전경쟁시장에서는 할당적 효율성이 성립할 수 없는가에 대한 의문이 제기된다.
   ② 부동산시장이 할당효율적 시장일 수 있는가?
      ㉠ 불완전경쟁시장과 할당적 효율성 : 불완전경쟁시장이라고 해서 "할당효율적 시장"이 아니라고 말할 수 없다. 즉 불완전경쟁시장에서는 초과이윤이 발생할 수 있으나, 초과이윤을 발생하도록 하는 데에 드는 비용과 초과이윤이 일치한다면 불완정경쟁시장도 할당효율적 시장이 될 수 있다. 그러므로 독점시장의 경우에도 독점을 획득하기 위해서 지불해야 하는 기회비용이 모든 투자자들에게 동일하도록 하면 독점시장도 할당효율적이 될 수 있는 것이다.
      ㉡ 부동산시장과 할당적 효율성 : 부동산시장은 불완전경쟁시장이지만 할당효율적 시장이 될 수 있다. 부동산시장에서 특정 투자자가 초과이윤을 획득하고 있다는 것은, 시장이 불완전하고 독점적이기 때문이 아니라, 할당 효율적이지 못하기 때문이다. 부동산 투기가 성립되는 이유도 소수에게 정보가 독점되어 있거나 기회비용보다 싼값으로 정보획득이 가능하기 때문이다.

5. 부동산의 가치와 정보비용

(1) 효율적 시장

강성, 약성, 준강성 효율적 시장이 있으며 이 중 강성 효율적 시장은 정보비용이 존재하지 않을 것이고 약성 효율적 시장과 준강성 효율적 시장은 정보비용이 존재할 것이다. 할당 효율적 시장이란 자원의 할당이 효율적으로 이루어지는 시장으로서, 어느 누구도 기회비용보다 싼 값으로 정보를 획득할 수 없을 때에 시장의 자원은 효율적으로 할당된다.

(2) 정보의 시장가치에의 반영과 시장실패

정보가 비공개적으로 일부에게만 독점되어 있을 경우 그러한 정보를 가진 사람은 초과이윤을 획득할 수 있지만, 정보가 공개되어 있고 상호 경쟁적 시장이라면 많은 투자자가 경쟁적으로 입찰하여 정보비용을 초과이윤이 없어지는 수준까지 올려놓을 것이다. 정보가치보다 싼값으로 우수한 정보를 입수할 경우 "시장을 패배시킨다."라고 한다. 즉 투자자가 시장을 패배시킬 수 있는 경우는 정보가 비공개적으로 일부 사람에게 독점되어 있을 때이다.

CHAPTER 02 실전문제

제2편 | 부동산학 각론

01 부동산시장에 관한 설명으로 옳은 것은? 기출 23

① 할당 효율적 시장은 완전경쟁시장을 의미하며 불완전경쟁시장은 할당 효율적 시장이 될 수 없다.
② 완전경쟁시장이나 강성 효율적 시장에서는 할당 효율적인 시장만 존재한다.
③ 약성 효율적 시장에서 과거의 역사적 정보를 통해 정상 이상의 수익을 획득할 수 있다.
④ 완전경쟁시장에서는 초과이윤이 발생할 수 있다.
⑤ 준강성 효율적 시장에서 공표된 정보는 물론 공표되지 않은 정보도 시장가치에 반영된다.

해설

① (×) 할당 효율적 시장은 완전경쟁시장뿐만 아니라 불완전경쟁시장에서도 존재한다. 반면에 불완전경쟁시장은 할당 효율적 시장이 될 수도 있고 할당 효율적이지 못한 시장이 될 수도 있다.
③ (×) 약성 효율적 시장에서 과거의 역사적 정보를 통해 정상 이상의 수익을 획득할 수 없다.
④ (×) 완전경쟁시장에서는 초과이윤이 발생할 수 없기 때문에 반드시 할당 효율적 시장이 된다.
⑤ (×) 주어진 지문은 강성 효율적 시장을 말한다.

답 ②

02 시장실패의 원인으로 옳지 않은 것은?

① 외부효과
② 정보의 대칭성
③ 공공재의 공급
④ 불완전경쟁시장
⑤ 시장의 자율적 조절기능 상실

기출 23

해설

① · ③ · ④ · ⑤ (○) 외부효과, 공공재의 공급, 불완전경쟁시장, 시장의 자율적 조절기능 상실 이외에 독과점시장, 도덕적 해이 등이 시장실패의 대표적 사례이다.
② (×) 시장실패의 원인이 아닌 것, 즉 시장성공인 것은 완전경쟁시장으로서 정보의 대칭성 이외에 상품의 동질성, 시장의 진입과 퇴거가 자유로울 때 등이 있다.

답 ②

03 디파스퀠리 – 위튼(DiPasquale & Wheaton)의 사분면 모형에 관한 설명으로 옳지 않은 것은? (단, 주어진 조건에 한함)

① 장기균형에서 4개의 내생변수, 즉 공간재고, 임대료, 자본환원율, 건물의 신규공급량이 결정된다.
② 신축을 통한 건물의 신규공급량은 부동산 자산가격, 생산요소가격 등에 의해 영향을 받는다.
③ 자본환원율은 요구수익률을 의미하며 시장이자율 등에 의해 영향을 받는다.
④ 최초 공간재고가 공간서비스에 대한 수요량과 일치할 때 균형임대료가 결정된다.
⑤ 건물의 신규공급량과 기존 재고의 소멸에 의한 재고량 감소분이 일치할 때 장기균형에 도달한다.

기출 22

해설

① (×) 장기균형에서 4개의 내생변수, 즉 공간재고, 임대료, 자산가격, 건물의 신규공급량이 결정된다.
② (○) 3사분면의 신축을 통한 건물의 신규공급량은 자산가격(P)과 생산요소의 가격(C) 및 정부규제에 의해 결정된다는 이론이다. 원가방식에 접근하여 재조달원가와 자산가격과의 관계에 의해서 주택건설량이 결정된다는 이론이다.
③ (○) 자본환원율은 요구수익률을 의미하며, 이때 자본환원율은 시장이자율, 조세, 금리, 기대상승률, 위험프리미엄 등의 모든 요인을 포함한다.
④ (○) 1사분면인 최초 공간재고가 공간서비스에 대한 수요량과 일치할 때 균형임대료가 결정한다.
⑤ (○) 4사분면인 건물의 신규공급량과 기존 재고의 소멸에 의한 재고량 감소분이 일치할 때 장기균형에 도달한다.

답 ①

04 부동산시장의 효율성에 관한 내용으로 옳은 것은? 기출 22

① 특정 투자자가 얻는 초과이윤이 이를 발생시키는데 소요되는 정보비용보다 크면 배분 효율적 시장이 아니다.
② 약성 효율적 시장은 정보가 완전하고 모든 정보가 공개되어 있으며 정보비용이 없다는 완전경쟁시장의 조건을 만족한다.
③ 부동산시장은 주식시장이나 일반적인 재화시장보다 더 불완전경쟁적이므로 배분 효율성을 달성할 수 없다.
④ 강성 효율적 시장에서는 정보를 이용하여 초과이윤을 얻을 수 있다.
⑤ 약성 효율적 시장의 개념은 준강성 효율적 시장의 성격을 모두 포함하고 있다.

해설

① (○) 특정 투자자가 얻은 초과이윤이 이를 발생시키는데, 소요되는 정보비용보다 크면 초과이윤이 발생하므로 배분 효율적 시장이 되지 않는다.
② (×) 강성 효율적 시장은 정보가 완전하고 모든 정보가 공개되어 있으며, 정보비용이 없다는 완전경쟁시장의 조건을 만족한다.
③ (×) 부동산시장은 주식시장이나 일반적인 재화시장보다 더 불완전경쟁적이지만 배분 효율성을 달성할 수도 있다.
④ (×) 강성 효율적 시장에서는 어떤 정보를 이용하여도 초과이윤을 얻을 수 없다.
⑤ (×) 준강성 효율적 시장의 개념은 약성 효율적 시장의 성격을 모두 포함하고 있다.

답 ①

05

A토지에 접하여 도시·군계획시설(도로)이 개설될 확률은 60%로 알려져 있고, 1년 후에 해당 도로가 개설되면 A토지의 가치는 2억 7,500만원, 그렇지 않으면 9,350만원으로 예상된다. 만약 부동산시장이 할당효율적이라면 합리적인 투자자가 최대한 지불할 수 있는 정보비용의 현재가치는? (단, 요구수익률은 연 10%이고, 주어진 조건에 한함) 기출 21

① 5,200만원 ② 5,600만원
③ 6,200만원 ④ 6,600만원
⑤ 7,200만원

해설

- 정보가 불확실한 경우 = $\dfrac{(2억\ 7,500만원 \times 0.6) + (9,350만원 \times 0.4)}{(1+0.1)^1}$ = 1억 8,400만원

- 정보가 확실한 경우 = $\dfrac{2억\ 7,500만원}{(1+0.1)^1}$ = 2억 5,000만원

- 정보가치 = 2억 5,000만원 − 1억 8,400만원 = 6,600만원

답 ④

06 CHECK ☐△✕

X 노선 신역사가 들어선다는 정보가 있다. 만약 부동산시장이 할당효율적이라면 투자자가 최대한 지불할 수 있는 정보비용의 현재가치는? (단, 제시된 가격은 개발정보의 실현 여부에 의해 발생하는 가격차이만을 반영하고, 주어진 조건에 한함)

기출 24

- X 노선 신역사 예정지 인근에 일단의 A 토지가 있다.
- 1년 후 도심에 X 노선 신역사가 들어설 확률이 60%로 알려져 있다.
- 1년 후 도심에 X 노선 신역사가 들어서면 A 토지의 가격은 5억 5,000만원, 신역사가 들어서지 않으면 2억 7,500만원으로 예상된다.
- 투자자의 요구수익률(할인율)은 연 10%이다.

① 5천만원 ② 1억원
③ 1억 5천만원 ④ 2억원
⑤ 2억 5천만원

해설

- 정보가 불확실한 경우 $= \dfrac{[(5억\ 5{,}000만원 \times 0.6) + (2억\ 7{,}500만원) \times 0.4]}{(1+0.1)} = 4억원$

- 정보가 확실한 경우 $= \dfrac{5억\ 5{,}000만원}{1.1} = 5억원$

- 따라서, 두 값의 차이인 1억원이 정보비용의 현재가치이다.

답 ②

07 부동산시장의 특성으로 옳은 것은?

① 일반상품의 시장과 달리 조직성을 갖고 지역을 확대하는 특성이 있다.
② 토지의 인문적 특성인 지리적 위치의 고정성으로 인하여 개별화된다.
③ 매매의 단기성으로 인하여 유동성과 환금성이 우수하다.
④ 거래정보의 대칭성으로 인하여 정보수집이 쉽고 은밀성이 축소된다.
⑤ 부동산의 개별성으로 인한 부동산상품의 비표준화로 복잡·다양하게 된다.

해설

① (×) 일반상품의 시장과 달리 비조직성을 갖고 지역을 확대하는 특성이 있다.
② (×) 토지의 자연적 특성인 지리적 위치의 고정성으로 인하여 지역화된다.
③ (×) 매매의 장기성으로 인하여 유동성과 환금성이 낮다.
④ (×) 거래정보의 대칭성으로 인하여 정보수집이 어렵고 은밀성이 커진다.

 ⑤

08 디파스퀠리−위튼(DiPasquale & Wheaton)의 사분면 모형에 관한 설명으로 옳지 <u>않은</u> 것은? (단, 주어진 조건에 한함)

① 1사분면에서는 부동산 공간시장의 단기공급곡선과 수요곡선에 의해 균형임대료가 결정된다.
② 2사분면에서는 부동산의 임대료가 가격으로 환원되는 부동산자산시장의 조건을 나타낸다.
③ 3사분면에서 신규 부동산의 건설량은 부동산가격과 부동산개발비용의 함수로 결정된다.
④ 4사분면에서는 신규 부동산의 건설량과 재고의 멸실량이 변화하여야 부동산공간시장의 균형을 이룰 수 있다.
⑤ 이 모형은 부동산이 소비재이면서도 투자재라는 특성을 전제로 한다.

해설

⑤ (×) 이 모형은 부동산이 소비재가 아니라 투자재라는 특성을 전제로 한다. 이 이론은 부동산 자산시장과 이용시장을 연계하여 전체 부동산시장의 작동을 설명하는 이론으로서 임대료, 자산가격, 신규건설, 공간재고 4개의 내생변수 균형이 결정된다는 이론이다.

 ⑤

09
부동산시장에 관한 설명으로 옳지 않은 것은? (단, 주어진 조건에 한함) 기출 19

① 부동산시장은 단기적으로 수급조절이 쉽지 않기 때문에 가격의 왜곡이 발생할 가능성이 높다.
② 부동산의 공급이 탄력적일수록 수요증가에 따른 가격변동의 폭이 크다.
③ 취득세의 강화는 수급자의 시장진입을 제한하여 시장의 효율성을 저해한다.
④ 토지이용 규제로 인한 택지공급의 비탄력성은 주택공급의 가격탄력성을 비탄력적으로 하는 요인 중 하나이다.
⑤ 주택시장에서 시장균형가격보다 낮은 수준의 가격상한규제는 장기적으로 민간주택 공급량을 감소시킨다.

해설

② (×) 부동산의 공급이 탄력적일수록 수요증가에 따른 가격변동의 폭이 적다. 반면에 부동산의 공급이 비탄력적일수록 수요증가에 따른 가격변동의 폭이 크다.

답 ②

10
건축원자재 가격의 하락에 따른 영향을 디파스퀠리－위튼(DiPasquale & Wheaton)의 사분면 모형을 통해 설명한 것으로 옳지 않은 것은? (단, 주어진 조건에 한함) 기출 24

① 건축원자재 가격의 하락으로 인해 부동산개발부문에서 신규건설비용이 하락한다.
② 주어진 부동산자산가격 수준에서 부동산개발의 수익성이 높아지므로 신규건설량이 증가한다.
③ 새로운 장기균형에서 균형공간재고는 감소한다.
④ 새로운 장기균형에서 부동산공간시장의 균형임대료는 하락한다.
⑤ 새로운 장기균형에서 부동산자산시장의 균형가격은 하락한다.

해설

①·②·④·⑤ (○) 건축원자재 가격 하락은 신규 건설비용 하락으로 신규건설 착공이 용이해지고, 따라서 신규건설량이 증가함에 따라 시장에 공급이 증대되므로 균형가격 및 임대료는 하락될 것이다.
③ (×) 균형공간재고는 신규건설량과 기존 재고량을 합한 개념으로, 건축원자재 하락에 따라 신규건설량이 증가될 것이므로 균형공간재고는 증가할 것이다.

답 ③

11

수요함수와 공급함수가 각각 A부동산시장에서는 $Q_d = 200 - P$, $Q_s = 10 + \frac{1}{2}P$, 이고 B부동산시장에서는 $Q_d = 400 - \frac{1}{2}P$, $Q_s = 50 + 2P$이다. 거미집이론(Cob-web theory)에 의한 A시장과 B시장의 모형 형태의 연결이 옳은 것은? (단, x축은 수량, y축은 가격, 각각의 시장에 대한 P는 가격, Q_d는 수요량, Q_s는 공급량이며, 가격변화에 수요는 즉각 반응하지만 공급은 시간적인 차이를 두고 반응함, 다른 조건은 동일함)

기출 21

	A	B
①	발산형	수렴형
②	발산형	순환형
③	순환형	발산형
④	수렴형	발산형
⑤	수렴형	순환형

해설

- A부동산의 기울기는
  $Q_d = 200 - P \rightarrow P = 200 - Q_d \rightarrow$ 기울기는 1
  $Q_s = 10 + \frac{1}{2}P \rightarrow P = 2Q_s - 20 \rightarrow$ 기울기는 2
  수요는 탄력적이고, 공급은 비탄력적이므로 수렴형이다.

- B부동산의 기울기는
  $Q_d = 400 - \frac{1}{2}P \rightarrow P = 800 - 2Q_d \rightarrow$ 기울기는 2
  $Q_s = 50 + 2P \rightarrow P = \frac{1}{2}Q_s - 25 \rightarrow$ 기울기는 $\frac{1}{2}$
  수요는 비탄력적이고, 공급은 탄력적이므로 발산형이다.

답 ④

12 다음 조건하에서 거미집이론(Cob-web theory)에 의한 부동산시장 A와 B의 모형형태와 A시장과 B시장 상품의 관계는? (단, X축은 수량, Y축은 가격이고, 가격변화에 수요는 즉각 반응하지만 공급은 시간적인 차이를 두고 반응하며, 다른 조건은 동일함)

기출 25

- A시장 : 수요의 가격탄력성은 0.9, 공급의 가격탄력성은 1.2
- B시장 : 수요곡선의 기울기는 −0.8, 공급곡선의 기울기는 0.3
- A시장의 상품가격이 4% 하락하면, B시장의 상품수요가 3% 감소함

	A시장	B시장	A와 B시장 상품의 관계
①	수렴형	순환형	보완재
②	수렴형	발산형	보완재
③	발산형	수렴형	대체재
④	발산형	발산형	대체재
⑤	수렴형	수렴형	대체재

해설

④ (○) 발산형은 수요의 가격탄력성<공급의 가격탄력성, 수요곡선의 기울기>공급곡선의 기울기(기울기는 절대값 기준)의 특징을 가지며, 교차탄력성>0 인 것은 대체재이다.

답 ④

CHAPTER 03 부동산 정책론

제2편 | 부동산학 각론

제1절 부동산 문제

부동산문제란 부동산과 인간과의 관계악화의 제 문제를 말하는 것으로 그 모습은 실로 다양하게 나타나고 있다.

1. 토지문제

(1) 토지의 부족
토지의 부증성 때문에 수요가 증가할수록 토지 부족문제는 더욱 심각해진다.

(2) 지가상승
토지공급은 한정되어 있는데 토지수요 증가로 인해 지가상승 문제가 발생한다.

(3) 토지이용의 비효율성
토지의 효율적인 이용에 문제가 생기면 경제적인 토지의 부족문제를 더욱 심화시키게 된다.

(4) 분배의 불평등
토지분배는 소위 역대의 토지문제였으며, 면적분배·소유권분배 또는 그로부터 발생하는 수익의 분배가 불평등하게 이루어진 것이 그 문제의 핵심이 되어 왔다.

(5) 관리의 비효율화
양호한 토지제도를 유지하는 데 토지관리가 필수적인데 법·행정상의 미비로 사람과 토지가 친밀한 관계를 유지하도록 관리되지 못하고 있다.

(6) 토지투기
토지의 부증성, 영속성 때문에 투기의 대상으로 전환되고 점차 토지의 집중현상을 초래한다.

2. 주택문제

(1) 주택문제의 구분
① 양적 주택문제(양적 주택수요 증가요인)
  ㉠ 인구의 증가, 평균수명의 연장
  ㉡ 핵가족화 현상
  ㉢ 기존주택의 노후화
  ㉣ 공공사업에 따른 주택의 철거
  ㉤ 결혼, 이혼의 증가
  ㉥ 필요공가율의 증가

② 질적 주택문제(질적 주택수요 증가요인)
  ㉠ 소득의 증대
  ㉡ 생활수준의 향상
  ㉢ 문화생활에의 욕구
  ㉣ 신건축자재의 개발
  ㉤ 주택금융의 확대
  ㉥ 행정상 배려(정부시책)

(2) 주거비부담정도 측정방법 기출 24

① 슈바베지수(Schwabe index)
  ㉠ 슈바베지수는 가계총지출액에 대한 주거비의 비율$\left(=\dfrac{주거비}{가계총지출액}\right)$로 나타낸다.
  ㉡ 슈바베지수가 높을수록 주거비 부담이 크고 주거비부담능력이 작다는 것을 의미한다.

② PIR(Price-Income Ratio) = $\dfrac{주택가격}{연소득}$
  ㉠ 연소득 대비 주택구입가격 비율을 의미하는 것으로 주택구입능력을 의미한다.
  ㉡ PIR지수가 높으면 주택가격이 부담으로 작용하여 주거비 부담은 커지게 된다.

③ RIR(Rent-Income Ratio) = $\dfrac{월임대료}{월소득}$
  ㉠ 소득에 대한 임대료의 비율을 말한다.
  ㉡ RIR지수가 높을수록 주거비의 부담이 크다는 것을 의미한다.

3. 부동산문제의 특징

(1) 악화성향
어떤 부동산문제가 한번 생기면 시간의 흐름에 따라 악화되기 쉽고 이를 바로잡는 일이 점점 어려워진다.

(2) 비가역성
어떤 부동산문제가 악화되면 이를 완전한 옛 상태로 회복하기는 사회적·경제적·기술적으로 매우 어렵다.

(3) 지속성
부동산문제가 시간의 흐름과 함께 지속되는 현상을 말한다.

(4) 해결수단
다양성 : 부동산문제를 해결하는 데 이용되는 수단에는 세제, 금융, 재정, 주택건축, 토지이용, 토지수용 등 다양하다. 부동산정책은 종합정책으로서의 성격이 강하다.

제2절 정부의 시장개입

1. 정부의 시장개입 필요성 기출 21·22

정부가 부동산시장에 개입하는 이유는 두 가지 기능, 즉 정치적 기능과 경제적 기능을 수행하기 위해서이다.

(1) 사회적 목표달성 : 정치적 기능
① 사회적 목표는 형평성일 수도 있고 효율성일 수도 있으며, 그 밖의 다른 목표일 수도 있다.
② 저소득층의 주택공급에 관한 여러 가지 주택정책은 사회적 목표 달성의 하나의 방법이다.

(2) 시장실패의 수정 : 경제적 기능
① 시장실패가 존재할 경우 자원이 효율적으로 배분되지 않게 되고, 이때 정부가 시장에 개입하여 자원의 효율적 배분을 추구한다.
② 시장실패의 원인으로 공공재, 외부효과, 독과점, 정보의 비대칭성문제, 소득과 부의 불공평한 재분배 등이 있다.

〈정부의 시장개입 필요성〉

구 분	정치적 기능	경제적 기능
목 표	사회적 목표달성(형평성·효율성 등)	시장의 실패를 수정(자원이 효율적 배분)
내 용	저소득층에게 임대주택을 제공하거나 영세민에게 보조금을 지급하는 경우 등	불완전 경쟁기업의 존재, 외부효과, 공공재의 존재 등

(3) 정부의 실패(government failure)
정부실패란 부동산 문제점을 해결하기 위하여 정부가 시장에 개입을 하였지만, 여전히 문제를 해결하지 못하고 더 심각한 문제를 유발할 수도 있다.

2. 시장실패 원인과 정부정책

(1) 공공재(public goods)
① 공공재란 그 특성상 비경합성과 비배제성을 가진 재화를 말한다. 이러한 공공재는 필요로 하는 재화이지만 시장에서 생산되는 것은 어려워 시장실패의 요인이 된다.
② 공공재는 무임승차자(free-rider)의 문제와 정상이윤을 얻기 어려우므로 시장원리에서는 과소생산하게 되어 시장은 실패하게 되고 정부의 개입에 의해서 공공재를 생산할 수밖에 없다.

> 1. 비경합성(非競合性) : 어떤 재화를 한 개인이 소비하더라도 다른 사람의 소비를 줄이지 않는 성질을 말한다.
> 2. 비배제성(非排除性) : 특별한 대가를 지불하지 않고 이용하는데도 그 소비를 막을 수 없는 성질을 말한다.
> 3. 무임승차자(free-rider) : 어느 누구도 공공재의 생산비를 지불하지 않고 무료로 이용하려고 하는데 이를 무임승차자라 한다.

(2) 외부효과의 존재

외부효과(external effect)는 한 개인이 자신의 경제활동과정에서 특별한 보상이나 대가를 받지 않고 다른 경제주체의 효용이나 생산에 직접 영향을 미치는 현상이라고 할 수 있다.

(3) 불완전경쟁시장

시장이 불완전경쟁시장의 형태가 되면, 독점과 같은 불완전 경쟁기업들은 이윤극대화 균형점에서 완전 경쟁기업에 비해 적게 생산하여 높은 가격으로 판매하기 때문에 자원배분을 왜곡시키는 시장실패를 초래한다.

(4) 규모의 경제(비용체감산업)

생산규모를 확장할수록 평균비용이 감소하는 산업에서는 자연스럽게 독점이 형성되는데, 이러한 독점으로 자원배분을 왜곡시켜 시장실패를 초래한다.

(5) 정보의 비대칭

정보의 비대칭성이란 경제적인 이해관계가 있는 당사자들 사이에 정보수준의 차이가 존재하는 상황을 의미한다. 이러한 정보의 비대칭성에서 비롯되는 역선택과 도덕적 해이의 문제는 자원 배분의 비효율성을 초래한다.

3. 외부효과(外部效果) 기출 23·24

(1) 외부효과의 개념

외부효과란 어떤 경제주체의 경제활동이 시장을 통하지 않고, 의도하지 않게, 제3자의 경제적 후생에 영향을 끼침에도 불구하고 그러한 활동에 대해서 어떠한 보상도 받거나 주지 않은 상태를 의미한다.

(2) 부(−)의 외부효과(외부불경제)

① 사회적 비용의 증가 : 부(−)의 외부효과는 사회가 부담하는 비용을 증가시킨다. 사회가 부담하는 비용을 사회적 비용(social cost)이라 한다. 예를 들어 어느 도시에 목재공장이 있는데 공해에 대한 사회적 규제는 전혀 없다고 가정해 보자. 이 공장은 물과 공기 오염을 발생시키고 있다. 아무런 사회적 규제가 없기 때문에 물과 공기에 대한 정화비용을 지불하지 않는다.

② 부(−)의 외부효과로 인한 주민들의 비용증가 : 더러워진 물을 정화하지 않고 방치하면 지역주민이 그 대가를 지불하는 셈이 된다. 주민들이 사용하기 전에 사회가 정화를 한다면 그 비용은 사회가 지불하는 셈이 된다.

③ 생산과정과 소비과정에서 발생현상

㉠ 생산측면 : 사적비용이 사회적 비용보다 작게 되어 사회적으로 적정 생산량보다 사적 생산량이 많은 과다생산의 문제가 발생한다.

㉡ 소비측면 : 사회적 편익보다 사적 편익이 크게 되어 사회적 적정소비량보다 사적 소비량이 많은 과다소비의 문제가 발생한다.

㉢ 시장실패를 해결하기 위하여 정부는 지역지구제 및 중과세 등의 정책수단을 이용하여 소비 및 생산의 억제를 도모할 필요가 있다.

㉣ 부(−)의 외부효과를 유발하는 시설들에 대해서 사회적으로 NIMBY 현상(Not In My Back Yard, 유치반대현상)이 유발된다.

④ 정부가 부(−)의 외부효과를 규제할 경우 발생되는 현상
  ㉠ 목재공장에게 공해방지시설을 설치하라고 강제명령했을 때
    ⓐ '(A) 부(−)의 외부효과와 목재가격' 그림에는 목재공장의 생산품에 대한 수요와 공급곡선이 표시되어 있다. 곡선 S_1은 공해에 대한 규제가 없을 경우의 공급곡선이며, 정부가 목재공장에게 규제를 하면 공급곡선이 S_2로 이동한다. 따라서 목재공장은 제3자에게 부과되는 외부비용을 부담해야 한다.
    ⓑ 목재공장에 대한 규제는 생산비의 증가를 초래하여, 공급곡선을 S_1에서 S_2로 상향이동시킨다. 따라서 목재가격은 P_0에서 P_1으로 상승하게 되고, 균형량은 Q_1에서 Q_2로 감소하게 된다.

> 사회적 비용에 대한 규제 → 생산비 증가 → 공급감소 → 목재가격 상승, 생산량 감소

  ㉡ 부(−)의 외부효과와 주택임대료 : 그렇다면 이같은 외부효과는 목재를 중요한 원자재로 사용하고 있는 주택의 생산이나 임대료에는 어떠한 영향을 미치게 될까?

> 목재가격 상승 → 주택 건축비 증가 → 공급곡선 상향이동 → 임대료 상승, 주택량 감소

  '(B) 부(−)의 외부효과와 주택임대료' 그림에서 P_0와 Q_0는 공해의 규제가 있기 전의 원래의 주택의 균형임대료와 균형량이다. 공해에 대한 규제는 목재비용의 상승을 초래하므로 주택건설업자는 목재에 더 많은 비용을 지불해야 한다. 따라서 주택에 대한 공급곡선은 S_0에서 S_1로 감소하여, 임대료(P_1)는 상승하고, 주택량(Q_1)은 감소된다. 외부효과에 대한 비용은 목재가격을 상승시키고, 목재가격의 상승은 주택임대료를 상승시키며 균형량을 감소시킨다.

  ㉢ 정부가 부(−)의 외부효과를 발생시킨 목재공장을 규제한 결과
    ⓐ 부(−)의 외부효과를 제거하기 위한 비용이 목재의 공급을 감소시켜 목재가격을 상승시켰다. 그 결과 주택 건축비 상승으로 주택 공급을 감소시키고 주택가격이 상승한다.
    ⓑ 부(−)의 외부효과를 규제하기 위해 투입된 비용이 주택가격에 반영된다. 따라서 목재공장이 부담해야 할 비용이 그 지역주민에게 전가되는 사회적 비용이 발생한다.

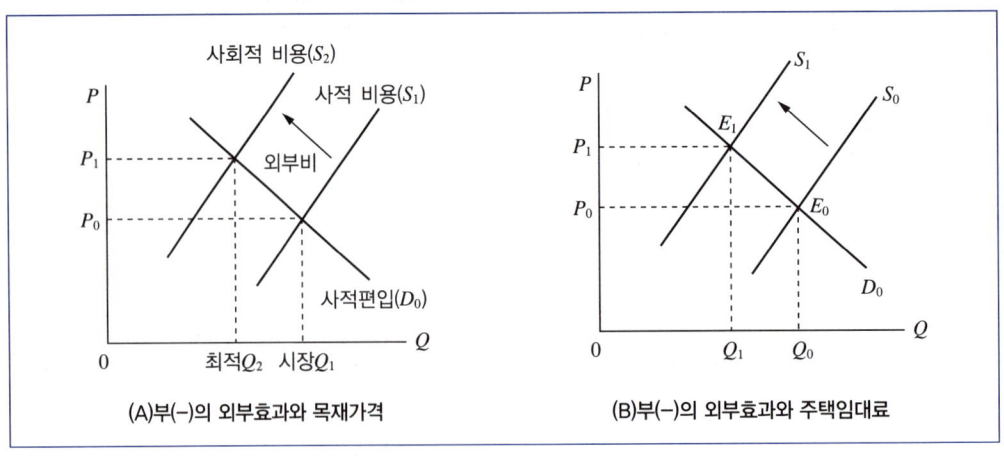

(A) 부(−)의 외부효과와 목재가격   (B) 부(−)의 외부효과와 주택임대료

(3) 정(+)의 외부효과(외부경제)

정(+)의 외부효과(외부경제)란 개인의 경제행위가 제3자에게 의도하지 않게 이익을 주었는데 이에 대한 보상이 지불되지 않은 상태를 의미한다. 일례로써 어떤 주거지역에 지현 씨가 자신의 집에 정원을 아름답게 꾸미고 담장을 허물었다. 이로 인해 주변환경이 쾌적해졌다고 가정하자. '(C) 정(+)의 외부효과와 근린지역' 그림에는 정(+)의 외부효과가 주택가치에 미치는 영향이 표시되어 있다.

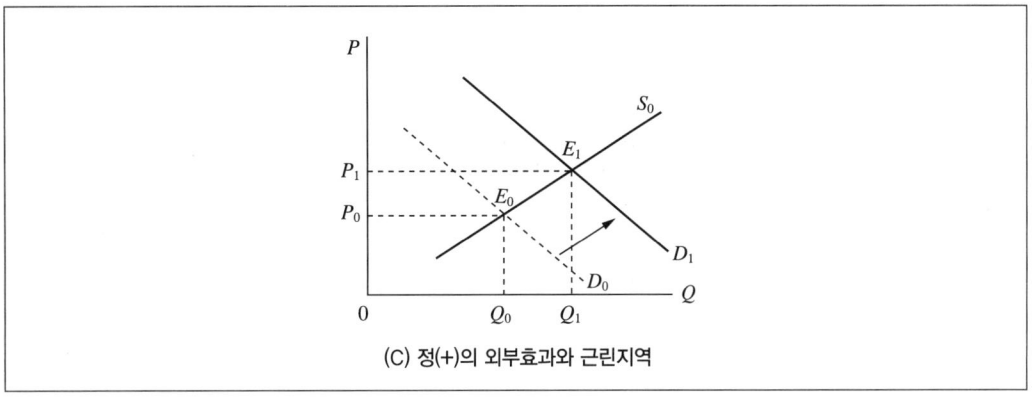

(C) 정(+)의 외부효과와 근린지역

① 정(+)의 외부효과가 없을 경우의 수요곡선은 D_0이다. 정(+)의 외부효과가 발생함에 따라 주변지역의 주택에 대한 수요 증가로 수요곡선은 D_1으로 증가한다. 그러나 공급곡선은 변함이 없다.

② 인근지역에 정(+)의 외부효과가 발생함으로써 주택의 가치는 P_0에서 P_1으로 상승하고, 균형량도 Q_0에서 Q_1으로 증가한다.

> 외부경제 발생 → 수요 증가 → 주택임대료 상승, 주택량 증가

③ 생산과정과 소비과정에서 발생현상
  ㉠ 생산측면 : 사적비용이 사회적 비용보다 크게 되어 사회적으로 적정 생산량보다 사적 생산량이 적은 과소생산의 문제가 발생한다.
  ㉡ 소비측면 : 사회적 편익이 사적 편익보다 크게 되어 사회적 적정소비량보다 사적 소비량이 적은 과소소비의 문제가 발생한다.

> • 생산측면(비용) : 사적 비용＞사회적 비용(개인이 지출하는 비용이 큼)
> • 소비측면(편익) : 사회적 편익＞사적 편익(사회적 혜택이 큼)

  ㉢ 정(+)의 외부효과는 시장에 공급을 맡기면 과소공급의 문제가 발생하여 시장실패의 원인이 된다. 이러한 시장실패를 해결하기 위하여 정부는 보조금지급 및 조세감면 등의 정책수단을 이용하여 소비 및 생산의 촉진을 도모할 필요가 있다.
  ㉣ 정(+)의 외부효과를 유발하는 시설들은 사회적으로 PIMFY 현상(Please In My Front Yard, 적극적인 유치현상)이 유발된다.

(4) 외부효과에 대한 해결책

① 부(−)의 외부효과를 제거하기 위해 주민들은 집단소송을 제기하여 피해보상을 요구할 수도 있으며 공장으로 하여금 공해방지시설을 하도록 요구할 수 있다.
② 그러나 소송을 제기하는 데에 드는 법적 비용이나 절차의 복잡성, 진상조사의 어려움 등은 현실적으로 주민들 스스로 이같은 문제를 해결하기 곤란하게 만든다.
③ 이처럼 부(−)의 외부효과가 사적 시장에서 자체적으로 해결되기가 곤란하므로 정부는 공해방지법과 같은 법적 규제를 통해 시장에 개입하게 되는 것이다.

〈정(+)의 외부효과와 부(−)의 외부효과〉

구 분	정(+)의 외부효과(외부경제)	부(−)의 외부효과(외부비경제)
의 미	대가없는 이익	대가없는 손해
생산과정	사회적 비용<사적 비용	사회적 비용>사적 비용
소비과정	사회적 편익>사적 편익	사회적 편익<사적 편익
시장실패	과소생산, 과소소비	과대생산, 과대소비
정책대응	조장정책 : 보조금지급, 세제혜택	규제정책 : 부담금부과, 중과세, 이용규제

4. 지역지구제

(1) 지역지구제의 목적

① 토지를 각각의 지역·지구 내의 용도를 지정하여 지정된 용도에 맞도록 이용함으로써 토지를 효율적으로 이용하는 기법의 하나이다.
② '어울리지 않는 토지이용(nonconforming use)'을 규제함으로써 부(−)의 외부효과를 제거 또는 감소시켜 자원배분을 보다 효율적으로 할 수 있다.

(2) 지역지구제의 효과

① 단기적 효과

지역지구제 실시 → 수요 증가 → 초과수요 발생 → 주택가치 상승 → 공급자 초과이윤 발생

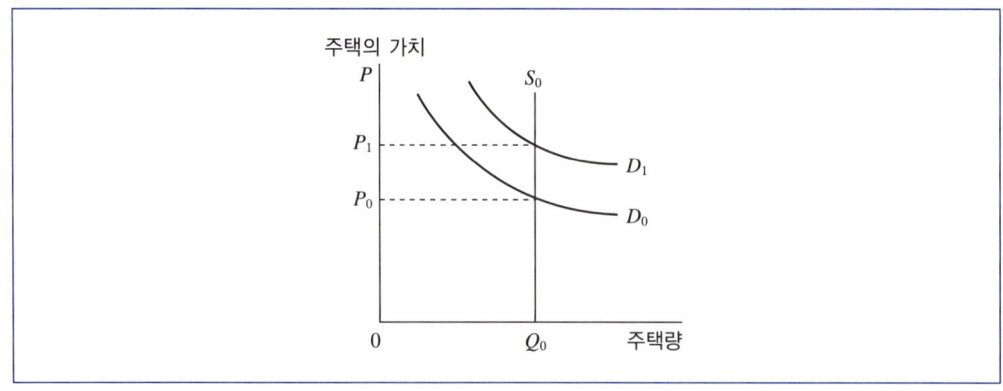

⊙ 투자자의 입장에서 볼 때, 지역지구제는 어울리지 않는 이용으로 인하여 주택의 가치가 하락할 위험을 그만큼 줄여주는 역할을 한다. 다른 조건이 동일한 경우, 위험부담의 경감은 기대수익을 그만큼 높여주므로 해당 지역에 대한 수요를 증가시킨다.
⊙ 수요곡선이 상향($D_0 \rightarrow D_1$)으로 이동하여 초과수요가 발생하여 주택가치는 상승($P_0 \rightarrow P_1$)한다. 따라서 단기에서는 기존공급자만 초과이윤이 발생한다.

② 장기적 효과

> 초과이윤 발생 → 신규공급자 시장진입 → 공급 증가 → 주택가치 하락

⊙ 단기에서 기존공급자는 초과이윤을 획득하게 됨에 따라 신규공급자는 초과이윤의 획득목적으로 주택시장에 진입을 하게 되어 일정기간이 지난 후에 공급이 증가한다. 공급증가로 주택가치는 초과이윤이 소멸하고 정상이윤이 존재할 때까지 계속 하락한다.
⊙ 장기는 기존공급자와 신규공급자 모두 초과이윤을 획득할 수가 없다.
⊙ 주택가치와 균형량은 산업의 종류에 따라 달라진다.
  ⓐ 비용일정산업일 경우 : 공급곡선이 $S_0 \rightarrow S_1$까지 이동하여 주택가치는 원래수준(P_0)에서 균형이 이루어지고 주택량은 원래수준보다 많은 Q_2까지 증가한다.
  ⓑ 비용증가산업일 경우 : 공급곡선 $S_0 \rightarrow S_2$까지 증가함에 따라 주택가치는 원래수준(P_0)보다 높은 P_3만큼 증가하고 주택량도 원래수준(Q_0)보다 높은 Q_3만큼 증가한다.

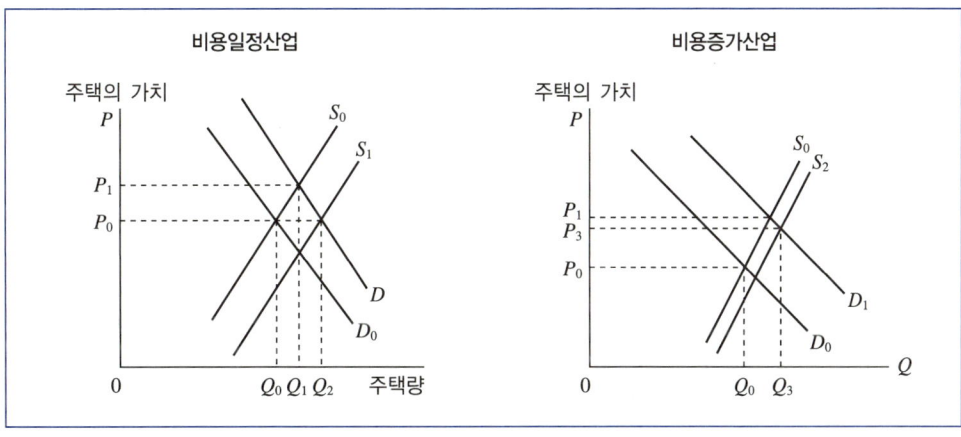

+ 알아보기 산업의 종류에 따른 가격과 주택량

- 비용일정산업 : 주택가치는 원래수준까지 하락하여 균형을 이룬다.
- 비용증가산업 : 주택가치는 원래수준보다 높은 수준에서 균형을 이룬다.

③ 지역지구제의 문제점(역기능)
⊙ 토지이용 상호 간 보완적 기능을 고려한 적절한 용도구분이 용이하지 않다.
⊙ 계획수립과 집행 간의 시차에 기인하는 상황의 변화에 대처하기 어렵다.
⊙ 지역지구제는 심각한 형평상의 문제를 야기시킬 수가 있다.
⊙ 지나치게 많은 면적의 과잉지정은 위치별 토지의 특성을 살린 효율적 이용을 저해하고 특정 용도로 지정된 소유자들의 재산권을 과잉보호하는 결과를 낳는다.

제3절 토지정책

1. 토지정책의 수단 기출 20·21·22

토지시장에 대한 정부의 공적 개입의 방법은 매우 다양하지만, 토지의 정책목표를 실현하는 정책수단으로 일반적으로 직접개입, 토지이용규제, 간접개입을 들 수 있다.

(1) 직접적 개입
① 의의 : 정부·공공기관 등의 주체가 직접 토지시장에서의 수요와 공급 당사자로 개입하여 문제를 해결하고자 하는 방법이다.
② 방법 : 토지은행제도, 토지구획정리사업, 공영개발, 공공소유제도, 공공투자사업, 공공임대주택 공급, 보금자리주택의 건설·공급, 토지수용 등이 있다.

(2) 토지이용규제
① 의의 : 토지이용자의 토지이용행위를 사회적으로 바람직한 방향으로 유도하기 위하여 법·행정적 조치에 의해 구속하고 제한하는 수단을 말한다.
② 방법 : 지역지구제, 건축규제, 각종 인허가, 개발권이전제도(TDR), 계획단위개발 등이 있다.

(3) 간접적 개입
① 시장기구의 기능을 통해서 간접적으로 소기의 효과를 얻고자 함이다.
② 방법
  ㉠ 토지이용에 결부된 동기를 조정하는 방법이다.
    예 각종 과세부과, 금융지원, 보조금지급, 부담금 부과 등
  ㉡ 토지시장을 원활하게 하기 위해 각종 토지행정상 지원하는 방법이다.
    예 필요한 양질자료 및 정보체제의 구축, 지적 및 등기를 통한 소유권의 명확한 설정

2. 개발이익환수제도 기출 25

① 개발이익의 정의 : 개발이익이라 함은 개발사업의 시행 또는 토지이용계획의 변경 기타 사회·경제적 요인에 의하여 정상지가상승분을 초과하여 개발사업을 시행하는 자 또는 토지소유자에게 귀속되는 토지가액의 증가분을 말한다.
② 개발이익환수제도의 목적
  ㉠ 개발이익환수제도는 「개발이익의 환수에 관한 법률」에 따라 실시되는 제도이다.
  ㉡ 개발이익환수제도는 토지의 공개념을 강화하고 사회성, 공공성을 강조하는 개념으로 개발이익의 일부를 국가에서 환수하는 제도이다.
  ㉢ 민간사업자든 공공의 개발사업자든 토지를 개발할 때는 개발이익이 발생할 수 있다.
  ㉣ 개발이익은 도시화 등의 거시적 요인 및 규제와 같은 미시적 요인 모두의 영향을 받는다.
  ㉤ 개발부담금이라는 수단 외에도 양도소득세와 같은 조세, 환지사업이나 공영개발에 의한 기반시설확충 등도 개발이익환수수단으로 활용될 수 있다.

> **알아보기** 개발이익환수에 관한 법률의 주요내용
>
> ① "개발이익"이란 개발사업의 시행, 토지이용계획의 변경, 그 밖에 사회적·경제적 요인에 따라 정상지가(正常地價)상승분을 초과하여 개발사업을 시행하는 자나 토지 소유자에게 귀속되는 토지 가액의 증가분이다.
> ② "개발사업"이란 국가나 지방자치단체로부터 인가 등을 받아 시행하는 택지개발사업이나 산업단지개발사업 등을 의미한다.
> ③ "개발부담금"이란 개발이익 중 이 법에 따라 국가가 부과·징수하는 금액을 말한다.
> ④ 국가는 개발부담금 부과 대상 사업이 시행되는 지역에서 발생하는 개발이익을 이 법으로 정하는 바에 따라 개발부담금으로 징수하여야 한다.
> ⑤ 납부 의무자가 납부하여야 할 개발부담금은 산정된 개발이익의 100분의 20(또는 25)로 한다.

3. 부동산 거래신고 등에 관한 법률

(1) 부동산 거래의 신고

거래당사자는 부동산 등에 관한 매매계약을 체결한 경우 그 실제 거래가격 등을 거래계약의 체결일부터 30일 이내에 그 권리의 대상인 부동산 등의 소재지를 관할하는 시장·군수 또는 구청장에게 공동으로 신고하여야 한다. 다만, 거래당사자 중 일방이 국가, 지방자치단체, 대통령령으로 정하는 자의 경우(이하 "국가 등"이라 한다)에는 국가 등이 신고를 하여야 한다.

(2) 부동산 거래의 해제 등 신고

거래당사자는 제3조에 따라 신고한 후 해당 거래계약이 해제, 무효 또는 취소(이하 "해제 등"이라 한다)된 경우 해제 등이 확정된 날부터 30일 이내에 해당 신고관청에 공동으로 신고하여야 한다. 다만, 거래당사자 중 일방이 신고를 거부하는 경우에는 국토교통부령으로 정하는 바에 따라 단독으로 신고할 수 있다.

(3) 주택 임대차 계약의 신고

임대차계약당사자는 주택에 대하여 대통령령으로 정하는 금액을 초과하는 임대차 계약을 체결한 경우 그 보증금 또는 차임 등 국토교통부령으로 정하는 사항을 임대차 계약의 체결일부터 30일 이내에 주택 소재지를 관할하는 신고관청에 공동으로 신고하여야 한다. 다만, 임대차계약당사자 중 일방이 국가 등인 경우에는 국가 등이 신고하여야 한다.

(4) 토지거래허가구역의 지정 [기출 25]

① 국토교통부장관 또는 시·도지사는 국토의 이용 및 관리에 관한 계획의 원활한 수립과 집행, 합리적인 토지 이용 등을 위하여 토지의 투기적인 거래가 성행하거나 지가(地價)가 급격히 상승하는 지역과 그러한 우려가 있는 지역으로서 대통령령으로 정하는 지역에 대해서는 5년 이내의 기간을 정하여 토지거래계약에 관한 허가구역(이하 "허가구역"이라 한다)으로 시성할 수 있다.

② 국토교통부장관 또는 시·도지사는 제1항에 따라 허가구역을 지정하려면 중앙도시계획위원회 또는 시·도도시계획위원회의 심의를 거쳐야 한다.

(5) 선 매

① 시장·군수 또는 구청장은 토지거래계약에 관한 허가신청이 있는 경우 다음 각 호의 어느 하나에 해당하는 토지에 대하여 국가, 지방자치단체, 한국토지주택공사, 그 밖에 공공기관 또는 공공단체가 그 매수를 원하는 경우에는 이들 중에서 해당 토지를 매수할 자[이하 "선매자(先買者)"라 한다]를 지정하여 그 토지를 협의 매수하게 할 수 있다.
  ㉠ 공익사업용 토지
  ㉡ 토지거래계약허가를 받아 취득한 토지를 그 이용목적대로 이용하고 있지 아니한 토지
② 시장·군수 또는 구청장은 제1항 각 호의 어느 하나에 해당하는 토지에 대하여 토지거래계약 허가신청이 있는 경우에는 그 신청이 있는 날부터 1개월 이내에 선매자를 지정하여 토지 소유자에게 알려야 하며, 선매자는 지정 통지를 받은 날부터 1개월 이내에 그 토지 소유자와 선매협의를 끝내야 한다.

4. 개발제한구역의 지정 및 관리에 관한 특별조치법

(1) 개발제한구역의 지정 등

① 국토교통부장관은 도시의 무질서한 확산을 방지하고 도시 주변의 자연환경을 보전하여 도시민의 건전한 생활환경을 확보하기 위하여 도시의 개발을 제한할 필요가 있거나 국방부장관의 요청으로 보안상 도시의 개발을 제한할 필요가 있다고 인정되면 개발제한구역의 지정 및 해제를 도시·군관리계획으로 결정할 수 있다.
② 개발제한구역의 지정 및 해제의 기준은 대상 도시의 인구·산업·교통 및 토지이용 등 경제적·사회적 여건과 도시 확산 추세, 그 밖의 지형 등 자연환경 여건을 종합적으로 고려하여 대통령령으로 정한다.

(2) 개발제한구역관리계획의 수립 등

개발제한구역을 관할하는 시·도지사는 개발제한구역을 종합적으로 관리하기 위하여 5년 단위로 개발제한구역관리계획(이하 "관리계획"이라 한다)을 수립하여 국토교통부장관의 승인을 받아야 한다.

(3) 개발제한구역에서의 행위제한

개발제한구역에서는 건축물의 건축 및 용도변경, 공작물의 설치, 토지의 형질변경, 죽목(竹木)의 벌채, 토지의 분할, 물건을 쌓아놓는 행위 또는 도시·군계획사업의 시행을 할 수 없다.

5. 토지적성평가제도

> **+ 알아보기** 국토의 계획 및 이용에 관한 법률 제27조(도시·군관리계획의 입안을 위한 기초조사 등)
> ① 국토교통부장관, 시·도지사, 시장 또는 군수는 도시·군관리계획을 입안하는 경우에는 기초조사의 내용에 도시·군관리계획이 환경에 미치는 영향 등에 대한 환경성 검토를 포함하여야 한다.
> ② 국토교통부장관, 시·도지사, 시장 또는 군수는 기초조사의 내용에 토지적성평가와 재해취약성분석을 포함하여야 한다.

토지적성평가는 토지의 토양, 입지, 활용가능성 등 토지의 적성에 대한 내용을 포함하여 적정한 이용가능성을 평가하는 것이다. 이러한 토지적성평가제도는 토지에 대한 개발과 보전의 경합이 발생했을 때 이를 합리적으로 조정하는 수단이다. 그리고 대도시주변의 난개발 문제나 농지의 휴경지 문제 등을 합리적으로 해결하는 수단이다.

6. 토지은행제도(토지비축제도)

(1) 의 의
토지은행제도는 정부가 장래의 토지수요에 대비하여 사전에 대량의 택지를 미리 매입하여 공공자유보유 또는 공공임대보유의 형태로 비축하였다가 민간에 분양·임대해주는 제도로서 정부의 직접개입수단에 해당된다.

(2) 공공토지비축제도의 운용

> **➕ 알아보기** 공공토지의 비축에 관한 법률의 주요 내용
>
> ① "토지은행"이란 공공토지의 비축 및 공급을 위하여 한국토지주택공사에 설치하는 토지은행계정이다.
> ② "토지은행사업"이란 한국토지주택공사가 토지은행을 운용하여 수행하는 사업이다.
> ③ "비축토지"란 한국토지주택공사가 토지은행사업으로 취득하여 관리하는 공공토지를 말한다.
> ④ 국토교통부장관은 종합계획에 따라 매년 연도별 공공토지비축 시행계획을 수립·시행하여야 한다.
> ⑤ 공공토지의 비축 및 공급에 관한 중요 사항을 심의·의결하기 위하여 국토교통부장관 소속으로 공공토지비축 심의위원회("토지비축위원회")를 둔다.
> ⑥ 공공토지의 비축 및 공급을 위하여 한국토지주택공사 고유계정과 구분되는 계정으로서 한국토지주택공사에 토지은행계정을 둔다(토지은행계정은 한국토지주택공사의 회계와 구분 계리한다).
> ⑦ 토지은행에서 토지를 비축할 때에는 공공개발용 토지, 수급조절용 토지, 매립지 등으로 구분하여 비축한다.
> ⑧ 공공개발용 토지의 비축사업계획을 승인받은 경우 한국토지주택공사는 해당 공공개발용 토지의 취득을 위하여 필요한 때에는 토지 등을 수용할 수 있다.

(3) 토지은행제도의 특징

① 장 점
　㉠ 공공용지를 저렴한 지가로 적시에 공급이 가능하다.
　㉡ 무질서·무계획적인 개발을 막아 도시스프롤현상을 방지할 수 있다.
　㉢ 개발이익을 사회적으로 환원할 수 있다.

② 단 점
　㉠ 초기에 막대한 토지매입비 부담이 있다.
　㉡ 매입 토지를 관리하는 부담이 크다.
　㉢ 적절한 투기방지 대책없이 시행하는 경우 주변지역의 토지투기 가능성이 있다.

> **➕ 알아보기** 한국의 현행제도에서 시행하지 않는 제도 기출 20
>
> 1. 택지소유상한제
>   서울, 부산, 인천, 대전, 광주, 대구 등의 6대 도시의 경우에, 한 가구당 $661m^2$가 넘는 택지를 신규로 취득할 수 없게 한 제도. 토지 공개념의 일종이다. 1994년 헌법소원에서 위헌 판결받았다.
> 2. **토지초과이득세**
>   토지초과이득세법을 제정(1989)하여, 유휴토지 등으로부터 발생한 토지초과이득에 대하여 토지초과이득세를 부과하고 있다. 그러나 1998년 위헌 판결로 폐지되었다.
> 3. 공한지세
>   대도시 내의 토지 이용을 효율적으로 촉진시키기 위하여, 사용하지 않는 빈 땅에 부과하는 지방세로서 토지투기에 따른 공한지 문제가 세론의 비판을 받자 공한지에 대해서 토지보유세(재산세)를 높게 매기게 되었다.
> 4. 종합토지세
>   1990년에 시행된 전국의 토지를 소유자별로 합산해 누진과세하는 지방세이다. 땅을 많이 가진 사람에게 땅에 대한 세금부담을 늘려 토지의 과다보유를 억제하고 토지투기를 통한 불로소득을 막아 지가안정과 과세형평을 추구하기 위해 마련됐다. 그러나 종합부동산세에 편입되었다.

제4절 주택정책

1. 임대료 규제정책(임대료상한제)

(1) 특징
① 임대료 규제는 규제임대료가 시장임대료보다 낮게 설정될 때 그 효과가 나타나지만, 규제임대료가 시장임대료보다 높을 경우에는 임대주택 시장에 아무런 효과가 없다.
② 임대료 규제의 효과는 단기와 장기에 따라 달라진다. 단기에는 임대주택의 공급량이 변하지 않기 때문에 임대료 규제의 효과가 발휘되지만, 장기에는 공급량이 변화하기 때문에 임대료 규제 효과가 없다.

(2) 임대료 규제의 단기효과
일반적으로 시장임대료(R_0)보다 규제임대료(R_2)가 낮게 규제한다는 것을 전제로 한다.
① 단기는 임대주택의 공급은 불변이지만, 수요측면에서는 임대료 규제로 인하여 수요는 $Q_0 \sim Q_2$만큼 증가하게 되어 임대시장은 초과수요가 발생한다.
② 기존 임대료보다 규제임대료가 낮기 때문에 기존임차인은 신규임대주택으로 이동을 한다.
③ 임대료 규제정책은 기존임차인을 신규임대주택으로 이동을 시킬 목적이므로 임대료 규제효과는 있다.

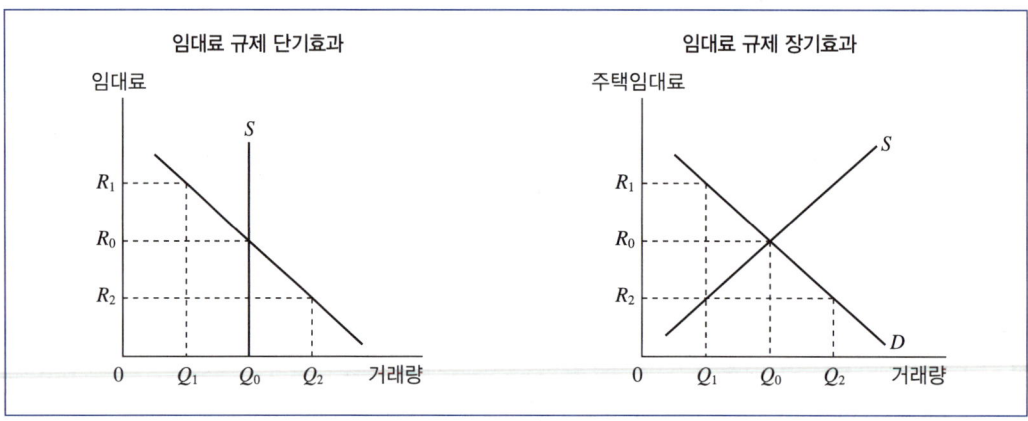

(3) 임대료 규제의 장기효과
① 이윤저하에 따른 공급량 감소
  ㉠ 투자자들은 임대주택에 투자를 기피하여 공급량이 감소($Q_0 \rightarrow Q_1$)한다. 또한 장기적으로 주택부족현상은 더욱더 심각해진다.
  ㉡ 기존의 임대부동산도 다른 용도로 전환하고자 한다.
  ㉢ 임대용 부동산의 질적인 저하를 가져온다.
② 이중가격형성
  ㉠ 장기에 공급의 감소($Q_1 \sim Q_2$)로 공급부족이 발생하기 때문에 임대인은 추가적 음성적 비용을 요구함에 따라 규제임대료(R_2)보다 임대인이 요구하는 임대료(R_1)가 높이 발생하는 이중임대료가 형성된다.
  ㉡ 추가적 음성적 비용 때문에 기존임차인이 신규임대주택으로 이동하면 불리하다.
  ㉢ 장기적으로 임대료 규제효과는 없어지며 여러 가지 부작용을 유발하므로 큰 실익이 없다.

③ 초과수요발생($Q_1 \sim Q_2$만큼)
  ㉠ 규제 임대료가 시장의 균형임대료보다 낮게 설정되어 있을 경우 그만큼 초과수요를 발생시켜 암시장이 존재한다.
  ㉡ 초과수요는 단기보다 장기가 더 많이 발생한다.
  ㉢ 수요와 공급이 탄력적일수록 초과수요(주택부족현상)는 더 커진다.

2. 임대료보조정책

(1) 개 념

정부에서 저소득층에게 임대료보조금을 지급하는 경우에 소득효과와 대체효과 때문에 임대주택의 소비량이 종전보다 늘어난다. 즉, 임대료보조는 실질소득의 증가효과가 있어서 임대주택의 소비량이 종전보다 늘어나게 되고 또한 대체효과 때문에 다른 소비 역시 증가된다.

(2) 보조금 지급대상에 따른 효과

보조금 지급방법은 수요자(임차인)에게 보조하는 방식(임대료 보조)과 생산자에게 보조하는 방식(공공임대주택 건설 등)으로 구분할 수 있다. 임차인의 주거지 선택의 폭이 넓은 것은 수요자(임차인)에게 지급하는 방식이 유리하다.

① 수요자(임차인)에게 보조금지급에 따른 효과

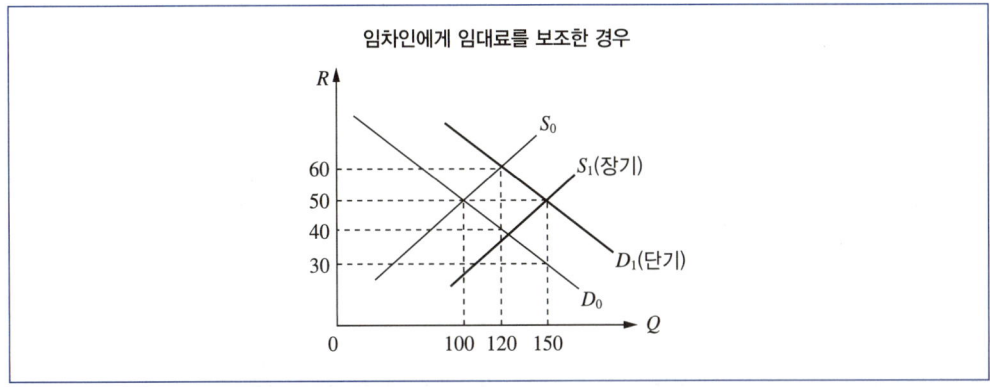

임차인에게 임대료를 보조한 경우

㉠ 단기효과

> 임차인의 실질부담임대료 하락 → 초과수요발생 → 시장임대료 상승 → 초과이윤 발생

단기에 수요가 증가하여 임대료가 60만원으로 상승하였고, 정부로부터 20만원을 보조받는다면 임차인의 실질부담임대료는 단기에는 40만원이 되고 거래량은 단기에 120으로 늘어난다.
  ⓐ 정부의 보조금을 인하여 수요가 증가하여 임대료가 상승한다.
  ⓑ 단기에서는 임대료 상승으로 임차인이 혜택을 보지 못하고, 기존 임대인에게 보조금 혜택이 귀속된다.

ⓒ 장기효과

> 임대료 상승 → 공급자 초과이윤 발생 → 공급증가 → 임대료 하락(초과이윤 소멸)

단기에 초과이윤이 존재하므로 장기적으로 공급이 증가하여 임대료가 50만 원으로 되었으나, 정부로부터 20만 원을 보조받는다면 임차인이 부담하는 실질임대료는 장기에는 30만 원이 되고 거래량은 장기에 150으로 늘어난다.

ⓐ 임대주택의 임대인이 초과이윤이 발생하여 임대주택 공급은 증가한다.
ⓑ 공급량의 증가에 따른 임대료가 하락하여 초과이윤이 소멸될 때까지 계속 하락한다.
ⓒ 장기에서는 임차인은 임대료 하락에 따른 임대료보조에 대한 혜택을 보게 된다.
ⓓ 임차인의 임대료에 대한 혜택을 어느 정도 볼 것인가는 공급의 탄력성 크기에 달려있다. 즉, 공급이 탄력적이면 임대주택의 공급량은 크게 증가하여 임대료 하락 폭도 커질 것이다. 반면에 비탄력적이면 공급량이 약간 증가하여 임대료 하락폭도 크지 않을 것이다.

ⓒ 임대료보조금 지급방식 : 임차인에게 임대료를 보조하는 방식으로 임대료보조방식과 소득보조방식으로 나눌 수 있다.

ⓐ 임대료(집세)보조방식은 임대주택을 소비하는 저소득층에게 임대료 명목으로 사용토록 하는 방식인데, 임차인의 효용은 소득보조방식보다 낮지만 정책적 효과는 소득보조방식보다 높다.
ⓑ 소득보조방식은 임대주택을 소비하는 저소득층에게 현금으로 지원하는 방식인데, 임차인 입장에서는 임차인의 효용은 임대료(집세)보조방식보다 높지만 정책적 효과는 임대료(집세)보조방식보다 낮게 된다.

② 공급자에게 임대료를 보조하는 경우 : 공급자에게 보조금을 지원하더라도 단기에는 공급을 늘릴 수 없으므로 단기에는 아무런 변화가 없다. 장기적으로는 생산비의 감소효과가 있으므로 공급비용이 감소하고 공급량이 증가하여 임대료가 하락하게 된다.

㉠ 공급자에게 건설자금을 지원함으로써 생산비 인하효과로 민간부분에 주택공급이 증가하여 주택가격이 하락하고 주택소비가 증가한다.
㉡ 공급자에게 임대료보조금을 지원하면 결국 임차인이 혜택을 받는다.

> **➕ 알아보기** **주택바우처(housing voucher)제도**
>
> 1. 주택바우처제도란 저소득층의 임대료가 소득의 일정 수준을 넘을 경우, 임대료의 일부를 쿠폰 형태로 지원하는 제도이다. 우리나라에서는 해당 제도를 보통 '주거급여' 제도라고 지칭한다.
> 2. 공공임대주택의 건설공급 방식은 주택의 공급량을 늘리고, 입주자의 부담을 직접적으로 줄일 수 있는 장점이 있으나, 정부의 재정부담이 크고 주거지와 주택 선택에 있어서 제약이 존재한다. 그에 비해 주택바우처제도는 거주 주택을 직접 선택할 수도 있고, 상대적으로 많은 가구에 형평성 있는 지원이 가능하며, 재정 지출 부담 또한 낮은 편이라고 할 수 있다.

3. 공공임대주택정책

정부는 저소득층이 부담하는 주거비를 경감시켜주고, 민간부문의 임대주택에서 공공임대주택으로 이주해오는 것을 장려하기 위해, 시장임대료보다 저렴한 가격으로 임대주택을 제공한다.

(1) 단 기

> 공공임대주택의 공급 → 임차자의 사적 시장에서 공공주택시장으로 수요이동 → 사적 시장의 수요 감소 → 사적 임대주택 공가현상 발생 → 사적 시장의 임대료 하락

① 공공주택 공급은 공공주택의 수요 증가로 인하여 사적 임대주택에 대한 수요 감소로 임대료도 하락한다. 즉, 공공임대주택의 공급은 기존 사적 시장의 임차인의 이동이 활발하다.
② 공공임대주택의 공급은 사적 시장의 임차인도 단기에서 혜택을 보게 되므로 단기에서는 공공임대주택의 임차인과 사적 임대주택의 임차인 모두 임대료에 대한 혜택을 본다.

(2) 장 기

> 임대료 하락 → 공급자 퇴출 → 공급 감소 → 사적 시장임대료 상승(원래 수준)

① 공급자의 입장에서 볼 때, 단기적으로는 공공주택의 공급은 사적 시장의 임대료를 하락시켜 수익률의 저하를 가져와 공급은 감소하게 되어 공급이 감소한다.
② 공급이 감소함에 따라, 임대료는 결국 공급자에게 적정이윤을 보장해 주는 원래 수준으로 상승하게 된다. 이때 주택량은 공공임대주택이 공급된 만큼 사적 임대주택의 공급은 감소하므로 사회전체 주택량은 불변이 된다.
③ 장기에서는 사적 임대주택가격이 원래 수준으로 회귀되었으므로, 공공임대주택을 차지하는 임차인만 임대료 차액만큼 혜택을 보게 된다. 즉, 공공임대주택 공급은 임대료에 대한 이중가격을 형성하여 공공주택에 거주하는 저소득층에게 혜택을 준다. 마치 공공주택 거주자들은 임대료차액 만큼을 정부로부터 보조받는 것과 같은 효과를 얻게 된다.

> **➕ 알아보기** **임대주택법과 공공임대주택**
>
> 1. 임대주택법 제2조(정의)
>   (1) "민간임대주택"이란 임대 목적으로 제공하는 주택으로서 임대사업자가 등록한 주택을 말하며, 민간건설임대주택과 민간매입임대주택으로 구분한다.
>   (2) "민간건설임대주택"이란 다음 각 목의 어느 하나에 해당하는 민간임대주택을 말한다.
>   ① 임대사업자가 임대를 목적으로 건설하여 임대하는 주택
>   ② 주택건설사업자가 사업계획승인을 받아 건설한 주택 중 사용검사 때까지 분양되지 아니하여 임대하는 주택
>   ③ "민간매입임대주택"이란 임대사업자가 매매 등으로 소유권을 취득하여 임대하는 민간임대주택을 말한다.
>   ④ "기업형임대주택"이란 기업형임대사업자가 8년 이상 임대할 목적으로 취득하여 임대하는 민간임대주택을 말한다.
> 2. 공공주택특별법 제2조(공공임대주택)
>   공공임대주택이란 「공공주택 특별법」 다음 각 호의 주택을 말한다.
>   (1) 영구임대주택 : 국가나 지방자치단체의 재정을 지원받아 최저소득 계층의 주거안정을 위하여 50년 이상 또는 영구적인 임대를 목적으로 공급하는 공공임대주택
>   (2) 국민임대주택 : 국가나 지방자치단체의 재정이나 「주택도시기금법」에 따른 주택도시기금의 자금을 지원받아 저소득 서민의 주거안정을 위하여 30년 이상 장기간 임대를 목적으로 공급하는 공공임대주택

(3) 행복주택 : 국가나 지방자치단체의 재정이나 주택도시기금의 자금을 지원받아 대학생, 사회초년생, 신혼부부 등 젊은 층의 주거안정을 목적으로 공급하는 공공임대주택
(4) 통합공공임대주택 : 국가나 지방자치단체의 재정이나 주택도시기금의 자금을 지원받아 최저소득 계층, 저소득 서민, 젊은 층 및 장애인·국가유공자 등 사회 취약계층 등의 주거안정을 목적으로 공급하는 공공임대주택
(5) 장기전세주택 : 국가나 지방자치단체의 재정이나 주택도시기금의 자금을 지원받아 전세계약의 방식으로 공급하는 공공임대주택
(6) 분양전환공공임대주택 : 일정 기간 임대 후 분양전환할 목적으로 공급하는 공공임대주택
(7) 기존주택 등 매입임대주택 : 국가나 지방자치단체의 재정이나 주택도시기금의 자금을 지원받아 제37조 제1항 각 호의 어느 하나에 해당하는 주택 또는 건축물(이하 "기존주택 등"이라 한다)을 매입하여 「국민기초생활 보장법」에 따른 수급자 등 저소득층과 청년 및 신혼부부 등에게 공급하는 공공임대주택
(8) 기존주택전세임대주택 : 국가나 지방자치단체의 재정이나 주택도시기금의 자금을 지원받아 기존주택을 임차하여 「국민기초생활 보장법」에 따른 수급자 등 저소득층과 청년 및 신혼부부 등에게 전대(轉貸)하는 공공임대주택

4. 분양주택정책

(1) 분양가상한제 기출 23

> **+ 알아보기** 주택법 제57조(주택의 분양가격 제한 등)
>
> ① 사업주체가 일반인에게 공급하는 공동주택 중 다음 각 호의 어느 하나에 해당하는 지역에서 공급하는 주택의 경우에는 각 조에서 정하는 기준에 따라 산정되는 분양가격 이하로 공급(이에 따라 공급되는 주택을 "분양가 상한제 적용주택"이라 한다)하여야 한다.
> 1. 공공택지
> 2. 공공택지 외의 택지에서 주택가격 상승 우려가 있어 국토교통부장관이 「주거기본법」 제8조에 따른 주거정책 심의위원회 심의를 거쳐 지정하는 지역

① 의 의
 ㉠ 분양가상한제는 정부가 사적 시장에서 공급되는 신규주택 분양가를 시장균형가격 이하로 규제하는 제도이다.
 ㉡ 분양가상한제는 분양가 규제를 통하여 실수요자의 내집 마련 부담을 완화하기 위해 도입된 제도이다.
② 분양가상한제 효과
 ㉠ 단기효과
  ⓐ 분양가가 인하됨으로써 신규분양주택은 공급은 불변이지만, 수요는 증가하여 초과수요현상이 발생한다.
  ⓑ 단기적으로는 분양가에 대한 부담이 없기 때문에 주택 소비자가 유리하다.
 ㉡ 장기효과
  ⓐ 주택건설업체의 수익성을 악화
   • 신규주택의 공급이 감소한다.
   • 주택의 질적 수준 저하를 유발한다.
   • 외곽지역이 지나치게 고층화되는 현상이 유발한다.
   • 소형건설업체의 수익성 악화로 도산의 위기에 처한다.

ⓑ 투기수요 유발
- 민간주택공급을 위축시킴으로써 중고주택의 가격을 상승시킨다.
- 시장가격 이하로 분양받은 사람은 전매차익이 발생하므로 투기수요를 유발시킨다.

ⓒ 실수요자들은 암시장에서 프리미엄을 더 주게 되므로 시장가격보다 더 높은 가격으로 주택을 구입하게 된다.

ⓓ 주택 과소비가 초래되고 저소득층의 주택난이 심화되어 소득의 형평성을 저해한다.

(2) 분양가자율화

① 의의 : 분양가자율화는 가격규제를 풀고 자율화함으로써 시장기능을 회복시켜 시장의 수급상황에 의하여 가격이 결정되도록 하고 그 가격을 기초로 하여 주택소비와 생산에 관한 의사결정이 이루어지도록 하는 것이라고 할 수 있다.

② 효 과

㉠ 분양가자율화가 실시되면 분양가격이 상승할 가능성이 크고, 주택수요가 다소 감소되거나 주택공급이 활성화될 개연성이 존재한다.

㉡ 만약 분양가자율화로 인하여 부동산의 가격이 상승한다면 중산층 이하 가구의 주택구입이 더욱 어려워질 가능성도 존재한다.

㉢ 분양가자율화가 실시되고 단기적으로 분양가격이 상승하게 되면 분양권에 대한 프리미엄이 감소하여 투기감소효과를 기대할 수 있다. 따라서 주택시장이 가수요(假需要)가 아닌 실수요자 위주로 재편될 수 있다.

㉣ 분양가격의 상승은 주택 산업의 생산성을 증대시킬 수 있고, 분양되는 주택의 질적 상승을 가져올 수 있다.

㉤ 분양가상한제에 비해 분양가자율화는 주택의 공급을 기존보다 증가시킬 수 있는 가능성이 큰 제도라고 할 수 있다.

분양가상한제	분양가자율화
분양가 하락 → 수요 증가, 공급 감소 가능성	분양가 상승 → 수요 감소, 공급 증가 가능성
투기수요 증가 가능성	투기수요 감소 가능성
주택산업 생산성 저하(신규공급 감소)	주택산업 생산성 증가(신규공급 증가)
투기방지책이 필요-전매제한 등	중산층 이하 지원이 필요-금융지원, 택지공급

5. 주택의 선분양제도와 후분양제도

(1) 주택의 선분양제도

① 의 의

㉠ 주택건설업체가 주택을 완공하기도 전에 입주자를 모집해서 그들로부터 계약금, 중도금 등을 사전에 받아 주택건설자금으로 활용할 수 있도록 하는 제도이다.

㉡ 주택 선분양제도는 민간자금을 주택건설에 활용하는 제도인 동시에 주택수요를 사전에 확보함으로써 주택사업의 안정성을 높이는 수단으로 활용되어 온 주택건설업체를 지원하는 제도라 할 수 있다.

② 장 점
  ㉠ 소비자는 분양금을 분할 납부함으로써 목돈 마련에 대한 부담이 덜하다.
  ㉡ 주택건설업자는 주택건설자금을 용이하게 조달할 수 있으므로 유리하다.
③ 단 점
  ㉠ 건설자금은 소비자로부터 직접 조달하기 때문에 건설자금에 대한 이자는 결국 소비자가 부담하는 경우가 된다.
  ㉡ 주택건설업체의 자금난에 대한 위험을 소비자가 부담하게 된다.
  ㉢ 주택건설업체의 부도 시에 입주가 지연될 수 있어 소비자의 피해가 발생할 수 있다.
  ㉣ 부실시공으로 인하여 주택의 품질이 떨어질 수 있다.
  ㉤ 완공된 주택을 보지 않고 소비자가 구매하기 때문에 완공 후에 건설업체와 많은 분쟁이 있다.

(2) **주택의 후분양제도**
  ① 의 의
    ㉠ 주택의 후분양제도는 완공된 주택을 분양하는 것으로 주택건설자금은 건설업자가 직접 조달하는 제도이다.
    ㉡ 이 제도는 소비자가 각 주택건설업체의 완공된 주택상품을 비교하여 매수를 할 것이므로 공급자의 경쟁을 유발시켜 소비자 중심의 시장이 형성된다.
  ② 장 점
    ㉠ 주택을 사기 전에 주택건설업체의 상품별 비교가 가능해서 소비자의 선택 폭이 넓어진다.
    ㉡ 분양금에 대한 금융비용 전가 문제가 발생하지 않으며, 시공회사의 부도로 인한 소비자의 피해가 발생하지 않는다.
    ㉢ 견본주택과 실제주택의 차이로 인한 분쟁이나 부실시공으로 인한 분쟁이 줄어들 수 있다.
    ㉣ 분양권 프리미엄이 없어지므로 투기를 막을 수 있다.
  ③ 단 점
    ㉠ 소비자들이 단기간에 많은 목돈을 지불해야 한다.
    ㉡ 건설회사가 건설자금을 직접 조달해야 하는데 건설자금조달이 쉽지 않으면 주택공급이 줄어들 수 있다.
    ㉢ 건설회사별 주택상품의 비교시간이 부족해진다.
    ㉣ 건설자금에 대한 이자는 건설업자가 형식적으로 부담하지만 이를 분양가에 반영하게 되면 소비자가 건설자금에 대한 이자를 부담하게 된다.

제5절 부동산 조세정책

부동산조세라 함은 토지와 건물 등의 부동산을 취득·소유·이용·처분하는 등의 경우에 부과되는 조세를 말한다.

1. 부동산관련 조세 기출 19·20·21·22·23·24·25

(1) 국세와 지방세

① 국 세
  ㉠ 직접세 : 법인세, 소득세, 상속세, 증여세, 종합부동산세 등이 있다.
  ㉡ 간접세 : 부가가치세, 인지세, 개별소비세 등이 있다.
  ㉢ 목적세 : 교육세, 교통 에너지세, 환경세, 농어촌특별세 등이 있다.

② 지방세
  ㉠ 보통세 : 취득세, 등록세, 주민세, 재산세, 면허세, 등록세, 농업소득세 등이 있다.
  ㉡ 목적세 : 공동시설세, 지역개발세, 지방교육세, 도시계획세 등이 있다.

(2) 취득·보유·처분 단계별 조세

구 분	국 세	지방세
취 득	농어촌특별세, 부가가치세	취득세, 지방교육세
보 유	종합부동산세, 농어촌특별세(종합부동산세의 20%)	재산세(누진세, 비례세)
임 대	임대소득세	지방소득세(임대소득세의 10%)
양 도	양도소득세, 부가가치세	지방소득세(임대소득세의 10%)
무상이전	상속세, 증여세	취득세, 교육세, 지방교육세

① **취득세** : (차등)비례세로서 부동산은 취득원인에 따라 취득세율이 다르다.
② **상속세·증여세** : 누진세율로 최저 10%~50%가 적용된다.
③ **재산세**
  ㉠ 비례세 : 일반건물, 생산활동에 이용되는 토지(: 저율분리과세)
     사치성 재산의 토지(: 고율과세)
  ㉡ 누진세율 : 주택, 영업활동에 사용되는 토지는 별도합산과세대상토지
     시세차익투기목적보유토지는 종합합산과세대상토지로 분류
④ **종합부동산세** : 부동산을 종합적으로 합산하여 과세되는 세금으로 매년 6월 1일 현재 소유 부동산을 기준으로 과세대상 여부를 판정한다. 또한 부동산의 종류와 금액에 따라 누진세율을 부과한다.
⑤ **임대소득세** : 주택임대업을 통한 사업소득으로 2천만 원 초과시 다른 소득과 합세하여 종합과세하고, 2천만 원 미만 시는 종합과세나 분리과세 중 선택하도록 하여 부과한다. 또한, 주택보유수에 따라 월세와 보증금 과세대상이 상이하게 과세된다.

2. 부동산조세의 전가와 귀착 기출 20

(1) 조세의 전가와 귀착
조세 전가란 부과된 조세의 일부 또는 전부를 다른 경제주체에게 이전하는 것을 의미한다. 조세 귀착이란 조세부담이 각 경제주체에게 최종적으로 귀착되는 것을 의미한다.

(2) 탄력성에 따른 조세의 귀착정도
① 조세의 전가와 귀착의 정도는 수요와 공급의 상대적 탄력성에 따라 다르다.
② 수요와 공급이 모두 일정부분 조세를 부담한다면, 수요와 공급 중 상대적으로 비탄력적인 쪽(탄력성이 낮은 쪽)의 조세부담이 크다.
　㉠ 수요(임차인-매수인)가 비탄력적이면 수요자(임차인, 매수인)의 부담이 크다.
　㉡ 공급(임대인-매도인)이 비탄력적이면 공급자(임대인, 매도인)의 부담이 크다.
　㉢ 수요의 탄력성이 공급의 탄력성보다 크면 임대인의 부담이 크다.
　㉣ 공급의 탄력성이 수요의 탄력성보다 크면 임차인의 부담이 크다.
③ 수요나 공급의 일방이 완전비탄력적일 경우에는, 완전비탄력적인 일방이 조세를 100% (전부) 부담한다.
　㉠ 수요가 완전비탄력적일 경우 조세는 전부 수요자(임차인)가 부담한다.
　㉡ 공급이 완전비탄력적일 경우 조세는 전부 공급자(임대인)가 부담한다.
④ 수요나 공급의 일방이 완전탄력적일 경우에는, 완전탄력적인 일방은 조세를 전혀 부담하지 않는다. 반면에 상대방이 100% 부담한다.
　㉠ 수요가 완전탄력적일 경우 조세는 전부 공급자(임대인)가 부담한다.
　㉡ 공급이 완전탄력적일 경우 조세는 전부 수요자(임차인)가 부담한다.

(3) 조세전가의 형태
공급자에게 부동산세금이 부과되는 경우 탄력성 정도에 대한 조세부담에 대한 설명이다.
① 수요의 탄력성이 공급의 탄력성보다 큰 경우
　㉠ 아래 'ⓐ 수요가 탄력적인 경우' 그림에서 공급자에게 세금을 부과함으로써 공급곡선은 S_0에서 S_1으로 상향으로 이동한 결과 새로운 균형가격은 P_0에서 P_1으로 변화한다.
　㉡ 부과된 세금 P_1P_2 중 P_1P_0는 소비자가 부담하고, P_2P_0는 생산자가 부담한다.
　㉢ 그 결과 생산자의 세부담이 소비자의 경우보다 많아진다.
　㉣ 공급자, 즉 매도자가 받는 금액은 P_1이지만 세금 P_1P_2만큼 공제하면 실제로 받는 금액은 P_2가 된다.
　㉤ 수요자, 즉 매수자가 지불하는 금액은 종전가격 P_0보다 높아진 가격 P_1이 된다.
② 수요의 탄력성이 공급의 탄력성보다 작은 경우
　㉠ 아래 'ⓑ 공급이 탄력적인 경우' 그림에서 공급자에게 세금을 부과함으로써 공급곡선은 S_0에서 S_1으로 상향으로 이동한 결과 새로운 균형가격은 P_0에서 P_1으로으로 변화한다.
　㉡ 부과된 세금 P_1P_2 중 P_1P_0는 소비자가 부담하고, P_2P_0는 생산자가 부담한다.
　㉢ 그 결과 소비자의 세부담이 생산자의 경우보다 많아진다.

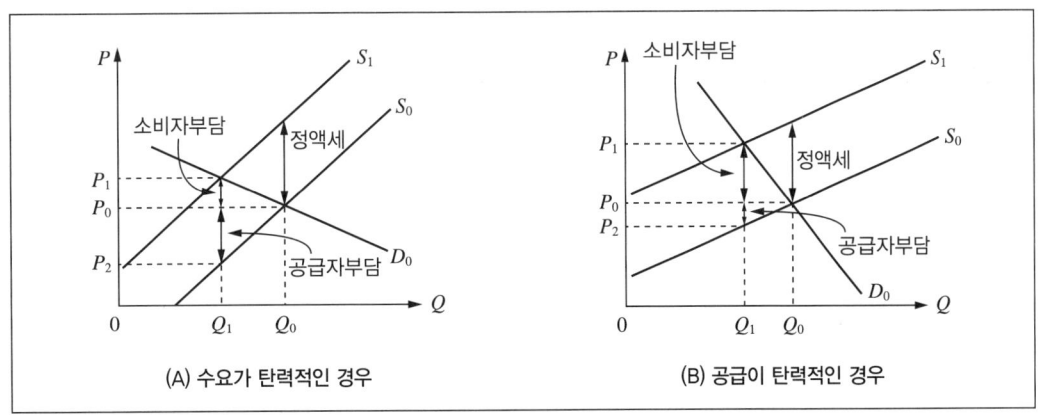

(A) 수요가 탄력적인 경우　　(B) 공급이 탄력적인 경우

③ 공급이 완전탄력적인 경우
　㉠ 아래 '(C) 공급이 완전탄력적인 경우' 그림에서 공급자에게 세금을 부과함으로써 공급곡선은 상향으로 이동한 결과 새로운 균형가격은 P_0에서 P_1으로 변화한다.
　㉡ 부과된 세금은 모두 가격에 반영되므로 세금을 모두 소비자가 부담한다.
④ 공급이 완전비탄력적인 경우
　㉠ 아래 '(D) 공급이 완전비탄력적인 경우' 그림에서 공급자에게 세금을 부과해도 공급이 완전비탄력적이므로 공급곡선은 변함이 없다.
　㉡ 세금을 부과해도 가격은 변함이 없으므로 부과된 세금은 모두 생산자가 부담한다.

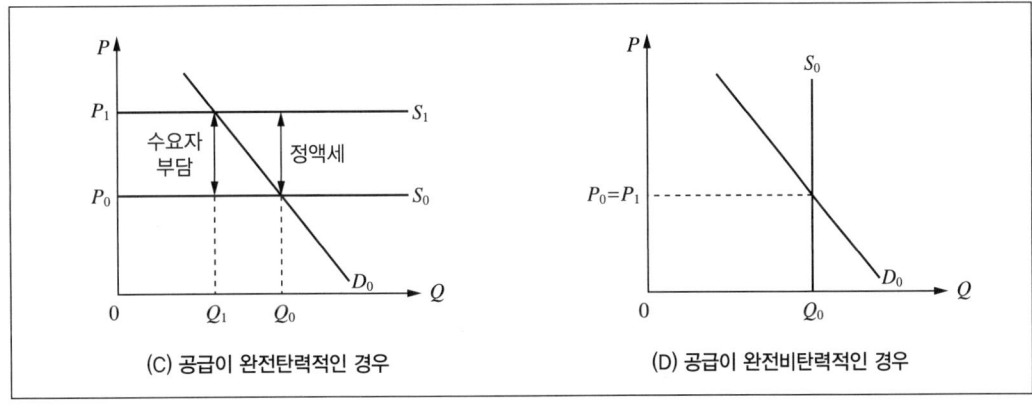

(C) 공급이 완전탄력적인 경우　　(D) 공급이 완전비탄력적인 경우

3. 주택에 대한 조세부과의 영향

(1) 주택에 대한 영향

① 재산세 부과의 효과
  ㉠ 조세의 부과는 수요자가 실제지불액이 증가함에 따라 소비자 잉여의 감소를 유발하고, 공급자는 조세 지불 후에 실수령액이 감소하여 공급자 잉여가 감소한다. 따라서 총잉여가 감소하는 현상이 발생한다.
  ㉡ 소비자의 실제지불액이 높아짐에 따라 주택의 수요량이 감소하고, 공급자의 실수령액의 감소로 공급이 감소한다.

② 재산세의 귀착
  ㉠ 수요와 공급의 상대적 탄력성에 따른 조세귀착정도
    ⓐ 재산세는 수요와 공급의 상대적 탄력성에 의해 생산자와 소비자에게 배분된다.
    ⓑ 공급이 완전비탄력적이면 부과되는 세금은 전부 공급자의 부담이 되지만, 공급이 완전탄력적이면 전부 소비자의 부담이 된다.
    ⓒ 수요가 완전비탄력적이면 부과되는 세금은 전부 수요자의 부담이 되지만, 수요가 완전탄력적이면 전부 공급자의 부담이 된다.
    ⓓ 수요가 비탄력적일 때는 수요자에게 조세귀착이 더 많고, 공급이 비탄력적일 때 공급자에게 조세귀착이 더 많다.
  ㉡ 신규주택의 공급은 비탄력적
    ⓐ 일반적으로 주택의 공급곡선은 비탄력적인 경향이 강하고 오래된 주택일수록 탄력적인 경향이 강하다. 즉, 신규주택은 여러 가지 법적 제한 때문에 공급이 탄력적이지 못하지만, 오래된 주택의 경우에는 각종 제약의 완화로 시장상황에 따라 보다 탄력적이다.
    ⓑ 공급측면에서 신규주택의 공급이 오래된 주택보다 더 많은 조세가 귀착된다.
  ㉢ 재산세는 누진세(차등과세)로 하는 것이 바람직함
    ⓐ 정부에서 주택에 대한 조세율을 일률적으로 같은 비율을 주택가치에 적용하게 되면 오히려 저소득층이 세금을 더 많이 부담하는 결과를 초래하는 역진세적(逆進稅的)인 성격을 나타낸다.
    ⓑ 이러한 문제를 해결하기 위한 대책으로 차등과세(누진세)를 부과하면 저소득계층에게 부담되는 세금을 완화할 수 있다.

(2) 임대주택시장의 경우

① 임대주택시장의 수요곡선이 공급곡선보다 상대적으로 비탄력적이므로 임차인 부담이 크다.
② 임차인 보호측면에서 공급 임대주택의 대량 건설이나 저가주택에 대해서 재산세를 낮추어 주면 재산세가 임차자에게 전가되는 현상을 완화하는 수단이 될 수 있다.
③ 자원의 효율적 배분이 되기 위해서는 공급자(임대인)부담이 커야 한다. 따라서 공급이 비탄력적일수록 자원의 효율적 배분이 발생한다.

4. 양도세와 보유세에 중과하는 경우

(1) 주택양도세(거래이전과세) 중과
① 거래가 위축되어 주택공급의 동결효과가 발생한다.
② 주택가격 상승에 따른 투기수요를 유발하고, 자원배분의 효율성을 저해시킨다.
③ 거래세는 부정기적으로 부과되므로 정부의 세원관리가 곤란하다.
④ 부동산시장을 활성화하기 위하여 거래세(유통세)를 인하하는 것이 바람직하다.

5. 헨리 조지(Henry George)의 토지단일세론 기출 20

헨리 조지(1839~1897)의 저서 「진보와 빈곤(Progress and Poverty)」에서 토지이용에 관한 주장의 핵심은 토지단일세론(Single Tax and Land)에 있다.

(1) 의 의
토지가치세를 토지단일세라고도 부르는데 그 이유는 오직 토지에게만 세금을 부과하고 토지 이외에는 세금을 부과하지 않는다.

(2) 방 법
① 토지세의 전가는 토지공급곡선의 탄력성과 밀접한 관계가 있다.
② 토지소유자에게 부과되는 세금은 다른 사람에게 전혀 전가되지 않고, 토지소유자가 지대로 받은 불로소득을 전액 환수할 수 있다고 주장하였다.
  ㉠ 가능한 이유는 토지의 공급곡선이 완전비탄력적이다.
  ㉡ 토지소유자에게 세금을 부과하면 공급곡선이 이동하지 않으므로 모든 세금은 토지소유자에게 전가된다.
③ 토지세만 가지고도 정부의 재정적 충당을 100%로 할 수 있다.

CHAPTER 03 실전문제

제2편 | 부동산학 각론

01 외부효과에 관한 설명으로 옳은 것은? 기출 23

CHECK
○△×

① 외부효과란 거래 당사자가 시장메카니즘을 통하여 상대방에게 미치는 유리하거나 불리한 효과를 말한다.
② 부(−)의 외부효과는 의도되지 않은 손해를 주면서 그 대가를 지불하지 않는 외부경제라고 할 수 있다.
③ 정(+)의 외부효과는 소비에 있어 사회적 편익이 사적 편익보다 큰 결과를 초래한다.
④ 부(−)의 외부효과에는 보조금 지급이나 조세경감의 정책이 필요하다.
⑤ 부(−)의 외부효과는 사회적 최적생산량보다 시장생산량이 적은 과소생산을 초래한다.

해설

① (×) 외부효과란 거래 당사자가 시장메카니즘을 통하지 아니하고 의도하지 않는 결과로 상대방에게 미치는 유리하거나 불리한 효과를 말한다.
② (×) 부(−)의 외부효과는 의도되지 않은 손해를 주면서 그 대가를 지불하지 않는 외부불경제(외부비경제)라고 할 수 있다.
③ (○) 정(+)의 외부효과는 소비에 있어 사회적 편익이 사적 편익보다 큰 결과를 초래하며, 적정생산량보다 과소소비가 이루어진다.
④ (×) 부(−)의 외부효과에는 각종 규제 정책이 필요하나, 정(+)의 외부효과에는 보조금 지급이나 조세경감의 정책이 필요하다.
⑤ (×) 부(−)의 외부효과는 사회적 최적생산량보다 시장생산량이 적은 과대생산을 초래한다.

 ③

02 외부효과에 관한 내용으로 ( )에 들어갈 것으로 옳은 것은? 기출 24

- 부동산의 특성 중에서 (ㄱ)은 외부효과를 발생시킨다.
- 부동산시장 참여자가 자신들의 행동이 초래하는 외부효과를 의사결정에서 감안하도록 만드는 과정을 외부효과의 (ㄴ)라 한다.

	ㄱ	ㄴ
①	부동성	유동화
②	부동성	내부화
③	인접성	유동화
④	개별성	내부화
⑤	개별성	유동화

해설

② (○) 부동성이란 위치의 고정성을 의미하는 것으로 위치가 고정되어 있다 보니 외부효과에 영향을 많이 받게 된다.

답 ②

03 우리나라의 부동산조세정책에 관한 설명으로 옳은 것을 모두 고른 것은? 기출 23

ㄱ. 부가가치세와 등록면허세는 국세에 속한다.
ㄴ. 재산세와 상속세는 신고납부방식이다.
ㄷ. 증여세와 재산세는 부동산의 보유단계에 부과한다.
ㄹ. 상속세와 증여세는 누진세율을 적용한다.

① ㄹ
② ㄱ, ㄹ
③ ㄴ, ㄷ
④ ㄱ, ㄴ, ㄷ
⑤ ㄱ, ㄴ, ㄹ

해설

ㄱ. (×) 부가가치세는 국세이지만 등록면허세는 지방세에 속한다.
ㄴ. (×) 재산세는 보통징수방식이고 상속세, 증여세, 취득세 등은 신고납부방식이다.
ㄷ. (×) 증여세는 취득단계이고 재산세는 부동산 보유단계에 부과한다.
ㄹ. (○) 상속세와 증여세는 누진세율을 적용한다.

답 ①

04 지방세기본법상 부동산 관련 조세 중 시·군세(광역시의 군세 포함)에 해당하는 것으로 옳게 묶인 것은? 기출 24

① 취득세, 지방소득세
② 재산세, 지방소비세
③ 재산세, 지방소득세
④ 취득세, 등록면허세
⑤ 등록면허세, 지방소비세

해설

③ (○) 시·군세에는 주민세·재산세·자동차세·도축세·농지세·종합토지세·담배소비세·도시계획세·지방소득세 등의 세목이 포함된다.

답 ③

05 분양가상한제로 인해 발생할 수 있는 문제점과 그 보완책을 연결한 것으로 옳지 않은 것은? 기출 22

① 분양주택의 질 하락 – 분양가상한제의 기본 건축비 현실화
② 분양주택 배분 문제 – 주택청약제도를 통한 분양
③ 분양프리미엄 유발 – 분양주택의 전매제한 완화
④ 신규주택 공급량 감소 – 공공의 저렴한 택지 공급
⑤ 신규주택 공급량 감소 – 신규주택건설에 대한 금융지원

해설

③ (×) 분양프리미엄 유발 – 분양주택의 전매제한 강화, 보유기간 강화 등

답 ③

06 정부의 주택시장 개입에 관한 설명으로 옳지 않은 것은? 기출 22

① 주택은 긍정적인 외부효과를 창출하므로 생산과 소비를 장려해야 할 가치재(merit goods)이다.
② 저소득층에 대한 임대주택 공급은 소득의 직접분배효과가 있다.
③ 주택구입능력을 제고하기 위한 정책은 소득계층에 따라 달라진다.
④ 자가주택 보유를 촉진하는 정책은 중산층 형성과 사회안정에 기여한다.
⑤ 주거안정은 노동생산성과 지역사회에 대한 주민참여를 제고하는 효과가 있다.

해설

② (×) 저소득층에 대한 임대주택 공급은 소득의 간접분배효과가 있다.

답 ②

07 다음 설명에 모두 해당하는 부동산조세는? 기출 22

- 시·군·구세, 특별자치시(도)세
- 과세대상에 따라 누진세율 또는 단일세율 적용
- 보통징수 방식

① 종합부동산세 ② 양도소득세
③ 취득세 ④ 등록면허세
⑤ 재산세

해설

부동산 조세의 종류는 다음과 같다.

구 분	취득단계	보유단계	처분단계
국 세	상속세(누진세), 증여세, 인지세	종합부동산세(누진세), 소득세, 법인세	양도소득세
지방세	취득세(비례세), 등록세	재산세(누진세, 비례세)	—

답 ⑤

08 우리나라의 부동산제도와 근거법률의 연결이 옳은 것은? 기출 21

① 토지거래허가제 - 「부동산 거래신고 등에 관한 법률」
② 검인계약서제 - 「부동산등기법」
③ 토지은행제 - 「공익사업을 위한 토지 등의 취득 및 보상에 관한 법률」
④ 개발부담금제 - 「재건축 초과이익 환수에 관한 법률」
⑤ 분양가상한제 - 「건축물의 분양에 관한 법률」

해설

② (×) 검인계약서 - 「부동산등기특별조치법」
③ (×) 토지은행제도 - 「공공토지의 비축에 관한 법률」
④ (×) 개발부담금제 - 「개발이익 환수에 관한 법률」
⑤ (×) 분양가상한제 - 「주택법」

답 ①

09 국토의 계획 및 이용에 관한 법령상 현재 지정될 수 있는 용도지역을 모두 고른 것은? 기출 21

ㄱ. 준상업지역
ㄴ. 준주거지역
ㄷ. 준공업지역
ㄹ. 준농림지역

① ㄱ, ㄴ
② ㄴ, ㄷ
③ ㄷ, ㄹ
④ ㄱ, ㄴ, ㄷ
⑤ ㄴ, ㄷ, ㄹ

해설

용도지역은 다음과 같다.

도시지역	• 주거지역(전용주거지역, 일반주거지역, 준주거지역) • 상업지역(중심상업지역, 일반상업지역, 유통상업지역, 근린상업지역) • 공업지역(전용공업지역, 일반공업지역, 준공업지역) • 녹지지역(보존녹지지역, 생산녹지지역, 자연녹지지역)
관리지역	계획관리지역, 생산관리지역, 보전관리지역
농림지역	
자연환경보전지역	

답 ②

10 다음 중 부동산시장과 부동산정책에 관한 설명으로 옳은 것은 몇 개인가?

- 부동산정책이 자원배분의 비효율성을 악화시키는 것을 시장의 실패라 한다.
- 법령상 도입순서를 비교하면 부동산거래신고제는 부동산실명제보다 빠르다.
- 개발행위허가제와 택지소유상한제는 현재 시행되고 있는 제도이다.
- 분양가상한제와 개발부담금제는 정부가 직접적으로 부동산에 개입하는 정책수단이다.
- PIR(Price to Income Ratio)은 가구의 주택지불능력을 측정하는 지표이다.

① 없음 ② 1개
③ 2개 ④ 3개
⑤ 4개

해설

- 부동산정책이 자원배분의 비효율성을 악화시키는 것을 정부의 실패라 한다.
- 부동산거래신고제(2005년), 부동산실명제(1995년)
- 개발행위허가제는 현재 시행되나 택지소유상한제는 현재 시행되고 있지 않다.
- 분양가상한제는 이용규제에 해당하나 개발부담금제는 간접개입에 해당한다.

답 ②

11 우리나라의 부동산조세제도에 관한 설명으로 옳지 않은 것은?

① 양도소득세와 취득세는 신고납부방식이다.
② 취득세와 증여세는 부동산의 취득단계에 부과한다.
③ 양도소득세와 종합부동산세는 국세에 속한다.
④ 상속세와 증여세는 누진세율을 적용한다.
⑤ 종합부동산세와 재산세의 과세기준일은 매년 6월 30일이다.

해설

⑤ (×) 종합부동산세와 재산세의 과세기준일은 매년 6월 1일이다.

답 ⑤

12 부동산시장에 대한 정부의 직접개입방식으로 옳게 묶인 것은? `기출 20`

① 토지비축제, 개발부담금제도
② 수용제도, 선매권제도
③ 최고가격제도, 부동산조세
④ 보조금제도, 용도지역지구제
⑤ 담보대출규제, 부동산거래허가제

해설

① (×) 토지비축제는 직접개입이고, 개발부담금제도는 간접개입에 해당된다.
③ (×) 최고가격제도는 이용규제이고, 부동산조세는 간접개입에 해당된다.
④ (×) 보조금제도는 간접개입이고, 용도지역지구제는 이용규제에 해당된다.
⑤ (×) 담보대출규제, 부동산거래허가제는 이용규제에 해당된다.

답 ②

---

13 우리나라에서 현재(2025년 10월 기준) 시행하지 않는 부동산 정책을 모두 고른 것은? `기출 20`

가. 종합 토지세	나. 공한지세
다. 토지거래허가제	라. 택지소유상한제
마. 분양가상한제	바. 개발이익환수제
사. 실거래가신고제	아. 부동산실명제

① 가, 나, 라
② 가, 마, 바
③ 가, 바, 사
④ 나, 다, 마
⑤ 라, 사, 아

해설

가. (×) 종합 토지세는 2005년부터 폐지되었고 대신에 종합부동산세에 편입되었다.
나. (×) 공한지세에 대한 논란으로 재산세에 편입되면서 지금은 폐지되었다.
라. (×) 택지소유상한제도는 폐지된 제도이다.

답 ①

14 부동산 관련 조세는 과세주체 또는 과세권자에 따라 국세와 지방세로 구분된다. 이 기준에 따라 동일한 유형으로 분류된 것은? 기출 20

① 취득세, 상속세, 증여세
② 종합부동산세, 증여세, 취득세
③ 등록면허세, 소득세, 부가가치세
④ 소득세, 상속세, 재산세
⑤ 취득세, 등록면허세, 재산세

해설

⑤ (○) 취득세, 등록면허세, 재산세는 지방세에 해당한다. 국세는 상속세, 증여세, 종합부동산세, 양도소득세가 이에 속한다.

답 ⑤

15 지방세법령상 토지에 관한 재산세 과세대상 중 별도합산과세대상인 것은? 기출 24

① 공장용지·전·답·과수원 및 목장용지로서 대통령령으로 정하는 토지
② 국가 및 지방자치단체 지원을 위한 특정목적 사업용 토지로서 대통령령으로 정하는 토지
③ 국토의 효율적 이용을 위한 개발사업용 토지로서 대통령령으로 정하는 토지
④ 산림의 보호육성을 위하여 필요한 임야 및 종중 소유 임야로서 대통령령으로 정하는 임야
⑤ 철거·멸실된 건축물 또는 주택의 부속토지로서 대통령령으로 정하는 부속토지

해설

⑤ (○) 별도합산과세대상 토지는 영업용 건축물의 부속토지, 철거·멸실된 건축물 또는 주택의 부속토지 등이 있다.

답 ⑤

16

A지역 주택시장의 시장수요함수는 $2Q_D = 200 - P$이고 시장공급함수는 $3Q_S = 60 + P$이다. (Q_D=수요량, Q_S=공급량, P : 가격, 단위는 만호, 만원임) 정부가 부동산거래세를 수요측면에 단위당 세액 10만원의 종량세의 형태로 부과하는 경우에 A지역 주택시장 부동산거래세의 초과부담은? (단, 다른 조건은 동일함)

기출 20

① 8억원
② 10억원
③ 12억원
④ 20억원
⑤ 24억원

해설

종량세란 단위당 t원의 조세를 부과하는 방식으로 조세를 부과하면 공급곡선이 상방으로 평행이동 또는 수요곡선이 하방으로 평행이동한다. 조세는 공급자에게 부과하거나 소비자에게 부과하나 결과는 같다.

(1) 조세부과 전 주택시장의 균형가격과 균형거래량은 다음과 같다.
　수요와 공급을 일치시키면 균형거래량과 균형가격을 측정할 수 있다.
　균형거래량(Q)은 $52(= 200 - 2Q_D = 3Q_S - 60, 5Q = 260, Q = 52)$이고, 이를 수요함수(혹은 공급함수)에 대입하면 균형가격(P)=96임을 알 수 있다.

(2) 조세부과 후 주택가격과 균형거래량은 다음과 같다.
　단위당 10만원의 조세가 부과되면 공급곡선이 10만원만큼 상방으로 이동하므로 공급함수가 $P = 3Q_S - 50$으로 바뀌게 된다. 이제 조세부과 이후의 균형거래량을 구하면 $Q = 50(= 200 - 2Q_D = 3Q_S - 50, 5Q = 250, Q = 50)$이고, 이를 수요함수(혹은 공급함수)에 대입하면 균형가격(P)=100임을 알 수 있다.
　그러므로 조세부과에 따라 거래량은 2만호 감소하고, 가격은 4만원 상승한다.

따라서 조세부과에 따른 사회적 후생손실(즉, 초과부담)은 10억원[$= \frac{1}{2}$ × 세금(10만원) × 거래량(2만호)]이 된다.

참고로 단위당 조세액(10만원) 중에 소비자에게 전가되는 부분이 4만원이고, 공급자에게 6만원이 전가된다. 이때 정부의 조세수입은 500억원(=10만원×50만호)으로 계산된다. 이 중 소비자가 부담하는 부분은 200억원(=4만원×50만호)이고 공급자가 부담하는 부분은 300억원(=6만원×50만호)이 된다.

답 ②

17 다음 부동산 관련 조세 중 국세만으로 묶인 것은?

① 상속세, 취득세, 양도소득세
② 증여세, 등록면제세, 양도소득세
③ 취득세, 등록면허세, 종합부동산세
④ 상속세, 양도소득세, 종합부동산세
⑤ 재산세, 양도소득세, 종합부동산세

해설

- 취득세 : 지방세, 취득과세, 비례세
- 재산세 : 지방세, 보유과세, 누진세 및 비례세
- 종합부동산세 : 국세, 보유과세, 누진세
- 상속세 : 국세, 취득과세, 누진세
- 양도소득세 : 국세, 양도세, 누진세 및 비례세

답 ④

18 부동산조세에 관한 설명으로 옳지 않은 것은? (단, 주어진 조건에 한함)

① 종합부동산세와 재산세의 과세대상은 일치한다.
② 조세의 귀착 문제는 수요와 공급의 상대적 탄력성에 달려 있다.
③ 임대주택에 재산세가 강화되면 장기적으로 임차인에게 전가될 수 있다.
④ 부동산조세는 자원을 재분배하는 기능이 있다.
⑤ 주택에 보유세가 중과되면 자가소유 수요가 감소할 수 있다.

해설

① (×) 종합부동산세와 재산세의 과세대상은 일치하지 않는다. 종합부동산세는 주택과 토지만 과세대상의 범위이지만 재산세는 모든 부동산을 포함한 선박 등도 과세대상의 범위가 된다.

답 ①

19 부동산시장에 대한 정부의 간접개입방식으로 옳게 묶인 것은?

① 임대료상한제, 부동산보유세, 담보대출규제
② 담보대출규제, 토지거래허가제, 부동산거래세
③ 개발부담금제, 부동산거래세, 부동산가격공시제도
④ 지역지구제, 토지거래허가제, 부동산가격공시제도
⑤ 부동산보유세, 개발부담금제, 지역지구제

해설

③ (○) 정부의 부동산시장 간접개입방식으로는 개발부담금제, 부동산거래세, 부동산가격공시제도 등이 있다.

직접개입방식	공영개발, 공공임대보유, 공공투자사업, 토지은행, 도시개발사업, 매수, 수용, 환지, 보금자리주택 공급 등
이용규제방식	토지이용계획, 도시계획, 지구단위계획, 지역지구제, 토지구획규제, 건축규제, 인허가, 임대료상한제, 담보대출규제
간접개입방식	토지세, 부동산 거래세, 부동산보유세, 토지거래허가세, 개발부담금제, 금융지원, 행정적지원(가격공시제도, 등기부등본 등)

답 ③

20 토지거래허가제도에 관한 설명으로 옳지 <u>않은</u> 것은?

① 토지거래허가구역은 국토의 이용 및 관리에 관한 계획의 원활한 수립과 집행, 합리적 토지이용 등을 위하여 투기적인 거래가 성행하거나 지가가 급격히 상승하는 지역과 그러한 우려가 있는 지역에 지정할 수 있다.
② 토지거래허가구역은 5년 이내의 기간을 정하여 국토교통부장관 또는 특별시장·광역시장·특별자치시장·도지사·특별자치도지사가 지정할 수 있다.
③ 해당 구역에 일정한 면적을 초과하는 토지에 관한 소유권·지상권(소유권·지상권의 취득을 목적으로 하는 권리를 포함)을 이전하거나 설정하는 토지거래계약(예약을 포함)에 적용되며, 모든 증여 및 상속이 포함된다.
④ 토지거래허가기준은 투기목적이 인정되는 일정한 경우를 제외하고는 토지거래를 허가하도록 하는 네거티브방식이다.
⑤ 허가를 받지 아니하고 체결한 토지거래계약은 효력이 발생하지 아니한다.

> 해설

③ (×) 해당 구역에 일정한 면적을 초과하는 토지에 관한 소유권·지상권(소유권·지상권의 취득을 목적으로 하는 권리를 포함)을 이전하거나 설정하는 토지거래계약(예약을 포함)에 적용되며, 무상증여 및 상속, 경매로 인한 취득은 해당되지 않는다.

답 ③

21 토지공개념에 관한 설명으로 옳지 <u>않은</u> 것은? 기출 25

① 토지의 공익성을 강조하는 개념으로 정부가 공공의 이익을 위하여 토지의 소유권을 제한할 수 있다는 인식을 반영하고 있다.
② 국가는 국민 모두의 생산 및 생활의 기반이 되는 국토의 효율적이고 균형있는 이용·개발과 보전을 위하여 법률이 정하는 바에 따라 제한과 의무를 과(課)할 수 있다는 근거를 반영하고 있다.
③ 토지의 사유재산권을 부정하고 그 보유·이용·개발이 공공복리에 적합해야 한다고 보았다.
④ 지가의 폭등과 개발이익환수의 미비로 인해 만연한 토지투기를 근절하고자 토지공개념을 도입하였다.
⑤ 개발부담금제도는 토지로부터 발생되는 개발이익을 환수하여 이를 적정하게 배분하여서 토지에 대한 투기를 방지하고 토지의 효율적인 이용을 촉진하기 위한 제도이다.

> 해설

③ (×) 토지의 사유재산권을 부정하지는 않는다.

답 ③

22 부동산조세에 관한 설명으로 옳지 않은 것은?

① 취득세는 취득 관련 조세로 지방세이다.
② 재산세는 보유 관련 조세로 국세이다.
③ 종합부동산세는 보유 관련 조세로 국세이다.
④ 상속세는 취득 관련 조세로 국세이다.
⑤ 양도소득세는 처분 관련 조세로 국세이다.

해설

② (×) 재산세는 보유 관련 조세로 대표적인 지방세이다.

답 ②

23 조세의 분류에 관한 설명으로 옳은 것은?

① 조세부담의 전가 여부에 따라 보통세와 목적세로 분류한다.
② 과세권자에 따라 직접세와 간접세로 분류한다.
③ 납세자의 담세능력 고려 여부에 따라 인세와 물세로 분류한다.
④ 과세표준의 계산단위에 따라 독립세와 부가세로 분류한다.
⑤ 독립된 세원 유무에 따라 종가세와 종량세로 분류한다.

해설

① (×) 조세부담의 전가 여부에 따라 직접세와 간접세로 분류한다.
② (×) 과세권자에 따라 국세와 지방세로 분류한다.
④ (×) 과세표준의 계산단위에 따라 종가세와 종량세로 분류한다.
⑤ (×) 독립된 세원 유무에 따라 독립세와 부가세로 분류한다.

답 ③

CHAPTER 04 부동산 금융론

제2편 | 부동산학 각론

제1절 부동산 금융의 개관 기출 23·25

I 부동산 금융의 의미

부동산 금융이란 부동산을 개발하거나 취득하는 등 부동산을 대상으로 자금을 조달하는 행위이다. 이는 특수금융의 하나로 부동산 금융이 일반금융과 다른 큰 차이점은 담보기능이 있다는 점과 감가상각 및 차입금이자에 대한 세금감면이 있다.

II 부동산 금융의 기능

1. 주택거래의 활성화
주택수요자에게 주택을 담보로 주택자금을 융자해 줌으로써 주택을 용이하게 구입 또는 개량할 수 있도록 하여 주택거래의 활성화를 도모한다.

2. 자가주택의 공급확대
주택금융은 자가주택의 건설에 필요한 자금을 지원하며, 또한 주택수요자에게 자가주택을 마련하는데 자금을 제공한다.

3. 정부의 경기조절 수단
주택금융은 주택경기부양 또는 대출 금리 조정, 대출 비율 조정, 대출 기간 조정 등을 통해 전반적인 부동산 경기조절의 기능을 수행한다.

4. 주거의 안정
주택금융은 시장기구의 조절에 기여함으로써 주택시장의 작동을 원활하게 하며, 주택자금 융자를 통해 국민의 주거안정에 기여하는 기능을 한다.

Ⅲ 부동산 금융의 원칙

1. 재원의 확보
주택에 소요되는 자금은 방대하기 때문에 주택금융의 재원을 정부재정에만 의존한다는 것은 불합리하다. 정부예산을 타부문에는 고려치 않고 주택부문에 집중적으로 배분할 수 없을 뿐만 아니라 부동산 산업의 특성상 많은 예산이 필요하기 때문이다.

2. 대출의 장기저리
주택융자는 그 대상이 개인이고 대출방식이 장기적이기 때문에 원리금의 상환은 개인의 가계에서 이루어지는 것이 특색이다. 따라서 대출금리는 장기저리가 바람직하다.

3. 대출채권의 유동화
주택자금대출은 상환재원이 가계이고 대출금이 거액이기 때문에 20~30년에 걸쳐 상환되는 장기대출이다. 이러한 대출은 금융기관이 보통 단기로 조달하는 자금을 장기고정화시키는 결과가 되어 자금의 조달면과 공급면의 차질을 초래하여 더 많은 주택융자를 제한하게 된다. 이러한 장기고정화되는 주택대출채권을 저당증서 또는 기타의 방법을 매개로 유동화시켜 자금화함으로써 주택자금의 원활한 공급이 촉진된다.

4. 신용보완제도의 확립
주택금융은 개인을 상대로 하는 장기대출이기 때문에 상환에 대한 보장이 불확실하여 금융기관이 주택융자에 참여하기를 꺼려한다. 이것이 주택부문으로 자금이 유입되지 않는 또 하나의 이유가 되고 있다. 채권보전에 대한 보장은 주택금융의 발전을 좌우하는 중요한 요인인 것이다.

Ⅳ 부동산 금융의 분류

1. 직접금융과 간접금융
자금의 수요자가 직접 주식을 발행하거나 채권을 발행하는 방식이고, 간접금융은 금융기관의 중개를 통해 대출 등으로 기업의 자금을 해결하는 방식이다.

2. 부채금융과 지분금융
차입자가 저당이나 신용을 담보로 자금을 빌리는 방식을 부채금융이라 하고, 투자자와 수익과 위험을 공유하면서 자금을 투자받는 방식을 지분금융이라 한다.

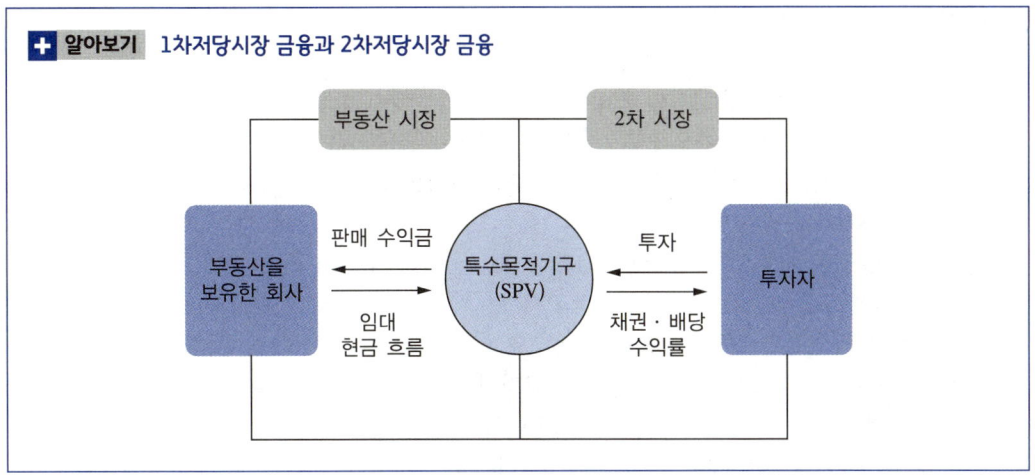

1) 1차저당시장
1차저당시장이란 저당대부의 수요자인 차입자와 저당대부의 공급자인 금융기관으로 이루어진 시장을 의미한다. 1차저당대출자들은 저당을 자신들의 포트폴리오의 일부로 보유하기도 하고, 자금의 여유가 없을 때에는 2차저당시장에 팔기도 한다.

2) 2차저당시장
저당대출기관과 다른 기관투자자들 사이에 저당을 사고파는 시장이다. 제2차저당시장에서 제1차대출기관들은 자신들이 설정한 저당을 팔아 저당대부에 필요한 자금을 조달한다.

3) 1차저당시장과 2차저당시장과의 관계
수요자에게 저당대부를 해준 1차대출기관들은 설정된 저당을 지역별, 가격별, 만기별로 유사한 것을 모아 저당패키지를 만들고, 이것을 2차대출기관에 판매한다. 2차저당대출기관들도 저당패키지를 투자 포트폴리오의 일환으로 가지고 있기도 하고, 수익을 목적으로 다른 투자기관들에게 팔기도 한다.

3. 주택금융

(1) 주택금융의 기능
주택금융이란 다음의 목적을 위하여 주택의 구입이나 건설, 보수를 위해 금융기관으로부터 자금을 차입하는 것이다.
① 주택시장의 활성화
② 자가주택의 공급확대
③ 주택자금 조성과 저축유도기능
④ 주거안정 도모
⑤ 거액의 자금충당에 따른 시간적 괴리현상 해소감 정평

(2) 주택시장에서의 정부의 정책금융

① 주택도시기금
　㉠ 주택도시기금은 국민주택 및 임대주택 건설을 위한 주택사업자와 주택을 구입 또는 임차하고자 하는 개인수요자에게 자금을 지원하는 공적기금이라고 할 수 있다.
　㉡ 주택도시기금은 대한주택보증을 주택도시보증공사(HUG)로 전환하여 해당 기관으로 하여금 자금을 전담토록 하고 있다.

② 주택도시보증공사(HUG−Housing & Urban Guarantee Corporation) : 주택도시보증공사의 업무는 다음과 같다.
　㉠ 주택에 대한 분양보증, 임대보증금보증, 조합주택 시공보증 등 보증업무
　㉡ 전세보증금반환보증, 모기지보증 등 정부정책 지원을 위한 보증업무
　㉢ 공유형 모기지 수탁 등 국가 및 지방자치단체가 위탁하는 업무
　㉣ 「주택도시기금법」에 따른 기금의 운용·관리에 관한 사무 등

> **➕ 알아보기** 주택도시기금법의 주요내용
>
> **제4조(계정의 구분)**
> 기금은 주택계정 및 도시계정으로 구분하여 운용·관리한다.
>
> **제7조(국민주택채권의 발행 등)**
> ① 정부는 국민주택사업에 필요한 자금을 조달하기 위하여 기금의 부담으로 국민주택채권을 발행할 수 있다.
> ② 제1항의 국민주택채권은 국토교통부장관의 요청에 따라 기획재정부장관이 발행한다.
>
> **제9조(기금의 용도)**
> ① 기금의 주택계정은 다음 각 호의 용도에 사용한다.
> 　1. 다음 각 목에 대한 출자 또는 융자
> 　　가. 국민주택의 건설
> 　　나. 국민주택규모 이하의 주택의 구입·임차 또는 개량
> 　　다. 준주택의 건설
> 　　라. 준주택의 구입·임차 또는 개량
> 　　마. 국민주택규모 이하인 주택의 리모델링
> 　　바. 국민주택을 건설하기 위한 대지조성사업
>
> **제10조(기금의 운용·관리 등)**
> ① 기금은 국토교통부장관이 운용·관리한다.
> ② 국토교통부장관은 기금의 운용·관리에 관한 사무의 전부 또는 일부를 공사에 위탁할 수 있다.
> ③ 공사는 제2항에 따라 위탁받은 사무의 일부를 국토교통부장관의 승인을 받아 금융기관 등에 재위탁할 수 있다. 다만, 국토교통부장관은 필요하다고 인정하는 경우 금융기관 등에 직접 위탁할 수 있다.
> ④ 공사는 대통령령으로 정하는 바에 따라 기금의 조성 및 운용 상황을 국토교통부장관에게 보고하여야 한다.

③ 주택금융신용보증기금(한국주택금융공사법 제55조)
　㉠ 주택금융신용보증기금은 각종 주택 신용보증을 통해 주택금융의 활성화를 위하여 주택금융공사(HF)에서 관리하는 기금을 의미한다.
　㉡ 주택금융신용보증기금은 주택금융공사에서 직접 관리하며, 개인이나 주택건설사업자가 금융기관과 차입계약을 할 때 보증인 역할을 담당한다.
　㉢ 주택금융신용보증기금은 신용보증채무의 이행, 차입금의 원리금 상환, 기금의 조성·운용 및 관리를 위한 경비, 기금의 육성을 위한 연구·개발 등에 활용된다.

> **알아보기** 한국주택금융공사법 제6장 주택금융신용보증기금
>
> **제57조(기금의 용도)**
> 기금은 다음 각 호의 어느 하나에 해당하는 용도에 사용한다.
>   1. 신용보증채무의 이행
>   2. 차입금의 원리금 상환
>   3. 기금의 조성·운용 및 관리를 위한 경비
>   4. 기금의 육성을 위한 연구·개발

제2절 부동산 금융의 기초 및 부동산 대출

I 부동산 금융의 기본용어

1. 금융의 기초와 저당위험

(1) 부동산금융의 기초개념 기출 20·21·22·23·24

① 화폐의 시간가치

계 수	내 용	수 식	계수간 관계
일시불의 현가계수 PVF	n년 후 1원의 현재 금액	$\dfrac{1}{(1+r)^n}=(1+r)^{-n}$	FVF의 역수
일시불의 내가계수 FVF	현재 1원의 n년 후 금액	$(1+r)^n$	PVF의 역수
연금의 현가계수 PVAF	매년마다 1원씩 n년동안 적립할 경우 합계액의 현재 금액	$\dfrac{1-(1+r)^{-n}}{r}$	PVF의 합계 MC의 역수
연금의 내가계수 FVAF	매년마다 1원씩 n년동안 적립할 경우 합계액	$\dfrac{(1+r)^n-1}{r}$	FVF의 합계 SFF의 역수
저당상수 MC	현재 1원을 n년동안 갚을 경우 매년 갚아야 할 원리금	$\dfrac{r}{1-(1+r)^{-n}}$	PVAF의 역수 MC=r+SFF
감채기금계수 SFF	n년 후 1원을 만들기 위해 매년 적립해야 할 금액	$\dfrac{r}{(1+r)^n-1}$	FVAF의 역수
상환비율 P	n년동안 빌린 전체 대출원금 중 t년이 지난 시점까지 갚은 원금	$\dfrac{(1+r)^t-1}{(1+r)^n-1}=\dfrac{MC_n-r}{MC_t-r}$	—
잔금비율	n년동안 빌린 전체 대출원금 중 t년이 지난 시점에서 남은 원금	$1-P$	—

역수 관계		
일시불의 내가계수	↔	일시불의 현가계수
연금의 현가계수	↔	저당상수
연금의 내가계수	↔	감채기금계수

② 이자율

㉠ 이자율의 기본개념

> 명목이자율＝실질이자율＋기대인플레이션율

대출기관이나 부동산투자자는 장래 인플레이션이 예상될 때 발생할 수 있는 구매력하락 위험에 대비하기 위해서 사전에 기대인플레이션을 투자수익률에 반영한다.

> **＋ 알아보기** 실질이자율과 명목이자율의 관계
>
> 1. 실질이자율과 명목(계약)이자율의 관계는 인플레이션율에 따라서 결정된다. 예를 들어, 10,000원을 연리 10%로 맡겼을 경우, 1년 후에는 11,000원을 수령하게 된다. 그런데 이 기간 중에 인플레이션율(물가상승률)이 6%였다면, 1년 후에 수령액이 지니는 구매력의 현재가치는
> $\frac{11,000}{(1+0.06)}=10,337원=10,000 \times (1+0.0377)$이 되어, 이 예금의 실질이자율은 3.77%에 불과할 것이다.
> 2. 만일, 4%의 실질이자율을 원한다면, 1년 후의 수령액을 x라 하면
> $\frac{x}{1.06}=10,000 \times (1.04)$
> $x=10,000 \times 1.06 \times 1.04=10,000 \times 1.1024=10,000 \times (1+0.1024)$
> ∴ 이자율＝10.24%이다.
> 즉, 인플레이션율이 6%일 때, 10%의 명목이자율로 약정했다면, 실질이자율은 4%가 아니라 3.77%만이 실현될 것이고, 만일 4%의 실질이자율을 원한다면, 명목이자율을 10%가 아니라 10.24%로 약정해야 할 것이다.
> 3. 그러나 일반적으로 인플레이션율은 그다지 높지 않으므로 실제는 이와 같이 복잡한 계산을 거치지 않고 실질이자율에 기대인플레이션율을 단순히 더해서 명목이자율을 계산하기도 한다. 즉, 이 경우 명목이자율은 "4%(실질이자율)＋6%(기대인플레이션율)＝10%"로 계산되는 것이다.

㉡ 이자 : 연간 명목금리가 같은 투자안이 있을 때, 이자계산 기간이 짧은 경우 유효이자율은 높아진다. 즉, 연간 이자율이 같은 1년 만기 대출의 경우 대출자는 기말에 이자를 한번 받는 것보다는 기간 중 4회로 나누어 받는 것이 더 유리하게 된다.

㉢ 초기이자율 : 초기이자율은 변동이자율이 고정이자율 저당보다 낮은 것이 일반적이다. 이유는 변동이자율 저당은 금리위험을 차입자에게 전가하기 때문이다.

㉣ 이자율 조정주기

ⓐ 대출자 입장에서는 고정이자율 저당보다 변동이자율 저당을 더 선호한다. 이유는 금리위험을 차입자에게 전가하기 때문이다.

ⓑ 변동이자율 저당에서 이자율의 조정주기가 짧을수록 이자율변동위험을 차입자에게 신속하게 전가시킬 수 있으므로 대출자들은 짧은 조정주기를 원하며, 차입자들은 긴 주기를 원한다.

③ 융자(대출)
　㉠ 융자비율(LTV ; Loan To Value 저당비율, 대출비율, 대부비율, 주택담보인정비율)
　　ⓐ 담보 부동산의 시장가치 대비 융자금(대출액)의 비율을 나타낸다.

$$융자비율(LTV) = \frac{대출금액}{부동산가치}$$

　　ⓑ 융자비율은 차입자의 소득능력과 관계없다.
　㉡ 총부채상환비율(DTI ; Debt To Income) : 총부채상환비율은 차입자의 소득과 밀접한 관계가 있으며, 대출액은 차입자의 연소득 또는 월소득을 기준으로 한다.

$$총부채상환비율(DTI) = \frac{당해\ 대출금의\ 연(월)원리금상환액 + 기타부채}{연(월)소득}$$

　㉢ 부채감당률(DCR) : 부채감당률이란 순영업소득이 부채서비스액의 몇 배가 되는가를 나타내는 비율이다. 이때 부채서비스액을 통하여 대출가능 금액을 산출할 수 있다.

- $부채감당률(DCR) = \dfrac{순영업소득}{부채서비스액}$
- 부채서비스액 = 대출액 × 저당상수

➕ 알아보기 　융자비율과 총부채상환비율

구 분	융자비율(LTV)	총부채상환비율(DTI)
대출원금산정 기준	주택담보가치	소 득
차입자의 소득 여부	불 문	직접 관련
상환기간의 관련성	없 음	있 음
기타 부채의 관련성	없 음	있 음

(2) 저당위험 　기출 21

① **채무불이행위험** : 채무불이행의 위험이란 차입자가 원금과 이자를 제때 상환하지 못하는 위험을 말한다. 따라서 채무불이행의 위험은 차입자가 보유하고 있는 위험이다.
② **이자율위험** : 장래 이자율 상승 또는 인플레이션이 예상되면 대출자는 변동금리를 선호하고, 차입자는 고정금리를 선호한다.
③ **조기상환위험(prepayment risk)** : 차입자가 대부기간 만기 전에 채무를 변제힘에 따라 대출자에게 발생할 수 있는 위험을 조기상환위험 또는 만기 전 변제위험이라 한다.
　㉠ 저당(계약, 약정)이자율 > 시장이자율일 경우 : 차입자 입장에서는 저당이자율보다 시장이자율이 낮을 때 조기상환이 유리하다. 대체로 이 경우에 만기 전 변제가 많이 발생한다.
　㉡ 저당(계약, 약정)이자율 < 시장이자율일 경우 : 대출자는 수익성이 악화된다.

2. 저당상환방법 기출 19·22

다양한 방법이 존재하지만, 금리조정방법에서는 고정금리저당상환방법, 변동금리저당상환방법, 가격수준조정저당상환방법 등으로 분류할 수 있다.

(1) 고정금리저당(FRM ; Fixed-Rate Mortgage) 기출 19·20·22·23·25
① 의 의
  ㉠ 개념 : 대출상환 전기간 동안에 동일한 금리가 적용되는 방식이다.
  ㉡ 이자율 산정방법 : 고정금리에 적용되는 명목이자율은 실질이자율, 위험의 대가, 기대인플레이션율 등으로 구성된다.

  > 명목이자율＝실질이자율＋위험률＋기대인플레이션율

  ㉢ 특 징
    ⓐ 고정금리저당은 상환기간 동안 만기까지 차입자가 부담하는 이자율은 변하지 않는다.
    ⓑ 고정금리저당은 변동금리저당에 비해 초기이자율이 더 높은 편이라고 할 수 있다.
    ⓒ 고정금리에서 대출조건의 차이로 인하여 원금균등상환방법(CAM), 원리금균등상환(CPM), 체증식 상환방법(GPM), 계단식 상환방법(SRM) 등이 존재한다.

② 원금균등상환방법(CAM ; Constant Amortization Mortgage, 체감식 상환방법)
  ㉠ 의의 : 원금균등상환방법은 매 기간 지불하는 원금상환액이 동일한 형태로서 융자원금을 융자기간으로 나눈 원금상환액과 그때그때의 잔고에 대한 이자를 합산하여 납부하는 방식이다.

  > • 원리금상환액(저당지불액)＝원금상환액＋이자지급액
  > • 원금상환액＝ 대출액 / 저당상환기간
  > • 이자지급액＝대출잔액×이자율

  ㉡ 특 징
    ⓐ 원금균등상환방식의 경우 매기에 원금이 상환되므로 대출잔금은 지속적으로 감소하고 이자지급액도 점차 감소하게 된다. 따라서 원리금상환액도 지속적으로 감소한다.
    ⓑ 원금균등상환방식은 다른 상환방식에 비해서 대출초기 상환부담이 매우 크다.
    ⓒ 원금균등분할상환방식은 원금의 상환이 초기부터 많이 이루어지므로 총 이자지급액이 작기 때문에 총 원리금누적액도 가장 낮다.

> **➕ 알아보기** 　원금균등상환의 상환조견표
>
> 대출금액이 1,000만원이라고 가정하고, 대출조건은 연금리 10%, 만기 10년이며 상환방식은 원금균등상환(연1회 기말납부)을 한다고 가정한다. 매년 원금상환·이자지급·원리금상환액은 다음과 같다.
>
> | 구 분 | 원금 | 이 자 | 원리금 |
> |---|---|---|---|
> | 1회차 | 100만원 | 1,000만원×10%＝100만원 | 200만원 |
> | 2회차 | 100만원 | 900만원×10%＝90만원 | 190만원 |
> | 3회차 | 100만원 | 800만원×10%＝80만원 | 180만원 |
> | … | … (균등함) | … (감소함) | … (감소함) |

③ 원리금균등상환방법(CPM ; Constant Payment Mortgage)

> **➕ 알아보기** 원리금균등상환방식
>
> 대출금액이 1,000만원이라고 가정하고, 대출조건은 연금리 10%, 만기 10년이며 상환방식은 원리금균등분할상환(연1회 기말납부)을 한다고 가정한다[단, 저당상수(10%, 10년)=0.1627이라고 가정한다].
>
> | 구 분 | 원금 | 이 자 | 원리금 |
> |---|---|---|---|
> | 1회차 | 62만 7,000원 | 1,000만원×10%=100만원 | 162만 7,000원 |
> | 2회차 | 68만 9,700원 | 937만 3,000원×10%=93만 7,300원* | 162만 7,000원 |
> | … | … (증가함) | … (감소함) | … (균등함) |
>
> *2회차의 잔금액은 원금액 1,000만원에서 1회차 원금납부액인 62만 7,000원을 차감하여 산정한다.

㉠ 의의 : 원리금균등상환방식은 대출기간 내내 동일한 금액을 납부하는 상환방식이다. 원리금상환액은 대출액에 저당상수를 곱하여 계산한다.

> 원리금상환액(저당지불액)=대출액×저당상수

㉡ 특 징
  ⓐ 원리금균등분할상환방식은 매기에 납부하는 원리금액이 동일하나, 이자지급액은 점차 감소한 만큼 원금지급액이 점차 늘어나는 상환방식이다.
  ⓑ 초기는 원리금상환액 중에 이자가 차지하는 부분은 많지만, 원금상환액은 낮다.
  ⓒ 원리금균등분할상환방식의 경우 매기에 원금이 상환되므로 대출잔금은 지속적으로 감소하고 이자지급액도 점차 감소하게 된다.

④ 체증식상환방법(GPM ; Graduated Payment Mortgage, 점증식상환방법)
  ㉠ 의의 : 원리금상환액이 초기에는 낮고, 시간이 갈수록 점점 증가되는 저당대출이다.
  ㉡ 특 징
    ⓐ 미래에 안정적인 소득이 보장되는 젊은 계층, 신혼부부에 적합한 방식이다.
    ⓑ 주택보유예정기간이 짧은 사람에게 유리하지만, 상대적으로 긴 사람에게는 불리하다.
    ⓒ 대출초기의 원리금상환액이 가장 작아 대출자 입장에서는 대출원금의 회수가 가장 느리게 되어 원금회수위험이 가장 큰 방식이다.
    ⓓ 초기에 상환불입액을 너무 할인해 주면 최초 대출액보다 남아 있는 미상환잔금이 더 큰 부(−)의 상환이 발생할 수 있다.

➕ 알아보기 원금균등상환방식과 원리금균등상환방식, 체증식상환방식의 비교

1. 원리금상환액 비교

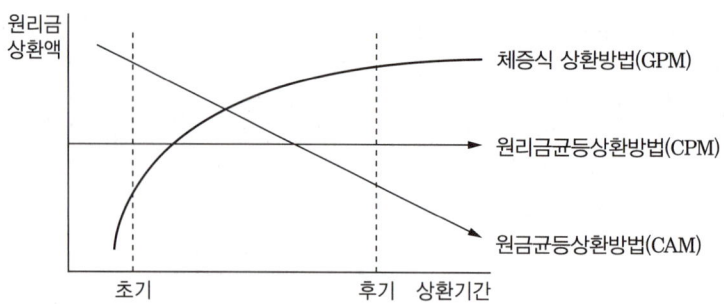

초기 저당지불액(원리금상환액) : 원금균등상환 > 원리금균등상환 > 체증식상환
원리금상환액이 가장 높은 것은 원금균등상환방법이고 가장 낮은 방식은 체증식상환방법이다.

2. 대출잔액 비교

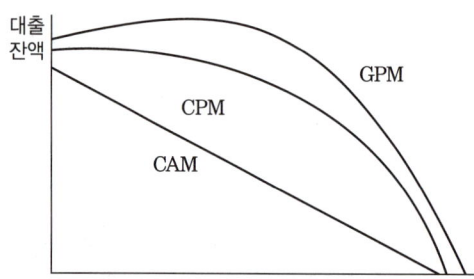

① 미상환잔금 : 체증식상환방법 > 원리금균등상환 > 원금균등상환
  미상환잔금액(대출잔고)은 원금균등상환방법이 가장 낮고, 체증식상환방법이 가장 높다. 이유는 초기에 원금상환액이 원금균등상환방법이 가장 많이 상환했기 때문이다.
② 원금회수 위험 : 체증식상환 > 원리금균등상환 > 원금균등상환
  원금회수 위험은 체증식상환방법이 가장 높은 반면에 원금균등상환방법이 가장 낮다. 이유는 체증식상환방법이 초기 대출잔금이 가장 높기 때문이다.
③ 원리금상환액(이자지급액)의 전체 누적액 : 체증식상환 > 원리금균등상환 > 원금균등상환
  전체 이자누적액은 체증식상환방법이 가장 높은 반면에 원금균등상환방법이 가장 낮다. 이자지급액은 미상환잔금에 이자율을 곱하여 계산하므로 체증식상환방법이 초기 대출잔금이 가장 높기 때문에 이자지급액도 높다.

3. 원금상환액과 이자지급액의 비교

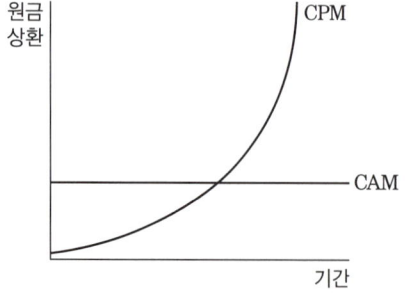 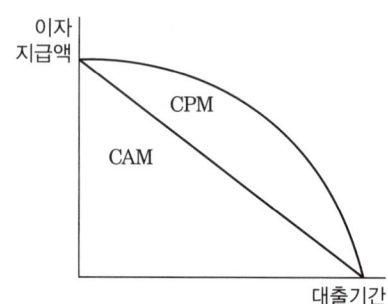

① 원금상환액
  ㉠ 원금균등상환액은 원금균등상환방법에서는 대출기간 내내 동일하게 지급한 반면에 원리금균등상환방법은 초기는 적지만 점점 증가하는 형태이다.
  ㉡ 초기는 원리금균등상환방법이 원금상환액이 낮지만, 후기에는 원리금균등상환방법이 원금균등상환보다 원금상환액은 더 높다.
② 이자지급액
  ㉠ 최초 대출시점에서는 이자지급액이 원금균등상환방법과 원리금균등상환방법과 동일하다.
  ㉡ 시간이 경과할수록 이자지급액은 원금균등상환방법과 원리금균등상환방법 둘 다 점점 감소한다.

4. 원금균등상환, 원리금균등상환, 체증식상환방식의 비교

구 분	원금균등상환	원리금균등상환	체증식상환
초기의 원리금상환액	가장 큼	중 간	가장 작음
차입자의 초기상환부담	가장 큼	중 간	가장 작음
대출자의 원금회수위험	가장 적음	중 간	가장 큼
대출기간 동안의 총이자액	가장 적음	중 간	가장 많음

(2) 변동이자율저당(variable payment mortgage)
  ① 개 념
    ㉠ 의의 : 변동금리는 사전에 약정한 방법으로 일정한 기간마다 대출금리를 조정하는 제도이다.
    ㉡ 산정기준 : 변동이자율저당의 이자율은 기준금리에 가산금리를 합하여 결정한다.

    변동금리＝기준금리＋가산금리

      ⓐ 기준금리(지표금리) : 양도성 예금증서(CD)와 자금조달비용(COFIX)의 유통수익률을 주로 사용하며, 기준금리는 물가변동률에 따라 연동한다.
      ⓑ 가산금리(spread) : 지표금리에 가산되는 금리로서 차입자의 신용위험에 정비례하게 차등 적용되거나 은행이 자체적으로 정한 조정계수를 사용한다.
    ㉢ 변동금리의 특징
      ⓐ 변동금리대출은 시장의 변화에 따라 발생할 수 있는 인플레이션 위험을 차입자에게 전가할 수 있으므로, 대출자(대출기관)를 인플레이션 위험으로부터 보호해 준다.
      ⓑ 금융기관은 이자율변동위험을 회피하기 위해 고정금리보다는 변동금리를 선호한다.
      ⓒ 이자율 조정 주기가 짧을수록 이자율위험은 대출자에서 차입자에게 더 많이 전가된다.
      ⓓ 변동금리는 대출위험을 차입자가 전가하므로 고정금리에 비해서 초기금리가 낮다.
  ② 가변이자율저당방법(VRM ; Variable-Rate Mortgage)
    ㉠ 의의 : 대출시점의 금리가 만기까지 적용되지 않고, 대출기간 중에 차입자와 대출자 간에 사전에 합의된 인플레감응지수에 따라 인플레이션 변동시 일정기간(대개는 3~6월)마다 이자율이 변동되는 저당대출이다.
    ㉡ 단점 : 인플레이션과 금리변동의 심화로 인해 대출기관이나 차입자 모두가 금리변동위험에 노출되는 것이다.
  ③ 조정이자율저당방법(ARM ; Adjustable-Rate Mortgage) : 조정이자율저당도 가변이자율저당과

상당히 유사점이 많지만, 이 방식은 인플레이션 변동 즉시 이자율을 변동시키는 방식으로서 재량권 자체가 대출자에게 많이 부여된다.
④ 재협상 이자율조정저당방법(RRM ; Renegotiable-Rate Mortgage) : 재협상 이자율조정저당은 이자율이 미리 정해진 지수에 의해 결정되는 것이 아니라, 이자율이 일정기간마다 차입자와 대출자의 재협상에 의해 결정된다.

(3) 가격수준조정저당(PLAM ; Price-Level Adjusted Mortgage)
① 의의 : 인플레이션 위험을 이자율로 조정하는 것이 아니라, 예상된 인플레이션율에 따라 저당가격수준(저당잔금액)을 정기적으로 조정하여 대처한다.
② 특징
  ㉠ 매년 적용되는 이자율은 명목이자율이 아니라 실질이자율을 적용한다.
  ㉡ 초·중기까지는 명목상의 잔금이 원금을 초과할 수도 있는 부(-)의 상환이 발생한다.

(4) 기타 상환방식
① 원금상환방식에 따른 유형
  ㉠ 완전상환저당(Fully Amortizing Mortgage) : 완전상환저당은 매 기간마다 원금과 이자를 지불함으로써 저당기간이 끝남과 동시에 저당대부액도 완전히 상환하는 대부방식이다.
  ㉡ 부분상환방식(Partially Amortizing Mortgage) : 부분원리금 상환방법은 차입자와 대출자 간에 변제 만기일이 되어도 완전히 상환되지 않음을 합의한 특별금융을 말한다.
  ㉢ 비상환저당(Non-Amortizing Mortgage, 만기일시불상환저당, 무원금이자지불저당) 대출기간 동안에는 매년 원금은 상환하지 않고 이자만 지불하다가 마지막에 원금을 한꺼번에 모두 갚는 방법이다.

② 기타 유형
  ㉠ 무이자저당(Zero-Interest Mortgage) : 대출시에 저당액수를 할인해서 적게 대출받는 조건으로 이자는 상환하지 않고, 원금만 상환하는 저당대출이다.
  ㉡ 참여저당(Participation Mortgage) : 대출자가 차입자의 이자부담을 덜어주기 위해 저당이자율을 낮게 적용하고, 그 대신에 차입자(또는 지분권자)가 독점하던 지분가치 상승분을 나누어 갖는 방식이다.
    ⓐ 분할지분저당(SEM ; Shared Equity Mortgage) : 대상부동산의 가능총소득이 일정액을 초과할 때 그 초과분의 일정비율을 추가이자로 취득하는 방식의 저당대부로 주로 수익성 부동산을 대상으로 한다.
    ⓑ 분할증분저당(SAM ; Shared Appreciation Mortgage) : 대상부동산을 매각하거나 저당대부를 상환할 때 대상부동산의 가치증분의 일부를 추가이자로 취득하는 저당대부이다. 주로 주거용 부동산을 대상으로 한다.
    ⓒ 매각 후 재임대차(Sale-Leaseback) : 매도자가 다시 임차한다는 조건으로 대상부동산을 대출기관(또는 매수자)에게 매도하는 것을 말한다. 매도자는 매각 후 재임대차를 통해 자신의 자본자산을 현금이나 채권으로 전환함으로써 대차대조표상의 재무구조를 강화할 수 있다.

제3절 부동산 금융 조달 방법

1. 부동산 신디케이트

(1) 의 의

부동산 개발에는 많은 자금이 소요된다. 부동산 개발사업을 널리 광고를 하고 관심이 있는 사람들에게 지분권(개발증권)을 판매하여 자금을 모으기도 하는데, 이런 식의 자금모집 형태를 신디케이션이라 하고, 이때의 부동산투자회사를 신디케이트라 한다. 그리고 신디케이션을 결성하여 자금모집에 주도적인 역할을 하는 자연인이나 법인을 신디케이터라고 한다.

(2) 내 용

① 투자자는 유한책임으로 투자한도 내에서 책임을 지며 출자비율에 따라 배당을 받는다. 한편 개발업자는 무한책임으로 관리·운영의 책임을 진다. 모집하는 투자자 수가 일정 규모 이상이면 공모에 해당하며 이 경우 사업계획서를 해당기관에 접수하여 허가를 받아야 한다.

② 미국에 있어 신디케이트의 대표적 유형은 파트너쉽으로서, 몇 개의 부동산을 묶은 사업에 투자할 투자자를 사모하는 방식으로 모집하거나, 부동산을 특정하지 않고 모집하는 불특정공모방식, 일반공모방식 등 다양한 방식이 있다.

③ 파트너쉽 협약 시 일반적인 고려사항은 사업개시일, 파트너의 수, 자본참여비율, 운영으로 인한 현금배분, 매각손실, 이익배분, 매각후 현금배분 등이다.

> **+ 알아보기 신디케이트론**
>
> 1. 의의 : 다수의 금융기관이 차관단을 구성하여 하나의 대출계약에 의해 공통의 조건으로 차주에게 일정한 금액을 융자하는 대출방식을 말한다.
> 2. 내용 : 신디케이트론은 금융규모가 거대하여 하나의 금융기관이 이를 공여할 능력이 없거나 또는 거액대출에 따른 위험을 분산시키기 위하여 이용된다. 1980년대 이후 국제 금융의 증권화 현상이 가속되면서 그 중요성이 감소하고 있으나 막대한 자본이 소요되는 프로젝트 파이낸싱에서는 널리 이용되고 있다.

2. 조인트벤처(joint venture)

(1) 의 의

조인트벤처란 특정 목적의 부동산 벤처사업을 공동으로 영위하기 위한 자연인이나 법인의 결합체로 구성된 공동벤처회사를 말한다. 신디케이션은 수많은 소액투자자로 구성되지만, 조인트벤처는 소수의 개인이나 기관투자자로 구성된다.

(2) 지분금융방식

조인트벤처는 주로 부동산개발업자와 대출기관 사이에 형성된다. 그런데 조인트벤처가 지분금융방식의 일종으로 간주되는 것은 이때의 대출기관은 저당투자자가 아닌 지분파트너의 일원으로 대상개발사업에 참여하기 때문이다. 개발업자는 대출기관이 가지지 못한 경험과 전문성을 가지고 있고, 대출기관은 개발업자가 가지지 못한 자본을 가지고 있다.

(3) 개발사업금융(프로젝트 파이낸싱)

자금을 융통하는 방식은 개발사업금융에 의한다. 이때 대출기관은 개발업자로부터 아무런 물적 담보를 제공받지 않는다. 대출기관은 개발사업의 장래 수익성을 평가해 필요한 자금을 제공하고 그 대가로 지분권의 일부를 획득할 뿐이다. 그리고 사업 종료시에는 지분비율에 따라 이익과 손실을 배분받는다.

(4) 자회사의 설립

조인트벤처사업을 위하여 자회사를 설립하기도 한다. 이때의 자회사는 실체상의 회사일 수도 있지만, 단순히 서류상의 회사일 수도 있다. 대출기관이 이같은 방식으로 자회사를 운영하는 것은 모회사가 직접 조인트벤처사업을 할 경우 발생할지도 모를 법적 책임과 대상부동산에 대한 좋지 못한 여론 문제 등을 회피할 수 있기 때문이다. 또한 당해 자회사는 해당 사업만을 대상으로 하기 때문에 해당사업에서 발생하는 세금문제 등을 모회사의 다른 사업과 결부시키지 않고 단순화시킬 수 있는 이점도 있다.

3. 부동산투자신탁(리츠)

① 부동산투자신탁이란 소액투자자들에게 지분권을 판매하여 수집한 자금을 부동산에 투자하고, 발생한 수익을 투자자에게 돌려주는 회사, 신탁, 또는 조합을 말한다.
② 리츠는 쇼핑센터나 아파트건물과 같은 실물자산으로서의 부동산뿐만 아니라, 저당대부와 저당담보부증권과 같은 금융자산으로서의 부동산에도 투자된다.
③ 투자자들은 리츠보유자산의 실적에 따라 매년 배당을 받는다. 리츠는 가능한 안정적인 소득을 배당하려고 노력한다.
④ 리츠는 자금을 주로 어디에 투자하느냐에 따라 지분형 리츠, 저당형 리츠, 그리고 혼합형 리츠로 나누어진다.

4. 부동산펀드(부동산집합투자기구)

(1) 부동산펀드 개요

① 간접투자방식은 투자자로부터 자금 등을 모아서 투자증권, 파생상품, 부동산 실물자산 등에 운용하여 그 결과를 투자자에게 귀속시키는 것이라 정의한다. 부동산펀드라는 이름의 부동산간접투자기구가 리츠와는 별도로 존재하는 것은 그 근거법이 서로 다르기 때문이다.
② 간접투자기구 운용대상에 따라 증권간접투자기구, 파생상품간접투자기구 등으로 구별되는데, 이 중 부동산에 주로 투자하는 간접투자기구를 '부동산집합투자기구'라고 부른다. 따라서 부동산 간접투자기구를 줄여서 부동산펀드라고 부르는 것이다.

(2) 부동산집합투자기구

1) 의 의

집합투자재산(펀드재산)의 100분의 50을 초과하여 부동산(부동산 이외의 투자대상 포함)에 투자하는 집합투자기구를 말한다.

2) 부동산펀드 운용 대상

① 부동산(민법에서 정하는 토지와 그 정착물)
② 부동산을 기초자산으로 하는 파생상품
③ 부동산개발과 관련된 법인에 대한 대출
④ 부동산의 개발, 부동산의 관리 및 개량, 부동산의 임대, 지상권, 지역권 등 부동산 관련 권리의 취득, 기업구조조정 촉진법에 따른 금전채권의 취득
⑤ 부동산과 관련된 증권의 투자

(3) 부동산펀드와 리츠

부동산펀드는 회사 형태로 설립하는 것도 가능하고 신탁형태로 설정하는 것도 가능하다. 또한 리츠를 통한 부동산간접투자보다는 부동산펀드를 통한 부동산간접투자가 훨씬 유리하다.

➕ 알아보기 리츠와 부동산펀드 비교

구 분	부동산투자회사	부동산펀드
관련법령	부동산투자회사법	자본시장과 금융투자업에 관한 법률
자금모집	주식발행	사모, 공모방식
담 보	주로 실물 부동산에 투자	주로 개발사업에 투자
공통점	• 투자자를 대신하여 자금을 부동산에 투자 → 수익을 투자자에게 배분 • 부동산투자회사와 부동산펀드에 투자한 투자자는 원금손실가능성이 있음	

5. 프로젝트 파이낸싱(Project Financing) 기출 19·20·23·24

(1) 프로젝트 파이낸싱의 의의

프로젝트 파이낸싱이란 특정한 프로젝트로부터 미래에 발생하는 현금흐름을 담보로 하여 당해 프로젝트를 수행하는데 필요한 자금을 조달하는 금융기법을 총칭하는 개념이다. 해외건설 및 대형 프로젝트에서 빈번히 등장하고 있으며, 자금조달의 기초를 프로젝트를 추진하려는 "사업주의 신용"이나 "물적 담보"의 가치에 두지 않고 "동 프로젝트 자체의 수익성"에 두는 일종의 금융기법으로 최근 건설업체의 자산개발 분야에도 본 방식이 도입되고 있다.

(2) 특 징

1) 비소구 또는 제한소구금융

프로젝트 파이낸싱은 사업주와 법적으로 독립된 프로젝트로부터 발생하는 미래현금흐름을 상환재원으로 자금을 조달하는 것이기 때문에 프로젝트가 도산하는 경우 프로젝트로부터 발생하는 현금흐름 및 자산의 범위 내에서 채권청구가 가능하며 채권자는 사업주에 대하여 청구할 수 없다. 그러나 현실적으로는 사업주가 일정부분의 위험에 대하여 보증을 제공하는 제한적 소구금융이 일반적이다.

2) 부외금융

사업주는 대주로부터 상환청구를 받지 않으므로 프로젝트 파이낸싱에 의한 부채는 사업주가 소유하는 모기업의 부채로 계상되지 않는 부외금융 효과가 발생한다.

3) 이해당사자 간의 위험 배분

프로젝트 파이낸싱은 사업주가 상환보증을 하지 않기 때문에 채권의 상환과 관련된 위험이 매우 높다. 사업주는 위험을 대주에게 가능한 한 많이 전가하려 하고, 대주는 사업주의 충분한 보증을 요구하게 되어 양자의 이해가 상반된다. 따라서 계약을 통해 프로젝트 위험을 적절히 분담하고 안전성을 확보한다.

(3) 부동산 PF 관련 ABS

1) PF-ABS

① 개념 : 부동산 개발업체의 개발사업 부지나 개발사업에서 발생하는 수익(분양대금 등)을 기초자산으로 하여 유동화하는 자산유동화증권이다.
② 금융기관이 부동산 개발업체에게 대출을 실행하고 이 대출채권을 유동화 전문회사(SPC)에게 매각하여 자산유동화증권을 발행한다.
③ PF-ABS는 시공사가 채무인수 또는 연대보증을 하기 때문에 신용도가 낮은 부동산 개발업체의 경우에도 별도의 신용보강 없이 개발사업에 필요한 자금을 조달할 수 있다.
④ 금융기관입장에서도 부동산 개발사업에 필요한 대출을 제공함으로써 높은 수익을 올릴 수 있으며, 투자자가 선호하기도 한다.

2) PF-ABCP(자산담보부 기업어음)

① PF-ABCP(Asset Backed Commercial Paper)란 유동화전문회사(SPC)가 매출채권, 대출채권 등 자산을 담보로 발행하는 기업어음이다.
② 기간이 상대적으로 장기인 경우에 ABS를 발행하고 단기의 경우 ABCP를 발행하여 이미 발생한 ABS를 상환할 수 있도록 하는 장치로 도입된 것이다.
③ PF-ABS와 PF-ABCP의 가장 큰 차이점은 PF-ABS는 자산유동화법에 근거하여 설립된 SPC를 통해 발행된 반면에, PF-ABCP는 주로 상법에 근거하여 설립된 회사 형태로 SPC를 설립한다는 점이다.

6. 부채금융의 방식

(1) 저당금융

차입자가 소유권을 보유한 채 대상부동산에 저당을 설정하고, 금융기관으로부터 직접 자금을 대출받는다.

(2) 신탁증서금융

차입자는 신탁회사와 대상부동산에 관한 신탁계약을 체결하고, 자신의 소유권을 일단 신탁회사에 넘긴다. 신탁회사는 신탁증서에 의해 저당기간 동안 소유권을 대신 보유하다가, 저당대부가 완전히 상환되면 매수자에게 소유권을 넘겨준다.

제4절 부동산의 증권화와 유동화 제도와 한국의 부동산 금융제도

I 부동산의 증권화와 유동화 제도

1. 부동산증권화의 의의

일반적으로 부동산증권화는 부동산 또는 관련채권이 중개기관을 거쳐 유가증권으로 전환되는 과정을 말한다. 이와 유사한 개념으로 자산유동화란 용어가 있는데 자산유동화란 보유하고 있는 자산을 기초로 채권이나 증권을 발행하여 자산의 유동성을 제고하는 방법을 말하며 결국 부동산증권화는 부동산이란 자산을 '증권화 방식'으로 유동화하는 것이라고 할 수 있다.

2. 부동산증권화의 구조

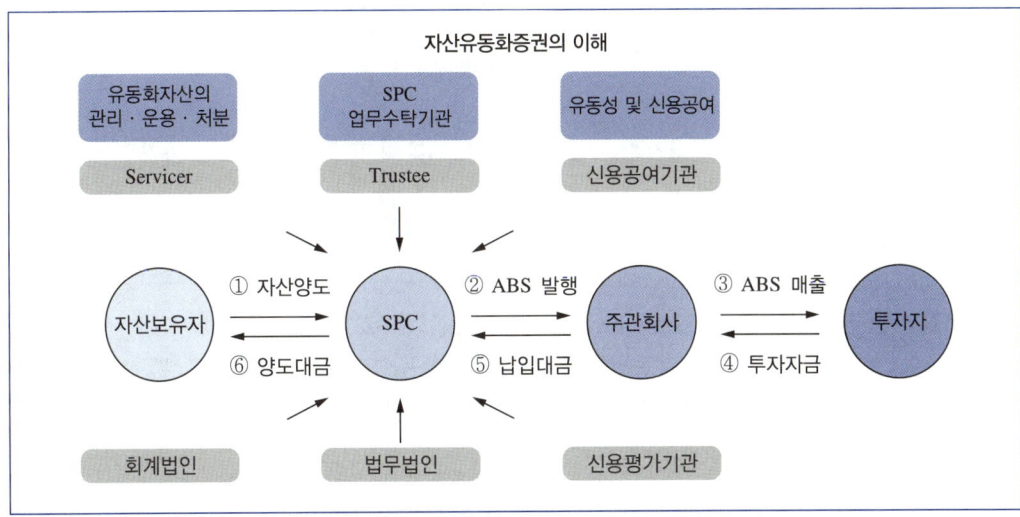

(1) ABS(자산유동화증권=자산담보부증권, Asset Backed Securities)의 구조

일반적으로 자산유동화는 유동화자산의 보유자가 유동화를 위한 별도의 특수목적회사인 SPC(Special Purpose Company)를 설립하고 동 법인에 유동화자산을 양도하며 SPC는 이 자산을 기초로 하여 증권을 발행하고 매각하여 자금을 조달한다. 이 과정에서 보유자산의 가치평가업무가 발생하며 이는 증권거래법상의 외부평가법인이 자산실사라는 형태로 수행한다. 유동화대상자산은 리스채권, 자동차 할부금융채권 등의 다양한 형태가 있으며 이중 부동산 관련자산은 구분하여 MBS라 불리기도 한다.

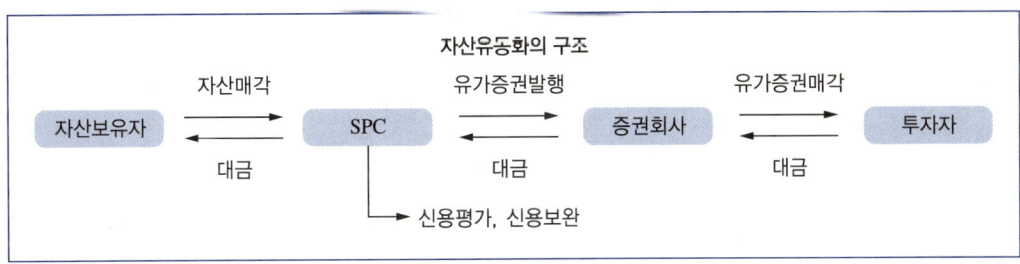

> **➕ 알아보기** 유동화 전문회사(SPC)
>
> 1. 의의 : Special Purpose Company는 담보증권발행 등을 목적으로 특별히 설립된 특수목적회사이다.
> 2. 역할 : 대출기관과 자본시장을 연계시켜 2차 저당시장을 활성화하는 역할을 담당한다. 즉, 대출기관의 저당대출담보부 증권을 보증하거나 대출기관으로부터 저당대출집합을 구입한 뒤 이를 기초로 저당대출담보부 증권을 발행하여 투자자에게 매각함으로써 신규자금을 조성한다.
> 3. 특징 : SPC는 자산보유자 또는 차입자가 SPC에 양도한 자산을 담보로 증권을 발행하기 때문에 자산보유자가 파산하더라도 원리금의 상환여부는 SPC가 보유한 자산의 신용상태에 따라 결정된다.

(2) MBS(주택저당담보증권, Mortgage Backed Securities)의 구조

MBS는 금융기관에서 개인에게 대출한 후 보유하게 되는 주택저당채권을 유동화중개기관에 매각하고 유동화중개기관에서는 이를 집합화(Pooling)하여 증권화된 상품으로 투자자에게 매각하는 구조를 가지고 있다.

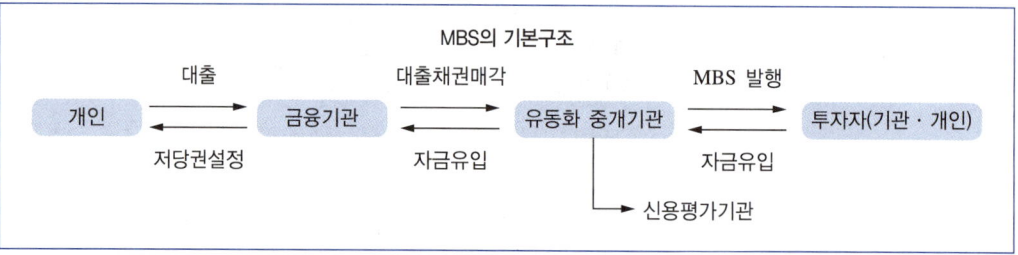

(3) REITs(부동산투자회사, Real Estate Investment Trusts)의 구조

부동산투자회사의 구조는 자산운용을 주주로부터 주식발행 등으로 자본을 조달하여 부동산 등에 투자하고 임료, 이자 등의 투자수익을 수취하고 그 이익을 다시 투자자에게 배당의 형태로 돌려주는 형태를 갖고 있다.

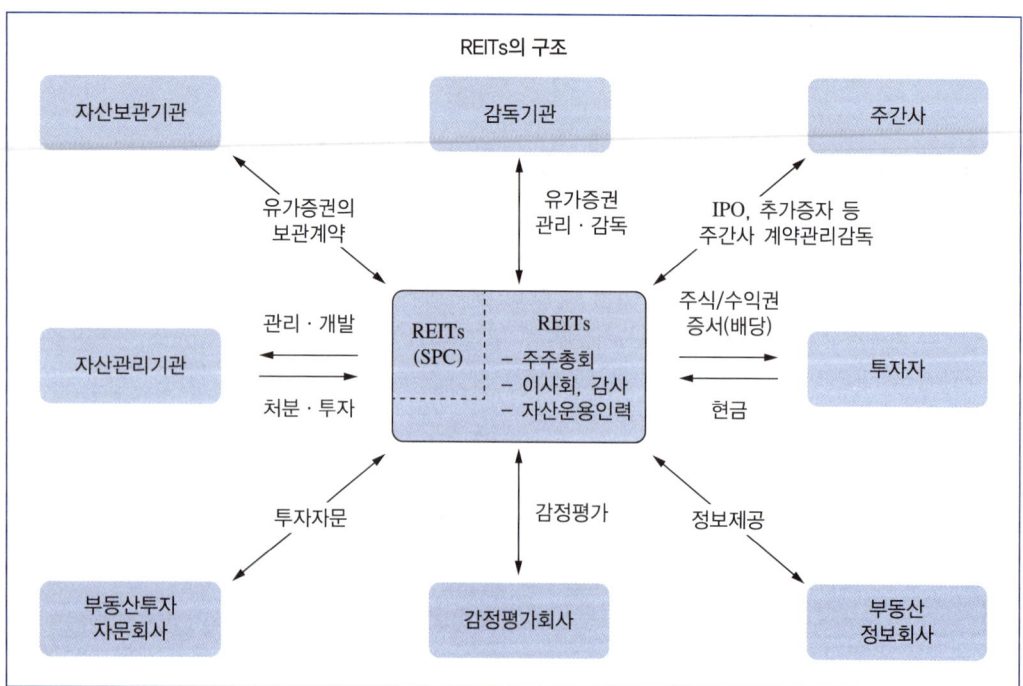

3. 자산유동화제도의 도입에 따른 효과

(1) 장점

1) 자금조달 코스트의 절감
자금을 조달하고자 하는 자산보유자의 입장에서는 자산유동화를 통해 유동화증권의 신용등급을 자산보유자 자신의 신용등급보다 높일 수 있으므로 그만큼 자금조달비용을 낮출 수 있다. 또한 자산유동화를 통해 보유자산의 포트폴리오를 다양화하거나 그 위험을 채무자의 계층별, 지역별로 분산시킬 수 있다.

2) 재무구조의 개선
자산보유자는 B/S상 부채로 기록할 필요 없으며, 자산 매각분을 B/S의 자산에서 공제할 수 있으며, 자산보유자는 조달한 자금으로 신규사업에 투자 운용할 수 있고, 자산관리자의 역할을 대행함으로써 수수료 수입도 올릴 수 있다.

3) 계약절차의 간소화와 신용도 향상으로 투자기회 증가
자산보유자가 직접 은행차입을 하는 경우보다 간결, 시간 단축 가능하고, 투자자는 신용도가 높고 상대적으로 수익률도 좋은 다양한 상품에 투자할 수 있는 기회를 제공한다.

4) 부동산시장의 선진화 기대
기업 및 금융기관의 구조조정 기능이 원활화 되고, 부동산시장이 자본시장과 유기적으로 통합됨으로서 부동산시장의 선진화가 기대된다.

(2) 단점

1) 유동화구조의 복잡성
유동화 대상 자산은 동질적이고 건실해야 하나 미달시 신용보강을 위한 추가비용 부담이 불가피, 유동화의 규모가 크지 않으면 상대적으로 금융비용이 과다하게 소요된다.

2) 법적 리스크 부담
자산보유자의 무담보 채권자들은 양질의 자산이 유동화목적으로 유동화전문회사에게 양도되는 결과 자산보유자의 일반재산이 줄어듦으로 자산유동화의 비효율성과 분배의 불평등을 문제 삼을 수 있다.

Ⅱ REITs(Real Estate Investment Trusts, 부동산 투자회사) 제도 기출 21·22·24

1. 의의
리츠제도란 주식 또는 수익증권을 발행하여 다수의 투자자로부터 자금을 모아서 부동산 소유지분이나 주택저당 담보부증권(MBS)에 투자하거나 부동산관련 대출 등으로 운영하여 얻은 수익을 투자자에게 분배해주는 제도이다. 리츠는 부동산에 투자하는 '뮤추얼 펀드'를 의미하여, 이는 투자자가 자금을 위탁한다는 점에서 부동산을 직접 위탁하는 부동산신탁과 차이가 있다.

2. 도입의 필요성

(1) 소액투자자에게 투자기회제공
부동산 투자의 만연으로 빈익빈부익부 현상이 심화, 소액 자본에 의한 부동산 투자의 활성화가 필요하다.

(2) 경제 구조조정의 수단확보
규모가 큰 기업 부동산의 매매의 어려움, 매매 후에도 소유지분의 일부 보유가 가능, 투자자들은 주식매각으로 인한 현금상환이 가능하다.

(3) 부동산시장의 선진화
부동산 개발을 통해 규칙적 현금흐름을 창출하는 부동산으로 변환시켜 그 내재가치인 수익력과 수급에 의해 결정되는 시장가격과의 괴리를 축소하고 부동산 정보의 투명성을 제고한다.

(4) 부동산시장에의 외자유치 확대
부동산 유동화, 투자에 따른 위험성의 감소, 수익성에 근거한 선진가치 평가방식을 도입함으로써 부동산 시장의 불투명성을 상당부분 해소하여 외국투자자에게 투자기회확대를 제공한다.

(5) 기 타
부동산 개발을 위한 새로운 자금조달 수단 제공, 부동산 개발의 전문성 제고, 부동산 공급확대, 부동산 증권화의 촉진, 투자자에게 새로운 투자기회를 제공한다.

3. 구 조
리츠는 부동산을 증권화한 상품으로 부동산 투자회사를 중심으로 부동산시장과 자본시장의 이해당사자들이 상호 연결된 구조를 가진다. 부동산시장에서 가격이 형성되고 거래되는 부동산이 자본시장의 투자자와 리츠를 매개로 연계된다.

> **＋ 알아보기** IPO(Initial Public Offerings, 기업공개)
>
> 1. 개념 : 소수의 대주주가 소유한 주식을 다수의 일반대중에 분산시켜 당해 기업의 주식이 증권시장을 통하여 자유롭게 거래되도록 함으로써 자금조달을 원활히 하고, 자본과 경영을 분리하여 경영합리화를 도모하는 것이다.
> 2. 필요성
>   ① 분배구조를 개선함으로써 대중자본주의를 창달할 수 있고
>   ② 기업의 자금조달 능력을 증대시키며
>   ③ 경영합리화의 바탕을 마련하고
>   ④ 투자자들에게 재산운용의 수단을 제공한다는 측면에서 그 필요성을 찾을 수 있다.
> 3. 리츠제도 하에서의 중요성
>   1) REITs 운영의 투명성 확보 및 투자자 보호 조치
>   ① IPO시 REITs가 보유하고 있고, 향후 매입 가능한 부동산 자산에 대한 정보를 공시
>   ② REITs는 투자자 모집 이전에 매입할 부동산 보유자와 사전 옵션 계약을 통해 자산 확보 가능성을 높이는 조치 등을 취하는 자구책을 마련해야 한다.
>   2) 공시정보의 공신력 부여 방안 마련
>   ① 공시정보에 대한 공신력 부여를 위해 REITs와 특수관계가 없는 공신력 있는 신용평가회사의 평가를 사전에 받도록 할 수 있는 제도를 마련해야 한다.
>   ② REITs의 IPO를 담당하는 주간사, 회계법인 등이 정보 공신력에 대해 일정 부분 책임을 보유하고, 이러한 책임은 보험 등과 같은 신용보완기능을 통해 위험을 분산한다.

4. 종류

(1) 투자대상에 따른 분류
① 지분형 리츠 : 투자자산의 일정비율 이상이 부동산 소유지분으로 구성
② 모기지형 리츠 : 투자자산의 일정비율 이상이 부동산 관련 대출에 운영되고 있거나 주택 부동산 저당에 투자
③ 혼합형 리츠 : 지분형과 모기지형의 혼합

(2) 환매가부에 따른 분류
① 개방형 리츠 : 투자자의 환매요구에 언제든지 응하는 형태
② 폐쇄형 리츠 : 투자자가 직접 리츠회사에 대하여 환매요청 할 수 없고 그 대신 증권시장에서 주식을 매각하여 투자한 자금을 회수한다. 우리나라의 경우 주식추가발행은 가능하나 환매불가하다.

5. 리츠제도의 장점
① 정책면에서의 장점
  ㉠ 대규모 부동산의 지분소유 기회 제공
  ㉡ 유동성의 증가(현금전환 용이)
  ㉢ 부동산전문가의 활용
② 투자자 입장에서의 장점
  ㉠ 세제혜택
  ㉡ 높은 수익률
  ㉢ 투자의 안전성
  ㉣ 분산투자를 통한 위험감소
  ㉤ 효율적 감사

6. 리츠의 내용

(1) 리츠의 종류
① 자기관리부동산투자회사 : 자산운용전문인력을 포함한 임·직원을 상근으로 두고 자산의 투자·운용을 직접 수행하는 회사
② 위탁관리부동산투자회사 : 자산의 투자·운용을 자산관리회사에 위탁하는 회사
③ 기업구조조정부동산투자회사(CR REITs) : 부채 등 채무를 상환하기 위하여 또는 회생절차에 따라 매각하는 부동산, 그 밖에 기업의 구조조정을 지원하기 위한 부동산을 투자대상으로 하며 자산의 투자·운용을 자산관리회사에 위탁하는 회사

(2) 주식의 발행 및 한도
부동산투자회사는 최저자본금준비기간이 끝날 때까지 발행되는 주식총수의 30% 이상을 일반의 청약에 제공하여야 하며, 1인당 주식소유한도는 발행주식총수의 50%를 넘지 못한다. 만일 주주 1인의 주식소유한도가 50%를 넘는다 해도 당해주식의 의결권행사의 범위는 1인당 주식소유한도로 제한된다.

(3) 자산의 구성

부동산투자회사는 최저자본금준비기간이 끝난 후에는 매 분기말 현재 총자산의 80% 이상을 부동산, 부동산관련 유가증권 및 현금으로 구성하여야 한다. 이 경우 총자산의 70% 이상은 부동산이어야 한다. 리츠의 경우 부동산 등에 투자, 운용하는 것 이외의 업무영위가 금지되고, 자산운영에 있어 핵심적 기능을 제외하고는 외부위탁이 가능하다.

(4) 현물출자

부동산투자회사는 영업인가 전에는 현물출자를 받는 방식으로 신주를 발행할 수 없으며, 영업인가 후에도 현물출자를 하는 재산은 부동산이어야 한다. 이때 현물출자로 발행하는 주식의 액면총액은 자본금의 50%를 초과할 수 없고, 둘 이상의 감정평가법인 평가를 받아야 한다.

REITs 종류	자기관리 REITs	위탁관리 REITs	기업구조조정 REITs
회사형태	실체회사(상근 임·직원)	명목회사(비상근)	명목회사(비상근)
설립절차	인 가	등 록	등 록
주식분산	1인당 50% 이내	1인당 50% 이내	의무사항 아님
주식공모 (인가 2년)	자본금 30% 이상 (예외로 사모 인정)	자본금 30% 이상 (예외로 사모 인정)	의무사항 아님 *사모(私募)가능
자산구성	부동산 : 70% 이상 유가증권 : 10% 이상	부동산 : 70% 이상 유가증권 : 10% 이상	부동산 : 70% 이상 *유가증권 보유의무 없음
전문인력	5인	명목회사로 해당사항 없음	명목회사로 해당사항 없음
배 당	90% 이상 의무배당 (2021년 50% 이상 배당)	90% 이상 의무배당 *초과배당 가능	90% 이상 의무배당 *초과배당 가능
현물출자	인가(등록) 후 최저자본금 충족 후에 현물출자 가능함		
설립자본금 (최저자본금)	5억원 (영업인가 후 6월이 경과 70억원)	3억원 (영업인가 후 6월이 경과 50억원)	
자금차입	자기자본의 10배 내		

> **알아보기** 부동산투자회사법 주요 내용

제2조(정의)
이 법에서 사용하는 용어의 뜻은 다음과 같다.
1. "부동산투자회사"란 자산을 부동산에 투자하여 운용하는 것을 주된 목적으로 제3조부터 제8조까지, 제11조의2, 제45조 및 제49조의2 제1항에 적합하게 설립된 회사로서 다음 각 목의 회사를 말한다.
   가. 자기관리 부동산투자회사 : 자산운용 전문인력을 포함한 임직원을 상근으로 두고 자산의 투자·운용을 직접 수행하는 회사
   나. 위탁관리 부동산투자회사 : 자산의 투자·운용을 자산관리회사에 위탁하는 회사
   다. 기업구조조정 부동산투자회사 : 제49조의2 제1항 각 호의 부동산을 투자 대상으로 하며 자산의 투자·운용을 자산관리회사에 위탁하는 회사
4. "부동산개발사업"이란 다음 각 목의 어느 하나에 해당하는 사업을 말한다.
   가. 토지를 택지·공장용지 등으로 개발하는 사업
   나. 공유수면을 매립하여 토지를 조성하는 사업
   다. 건축물이나 그 밖의 인공구조물을 신축하거나 재축(再築)하는 사업
   라. 그 밖에 가목부터 다목까지의 사업과 유사한 사업으로 대통령령으로 정하는 사업
5. "자산관리회사"란 위탁관리 부동산투자회사 또는 기업구조조정 부동산투자회사의 위탁을 받아 자산의 투자·운용업무를 수행하는 것을 목적으로 제22조의3에 따라 설립된 회사를 말한다.

제3조(법인격)
① 부동산투자회사는 주식회사로 한다.
② 부동산투자회사는 이 법에서 특별히 정한 경우를 제외하고는 「상법」의 적용을 받는다.
③ 부동산투자회사는 그 상호에 부동산투자회사라는 명칭을 사용하여야 한다.
④ 이 법에 따른 부동산투자회사가 아닌 자는 부동산투자회사 또는 이와 유사한 명칭(대통령령으로 정하는 외국어 문자를 포함한다)을 사용하여서는 아니 된다.

제5조(부동산투자회사의 설립)
① 부동산투자회사는 발기설립의 방법으로 하여야 한다.
② 부동산투자회사는 「상법」 제290조 제2호에도 불구하고 현물출자에 의한 설립을 할 수 없다.

제5조의2(자기관리 부동산투자회사의 위탁관리 부동산투자회사로의 전환에 관한 특례)
자기관리 부동산투자회사는 「상법」 제434조에 따른 주주총회의 결의와 제9조에 따른 국토교통부장관의 영업인가를 받아 위탁관리 부동산투자회사로 전환할 수 있다.

제6조(설립 자본금)
① 자기관리 부동산투자회사의 설립 자본금은 5억원 이상으로 한다.
② 위탁관리 부동산투자회사 및 기업구조조정 부동산투자회사의 설립 자본금은 3억원 이상으로 한다.

제9조(영업인가)
① 부동산투자회사가 부동산투자회사의 종류별로 대통령령으로 정하는 바에 따라 국토교통부장관의 인가를 받아야 한다. 다만, 부동산 취득을 위한 조사 등 대통령령으로 정하는 업무의 경우에는 그러하지 아니하다.

제9조의2(등록)
① 제9조에도 불구하고 다음 각 호의 요건을 갖춘 위탁관리 부동산투자회사 및 기업구조조정 부동산투자회사가 같은 조 제2항 각 호의 업무를 하려면 대통령령으로 정하는 바에 따라 국토교통부장관에게 등록하여야 한다.

제10조(최저자본금)

영업인가를 받거나 등록을 한 날부터 6개월(부동산투자회사 및 이해관계자 등이 다른 법령에서 정한 방법 및 절차 등을 이행하기 위하여 소요되는 기간으로서 국토교통부장관이 인정하는 기간은 제외한다. 이하 "최저자본금준비기간"이라 한다)이 지난 부동산투자회사의 자본금은 다음 각 호에서 정한 금액 이상이 되어야 한다.
  1. 자기관리 부동산투자회사 : 70억원
  2. 위탁관리 부동산투자회사 및 기업구조조정 부동산투자회사 : 50억원

제15조(주식의 분산)

① 주주 1인과 그 특별관계자는 제14조의8 제2항에 따른 주식의 공모를 완료한 이후에는 부동산투자회사가 발행한 주식 총수의 100분의 50(이하 "1인당 주식소유한도"라 한다)을 초과하여 주식을 소유하지 못한다.
② 주주 1인과 그 특별관계자(이하 "동일인"이라 한다)가 제1항을 위반하여 부동산투자회사의 주식을 소유하게 된 경우 그 주식의 의결권 행사 범위는 1인당 주식소유한도로 제한된다.
③ 국토교통부장관은 제1항을 위반하여 동일인이 1인당 주식소유한도를 초과하여 주식을 소유하는 경우에는 6개월 이내의 기간을 정하여 1인당 주식소유한도를 초과하는 주식을 처분할 것을 명할 수 있다.
④ 제3항에도 불구하고 국토교통부장관은 동일인이 현물출자로 인하여 1인당 주식소유한도를 초과하여 주식을 소유하는 경우에는 현물출자에 따른 주식의 발행일부터 1년 이상 1년 6개월 이하의 기간을 정하여 1인당 주식소유한도를 초과하는 주식을 처분할 것을 명할 수 있다.

제16조(1인당 주식소유한도의 예외)

① 국민연금공단과 그 밖에 대통령령으로 정하는 주주에 대하여는 제15조 제1항을 적용하지 아니한다.
③ 부동산투자회사의 총자산의 100분의 70 이상을 임대주택(「민간임대주택에 관한 특별법」에 따른 민간임대주택 및 「공공주택 특별법」에 따른 공공임대주택을 말한다)으로 구성하는 경우에는 제15조를 적용하지 아니한다.

제19조(현물출자)

① 부동산투자회사는 영업인가를 받거나 등록을 하고 제10조에 따른 최저자본금 이상을 갖추기 전에는 현물출자를 받는 방식으로 신주를 발행할 수 없다.
② 부동산투자회사의 영업인가 또는 등록 후에 「상법」 제416조 제4호에 따라 부동산투자회사에 현물출자를 하는 재산은 다음 각 호의 어느 하나에 해당하여야 한다.
  1. 부동산
  2. 지상권·임차권 등 부동산 사용에 관한 권리
  3. 신탁이 종료된 때에 신탁재산 전부가 수익자에게 귀속하는 부동산 신탁의 수익권
  4. 부동산소유권의 이전등기청구권
  5. 「공익사업을 위한 토지 등의 취득 및 보상에 관한 법률」 제63조 제1항 단서에 따라 공익사업의 시행으로 조성한 토지로 보상을 받기로 결정된 권리(이하 "대토보상권"이라 한다)
④ 제2항에 따라 현물출자하는 재산의 가액은 다음 각 호에 따른다.
  1. 제2항 제1호부터 제4호까지에 따른 재산 : 감정평가법인등 둘 이상이 평가한 금액
  2. 제2항 제5호에 따른 재산 : 「공익사업을 위한 토지 등의 취득 및 보상에 관한 법률」 제68조에 따라 산정하여 토지소유자가 사업시행자로부터 토지로 보상받기로 한 금액
⑤ 제4항에 따른 재산의 평가 방법에 관하여 필요한 사항은 대통령령으로 정한다.

제20조(주식의 상장 등)

① 부동산투자회사는 「자본시장과 금융투자업에 관한 법률」 제390조 제1항에 따른 상장규정의 상장 요건을 갖추게 된 때에는 지체 없이 같은 법 제8조의2 제4항 제1호에 따른 증권시장에 주식을 상장하여 그 주식이 증권시장에서 거래되도록 하여야 한다.

제22조(자기관리 부동산투자회사의 자산운용 전문인력)

① 자기관리 부동산투자회사는 그 자산을 투자·운용할 때에는 전문성을 높이고 주주를 보호하기 위하여 대통령령으로 정하는 바에 따라 다음 각 호에 따른 자산운용 전문인력을 상근으로 두어야 한다.
  1. 감정평가사 또는 공인중개사로서 해당 분야에 5년 이상 종사한 사람
  2. 부동산 관련 분야의 석사학위 이상의 소지자로서 부동산의 투자·운용과 관련된 업무에 3년 이상 종사한 사람
  3. 그 밖에 제1호 또는 제2호에 준하는 경력이 있는 사람으로서 대통령령으로 정하는 사람

제22조의3(자산관리회사의 인가 등)
① 자산관리회사를 설립하려는 자는 다음 각 호의 요건을 갖추어 국토교통부장관의 인가를 받아야 한다.
  1. 자기자본(자산총액에서 부채총액을 뺀 가액을 말한다. 이하 같다)이 70억원 이상일 것
  2. 제22조에 따른 자산운용 전문인력을 대통령령으로 정하는 수 이상 상근으로 둘 것
  3. 자산관리회사와 투자자 간, 특정 투자자와 다른 투자자 간의 이해상충을 방지하기 위한 체계와 대통령령으로 정하는 전산설비, 그 밖의 물적설비를 갖출 것
③ 자산관리회사는 위탁관리 부동산투자회사 및 기업구조조정 부동산투자회사로부터 위탁받은 업무 외의 다른 업무를 겸영(兼營)하여서는 아니 된다.

제22조의4(자산관리회사의 주식 취득 제한)
① 위탁관리 부동산투자회사 또는 기업구조조정 부동산투자회사로부터 자산의 투자·운용을 위탁받은 자산관리회사는 해당 부동산투자회사가 영업인가 또는 등록 후 제10조에 따른 최저자본금을 갖춘 이후에는 해당 부동산투자회사가 발행한 주식 총수의 100분의 30 이내에서 대통령령으로 정하는 비율을 초과하여 주식을 취득하거나, 해당 부동산투자회사의 최대주주가 되어서는 아니 된다.

제23조(부동산투자자문회사의 등록)
① 부동산투자회사의 위탁으로 그 자산의 투자·운용에 관한 자문 및 평가 등의 업무를 하려는 자는 국토교통부장관에게 등록하여야 한다.
② 제1항에 따라 등록을 하려는 자는 다음 각 호의 요건을 갖추어야 한다.
  1. 자본금이 5억원 이상으로서 대통령령으로 정하는 금액 이상일 것
  2. 제22조에 따른 자산운용 전문인력을 대통령령으로 정하는 수 이상 상근으로 둘 것

제24조(부동산의 처분에 대한 제한 등)
① 부동산투자회사는 부동산을 취득한 후 5년의 범위에서 대통령령으로 정하는 기간 이내에는 부동산을 처분하여서는 아니 된다. 다만, 다음 각 호의 어느 하나의 경우에는 그러하지 아니하다.
  1. 부동산개발사업으로 조성하거나 설치한 토지·건축물 등을 분양하는 경우
  2. 그 밖에 투자자 보호를 위하여 대통령령으로 정하는 사유가 있는 경우
② 부동산투자회사는 건축물이나 그 밖의 공작물이 없는 토지(제2조 제4호 나목에 따라 조성된 토지는 제외한다. 이하 이 항에서 같다)는 해당 토지에 부동산개발사업을 시행한 후가 아니면 그 토지를 처분하여서는 아니 된다. 다만, 부동산투자회사의 합병, 해산 등 투자자 보호를 위하여 대통령령으로 정하는 경우에는 그러하지 아니하다.

제25조(자산의 구성)
① 부동산투자회사는 최저자본금준비기간이 끝난 후에는 매 분기 말 현재 총자산의 100분의 80 이상을 부동산, 부동산 관련 증권 및 현금으로 구성하여야 한다. 이 경우 총자산의 100분의 70 이상은 부동산(건축 중인 건축물을 포함한다)이어야 한다.

제26조의3(보상을 목적으로 제공한 토지에 대한 개발사업 투자의 특례)
① 제9조의2 제1항에도 불구하고 다음 각 호의 요건을 모두 갖춘 부동산투자회사는 제9조에 따른 영업인가를 받기 전에 대토보상권의 현물출자 및 이와 관련된 업무를 하기 위하여 국토교통부장관에게 특례등록을 할 수 있다.
  1. 제3조부터 제8조까지, 제11조의2 및 제45조에 적합하게 설립되었을 것
  2. 대토보상권에 따라 보상받기로 한 토지를 개발하는 목적으로 설립될 것
  3. 제10조에 따른 최저자본금의 100분의 80 이상을 현물출자받은 대토보상권으로 구성하는 사업계획을 갖출 것
  4. 개발사업이 가능한 토지를 공급받을 수 있는 권리를「공익사업을 위한 토지 등의 취득 및 보상에 관한 법률」제2조 제3호의 사업시행자(이하 "토지공급사업시행자"라 한다)로부터 확보할 것
④ 제1항에 따라 특례등록을 한 부동산투자회사의 주주는 다음 각 호의 요건 중 어느 하나를 갖춘 경우에 한정하여 해당 부동산투자회사의 주식을 처분(매매, 증여, 담보설정, 유상감자, 신탁, 그 밖에 권리의 변동을 발생시키는 모든 행위를 포함하되, 상속은 제외한다. 이하 이 조에서 같다)할 수 있다.
  1. 토지공급사업시행자와 토지보상계약을 체결한 날부터 3년이 경과할 것
  2. 부동산투자회사가 제3항에 따른 영업인가를 받을 것
  3. 주주가 부동산투자회사에 현물출자한 날부터 1년이 경과할 것

⑤ 제4항에도 불구하고 제1항에 따라 특례등록을 한 부동산투자회사의 주주가 다음 각 호의 어느 하나에 해당하는 경우에는 해당 부동산투자회사의 주식을 처분할 수 있다.
  1. 국세 및 지방세의 체납처분 또는 강제집행을 받는 경우
  2. 세대원 전원이 해외로 이주하거나 2년 이상 해외에 체류하려는 경우
⑥ 제3항에도 불구하고 제1항에 따라 특례등록을 한 부동산투자회사는 현물출자를 받아 주식을 발행한 이후에는 다음 각 호의 어느 하나에 해당하는 경우 자기자본의 100분의 30을 초과하지 아니하는 범위에서 차입 및 사채발행을 할 수 있다.
  1. 제5항에 따라 주주가 처분한 주식을 취득하는 경우
  2. 제9조 제1항 단서에 따른 부동산취득을 위한 조사 등 대통령령으로 정하는 업무를 수행하는 경우
⑦ 제1항에 따라 특례등록을 한 부동산투자회사는 제3항에 따라 제9조에 따른 영업인가를 받기 전에는 주주가 아닌 자에게 배정하는 방식으로 신주를 발행할 수 없다.

제26조의4(프로젝트 부동산투자회사에 대한 특례)

① 제9조 제1항 및 제9조의2 제1항에도 불구하고 다음 각 호의 요건을 모두 갖춘 부동산투자회사(이하 "프로젝트 부동산투자회사"라 한다)는 부동산개발사업의 시행 및 이와 관련된 업무를 하려면 대통령령으로 정하는 바에 따라 국토교통부장관에게 설립신고를 하여야 한다. 이 경우 국토교통부장관은 다음 각 호의 요건을 충족하지 못한다고 판단하는 경우에는 신고를 수리하지 아니한다.
  1. 제3조부터 제8조까지, 제11조의2(위탁관리 부동산투자회사로 설립하는 경우에 한정한다) 및 제45조에 적합하게 설립되었을 것
  2. 자본금이 50억원 이상일 것
  3. 제22조의2 제1항 및 제35조에 따른 업무·사무 등의 위탁을 위한 계약을 체결할 것
  4. 그 밖에 사업의 안정적 추진을 위하여 필요한 사항으로서 대통령령으로 정하는 요건을 갖출 것
② 제1항에 따른 설립신고는 부동산투자회사의 설립등기일부터 6개월 이내에 하여야 한다. 이 경우 국토교통부장관은 신고를 받은 날부터 20일 이내에 신고수리 여부를 신고인에게 통지하여야 한다.
③ 제1항에 따라 설립신고를 한 프로젝트 부동산투자회사는 제21조 제1항 각 호의 어느 하나에 대하여 같은 조 제2항의 업무를 하여야 한다. 다만, 제21조 제1항 제1호 또는 제3호부터 제6호까지에 대한 투자는 부동산개발사업에 필요한 범위에 한정한다.
④ 제1항에 따라 설립신고를 한 프로젝트 부동산투자회사는 부동산개발사업의 사용승인·준공검사 등을 받은 날부터 대통령령으로 정하는 날까지 제9조에 따른 영업인가를 받거나 제9조의2에 따른 등록을 하여야 한다. 이 경우 제8조의2 제4항은 적용하지 아니한다.
⑤ 제9조 제4항에도 불구하고 제1항에 따라 설립신고를 한 프로젝트 부동산투자회사는 대통령령으로 정하는 방법과 범위에서 주주가 아닌 자에게 신주를 발행할 수 있다.
⑥ 제1항에 따라 설립신고를 한 프로젝트 부동산투자회사는 제19조에 따른 현물출자, 제22조의2에 따른 부동산투자회사의 업무 위탁, 제22조의4에 따른 자산관리회사의 주식 취득 제한, 제29조에 따른 차입·사채발행 및 제35조에 따른 자산보관의 위탁을 하는 경우 제9조에 따른 영업인가를 받거나 제9조의2에 따른 등록을 한 것으로 본다.
⑦ 제1항에 따라 설립신고를 한 프로젝트 부동산투자회사 또는 그 프로젝트 부동산투자회사와 자산의 투자·운용 업무에 관한 위탁계약을 체결한 자산관리회사는 대통령령으로 정하는 바에 따라 사업투자보고서를 국토교통부장관에게 보고하여야 하고, 금융사고 또는 부실자산이 발생하거나 그 밖에 공익 또는 투자자 보호를 위하여 필요한 경우로서 대통령령으로 정하는 사항이 발생하는 경우에는 이를 지체 없이 공시하여야 한다.
⑧ 국토교통부장관은 제7항에 따라 보고받은 내용이 관계 법령에 위배되거나 부동산투자회사 주주의 권익을 침해한다고 인정하는 경우에는 해당 부동산투자회사 또는 자산관리회사에 그 시정이나 보완을 명할 수 있다.

제27조(증권에 대한 투자)

① 부동산투자회사는 다른 회사의 의결권 있는 발행주식의 100분의 10을 초과하여 취득하여서는 아니 된다.

제28조(배당)

① 부동산투자회사는 「상법」 제462조 제1항에 따른 해당 연도 이익배당한도[자산의 평가손실(직전 사업연도까지 누적된 평가손실을 포함한다)은 고려하지 아니한다. 이하 이 조 및 제52조에서 같다]의 100분의 90 이상을 주주에게 배당하여야 한다. 이 경우 「상법」 제458조에 따른 이익준비금은 적립하지 아니한다.

② 제1항에도 불구하고 자기관리 부동산투자회사의 경우 「상법」 제462조 제1항에 따른 해당 연도 이익배당한도의 100분의 50 이상을 주주에게 배당하여야 하며 「상법」 제458조에 따른 이익준비금을 적립할 수 있다. 이 경우 「상법」 제462조 제2항 단서에도 불구하고 다음 각 호의 구분에 따른 방법으로 이익배당을 정한다.
   1. 「상법」 제462조 제1항에 따른 해당 연도 이익배당한도의 100분의 50 이상 100분의 90 미만으로 이익배당을 정하는 경우 : 「상법」 제434조에 따른 주주총회의 특별결의
   2. 「상법」 제462조 제1항에 따른 해당 연도 이익배당한도의 100분의 90 이상으로 이익배당을 정하는 경우 : 「상법」 제462조 제2항 본문에 따른 주주총회의 결의
③ 위탁관리 부동산투자회사가 제1항에 따라 이익을 배당할 때에는 「상법」 제462조 제1항에도 불구하고 이익을 초과하여 배당할 수 있다. 이 경우 초과배당금의 기준은 해당 연도 감가상각비의 범위에서 대통령령으로 정한다.

제29조(차입 및 사채 발행)
① 부동산투자회사는 영업인가를 받거나 등록을 한 후에 자산을 투자·운용하기 위하여 또는 기존 차입금 및 발행 사채를 상환하기 위하여 대통령령으로 정하는 바에 따라 자금을 차입하거나 사채를 발행할 수 있다.
② 제1항에 따른 자금차입 및 사채발행은 자기자본의 2배를 초과할 수 없다. 다만, 「상법」 제434조의 결의 방법에 따른 주주총회의 특별결의를 한 경우에는 그 합계가 자기자본의 10배를 넘지 아니하는 범위에서 자금차입 및 사채발행을 할 수 있다.

제31조(부동산투자회사의 겸업 제한 등)
① 부동산투자회사는 이 법 또는 다른 법령에 따른 경우를 제외하고는 다른 업무를 하여서는 아니 된다.
② 부동산투자회사의 상근 임원은 다른 회사의 상근 임직원이 되거나 다른 사업을 하여서는 아니 된다.

제42조(영업인가 등의 취소)
① 국토교통부장관은 부동산투자회사 및 자산관리회사가 다음 각 호의 어느 하나에 해당하면 제9조에 따른 영업인가, 제9조의2 및 제26조의3에 따른 등록 및 제22조의3에 따른 설립인가를 취소할 수 있다. 다만, 제1호에 해당하는 경우에는 그 영업인가·등록 또는 설립인가를 취소하여야 한다.
   1. 속임수나 그 밖의 부정한 방법으로 제9조에 따른 영업인가, 제9조의2 및 제26조의3에 따른 등록 및 제22조의3에 따른 설립인가를 받은 경우
   2. 제10조를 위반하여 자본금이 최저자본금보다 적은 경우
   2의2. 자산관리회사가 최근 3년간 제22조의2 제1항에 따라 자산의 투자·운용업무를 위탁받은 실적이 없는 경우
   3. 제25조를 위반하여 자산의 구성 비율을 준수하지 아니한 경우
   4. 영업인가·등록 또는 설립인가의 요건에 적합하지 아니하게 되거나 영업인가·등록 또는 설립인가의 조건을 위반한 경우. 다만, 일시적으로 영업인가·등록 또는 설립인가의 요건에 미달하는 등 대통령령으로 정하는 경우는 제외한다.
   5. 제39조 제2항에 따른 조치를 정당한 사유 없이 이행하지 아니한 경우
   6. 자기자본의 전부가 잠식된 경우
   7. 최저자본금을 준비한 후 현금·은행예금 등 대통령령으로 정하는 운영자금이 2개월 이상 계속하여 5천만원 이하인 경우
   8. 「상법」 제628조에 따른 납입 또는 현물출자의 이행을 가장하는 행위가 발생한 경우
   9. 제26조의3 제1항에 따른 부동산투자회사가 같은 조 제3항을 위반하는 경우

제44조(해산)
부동산투자회사는 다음 각 호의 어느 하나에 해당하는 사유로 해산한다.
   1. 정관으로 정한 존립기간이 끝나거나 그 밖의 해산사유의 발생
   2. 주주총회의 해산결의
   3. 합 병
   4. 파 산
   5. 법원의 해산명령 또는 해산판결
   6. 제42조에 따른 영업인가 또는 등록의 취소
   7. 자기관리 부동산투자회사가 제8조의2 제4항에서 정하는 기간 내에 영업인가를 신청하지 아니한 경우
   8. 제3조부터 제7조까지의 규정을 위반하여 영업인가 또는 등록이 거부된 경우
   9. 설립 후 1년 6개월 이내에 영업인가를 받지 못하거나 등록을 하지 못한 경우

제49조의2(기업구조조정 부동산투자회사에 관한 특례)
① 기업구조조정 부동산투자회사는 이 법에서 정한 부동산투자회사의 요건을 갖추고 총자산의 100분의 70 이상을 다음 각 호의 부동산으로 구성하여야 한다.
  1. 기업이 채권금융기관에 대한 부채 등 채무를 상환하기 위하여 매각하는 부동산
  2. 채권금융기관과 재무구조 개선을 위한 약정을 체결하고 해당 약정 이행 등을 하기 위하여 매각하는 부동산
  3. 「채무자 회생 및 파산에 관한 법률」에 따른 회생 절차에 따라 매각하는 부동산
  4. 그 밖에 기업의 구조조정을 지원하기 위하여 금융위원회가 필요하다고 인정하는 부동산
② 국토교통부장관은 제9조의2에 따라 기업구조조정 부동산투자회사(제49조의3 제1항에 따른 공모부동산투자회사인 기업구조조정 부동산투자회사는 제외한다)의 등록을 하려는 경우에는 미리 금융위원회의 의견을 들어야 한다.
③ 기업구조조정 부동산투자회사에 대하여는 제14조의8, 제15조, 제24조 제1항·제2항 및 제25조 제1항을 적용하지 아니한다.
④ 기업구조조정 부동산투자회사에 관하여는 제11조의2, 제14조 제2항, 제14조의3부터 제14조의7까지, 제22조의2, 제28조 제3항, 제44조의3 및 제49조 제4항을 준용한다. 이 경우 "위탁관리 부동산투자회사"는 "기업구조조정 부동산투자회사"로 본다.
⑤ 기업구조조정 부동산투자회사에 출자하는 경우 그 출자에 대하여는 다음 각 호의 어느 하나에 해당하는 법률에 따른 출자한도 제한, 재산운용 제한 및 투자 제한 등을 적용하지 아니한다.
  1. 「은행법」 제37조 제1항 및 제2항
  2. 「보험업법」 제106조, 제108조 및 제109조
  3. 「자본시장과 금융투자업에 관한 법률」 제344조
  4. 그 밖에 대통령령으로 정하는 법률
⑥ 기업구조조정 부동산투자회사가 「은행법」 제2조 제1항 제2호에 따른 은행(이하 이 항에서 "은행"이라 한다)의 자회사에 해당하는 경우 같은 법 제37조 제3항에 따른 자회사에 대한 신용공여 한도를 산출할 때에는 해당 기업구조조정 부동산투자회사를 은행의 자회사로 보지 아니한다.

제49조의3(공모부동산투자회사에 관한 특례)
① 공모부동산투자회사(「자본시장과 금융투자업에 관한 법률」 제9조 제19항의 사모집합투자기구에 해당하지 아니하는 부동산투자회사를 말한다. 이하 같다) 및 자산관리회사(공모부동산투자회사가 아닌 부동산투자회사로부터만 자산의 투자·운용을 위탁받은 자산관리회사는 제외한다)에 대하여는 「자본시장과 금융투자업에 관한 법률」 제11조부터 제16조까지, 제28조의2, 제30조부터 제43조까지, 제50조부터 제53조까지, 제56조, 제58조, 제61조부터 제65조까지, 제80조부터 제84조까지, 제85조 제2호·제3호 및 제6호부터 제8호까지, 제86조부터 제95조까지, 제181조부터 제186조까지(제184조 제4항은 제외한다), 제194조부터 제206조까지, 제229조부터 제234조까지, 제234조의2, 제235조부터 제249조까지, 제249조의2부터 제249조의22까지, 제250조부터 제253조까지, 제415조부터 제425조까지, 「금융소비자 보호에 관한 법률」 제11조, 제12조, 제14조, 제16조, 제22조 제6항, 제24조부터 제28조까지, 제44조, 제45조, 제47조부터 제66조까지의 규정 및 「금융회사의 지배구조에 관한 법률」을 적용하지 아니한다.
② 국토교통부장관은 자산관리회사(공모부동산투자회사가 아닌 부동산투자회사로부터만 자산의 투자·운용을 위탁받은 자산관리회사는 제외한다)의 제22조의3에 따른 인가를 할 때에는 미리 금융위원회와 협의하여야 한다.
③ 「부동산개발업의 관리 및 육성에 관한 법률」 제4조 제1항 제1호 및 제2호에 따른 자는 공모부동산투자회사(제14조의8 제1항 및 제2항에 따라 주식의 공모가 예정된 경우 및 공모부동산투자회사를 지원하기 위하여 설립한 부동산투자회사를 포함한다)에 대한 보유자산 공급 및 출자·융자 등 필요한 지원을 할 수 있다.

Ⅲ 주택저당채권 유동화 제도(저당유동화제도)

1. 주택저당채권 유동화제도의 의의

주택저당채권 유동화제도는 대출기관의 주택저당 채권을 직접 매각하거나 이를 근거로 증권을 발행하여 유통시키는 것을 말한다. 대출 만기 전에 대출자금을 조기에 현금화하여 주택금융에 필요한 자금을 다시 조달할 수 있게 된다.

2. 주택저당채권의 유동화제도의 구조

금융기관이 주택자금을 대출하고 취득한 주택저당채권을 타 금융기관이나 투자자에게 직접 매각하거나 동 채권을 하나의 주택저당채권집합(mortgage pool)을 형성한 후 이 집합(pool)을 담보로 하는 주택저당증권(MBS)을 발행하여 자금을 조달하는 방식을 취한다.

3. 주택저당채권 유동화제도의 경제적 효과

(1) 금융기관

① 주택저당채권의 유동화를 통해 자본시장으로부터의 주택자금대출 재원조달을 확대한다.
② 장기대출채권을 투자자에게 매각함으로써 BIS 자기자본비율 제고 및 대출기간 중의 금리변동위험 및 유동성위험을 회피한다.
③ 유동화회사 등을 통한 유동화증권 발행시 동 증권의 신용도는 주택금융기관의 신용도와 무관하게 담보채권의 원리금 회수 가능성에 의해 결정되므로 동 증권이 높은 신용평가를 받을 경우 자금조달 비용절감이 가능하다.
④ 주택저당채권을 외국 유동화회사에 매각시 외화조달의 효과가 있다.
⑤ 금융 및 기업구조조정을 원활하게 촉진한다.

(2) 차입자

금융기관의 주택자금조달 확대로 주택자금 차입기회를 증대하고 장기적으로 주택자금 공급증가에 따른 금리인하로 차입비용이 절감된다.

(3) 투자자 및 자본시장

투자상품의 다양화를 통하여 더 많은 투자기회를 창출하고, 투명성과 투자자보호의 증대로 투자를 장려시켜 자본시장의 발전을 유도한다.

4. 주택저당채권 유동화증권의 종류 기출 19·20·21·22·24·25

(1) 저당채권 담보부채권(MBB)

1) 의의

저당차입자의 만기 전 변제의 위험을 줄이기 위해 일정기간 동안 저당담보증권의 매수자가 발행자의 만기 전 변제에 대해 방어할 수 있는 부분적 콜방어가 허용되는 채권이다.

2) 특 징
① 발행기관이 원리금 수취권과 저당권을 보유한다. 따라서 저당차입자는 매월 원금과 이자를 발행자에게 불입해야 한다(즉, 위험이 발행자에게 있다).
② 발행기관은 발행한 채권에 대해 투자자에게 발행자의 상환의무로서 원리금을 상환해야 한다.
③ 기간 중에 시장이자율이 저당채권의 쿠폰이자율보다 떨어지는 수도 있으므로 저당채권은 채권발행액보다 20~50%가 더 많은 저당을 담보로 하여 발행되고 있다.

(2) 저당채권 이체증권(MPTS)

1) 의 의
MPTS는 MBB와는 달리 채권이 아니라 모기지 집합에 대한 지분권적 성격을 갖는 증권이다.

2) 특 징
① 주택저당채권이 이전되므로 원리금의 수취권과 저당권이 모두 투자자에게 이전된다.
② 따라서 모저당 차입자는 원금과 이자를 투자자에게 직접 상환해야 한다. 즉, 투자자에게 위험이 있다.
③ 차입자가 지불하는 부채서비스액이 1차 대출기관에서 지출되는 저당관리비용을 제하고 바로 투자자에게 지불되는 것으로, 보통 만기보다 조기에 상환된다(수시상환의 위험과 불규칙 현금흐름문제가 있다).

(3) 저당채권 지불이체채권(MPTB)

1) 의 의
MPTS와 MBB의 특성이 결합된 것으로 채무자가 모기지 풀을 담보로 발행한 채권이다.

2) 특 징
① 발행기관은 저당권만 보유하고 원리금 수취권은 투자자에게 이전한다(저당권보유 - 채권성격, 현금흐름을 투자자이전 - 지분성격).
② 따라서 투자자는 이자율위험과 조기상환위험을 부담한다. 주택저당채권에서 발생하는 현금흐름의 지분권은 MPTS처럼 투자자에게 이체되지만 저당채권의 소유권은 MBB처럼 발행기관이 보유한다.

(4) 저당채권담보부 다계층 채권(Tranche Financing, Structured Financing)

1) 의 의
복수만기를 가진 저당채권원리금이체채권(Multi-Class MPTB)으로서 저당채권의 총발행액을 몇 개의 그룹으로 배분한 후 각 그룹마다 서로 상이한 이자율을 적용하고 원금이 지급되는 순서를 다르게 정한다. 이렇게 나누어진 그룹(트렌치)의 순서에 따라 원금의 지불이 연속적으로 이루어지는 형태의 저당채권이다. 이를 구조화 금융(structured finance 또는 tranche finance)이라 하며, 전통적 금융(traditional finance)과 대비되는 개념이다. 구조화 금융이란 증권화(securitization)와 신용파생 상품(credit derivatives)이 결합된 신종 금융기법으로 효율적인 위험전가수단(risk transfer)을 제공한다.

2) 성 격
① CMO는 이체증권과 저당채권의 두 가지 성질을 가지고 있다. 이체증권처럼 저당차입자의 원금과 이자를 트렌치별로 직접 지급하고, 저당채권처럼 그 존속기간을 다양하게 하여, 장기투자자들이 원하는 콜방어를 실현시키고 있다.
② 첫번째 트렌치의 원금과 이자를 지급받는 동안 나머지 트렌치는 이자만 지급받는다. 마지막 트렌치를 보통 'Z 트렌치'라 하는데 이는 만기 때 원금과 누적된 이자가 한꺼번에 지급된다.

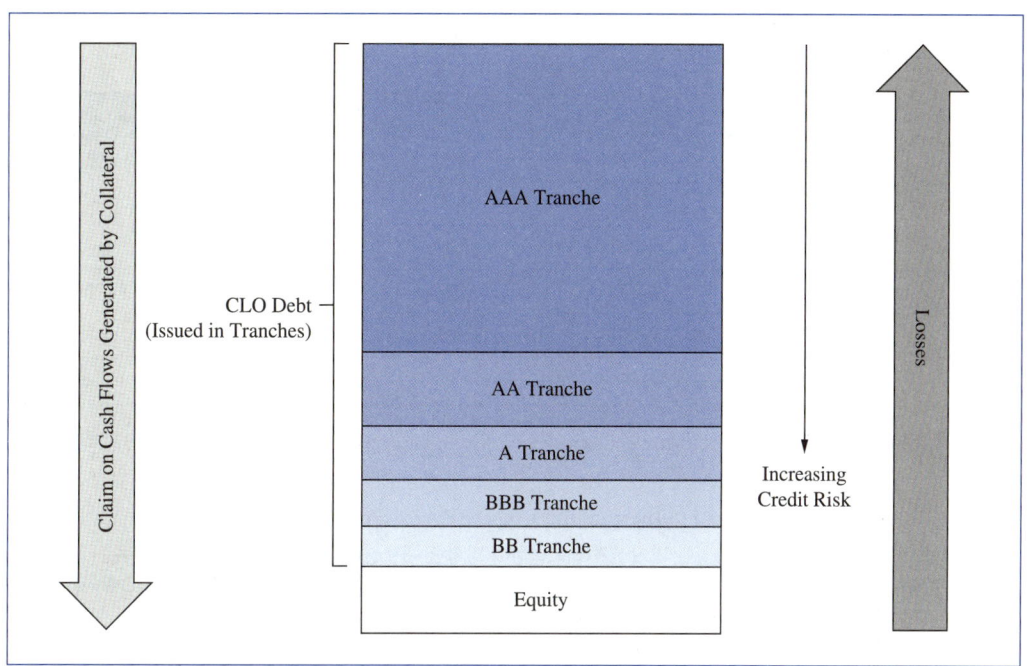

> **➕ 알아보기** **프로젝트 리츠**

2025년 11월부터 실행예정인 프로젝트 리츠는 디벨로퍼에게 개발수익과 운영수익을 모두 추구할 수 있게 하는 구조로, 이를 위해 개발 단계부터 규제가 대폭 완화되는 특징을 가지고 있다.

영업인가 없이 신고만으로 설립할 수 있고, 개발 단계에서는 공모나 주식분산 의무 규정이 적용되지 않는다. 아울러 사업투자보고서 외에는 기타 보고나 공시 의무도 없다. 사업이 완료된 뒤에는 영업인가를 거쳐 일반 리츠로 운영하며 투자자를 공모할 수 있다. 프로젝트 리츠를 통해 디벨로퍼가 부동산을 직접 보유하며 운영한다면 지속적 임대·관리를 염두에 두며 장기적 도시개발 비전을 제시하고, 랜드마크 발굴 등 특화 개발로 도시에 활력을 불어넣는 순기능을 기대할 수 있다.

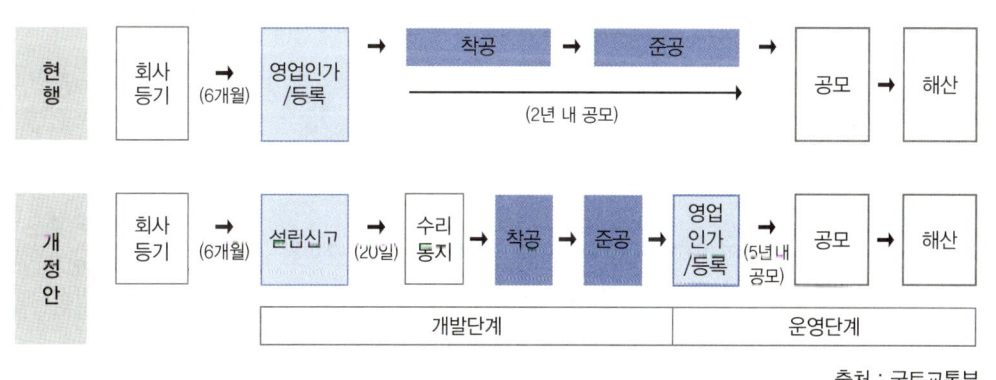

프로젝트리츠 부동산 개발사업 절차도

출처 : 국토교통부

CHAPTER 04 | 부동산 금융론 **183**

알아보기 MBS상품의 유형과 특징

구 분	MPTS	MBB	MPTB	CMO
유 형	증 권	채 권	혼합형	혼합형
트렌치 수	1개	1개	1개	여러 개
저당권자	투자자	발행자	발행자	발행자
원리금수취권자	투자자	발행자	투자자	트렌치별로 다름
조기상환위험 부담자	투자자	발행자	투자자	투자자

알아보기 NPL(Non-performing Loan, 부실채권)

1. NPL(부실채권)의 의미
   부실채권의 의미는 "통상적인 방법 및 절차만으로는 원리금 전액의 회수가 어려운 채권"을 의미한다. 사전적으로는 부실채권이란 금융기관의 여신거래로 인하여 발생한 대출원리금, 지급보증 및 이에 준하는 채권으로서,
   ① 부도 등의 사유로 정상적으로 변제되지 아니한 것으로 회수조치나 관리방법을 강구할 필요가 있는 채권
   ② 채무자의 경영내용, 재무상태 및 예상되는 현금의 흐름으로 보아 채권회수에 상당한 위험이 발생하였거나 발생할 우려가 있는 채권으로 정의된다.

2. 부실채권의 특징
   ① 가격 및 거래형성의 어려움 : 부실채권은 제한된 유동화, 구조조정 시장을 제외하고는 가격과 거래형성이 어렵다.
   ② 내재가치 대비 저평가 : 부실채권은 유동성이 적고 거래비용이 높으며 가치평가 및 정보분석이 어려워 관심을 갖는 분석가의 수가 적다. 부실채권은 초기에 가격이 급락할 뿐만 아니라 과소평가된 가격이 단시간 내에 실제가치로 복원되기 어렵다.
   ③ 분산투자 적용의 어려움 : 현대 포트폴리오 이론에서는 분산투자의 장점을 주장하지만, 부실채권은 차주 기업들의 가치와 상관관계를 갖고 움직이기 때문에 분산투자 이론이 적용되기 어렵다.
   ④ 소액채권의 가치하락 : 일반적으로 분산된 소액채권은 그 가치를 인정받기 어렵다. 법원의 결정이나 워크아웃 협상의 결과에 따라 채무자의 변제액이 달라지는 구조조정 과정에서 소액지분은 의사결정에 큰 영향을 미치지 못하기 때문이다.

IV 한국의 부동산 금융

1. 주택금융공사 기출 25

(1) 법 령

① 목적(제1조) : 이 법은 한국주택금융공사를 설립하여 주택저당채권 등의 유동화(流動化)와 주택금융 신용보증 및 주택담보노후연금보증 업무를 수행하게 함으로써 주택금융 등의 장기적·안정적 공급을 촉진하여 국민의 복지증진과 국민경제의 발전에 이바지함을 목적으로 한다.

② 업무의 범위(제22조)
   ㉠ 채권유동화 및 채권발행 : 주택저당증권(MBS), 주택저당채권(MBB)
   ㉡ 채권보유
   ㉢ 주택저당증권, 주택저당채권을 유동화자산으로 하여 발행한 유동화증권에 대한 지급보증

ⓔ 금융기관에 대한 신용공여(信用供與)
　　　ⓜ 주택저당채권에 대한 평가 및 실사(實査)
　　　ⓗ 신용보증
　　　ⓢ 주택담보노후연금보증과 주택담보노후연금보증채무의 이행 및 구상권의 행사
(2) 한국주택금융공사의 역할
　　① 장기모기지론 공급
　　② 주택금융신용보증 업무
　　③ 주택연금보증 업무
　　④ 주택저당증권(MBS) 발행

2. 보금자리론(장기모기지론)

(1) 신청대상
　　① 민법상 성년인 대한민국 국민(재외국민, 외국국적 동포 포함)
　　② 주택수 : 부부(미혼인 경우 본인)기준 무주택자 또는 1주택자(구입용도에 한해 일시적 2주택 허용하며, 기존주택은 대출받은 날로부터 3년 이내 처분 조건)
　　③ 소득 : 연소득 7천만원 이하(미혼이면 본인만, 기혼이면 부부합산)
　　　㉠ 신혼가구는 부부합산 연소득 85백만원 이하
　　　㉡ 다자녀가구 : 미성년 자녀 3명 이상(1억원), 1명(8천만원), 2명(9천만원)

(2) 대출금리 : 대출 실행일부터 만기까지 고정금리 적용

(3) 대상주택
　　① 부동산 등기부등본상 주택으로 아파트, 연립주택, 다세대주택, 단독주택만 가능
　　　(단, 주거용 오피스텔, 근린생활시설, 숙박시설 등 제외)
　　② 대출승인일 현재 주택가격이 6억원 이내인 주택일 것
　　　(단, 구입용도인 경우 시세, 감정평가액, 매매가액 중 어느 하나라도 6억원 초과주택은 제외)

(4) 대출한도
　　① 주택담보가치(LTV)의 최대 70%까지이며, 단 임대차 금액 및 주택유형에 따라 지역별 소액임대차 보증금이 차감되어 한도가 산정된다.
　　② 최대 3억원(단, 미성년자가 3명인 가구의 경우 4억원)

(5) 대출기간 : 10년, 15년, 20년, 30년

(6) 상환방식
　　① 매월 원리금균등분할상환, 체감식(원금균등)분할상환, 체증식분할상환(만 40세 미만에 한하여 선택 가능)
　　② 거치기간(이자만 납부하는 기간) 없음
　　③ 조기(중도)상환수수료 : 최대 3년, 최대요율 1.2%, 잔여일수에 따라 일할계산되어 감소하는 슬라이딩 방식(2015.3.2. 이후 실행건)

3. 노후연금제도(역연금방식) 기출 21

(1) 주택노후연금제도
주택노후연금제도는 저당권방식 연금제도와 신탁방식 연금제도로 구분된다.
① 저당권 방식의 연금제도
　㉠ 가입가능연령
　　ⓐ 주택소유자 또는 배우자가 만 55세 이상(근저당권 설정일 기준)
　　ⓑ 확정기간방식 : 연소자가 만 55세~만 74세
　　　• 우대방식 : 주택소유자 또는 배우자가 만 65세 이상(기초연금 수급자)
　　　• 주의 : 주택소유자 또는 배우자가 대한민국 국민(단, 외국인 단독 및 부부 모두 외국인인 경우에는 가입 불가)
　㉡ 주택보유수 : 다음 중 하나에 해당(부부 기준)
　　ⓐ 다주택자인 경우 합산가격이 9억원 이하이면 가능
　　ⓑ 공시가격 등이 9억원 초과 2주택자는 3년 이내 1주택 처분하면 가능함
　　　　※ 단, 주거목적 오피스텔의 경우, 주택연금에 가입하려고 하는 주거목적 오피스텔만 주택보유수에 포함
　　ⓒ 우대방식의 경우 1.5억원 미만의 1주택만 가입 가능
　㉢ 대상주택
　　ⓐ 공시가격 등이 9억원 이하인 주택 및 지방자치단체에 신고된 노인복지주택 및 주거목적 오피스텔 [상가 등 복합용도주택은 전체 면적 중 주택이 차지하는 면적이 1/2 이상인 경우 가입 가능 (단, 신탁방식으로 가입시에는 불가)]
　　ⓑ 확정기간방식은 노인복지주택 제외
　　ⓒ 농지법 상 농업인 주택 및 어업인 주택 등 주택 소유자의 자격이 제한되는 주택은 신탁방식 주택연금으로 가입불가

주택유형	종신지급방식	확정기간방식
일반주택	가입 가능	
노인복지주택 (지자체에 신고된 주택)	가입 가능	가입 불가능
복합용도주택 (상가와 주택이 같이 있는 건물)	가입 가능(단, 등기사항증명서상 주택이 1/2 이상의 면적)	

　㉣ 거주요건
　　ⓐ 주택연금 가입주택을 가입자 또는 배우자가 실제거주지로 이용하고 있어야 한다.
　　ⓑ 해당 주택을 전세 또는 월세로 주고 있는 경우 가입이 불가함
　　　(단, 부부 중 한 명이 거주하며 주택의 일부를 보증금 없이 월세로 주고 있는 경우 가입 가능하며, 신탁방식 주택연금의 경우 보증금이 있더라도 보증금에 해당하는 금액을 공사가 지정하는 계좌로 입금하는 경우 가입 가능)
　㉤ 보증기간
　　ⓐ 보증기간
　　　• 소유자 및 배우자 사망시까지
　　　• 이용 도중에 이혼(또는 재혼)을 한 경우 이혼(재혼)한 배우자는 주택연금을 받을 수 없다.

ⓑ 가입비(초기보증료) 및 연보증료
- 가입비(초기보증료) : 주택가격의 1.5%(대출상환방식의 경우 1.0%)를 최초 연금지급일에 납부
- 연보증료 : 보증잔액의 연 0.75%(대출상환방식의 경우 1.0%)를 매월 납부한다.
- 보증료는 취급 금융기관이 가입자 부담으로 공사에 납부하고 연금지급총액(대출잔액)에 가산된다.

ⓑ 대출금리
ⓐ 변동금리로 하되 대출 기준금리는 3개월 CD금리와 신규취급액 COFIX금리 중에 선택해야 한다.
ⓑ 가입 이후에는 대출 기준금리 변경이 불가능하다.
ⓒ 대출상환방식의 경우 대출 가산금리가 0.1% 인하된다.

ⓢ 월지급금 지급방식
ⓐ 종신방식 : 월지급금을 종신토록 지급받는 방식
- 종신지급방식 : 인출한도 설정없이 월지급금을 종신토록 지급받는 방식
- 종신혼합방식 : 인출한도(대출한도의 50% 이내) 설정 후 나머지 부분을 월지급금으로 종신토록 지급받는 방식

ⓑ 확정기간방식 : 고객이 선택한 일정기간 동안만 월지급금을 지급받는 방식(단, 확정기간방식 선택시 반드시 대출한도의 5%에 해당하는 금액은 인출한도로 설정하여야 한다)
- 확정기간방식 : 고객이 선택한 일정기간 동안만 월지급금을 지급받는 방식
- 확정기간혼합방식 : 수시인출한도 설정 후 나머지 부분을 월지급금으로 일정기간 동안만 지급받는 방식

ⓒ 대출상환방식 : 주택담보대출 상환용으로 인출한도(대출한도의 50% 초과 90% 이내) 범위 안에서 일시에 찾아 쓰고 나머지 부분을 월지급금으로 종신토록 지급받는 방식

ⓓ 우대방식 : 주택소유자 또는 배우자가 기초연금 수급자이고, 부부기준 1.5억원 미만 1주택 보유시 종신방식(정액형)보다 월지급금을 최대 20% 우대하여 지급받는 방식
- 우대지급방식 : 인출한도 설정없이 우대받은 월지급금을 종신토록 지급받는 방식
- 우대혼합방식 : 인출한도(대출한도의 45% 이내) 설정 후 나머지 부분을 우대받은 월지급금으로 종신토록 지급받는 방식

※ 이용기간 중 종신지급과 종신혼합 간 또는 우대지급과 우대혼합형 간의 지급방식 간 변경이 가능하다.

1. 대출한도 : 가입자가 100세까지 지급받을 연금대출액을 현재시점의 가치로 환산한 금액이다.
2. 인출한도
   ① 대출한도의 50% 이내(종신혼합방식, 확정기간혼합방식), 50% 초과 70% 이내(대출상환방식), 45% 이내(우대혼합방식)를 인출한도로 설정하여 목돈으로 사용 가능하다.
   ② 인출한도 용도
      ㉠ 의료비, 교육비, 주택수선비 및 주택담보대출 상환용도나 담보주택에 대한 임대차보증금 반환용도 등에 사용하여야 한다.
      ㉡ 확정기간혼합방식의 경우 반드시 설정하게 되는 대출한도의 5%에 해당하는 금액은 의료비, 담보주택관리비 용도로 월지급금 지급종료 후에만 사용 가능하다.
      ㉢ 대출상환방식의 경우 주택담보대출 상환용으로만 사용 가능
3. 월지급금 지급유형 : 종신방식의 경우 정액형 또는 전후후박형 중 선택 가능. 확정기간방식, 대출상환방식, 우대방식은 정액형만 선택 가능

- ⓸ 대출금상환
  - ⓐ 소유자 및 배우자 사망으로 주택처분가격으로 일시상환
  - ⓑ 채무부담한도 : 대출금 상환액은 담보주택 처분가격 범위 내로 한정
  - ⓒ 대출금은 언제든지 별도의 중도상환수수료 없이 전액 또는 일부상환이 가능(단, 초기보증료는 환급 안 됨)
  - ⓓ 특 징
    - 주택 처분가격이 대출잔액보다 큰 경우 대출잔액을 지급하고 남는 부분은 상속인(가입자)에게 양도함
    - 주택 처분가격이 대출잔액보다 적은 경우 대출잔액을 지급하고 부족부분은 상속인(가입자)에게 청구하지 못한다. 대신 부족분은 한국주택금융공사에서 가지고 있던 보증료를 통하여 은행에 지급한다.
- ⓧ 주택연금 지급정지 사유
  - ⓐ 부부 모두 사망하는 경우 : 가입자만 사망하는 경우에는 배우자가 채무인수 후 계속 이용 가능
  - ⓑ 주택 소유권을 상실하는 경우 : 매각, 양도로 소유권 이전 또는 재건축·재개발, 화재 등으로 주택 소실 등
  - ⓒ 장기 미거주의 경우 : 부부 모두 1년 이상 미거주하는 경우, 단 병원 입원 및 장기요양 등 예외 인정
  - ⓓ 처분조건약정 미이행 및 주택의 용도 외 사용 : 일시적 2주택자로 가입 후 최초 주택연금 지급일로부터 3년 내 주택 미처분 등
- ⓩ 지급조정사유(우대방식)
  - ⓐ 우대지급(혼합)방식을 선택하는 경우에는 고객과 배우자의 보유주택수는 1주택으로 제한되며, 가입 후에도 보유주택수를 조사하여 우대자격여부를 검증한다(최초 월지급금 실행일로부터 1년이 경과한 때부터 연 1회에 한하여 검증).
  - ⓑ 공사의 검증 절차에 따라서 주택연금 가입 후 담보주택 외의 주택을 보유한 것을 공사가 확인한 경우에는 6개월 이내에 해당 주택을 처분할 것을 요청하며, 처분하지 않은 경우에는 연금대출(월지급금, 인출한도, 개별인출금 등)을 90% 수준으로 조정하여 지급한다.
  - ⓒ 다만, 월지급금 등이 조정된 이후에 담보주택 외의 주택을 처분하고 그 사실을 증빙서류 등으로 입증할 경우에는 다음 월지급금 지급일부터 조정된 금액을 회복하여 지급한다.
- ㉠ 대상주택의 재개발/재건축
  - ⓐ 가입 당시 재개발/재건축이 예정된 경우 사업시행인가 전 단계까지는 주택연금 가입이 가능하다.
  - ⓑ 이용 도중에 재개발/재건축이 되더라도 주택연금 계약을 유지할 수 있다(재건축 등 사업 종료 시 주택연금 가입자는 신축주택의 소유권을 취득, 공사는 종전의 제1순위 근저당권을 확보).

② 신탁방식 주택연금
　㉠ 주택소유자가 주택에 신탁계약에 따른 신탁 등기를 하여 담보로 제공하는 방식의 보증이다.
　　ⓐ 안정적 연금승계 : 신탁계약에 따라 주택소유자 사망 후 별도의 절차(공동상속인 동의 등) 없이 배우자로 연금 자동승계
　　ⓑ 임대수익 창출 : 저당권방식에서 전세를 준 주택은 주택연금 가입이 어려우나, 신탁방식은 주택소유권과 임대차보증금이 수탁자인 공사로 이전되어 채권 확보가 용이하므로 유휴공간 임대활용이 가능하여 추가소득 창출 가능
　　ⓒ 비용절감 : 저당권방식에 비해 더 적은 비용으로 가입 및 승계
　㉡ 신탁방식과 담보제공방식 비교 : 저당권방식은 주택소유자가 주택에 저당권 설정하여 담보로 제공하는 방식이며, 신탁방식은 주택소유자와 공사가 체결하는 신탁계약에 따른 신탁을 등기(소유권 이전)하여 담보로 제공하는 방식이다.

+ 알아보기　저당권 방식과 신탁 방식의 비교

구 분	저당권 방식	신탁 방식
담보제공 방법 (소유권)	근저당권 설정(가입자)	신탁등기(공사)
담보주택 관리	연금가입자가 담보주택의 소유자로서 관리의 주체	연금가입자가 신탁계약에 따라 담보관리의 주체
담보주택 관리비용	담보주택 관리에 소요비용은 연금관리자가 부담	
배우자 승계	연금가입자 사망시 배우자가 자녀 등 공동상속인의 동의를 얻어 주택소유권을 100% 확보 후 주택연금 승계 가능	연금가입자 사망시 신탁계약에 따라 배우자가 수익권을 취득하고, 공동상속인의 동의나 별도 등기절차 없이 주택승계 가능
잔여재산 귀속	담보주택처분 후 잔여재산은 민법에 따라 법정상속인에게 귀속	담보주택처분 후 잔여재산은 사전에 연금가입자가 지정한 귀속권리자에게 귀속
실거주요건	연금가입자 또는 배우자가 담보주택에 실거주해야 함	
임대차	• 보증금 있는 임대 불가(보증금 없는 월세 가능) • 담보주택 전부임대는 공사로부터 주민등록 이전 득한 경우만 가능	• 보증금 있는 임대차 가능(보증금은 공사가 지정한 은행예치) • 담보주택 전부임대는 공사로부터 주민등록 이전 득한 경우만 가능
담보유형	주택, 노인복지주택, 주거목적 오피스텔, 주거면적 50% 이상 복합용도주택	주택, 노인복지주택, 주거목적 오피스텔

(2) 농지연금

① **가입연령**: 신청연도 말일 기준으로 농지소유자 본인이 만 65세 이상

② **영농경력**
  ㉠ 신청인의 영농경력이 5년 이상일 것(농지연금 신청일 기준으로부터 과거 5년 이상 영농경력 필요)
  ㉡ 영농경력은 신청일 직전 계속 연속적일 필요는 없으며 전체 영농 기간 중 합산 5년 이상이면 됨

③ **대상농지**
  ㉠ 공부상 지목이 전, 답, 과수원으로서 사업대상자가 소유하고 실제 영농에 이용 중인 농지
  ㉡ 사업대상자가 2년 이상 보유한 농지(단, 상속받은 농지는 피상속인의 보유기간 포함)
  ㉢ 사업대상자의 주소지를 담보농지가 소재하는 시·군·구 및 그와 연접한 시·군·구에 두거나, 주소지와 담보농지까지의 직선거리가 30km 이내의 지역에 위치하고 있는 농지
    ※ 저당권등 제한물권을 설정하지 않은 농지(선순위 채권최고액이 담보농지 가격 15% 미만인 농지는 가입가능), 압류(가압류, 가처분) 등의 목적물이 아닌 농지일 것
  ㉣ 제외농지: 불법건축물이 설치되어 있는 토지, 본인 및 배우자 이외의 자가 공동소유하고 있는 농지, 개발지역 및 개발계획이 지정 및 시행 고시되어 개발계획이 확정된 지역의 농지

④ **지급방식**: 종신형과 기간형
  ㉠ 종신형: 가입자 및 배우자 사망시까지 매월 일정한 금액을 지급하는 방식
  ㉡ 기간형: 가입자가 선택한 일정기간 동안 매월 일정한 금액을 지급하는 방식

⑤ **적용금리**: 고정금리와 변동금리 중 택일

⑥ **농지연금 지급정지사유**
  ㉠ 농지연금수급자가 사망한 경우로서 배우자가 없거나 비승계 가입인 경우
  ㉡ 농지연금수급자가 사망한 경우로서 승계조건가입 배우자가 있는 경우에 그 배우자가 6개월 이내에 담보농지의 소유권 이전등기 및 농지연금채무의 인수를 거절하거나 마치지 아니한 경우
  ㉢ 농지연금수급자가 담보농지의 소유권을 상실한 경우
  ㉣ 농지연금채권이 저당권의 채권최고액을 초과할 것으로 예상되는 경우로서 공사의 채권최고액 변경 요구에 응하지 아니한 경우
  ㉤ 공사의 동의없이 담보농지에 제한물권 등을 설정한 경우
  ㉥ 담보농지가 전용 등으로 더 이상 농지로 이용될 수 없게 된 경우

⑦ **특 징**
  ㉠ 경작 및 임대 가능
  ㉡ 연금부족액시 상속인에게 구상권 행사 못함

CHAPTER 04 실전문제

제2편 | 부동산학 각론

01 화폐의 시간가치에 관한 설명으로 옳지 않은 것은? 기출 23

① 인플레이션, 화폐의 시차선호, 미래의 불확실성은 화폐의 시간가치를 발생시키는 요인이다.
② 감채기금이란 일정기간 후에 일정금액을 만들기 위해 매 기간 납입해야 할 금액을 말한다.
③ 연금의 미래가치란 매 기간 마다 일정금액을 불입해 나갈 때, 미래 일정시점에서의 불입금액 총액의 가치를 말한다.
④ 현재가치에 대한 미래가치를 산출하기 위하여 사용하는 이율을 이자율이라 하고, 미래가치에 대한 현재가치를 산출하기 위하여 사용하는 이율을 할인율이라 한다.
⑤ 부동산 경기가 침체하는 시기에 상업용 부동산의 수익이 일정함에도 불구하고 부동산 가격이 떨어지는 것은 할인율이 낮아지기 때문이다.

> **해설**

① (○) 화폐의 시간가치 또는 시간의 경제적 가치가 발생하는 이유는 인플레이션, 화폐의 시차선호, 미래의 불확실성, 투자기회 등 때문이다.
② (○) 주어진 지문은 감채기금계수에 대한 설명이다.
③ (○) 주어진 지문은 연금의 미래가치에 대한 설명이다.
④ (○) 현재가치에 대한 미래가치를 산출하기 위하여 사용하는 이율을 할증율이라 하고, 미래가치에 대한 현재가치를 산출하기 위하여 사용하는 이율을 할인율이라 한다.
⑤ (×) 부동산 경기가 침체하는 시기에 상업용 부동산의 수익이 일정함에도 불구하고 부동산 가격이 떨어지는 것은 할인율이 높아지기 때문이다. 왜냐하면 수익률과 가치는 반비례하기 때문이다.
※④ '현재가치에 대한 미래가치를 산출하기 위하여 사용하는 이율'의 적확한 표현은 할증율로 표시해야 한다. 엄밀한 의미에서 이자율(금리)이란 할증율과 할인율을 통칭하여 사용하는 개념이다. 그러나 광의의 개념으로 본다면 틀렸다고 볼 수는 없다.

답 ⑤

02 CHECK ○△×

A씨는 주택을 구입하고자 한다. 다음 조건과 같이 기존 주택저당대출을 승계할 수 있다면 신규 주택저당대출 조건과 비교할 때, 이 승계권의 가치는 얼마인가? (단, 주어진 자료에 한함) 기출 23

- 기존 주택저당대출 조건
  - 현재 대출잔액 : 1억 5천만원
  - 원리금균등분할상환방식 : 만기 20년, 대출금리 5%, 고정금리대출
- 신규 주택저당대출 조건
  - 대출금액 : 1억 5천만원
  - 원리금균등분할상환방식 : 만기 20년, 대출금리 7%, 고정금리대출
- 월 기준 연금현가계수
  - (5%, 20년) : 150
  - (7%, 20년) : 125

① 2,000만원 ② 2,250만원
③ 2,500만원 ④ 2,750만원
⑤ 3,000만원

해설

주어진 조건은 원리금균등상환방식이며 매월 상환기준으로서 기존대출을 승계할 것인가, 신규대출을 받을 것인가에 대한 문제이다. 먼저, 매월 원리금상환액을 산출한다.

- 공식 : 매월 원리금상환액 = 대출액 × 저당상수
- 저당상수는 연금의 현가계수의 역수이다.

㉠ 기존 주택저당대출 조건

매월 원리금상환액 = 대출잔액(1억 5천만원) × $\dfrac{1}{\text{연금 현가계수}(5\%, 20년, 150)}$ = 100만원

㉡ 신규 주택저당대출 조건

매월 원리금상환액 = 대출잔액(1억 5천만원) × $\dfrac{1}{\text{연금 현가계수}(7\%, 20년, 125)}$ = 120만원

㉢ 원리금상환액 차액 = 신규 주택 저당대출 월 원리금상환액(120만원) − 기존대출 월 원리금상환액(100만원) = 20만원

㉣ 승계권 가치를 측정하기 위해서는 매월 원리금상환액을 연금의 현재가치로 환원한다.

승계권 가치 = 매월 원리금상환액(20만원) × 연금의 현재가치(7%, 20년, 125) = 2,500만원

※ 주어진 조건이 년부상환인지 월부상환인지가 명시가 되어 있지 않다. 연금현가계수에 월 기준이 나와 있지만, 저당상환조건에 월부상환인지 년부상환조건인지가 명시가 되어 있지 않으므로 문제에 심각한 오류가 발생하여, 정답 없음으로 보는 것이 옳은 것 같다.

답 ③

03 주택금융의 상환방식에 관한 설명으로 옳지 <u>않은</u> 것은?

① 만기일시상환방식은 대출만기 때까지는 원금상환이 전혀 이루어지지 않기에 매월 내는 이자가 만기 때까지 동일하다.
② 원금균등분할상환방식은 대출 초기에 대출원리금의 지급액이 가장 크기에 차입자의 원리금 지급 부담도 대출 초기에 가장 크다.
③ 원리금균등분할상환방식은 매기의 대출원리금이 동일하기에 대출 초기에는 대체로 원금상환 부분이 작고 이자지급 부분이 크다.
④ 점증상환방식은 초기에 대출이자를 전부 내고, 나머지 대출원금을 상환하는 방식으로 부의 상환(negative amortization)이 일어날 수 있다.
⑤ 원금균등분할상환방식이나 원리금균등분할상환방식에서 거치기간을 별도로 정할 수 있다.

해설

① (○) 만기일시상환방식은 대출만기 때까지는 원금상환이 전혀 이루어지지 않기에 매월 내는 이자가 만기 때까지 동일하고 만기시에 원금을 일시불로 상환하는 방식이다.
② (○) 원금균등분할상환방식은 대출 초기에 대출원리금의 지급액이 가장 크기에 차입자의 원리금 지급 부담도 대출 초기에 가장 크며, 시간이 경과함에 따라 원리금상환액이 점차 감소하는 방식이다.
③ (○) 원리금균등분할상환방식은 매기의 대출원리금이 동일하기에 대출 초기에는 대체로 원금상환부분이 작고 이자지급부분이 크다. 후기에 갈수록 원금상환액이 점차 증가되는 대신에 이자가 차지하는 부분이 점차 감소하는 형태이다.
④ (×) 점증상환방식은 초기에 원리금상환액이 대출이자부분도 전부 다 상환하지 못하여 미상환잔금에 가산되는 방식으로 부의 상환(negative amortization)이 일어날 수 있다.
⑤ (○) 원금균등분할상환방식이나 원리금균등분할상환방식에서 거치기간을 별도로 정할 수 있다. 이는 각각의 상환방식에 따라 달리 정할 수 있다.

답 ④

04 부동산금융에 관한 설명으로 옳은 것은? (단, 주어진 조건에 한함) 기출 24

① 콜옵션(call option)은 저당대출 대출자에게 주어진 조기상환권이다.
② 금융기관은 위험을 줄이기 위해 부채감당률이 1보다 작은 대출안의 작은 순서대로 대출을 실행한다.
③ 대출수수료와 조기상환수수료를 차입자가 부담하는 경우, 차입자의 실효이자율은 조기상환 시점이 앞당겨질수록 하락한다.
④ 대출조건이 동일할 경우 대출채권의 듀레이션(평균회수기간)은 원리금균등분할상환방식이 원금균등분할상환방식보다 더 길다.
⑤ 고정금리방식의 대출에서 총상환액은 원리금균등분할상환방식이 원금균등분할상환방식보다 더 작다.

해설

④ (○) 원금균등분할상환방식은 매 기간 원금을 상환하기 때문에 매 기간 원금과 이자를 분할하여 동일한 금액을 납부하는 원리금균등분할상환방식보다 원금의 평균적인 회수기간이 더 짧다. 대출잔금이 지속적으로 감소하고, 이에 따른 이자지급액도 같이 감소하므로 초기 상환부담은 크나, 원금상환이 많이 이루어지므로 총이자지급액도 작아지고, 총원리금 누적액도 가장 낮다.

답 ④

05 다음의 조건을 가진 오피스텔의 대부비율(LTV)은? (단, 연간 기준이며, 주어진 조건에 한함) 기출 24

- 순영업소득 : 4천만원
- 매매가격 : 4억원
- 부채감당률 : 2
- 저당상수 : 0.1

① 20%
② 30%
③ 40%
④ 50%
⑤ 60%

> 해설

- LTV＝대출금액 / 부동산가치(매매가격)
- 부채감당률 DSR＝순영업소득 / 부채서비스액에서, 부채서비스액＝순영업소득 / DSR
- 부채서비스액＝대출액×MC(저당상수)에서, 대출액＝부채서비스액 / MC
- 부채서비스액＝순영업소득 4천만원 / 부채감당률 2＝2천만원
- 대출액＝부채서비스액 2천만원 / MC 0.1＝2억원
- 따라서, LTV＝2억원(대출액) / 4억원(매매가격)＝50%

답 ④

06 프로젝트 금융에 관한 설명으로 옳은 것은? 기출 23

① 기업 전체의 자산 또는 신용을 바탕으로 자금을 조달하고, 기업의 수익으로 원리금을 상환하거나 수익을 배당하는 방식의 자금조달기법이다.
② 프로젝트 사업주는 기업 또는 개인일 수 있으나, 법인은 될 수 없다.
③ 프로젝트 사업주는 대출기관으로부터 상환청구를 받지는 않으나, 이러한 방식으로 조달한 부채는 사업주의 재무상태표에는 부채로 계상된다.
④ 프로젝트 회사가 파산 또는 청산할 경우, 채권자들은 프로젝트 회사에 대해 원리금상환을 청구할 수 없다.
⑤ 프로젝트 사업주의 도덕적 해이를 방지하기 위해 금융기관은 제한적 소구금융의 장치를 마련해두기도 한다.

> 해설

① (×) 일반기업금융은 기업 전체의 자산 또는 신용을 바탕으로 자금을 조달하지만, 프로젝트 파이낸싱은 기업의 수익(현금흐름)으로 원리금을 상환하거나 수익을 배당하는 방식의 자금조달기법이다.
② (×) 프로젝트 사업주는 기업 또는 개인일 수 있고, 법인도 될 수 있다.
③ (×) 프로젝트 사업주는 대출기관으로부터 상환청구를 받지는 않으나(비소구금융), 이러한 방식으로 조달한 부채는 사업주의 재무상태표에는 부채로 계상되지 않는다(부외금융형태).
④ (×) 프로젝트 회사가 파산 또는 청산할 경우, 채권자들은 프로젝트 회사에 대해 원리금상환을 청구할 수 있다(제한소구금융).
⑤ (○) 프로젝트 파이낸싱은 원칙은 비소구금융방식이지만 때에 따라서 프로젝트 사업주의 도덕적 해이를 방지하기 위해 금융기관은 제한적 소구금융의 장치를 마련해두기도 한다.

답 ⑤

07 부동산금융 및 투자에 관한 설명으로 옳지 <u>않은</u> 것은?

① 부동산금융은 부동산의 매입이나 매각, 개발 등과 관련하여 자금이나 신용을 조달하거나 제공하는 것을 말한다.
② 부동산의 특성과 관련하여 분할거래의 용이성과 생산의 장기성으로 인해 부동산금융은 부동산의 거래나 개발 등에서 중요한 역할을 하게 된다.
③ 부동산투자에서 지분투자자가 대상 부동산에 가지는 권한을 지분권이라 하고, 저당투자자가 대상 부동산에 가지는 권한을 저당권이라 한다.
④ 부동산보유자는 보유부동산의 증권화를 통해 유동성을 확보할 수 있다.
⑤ 부동산금융이 일반금융과 다른 점으로는 담보기능과 감가상각 및 차입금 이자에 대한 세금감면이 있다.

해설

① (○) 부동산금융은 부동산과 관련된 행위를 하기 위하여 자금을 조달하는 행위를 말한다. 즉, 부동산의 매입이나 매각, 개발 등과 관련하여 자금이나 신용을 조달하거나 제공하는 것을 말한다.
② (×) 부동산의 특성과 관련하여 분할거래의 곤란성과 생산의 장기성으로 인해 부동산금융은 부동산의 거래나 개발 등에서 중요한 역할을 하게 된다.
③ (○) 부동산투자에서 지분권과 저당권으로 구분되는데, 지분권이란 지분투자자가 대상 부동산에 가지는 권한을 말하고, 저당권은 저당투자자가 대상 부동산에 가지는 권한을 말한다.
④ (○) 유동화증권은 부동산보유자가 보유부동산의 증권화를 통해 유동성을 확보할 수 있는 장점이 있다.
⑤ (○) 부동산금융이 일반금융과 다른 점으로는 담보기능과 감가상각 및 차입금 이자에 대한 세금감면 등이 있다.

답 ②

08 대출상환방식에 관한 설명으로 옳지 <u>않은</u> 것은? (단, 주어진 조건에 한함)

① 원금균등분할상환방식은 만기에 가까워질수록 차입자의 원리금상환액이 감소한다.
② 원리금균등분할상환방식은 만기에 가까워질수록 원리금상환액 중 원금의 비율이 높아진다.
③ 대출조건이 동일하다면 대출기간동안 차입자의 총원리금상환액은 원금균등분할상환방식이 원리금균등분할상환방식보다 크다.
④ 차입자의 소득에 변동이 없는 경우 원금균등상환방식의 총부채상환비율(DTI)은 만기에 가까워질수록 낮아진다.
⑤ 차입자의 소득에 변동이 없는 경우 원리금균등분할상환방식의 총부채상환비율은 대출기간동안 일정하게 유지된다.

해설

③ (×) 대출조건이 동일하다면 대출기간동안 차입자의 총원리금상환액은 원금균등분할상환방식이 원리금균등분할상환방식보다 낮다. 이유는 이자지급액 때문이다. 즉, 이자지급액은 미상환잔금에 이자율을 곱하기 때문에 원금균등분할상환방식이 원리금균등분할상환방식보다 미상환잔금이 낮기 때문에 이자지급액이 낮다. 따라서 전체 누적이자지급액이 원금균등분할상환이 낮다.

답 ③

09

A는 다음과 같은 조건을 가지는 원리금균등분할상환방식의 주택저당대출을 받았다. 5년 뒤 대출 잔액은 얼마인가? (단, 주어진 자료에 한함)

기출 22

- 대출액 : 47,400만원
- 대출만기 : 15년
- 대출금리 : 연 6%, 고정금리
- 원리금은 매월 말 상환
- 연금현가계수(0.5%, 60) : 51.73
- 연금현가계수(0.5%, 120) : 90.07
- 연금현가계수(0.5%, 180) : 118.50

① 20,692만원
② 25,804만원
③ 30,916만원
④ 36,028만원
⑤ 41,140만원

해설

- 대출잔액 = 대출액 × 잔금비율 $\left(\dfrac{\text{연금현가계수(잔여기간)}}{\text{연금현가계수(전체기간)}} \right)$

- 주어진 지문은 원리금균등분할상환방식에서 대출기간(15년)에서 5년 경과한 후 잔여기간이 10년에 대출잔액을 파악하고자 한다. 원리금상환조건은 매월 상환 조건이므로 대출기간(180월), 잔여기간(120월)이고 이자율 $\left(\dfrac{6\%}{12월} = 0.5\% \right)$로 적용하여야 한다.

- 대출잔액 = 대출액(47,400만원) × 잔금비율 $\left(\dfrac{\text{연금현가(0.5\%, 120:90.07)}}{\text{연금현가(0.5\%, 180:118.50)}} \right)$ = 36,028만원

답 ④

10

이자율과 할인율이 연 6%로 일정할 때, A, B, C를 크기 순서로 나열한 것은? (단, 주어진 자료에 한하며, 모든 현금흐름은 연말에 발생함) 기출 22

- A : 2차년도부터 6차년도까지 매년 250만원씩 받는 연금의 현재가치
- B : 2차년도부터 6차년도까지 매년 200만원씩 받는 연금의 6차년도의 미래가치
- C : 1차년도에 40만원을 받고 매년 전년 대비 2%씩 수령액이 증가하는 성장형 영구연금의 현재가치
- 연금현가계수(6%, 5) : 4.212
- 연금현가계수(6%, 6) : 4.917
- 연금내가계수(6%, 5) : 5.637
- 연금내가계수(6%, 6) : 6.975

① A>B>C ② A>C>B
③ B>A>C ④ B>C>A
⑤ C>B>A

해설

A : 주어진 지문은 연금의 현재가치를 사용한다.
- 250만원 × 연금의 현재가치(4.212) = 1,053만원

B : 주어진 지문은 연금의 내가계수를 활용한다.
- 200만원 × 연금의 내가(5.637) = 1,127만 4,000원

C : 일정성장 영구연금의 현재가치
- 일정성장 영구연금은 매 기간 일정비율로 증가하면서 영구히(기간 n이 무한함) 발생하는 현금흐름을 말한다.
- 현재가치 = 1기말의 현금흐름(40만원) × $\dfrac{1}{\text{이자율}(6\%) - \text{증가율}(2\%)}$ = 1,000만원

답 ③

11 부동산증권에 관한 설명으로 옳지 않은 것은? 〔기출 22〕

① 한국주택금융공사는 유동화증권의 발행을 통해 자본시장에서 정책모기지 재원을 조달할 수 있다.
② 금융기관은 주택저당증권(MBS)을 통해 유동성 위험을 감소시킬 수 있다.
③ 저당담보부채권(MBB)의 투자자는 채무불이행위험을 부담한다.
④ 저당이체증권(MPTS)은 지분형 증권이며 유동화기관의 부채로 표기되지 않는다.
⑤ 지불이체채권(MPTB)의 투자자는 조기상환위험을 부담한다.

해설

③ (×) 저당담보부채권(MBB)의 발행기관이 채무불이행위험을 부담하고 저당권을 보유하고, 원리금수취권도 가지고 있다.
④ (○) 저당이체증권(MPTS)은 지분형 증권이며 유동화기관의 부채로 표기되지 않고(부외금융), 투자자가 원리금수취권과, 조기상환 위험, 저당권을 보유한다.
⑤ (○) 지불이체채권(MPTB)의 투자자는 조기상환위험과 원리금수취권을 보유한다.

답 ③

12 부동산금융에 관한 설명으로 옳지 않은 것은? (단, 주어진 조건에 한함) 〔기출 22〕

① 대출채권의 듀레이션(평균 회수기간)은 만기일시상환대출이 원리금균등분할상환대출보다 길다.
② 대출수수료와 조기상환수수료를 부담하는 경우 차입자의 실효이자율은 조기상환시점이 앞당겨 질수록 상승한다.
③ 금리하락기에 변동금리대출은 고정금리대출에 비해 대출자의 조기상환위험이 낮다.
④ 금리상승기에 변동금리대출의 금리조정주기가 짧을수록 대출자의 금리위험은 낮아진다.
⑤ 총부채원리금상환비율(DSR)과 담보인정비율(LTV)은 소득기준으로 채무불이행위험을 측정하는 지표이다.

해설

⑤ (×) 총부채원리금상환비율(DSR)은 소득기준으로, 담보인정비율(LTV)는 부동산 가치로 채무불이행위험을 측정하는 지표이다.
㉠ DSR은 개인소득을 기준으로 대출비율을 산정한다.
$$DSR = \frac{\text{주택대출원리금상환액} + \text{기타 대출원리금상환액}}{\text{연간 소득}}$$
㉡ LTV는 주택의 담보가치에 따라 대출 비율을 통해 산정한다.
$$LTV = \frac{\text{Loan(대출액)}}{\text{Value(부동산가치)}}$$

답 ⑤

13 A는 향후 30년간 매월 말 30만원의 연금을 받을 예정이다. 시중 금리가 연 6%일 때, 이 연금의 현재가치를 구하는 식으로 옳은 것은? (단, 주어진 조건에 한함) 기출 22

① $30만원 \times \left(1+\dfrac{0.06}{12}\right)^{30\times12}$

② $30만원 \times \left[\dfrac{(1+0.06)^{30}-1}{0.06}\right]$

③ $30만원 \times \left[\dfrac{1-(1+0.06)^{-30}}{0.06}\right]$

④ $30만원 \times \left[\dfrac{1-\left(1+\dfrac{0.06}{12}\right)^{-30\times12}}{\dfrac{0.06}{12}}\right]$

⑤ $30만원 \times \left[\dfrac{\left(1+\dfrac{0.06}{12}\right)^{30\times12}-1}{\dfrac{0.06}{12}}\right]$

해설

주어진 지문은 연금의 현가계수 $\dfrac{1-(1+r)^{-n}}{r}$ 를 계산하는 문제이다.

• 주어진 조건은 매월 지급조건이다. 따라서 모든 조건을 연단위를 월로 변환하여야 한다.

 즉, 이자율 $\left(\dfrac{6\%}{12월}\right)$, 기간(30년×12)으로 환산하여야 한다.

• 연금현가계수 = $\dfrac{1-\left(1+\dfrac{0.06}{12}\right)^{-30\times12}}{\dfrac{0.06}{12}}$

• $30만원 \times \dfrac{1-\left(1+\dfrac{0.06}{12}\right)^{-30\times12}}{\dfrac{0.06}{12}}$

답 ④

14 화폐의 시간가치계산에 관한 설명으로 옳은 것은? 기출 21

① 연금의 현재가치계수에 일시불의 미래가치계수를 곱하면 연금의 미래가치계수가 된다.
② 원금균등분할상환방식에서 매 기간의 상환액을 계산할 경우 저당상수를 사용한다.
③ 기말에 일정 누적액을 만들기 위해 매 기간마다 적립해야 할 금액을 계산할 경우 연금의 현재가치계수를 사용한다.
④ 연금의 미래가치계수에 일시불의 현재가치계수를 곱하면 일시불의 미래가치계수가 된다.
⑤ 저당상수에 연금의 현재가치계수를 곱하면 일시불의 현재가치가 된다.

해설

② (×) 원금균등분할상환방식이 아닌 원리금균등분할상환방식이다.
③ (×) 연금의 현재가치계수가 아니라 감채기금을 사용한다.
④ (×) 연금의 미래가치계수에 일시불의 현재가치계수를 곱하면 연금의 현재가치계수가 된다.
⑤ (×) 저당상수에 연금의 현재가치계수를 곱하면 1이 된다.

답 ①

15 부동산 금융에 관한 설명으로 옳은 것은? 기출 21

① 역모기지(reverse mortgage)는 시간이 지남에 따라 대출잔액이 늘어나는 구조이고, 일반적으로 비소구형 대출이다.
② 가치상승공유형대출(SAM ; Shared Appreciation Mortgage)은 담보물의 가치상승 일부분을 대출자가 사전약정에 의해 차입자에게 이전하기로 하는 조건의 대출이다.
③ 기업의 구조조정을 촉진하기 위하여 기업구조조정 부동산투자회사에 대하여는 현물출자, 자산구성, 최저자본금을 제한하는 규정이 없다.
④ 부채금융은 대출이나 회사채 발행 등을 통해 타인자본을 조달하는 방법으로서 저당담보부증권(MBS), 조인트벤처(joint venture) 등이 있다.
⑤ 우리나라의 공적보증형태 역모기지제도로 현재 주택연금, 농지연금, 산지연금이 시행되고 있다.

해설

② (×) 가치상승공유형대출(SAM ; Shared Appreciation Mortgage)은 담보물의 가치상승 일부분을 대출자가 사전약정에 의해 대출자에게 이전하기로 하는 조건의 대출이다.
③ (×) 기업구조조정 부동산투자회사에 대하여는 주식분산, 자산구성, 1인당 주식소유한도, 처분제한을 제한하는 규정이 없다. 반면에 현물출자와 최저자본금에 대한 제한 규정은 존재한다.
④ (×) 저당담보부증권(MBS)은 부채금융이고, 조인트벤처(joint venture)는 지분금융에 속한다.
⑤ (×) 우리나라의 공적보증형태 역모기지제도로 현재 주택연금, 농지연금만이 시행되고 있다.

답 ①

16 부동산 증권에 관한 설명으로 옳지 않은 것은?

① MPTS(Mortgage Pass-Through Securities)는 지분을 나타내는 증권으로서 유동화기관의 부채로 표기되지 않는다.
② CMO(Collateralized Mortgage Obligation)는 동일한 저당풀(mortgage pool)에서 상환 우선순위와 만기가 다른 다양한 증권을 발행할 수 있다.
③ 부동산개발PF ABCP(Asset Backed Commercial Paper)는 부동산개발PF ABS(Asset Backed Securities)에 비해 만기가 길고, 대부분 공모로 발행된다.
④ MPTS(Mortgage Pass-Through Securities)는 주택담보대출의 원리금이 회수되면 MPTS의 원리금으로 지급되므로 유동화기관의 자금관리 필요성이 원칙적으로 제거된다.
⑤ MBB(Mortgage Backed Bond)는 주택저당대출차입자의 채무불이행이 발생하더라도 MBB에 대한 원리금을 발행자가 투자자에게 지급하여야 한다.

해설

③ (×) 부동산개발PF ABCP는 부동산개발PF ABS에 비해 만기가 짧아서, 대부분 사모로 발행된다. 반면에 부동산개발PF ABS는 특별목적회사(SPC)에서 채권을 발행하며, 대체로 발행기간이 장기간이며, 대부분 공모로 발행된다.

답 ③

17 부동산 증권에 관한 설명으로 옳은 것을 모두 고른 것은?

기출 24

ㄱ. MPTS(Mortgage Pass-Through Securities)는 채권을 표시하는 증권으로 원리금수취권과 주택저당에 대한 채권을 모두 투자자에게 이전하는 증권이다.
ㄴ. MBB(Mortgage-Backed Bond)는 모기지 풀(Pool)에서 발생하는 현금흐름으로 채권의 원리금이 지급되고, 모기지 풀의 현금흐름으로 채권의 원리금 지급이 안 될 경우 발행자가 초과부담을 제공하는 채권이다.
ㄷ. CMO(Collateralized Mortgage Obligation)는 원금과 조기상환대금을 받아갈 순서를 정한 증권으로 증권별로 만기가 일치하도록 만든 자동이체형 증권이다.
ㄹ. MPTB(Mortgage Pay-Through Bond)는 채권으로 발행자의 대차대조표에 부채로 표시된다.
ㅁ. 금융기관은 MBS(Mortgage-Backed Securities)를 통해 자기자본비율(BIS)을 높일 수 있다.

① ㄱ, ㄴ, ㄷ
② ㄱ, ㄴ, ㄹ
③ ㄱ, ㄷ, ㅁ
④ ㄴ, ㄹ, ㅁ
⑤ ㄷ, ㄹ, ㅁ

해설

ㄱ. (×) MPTS는 채권이 아닌 지분권적 성격을 갖는 증권이다.
ㄷ. (×) CMO는 트렌치별로 원금과 이자를 지급하고, 존속기간을 다양하게 하는 증권을 의미한다.

> **알아보기**
>
> MBB처럼 끝자리 글자가 B면 Bond를 의미해서 채권적 증권, S는 Security를 의미하나 Stock(주식)으로 암기하면 쉬울 듯하다.

답 ④

18

대출조건이 다음과 같을 때, 5년 거치가 있을 경우(A)와 거치가 없을 경우(B)에 원금을 상환해야 할 첫 번째 회차의 상환원금의 차액(A-B)은? (단, 주어진 조건에 한함)   기출 21

- 대출금 : 1억 2천만원
- 대출금리 : 고정금리, 연 3%
- 대출기간 : 30년
- 월 저당상수(360개월 기준) : 0.00422
- 월 저당상수(300개월 기준) : 0.00474
- 월 원리금균등분할상환방식

① 52,000원 ② 54,600원
③ 57,200원 ④ 59,800원
⑤ 62,400원

해설

- (A) 5년 거치가 있을 경우 : 5년 경과 후에 1회차 원금상환 시작함
  ㉠ 1회차 원리금 상환액=대출금(1.2억원)×월 저당상수(0.00474)=568,800원
  ㉡ 1회차 이자지급액=대출금(1.2억원)×이자율$\left(\frac{3\%}{12}\right)$=300,000원
  ㉢ 원금상환액=원리금상환액(568,800원)-이자지급액(300,000원)=268,800원

- (B) 거치가 없을 경우
  ㉠ 1회차 원리금 상환액=대출금(1.2억원)×월저당상수(0.00422)=506,400원
  ㉡ 1회차 이자지급액=대출금(1.2억원)×이자율$\left(\frac{3\%}{12}\right)$=300,000원
  ㉢ 원금상환액=원리금상환액(506,400원)-이자지급액(300,000원)=206,400원

∴ 원금상환액의 차이(A-B)=268,800원-206,400원=62,400원

답 ⑤

19 조기상환에 관한 설명으로 옳지 않은 것은? `기출 21`

① 조기상환이 어느 정도 일어나는가를 측정하는 지표로 조기상환율(CPR ; Constant Prepayment Rate)이 있다.
② 저당대출차입자에게 주어진 조기상환권은 풋옵션(put option)의 일종으로 차입자가 조기상환을 한다는 것은 대출잔액을 행사가격으로 하여 대출채권을 매각하는 것과 같다.
③ 저당대출차입자의 조기상환정도에 따라 MPTS의 현금흐름과 가치가 달라진다.
④ 이자율 하락에 따른 위험을 감안하여 금융기관은 대출기간 중 조기상환을 금지하는 기간을 설정하고, 위반 시에는 위약금으로 조기상환수수료를 부과하기도 한다.
⑤ 저당대출차입자의 조기상환은 MPTS(Mortgage Pass-Through Securities) 투자자에게 재투자위험을 유발한다.

해설

② (×) 저당대출차입자에게 주어진 조기상환권은 콜옵션의 일종으로 차입자가 조기상환을 한다는 것은 대출잔액을 행사가격으로 하여 대출채권을 매각하는 것과 같다.

답 ②

20 부동산 증권에 관한 설명으로 옳은 것은? `기출 20`

① 저당이체증권(MPTS)의 모기지 소유권과 원리금 수취권은 모두 투자자에게 이전된다.
② 지불이체채권(MPTB)의 모기지 소유권은 투자자에게 이전되고, 원리금 수취권은 발행자에게 이전된다.
③ 저당담보부채권(MBB)의 조기상환위험과 채무불이행 위험은 투자자가 부담한다.
④ 다계층증권(CMO)은 지분형증권으로만 구성되어 있다.
⑤ 상업용 저당증권(CMBS)은 반드시 공적 유동화중개기관을 통하여 발행된다.

해설

② (×) 지불이체채권(MPTB)의 모기지 소유권은 발행자에게 이전되고, 원리금 수취권은 투자자에게 이전된다.
③ (×) 저당담보부채권(MBB)의 조기상환위험과 채무불이행 위험은 발행자가 부담한다.
④ (×) 다계층증권(CMO)은 혼합형 증권으로 구성되어 있다.
⑤ (×) 상업용 저당증권(CMBS)은 공적 유동화중개기관 이외에서도 발행된다.

답 ①

21

프로젝트 금융의 특징에 관한 설명으로 옳지 않은 것은?

① 사업자체의 현금흐름을 근거로 자금을 조달하고, 원리금 상환도 해당 사업에서 발생하는 현금흐름에 근거한다.
② 사업주의 입장에서는 비소구 또는 제한적 소구 방식이므로 상환의무가 제한되는 장점이 있다.
③ 금융기관의 입장에서는 부외금융에 의해 채무수용능력이 커지는 장점이 있다.
④ 금융기관의 입장에서는 금리와 수수료 수준이 높아 일반적인 기업금융보다 높은 수익을 얻을 수 있는 장점이 있다.
⑤ 복잡한 계약에 따른 사업의 지연과 이해당사자 간의 조정의 어려움은 사업주와 금융기관 모두의 입장에서 단점으로 작용한다.

해설

③ (×) 금융기관의 입장이 아니라 사업주의 입장에 대한 설명이다. 즉, 사업주는 부외금융이기 때문에 채무수용능력이 높아지는 특징이 있다.

답 ③

22

프로젝트 파이낸싱(PF)에 관한 설명으로 옳지 않은 것은?

① 사업주의 대차대조표에 부채로 표시되어 사업주의 부채비율에 영향을 미친다.
② 프로젝트 자체의 수익성과 향후 현금흐름을 기초로 개발에 필요한 자금을 조달한다.
③ 대출기관은 시행사에게 원리금상환을 요구하고, 시행사가 원리금을 상환하지 못하면 책임준공의 의무가 있는 시공사에게 채무상환을 요구할 수 있다.
④ 금융기관은 부동산개발사업의 사업주와 자금공여 계약을 체결한다.
⑤ 프로젝트 파이낸싱의 구조는 비소구금융이 원칙이나, 제한적 소구금융의 경우도 있다.

해설

① (×) 프로젝트 파이낸싱은 부외금융의 대표적인 사례로, 여기서 부외금융이란 대차대조표 장부에 부채로 표시되지 않는 금융을 의미한다.

답 ①

23 저당대출의 상환방식에 관한 설명으로 옳은 것은?

① 원금균등분할상환(CAM)방식의 경우, 원리금의 합계가 매기 동일하다.
② 원리금균등분할상환(CPM)방식의 경우, 초기에는 원리금에서 이자가 차지하는 비중이 높으나, 원금을 상환해 가면서 원리금에서 이자가 차지하는 비중이 줄어든다.
③ 다른 조건이 일정하다면, 대출채권의 듀레이션(평균 회수기간)은 원리금균등분할상환(CPM) 방식이 원금균등분할상환(CAM)방식보다 짧다.
④ 체증분할상환(GPM)방식은 장래 소득이 줄어들 것으로 예상되는 차입자에게 적합한 대출방식이다.
⑤ 거치식(Interest-only Mortgage)방식은 대출자 입장에서 금리수입이 줄어드는 상환방식으로, 상업용 부동산 저당대출보다 주택 저당대출에서 주로 활용된다.

해설

① (×) 원리금균등분할상환방식의 경우, 원리금의 합계가 매기 동일하다.
③ (×) 다른 조건이 일정하다면, 대출채권의 듀레이션(평균 회수기간)은 원리금균등분할상환방식이 원금균등분할상환방식보다 길다.
④ (×) 체증분할상환방식은 장래 소득이 증가될 것으로 예상되는 차입자에게 적합한 대출방식이다.
⑤ (×) 거치식방식은 대출자 입장에서 금리수입이 증가하는 상환방식이다.

답 ②

24 다음의 조건을 가진 A부동산의 대부비율은? (단, 주어진 조건에 한함) 〔기출 20〕

- 매매가격 : 5억원
- 순영업소득 : 3,000만원
- 부채감당률 : 1.5
- 연 저당상수 : 0.1

① 10% ② 20%
③ 30% ④ 40%
⑤ 50%

해설

- 부채서비스액 = $\dfrac{\text{순영업소득(3,000만원)}}{\text{부채감당율(1.5)}}$ = 2,000만원

- 대출액 = $\dfrac{\text{부채서비스액(2,000만원)}}{\text{저당상수(0.1)}}$ = 2억원

- 대부비율 = $\dfrac{\text{대출액(2억원)}}{\text{매매가격(5억원)}}$ = 40%

답 ④

25 A는 주택 투자를 위해 은행으로부터 다음과 같은 조건으로 대출을 받았다. A가 7년 후까지 원리금을 정상적으로 상환했을 경우, 미상환 원금잔액은? (단, 주어진 조건에 한함. $1.04^{-7}=0.76$, $1.04^{-13}=0.6$, $1.04^{-20}=0.46$)

기출 20

- 대출원금 5억원
- 대출금리 : 연 4%(고정금리)
- 대출기간 : 20년
- 상환방식 : 연 1회 원리금균등분할상환

① 2억 2222만원 ② 3억 263만원
③ 3억 7037만원 ④ 3억 8333만원
⑤ 3억 9474만원

해설

- 미상환 잔금 = 대출액 × 잔금비율 $\left(\dfrac{\text{연금현가(잔여기간)}}{\text{연금현가(전체기간)}}\right)$
- 전체기간 : 20년, 상환기간 : 7년, 잔여기간 : 13년
- 연금현가 = $\dfrac{1-(1-i)^{-n}}{i}$
- 잔금비율 = $\dfrac{\dfrac{1-(1-0.04)^{-13}}{0.04}}{\dfrac{1-(1-0.04)^{-20}}{0.04}} = \dfrac{1-0.6}{1-0.46} = \dfrac{0.4}{0.54} = 0.74074$
- 미상환 잔금 = 5억원 × 0.74074 = 3억 7037만원

답 ③

26 화폐의 시간가치에 관한 설명으로 옳지 않은 것은? (단, 다른 조건은 동일함) 기출 20

① 은행으로부터 주택구입자금을 원리금균등분할상환 방식으로 대출한 가구가 매월 상환할 원리금을 계산하는 경우, 저당상수를 사용한다.
② 일시불의 미래가치계수는 이자율이 상승할수록 커진다.
③ 연금의 현재가치계수와 저당상수는 역수관계이다.
④ 연금의 미래가치계수와 감채기금계수는 역수관계이다.
⑤ 3년 후에 주택자금 5억원을 만들기 위해 매 기간 납입해야 할 금액을 계산하는 경우, 연금의 미래가치계수를 사용한다.

> **해설**

⑤ (×) 연금의 미래가치계수가 아니라 감채기금계수를 사용한다. 감채기금계수는 미래 1원을 만들기 위해서 매기간 납입할 금액을 파악하고자 하는 방식이다.

답 ⑤

27 고정금리대출과 변동금리대출에 관한 설명으로 옳은 것은? 기출 19

① 예상치 못한 인플레이션이 발생할 경우 대출기관에게 유리한 유형은 고정금리대출이다.
② 일반적으로 대출일 기준 시 이자율은 변동금리대출이 고정금리대출보다 높다.
③ 시장이자율 하락 시 고정금리대출을 실행한 대출기관은 차입자의 조기상환으로 인한 위험이 커진다.
④ 변동금리대출은 시장상황에 따라 이자율을 변동시킬 수 있으므로 기준금리 외에 가산금리는 별도로 고려하지 않는다.
⑤ 변동금리대출의 경우 시장이자율 상승 시 이자율 조정주기가 짧을수록 대출기관에게 불리하다.

> **해설**

① (×) 예상치 못한 인플레이션이 발생할 경우 대출기관에게 유리한 유형은 변동금리대출이다.
② (×) 일반적으로 대출일 기준 시 이자율은 변동금리대출이 고정금리대출보다 낮다.
④ (×) 변동금리대출은 시장상황에 따라 이자율을 변동시킬 수 있으므로 기준금리 외에 가산금리는 별도로 고려한다.
⑤ (×) 변동금리대출의 경우 시장이자율 상승 시 이자율 조정주기가 짧을수록 대출기관에게 유리하다.

답 ③

28 대출조건이 다음과 같을 때, 원금균등분할상환방식과 원리금균등분할상환방식에서 1회차에 납부할 원금을 순서대로 나열한 것은? (단, 주어진 조건에 한함) 기출 19

- 대출금 : 1억 2천만원
- 대출금리 : 고정금리, 연 6%
- 대출기간 : 10년
- 월 저당상수 : 0.0111
- 거치기간 없이 매월말 상환

① 1,000,000원, 725,000원
② 1,000,000원, 732,000원
③ 1,000,000원, 735,000원
④ 1,200,000원, 732,000원
⑤ 1,200,000원, 735,000원

해설

주어진 조건에서 월부상환이다.
1) 원금균등상환방식에서 원금상환액은 다음과 같이 구한다.

$$\frac{원금상환액 = 대출금(1억\ 2천만원)}{대출기간(120월)} = 100만원$$

2) 원리금균등상환액에서 원금상환액의 산출방식은 다음과 같다.

원리금상환액(㉠) − 이자지급액(㉡) = 원금상환액(㉢)

㉠ 원리금상환액 = 대출액(1.2억) × 저당상수(0.0111) = 133.2만원

㉡ 이자지급액 = 대출액(1.2억) × 이자율$\left(\frac{6\%}{12}\right)$ = 60만원

㉢ 원금상환액 = 원리금상환액(133.2만원) − 이자액(60만원) = 73.2만원

답 ②

29 부동산 증권에 관한 설명으로 옳지 않은 것은? 기출 19

① 자산유동화증권(ABS)은 금융기관 및 기업이 보유하고 있는 매출채권, 부동산저당채권 등 현금흐름이 보장되는 자산을 담보로 발행하는 증권을 의미한다.
② 저당담보부채권(MBB)은 모기지풀에서 발생하는 현금흐름과 관련된 위험을 투자자에게 이전하는 채권이다.
③ 주택저당증권(MBS)은 금융기관 등이 주택자금을 대출하고 취득한 주택저당채권을 유동화전문회사 등이 양수하여 이를 기초로 발행하는 증권을 의미한다.
④ 저당이체증권(MPTS)은 발행기관이 원리금수취권과 주택저당권에 대한 지분권을 모두 투자자에게 이전하는 증권이다.
⑤ 다계층증권(CMO)은 저당채권의 발행액을 몇 개의 계층으로 나눈 후 각 계층마다 상이한 이자율을 적용하고 원금이 지급되는 순서를 다르게 정할 수 있다.

해설

② (×) 저당담보부채권(MBB)이 아니라 저당이체증권(MPTS)에 대한 설명이고, 저당담보부채권(MBB)은 모기지풀에서 발생하는 현금흐름과 관련된 위험을 발행자가 가진다.

답 ②

30 사업주가 특수목적회사인 프로젝트 회사를 설립하여 특정 프로젝트 수행에 필요한 자금을 금융기관으로부터 대출받는 방식의 프로젝트 금융을 활용하는 경우에 관한 설명으로 옳지 않은 것은? (단, 프로젝트 회사를 위한 별도의 보증이나 담보제공 등은 없음) 기출 19

① 대규모 자금이 소요되고 공사기간이 장기인 사업에 적합한 자금조달수단이다.
② 프로젝트 금융에 의한 채무는 사업주와 독립적이므로 부채상환의무가 사업주에게 전가되지 않는다.
③ 사업주가 이미 대출한도를 넘어섰거나 대출제약요인이 있는 경우에도 가능하다.
④ 해당 프로젝트가 부실화되더라도 대출기관의 채권회수에는 영향이 없다.
⑤ 프로젝트 회사는 법률적, 경제적으로 완전히 독립적인 회사이지만 이해당사자간의 이견이 있을 경우에는 사업지연을 초래할 수 있다.

해설

④ (×) 해당 프로젝트가 부실화되더라도 대출기관의 채권회수에는 영향을 준다. 즉, 비(제한)소구금융이므로 대출기관은 원리금 회수가 되지 않는 경우도 있다.

답 ④

31

주택자금대출을 위한 다음과 같은 대안에 관한 설명으로 옳은 것은? (단, 주어진 조건에 한함)

기출 19

공통 대출조건	• 대출금 : 2억원 • 이자율 : 고정금리, 연 5% • 대출기간 : 15년
대안1	원금만기일시상환조건(이자는 연말납입)
대안2	원리금균등분할상환조건(거치기간 없이 연말상환)
대안3	원금균등분할상환조건(거치기간 없이 연말상환)
대안4	부(−)의 상환인 체증분할상환조건(거치기간 없이 연말상환)

① 모든 대안별 대출금액에 대한 상환방식은 다르지만, 첫째년도에 지불하는 이자금액은 모든 대안이 동일하다.
② 모든 대안의 대출기간 동안에 상환환원금과 이자의 총합계액은 동일하다.
③ 대안4는 다른 대안에 비해서 대출기간이 경과할수록 이자부담이 점증하는 구조이기에 원금 부담은 줄어든다.
④ 대안2는 대안3에 비해서 첫째년도의 원금상환액이 큰 방식이다.
⑤ 대안3은 다른 대안에 비해서 첫째년도에 차입자의 원리금 지급 부담이 큰 방식이다.

해설

① (×) 모든 대안별 대출금액에 대한 상환방식은 다르지만, 첫째년도에 지불하는 이자금액은 대안1, 대안2, 대안3은 동일하나, 대안4는 다르다.
② (×) 모든 대안의 대출기간 동안에 상환환원금과 이자의 총합계액은 다르다.
　즉, 원리금상환액의 누적액이 큰 순서는 대안1 > 대안4 > 대안2 > 대안3이다.
③ (×) 대안4는 다른 대안에 비해서 대출기간이 경과할수록 원리금상환액이 점증하는 구조이다.
④ (×) 대안3는 대안2에 비해서 첫째년도의 원금상환액이 큰 방식이다.

답 ⑤

32 부동산투자회사법상 부동산투자회사에 관한 설명으로 옳은 것은? 기출 22

① 최저자본금준비기간이 지난 위탁관리 부동산투자회사의 자본금은 70억원 이상이 되어야 한다.
② 자기관리 부동산투자회사의 설립자본금은 3억원 이상으로 한다.
③ 자기관리 부동산투자회사에 자산운용 전문인력으로 상근하는 감정평가사는 해당 분야에 3년 이상 종사한 사람이어야 한다.
④ 최저자본금준비기간이 끝난 후에는 매 분기 말 현재 총자산의 100분의 80 이상이 부동산(건축 중인 건축물 포함)이어야 한다.
⑤ 위탁관리 부동산투자회사는 해당 연도 이익을 초과하여 배당할 수 있다.

해설

① (×) 최저자본금준비기간이 지난 위탁관리 부동산투자회사의 자본금은 50억원 이상이 되어야 한다.
② (×) 자기관리 부동산투자회사의 설립자본금은 5억원 이상으로 한다.
③ (×) 자기관리 부동산투자회사는 그 자산을 투자·운용할 때에는 전문성을 높이고 주주를 보호하기 위하여 대통령령으로 정하는 바에 따라 다음 각 호에 따른 자산운용 전문인력을 상근으로 두어야 한다.
   ㉠ 감정평가사 또는 공인중개사로서 해당 분야에 5년 이상 종사한 사람
   ㉡ 부동산 관련 분야의 석사학위 이상의 소지자로서 부동산의 투자·운용과 관련된 업무에 3년 이상 종사한 사람
   ㉢ 그 밖에 제1호 또는 제2호에 준하는 경력이 있는 사람으로서 대통령령으로 정하는 사람
④ (×) 부동산투자회사는 최저자본금준비기간이 끝난 후에는 매 분기 말 현재 총자산의 100분의 80 이상을 부동산, 부동산 관련 증권 및 현금으로 구성하여야 한다. 이 경우 총자산의 100분의 70 이상은 부동산(건축 중인 건축물을 포함한다)이어야 한다.
⑤ (○) 위탁관리 부동산투자회사가 제1항에 따라 이익을 배당할 때에는 이익을 초과하여 배당할 수 있다. 이 경우 초과배당금의 기준은 해당 연도 감가상각비의 범위에서 대통령령으로 정한다.

답 ⑤

33 부동산투자회사법령상 부동산투자회사에 관한 내용으로 옳지 <u>않은</u> 것은? 기출 24

① 영업인가를 받거나 등록을 한 날부터 최저자본금준비기간이 지난 자기관리 부동산투자회사의 최저자본금은 70억원 이상이 되어야 한다.
② 최저자본금준비기간이 끝난 후에는 매 분기 말 현재 총자산의 100분의 80 이상을 부동산, 부동산 관련 증권 및 현금으로 구성하여야 한다. 이 경우 총자산의 100분의 70 이상은 부동산(건축 중인 건축물을 포함한다)이어야 한다.
③ 부동산투자회사는 부동산 등 자산의 운용에 관하여 회계처리를 할 때에는 금융감독원이 정하는 회계처리기준에 따라야 한다.
④ 부동산투자회사의 상근 임원은 다른 회사의 상근 임직원이 되거나 다른 사업을 하여서는 아니 된다.
⑤ 위탁관리 부동산투자회사란 자산의 투자·운용을 자산관리회사에 위탁하는 부동산투자회사를 말한다.

해설

③ (×) 부동산투자회사는 부동산 등 자산의 운용에 관하여 회계처리를 할 때에는 금융위원회가 정하는 회계처리기준에 따라야 한다.

답 ③

34.

부동산투자회사법령상 자기관리 부동산투자회사가 자산을 투자·운용할 때 상근으로 두어야 하는 자산운용 전문인력에 해당되지 않는 사람은?   기출 21

① 공인회계사로서 해당 분야에 3년 이상 종사한 사람
② 공인중개사로서 해당 분야에 5년 이상 종사한 사람
③ 감정평가사로서 해당 분야에 5년 이상 종사한 사람
④ 부동산 관련 분야의 석사학위 이상의 소지자로서 부동산의 투자·운용과 관련된 업무에 3년 이상 종사한 사람
⑤ 자산관리회사에서 5년 이상 근무한 사람으로서 부동산 취득·처분·관리·개발 또는 자문 등의 업무에 3년 이상 종사한 경력이 있는 사람

해설

① (×) 공인회계사는 자산운용 전문인력에 해당되지 않는다.

> **부동산투자회사법 제22조(자기관리부동산투자회사의 자산운용 전문인력)**
> ① 자기관리 부동산투자회사는 그 자산을 투자·운용할 때에는 전문성을 높이고 주주를 보호하기 위하여 대통령령으로 정하는 바에 따라 자산운용 전문인력을 상근으로 두어야 한다.
>   1. 감정평가사 또는 공인중개사로서 해당 분야에 5년 이상 종사한 사람
>   2. 부동산 관련 분야의 석사학위 이상의 소지자로서 부동산의 투자·운용과 관련된 업무에 3년 이상 종사한 사람
> ② 제1항에 따른 자산운용 전문인력은 자산운용에 관한 사전교육을 이수하여야 한다.

답 ①

35 다음의 내용에 모두 해당하는 모기지(Mortgage)는?

> - 차입자가 금융기관에 지불하는 저당지불액이 증권 발행자를 통하여 투자자에게 그대로 전달되는 형태이다.
> - 기초자산인 모기지 풀(pool)의 현금흐름 및 저당권에 대한 소유권을 나타내는 지분형이다.
> - 금융기관이 유동화중개기관을 통해 발행할 수도 있고, 유동화중개기관을 통하지 않고 자체적으로 유동화전문회사(SPC)를 만들어 발행할 수도 있다.
> - 모기지 소유자는 채무불이행위험, 조기상환위험, 금리위험을 부담할 수 있다.

① 저당이체증권(MPTS)
② 저당담보부채권(MBB)
③ 지불이체채권(MPTB)
④ 다계층증권(CMO)
⑤ 상업용저당증권(CMBS)

해설

① (○) MPTS는 원리금의 수취권과 저당권을 모두 투자자에게 이전하고, MPTB는 원리금 수취권만 이전한다. MBB는 원리금 수취권, 저당권 모두 투자자에게 이전되지 않는다.

답 ①

36 부동산금융에 관한 설명으로 옳지 않은 것은? (단, 주어진 조건에 한함)

① 부동산금융은 부동산의 매입이나 매각, 개발 등과 관련한 자금이나 신용을 조달하거나 제공하는 것을 말한다.
② 부동산이 가지고 있는 고유 특성으로 인하여 금융의 필요성이 중요해지고 있다.
③ 부동산 신디케이션(syndication)은 부동산개발사업을 공동으로 수행하기 위해 일반투자자들의 자금과 부동산개발업자의 전문성이 결합된 투자자 집단을 말한다.
④ 메자닌금융(mezzanine financing)은 부채방식과 지분방식의 특징을 갖고 있는 중간적 성격의 자금조달방법이다.
⑤ 랩어라운드(wrap-around)대출은 기존대출을 상환하고 신규대출을 별도로 제공하는 방식이다.

해설

⑤ (×) 랩어라운드(wrap-around)대출은 여러 금융기관에서 대출을 받아 기존대출을 상환하는 방식의 대출이다.

답 ⑤

37 대출상환에 관한 설명으로 옳지 않은 것은? (단, 주어진 조건에 한함) 기출 25

① 대출조건이 동일할 경우, 대출채권의 듀레이션(duration)은 원리금균등분할상환, 원금균등분할상환, 점증상환, 만기일시상환의 순으로 짧다.
② 원리금균등분할상환의 경우, 매월 원리금을 균등하게 상환하기 때문에 원리금에서 원금과 이자가 차지하는 비중은 상환시기에 따라 다르다.
③ 점증상환에서는 초기에 원리금의 납입액이 이자지급액에 미치지 못할 수 있는데, 이 경우 미상환 이자가 원금에 가산되어 부(−)의 상환이 일어날 수 있다.
④ 만기일시상환은 대출기간 동안 매월 이자만 상환하다가 만기에 일시로 원금을 상환하는 방식이며, 대출만기 시 원금의 일부를 상환하게 한 뒤 대출만기를 연장해주기도 한다.
⑤ 원금균등분할상환의 경우, 매월 상환하는 원리금 상환 부담은 대출 초기에는 많지만 상환금액은 점차 감소한다.

해설

① (×) 대출조건이 동일할 경우, 대출채권의 듀레이션(duration)은 원금균등분할상환, 원리금균등분할상환, 점증상환, 만기일시상환의 순으로 짧다.

답 ①

38 A는 승계가능한 대출로 주택을 구입하고자 한다. 다음과 같은 조건으로 기존 주택저당대출을 승계받을 때, 이 승계권의 가치는 얼마인가? (단, 주어진 자료에 한함)

기출 25

- 기존 주택저당대출
  - 현재 대출잔액 : 3억원
  - 원리금균등분할상환방식 : 만기 20년, 대출금리 5%, 고정금리대출
- 신규 주택저당대출
  - 대출금액 : 3억원
  - 원리금균등분할상환방식 : 만기 20년, 대출금리 7%, 고정금리대출
- 월 기준 연금현가계수
  - (5%, 20년) : 150
  - (7%, 20년) : 125

① 4,375만원
② 5,000만원
③ 5,625만원
④ 6,250만원
⑤ 6,875만원

해설

- 기존 주택저당대출 조건

  매월 원리금상환액 = 대출잔액(3억원) × $\dfrac{1}{연금\ 현가계수(5\%,\ 20년,\ 150)}$ = 200만원

- 신규 주택저당대출 조건

  매월 원리금상환액 = 대출잔액(3억원) × $\dfrac{1}{연금\ 현가계수(7\%,\ 20년,\ 125)}$ = 240만원

- 원리금상환액 차액 = 신규 주택 저당대출 월 원리금상환액(240만원) − 기존대출 월 원리금상환액(200만원) = 40만원
- 승계권 가치를 측정하기 위해서는 매월 원리금상환액을 연금의 현재가치로 환원한다.

  승계권 가치 = 매월 원리금상환액(40만원) × 연금의 현재가치(7%, 20년, 120) = 5,000만원

답 ②

39 한국주택금융공사법령상 주택금융신용보증기금의 용도로 명시하지 <u>않은</u> 것은?

① 신용보증채무의 이행
② 차입금의 원리금 상환
③ 금융기관에의 예치(預置)
④ 기금의 육성을 위한 연구·개발
⑤ 기금의 조성·운용 및 관리를 위한 경비

해설

> **한국주택금융공사법 제57조(기금의 용도)**
> 기금은 다음 각 호의 어느 하나에 해당하는 용도에 사용한다.
>   1. 신용보증채무의 이행
>   2. 차입금의 원리금 상환
>   3. 기금의 조성·운용 및 관리를 위한 경비
>   4. 기금의 육성을 위한 연구·개발
>   5. 그 밖에 기금의 설치목적을 달성하기 위하여 필요한 경우로서 대통령령으로 정하는 용도
>
>> 한국주택금융공사법 시행령 제34조(기금의 용도) 법 제57조 제5호에서 "대통령령으로 정하는 용도"란 다음 각 호의 어느 하나에 해당하는 것을 말한다.
>>   1. 주택정보의 상담 및 제공 사업
>>   2. 주택사업자 등에 대한 경영 및 기술지도 사업

답 ③

CHAPTER 05 부동산 투자론

제2편 | 부동산학 각론

제1절 부동산 투자의 이해

Ⅰ 부동산 투자의 개관

1. 부동산 투자의 정의

부동산 투자는 부동산 실물에 대한 투자와 부동산 증권에 대한 투자로 대별할 수 있고, 수익과 위험의 두가지 요소로 나뉘어 진다. 부동산 투자에서 수익은 주로 임대수익이나 배당수익과 자본이득을 의미하고, 위험은 주로 예상 기대치에서 벗어나는 정도와 시장의 불확실성에서 오는 위험을 의미한다. 투자에 대한 사전적 정의는 보통 다음과 같이 정의되고 있다.

① "장래 불확실한 수익(financial return)을 위해서 현재의 자금을 투입하는 행위"를 말한다.
② "장래 불확실한 수익(financial return)과 현재의 확실한 소비를 교환하는 행위"를 말한다.

2. 부동산 투자 방법

(1) 개 설

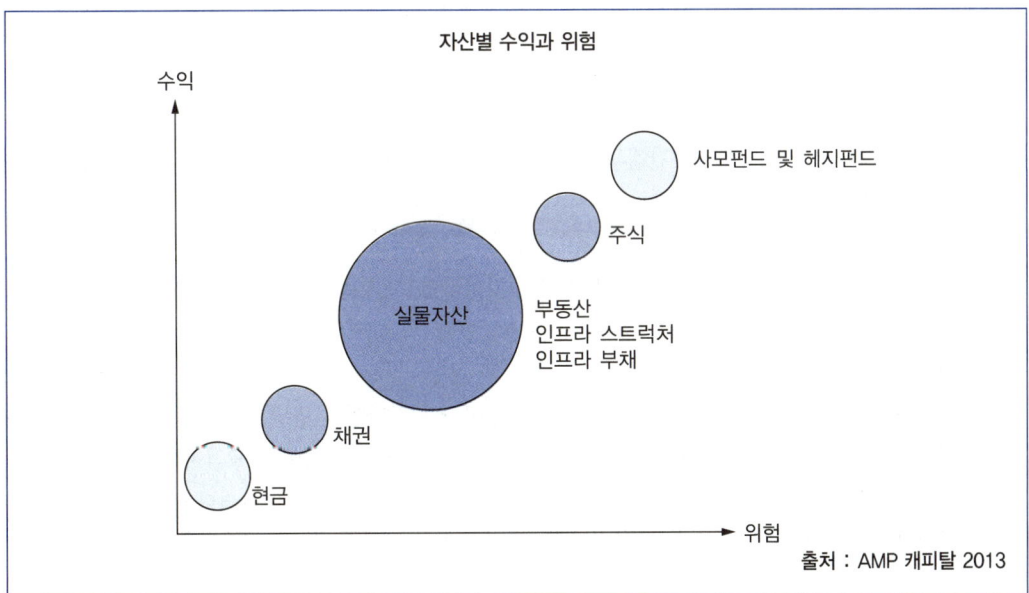

출처 : AMP 캐피탈 2013

최근 투자금융기관에서는 전통적인 주식투자와 채권투자에서 최근 선물, 옵션, 스왑 등을 이용한 파생거래를 이용하는 투자 외에 대체투자(Alternative Investment)를 통해 리스크 관리와 수익률 증진에 힘쓰고 있는데, 대체투자의 대표적인 상품으로 부동산이 주목받고 있다. 이외에도 부동산은 개인의 투자활동이 주식 및 채권보다 활발한데 이는 부동산의 개별적, 고액성, 관리적 어려움 등 비대체적인 특성으로 인하여 대량의 거래가 빈번하게 일어나는 투자금융기관은 투자의 한계가 어느 정도 있기 때문이다. 부동산은 상대적으로 고수익 고위험 상품인 주식과 저수익 저위험 상품인 채권의 중간적인 위치에 있으며, 전통적인 투자상품대비 상관계수가 낮아 포트폴리오 효과가 크다.

(2) 부동산 투자 방법

부동산 투자는 공개시장을 통한 투자와 비공개 사적 시장을 통한 투자로 대별할 수 있고, 각기 지분(Equity)투자와 대출이나 채권(Debt)투자와 같은 투자 방식이 있다.

구 분	사적 시장	공적 시장
지분 투자	직접 투자, 비상장 부동산주식투자	REITs, FUND 등 증권투자
채권 투자	장기 리스, 개인자금대여	MBS 투자, PF 투자

1) 직접적 투자

① 임대(property lease or rental) 목적의 투자 : 안정적이고 지속적인 임대수익을 얻고자 하는 목적으로, 일반적으로 개인들이 상가, 오피스, 창고, 오피스텔 등에 투자하는 것을 일컫는다.

② 리모델링 후 재매각(house flipping) 목적의 투자 : 구옥이나 구건물을 재수선(remodeling)하여 재매각하여 시세 차익을 거두는 방법이다. 예를 들어 오래된 한옥을 구입하여 현대식 3층 주택으로 변모시킨다거나 구 상가를 철거하고, 현대적 디자인의 상가를 신축한다거나, 기존 골격은 그대로 두되 외장재를 변형시키거나, 주차장 확대 및 용적률 확대 등을 통해 기존 시설을 업그레이드 후 재매각하는 방법을 일컫는다.

2) 증권 투자

① REITs에 투자 : 가장 대표적인 간접투자 방법으로 증권시장에 상장 또는 등록된 리츠 상품에 지분증권을 통하여 투자하거나 Fund를 통하여 투자하는 방법이다. 부동산 투자의 단점인 유동성과 고가성을 극복하고, 소액으로도 지분을 취득할 수 있다.

② MBS에 투자 : REITs가 지분증권을 투자하는 것이라면, MBS는 주로 채권증권에 투자하는 방법으로 증권을 취득하거나 펀드를 통하여 투자하는 방법이다.

③ 구조화 금융(Structured Financing) : 자금조달과 운용, 리스크관리 등을 목적으로 기존의 금융상품으로 원하는 목적을 달성할 수 없을 경우에 금융공학적인 다양한 방법으로 구성하는 것으로, 투자자의 위험선호에 맞추어 자산의 위험도를 구분하는 Tranche 방법이 대표적이다. 광의로는 Project Financing, MBS, ABS 등도 포함되며, 주로 NPL 등 부실채권을 판매하거나 CDO, CLO 등 리스크 관련상품을 판매할 때 많이 쓰는 기법이다.

3. 부동산 투자의 목적과 장점

(1) 임대소득의 극대화
부동산으로부터 투자자가 획득 가능한 소득에는 부동산의 운영으로부터 생기는 매년의 소득과 기간말 부동산의 매도시 기대 가능한 자본이득이 있다. 이중 임대료로 구성되는 매년의 임대소득은 상대적으로 저위험 및 안정적인 수익을 가져오는 것으로 투자자는 투자수익률을 주식, 예금 등의 다른 투자대안과 비교하여 투자를 결정하게 된다.

(2) 자본이득의 획득
자본이득이란 보유기간 동안 부동산의 가치상승으로 인한 투자자 몫의 증분을 의미한다. 일반적으로 부동산은 주식과 채권의 중간적인 위치에서 자본이득을 향유할 수 있다고 보고 있으며, 거시경제가 급성장을 하는 시기나 부동산 수요가 급등할 시기에는 미래의 부동산 투자가치에 대한 분석 없이 투기적 성격으로 투자하는 경향이 많아 부동산시장을 왜곡하기도 한다.

(3) 포트폴리오 효과 증대
일반적으로 부동산은 전통적인 주식과 채권 시장과 서로 상관관계가 낮다고 통계적으로 설명되고 있다. 따라서, 투자 포트폴리오 자산에 부동산을 포함시킬 경우 부동산포트폴리오 효과가 증대되어 리스크를 감소시키는 효과를 가져온다.

(4) 인플레이션에 대한 방어
과거 통계치에 의하면 부동산 투자는 인플레이션에 대한 유력한 방어수단이 된다는 것이 밝혀지고 있는데, 다른 재화의 가격이 상승함에 따라, 건물비용과 토지가격도 같이 상승하는 경향이 있다. 따라서 인플레이션이 심한 시기에는 금융자산보다 실물자산을 소유하는 것이 유리하다고 알려져 있으며, 부동산이 인플레이션에 대한 방어효과가 있다는 것은 자산가치의 보존수단으로 부동산을 선호하게 되는 이유가 된다. 다만, 인플레이션시 동반되는 금리의 상승과 전반적인 물가인상에 따른 부동산 수요의 감소 등으로 획일적으로 단정짓기 어려운 점이 있다.

(5) 지렛대 효과를 이용한 지분수익률의 극대화 기출 19
대부분의 투자자들은 자기 자본 이외에 금융기관으로부터 대출을 받아 이를 이용하여 투자를 하는데 그럼으로써 지분수익률의 증대가 가능해진다. 이와 같이 저당자본을 이용하여 지분자본의 수익률을 증폭시키는 것을 지렛대효과(leverage effect)라 한다.

(6) 절세효과
저당대부를 얻어 부동산에 투자하게 되면 합법적으로 절세를 할 수 있는 좋은 수단이 된다. 왜냐하면, 수익성 부동산의 경우 이자지급분과 감가상각분이 세제상 공제되기 때문이다. 그에 따라 과세대상소득이 작아지고 적용되는 세율도 낮아지게 된다. 특히, 감가상각분이 공제된다는 것은 부동산 투자가 다른 대안보다도 절세효과를 크게 하는 요인이 된다.

4. 부동산 투자의 단점 기출 23

(1) 비유동성
부동산 투자는 수익성과 안전성은 다른 투자 대상에 비하여 유리하나 상대적으로 고가이고 거래 과정이 복잡하여 처분시 비교적 장기간을 요하기 때문에 부동산 투자 분석시에는 이러한 점이 고려되어야 한다.

(2) 비대체성(개별성)
부동산은 당해 부동산의 공법상제한, 위치, 용도 등이 달라서 다른 유사부동산과 대체할 수 없기에 객관적이고 범용적인 부동산 지수의 성립이 어렵다. 부동산 고유의 공법상 규제, 미래 예상 현금흐름, 유지관리비용, 장래의 가치변동 등 부동산이 가지는 개별적인 특성을 정확하게 파악하기 위해서는 충분한 훈련과 지식축적이 특히 요구되고 있다.

(3) 감가상각의 고려
부동산은 감가상각이 되기 때문에 건물이나 개량물에 투자한 자본은 일정한 시간이 지나면 감소하게 된다. 그러므로 투자분석의 과정에서는 감가상각을 고려하여, 감가상각으로 인한 위험을 최소화하기 위한 고려를 투자분석과정에 포함시킬 필요가 있다.

(4) 부동산시장의 불완전성
부동산은 수요와 공급이 자유로운 조정에 의해 합리적 균형 가격이 결정되는 완전경쟁시장이 아니라 소수의 시장참여자, 정보의 비공개성, 시장진입과 탈퇴의 부자유성, 상품생산의 부자유성 및 일물일가의 법칙이 배제되는 대표적인 불완전시장으로서 시장에서의 수요, 공급 조절 또한 쉽게 이루어지지 아니하고, 이로 인해 시장의 변동성과 왜곡이 심할 수 있다.

(5) 행정 정책적 리스크의 상존
토지이용규제, 건축규제, 환경규제와 같은 각종 법적 규제는, 특수한 훈련과 지식을 갖춘 부동산 전문가의 조언이 없이는 쉽사리 이해할 수 없는 부분이 많이 있다. 이외에도 계약, 소유권 이전, 임대차, 운영관리, 세금 등 여러 가지 복잡한 법적 문제가 결부되어 있고 지역지구제, 부동산세금, 금융절차 등의 예기치 못한 변경은 부동산의 운영에 대한 위험을 증대시키는 요인이 된다.

(6) 투자의 비가역성
부동산 투자는 대부분 고가의 장기적인 목적의 투자이기 때문에 한 번 잘못된 투자는 쉽사리 교정되지 않는다. 부동산은 위치가 고정되어 있기 때문에, 보다 바람직한 위치로 이전할 수도 없다. 그리고 건물의 구조적 특성 때문에, 다른 용도로 전환하기도 쉽지 않다. 즉, 경제성 없는 개발사업에 투하된 자본은 쉽게 자본이 회수되지 않기 때문에 사전에 충분한 분석을 통하여 이러한 리스크를 최소화하여야 한다.

(7) 수요, 공급 조정의 난이성
부동산의 공급에는 착공에서 완공까지 상당한 시간이 소요된다. 따라서 수요초과나 공급초과가 있을 경우 시장이 상당기간 동안 왜곡되는 수가 많은데, 이른바 "거미집효과"가 발생하는 수가 많다. 수요와 공급이 부동산시장에서 제대로 조정되지 않는다는 것은 투자자로 하여금 그만큼 더 많은 위험을 부담하게 한다. 따라서 부동산 투자자들은 이같은 속성을 잘 파악하고, 수요와 공급에 대한 철저한 시장분석을 행할 필요가 있다.

Ⅱ 부동산 투자의 위험과 수익

1. 개요
부동산 투자의 수익률은 위험과 밀접한 관계가 있다. 이하에서는 먼저 투자의 위험에 관하여 살펴보고 위험과 수익과의 관계를 고찰해보고자 한다.

2. 부동산 투자의 위험 기출 23

(1) 사업상 위험
사업상 위험이란 부동산사업 자체로부터 연유하는 수익성에 관한 위험으로, 사업상 위험에는 시장위험, 운영위험, 위치적 위험이 있다.
① 시장위험이란 시장상황으로부터 야기되는 위험으로서 경기의 위축, 인구구조나 기술수준의 변화 등은 부동산에 대한 수요와 공급에 영향을 미쳐 임대료를 변화시킬 수 있다. 수요와 공급의 변화는 부동산 산업의 수익성에 대한 위험을 증대시키는 중요한 요인이다.
② 운영위험이란 사무실의 관리, 근로자의 파업, 영업경비의 변동 등으로 인해 야기될 수 있는 수익성의 불확실성을 폭넓게 지칭하는 개념이다.
③ 위치적 위험이란 부동산의 위치의 고정성 때문에 사업상 안게 되는 위험을 말한다. 토지이용유형은 시간에 따라 끊임없이 변화하고, 현재 위치가 적절하다고 해도 장래에까지 그럴 것이라는 보장은 없다. 부동산 수익이나 가치상승에 대한 기대는 거의 전적으로 위치와 관련되어 있다.
④ 그 밖에 대상부동산을 처분하는 과정에서 매각기일이 오래 걸리거나, 이로 인해 시장가치손실 가능성이 있는 유동성위험과 대상부동산을 새로운 상황에 적합시키거나 현 상황을 유지 보전하는 과정에서 잘못 결정을 내릴 수 있는 관리위험이 있다.

(2) 재무적 위험
부동산 투자의 경우에도 다른 투자와 마찬가지로 투자재원의 전부를 자기자본으로 하는 경우는 그리 많지 않다. 지분에 대한 대가가 투자지분에서 차지하는 비율을 지분수익률이라 한다. 부채를 사용하여 투자를 하게 되면 지분수익률이 증가하는 지렛대효과를 얻을 수 있다. 그러나 부채의 비율이 크면, 부담위험이 그만큼 커져 원금과 이자에 대한 채무불이행의 가능성이 높아지며 파산할 위험도 그만큼 더 커지게 되는데 이를 "재무적 위험"이라 한다.

(3) 법적 위험
부동산은 법적 환경에 많은 영향을 받는다. 법적환경의 변화는 부동산 투자에 대한 위험을 변화시키는데 정부의 여러 가지 정책, 지역지구제, 토지이용규제 등은 법적 환경의 중요한 구성요소가 된다. 부동산 세제나 감가상각방법의 변경, 부동산의 사용이나 임대료에 관한 법령의 변경도 부동산의 수익에 관한 불확실성을 야기시키는 원천이 된다.

(4) 인플레이션 위험
인플레이션이란 물가의 전반적인 상승을 의미한다. 인플레이션이 심하게 되면, 대출자는 원금의 실질적인 가치가 하락하는 위험을 안게 된다. 따라서 대출자는 이같은 위험을 피하기 위해 고정이자율로 대출하는 대신 변동이자율로 대출하기를 선호하게 된다. 이렇게 되면, 채무자들은 이자지불과 원금상환에 가중한 부담을 안게 되는 한편, 투자자도 인플레이션에 대한 적정한 보상이 주어지기를 원하므로 투자의 요구수익률도 그만큼 상승한다.

3. 위험과 수익의 관계 기출 20·25

(1) 위험에 대한 투자자의 태도

① 실현된 결과가 예상한 결과로부터 벗어날 가능성을 불확실성 또는 위험이라 하는데, 일반적으로 투자자들은 미리 위험을 계산하고 행동을 한다.

② 기대수익률이 동일한 두 개의 투자대안이 있을 때, 투자자들은 대부분 덜 위험한 쪽을 선택하는데 이러한 행동을 "위험회피적"이라 하며, 이는 사람들이 전혀 위험을 감수하려 하지 않는다는 것을 의미하는 것이 아니라 수익률이 동일할 경우 덜 위험한 쪽을 택한다는 것을 의미한다.

③ 위험회피적인 투자자라 해도 감수할 만한 유인책이 있는 위험이거나 회피할 수 없는 위험일 경우에는 투자자는 기꺼이 위험을 감수한다.

(2) 위험-수익의 상쇄관계

1) 개 요

일반적으로 위험과 수익은 비례관계를 가지고 있다. 즉, 부담하는 위험이 크면 클수록 요구하는 수익률도 커진다. 위험과 수익의 이같은 관계를 위험-수익의 상쇄관계라 한다.

2) 위험수준과 요구수익률 사이의 관계

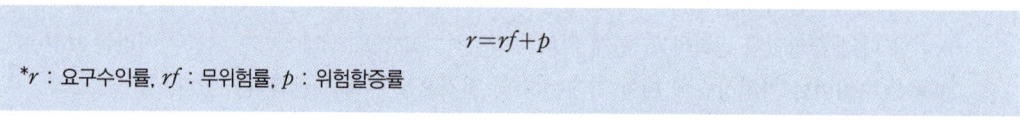

$$r = rf + p$$

*r : 요구수익률, rf : 무위험률, p : 위험할증률

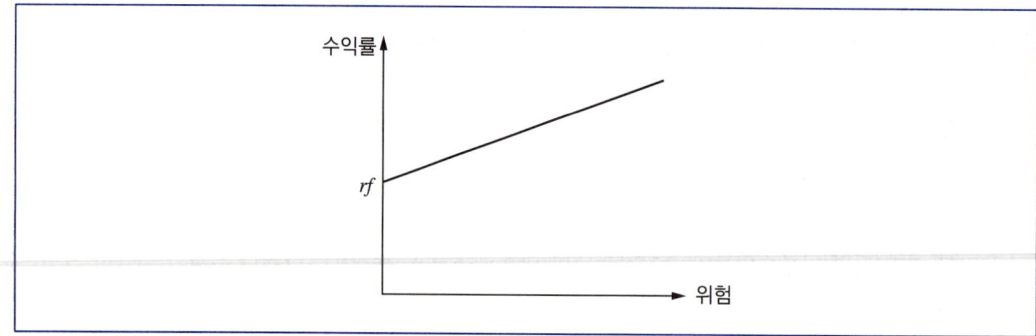

① 무위험률은 순수한 시간가치에 대한 대가로서 장래 기대되는 수익이 확실할 경우의 수익률을 의미하며, 정부가 보증하는 국채의 실질이율과 같은 것이 그것이다. 무위험률의 크기는 일반경제상황과 관계가 있는데 신용의 제한, 화폐의 공급과 수요, 저축률과 투자율 등은 무위험률에 영향을 준다. 무위험률은 종축의 절편이며, 무위험률의 상승은 기울기와는 상관없이 직선 자체를 상향 이동시킨다.

② 투자자의 요구수익률은 개인으로서 피할 수 없는 위험이 증대됨에 따라 아울러 상승하는데 이때 증대되는 시장위험에 대한 대가를 위험할증률이라 한다. 위험할증률은 시장위험뿐만 아니라 개별투자가 안고 있는 위험에 따라서 변화한다. 직선의 기울기는 위험에 대한 투자자들의 태도를 나타내며, 위험 혐오도가 클수록 직선의 기울기는 가파르다.

③ 위험과 수익의 관계에 영향을 주는 또 다른 중요한 요소로 인플레이션에 대한 예상이 있다. 인플레이션이란 화폐와 신용의 계량적 증가 즉, 구매력 감소를 의미한다. 이때 투자자는 예상되는 인플레만큼 더 높은 수익률을 요구하게 되며 기울기를 가파르게 변화시킨다. 요구수익률에 예상되는 인플레이션율(r_i)이 반영되는 것을 피셔효과라 하며 다음과 같이 표현된다.

$$r = rf + p + r_i$$

4. 위험과 가치의 균형

(1) 요구수익률이 변화할 경우

부동산의 가치란 장래 기대되는 수익을 현재가치로 환원한 값이다. 요구수익률은 장래의 기대수익을 현재가치로 환원하는 할인율로 사용된다. 요구수익률과 위험은 비례관계에 있으므로 위험이 클수록 요구수익률이 커진다. 따라서 장래 기대되는 수익의 흐름이 주어져 있을 때 투자에 대한 위험이 높을수록 부동산의 가치는 하락한다. 왜냐하면 동일한 현금수익을 보다 높은 요구수익률로 할인하기 때문이다.

(2) 요구수익률이 변화하지 않을 경우

또 다른 경우로 위험-수익의 관계에는 아무런 변화가 없는데 시장상황이 바뀌는 경우로서, 투자위험에는 아무런 변화가 없는데도 활황이 예상되어 매년 기대수익이 상승함에 따라 투자가치도 상승하게 된다. 이때 "기대수익률 > 요구수익률" 즉, 시장가치보다 투자가치가 커서 많은 투자자들은 대상물건을 사려고 할 것이며, 이것은 대상물건에 대한 수요의 증가로 이어져 대상물건의 시장가치가 상승하게 된다. 결국 기대수익률은 점차 하락하게 되고 기대수익률과 요구수익률이 같아지는 선까지 대상물건의 가치가 상승하고 여기에서 균형을 이루게 된다.

> **➕ 알아보기** **불확실성**
>
> 불확실성이란 의사결정자가 발생가능한 결과를 예측할 수 있으나, 예측을 위해 필요한 정보가 불충분한 상황을 말하며, 위험이란 의사결정자가 발생가능한 각각의 결과에 대한 가능성을 예측하기에 충분한 정보를 가지고 있는 상황을 말한다. 전자는 확률분포를 알 수 없으나, 후자는 확률분포가 주어진 경우이다.

> **➕ 알아보기** **위험과 불확실성하에서의 투자의사결정**
>
> 1. 위험과 불확실성하에서의 보조접근법
>   ① 기대NPV : 각각의 시나리오상에서의 NPV의 기댓값을 계산하는 방법
>   ② 위험조정할인율법 : 요구수익율＋위험프리미엄을 NPV에서 할인율로 사용하는 방법
>   ③ 민감도분석 : 어느 투자기회의 수익성이 가장 민감한지에 대한 요소들을 확인하는 방법
> 2. 불확실성하에서의 고급해법
>   ① 의사결정계통도분석 : ENPV개념에 비팅을 두고 현금흐름을 서로 다른 시나리오와 관련시켜 예측된 결과에 기반하여 분석하는 방법
>   ② 시뮬레이션모델 : 각 변수들에 대한 확률분포를 규정하고, 컴퓨터 시뮬레이션모델에 데이터를 입력하고 변수의 확률분포로부터 각 변수의 결과를 무작위로 선택하는 방법
>   ③ 게임이론접근법 : Bayes-Laplace/Maxmini/Minimax/Hurwicz/MiniMax Regret 기준 등

Ⅲ 부동산 투자의 위험분석 기출 19

1. 위험과 수익의 측정

(1) 개 설
부동산 투자이론에서는 기대소득에 대한 변동가능성을 위험이라고 파악하고 있다. 위험분석에서는 통계적 기법을 사용하여 위험과 수익을 측정하는데 일반적으로 "수익성"을 나타내는 지표로서는 "소득의 기대치"를, "위험"을 나타내는 지표로는 "표준편차"를 사용한다.

(2) 수익의 기대치
미래는 항상 불확실하므로 미래의 현금수지는 보통 확률적으로 계산되는데, 투자에 대해 일어날 수 있는 시나리오에 확률을 각각 곱한 후 이를 가중평균하여 현금수지의 기대치를 계산하고, 각 시나리오마다 기대치에 벗어나는 정도를 계산하여 위험을 계산하는 방법을 주로 취한다.

$$E(NOI) = NOI_1 \times P_1 + NOI_2 \times P_3 + NOI_3 \times P_3 + \cdots$$

각 시나리오의 발생확률은 거시경제 및 유사부동산에 대한 자료분석으로부터 도출한다.

(3) 위험의 측정
투자에 대한 위험은 통계학적으로 분산이나 표준편차로 측정된다. 분산은 표준편차의 제곱이다. 각 시나리오에 대한 개별소득과 기대치와의 차이를 계산 후 제곱하여 발생할 확률을 곱하여 전체를 합산하면 이는 분산을 가리키며, 이의 제곱근이 표준편차이다. 표준편차는 투자의 위험성을 나타내는 지표로 두 개의 투자대안이 기대치는 같은데 표준편차가 다르다면 표준편차가 작은 쪽이 그만큼 위험이 작다는 뜻이다.

2. 평균-분산 지배원리(결정법)

(1) 의 의
평균과 분산만으로 위험자산을 선택하는 기준으로서, 동일한 수준의 위험을 갖는 투자안 중에서는 가장 큰 기대수익률을 갖는 투자안이 다른 투자안을 지배하거나, 동일한 기대수익률을 갖는 투자안 중에서는 가장 작은 위험을 갖는 투자안이 다른 투자안을 지배한다는 원리이다.

(2) 효율적 포트폴리오와의 관계
지배원리에 의해 선정된 자산들의 집합 중 투자자 자신의 효용을 극대화하는 투자자산을 선택하게 되며, 이는 투자자의 주관적인 무차별곡선에 따라 달라지게 되는바, 투자기회집합에 존재하는 포트폴리오 중에서 평균-분산 지배원리에 의해 선택된 포트폴리오를 효율적 포트폴리오라 한다.

(3) 평균-분산 결정법의 한계
어느 대안이 다른 대안보다 소득의 기대치도 크고, 분산(위험)도 크다면 평균-분산 결정법으로 적절한 투자대안을 선택하기 어렵다. 이 경우 투자대안의 선택은 투자자가 위험을 감수하려는 정도, 추가소득에 대한 추가위험의 정도에 달려 있으며, 투자결정은 위험 수익의 상쇄관계에서 개별 투자가가 이것을 어떻게 판단하는가에 달려있다.

3. 위험의 처리방법

(1) 위험한 투자를 제외시키는 전략
안전한 곳에만 투자하여, 투자자금을 잃지 않도록 하는 것인데, 이런 식의 투자방법을 "위험한 투자를 제외하는 전략"이라 하며 안전한 투자수단으로는 정부채권이나 정기예금과 같은 것이 있다. 그러나 투자에 따르는 모든 위험을 제거하고 투자자가 얻는 수익률이란 단지 무위험률에 불과할 뿐이므로 그렇게 바람직한 방법은 되지 못한다. 위험을 감수한다는 것은 투자자의 부를 감소시킬 수도 있지만 증폭시킬 수도 있으므로 위험에는 부정적 효과뿐만 아니라 긍정적 효과도 있기 때문이다.

(2) 보수적 예측에 의한 투자전략
투자수익을 가능한 한 낮게 예측하고 그것을 기준으로 투자결정을 하는 것이다. 즉 투자수익을 최대, 중간, 최소로 추계하고, 그중에서 최소추계치를 판단기준으로 삼아 수익성을 하향조정했음에도 불구하고 여전히 그 투자가 좋아 보인다면 그 대안은 좋은 것으로 판단하여 투자결정을 한다는 것이다. 이러한 위험처리전략은 투자추계를 하향편의 함으로써, 미래에 발생할지도 모를 위험을 상당수 제거할 수 있다는 가정에 근거하고 있다.

(3) 위험조정 할인율의 사용
장래 기대되는 소득을 현재가치로 환원할 때, 위험한 투자일수록 높은 할인율을 적용하는 것이다. 즉 감수해야 하는 위험의 정도에 따라 "위험할증률"을 더해가는 것이다. 앞의 두 방법보다 개념적으로 우수한 접근법이지만 여기에도 여러 가지 문제점이 있다.

① 위험을 조정하기 위한 값으로 과연 얼마를 부과해야 하는가라는 것이다. 적절한 할증률 결정은 어려우며 일반적으로 비교부동산에 관한 시장자료를 분석하여 결정하지만 부동산마다 위험이 다르므로 여전히 어려움이 남는다.

② 위험이 시간에 따라 일정한 비율로 증가한다고 가정하는 데 있다. 이 방법은 장래 매 기간 마다 예상되는 현금수지를 단 하나의 위험조정률로 할인하는데 이는 현금수지에 대한 매 기간의 위험이 똑같다는 것을 의미한다. 그러나 기간별로 위험이 다르다면 서로 다른 할인율을 사용해야 한다. 그러나 현금수지의 변동가능성을 계량화하기 쉽고, 측정된 결과의 비교가 편리하므로 선호되고 있다.

4. 민감도 분석
위험을 처리하는 방법과 별도로 위험의 내용이 산출결과에 어떠한 영향을 미치는가를 파악하는 방법으로 흔히 민감도분석이 사용된다.

Ⅳ 부동산 투자결정의 과정

투자결정이란 불확실한 미래를 위하여 확실한 현재를 희생할 것인가를 선택하는 행위이다. 부동산 투자결정은 보유와 처분시에 예상되는 수입과 지출을 비교함으로써 이루어지는데, 다음과 같은 다섯 단계로 구분해 볼 수 있다.

(1) 투자자의 목적이 무엇인가를 파악한다.
일반적으로 투자자의 목적은 "부의 극대화와 위험의 최소화"에 있다고 가정한다. 고수익은 일반적으로 고위험을 동반하기에 투자자 개인의 위험회피 정도와 투자자 개인의 효용함수 등 투자자의 투자성향을 분석하여야 한다.

(2) 투자결정이 이루어지는 투자환경을 분석한다.
부동산 투자환경에는 거시적인 경제상황 및 인근 부동산시장의 상황뿐 아니라, 투자에 영향을 주는 법적, 금융적, 세제적 환경도 포함된다. 주로 투자 분석시에는 인구 등 사회적 요인과 경제지표 등 경제적 요인, 부동산 정책의 변화 등 행정적 요인 등을 종합적으로 고려하여 판단한다.

(3) 부동산 투자로부터 기대되는 편익과 비용(현금수지)을 분석한다.
부동산 투자시 창출되는 미래의 현금흐름과 자본이득과 이를 위해 필요한 비용 등을 고려하는 현금수지에 의한 측정이나, 투자시 내부수익률과 비교하는 방법 등으로 투자수지 분석을 한다.

(4) 분석된 현금수지에 투자준거를 적용하여 투자의 타당성을 판단한다.
투자준거란 투자대상의 채택가능성을 결정하는 기준을 의미한다. 단순한 어림셈법에서 복잡한 할인현금수지모형에 이르기까지 여러 가지가 있다.

(5) 투자여부의 결정
이상의 분석결과를 토대로 하여 투자를 할 것인가, 말 것인가를 최종적으로 결정한다. 투자결정을 판단하는 근거로는 기대수익률과 요구수익률 또는 투자가치와 시장가치를 비교하는 두 가지 방법이 있다. 기대수익률이 요구수익률보다 클 경우에, 투자가치가 시장가치보다 클 경우에 투자를 채택한다. 이외에도 부동산 관리의 용이성 및 관리비용의 적절성, 처분시 유동성, 금리, 세제 등 향후 정책의 변동가능성을 종합적으로 고려하여 결정한다.

Ⅴ 투기와 투자와의 차이점

1. 부동산투기

(1) 의 의
부동산투기란 양도차익을 얻을 목적으로 스스로의 위험부담을 안고 금전을 투입하는 행위로써 투기적 수요는 현재가격과 미래가격의 함수라고 할 수 있다. 한편, 투기가격이란 기대되는 개발 가능성 등의 실현을 전제로 누군가가 지불하여 주기를 바라는 소유자의 희망가격을 말한다.

(2) 부동산투기의 발생원인 및 기능

1) 부동산투기의 발생원인
① 개발 : 신도시의 개발, 기존도시의 재개발, 광산·온천 등의 발견에 의한 개발을 원인으로 들 수 있다.
② 경제성장·도시성장 등의 복합적 요인 : 경제나 도시가 급격히 성장하면 여러 가지 부동산 수요를 증대시키는데 그에 대한 부동산의 공급량은 한정되어 있으므로 투기가 발생한다.
③ 부동산 경기변동, 토지이용 규제완화 : 행위제한의 해제 또는 완화는 투기를 불러일으킬 수 있다.
④ 수송수단의 신설·확장 : 대중교통이나 화물수송을 위한 도로·철도·운하·항만·공항 등의 신설이나 확장을 들 수 있다.
⑤ 기타 토지보유세율, 금융기관의 부동산담보대출제도 등을 원인으로 들 수 있다.

2. 투자와 투기의 구별

(1) 부동산 투자의 의의

부동산을 상대로 장래의 이익을 얻기 위하여 현재의 노력을 쏟는 것으로, 이익의 획득을 위해 합리적인 안정성과 원금의 궁극적 회수를 전제로 투자성 또는 수익성 부동산 등에 금전을 투입하는 행위를 말한다.

(2) 구 별

양자 모두 최고의 수익성을 고려한다는 점에서는 같으나, 다음과 같은 면에서 구별된다.
① 투기는 토지이용의사가 없는 가수요자가 필요한 면적 이상을 취득·관리하여 양도차익을 추구하는 행위이고(Capital Gain), 투자는 이용·관리의사가 있는 실수요자가 이용·관리가능한 필요량을 취득·관리하여 정당한 이익(Income Gain)을 얻고자 하는 행위이다.
② 투자는 투자시 현금수지 분석 및 거시경제전망 등 경제적 투자분석을 통하여 이루어지지만, 투기는 투자분석없이 가수요 등만 추구하여 진행한다.
③ 투기는 미성숙지, 잡종지, 전답 등 개발될 가능성이 있는 자산을, 투자는 비교적 성숙된 지역에 있는 항구적인 용도를 갖는 자산을 그 대상으로 한다.
④ 투기는 위험부담을 내포하므로 합리성과 안전성이 떨어지지만, 투자는 위험부담을 최소화한다는 점에서 안전성을 전제로 투자한다.
⑤ 투기는 정책적으로 규제되지만, 투자는 정책적으로 조장된다.
⑥ 투기는 취득 후 1~2년 이내에 처분하여 단기적 자본획득을 목표로 하지만, 투자는 장기간 보유를 우선 전제로 한다.

3. 감정평가시 유의점

투기가격은 객관적인 경제가치를 반영하는 정상가격이라기보다는 일시적인 가수요나 수요집중 등을 전제로 하는 기대가치일 뿐이다. 부동산 평가는 정상적인 시장가격을 추구하는 것이므로 불안전하고 불건전한 요인이 작용되는 투기가격은 시장가격과 구별되는바, 평가에서는 투기가격이 반영되어서는 아니 된다.

Ⅵ 시장가치와 투자가치의 추계방법과 그 활용

1. 개 설

주어진 시점에서 대상부동산에 적용되는 가치의 종류는 무수히 많은데, 이는 동일한 부동산이라도 보는 관점이 다르기 때문이다. 부동산평가는 부동산가치를 추계하는 것으로 대부분 시장가치의 추계로부터 시작된다. 오늘날에는 평가사의 업무가 가치추계분야에만 머무르지 않고, 다양한 부동산 결정분야를 지원하는데, 부동산투자를 위한 의사결정 과정에서 대상부동산의 투자가치를 평가하기도 한다. 투자가치는 투자자의 주관적 가치인 점에서 시장가치와 여러 면에서 차이를 보인다.

2. 시장가치와 투자가치의 의의

(1) 시장가치의 의의

시장가치란 일정한 조건이 충족되는 상황하에서 대상부동산의 특정권익에 대해 성립할 가능성이 가장 많은 가격으로 정의된다. 이는 시장참여자들의 집단적인 가치판단에 의한 행태를 분석한 객관적 가치이며 교환가치이자 존재가치이다.

(2) 투자가치의 의의

투자가치란 대상부동산에 대해 특정 투자자가 부여하는 주관적 가치를 말한다. 투자가치는 특정 투자자가 대상부동산을 특정한 용도로 사용할 것을 전제로 하는 경우에 그에 따른 장래 기대되는 이익을 현재가치로 환원한 값으로 표시된다.

(3) 양자의 차이

① 시장가치가 대상부동산에 대해 시장이 부여하는 객관적 가치라면, 투자가치는 주관적 가치이다. 따라서 시장가치는 특수한 금융조건이나 소유자의 세금신분에 따라서 부동산의 가치가 바뀌어서는 안 되기 때문에 특정한 금융조건이 결부되지 않은 전형적인 저당대부와 세율을 고려하여 평가하여야 한다.
② 투자가치는 특정 투자자의 세금신분, 요구수익률, 대상부동산에 계획하는 저당대부 등을 고려하여 추계한다.

3. 시장가치와 투자가치의 추계방법

(1) 가치전제

시장가치는 최고최선의 이용을 전제로 파악되어야 하며, 투자가치는 특정 투자자가 요구하는 용도를 전제로 파악되어야 한다.

(2) 추계방법

시장가치는 시장접근법, 비용접근법, 소득접근법의 전통적인 세 가지 접근법에 의해 추계된다. 일반적으로 시장가치는 세 가지 접근법을 모두 적용하여 구한 각각의 시산가치를 조정하여 최종적 가치결론을 도출하는데, 이때에는 사용된 자료의 신뢰성, 각 접근법의 전제된 가정과 대상부동산의 성격, 평가조건 등에 따른 평가논리의 적합성 등이 고려된다. 투자가치는 주로 미래현금흐름을 현재가치로 할인하는 "소득접근법"에 의해 추계되는데 일반적으로 할인현금수지분석법에 의해 추계된다. 할인현금수지분석법은 세전·세후 모형으로 나뉘어진다.

4. 시장가치와 투자가치의 활용

(1) 시장가치의 활용
① 부동산활동의 기준 : 시장가치는 최고최선의 이용을 전제로 파악되는 가치로서 일반거래활동을 포함한 모든 부동산활동의 기준이 된다.
② 가치추계의 기준 : 시장가치는 여타의 가치를 추계하는 기준을 제공한다. 즉 보험가치, 과세가치, 저당가치, 투자가치 등의 추계는 시장가치에 기초한다.

(2) 투자가치의 활용
주로 투자안의 경제성 분석에 이용된다. 투자가치를 이용한 투자의사결정은 비용편익분석이나 시장가치와의 비교를 통해 이루어질 수 있다. 비용편익분석은 투자가치와 투자비용을 비교하여 이루어지며 투자가치는 시장가치와 비교하여 투자가치가 큰 경우의 대안을 선택하는 방식으로 이루어진다.

(3) 시장가치와 투자가치의 관계
투자가치는 특별한 조건이 수반된, 일종의 조건부평가에 의한 특정가격이라고 할 수 있을 것이나, 시장가치는 시장의 합리성과 전형적인 투자자들을 전제로 하므로 대상부동산에 대한 이용경쟁의 결과 장기적으로는 시장가치와 투자가치가 일치하려는 경향이 있다.

제2절 부동산 투자 분석기법 기출 19·20

I 할인현금수지분석법 기출 21·22·23·24·25

화폐의 시간적 가치를 반영하는 분석기법으로, 장래 예상되는 현금수입과 지출을 현재가치로 할인하고 이것을 서로 비교하여 투자여부를 결정하는 방법이다.

1. NPV법(순현가법) 기출 22

(1) 의 의
순현재가치 또는 순현가란 현금유입의 현재가치에서 현금유출의 현재가치를 뺀 값을 의미한다. 계산에 사용되는 할인율(자본비용)은 투하자본에 대한 기회비용으로서 자본가가 요구하는 최소의 기대수익률 즉 요구수익률을 의미하며 무위험수익률과 위험프리미엄의 합계로 이루어진다. 투자안의 순현재가치가 0보다 크면 채택하고 0보다 작으면 기각한다.

$$NPV = -EQ + \Sigma \frac{ATCF_t}{(1+K)^t} + \frac{ATER_n}{(1+K)^n}$$

*NPV : 순현가, EQ : 기간초 지분투자액, n : 예상보유기간, K : 요구수익률, $ATCF_t$: t년도에 예상되는 세후현금수지, $ATER_n$: n년도(기간말) 처분시의 지분복귀액

(2) 의사결정기준
상호배타적 투자안(or 우선순위결정 문제)에서는 NPV가 가장 큰 투자안을, 독립적 투자안(or 단일투자안)에서는 NPV가 0보다 큰 모든 투자안을 채택한다.

(3) 장단점
① 현금흐름과 화폐의 시간가치를 고려하고 가치합산의 원칙이 성립한다.
② 할인율의 추정이 어렵고 할인율의 선정에 따라 그 결과치가 크게 달라진다. 또 할인율에 비용을 명시적으로 고려하지 못한다.
③ 투자규모가 다를 경우 그 차이를 충분히 반영하지 못한다. 예를 들어 10억 투자시의 NPV가 2억이고, 100억 투자시 NPV가 3억이라면 효율은 10억 투자하는 프로젝트가 우수하나, NPV는 100억 투자가 우월하게 나타나 잘못 판단할 경우가 발생한다.

2. IRR법(내부수익률법) 기출 21

(1) 의 의
내부수익률이란 투자안의 현금유입의 현재가치와 현금유출의 현재가치를 일치시키는 할인율을 말한다. 즉 순현재가치를 0으로 만드는 할인율이 내부수익률인 것이다. 내부수익률은 투자로부터 얻어지는 과실을 재투자하여 얻을 수 있는 복리수익률로써, 내부수익률이 투자자의 요구수익률보다 클 때 투자안을 채택한다.

$$NPV = -EQ + \sum \frac{ATCF_t}{(1+r)^t} + \frac{ATER_n}{(1+r)^n} = 0$$

*r : 내부수익률

(2) 의사결정기준
상호배타적 투자안(or 우선순위결정 문제)에서는 IRR이 가장 큰 투자안을, 독립적 투자안(or 단일투자안)에서는 IRR이 요구수익률보다 큰 경우를 투자가치가 있는 것으로 판단한다.

(3) 장단점
① 현금흐름의 시간가치와 위험을 반영하고, 수익률로 나타내어지기 때문에 판단이 용이하다.
② 시장수익률이 아니라 IRR로 재투자한다고 가정하기에 재투자수익률이 불합리하다.
③ 현금흐름에 따라 복수의 내부수익률이 나타날 수 있고, 이 경우 어느 것이 타당한지 판단하기 어렵고, 때로는 내부수익률을 구할 수 없다.
④ 가치합산의 원리를 만족시키지 못한다.

(4) NPV법과 IRR법의 비교

1) 두 방법이 동일한 결과를 가져오는 경우(독립적 투자안 또는 단일투자안에 대한 투자평가시)
서로 독립적인 투자안들을 각각 평가하는 투자분석에 있어서나 또는 하나의 투자안에 대하여 투자가치가 있느냐 없느냐를 평가하는 단일투자안에 대한 투자결정문제에 있어서는 두 방법이 동일한 평가결과를 얻게 된다.
① $k >$ IRR이면 NPV < 0
② $k =$ IRR이면 NPV $= 0$
③ $k <$ IRR이면 NPV > 0 (k : 요구수익률)

2) 두 방법이 상반된 결과를 가져오는 경우(배타적 투자안 또는 우선순위 결정문제에 대한 투자평가시)

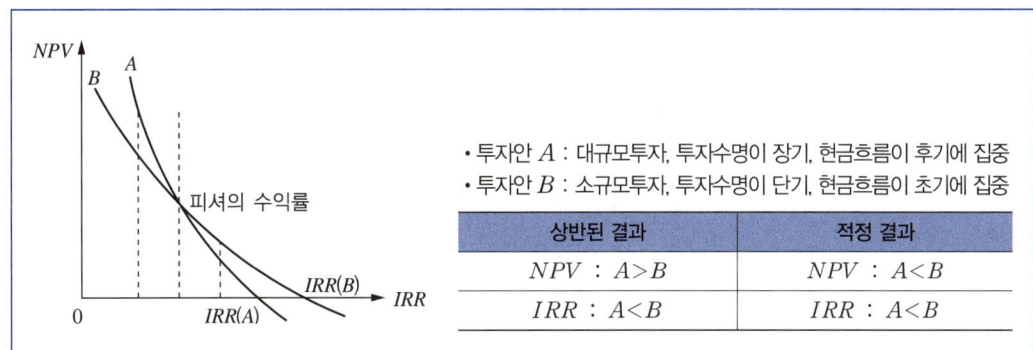

한 투자안의 채택이 다른 투자안의 기각을 의미하는 상호배타적인 투자안들에 대한 평가라든가 또는 둘 이상의 투자안들 중에서 어느 것에 우선적으로 투자할 것인가를 결정하는 우선순위 결정문제에 있어서는 두 방법에 의한 투자평가결과가 다를 수 있다.
① 두 투자안의 투자규모가 현저히 차이가 나거나,
② 투자수명이 다르거나,
③ 두 투자안으로부터 예상되는 미래현금흐름의 양상이 크게 다를 때
두 방법은 상반된 결과를 가져올 수 있다.

두 투자안의 특성이 현저하게 다르더라도 두 평가결과는 언제나 상반되게 나타나는 것이 아니라 할인율(요구수익률)이 피셔 수익률보다 작은 구간에서만 상반된 결과를 보인다. 피셔 수익률이란 두 투자안의 NPV를 같게 만드는 할인율로서 두 투자안의 현가곡선이 교차하는 점에 해당하는 할인율이다.

(5) NPV결과와 IRR 결과가 상반된 경우의 해결방안

1) 수정 IRR법(MIRR)
① **MIRR의 의의 및 산정** : NPV법과 IRR법이 서로 상반된 결과를 보이는 이유는 두 가지 방법이 현금유입에 대한 재투자 수익률을 서로 다르게 가정하고 있기 때문이다. NPV법은 자본비용(또는 요구수익률)을 재투자수익률로 삼고 투자안을 평가하는 방법이며, IRR법은 내부수익률을 재투자수익률로 삼고 있는 방법이다. 이때 IRR법의 문제를 재투자수익률의 합리성 문제로 정리하게 되면, NPV법과 동일한 재투자수익률을 가정하게 될 때 문제를 해결할 수 있게 된다. 이러한 논리를 따라서 투자안의 재투자수익률로서 자본비용을 사용해서 내부수익률을 구할 수 있는데 이를 수정된 내부수익률이라고 하며 다음식을 만족시키는 할인율이다.

$$\frac{FV_n}{(1+MIRR)^n} = C_0$$

FV_n은 매기간의 현금유입을 자본비용으로 재투자한다는 가정하에 산출한 $t=n$시점에서의 미래가치이며 이를 최종가치(terminal value)라 하고, C_0는 최초의 투자비용을 의미한다.

② **MIRR의 한계** : 이러한 방법으로 MIRR이 큰 투자안을 선택하면 NPV법과 그 결과가 일치하게 된다. 그러나 이 방법은 투자규모가 비슷한 투자안을 비교할 때에만 적용할 수 있다. 즉 투자규모가 현저하게 다른 경우에는 MIRR법도 상반된 평가문제를 해결할 수 없다는 점에 유의해야 한다.

2) 증분 IRR법(또는 증분 NPV법)

① **증분 IRR의 의의 및 산정**: 두 투자안을 비교평가할 때 투자규모가 큰 투자안에서 작은 투자안의 현금흐름을 차감해서 차액기준의 현금흐름을 측정한 후 이를 하나의 새로운 투자안으로 보아서 여기서 IRR을 산출할 수 있다. 이때의 IRR을 증분 IRR이라고 하며 다음과 같은 식으로 구할 수 있다.

$$\sum_{t=1}^{n} \frac{\Delta C_t}{(1+IRR)^t} = \Delta C_0$$

ΔC_t는 투자규모가 큰 투자안의 현금흐름에서 투자규모가 작은 투자안의 현금흐름을 차감한 차액현금흐름을 말한다. 또한 ΔC_0은 투자규모가 큰 투자안의 투자비용에서 투자규모가 작은 투자안의 투자비용을 차감한 값이다.

② **증분 IRR의 이용**: 이때 산정한 증분 IRR은 Fisher 수익률과 동일한 값이다. 이 값이 자본비용보다 크다면 큰 규모의 투자안을 선택하고, 자본비용보다 작으면 작은 규모의 투자안을 선택한다. 이때의 결과는 NPV법과 일치하게 된다.

(6) NPV법의 우수성

① **재투자수익률의 가정이 합리적이다.**

NPV법이나 IRR법 모두 둘 다 기간 중에 발생하는 수익을 당해 사업에 재투자함을 가정한다. 이때 재투자할인율로 NPV법은 요구수익률을 사용하고, IRR법은 내부수익률로 재투자를 가정한다. 요구수익률은 유사한 투자대안에 투자할 때 얻을 수 있는 수익률로 기회비용이 반영되지만, 내부수익률은 해당 투자사업 그 자체에 대한 수익률일 뿐이므로 기회비용이 고려되지 않는다. 따라서 IRR법의 이 같은 가정은 현실과 부합하지 않는다.

> **➕ 알아보기**
> - 할인율(요구수익률)은 투자안에 투하된 자본의 비용 또는 기회비용이다.
> - 자본비용은 기업이 현재가치를 유지하기 위하여 새로운 투자안으로부터 실현시켜야 할 최소한의 필수수익률이다.
> - 기회비용은 기업이 현재 고려하고 있는 투자안에 자본을 투자하지 않고 또 다른 투자안에 투자하였을 경우에 얻을 수 있는 최소 수익률로써 기대수익률로 볼 수 있다.

② **가치가산원리가 성립한다.**

가치의 가산원리란, 여러 개의 투자안을 복합적으로 평가한 투자가치가 개별 투자안들을 독립적으로 평가한 각각의 투자가치의 합과 같아진다는 원리로 NPV법만이 이를 충족한다. 즉 내부수익률을 준거로 우선순위를 정하여 투자를 할 경우 이것이 투자자의 부를 반드시 극대화시키는 것은 아니지만, 순현가법은 모든 투자대상을 기회비용인 요구수익률로 할인하므로 각 투자대상은 투입되는 투자액에 대해 요구수익률을 충족시키고 남은 순현가만큼 각각 독립적으로 투자자의 부의 증대에 기여하는바, 순현가법을 사용하여 우선순위를 정했을 경우 투자자는 부의 극대화를 달성할 수 있다.

$$NPV(A+B) = NPV(A) + NPV(B)$$
$$IRR(A+B) \neq [IRR(A) + IRR(B)] \div 2$$

③ IRR법은 복수의 해가 존재하거나 해가 부재하는 경우가 있다.
　　IRR법으로 투자안을 평가할 때는 투자안으로부터 예상되는 현금흐름의 양상에 따라 내부수익률이 전혀 존재하지 않거나 여러 개의 내부수익률이 나타나는 경우가 있다.
④ 절대액 개념에 의한 투자수익의 극대화 : 절대액 개념을 사용하는 NPV법은 투자자의 수익이 얼마나 증가하는지에 대한 제시가 가능하므로 비율개념을 사용하는 IRR법에 비해 우수하다고 할 수 있다.
⑤ 이자율의 기간구조와 내부수익률 : 투자안평가에 사용되는 할인율은 시장이자율변동에 따라 달라진다. 내부수익률법의 경우 투자안의 현금흐름을 대상으로 산출한 내부수익률과 할인율을 비교하여 투자 타당성을 평가하는데, 각 기간마다 할인율이 다를 경우 비교기준을 어떤 것으로 하여야 할 것인가 문제가 있다. 그러나 순현가법에서는 매년 다른 할인율을 적용할 수 있다.
⑥ 차입여부의 결정문제 : 내부수익률에 의한 의사결정은 현금흐름의 양상에 따라 의사결정기준이 달라진다. 현금유출발생 후 현금유입이 발생하는 투자안은 $IRR > r$이면 채택하고 $IRR < r$이면 기각한다. 반대의 경우 투자안은 $IRR < r$이면 채택하고 $IRR > r$이면 기각한다. 그러나 순현가법에서는 현금흐름의 양상에 관계없이 순현가가 양이면 채택하고 음이면 기각하는 일관된 기준에 의해 의사결정을 할 수 있다.

3. 수익성 지수(PI ; Profitability Index)법

(1) 의 의
순현가법은 절대치로 나타나기 때문에 투자규모가 다른 여러 투자안이 있을 때 각 투자안의 상대적인 성과를 비교하기가 어렵다. 이러한 단점을 보완하기 위해 PI가 사용된다. 수익성지수란 현금유출의 현재가치에 대한 현금유입의 현재가치비율로 각 투자안의 상대적 수익성을 나타낸다.

(2) 의사결정기준
① 독립적인 투자안(or 단일투자안) : 수익성지수가 1보다 클 때 선택
② 상호배타적인 투자안(or 우선순위결정 문제) : 수익성지수가 가장 큰 투자안을 선택한다.

(3) 순현가법과 비교
순현가법에서는 NPV > 0일 때 투자안을 선택한다. 즉, '현금유입의 현가 > 현금유출의 현가'인 경우이다. 양변을 현금유출의 현가로 나누면 현금유입/현금유출 > 1이고, 이게 바로 수익성지수이다. 그러므로 PI > 1는 NPV > 0과 같은 의미이다.

(4) 장점과 단점
① 장점 : 순현가법의 단점인 투자액이 다른 투자안 평가에 사용된다. 기업의 입장에서 자금조달에 있어서 제한을 받는 경우, 자금을 보다 효율적으로 이용하고자 할 때 사용하는 방법이다.
② 단 점
　㉠ 수익성지수를 기준으로 평가하는 방법은 똑같은 투자기회가 여러 번 있을 경우에만 타당한 것이다.
　㉡ 기업은 투자액 1원당의 효율성보다는 기업가치의 증가액이 더 큰 관심을 가지므로, 순현가법의 사용이 수익성지수보다 유용하다.

(5) 두 방법의 평가결과가 상이한 경우

투자규모가 서로 다른 상호배타적인 투자안을 평가하는 경우에 두 방법에 의한 투자결과가 다르게 나타날 수 있다.

> 투자안 ① : 초기투자금액이 100억, 1기 이후 예상현금유입액이 176억이라 할 때 NPV는 60억, PI는 1.6
> 투자안 ② : 초기투자금액이 1,000억, 1기 이후 예상현금유입액이 1,210억이라 할 때 NPV는 100억, PI는 1.1
>
> 이때 PI법에 의하면 투자안 ①이 채택되며, NPV법에 의하면 투자안 ②가 채택되어 두 방법에 의한 결과가 다르게 나타나게 된다.

(6) 상반된 결과가 나타나는 이유

이는 두 투자안의 투자규모 차이에 해당되는 900억에 대한 재투자수익률에 대한 가정이 다르기 때문이다. NPV법에서는 투자규모가 작은 투자안 ①을 선택했을 때, 두 투자안의 투자금액의 차액인 900억원을 자본비용으로 재투자할 수 있다고 가정하는데 비해, PI법에서는 차액인 900억원도 투자안 ①과 동일한 투자수익률로 재투자할 수 있다고 가정하고 있다. 그런데, PI는 투자원금 1단위당 얻게 될 현금유입의 현가를 의미한다. PI가 큰 투자안일지라도 투자규모가 작은 경우 PI는 작지만 투자규모가 큰 투자안보다 기업가치에 공헌하는 정도가 더 작을 수 있으므로 PI법은 적절한 평가기준이 되지 못할 수도 있다. 그러나 이 경우에도 동일한 투자안에 중복투자가 가능하다면 차액을 IRR로 재투자할 수 있다는 의미이므로 PI법의 선택결과가 타당하다 할 수 있다.

(7) 해결방안(WAPI의 활용)

1) 개 요

가중평균수익성지수(weighted average profitability index)란 여러 투자안에 함께 투자할 때에 각 투자안의 수익성 지수를 투자금액의 비중에 따라 가중평균한 값으로 다음과 같이 정의된다.

$$WAPI = \sum_{i=1}^{n} W_i \times \Pi_i$$

*단, W_i : 총투자액 중 투자안 i의 투자액이 차지하는 비율

2) WAPI의 이용

복수의 유리한 투자안이 존재하지만, 여러 가지 제한으로 일부 투자안들만 채택해야 하는 경우가 있다. 이때에는 제약조건하에서 가능한 투자조합을 구성해야 하는데 이러한 구성과정을 자본할당(capital rationing)이라고 한다. 이때 투자조합의 경제성을 비교평가함에 있어서 WAPI는 유용한 평가기준으로 이용된다. 최적자본할당이란 투자조합의 NPV를 가장 크게 하여 기업가치를 극대화 시키는 것이다. 따라서 여러 투자안이 있는 경우 가능한 투자조합 중에서 NPV가 가장 큰 조합을 구성해야 할 것이다. 이때에 WAPI가 가장 크게 되도록 투자조합을 구성하면 이러한 목적을 달성할 수 있다.

Ⅱ 비할인현금모형 기출 19·20

1. 평균이익률법(Average Rate of Return Method, 회계적 이익률법)

(1) 의의 및 계산
평균이익률법이란 장부상 평균투자액 또는 총투자액에 대한 연평균 순이익비율을 구하여 투자안을 평가하는 방법으로 회계적 이익률법(Accounting Rate of Return)이라고도 한다.

> - 평균이익률 = 연평균순이익/연평균투자액 = 연평균순이익/(총투자액/2)*
> - 평균이익률 = 연평균순이익/매년 말 장부가치의 합/(투자수명+1)
>
> *연평균투자액을 총투자액/2로 계산한 것은 연평균투자액이 잔존가치가 없고 투자기간 동안 정액법으로 감가상각을 한다고 가정한 것

(2) 의사결정기준
① 독립적인 투자안 : 투자대상의 회계적 이익률이 기업의 목표이익률 또는 절사율보다 크면 그 투자안을 선택
② 상호배타적인 여러 투자안 : 가장 높은 회계적 이익률을 가진 투자안을 채택

(3) 유용성
① 회계장부상의 자료를 그대로 사용하므로 매우 편리
② 간단하며 이해가 쉬움

(4) 문제점
① 시간가치를 고려하지 않는다.
② 투자안의 현금흐름이 아닌 장부상의 이익을 분석대상으로 한다.
③ 목표이익률의 결정이 자의적이므로 평가결과가 객관적이지 못하다.

2. 자본회수기간법(Payback Period Method)

(1) 의 의
자본회수기간(PB)이란 투자에 소요된 자금을 그 투자로부터 발생하는 현금흐름으로부터 모두 회수하는 데 걸리는 기간을 말한다. 회수기간법이란 투자대안들의 회수기간을 비교하여 투자안의 경제성을 분석하는 것을 말한다.

(2) 의사결정기준
① 독립적 투자안 : 각각의 회수기간이 기업 자체에서 기준으로 정한 회수기간보다 짧으면 투자가치가 있다고 판단
② 상호배타적인 투자안 : 회수기간이 가장 짧은 것을 선택

(3) 유용성
① 방법이 매우 간단하여 직관적이고 이해하기 쉽다.
② 회수기간법은 경영자에게 투자위험에 대한 정보를 제공하고 있다. 즉, 회수기간이 짧을수록 미래의 현금흐름에 대한 불확실성이 빨리 제거되므로 위험이 작아진다.
③ 회수기간이 짧을수록 자금이 빨리 회수되므로, 투자로 인한 기업의 유동성을 간접적으로 나타내준다.
④ 짧은 회수기간에 의한 투자결정은 이러한 시설 및 생산제품의 진부화 위험을 덜어준다.

(4) 문제점
① 회수기간 이후의 현금흐름을 고려하고 있지 못하다. 따라서 기업의 장기적 성장을 가져오는 투자안을 올바르게 평가할 수 없다.
② 화폐의 시간가치를 무시하고 있다.
③ 독립적인 투자안에 있어서 투자결정의 기준이 되는 회수기간의 선정이 자의적이다.

(5) 할인자본회수기간법(Discounted Payback Period Method)
자본회수기간법이 화폐의 시간가치를 고려하지 못한다는 문제점을 보완하기 위하여 나온 방법으로서, 할인자본회수기간법은 먼저 각 기간의 현금흐름을 할인하여 각각의 현재가치를 구한 후, 각 기간의 현재가치의 합이 최초의 투자금액과 같아지는 기간을 구하여 기업이 정한 기준기간과 비교하여 더 짧으면 투자가치가 있다고 판단하는 것이다.

III 기타 분석기법

1. 감응도(민감도) 분석(Sensitivity Analysis)
감응도 분석이란 투자효과에 대한 분석 모형의 투입요소가 변함에 따라 그 결과치가 어떠한 영향을 받는가를 분석하는 기법으로 임대료, 세율, 가치상승, 영업경비 등과 같이 투자 수익에 영향을 주는 구성요소들이 개별 또는 집단적으로 변화하는 경우 투자의 순현가나 내부수익률의 변화를 분석하는 것이다. 평가사는 감응도 분석을 사용함으로써 투입 변수들 중에 어떠한 변수가 상대적으로 중요한 것인지 파악할 수 있다.

2. 확률분석
확률분석이란 유사부동산에 관한 자료를 분석하여 투자분석에 필요한 여러 가지 변수를 확률로 표시하고 이를 투자대안에 적용하는 것이다. 확률분석은 매우 복잡한 계산과정이 요구되므로 선형계획법, PERT/CPM, 망상분석, 몬테카를로 시뮬레이션과 같은 컴퓨터를 이용한 다양한 계량적 분석방법이 사용된다.

3. 어림셈법 또는 경험셈법(Rules of Thumb)

(1) 승수법
현금수지를 승수로 나타내 이를 이용하는 방법으로, 조소득승수(총투자액/조소득), 순소득승수(총투자액/순영업소득), 세전현금수지승수(지분투자액/세전현금수지), 세후현금흐름승수(지분투자액/세후현금수지) 등이 있다.

(2) 수익률법(受益率法)
승수의 분자와 분모를 바꾸어 수익률의 형태로 표시하여 이용하는 방법으로, 종합환원율(순영업소득/총투자액), 지분배당율(세전현금수지/지분투자액), 세후수익률(세후현금수지/지분투자액) 등이 있다.

(3) 어림셈법의 한계

한 가지 방법에 의해 계산된 비율은 다른 방법에 의해 계산된 비율과 직접 비교하기가 곤란하다는 단점이 있다. 즉, 어떤 방법에 의해 좋아 보이는 투자대안이 다른 방법에 의해서는 나쁘게 보일 수도 있다. 따라서 어림셈법에 의해 투자대안에 대한 우선순위를 정할 때에는 방법의 차이에 따라 순위상 변동이 일어날 수 있다. 어림셈법에서는 계산의 편의상 첫해의 소득을 지표로 사용하므로, 미래의 현금수지를 할인하지 않기 때문에 이같은 약점이 나타난다.

4. 비율분석법(Ratio Analysis) 기출 19·21·23·24

(1) 의 의

투자에 대한 위험과 수익률을 평가하기 위해 각종 재무비율을 사용해 투자의사결정을 하는 방법을 말한다.

(2) 종 류

① 저당비율(LTV ; Loan to Value) : "저당대부잔액/부동산의 가치" 저당비율이 높아지면 채무불이행시 원금회수가 곤란해진다. 높은 저당비율은 대출자의 입장에서는 큰 위험이 된다. 따라서 은행과 같은 저당대출기관 등은 부동산의 가치에 대한 일정비율을 저당비율의 한도로 정하는 경우가 많다. 저당비율은 부채비율과 밀접한 관련이 있다. 부채비율은 타인자본을 자기자본으로 나눈 비율 "부채/지분"을 의미하는데, 저당비율이 50%라면 부채비율은 100%가 된다.

② 부채감당률(Debt Cover Ratio) : 연간부채상환액에 대한 순영업소득의 비율 "순영업소득/부채서비스액"을 일컫는 말로써, 부채감당률이 '1'에 가깝다는 말은 순영업소득과 부채서비스액이 같아진다는 것을 의미하며, 이는 대출자나 차입자는 모두 위험해진다는 것을 의미한다. 따라서 부채감당률이 '1'보다 작다는 것은 부채서비스액이 더 커서 순영업소득이 부채를 감당할 수 없다는 것을 의미한다.

③ 채무불이행율(DR ; Default Ratio) : 유효조소득에 대한 영업비용과 부채상환액의 비율 "(영업경비＋부채서비스액)/유효조소득"

이는 유효조소득이 영업경비와 부채서비스액의 합계인 손익분기소득을 감당할 수 있는가를 표시해 주는데, 이 값이 클수록 채무불이행의 가능성은 커진다. 이를 손익분기점 또는 손익분기 현금흐름비율, 손익분기 현금수지비율이라고도 한다.

④ 총자산회전율(Total Asset Turnover Ratio) : 부동산가치에 대한 유효조소득의 비율 "조소득/부동산의 가치"

⑤ 생산성 비율 : 부동산의 생산성을 평가하는 지표로서 소득비율, 영업경비비율, 공실률이 이에 해당된다. "소득비율＝순영업소득/가능조소득", "영업경비비율＝영업경비/유효조소득 또는 가능조소득", "공실률＝공실과 불량부채로 인한 손실/가능조소득"

소득비율이 높을수록, 공실률과 영업경비비율이 낮을수록, 대상부동산의 생산성은 높은 것으로 평가된다.

(3) 비율분석법의 한계

① 비율을 구성하는 요소들에 대한 잘못된 추계로 인해 비율 자체가 왜곡될 수도 있다.
② 주어진 비율만 가지고는 좋다 나쁘다를 판단하기 어렵다. 투자에 관련된 사람들의 목적이 저마다 다를 수 있기 때문이다.
③ 비율분석을 통해 투자를 판단할 때는 같은 투자대안이라도 사용하는 지표에 따라 투자결정이 달리 나타날 수 있다.

제3절 부동산 포트폴리오 이론 기출 21·22·24

I 부동산 포트폴리오의 개념

1. 포트폴리오의 개념

① 포트폴리오 이론이란 여러 개의 자산을 소유함으로써, 하나에 집중되어 있을 때에 발생할 수 있는 불확실성을 제거하여 분산된 자산으로부터 안정된 결합편익(Combined Benefit)을 획득하도록 하는 자산관리의 방법이나 원리를 의미한다.

② 포트폴리오 이론은 원래 '금융학 분야'에서 개발되고 발전된 것이나, 현재는 금융학뿐만 아니라 부동산학 분야, 특히 부동산 투자, 부동산 금융, 부동산 관리 등에서 많이 응용되고 활용되고 있다.

II 포트폴리오 효과 기출 22·24

1. 두 개의 투자자산으로 구성된 포트폴리오

두 투자자산(1자산과 2자산)으로 구성된 포트폴리오에서 각 투자자산의 기대수익률과 위험이 있을 때, 구성비율 W_1, W_2의 변화에 따른 포트폴리오의 기대수익률과 표준편차의 관계를 살펴본다.

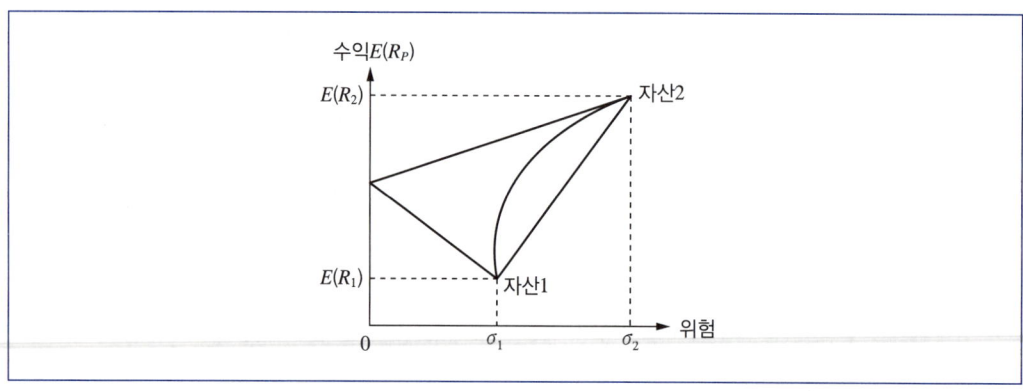

(1) 포트폴리오의 수익률

$$E(R_p) = W_1 \cdot E(R_1) + W_2 \cdot E(R_2)$$

(2) 포트폴리오의 위험

$$\sigma_p^2 = W_1 \cdot \sigma_1^2 + W_2 \cdot \sigma_2^2 + 2\rho_{12} \cdot \sigma_1 \sigma_2 W_1 W_2$$

① 상관계수 $\rho_{12} = +1$인 경우, $\sigma = w_1 \sigma_1 + w_2 \sigma_2$

② 상관계수 $\rho_{12} = 0$인 경우, $\sigma = \sqrt{w_1^2 \sigma_1^2 + w_2^2 \sigma_2^2}$

③ 상관계수 $\rho_{12} = -1$인 경우, $\sigma = |w_1 \sigma_1 - w_2 \sigma_2|$

(3) 포트폴리오 효과

위의 식에서 볼 수 있듯이, 만약 두 주식이 동일한 방향으로 동일한 비율로 완전상관관계를 갖는다면 상관계수가 +1이 되어 이때에는 포트폴리오의 위험이 기대수익률의 경우와 같이 각 주식의 위험을 가중평균한 값이 된다. 그러나 현실적으로 대부분의 투자자산들이 서로 불완전한 상관관계에 있기 때문에 포트폴리오의 위험은 각 투자자산의 위험을 가중평균한 값보다 작게 된다. 이를 포트폴리오 효과 또는 위험감소 효과라고 한다.

2. 다수 투자자산으로 구성된 포트폴리오

위의 효과는 여러 자산으로 포트폴리오를 구성할 때에도 나타나는데 이처럼 포트폴리오를 구성하는 주식의 종목 수가 늘어날수록 그 위험이 감소하는 현상을 포트폴리오 효과라고 한다. 포트폴리오를 구성하는 주식의 종목 수를 늘려서 제거할 수 있는 위험을 '비체계적 위험'이라 하며, 종목 수를 무한대로 늘려도 제거되지 않는 위험을 '체계적 위험'이라고 한다.

Ⅲ 효율적 투자선(Efficient Frontier)과 최적 포트폴리오의 선택과정

1. 지배원리

평균분산기준이란 기대수익률이 동일할 때에는 위험이 적은 투자안을 선택하고, 위험이 동일할 때에는 기대수익률이 큰 투자안을 선택한다는 것인데 이를 지배원리라고 한다. 마코위츠의 가정을 따르면 투자자들은 기대효용 극대화를 목적으로 하여 투자대상이 되는 주식들의 수익률 확률분포를 통해서 평균과 분산을 산출한 후 평균-분산 기준에 따라 의사결정을 한다.

2. 마코위츠의 효율적 투자선

분석대상이 되는 투자기회 집합 전체에 대해서 지배원리를 충족시키는 포트폴리오의 집합을 효율적 투자선이라 한다.

3. 최적 포트폴리오의 선택

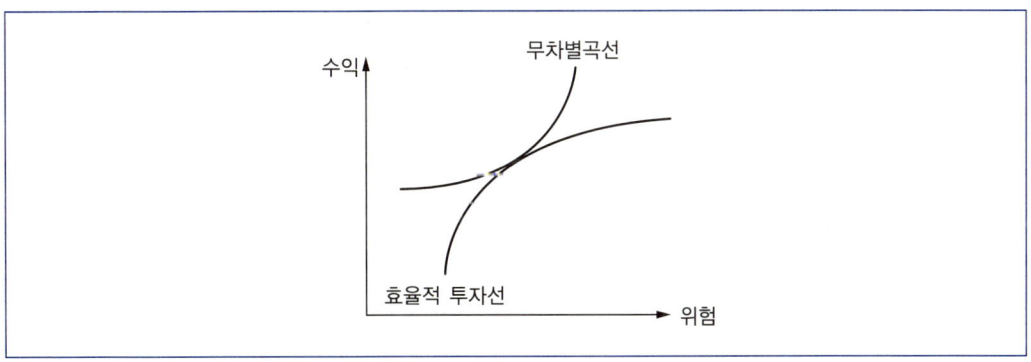

효율적 투자선과 효용무차별곡선이 접하는 점에 있는 주식(또는 포트폴리오)이 바로 각 투자자가 선택하는 최적 포트폴리오로, 이는 투자자의 효용함수형태에 따라 결정된다. 투자자들이 이성적으로 행동한다면, 어느 투자자나 효율적 투자선 위의 한 포트폴리오를 선택하게 된다. 효율적 투자선(전선)이란 같은 위험에서 최고의 수익률을 나타내는 포트폴리오를 연결한 곡선을 말한다. 즉, 최적포트폴리오는 개별투자안의 선택에서와 마찬가지로, 자신의 기대효용을 극대화하려는 투자자의 위험에 대한 태도가 반영된 저마다의 효용무차별곡선에 입각한 효율적 투자선상에서 최적포트폴리오를 선택하게 되는 것이다.

4. 포트폴리오의 관리

① 포트폴리오 관리(Portfolio Management)란 단순히 분산투자하는 것만을 의미하는 것이 아니라, 투자대안이 갖고 있는 위험과 수익을 분석하여 불필요한 위험을 제거하고 최선의 결과를 얻을 수 있는 포트폴리오를 선택하는 것이다.

② 부동산시장은 국지화된 여러 개의 시장으로 분리되어 있으며, 시장에 나와 있는 부동산의 종류도 다양하다. 따라서 다양한 부동산 포트폴리오를 선택할 수 있으므로 자금을 적절한 방법으로 분산투자하고 최선의 포트폴리오를 선택해야 한다.

Ⅳ 부동산 투자와 포트폴리오의 관계

1. 기대수익률과 요구수익률 기출 19·25

부동산 투자의 목적은 부의 극대화에 있으므로, 다른 것이 동일할 경우 투자자는 가능한 기대수익률이 큰 곳에 투자하려고 한다. 이 경우 요구수익률과 비교하여 기대수익률이 요구수익률보다 클 때에 한해 투자를 하게 되며, 또한 장래 기대되는 소득이란 항상 불확실한 것이기 때문에 투자에 수반되는 위험도 평가하게 된다.

2. 평균−분산법의 한계

위험과 수익을 평가하는 방법의 하나로 평균−분산법이 있으나 이 방법은 수익률과 위험이 각각 다른 두 개의 투자대안이 있을 때 이 중 어느 하나가 위험도 높고 수익률도 높을 경우에는 적절한 판단기준을 제시하여주지 못한다.

3. 체계적 위험과 비체계적 위험

① 포트폴리오를 구성하면 개별자산이 가지는 많은 위험을 회피할 수 있다. 그러나 포트폴리오를 구성한다고 해도 제거되는 위험과 그렇지 않은 위험이 있다. 피할 수 있는 위험을 비체계적 위험이라 하고 피할 수 없는 위험을 체계적 위험이라 한다.

② 체계적 위험은 시장의 힘에 의해 야기되는 위험을 말하고 비체계적 위험은 개별부동산의 특성으로부터 야기되는 위험으로 투자대상을 다양화하여 분산 투자를 함으로써 피할 수 있는 위험을 말한다.

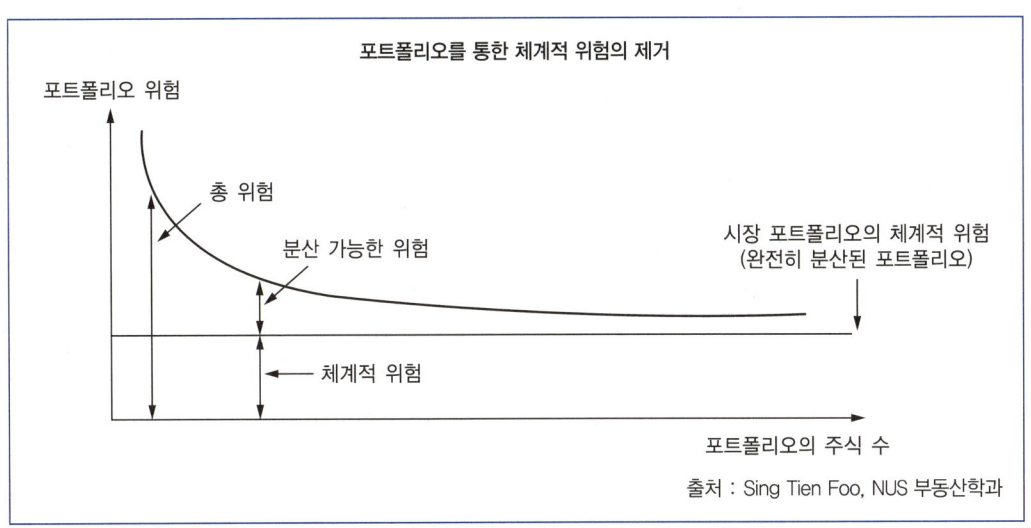

V CAPM(Capital Asset Pricing Model)

1. 개 설

CAPM은 마코위츠의 포트폴리오 이론에 몇 가지 가정을 추가하여 위험과 기대수익률의 선형관계를 구한 후 이를 통해서 주식 또는 포트폴리오의 균형수익률을 산출하는 것이다.

CAPM은 ① 합리적 투자자 ② 동질적 예측 ③ 평균-분산기준 ④ 단일투자기간의 가정 외에 ⑤ 무위험자산 ⑥ 완전자본시장의 가정을 추가한다.

2. CAPM에 의한 균형가격결정모형 : 자본시장선

(1) 의 의

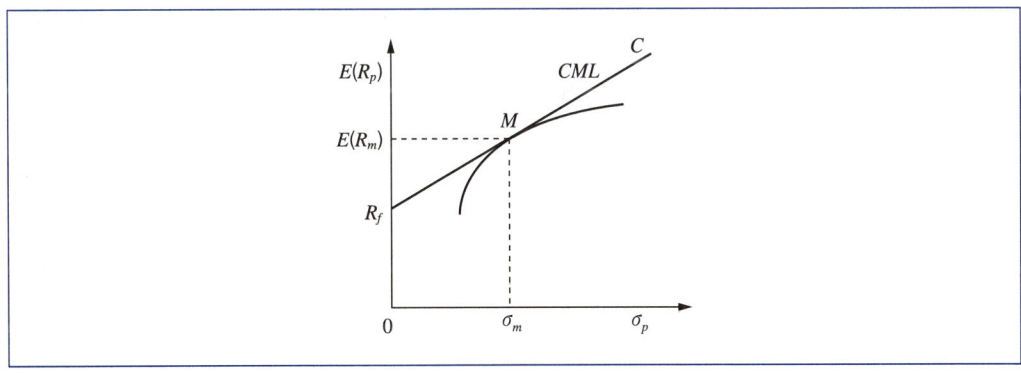

마코위츠의 위험자산에 무위험자산을 투자대상에 포함시켜서 지배원리를 만족시키는 새로운 효율적 투자선이 자본시장선(Capital Market Line)이다. 위의 그림에서 M에서의 포트폴리오는 마코위츠의 효율적 투자선상에서 가장 우월한 포트폴리오로서 시장포트폴리오라고 한다. 새로운 포트폴리오들은 $R_f MC$상에 있게 되며, 이때 $R_f MC$를 자본시장선이라 한다. 자본시장선에서 가장 중요한 점은 위험하에서 투자결정을 하는 투자자에게 위험의 균형가격을 보여주고 있다는 것이다.

$E(R_p) = R_f + \left[\dfrac{E(R_m) - R_f}{\sigma_m} \right] \sigma_p$ 에서

R_f는 무위험이자율이고, 직선의 기울기 $\dfrac{E(R_m) - R_f}{\sigma_m}$ 은 균형가격에서의 위험과 기대수익률 간의 교환비율이 된다. 이것이 바로 위험의 균형가격 또는 시장가격이 된다.

(2) 대출포트폴리오와 차입포트폴리오

$R_f M$ 선상에 있는 포트폴리오는 투자자금의 일부는 빌려주고 일부는 위험있는 자산에 투자하였다고 하여 대출포트폴리오(lending portfolio)라고 한다. 반면에 남의 돈을 빌려서 R_f의 이자율에 빌려서 투자할 수도 있다. R_f의 이자율에 자금을 빌려서 투자자가 가지고 있는 금액과 합하여 시장포트폴리오 M에 투자할 때는 MC 상에 있는 한 점이 그 포트폴리오를 나타낸다. CAPM에서 투자자는 R_f의 이자율에 얼마든지 빌리고 빌려줄 수 있다는 가정을 하였으므로 효율적인 투자선은 대출포트폴리오와 차입포트폴리오를 모두 포함하는 자본시장선이다.

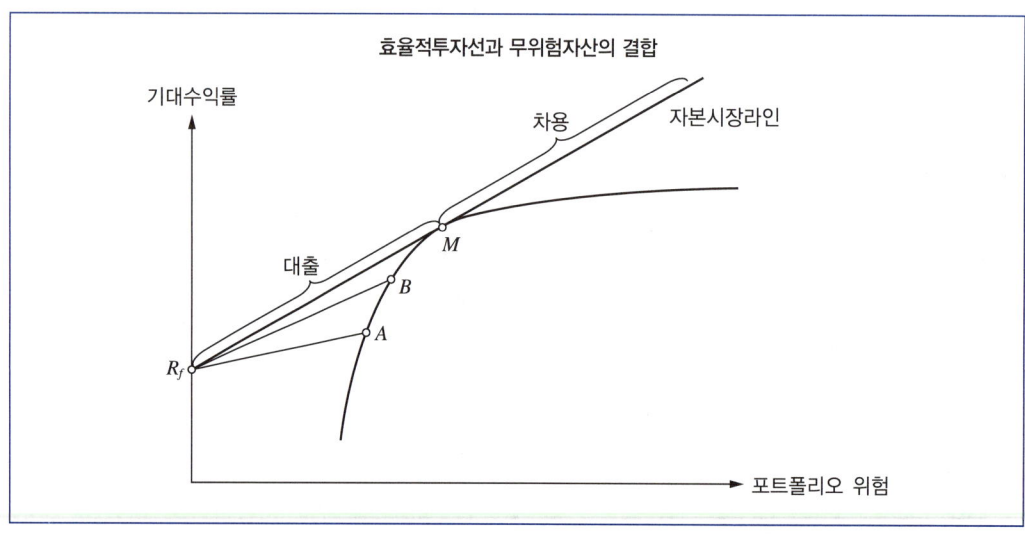

(3) 포트폴리오의 선택

자본시장선상 포트폴리오 중에서 어떤 것을 택할 것인가는 투자자 개개인의 취향에 따라 다르다. 자본시장선상에서 보면

① 전부 시장포트폴리오 M에 투자하는 경우
② 전부 무위험자산에 투자하는 경우
③ 투자자의 자금을 일부는 무위험자산에 투자하고, 나머지는 시장포트폴리오 M에 투자하는 경우
④ 투자자가 가지고 있는 자금은 물론, 무위험이자율로 자금을 빌려 이것까지도 시장포트폴리오에 투자하는 경우

등 네 가지의 투자전략이 있을 수 있다. 이 중에서 어떤 것을 선택하느냐 하는 것은 위험과 기대수익률에 대한 투자자의 태도에 관계되므로 무차별곡선을 이용하여 적절한 포트폴리오를 찾을 수 있다. 투자자의 무차별곡선이 어떠하든 위험이 있는 자산에 투자할 때 모든 투자자는 시장포트폴리오 M에만 투자하게 된다. 무차별곡선의 차이에 따라 포트폴리오 M과 무위험자산의 구성비율만 다를 뿐, 시장포트폴리오 M은 위험이 있는 주식들의 최적 포트폴리오가 된다.

3. CAPM에 의한 균형가격결정모형 : 증권시장선(SML)

(1) 의 의
자본시장선은 존재하는 모든 자산의 균형가격에 대한 해답을 제시하고 있지는 못하다. 즉, 자본시장선이 제시하는 것은 다만 자본시장선상에 있는 극히 제한된 포트폴리오의 가격결정에 지나지 않는 것이다. 비효율적인 포트폴리오의 균형가격의 결정에 대한 설명을 하는 것이 증권시장선이다. 즉, 제거가 가능한 위험까지를 포함하고 있는 σ_p 대신, 제거가 불가능한 체계적 위험 β 를 새로운 위험의 척도로 사용하여, 도출된 개별주식 또는 포트폴리오의 체계적 위험과 기대수익률의 선형관계식을 증권시장선(Security Market Line)이라 한다.

(2) 관계식 및 의미

1) 관계식

$$E(R_i) = R_f + [E(R_m) - R_f]\beta_i$$

2) 의 미

$[E(R_m) - R_f]$는 시장포트폴리오와 기대수익률 중에서 무위험이자율을 초과하는 부분으로서, 시장포트폴리오의 초과수익률 또는 시장의 위험프리미엄이라 한다. 증권시장선은 시장포트폴리오와 초과수익률이 결정되었을 때 개별주식의 체계적 위험 β에 따라 개별주식(또는 포트폴리오)의 기대수익률이 얼마가 되는가를 보여주는 식이다. 위의 식을 $E(R_i) - R_f = [E(R_m) - R_f]\beta_i$로 변형할 때, $[E(R_m) - R_f]$는 개별주식(또는 포트폴리오)의 기대수익률 중에서 무위험이자율을 초과하는 부분을 나타내고 있다. 이를 개별투자의 위험프리미엄 또는 초과수익률이라고 한다. 따라서, β_i가 주어졌을 때 시장의 위험프리미엄 $[E(R_m) - R_f]$를 통해 개별투자의 위험프리미엄을 설명해주는 관계식으로 해석할 수도 있다.

(3) 증권시장선의 이용

1) 기업의 재무의사결정
① **자본비용의 산출** : 증권시장선을 이용해서 산출한 기대수익률은 자금을 조달할 때 자금사용의 대가로 부담하는 자본비용이 된다.
② **자본예산** : 투자대상 평가핵심은 현금흐름의 측정과 순현가를 계산하기 위한 할인율이다. 증권시장선을 이용하여 적절한 할인율을 구해 이 할인율을 자본예산에 사용하게 된다.

2) 투자자들의 투자의사결정
① **적정할인율의 결정** : 주식평가는 주식을 소유했을 때의 현금흐름과 이의 적절한 할인율로서 결정된다. 이때 적정한 할인율이 바로 위험을 고려한 주식의 기대수익률, 즉 증권시장선에서 결정되는 기대수익률이다.
② **투자종목의 선택(과대평가주식과 과소평가주식)** : 주식에 투자를 하려고 할 때 문제가 되는 것은 단순히 주식의 위험이 높으냐 낮으냐 또는 주식의 수익률이 높으냐 낮으냐 하는 것이 아니라, 주식이 그 위험에 대한 적절한 수익을 제공하고 있느냐 하는 것이다. 여기서 적절하다는 의미는 주식의 기대수익률이 증권시장선상에서 결정된다는 의미로서, 증권시장선을 이용하여 주식의 평가를 할 수 있다.

③ **투자성과분석** : 이론적으로 증권시장선은 미래의 기대수익률과 체계적 위험의 관계를 나타내는 사전적(事前的) 모형이다. 이 사전적 모형을 이용하여 투자의 할인율을 결정하고, 과대 또는 과소평가된 주식을 찾을 수 있다. 그러나 사전적 모형을 찾기 어려울 때는 사후적 모형을 이용할 수도 있다. 특히 과거의 투자성과를 분석할 때는 사후적 증권시장선이 이용된다.

4. 평가 및 가정의 현실화

CAPM은 자산평가의 가장 대표적인 모형으로 사용되고 있다. 그러나 CAPM의 여러 가정의 현실적 타당성은 CAPM식의 일반화에 커다란 제약조건이 된다. 이들 가정 중 투자자들이 자산수익률에 대해 이질적인 기대를 갖는 경우, 투자자의 차입대출 이자율이 상이한 경우, 거래시 거래비용이나 세금이 존재하는 경우에는 CAPM이 성립하지 않게 된다. 무엇보다 단일 factor 모형으로 CAPM 모형은 실증적·역사적으로 많은 오차가 있다는 비판이 있다.

5. CML과 SML의 관계

$$CML은\ E(R_p)=R_f+\left[\frac{E(R_m)-R_f}{\sigma_m}\right]\sigma_p\ 이고,\ SML은\ E(R_i)=R_f+[E(R_m)-R_f]\beta_i\ 이다.$$

자산의 균형가격결정모형인 SML은 효율적인 포트폴리오뿐만 아니라 존재하는 모든 자산의 균형가격을 결정해주는 반면, CML은 단지 효율적인 포트폴리오에 대해서만 성립한다고 하므로, 개념적으로 CML은 SML을 효율적 포트폴리오의 경우에 적용한 특수한 경우라고 할 수 있다.

Ⅵ APT(APT ; Arbitrage Pricing Theory, Multi Factor Model)

1. 의 의

APT란 투자자들은 차익거래를 극대화하도록 행동한다는 가정하에서 자신의 수익률이 여러 가지 공통요인에 의해 영향을 받으며 자신의 기대수익률과 각 요인에 대한 민감도간에는 선형관계가 성립한다는 이론으로서, 이는 기존의 CAPM의 가정의 비현실성과 검증불가능에 따른 문제점을 해소하고자 연구된 이론으로 여러 변수의 반영으로 현실성을 확보하고자 한다. '차익거래'란 보다 큰 이익을 얻기 위해 과대평가된 자산을 매각하고 과소평가된 자산을 매입하는 과정 또는 추가적 자본이나 추가적 위험을 부담하지 않고 이익을 극대화하기 위하여 포트폴리오를 변경하는 과정으로, 이때 차익거래는 ① 자신의 포트폴리오를 구성하고 있는 자산 중 일부를 매각하고 그 대금으로 다른 자산을 매입하거나 ② 공매를 통하여 가능하다.

2. 가 정

① 개별자산의 수익률은 여러 개의 독립적인 공통요인에 의해서 결정된다.
② 투자자들은 '위험회피형'이다. 즉 분산투자를 통하여 위험을 감소시키고자 한다.
③ 투자자들은 차익거래이익을 극대화하도록 행동한다.
④ 투자자들은 공통요인과 개별자산의 확률분포에 대하여 '동질적으로 기대'한다.
⑤ 자본시장은 세금이나 거래비용 등의 마찰적 요인이 없는 '완전시장'이다.

3. 일반모형

$$E(R_i) = \lambda_0 + \lambda_1 b_{i1} + \lambda_2 b_{i2} + \lambda_k b_{ik}$$

* λ_0 : 모든 공통요인에 대한 베타가 0인 포트폴리오의 기대수익률
  λ_k : k요인에 대한 위험프리미엄
  b_{ik} : 공통요인 k에 대한 자산 k의 베타계수

4. APT와 CAPM의 비교

(1) APT와 CAPM의 관계

APT와 CAPM은 상호 배타적인 시장균형모형이 아니다. CAPM은 설명요인이 하나인 시장균형모형이고, APT는 다수의 요인으로 표시된 보다 일반화된 균형 모형이다. 따라서 단일요인 APT를 CAPM과 비교해 보면 이는 증권시장선식과 매우 유사하다. 즉 CAPM은 APT에서 설명요인이 시장포트폴리오의 수익률 하나뿐인 특수형이라고 할 수 있다.

(2) APT의 유용성

① APT는 CAPM에 비해 보다 일반적인 시장균형모형이라고 할 수 있다. 즉 CAPM과는 달리 자산의 수익률분포가 정규분포를 이루어야 한다는 가정이나 투자자의 효용함수가 2차식 형태를 따라야 한다는 등의 특정한 제약이 필요하지 않다.
② CAPM에서는 시장포트폴리오가 위험 자산 중의 유일한 투자대상으로서 중요한 역할을 하기 때문에 시장포트폴리오의 존재를 필요로 하나, APT에서는 시장포트폴리오에 대한 특별한 가정을 하지 않기 때문에 검증 가능한 균형모형이다.
③ APT는 무위험자산의 가정이 필요 없다.
④ CAPM에서는 개별자산의 수익률이 시장포트폴리오라는 하나의 공통요인에 의하여 설명된다고 가정하는데 비해, APT는 개별자산의 수익률이 여러 개의 공통요인에 의해 설명된다고 가정한다.
⑤ CAPM은 단일기간을 가정하는 데 비하여 APT는 단일기간뿐만 아니라 다기간모형으로 적용 가능하다.

5. Fama-French의 Multifactor Model

최근에는 CAPM의 리스크 프리미엄이 시장리스크만 고려하는 것이 현실의 결과값과 많이 상충되는 점을 고려하여, 리스크 프리미엄을 시장수익률, 시가총액, 성장주/가치주 여부 등을 확장하여 고려하는 모형이다. 최근에는 4 factor 모델, 5 factor 모델 등으로 그 범용성을 넓혀가고 있는 중이다.

Ⅶ 포트폴리오 이론의 확장

1. 수동적 투자(Passive Investing)와 능동적 투자(Active Investing)

① 수동적 투자는 쉽게 말해서 INDEX를 추종하는 방법으로, 장기적으로 INDEX가 우상향하는 점을 이용하여, 자산배분 등을 INDEX와 유사하게 구성하여 장기보유하는 전략을 말한다. 최근에는 S&P500과 KOSPI 같은 시장 INDEX 외에도 세부 품목별 INDEX를 ETF를 통해 별도로 구성하거나 해서 통상적인 시장수익률보다 높은 수익률을 취하는 전략을 많이 활용한다. 주로 β 추구 전략이다.

② 능동적 투자는 주식 등 자산의 cycle을 이용하거나, 거시경제 전망등을 고려하여 적극적으로 그때 그때 자산 배분을 달리하고, 자산(주식)을 사고팔아서 시장의 평균 수익률보다 높은 수익률을 추구하는 전략을 말한다. 주로 a 추구 전략이다.

2. 행동재무학(Behavioral Finance)의 도입

전통적인 재무학에서는 모든 인간이 주어진 정보 하에서 최선의 판단을 한다는 '합리적 경제인' 가정에서 출발한다. 그러나, 현실세계에서는 인간은 항상 합리적인 행동을 하지 않는다에서 출발, 투자자의 비합리성과 현실 시장의 제약을 고려하는 새로운 시도로 행동재무학(behavioral finance)이 등장하였다. 행동재무학에서는 투자자의 특정한 선호(preferences)나 잘못된 신념(beliefs)과 같은 투자심리로 인해 시장에는 비합리적인 투자자들이 존재한다고 본다. 이를 반영하여 최근 포트폴리오는 이러한 행동재무학을 고려하는 움직임이 반영된다.

> **➕ 알아보기** 행동재무학상 심리적 편견들
>
> 1. 확증편향(Confirmation bias)
> 2. 성향 편향(Disposition bias)
> 3. 경험적 편향(Experiential bias)
> 4. 손실 회피(Loss aversion)
> 5. 친숙성 편향(Familiarity bias)
> 6. 심리적 회계(Mental accounting)
> 7. 과신(Overconfidence)

전통적인 투자이론	행동재무학을 반영한 투자
합리적 투자 결정 가정	투자결정시 비합리적 판단 가능성 인정
재무적 데이터와 경제학 모델만 조명	심리적 요인의 영향 개입
최대효용(최대이익)추구	만족될 만한 효용이면 최대치 아니어도 됨
감정적 작용이나 편견 배제	감정이나 편견이 투자에 미치는 영향 고려
시장 순응적 투자자	능동적 시장 참여자

Ⅷ 가중평균자본비용(Weighted Average of Capital Cost, WACC)

1. 의의

가중평균자본비용(Weighted Average of Capital Cost)은 원천별 자본비용을 자본구성비율로 가중평균한 값을 말한다. 자본의 조달형태는 크게 타인자본(부채)과 자기자본으로, 채권자와 주주가 부담하는 위험이 다르므로 요구수익률도 차이가 난다. 채권자와 주주가 요구하는 수익률은 기업입장에서는 자본비용이 된다.

$$WACC = k_0 = k_i \frac{D}{D+E} + k_e \frac{E}{D+E}$$

2. 원천별 자본비용

원천별 자본비용은 특정원천으로 조달한 자금의 현재가치와 그 자금을 사용하는 대가로 미래에 지급하여야 하는 금액의 현재가치를 일치시켜주는 할인율이다.

① **타인자본비용**: 채권자의 이자율은 k이지만 기업입장에서는 이자비용의 감세 효과에 의해 타인자본을 투자해서 얻어야 할 최소한의 수익률은 $k_i = k(1 - 법인세율)$이 된다.

② **자기자본비용**: CAPM이나 APT같은 균형가격결정모형이나, 주식가치평가모형(배당평가모형)에 의해 구할 수 있다. 가장 일반적으로 CAPM을 이용한 방법으로 $k_e = R_f + [E(R_m) - R_f]\beta$가 된다.

3. 가중치의 계산

WACC의 측정에서 각 원천별 가중치는 가능한 장부가치가 아닌 시장가치를 기준으로 측정하여야 한다. 자본비용은 현재 시점에서 동일한 방법으로 자금조달을 할 경우 기업이 부담하는 비용을 의미하므로 현재의 시장가치로 가중되어야 마땅하다. 그러나 해당기업의 주식이 유통시장에서 거래되지 않는다면 시장가치에 의한 가중치 계산은 불가능할 것이다. 또한 가치측정을 위한 과정으로서 WACC를 필요로 하는데 이는 시장가치에 의한 가중치를 먼저 배정해야 한다는 자체가 모순일 수 있다. 이런 문제에 대한 대안으로 ① 기업의 장기 목표자본 구조비율을 적용하거나, ② 평가대상기업과 같은 업종에 있는 유사기업의 시장가치 자료를 이용하는 방법이 있다.

> **➕ 알아보기** 가중 평균 자본 비용(WACC)
>
> 1. 가중 평균 자본 비용(WACC) 공식은 프로젝트 수준이 아닌 회사 수준의 자본 구조에 따라 달라진다.
>
> $$r_{WACC} = \frac{D}{E+D} r_d + \frac{E}{E+D} r_e$$
>
> *r_e = 차입 주식 수익, r_d = 부채 비용, 총자본 $V = E(자본) + D(부채)$
>
> 2. 자본 구조가 $D/V = 0.3$, $E/V = 0.7$, $r_e = 12\%$, $r_d = 6\%$인 기업의 경우
> $r_{WACC} = 0.3 \times 6\% + 0.7 \times 12\% = 10.2\%$

Ⅸ 부동산 투자에서의 포트폴리오 이론의 활용

1. 자산 분산에 의한 구성

자산 분산에 의한 투자란 예금, 주식, 채권, 부동산 등에 분산 투자하는 것을 말한다. 이러한 각각의 자산은 그 위험과 수익이 저마다 다르다. 최근 증권가에서는 부동산, 원자재, 또는 헷지펀드 등 이른바 대체투자의 방식이 활발하며, 이는 부동산이 타 자산군과 상관계수가 낮아 분산투자효과가 크기 때문이다.

2. 실물자산과 부동산 증권의 구성

실물자산에 대한 투자와 금융자산인 부동산증권에도 투자를 함께 하는 방법이 있다. 부동산 증권의 상품으로는 MBS(주택저당담보부증권), ABS(자산담보부증권) 등이 있으며, 또한 REITs 상품 등이 있다. 이를 적절한 자산배분을 통하여 위험을 줄이는 방법이 있다.

3. 다국적 투자

각 국가간 부동산의 상관계수는 타 자산군에 비해 상대적으로 낮기 때문에, 분산투자의 효과가 크다. 따라서, 점차 다국적으로 투자자산군을 늘리는 경향이 높아지고 있다.

CHAPTER 05 실전문제

제2편 | 부동산학 각론

01 투자부동산 A에 관한 투자분석을 위해 관련 자료를 수집한 내용은 다음과 같다. 이 경우 순영업소득은? (단, 주어진 자료에 한하며, 연간 기준임) 기출 23

- 유효총소득 : 360,000,000원
- 직원 인건비 : 80,000,000원
- 대출원리금 상환액 : 50,000,000원
- 감가상각비 : 40,000,000원
- 수도광열비 : 36,000,000원
- 용역비 : 30,000,000원
- 수선유지비 : 18,000,000원
- 재산세 : 18,000,000원
- 공실손실상당액·대손충당금 : 18,000,000원
- 사업소득세 : 3,000,000원

① 138,000,000원
② 157,000,000원
③ 160,000,000원
④ 178,000,000원
⑤ 258,000,000원

해설

㉠ 순영업소득 = 유효총소득 - 영업경비
㉡ 영업경비에 포함되지 않는 것은 공실손실상당액, 부채서비스액, 감가상각비, 소득(법인)세, 자본적 지출(대수선비), 소유자의 개인적 업무비 및 급여, 비소멸성보험 등이다.
  주의할 것은 재산세, 수익적 지출(수선비) 등은 영업경비에 포함된다는 것에 유의할 필요가 있다. 주어진 지문에서 대출원리금 상환액(부채서비스액), 감가상각비, 공실손실상당액, 사업소득세는 영업경비에 제외된다. 그 외는 모두 영업경비에 속한다.
㉢ 영업경비 = 직원 인건비(80,000,000원) + 수도광열비(36,000,000원) + 용역비(30,000,000원) + 수선유지비(18,000,000원) + 재산세(18,000,000원) = 182,000,000원
㉣ 순영업소득 = 유효총소득(360,000,000원) - 영업경비(182,000,000원) = 178,000,000원

답 ④

02 부동산투자와 위험에 관한 설명으로 옳은 것은?

① 상업용 부동산투자는 일반적으로 다른 상품에 비하여 초기투자비용이 많이 들며 투자비용의 회수기간이 길지만 경기침체에 민감하지 않아 투자위험이 낮다.
② 시장위험이란 부동산이 위치한 입지여건의 변화 때문에 발생하는 위험으로서, 부동산시장의 수요·공급과 관련된 상황의 변화와 관련되어 있다.
③ 사업위험이란 부동산 사업자체에서 발생하는 수익성 변동의 위험을 말하며 시장위험, 입지위험, 관리·운영위험 등이 있다.
④ 법·제도적 위험에는 소유권위험, 정부정책위험, 정치적 위험, 불가항력적 위험, 유동성 위험이 있다.
⑤ 위험과 수익간에는 부(-)의 관계가 성립한다.

해설

① (×) 상업용 부동산투자는 일반적으로 다른 상품에 비하여 초기투자비용이 많이 들며 투자 비용의 회수기간이 길지만 주거용 부동산 등에 비하여 경기침체에 민감하므로 투자위험이 높은 편이다.
② (×) 부동산이 위치한 입지여건의 변화 때문에 발생하는 위험은 위치적 위험을 말하는 것이고, 부동산시장의 수요·공급과 관련된 상황의 변화와 관련되어 있는 위험은 시장위험과 관련되어 있다.
③ (○) 사업위험이란 부동산 사업 자체에서 발생하는 수익성 변동의 위험을 말하며 사업상 위험에는 시장위험, 입지위험, 관리·운영위험 등이 존재한다.
④ (×) 법·제도적 위험에는 소유권위험, 정부정책위험, 정치적 위험 등을 말하며, 이에는 불가항력적 위험도 존재하고 통제 가능한 위험도 존재한다. 반면에 유동성 위험은 별도의 위험이다. 즉, 유동성 위험은 현금화 과정에서 발생하는 위험을 말한다.
⑤ (×) 위험과 수익간에는 정(+)의 관계가 성립한다. 투자자의 위험에 대한 태도가 위험선호(추구)형이든, 위험회피형이 이에 속한다.

 ③

03 부동산투자에 관한 설명으로 옳은 것은?

① 부동산투자는 부동산이 갖고 있는 고유한 특성이 있지만 환금성, 안전성 측면에서 주식 투자와 다르지 않다.
② 부동산은 실물자산이기 때문에 인플레이션 방어 능력이 우수하여 디플레이션과 같은 경기침체기에 좋은 투자대상이다.
③ 부동산은 다른 투자상품에 비하여 거래비용의 부담이 크지만 부동산시장은 정보의 대칭성으로 인한 효율적 시장이다.
④ 부동산투자는 부동산의 사회적·경제적·행정적 위치의 가변성 등으로 인해 부동산시장의 변화를 면밀히 살펴야 한다.
⑤ 투자의 금융성이란 투자자가 투자자산을 필요한 시기에 손실없이 현금으로 전환할 수 있는 안전성의 정도를 말한다.

해설

① (×) 부동산투자는 부동산이 갖고 있는 고유한 특성이 있지만 환금성, 안전성 측면에서 주식 투자와 다르다. 즉, 환금성은 주식이 유리하지만, 안전성은 주식보다 부동산이 유리하며 은행보다 부동산이 상대적으로 불리한 측면이 있다.
② (×) 부동산은 실물자산이기 때문에 인플레이션 방어 능력이 우수하여 디플레이션과 같은 경기침체기에 불리한 투자대상이다.
③ (×) 부동산은 다른 투자상품에 비하여 거래비용의 부담이 크지만 부동산시장은 부동성과 개별성으로 인하여 정보의 비대칭성 성격이 강하므로 효율적이지 못한 시장이 존재하는 경우가 많다.
④ (○) 부동산투자는 부동산의 사회적·경제적·행정적 위치의 가변성 등으로 인해 부동산시장의 변화를 면밀히 살펴야 한다. 즉, 부동산시장은 다른 재화와 다르게 주변 환경에 민감한 반응을 보이는 경향이 있다는 특징이 있다.
⑤ (×) 부동산은 투자의 유동성의 문제로 투자자가 투자자산을 필요한 시기에 적시 처분이 곤란한 점(계약금, 중도금, 잔금)으로 현금으로 전환시에 자본손실이 발생할 수 있는 단점이 존재한다. 또한 부동산은 금융을 활용하여 지렛대 효과를 누릴 수도 있다.

답 ④

04 부동산투자에 관한 설명으로 옳은 것을 모두 고른 것은? 기출 23

ㄱ. 순현재가치(NPV)법이란 투자로부터 발생하는 현재와 미래의 모든 현금흐름을 적절한 할인율로 할인하여 현재가치로 환산하고 이를 통하여 투자의사결정에 이용하는 기법이다.
ㄴ. 추계된 현금수지에 대한 위험을 평가하는 위험할증률의 추계는 투자기간의 결정 및 현금수지에 대한 예측 이전에 해야 한다.
ㄷ. 내부수익률(IRR)이란 투자로부터 발생하는 미래의 현금흐름의 순현재가치와 부동산가격을 1로 만드는 할인율을 말한다.
ㄹ. 수익성지수(PI)는 투자로 인해 발생하는 현금유입의 현재가치를 현금유출의 현재가치로 나눈 비율로서 1보다 크면 경제적 타당성이 있는 것으로 판단한다.

① ㄱ, ㄹ
② ㄴ, ㄷ
③ ㄱ, ㄴ, ㄷ
④ ㄱ, ㄴ, ㄹ
⑤ ㄱ, ㄴ, ㄷ, ㄹ

해설

ㄱ. (○) 순현재가치(NPV)법이란 투자로부터 발생하는 현재와 미래의 모든 현금흐름을 적절한 할인율(요구수익률)로 할인하여 현재가치로 환산하고 이를 통하여 투자의사결정에 이용하는 기법이다. 따라서 순현가가 '0'보다 크면 투자 타당성이 있는 것으로 판단한다.
ㄴ. (×) 추계된 현금수지에 대한 위험을 평가하는 위험할증률의 추계는 투자기간의 결정 및 현금수지에 대한 예측 이후에 해야 한다. 왜냐하면 투자기간에 따라 위험 정도가 달라질 것이고, 매기간 마다 위험의 정도가 달라지기 때문이다. 또한 현금수지에 대한 예측에 따라 위험의 정도는 달라진다. 즉, 현금수지의 예측이 보수적이냐 공격적이냐 등에 따라 달라지기 때문이다.
ㄷ. (×) 내부수익률(IRR)이란 투자로부터 발생하는 미래의 현금흐름을 현재가치로 환원한 순현재가치를 '0'을 만드는 할인율 또는 수익성지수를 '1'로 만드는 할인율을 말한다.
ㄹ. (○) 수익성지수(PI)는 투자로 인해 발생하는 현금유입의 현재가치를 현금유출의 현재가치로 나눈 비율로서 '1'보다 크면 경제적 타당성이 있는 것으로 판단한다.

답 ①

05 부동산투자분석에 관한 내용으로 옳지 <u>않은</u> 것은?

① 동일한 현금흐름을 가지는 투자안이라도 투자자의 요구수익률에 따라 순현재가치는 달라질 수 있다.
② 서로 다른 내부수익률을 가지는 두 자산에 동시에 투자하는 투자안의 내부수익률은 각 자산의 내부수익률을 더한 것과 같다.
③ 동일한 투자안에 대해 내부수익률이 복수로 존재할 수 있다.
④ 내부수익률법에서는 내부수익률과 요구수익률을 비교하여 투자의사결정을 한다.
⑤ 투자규모에 차이가 나는 상호배타적인 투자안을 검토할 때, 순현재가치법과 수익성지수법을 통한 의사결정이 달라질 수 있다.

해설

② (×) 내부수익률 IRR은 NPV와 달리 각 자산의 내부수익률 IRR(A+B) ≠ IRR(A)+IRR(B)의 관계가 성립한다.

답 ②

06

A투자안의 현금흐름이다. 추가투자가 없었을 때의 NPV(ㄱ)와 추가투자로 인한 NPV증감(ㄴ)은? (단, 0기 기준이며, 주어진 자료에 한함)
기출 22

구 분	0기	1기	2기	3기
초기투자	(1억원)			
NOI		4천만원	3천만원	4천만원
추가투자			(5천만원)	
추가투자에 따른 NOI증감			+3천만원	+4천만원
현가계수		0.952	0.906	0.862

	ㄱ	ㄴ
①	−260,000원	+16,360,000원
②	−260,000원	+17,240,000원
③	−260,000원	+18,120,000원
④	+260,000원	+16,360,000원
⑤	+260,000원	+17,240,000원

> 해설

ㄱ : 추가투자가 없는 경우의 NPV
- 수익의 현가＝(4천만원×0.952)+(3천만원×0.906)+(4천만원×0.862)＝9,974만원
- 비용의 현가(1억원)
- 순현가＝수익의 현가(9,974만원)−비용의 현가(1억원)＝−26만원

ㄴ : 추가투자가 있는 경우의 NPV
- 수익현가＝(3천만원×0.906)+(4천만원×0.862)＝6,166만원
- 비용의 현가＝5천만원×0.906＝4,530만원
- 순현가＝수익의 현가(6,166만원)−비용의 현가(4,530만원)＝1,636만원

답 ①

07 부동산투자의 수익과 위험에 관한 설명으로 옳지 <u>않은</u> 것은? [기출 24]

① 다양한 자산들로 분산된 포트폴리오는 체계적 위험을 감소시킨다.
② 위험회피형 투자자는 위험 증가에 따른 보상으로 높은 기대수익률을 요구한다.
③ 동일한 자산들로 구성된 포트폴리오라도 자산들의 구성비중에 따라 포트폴리오의 수익과 위험이 달라진다.
④ 시장상황에 대한 자산가격의 민감도가 높을수록 수익률의 표준편차는 커진다.
⑤ 지분투자수익률은 지분투자자의 투자성과를 나타낸다.

해설

① (×) 투자포트폴리오는 비체계적 위험을 감소시키지 체계적 위험은 감소시키지 않는다.

답 ①

08 부동산투자이론에 관한 설명으로 옳지 <u>않은</u> 것은? [기출 22]

① 변동계수는 수익률을 올리기 위해 감수하는 위험의 비율로 표준편차를 기대수익률로 나눈 값이다.
② 포트폴리오를 구성하면 비체계적 위험을 회피할 수 있다.
③ 위험기피형 투자자는 위험부담에 대한 보상심리로 위험할증률을 요구수익률에 반영한다.
④ 두 개별자산으로 구성된 포트폴리오에서 자산간 상관계수가 양수인 경우에 음수인 경우보다 포트폴리오 위험절감효과가 높다.
⑤ 투자안의 기대수익률이 요구수익률보다 높으면 해당 투자안의 수요증가로 기대수익률이 낮아져 요구수익률에 수렴한다.

해설

④ (×) 두 개별자산으로 구성된 포트폴리오에서 자산간 상관계수가 양수인 경우에 음수인 경우보다 포트폴리오 위험절감효과가 낮다. 상관계수 값이 낮을수록 위험절감효과는 더 높아진다.

답 ④

09 부동산 투자분석기법에 관한 설명으로 옳은 것은? 기출 22

① 투자규모가 상이한 투자안에서 수익성지수(PI)가 큰 투자안이 순현재가치(NPV)도 크다.
② 서로 다른 투자안 A, B를 결합한 새로운 투자안의 내부수익률(IRR)은 A의 내부수익률과 B의 내부수익률을 합한 값이다.
③ 순현재가치법과 수익성지수법에서는 화폐의 시간가치를 고려하지 않는다.
④ 투자안마다 단일의 내부수익률만 대응된다.
⑤ 수익성지수가 1보다 크면 순현재가치는 0보다 크다.

> 해설

① (×) 투자규모가 상이한 투자안에서 수익성지수(PI)가 큰 투자안이 순현재가치(NPV)가 항상 높은 것은 아니다.
② (×) 서로 다른 투자안 A, B를 결합한 새로운 투자안의 내부수익률(IRR)은 A의 내부수익률과 B의 내부수익률을 합(가치합산원칙 적용)하여 계산할 수 없는 단점이 있다. 그러나 순현가는 가치합산원칙을 적용할 수 있다. 따라서 내부수익률도 이런 단점을 보완한 하나의 방법으로 증분IRR(incremental IRR)을 사용하는 방법이 있다. 이는 A, B 투자안의 현금흐름을 서로 뺀 현금흐름들이 각각 연도의 현금흐름이라고 가정하고 이를 통해 IRR을 산출한다.
③ (×) 할인현금수지분석법인 순현재가치법과 수익성지수법, 내부수익률 등은 화폐의 시간가치를 고려하며, 매기 현금흐름도 고려한다.
④ (×) 투자안마다 두 개 이상의 내부수익률도 존재한다.

답 ⑤

10 비율분석법을 이용하여 산출한 것으로 옳지 않은 것은? (단, 주어진 조건에 한하며, 연간 기준임)

기출 21

- 주택담보대출액 : 2억원
- 주택담보대출의 연간 원리금상환액 : 1천만원
- 부동산가치 : 4억원
- 차입자의 연소득 : 5천만원
- 가능총소득 : 4천만원
- 공실손실상당액 및 대손충당금 : 가능총소득의 25%
- 영업경비 : 가능총소득의 50%

① 부채감당률(DCR)=1.0
② 채무불이행률(DR)=1.0
③ 총부채상환비율(DTI)=0.2
④ 부채비율(debt ratio)=1.0
⑤ 영업경비비율(OER, 유효총소득 기준)=0.8

해설

- 영업수지계산
  1) 가능총소득(4천만원)−공실손실상당액 및 대손충당금(가능총소득의 25%, 1천만원)=유효총소득(3천만원)
  2) 유효총소득(3천만원)−영업경비(가능총소득의 50%인 2천만원)=순영업소득(1천만원)

① 부채감당률(DCR)=$\dfrac{\text{순영업소득(1천만원)}}{\text{원리금상환액(1천만원)}}$=1.0

② 채무불이행률(DR)=$\dfrac{\text{영업경비(2천만원)}+\text{원리금상환액(1천만원)}}{\text{유효총소득(3천만원)}}$=1.0

③ 총부채상환비율(DTI)=$\dfrac{\text{원리금상환액(1천만원)}}{\text{연소득(5천만원)}}$=0.2

④ 부채비율(debt ratio)=$\dfrac{\text{저당투자액(2억원)}}{\text{지분투자액[=가치(4억원)−대출액(2억원)=2억원]}}$=1.0

⑤ 영업경비비율(OER, 유효총소득 기준)=$\dfrac{\text{영업경비(2천만원)}}{\text{유효총소득(3천만원)}}$=0.666

답 ⑤

11 사업기간 초에 3억원을 투자하여 다음과 같은 현금유입의 현재가치가 발생하는 투자사업이 있다. 이 경우 보간법으로 산출한 내부수익률은? (단, 주어진 조건에 한함) 〔기출 21〕

현금유입의 현재가치(단위 : 천원)	
할인율 5%인 경우	할인율 6%인 경우
303,465	295,765

① 5.42%   ② 5.43%
③ 5.44%   ④ 5.45%
⑤ 5.46%

해설

(1) 각 할인율에서 순현가
  ㉠ 할인율 5%인 경우 순현가
    현금유입의 현재가치(303,465천원) − 현금유출(3억원) = 3,465천원
  ㉡ 할인율 6%인 경우 순현가
    현금유입의 현재가치(295,765천원) − 현금유출(3억원) = −4,235천원

(2) 보간법

$$5\% + 1\% \times \frac{\text{순현가}(5\%, 3{,}465천원)}{\text{순현가}(5\%, 3{,}465천원) - \text{순현가}(6\%, -4{,}235천원)} = 5.45\%$$

답 ④

12 포트폴리오 이론에 관한 설명으로 옳지 <u>않은</u> 것은?

① 부동산투자에 수반되는 총위험은 체계적 위험과 비체계적 위험을 합한 것으로, 포트폴리오를 구성함으로써 제거할 수 있는 위험은 비체계적 위험이다.
② 포트폴리오를 구성하는 자산들의 수익률 간 상관계수가 1인 경우에는 포트폴리오를 구성한다고 하더라도 위험은 감소되지 않는다.
③ 효율적 프론티어(efficient frontier)는 모든 위험수준에서 최대의 기대수익률을 올릴 수 있는 포트폴리오의 집합을 연결한 선이다.
④ 무위험자산이 없는 경우의 최적 포트폴리오는 효율적 프론티어(efficient frontier)와 투자자의 무차별곡선이 접하는 점에서 결정되는데, 투자자가 위험선호형일 경우 최적 포트폴리오는 위험기피형에 비해 저위험-고수익 포트폴리오가 된다.
⑤ 위험자산으로만 구성된 포트폴리오와 무위험자산을 결합할 때 얻게 되는 직선의 기울기가 커질수록 기대초과수익률(위험프리미엄)이 커진다.

> 해설

④ (×) 무위험자산이 없는 경우의 최적 포트폴리오는 효율적 프론티어와 투자자의 무차별곡선이 접하는 점에서 결정되는데, 투자자가 위험선호형일 경우 최적 포트폴리오는 위험기피형에 비해 고위험-고수익 포트폴리오가 된다.

답 ④

13

부동산투자분석기법에 관한 설명으로 옳은 것을 모두 고른 것은? (단, 다른 조건은 동일함) 기출 21

> ㄱ. 현금유출의 현가합이 4천만원이고 현금유입의 현가합이 5천만원이라면, 수익성지수는 0.8이다.
> ㄴ. 내부수익률은 투자로부터 발생하는 현재와 미래 현금흐름의 순현재가치를 1로 만드는 할인율을 말한다.
> ㄷ. 재투자율로 내부수익률법에서는 요구수익률을 사용하지만, 순현재가치법에서는 시장이자율을 사용한다.
> ㄹ. 내부수익률, 순현재가치법, 수익성지수법은 할인현금흐름기법에 해당한다.
> ㅁ. 내부수익률법에서는 내부수익률과 요구수익률을 비교하여 투자여부를 결정한다.

① ㄱ, ㄹ
② ㄴ, ㄷ
③ ㄹ, ㅁ
④ ㄱ, ㄴ, ㅁ
⑤ ㄷ, ㄹ, ㅁ

해설

ㄱ. (×) 현금유출의 현가합이 4천만원이고 현금유입의 현가합이 5천만원이라면, 수익성지수는 1.25이다.
ㄴ. (×) 내부수익률은 투자로부터 발생하는 현재와 미래 현금흐름의 순현재가치를 0으로 만드는 할인율을 말한다.
ㄷ. (×) 재투자율로 내부수익률법에서는 내부수익률을 사용하지만, 순현재가치법에서는 요구수익율을 사용한다.

답 ③

14

화폐의 시간적 가치를 고려하지 않은 부동산 투자타당성방법은? 기출 20

① 수익성지수법(PI)
② 회계적수익률법(ARR)
③ 현가회수기간법(PVP)
④ 내부수익률법(IRR)
⑤ 순현재가치법(NPV)

해설

② (×) 회계적수익률법(ARR)은 화폐의 시간가치를 고려하지 않는 방식이다. 화폐의 시간가치를 고려하는 방식은 순현재가치법, 내부수익률법, 수익성지수법, 현가회수기간법이 이에 속한다.

답 ②

15 부동산 투자분석 기법에 관한 설명으로 옳지 <u>않은</u> 것은? 기출 20

① 다른 조건이 일정하다면, 승수법에서는 승수가 클수록 더 좋은 투자안이다.
② 내부수익률은 순 현재가치를 0으로 만드는 할인율이다.
③ 내부수익률이 요구수익률 보다 클 경우 투자한다.
④ 순현재가치가 0보다 클 경우 투자한다.
⑤ 수익성지수가 1보다 클 경우 투자한다.

해설

① (×) 다른 조건이 일정하다면, 승수법에서는 승수가 작을수록 더 좋은 투자안이다. 승수값이 클수록 회수기간이 더 길어진다는 의미를 말한다.

답 ①

16 부동산 투자에서 위험과 수익에 관한 설명으로 옳지 <u>않은</u> 것은? (단, 주어진 조건에 한함) 기출 20

① 투자자의 요구수익률에는 위험할증률이 포함된다.
② 투자자가 위험기피자일 경우, 위험이 증가할수록 투자자의 요구수익률도 증가한다.
③ 투자자의 개별적인 위험혐오도에 따라 무위험률이 결정된다.
④ 체계적 위험은 분산투자에 의해 제거될 수 없다.
⑤ 위험조정할인율이란 장래 기대소득을 현재가치로 할인할 때 위험한 투자일수록 높은 할인율을 적용하는 것을 말한다.

해설

③ (×) 투자자의 개별적인 위험혐오도에 따라 무위험률이 아니라 위험할증률이 결정된다. 요구수익률 중에 위험은 위험할증률에 가산된다.

답 ③

17 부동산투자에서 레버리지(leverage)에 관한 설명으로 옳지 않은 것은? [정(+)/부(-) 이다] 기출 19

① 총투자수익률에서 지분투자수익률을 차감하여 정의 수익률이 나오는 경우에는 정의 레버리지가 발생한다.
② 차입이자율이 총투자수익률보다 높은 경우에는 부의 레버리지가 발생한다.
③ 정의 레버리지는 이자율의 변화 등에 따라 부의 레버리지로 변화될 수 있다.
④ 부채비율이 상승할수록 레버리지 효과로 인한 지분투자자의 수익률 증대효과가 있지만, 한편으로는 차입금리의 상승으로 지분투자자의 수익률 감소효과도 발생한다.
⑤ 대출기간 연장을 통하여 기간이자 상환액을 줄이는 것은 부의 레버리지 발생 시 적용할 수 있는 대안 중 하나이다.

해설

① (×) 총투자수익률보다 지분투자수익률이 클 경우 정(+)의 수익률이 나오는 경우에는 정(+)의 레버리지가 발생한다. 반면에 총투자수익률이 지분투자수익률보다 클 경우는 부(-)의 지렛대 효과가 발생한다.

답 ①

18 부동산 수익률에 관한 설명으로 옳지 않은 것을 모두 고른 것은? 기출 19

ㄱ. 요구수익률이란 투자자가 투자하기 위한 최대한의 수익률을 말하는 것으로 시간에 대한 비용은 고려하지 않는다.
ㄴ. 실현수익률이란 투자가 이루어지고 난 후 현실적으로 달성된 수익률로서 역사적 수익률을 의미한다.
ㄷ. 기대수익률이 요구수익률보다 높으면, 대상부동산에 대하여 수요가 증가하여 기대수익률이 상승한다.

① ㄱ
② ㄷ
③ ㄱ, ㄴ
④ ㄱ, ㄷ
⑤ ㄱ, ㄴ, ㄷ

해설

ㄱ. (×) 요구수익률이란 투자자가 투자하기 위한 최소한의 수익률을 말하는 것으로 시간에 대한 비용은 고려한다.
ㄷ. (×) 기대수익률이 요구수익률보다 높으면, 대상부동산에 대하여 수요가 증가하여 기대수익률이 하락한다.

답 ④

19

다음은 A부동산 투자에 따른 1년간 예상 현금흐름이다. 운영경비율(OER)과 부채감당률(DCR)을 순서대로 나열한 것은? (단, 주어진 조건에 한함)

- 총투자액 : 10억원(자기자본 6억원)
- 세전현금흐름 : 6천만원
- 부채서비스액 : 4천만원
- 유효총소득승수 : 5

① 0.5, 0.4
② 0.5, 2.5
③ 2.0, 0.4
④ 2.0, 2.0
⑤ 2.0, 2.5

해설

- 유효총소득승수(5) = $\dfrac{\text{총투자(10억원)}}{\text{유효총소득(?)}}$ → 유효총소득 = 2억원

- 영업경비 = 유효총소득(2억원) − 순영업소득(1억원) = 1억원

  1) 운영경비비율 = $\dfrac{\text{영업경비(1억원)}}{\text{조소득(2억원)}}$ = 0.5

  2) 부채감당률 = $\dfrac{\text{순영업소득(1억원)}}{\text{부채서비스액(4천만원)}}$ = 2.5

답 ②

20

부동산투자에 관한 설명으로 옳지 않은 것은? (단, 주어진 조건에 한함)

① 영업비용비율(OER)은 운영경비(OE)를 유효총소득(EGI)으로 나눈 비율이다.
② 총부채상환비율(DTI)이 높을수록 차입자의 부채상환가능성이 낮아진다.
③ 채무불이행률(DR)은 유효총소득(EGI)으로 운영경비(OE)와 부채서비스(DS)를 감당할 수 있는 정도를 나타낸다.
④ 총투자수익률(ROI)은 총투자액을 순영업소득(NOI)으로 나눈 비율이다.
⑤ 지분투자수익률(ROE)은 세후현금흐름(ATCF)을 지분투자액으로 나눈 비율이다.

해설

④ (×) ROI는 Return On Investment의 약어로 총투자액 대비 수익(return)을 의미한다. 여기서 return은 임대료 수익 외 매각차익도 포함하는 의미이다.

답 ④

21. 부동산투자분석에 관한 설명으로 옳지 않은 것은?

① 순현재가치는 장래 예상되는 현금유입액과 현금유출액의 현재가치를 차감한 금액이다.
② 내부수익률은 장래 예상되는 현금유입액과 현금유출액의 현재가치를 같게 하는 할인율이다.
③ 회수기간법은 투자안 중에서 회수기간이 가장 단기인 투자안을 선택하는 방법이다.
④ 순현가법, 내부수익률법, 수익성지수법은 현금흐름을 할인하여 투자분석을 하는 방법이다.
⑤ 순현재가치가 1보다 큰 경우나 내부수익률이 요구수익률보다 큰 경우에는 투자하지 않는다.

해설

⑤ (×) 순현재가치가 0보다 큰 경우나 내부수익률이 요구수익률보다 큰 경우에는 투자한다. 또한 수익성 지수가 1보다 큰 경우에 투자한다.

답 ⑤

22. 자산 A, B, C에 대한 경제상황별 예상수익률이 다음과 같을 때, 이에 관한 설명으로 옳지 않은 것은? (단, 호황과 불황의 확률은 같음)

구 분	경제상황별 예상수익률(%)	
	호 황	불 황
자산A	8	4
자산B	12	8
자산C	16	10

① 기대수익률은 자산C가 가장 높고, 자산A가 가장 낮다.
② 합리적인 투자자라면 자산A와 자산B 중에서는 자산B를 투자안으로 선택한다.
③ 평균분산지배원리에 따르면 자산C가 자산B를 지배한다.
④ 자산B의 변동계수는 0.2이다.
⑤ 자산C가 상대적으로 다른 자산에 비해서 위험이 높다.

해설

① (○) 자산A의 기대수익률 = (8% × 50%) + (4% × 50%) = 6%
자산B의 기대수익률 = (12% × 50%) + (8% × 50%) = 10%
자산C의 기대수익률 = (16% × 50%) + (10% × 50%) = 13%
따라서 기대수익률은 자산C가 가장 높고, 자산A가 가장 낮다.
③ (×) 평균분산지배원리에 따르면 자산C가 자산B를 지배할 수 없다.

답 ③

23 다음은 일정기간 부동산자산과 금융자산의 투자 자료이다. 이 경우 합리적인 투자자가 가장 선호할 자산은? (단, 주어진 자료에 한함)   기출 25

자산구분	토지	아파트	오피스	채권	주식
수익률	0.82%	0.95%	2.23%	0.99%	1.90%
표준편차	1.17%	2.19%	1.05%	1.05%	8.11%

표 및 그래프 : 자산별 수익률과 위험

① 오피스
② 채권
③ 아파트
④ 주식
⑤ 토지

해설

① (○) 오피스가 상대적 수익은 높고 상대적 위험(표준편차)은 낮음을 볼 수 있다. 즉, 수익/위험이 가장 높다.

답 ①

24 부동산의 투자과정에서 수익률에 관한 설명으로 옳은 것은? (단, 주어진 조건에 한함) 기출 25

① 기대수익률은 본질적으로 사후수익률을 의미한다.
② 기대수익률은 시장이자율에 비례하고, 자산의 위험에도 비례한다.
③ 기대수익률이 요구수익률보다 높으면, 대상부동산의 수요가 증가하여 요구수익률이 하락한다.
④ 명목이자율로서 무위험이자율은 실질이자율에서 물가상승률을 차감한 값이다.
⑤ 내부수익률이 요구수익률보다 큰 경우나 순현재가치가 1보다 큰 경우에는 투자하지 않는다.

해설

① (×) 기대수익률은 본질적으로 사전수익률을 의미한다.
③ (×) 기대수익률이 요구수익률보다 높으면, 대상부동산의 수요가 증가하여 기대수익률이 하락한다.
④ (×) 명목이자율＝실질이자율(무위험률＋위험프리미엄)＋물가상승률
⑤ (×) 내부수익률이 요구수익률보다 큰 경우나 순현재가치가 1보다 큰 경우에 투자한다.

답 ②

CHAPTER 06 지대지가이론

제2편 | 부동산학 각론

제1절 고전학파와 신고전학파의 지대이론

I 지대지가이론의 이해

지대란 본래 토지를 이용한 대가로서 토지에 귀속되는 또는 귀속되어야 할 소득을 의미한다. 이러한 지대와 관련하여 고전학파와 신고전학파에 있어 논의를 달리하고 있는바, 이러한 각 학파의 지대이론의 핵심은 지대가 잉여인가, 비용인가에 있다. 이 문제는 토지의 가격뿐 아니라 토지이용양태에 직접 영향을 주는 각종 토지정책과 관련되기 때문인데, 이하에서는 각 학파의 지대이론을 고찰하고 감정평가와의 관련성을 언급하고자 한다.

II 고전학파와 신고전학파의 지대이론

구 분	고전학파	신고전학파
이론적 배경	고전학파는 생산비 가치설을 주장하며 자본축적과 경제발전문제, 소득분배문제에 주로 관심을 가지고 사회 전체의 입장에서 경제현상을 파악하였고, 리카르도의 지대이론이 대표적이다.	신고전학파는 주관적 가치설을 주장하며 한정된 자원의 효율적 이용에 중점을 두고 개별 경제주체의 입장에서 경제현상을 파악하였으며 마샬의 지대이론이 대표적이다.
토지에 대한 인식	고전학파는 토지의 고정성, 공급의 비탄력성 등의 자연적 특성(절대적 희소성)을 중시하여 토지는 다른 자원과는 구별되어야 할 특수한 자원으로 인식하였다.	신고전학파는 인문적 특성(상대적 희소성)을 중시하여 토지는 n가지 생산요소 중 하나, 즉 다른 자원과 동등한 생산요소로 취급하고 있다(토지의 용도적 측면에서 본 대체의 관계를 중시하고 있다).
지대의 성격	고전학파는 총생산물 중 다른 생산요소에 대한 대가를 지불하고 남은 잉여로 본다. 즉 "가격에 의해 결정되는" 잉여로 본다.	신고전학파는 토지지대는 잉여가 아니라 토지의 한계생산가치로서 기회비용이 되고 생산물 가격에 영향을 미치는 비용으로 본다. 즉 "가격을 결정하는" 생산비로 본다.
지대소득의 사회적 정당성 여부	고전학파는 지대는 가격에 의해 결정되는 소득일 뿐, 가격을 결정하는 비용이 아닌 잉여로서 불로소득으로 간주하므로 사회적 정당성을 인정하지 않는다.	신고전학파는 모든 생산요소에 대해 생산에 기여한 정도에 따라 응분의 대가를 지불하고 나면 잉여란 존재치 않고, 비용으로서의 지대는 다양한 용도에 대한 토지배분을 수도하는 역할을 하므로 정당성을 인정한다.
토지정책 (토지세)	고전학파는 지대는 가격에 의해서 결정되어진 결과에 불과하므로, 지가에 직접 영향을 주는 토지정책은 토지생산물에는 영향이 없으며 또한 토지이용에도 영향이 없으므로 토지세가 가장 이상적인 조세라고 한다.	지대가 가격을 결정하는 비용이 된다는 신고전학파 입장에서는 지가에 영향을 주는 토지정책은 물가상승, 생산위축 등의 부정적 영향을 미친다고 한다. 다만 토지이용을 바람직한 방향으로 개선시키는 긍정적인 역할을 한다고 한다.

Ⅲ 리카르도 지대와 파레토 지대(Ricardian-rent와 Paretian-rent)

1. 개요
베셀(Wessel)은 경제지대에 서로 다른 두 가지 지대의 개념이 포함되어 설명되고 있다고 하면서 고전학파의 전통을 이은 지대를 리카르도 지대, 신고전학파의 전통을 이은 지대를 파레토 지대로 구분하였다.

2. 리카르도 지대와 파레토 지대 구분

구분	리카르도 지대	파레토 지대
의의	고전학파의 전통을 승계하였고, "토지가 이용되도록 유도하기 위해서 필요한 최소한의 대가를 초과하는 소득"이라 정의된다.	신고전학파의 전통을 승계하였고, "토지가 현재 용도에 계속 이용되기 위해 보장해주어야 할 최소한의 대가를 초과하는 소득"이라 정의된다.
관점	해당 생산요소가 과연 공급(또는 이용)되는가의 관점, 즉 기회비용에서 파악한 개념이다.	해당 생산요소가 어디에 공급(또는 이용)되는가의 관점으로서, 전용비용(전용수입)의 관점에서 파악한 개념이다. 따라서 경쟁관계에 있는 다른 용도가 중요한 구실을 한다.
지대의 성격	고전학파의 토지관을 계승하였으며 토지는 자연의 무상공여물로서, 기회비용이 "0"이고, 따라서 토지에 지불되는 대가는 전액이 지대가 된다. 이는 사회 전체 차원의 소득분배의 문제를 설명하기 위한 관념이라 할 수 있다	신고전학파의 토지관을 계승하였으며, 토지의 경제적 공급이 가능하므로 잉여와 비용이 분명하게 구분되고, 각 개별경제 주체의 생산비 분석에 유용한 개념이다.

*파레토 지대는 이론적으로 전용수입과 rent의 구분이 명확하지만 실제에 있어서는 불명확하다.
*파레토 지대의 개념은 현재의 용도에서 계속 고용(사용)하기 위해서 최소한도로 치러야 하는 소득을 전용수입으로 하고, 이를 초과하는 소득을 P-rent로 파악한다. 그러므로 같은 생산요소에 대하여도 보는 관점에 따라 P-rent의 크기가 달라진다. 또한 P-rent는 어떤 면에서는 가격에 의해 결정된 결과가 되고, 어떤 면에서는 가격에 영향을 주는 생산비가 되기도 하는 문제가 발생한다. P-rent는 생산비의 분석에 유용한 개념인 셈인데, 이때 생산비는 각 기업별 혹은 산업별 생산비를 의미한다.

Ⅳ 지대이론과 감정평가와의 관련성

1. 지대이론과 감정평가의 필연성
① 고전학파 입장에서 지대를 파악할 때 지대는 잉여가 되므로, 과도한 잉여를 제거시켜서 적정한 가격을 도출할 필요가 사회적으로 요구된다 할 것이다.
② 신고전학파 지대론에서 지대는 비용이 되므로, 생산자에게 원가로 작용된다. 이는 과도한 비용은 제거하여 생산자 원가 부담을 덜어줄 필요가 있다.

③ 파레토 지대는 잉여와 비용이 분명하게 구분되는바, 현실적으로 토지의 가격은 균형가격에 의한 rent 외에 시장왜곡으로 인한 추가적 rent가 존재하므로, 이는 시장기능에 맡겨서는 해결이 불가능하다. 따라서 잉여와 비용을 모두 반영한 현실 부동산가치의 성격과 부합하여 공익평가가 요구된다.

2. 부동산 가격발생요인과 지대론

① 부동산 가격발생요인이란 다양한 용도로의 이용에서 오는 효용과 시장에서의 상대적 희소성 및 유효수요의 가격발생 3요인을 말한다.
② 고전학파는 공급측면에서 상대적 희소성을 중시하였고, 신고전학파는 수요측면에서 주관적 효용을 중시하였다.

3. 부동산 가격형성요인과 지대론

① 가격형성요인이란 가격발생요인에 영향을 미치는 일반적, 지역적, 개별적 요인을 말한다.
② 가격형성요인 중 어느 특정 부분의 몇몇 인자(비옥도, 위치, 접근성 등)가 중요한 지대 결정요인으로 작용하며(즉 차액지대론은 토지의 비옥도의 차이, 입지교차지대론은 시장과의 거리에 따른 수송비 절약분, 절대지대론의 경우는 토지소유라는 독점적 지위가 지대결정의 주요 변수이다), 지대론은 부동산가격 결정론의 창시자 역할을 한다.

4. 감정평가방식과 지대이론

1) 생산비와 원가법
어떤 재화를 생산하기까지의 생산비 총액을 평가액의 상한선으로 삼는 원가법에 있어서 지대는 생산비의 요소를 구성한다.

2) 수익환원법의 성립 근거 제공
토지가격은 토지로부터 매년 발생할 것으로 기대되는 미래지대의 총량을 현재가치로 환원한 것이다. 즉 지대와 지가는 원본과 과실의 관계가 된다.

3) 토지잔여법의 논리
토지수익은 총 생산물 중 다른 생산요소에 대한 대가를 지불하고 남은 잉여에 의해 결정되는 잔여수익이라는 점에서 고전학파의 사고는 토지잔여법의 논리적 근거를 제공한다.

4) 최유효이용의 사고
리카르도의 한계지 및 수확체증체감의 법칙 등의 개념은 물리적 측면에서의 최유효이용의 논리를 제공해 준다.

5. 지대이론의 평가상 적용의 한계

1) 가격형성요인의 복잡다양성
① 현대의 지가는 수많은 가격형성요인에 의해 형성되며,
② 부동산 자원배분 메커니즘이 정태적 요인에서 동태적 요인으로, 확실성의 요인에서 불확실성의 요인으로, 내부적 요인에서 외부적 요인으로 변화하고 있다.

2) 토지지대의 분배와 계측

① 토지의 경우 타 생산요소와 결합하여 수익이 발생하는바 토지에 귀속되는 적정지대의 계량이 불명확하게 된다.

② 전용수입과 rent의 계량적 구분이 용이치 않다.

3) 결 론

결국 지대이론만으로는 현실의 부동산가격 현상을 설명하기에 한계가 있게 된다.

➕ 알아보기   경제지대

1. 경제지대의 의의
   어떤 생산요소가 현재의 용도에 계속 이용되도록 보장하기 위하여 필요한 최소한의 대가를 초과한 소득을 말한다. 즉 어떤 생산요소가 다른 용도로 전환되지 않기 위해 꼭 치러야 할 최소한의 금액이 전용수입이며, 파레토 지대는 이 전용수입을 초과한 부분이다. 전통적으로 지대가 토지라는 생산요소에만 사용된 것과 달리, 경제지대는 노동이나 자본 등의 생산요소에 일반적으로 적용할 수 있다.
2. 탄력성과 경제지대
   ① 공급곡선이 완전비탄력적 : 전부 경제지대(rent)
   ② 공급곡선이 완전탄력적 : 전부 전용수입
   ③ 공급곡선의 탄력도 0과 ∞사이 : 경제지대와 전용수입이 동시에 발생
3. 전용수입과 경제지대와의 관계
   ① 생산요소가 다른 용도로 전용되지 않고 용도에 그대로 이용되도록 하기 위하여 지급되어야 할 최소한의 지급액을 전용수입이라 한다. 전용수입은 기회비용과 유사한 개념으로 생각될 수 있으나 근본적으로 다르다.
   ② 기회비용은 생산요소의 사용자의 입장에서 생산요소를 다른 용도에 사용할 경우의 수입액을 의미하고 전용수입은 생산요소의 소유자의 입장에서 생산요소를 다른 용도에 전용할 경우의 수입액을 의미한다.
   ③ 현재의 용도에서 실제로 받는 지급액에서 전용수입을 뺀 나머지를 경제지대라고 한다. 따라서 어떠한 생산요소에 대해서도 전용수입을 초과하는 사용료는 모두 경제지대가 된다.
   ④ 전용수입과 rent의 상대적 크기는 공급의 탄력성에 달려 있다.
4. 검 토
   경제지대는 지대의 잉여적 측면과 비용적 측면을 모두 인정한 것이나 전용수입을 기준으로 파악되므로 똑같은 생산요소에 대해서도 보는 관점에 따라 그 크기가 달라지는 문제가 있다.

➕ 알아보기   영국의 지대논쟁

1. 지대논쟁의 발단배경
   나폴레옹의 대륙봉쇄령으로 인해 신흥공업국으로서 식량을 주로 유럽대륙으로부터 수입에 의존했던 영국에서는 곡물가격이 폭등할 수밖에 없었다. 영국 안에서는 오직 최고로 비옥한 토지만이 곡물생산에 이용되었으나 곡물가격이 뛰자 종래에는 경작되지 않던 토지가 대량 곡물생산에 동원되기 시작하였고, 토지에 대한 수요가 급증하기 시작하였다. 그러나 똑같은 노력을 투입하더라도 척박한 토지에서의 수확량은 비옥한 토지에 비해서 적어지고 그만큼 곡물생산비가 비싸진다는 것을 의미하고 이는 곡물가격의 상승을 의미한다. 영국의 지배계층인 지주들은 곡물가격 폭등에 이은 땅값 상승으로 재산가치가 상승하게 되었고, 기득권 수호를 위해 나폴레옹의 몰락과 함께 자동소멸되는 대륙봉쇄령을 환영하기는커녕 곡물조례를 만들어 대륙으로부터 곡물수입을 금지시켰다.
2. 맬서스의 주장
   당시 맬서스와 같은 곡물조례 옹호론자들은 땅값이 생산비에 영향을 준다는 논리를 바탕으로 영국의 땅값이 비싸기 때문에 곡물생산비가 비싸고 그래서 곡물이 비쌀 수밖에 없다고 하였다.

3. 리카르도의 주장
그러나 이에 대한 강한 반론을 제기한 리카르도는 곡물가격이 비싸진 이유는 대륙봉쇄령으로 곡물수입이 크게 감소하였기 때문이고, 영국의 곡물가격이 비싸졌기 때문에 땅값이 비싸졌다고 주장하였다. 요컨대 지대(지가)는 토지에서 생산된 상품의 가격이 결정된 다음에 결정되는 것이기 때문에 토지에서 생산된 상품의 가격에 영향을 줄 수 없다고 하였다.

4. 논의의 결과
결국 곡물조례는 국회를 통과하였고 결과적으로 리카르도의 주장은 정치권에서 밀려났지만 경제학계에서는 그의 주장을 정론으로 받아들여 정교한 이론으로 발전하였고, 리카르도의 이론을 바탕으로 한 헨리조지의 사회개혁사상은 많은 지지자들의 지지를 받고 더 많은 영향력을 행사하였다.

제2절 농경지 지대이론 기출 19·25

I 페티(W. Petty)의 지대론

1. 의 의
페티는 지대의 문제를 최초로 이론화하였는데, 지대란 토지로부터 생산된 총수익에서 영농자의 생계비 등 제경비를 빼고 남은 잉여라고 정의한 후 지가는 이 지대소득을 자본화한 것임을 보였다.

2. 내 용
① 지가는 지대소득을 자본환원한 것이다.
② 잉여로서의 지대에 비옥도의 차이 및 수송비 절감으로 인한 순수익이 첨부된다고 하여 후에 차액지대의 개념을 도입하였다.

3. 평 가
① 지대문제를 최초로 이론화시켰다.
② 지대 개념의 다양성을 암시하여 튀넨, 리카르도 등에 영향을 주었다. 페티가 정립한 잉여로서의 지대의 개념은 후일 아담 스미스(A. Smith)에 의해서 수용되어 리카르도 등 대부분의 고전학파 학자들을 거쳐 마샬(A. Marshall)에 이르기까지 큰 수정 없이 전달되었다. 그뿐 아니라 페티는 이 잉여로서의 지대에 비옥도의 차이 및 수송비 절감으로 인한 순수익이 첨부된다고 말하여 후에 리카르도에 의해서 정립된 차액지대의 개념을 도입하였던 것으로 알려지고 있다. 이같은 지대의 두 가지 측면에 대한 페티의 지적은 후일 토지와 자본의 명쾌한 구분에 대한 고전학파 학자들의 혼란과 고심의 발단이 된다. 지대를 잉여로 보고 지가를 이 잉여의 자본화로 생각하는 측면에서 보면 토지는 사실상 자본의 한 형태에 불과한 것으로 이해된다. 그러나 차액지대의 측면을 강조하는 학자들은 대체로 토지를 자본과 엄격히 구분한다.

Ⅱ 아담 스미스의 지대론

1. 의 의
생산비가치설에 근거하고 있으며 '국부론'에서 지대는 불로소득으로 정의하고 있다.

2. 내 용
① 임금, 이자, 지대는 자연율에 의해 결정된다.
② 국부론의 총론, 각론에서 지대의 가격결정성 기능에 대해 이중적 입장을 취하고 있다.
③ 무지대 토지의 존재를 긍정한다.

3. 평 가
① 사회발전과 연계해서 지대를 역동적 요인으로 고찰해야 한다고 보았다.
② 도시용 토지에 대한 지대를 고찰하였으며 지대는 "건물지대＋대지지대"로 구성된다고 보았다.
③ 지대결정의 문제를 수확체감 현상과는 연결시키지 못하였다.

Ⅲ 리카르도의 차액지대론

1. 의 의
지대란 토지생산물에 대해 토양의 힘을 이용한 대가로 지주에게 지불되는 부분으로서 차액지대(differential rent)란 토지의 생산력의 차이 때문에 발생하는 지대를 말한다. 리카르도는 지대의 발생근거를 토지의 비옥도와 위치, 개별성, 부증성에서 찾고 있다.

2. 지대발생조건
① 토지가 제한되어 있고 전용이 불가능할 것
② 수확체감의 법칙이 존재할 것
③ 토지의 비옥도나 위치상의 편의가 다를 것(높은 비옥도로부터 사용되고 MR＝MC가 MR＜MC로 되면 다음 토지를 이용하게 된다)

3. 내 용
① 토지는 비옥도와 위치에 있어 우등지와 열등지가 있으며, 양자 사이에는 필연적으로 생산력의 격차가 생기고, 지대는 생산가격면에 있어서 우등지와 열등지의 차액(초과이윤)이 지주에게 지불되는 대가라는 것이다. 즉 한계지의 생산비가 곡물가격이 되고 한계지 내 토지의 생산력과 생산비의 차이는 지대가 된다는 것이다. 따라서 곡물가격의 상승은 지대의 상승으로 귀결된다.
② 지대는 일종의 불로소득으로서 비용이 아니므로 생산비를 구성하지 않고, 자본축적 및 경제성장의 요인이 된다고 보았다.

4. 평 가

① 토지의 위치문제를 경시하였고 비옥도 자체가 아닌 비옥도의 차이에만 중점을 두는 등 부동산학적으로 불합리하게 보이는 측면이 있다.
② 현대 자본주의 사회에서는 토지소유자의 요구가 있으면 최소 열등지라 하더라도 지대가 발생하는 것을 설명하지 못한다.
③ 지대발생조건으로서 토지가 제한되어 있고 전용이 불가능할 것을 들고 있으나, 토지는 용도가 다양하고 경제적 공급이 가능하다.

> **➕ 알아보기 차액지대가 나타나는 형태**
>
> 1. 차액지대의 제1형태(비옥도지대)
>   공업용 토지의 경우 초과이윤은 예외적·일시적이나 농업용 토지의 경우는 일정한 기술적 조건하에서 자연적 생산성의 차이는 불변적이고, 공업생산품 가격은 일반의 생산조건 하에서 평균적으로 필요한 비용가격에 의하여 결정되는데 대하여 농업에 있어서는 시장가격을 결정함은 최열등지의 비용가격에 의존하는 것이기 때문에 전자에 있어서는 초과이윤을 얻을 기회가 적은데 비하여 후자는 영속적임을 이해할 수 있다.
> 2. 차액지대의 제2형태(위치지대)
>   시장으로부터의 거리의 상이에 의하여 또한 특별이윤은 형성되는 것인데 그것은 위치에 관련되는 문제가 된다. 거리가 가까우면 같은 생산조건하에 있어서는 운송비가 그만큼 저하되므로 그에 따라 지대가 발생하게 된다. 그런데 교통기관의 발달에 따른 경제적 거리의 단축은 이와 같은 지대를 절감시키는 효과를 빚어내고 있음을 간과할 수 없다.
> 3. 차액지대의 제3형태(자본의 추가투하에 의한 특별이윤, 집약도 지대)
>   일정토지에 대하여 일정자본투하에 더하여 동일 자본액을 추가 투자하였을 때 토지로부터 발생되는 초과이윤을 일명 자본의 추가투하에 의한 초과이윤이라 한다.
> 4. 이상에서의 초과이윤은 토지의 비옥도, 위치의 차이 및 자본투하량의 추가에 의하여 이루어진 것임을 알 수 있으며, 이것은 토지소유자에게 귀속되는 것이다. 그러므로 이와 같은 초과이윤의 지대화를 차액지대라고 하는 것이다.

Ⅳ 절대지대론

1. 의 의

지대는 토지소유자가 토지를 소유하고 있다는 독점적 지위 때문에 받는 수입이므로 최소 열등지에서도 지대가 발생한다는 이론으로서 밀(J. S. Mill), 마르크스(K. Marx) 등이 주장하였다. 즉 절대지대란 토지의 생산력에 관계없이, 토지를 소유하고 있다는 그 사실만으로 토지소유자가 강제적으로 요구하는 지대를 말한다.

2. 내 용

1) 마르크스는 지대를 다음과 같이 구분하였다.
① 차액지대 Ⅰ은 토양의 비옥도나 토지의 위치상의 이점의 자연적 차이 때문에 발생하는 지대로서 리카르도 견해에 의한 차액지대에 해당한다.
② 차액지대 Ⅱ는 토지의 생산력을 높이기 위한 인위적인 노력, 즉 개량공사로 인해 발생하는 지대로서 후에 마샬이 정립한 준지대에 해당한다. 차액지대 Ⅱ는 결국 차액지대 Ⅰ으로 체화된다.

③ 차액지대 Ⅲ은 수확량 등에 기인치 아니하며, 차액지대 초과분의 존재를 설명하는 지대이다. 절대지대란 생산물 중 생산비를 초과한 부분으로서 수확량의 차이에 기인하지 않는 초과 부분, 즉 차액지대를 초과한 부분을 말하는데, 마르크스에 의하면 이 초과분은 토지소유자의 독점력 때문에 발생한다. 절대지대는 바로 사유재산제 때문에 발생한다고 한다. 토지이용자는 절대지대를 지불하지 않으면 토지를 이용할 수 없으므로 차액지대와는 달리 생산비 및 생산물 가격에 영향을 준다고 마르크스는 주장하였다. 마르크스의 논조로 말한다면 절대지대는 존재하게끔 제도적으로 만들어진 지대라고 할 수 있다.

2) 절대지대의 경우, 지대가 생산비의 일부를 구성하므로 지대의 존재는 가격상승의 요인이 되며 토지소유 그 자체가 지대를 발생시키는 원인이라고 한다.

3) 절대지가가 일단 발생하면 토지생산력 차이가 계속되는 한 차액지대화하는 경향이 있다.

3. 평가

① 차액지대론이 설명 못한 최소 열등지에서의 지대 발생을 설명하였다.
② 당시의 자본주의 체제 내에서 불합리하게 발생한 초과이윤을 설명하였다.
③ 종전에 지대를 잉여와 이자로 보던 대립된 견해에 대해 절충을 시도하였다(비용과 잉여의 조화).

구 분	차액지대설(리카르도)	절대지대설(마르크스)
발생이유	① 비옥한 토지공급의 제한 ② 토지의 비옥도와 위치에 따라 생산성의 차이 발생 ③ 수확체감의 법칙 작용	① 수요가 공급을 초과하는 희소성의 법칙 작용 ② 자본주의하에서 토지의 사유화로 지대가 발생
내 용	① 지대는 대상토지의 생산성과 한계지의 생산성과의 차이와 동일 ② 한계지에는 차액지대가 발생하지 않음(차액지대론에 의하면 무지대토지가 존재) ③ 지대는 일종의 불로소득에 해당	① 토지의 비옥도나 생산력에 관계없이 지대발생 ② 한계지에도 토지소유자의 요구로 지대가 발생 (절대지대설에 의하면 최열등지라도 토지이용자 입장에서 보면 지대를 지불해야 하므로 무지대토지는 없는 셈이다)

*절대지대의 경우에는 지대가 생산비의 일부를 구성하기 때문에 지대의 존재는 가격상승의 요인이 되며 토지의 소유 그 자체가 지대를 발생시키는 원인이라고 하는데 비하여, 차액지대는 생산물 가격의 등귀가 원인이 되어 초과이윤을 낳게 하며 그것이 결국 지대로 전환하는 것이라고 한다.

Ⅴ 독점지대설(Monopoly Rent Theory)

1. 의의

독점지대란 토지의 공급독점에 기인하여 발생하는 지대를 말한다. 즉 토지의 수요는 무한한데 비해, 공급은 독점되어 있는 경우 토지생산물의 초과이윤을 기초로 발생한다. 따라서 독점지대는 토지사용의 본질적 가치인 완전경쟁가격보다 높다.

2. 내용

독점지대는 다음의 두 가지 형태로 발생한다.

1) 최상의 생산물을 생산하는 토지에서 발생하는 독점지대

타 토지가 생산하지 못하는 '최상품'을 생산하는 토지에 토지소유자는 독점적인 초과이윤의 지대를 요구한다.

2) 토지공급의 제한에 의해 토지생산물의 공급이 수요를 따라가지 못함으로써 얻어지는 초과이윤에서 발생하는 독점지대

이때 토지생산물의 시장가격은 그 가치가 생산가격 이상으로 등귀하여 초과이윤이 발생한다. 여기서 발생한 초과이윤만큼 토지소유자는 지대의 형식으로 요구하게 된다.

3. 평가

지대의 정도는 독점적 공급자의 지위에 의해 나타날 수도 있음을 보여주고 있고, 토지의 시대적 특성을 강하게 반영하고 있다.

〈차액지대・절대지대・독점지대의 관계〉

자본제 지대	차액지대	제1형태 차액지대=비옥도차액지대
		제2형태 차액지대=위치차액지대
		제3형태 차액지대=자본차액지대=집약도 지대
	절대지대	일반지대
	독점지대	희소지대

	최고허용생산비		가치	최고독점가격
열등지	단위당 생산비		절대지대범위	독점지대범위
우등지	단위당 생산비	차액지대범위	절대지대 및 차액지대증가범위	
특수우등지	단위당 생산비	차액지대범위	절대지대 및 차액지대증가범위	

〈차액지대・절대지대・독점지대의 형태적 대조표〉

구 분	차액지대	절대지대	독점지대
발생형태	자본주의적 경쟁과 토지사유화에 기인한 정상적 발생형태	자본주의적 경쟁과 토지사유화에 기인한 정상적 발생형태	일시적・파생적 형태
가격과의 관계	가격형성결과	가격형성요인	독점가격과 결과, 가치수준이상
발생가능토지	우등지	열등지	특수우등지
지대영향	요소시장가격	기경지추가투자, 토지소유 인적 경쟁	구매자적 욕망
적용법칙	지대법칙	지대법칙	가격법칙
발생원인	경영적 독점 (비옥도)	토지소유적 독점, 자본적 유기적 구성도 (토지의 사유화)	시장가격적 독점 (구매자 욕망과 공급독점)

VI 집약도 지대

1. 집약도의 의의
집약도란 토지이용에 있어서 단위면적당 투입되는 노동 및 자본의 정도를 말한다. 수익체증체감의 법칙에 따라 집약도에는 어느 한계가 있다. MR=MC인 점이 집약한계가 된다.

2. 집약도 지대의 의의
비옥도가 높거나 위치가 좋은 토지는 노동과 자본의 대체가 나타나서 토지의 생산성과 집약도가 높아지고 그만큼 지대는 더 높아진다는 이론이다. 즉 비옥도나 위치에 의해 발생된 지대 이상의 증가분이 토지의 집약적 이용에 의해 발생되었다면 그것이 집약도 지대라는 것이다.

3. 내 용
① 비옥도나 위치가 우수한 토지는 노동·자본의 대체가 탄력적이다.
② 대체탄력성에 의해 집약도가 상승하여 일정분 이상의 초과이윤을 발생한다. 그림에서 거리 거리 OL일 때 비옥도·위치지대는 P가 되지만, 토지의 집약적 사용으로 인해 지대는 P'로 상승하게 된다. 이때의 $(P'-P)$가 바로 집약도 지대가 된다.

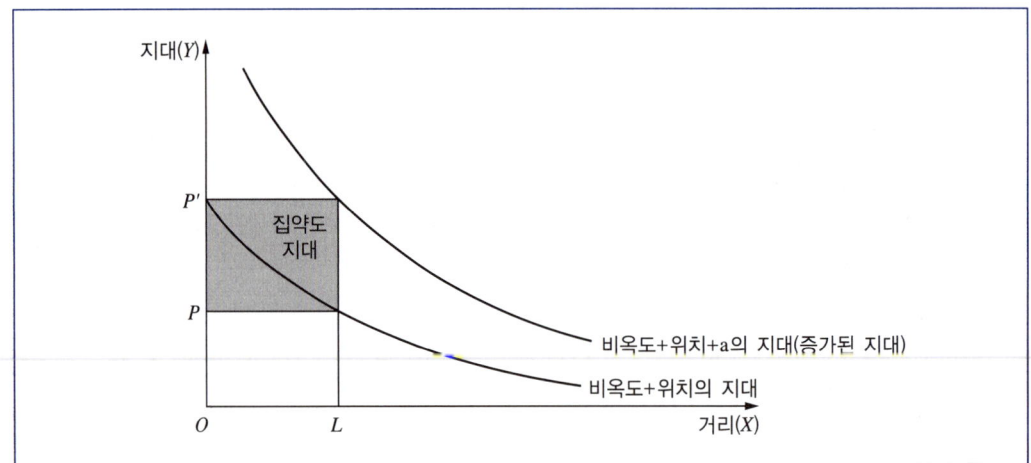

4. 평 가
실제의 생산활동의 결과로 나타날 수 있는 초과분(잉여)에 대한 설명에 있어 가장 설득력을 지니는 이론이다.

Ⅶ 튀넨(Von Thünen)의 입지교차지대론

1. 의의
튀넨은 그의 "고립국"론에서 동심원이론을 제시하면서 시장과 거리를 볼 때 원거리 위치에 대한 근거리 토지생산물의 수송비 절약분이 지대화한다고 하였다. 입지교차지대설은 곡물가격은 한계지의 생산비와 수송비가 결정하며 그 곡물가격의 차이, 즉 시장과의 거리 차이가 곡물수송비의 절약분만큼의 지대를 발생시킨다고 한다.

2. 가정
① **고립국가정** : 사방으로 개방된 평면 위에 하나의 도시가 있고 이 평면 위에서 생산되는 물건 중 자체 소비되고 남은 것은 모두 이 도시에서 교환·소비되며 도심지는 하나밖에 없다.
② 단위당 수송비나 생산비는 일정하며 곡물가격은 한계지의 생산비와 수송비에 의해서 결정된다.

3. 내용
① 생산자가 부담해야 할 수송비는 도시에서 멀어질수록 증가하고 그에 따라 지대로 지불할 수 있는 몫은 도시에서 멀어질수록 점차 감소한다.
② 이처럼 위치에 따라 달라지는 지대의 개념을 특히 "위치지대(location rent)"라 하고 튀넨에 의해 처음 제창되었는데, 튀넨은 비옥도가 동일하더라도 지대에 차이가 나는 것을 발견하고 이같은 이론을 제창하였다.
③ 생산물 가격은 한계토지의 생산비와 수송비에 의해 결정되므로 지대는 한계토지 내에 한하여 발생한다.

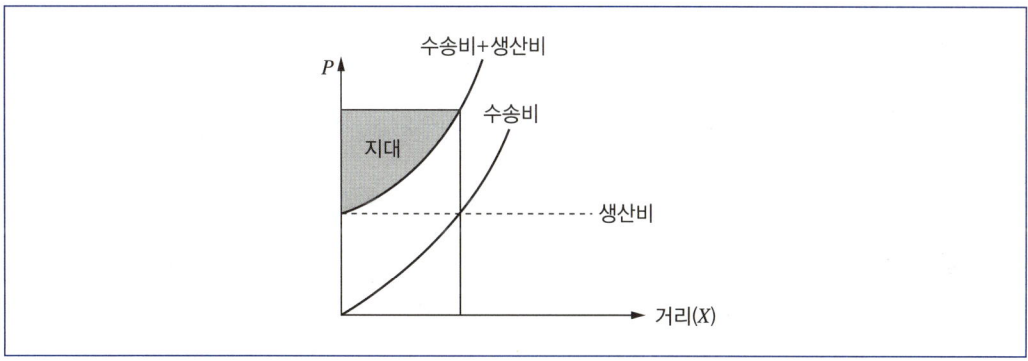

4. 평가
차액지대가 토지의 비옥도에 중심을 두었다면 입지교차지대설은 시장(도시)과의 거리에 중점을 두고 동심원이론 등의 배경하에 도시성장구조의 원리까지 고려된 이론으로서, 지대이론이기보다는 "위치고찰"의 기본하에서 도시지가이론으로 보아도 무리가 없을 것이다.

> **➕ 알아보기** 싱클레어의 역전모형
>
> 1. 의의 : 튀넨은 시장에서 거리가 멀어질수록 조방도가 증가된다고 보는데 반해, 오히려 시장에서 가까울수록 집약도가 떨어지는 농업지대가 형성된다는 주장도 있다. 싱클레어는 이것을 역전모형으로 체계화하였다.
> 2. 내용 : 대도시에 가까울수록 각종 세율, 규제 등이 심하고 도시산업 활동과의 경쟁이 심화되는 한편, 투기의 정도가 심하게 되므로 도시에서 가장 가까운 곳에서 조방적 영농지대가 형성되고, 원거리일수록 집약적 영농지대가 형성된다고 보았다. 이 모형에 의하면 현대 도시주변의 토지이용결정에서, 수송비인자는 중요하지 않은 대신, 환경이나 기술규모 등의 경제적 요인이 큰 작용을 하며, 농업지대는 국지적으로 특화되는 현상을 나타낸다.

Ⅷ 마샬(A. Marshall)의 지대·지가이론

1. 개 설

고전학파와 초기신고전학파의 단편적인 지대론의 논의를 수용하여 체계적인 지대이론을 정립하였다. 이를 위해 비용과 시간의 개념을 도입하고, 지대를 순수지대, 준지대, 공공발생지대로 분류하여 지대론을 한층 심화시켰다.

2. 비용과 시간개념의 도입

1) 비 용
재화의 생산에 직접·간접으로 동원된 모든 종류의 노력과 희생을 생산의 실질비용이라고 정의하였다. 토지 역시 각 용도에서 토지의 한계생산가치가 균등하도록 여러 용도에 배분된다고 지적하나, 이로부터 지대가 가격에 영향을 미치는 비용이라고는 단정하지 않았다.

2) 시 간
진정한 가치의 파악을 위해서는 단기와 장기의 모든 지대요인을 고려해야 한다고 하여 장·단기의 개념을 도입하여 설명하고 있는데, 준지대를 통해 단기에는 지대가 잉여의 성격이 장기에는 지대가 비용의 성격이 될 것이라고 전망하였다.

3. 마샬의 지대론

마샬은 토지와 결부된 지대를 순수지대, 준지대, 공공발생지대로 나누어 살펴보았다.

(1) 순수지대(pure-rent) : 본원적 가치
① 의의 : 순수지대는 순수한 대자연의 무상공여물 상태(자유재)로서의 토지와 결부된 잉여를 의미한다. 이는 거의 찾아보기 힘들다.
② 내용 : 이때의 잉여는 가격에 의해서 결정되고, 그 많고 적음은 토지 공급량에 아무런 영향을 주지 못하며, 이는 토지의 구입자가 지불가격으로부터 장기적으로 기대하는 이자이기도 하다.
③ 평가 : 거의 모든 토지는 개량이 필요한바, 순수지대는 사실상 찾기 어렵다고 본다.

(2) 준지대(quasi-rent) : 사적가치

① 의의 : 준지대는 생산을 위하여 사람이 만든 기계나 기구로부터 얻는 소득으로서 일시적으로 토지와 매우 흡사한 성격을 가지는 토지 이외의 고정적 생산요소에 귀속되는 소득을 말한다. 즉 자본재 투자로부터 얻는 순소득으로(예컨대 토지에 대한 개량사업으로 인한 추가적인 소득) 이는 '생산의 총소득에서 가변비용을 뺀 잉여분'이라고 할 수 있다.

② 내용 : 준지대는 단기에 있어서는 생산요소의 공급량을 변화시키지 못하므로 상품가격에도 영향을 못 미치는바, 순수지대와 같이 가격에 의해 결정되는 지대(잉여)의 성격을 가지지만, 장기에 있어서는 잉여의 크기는 해당 생산요소의 공급량과 생산량에 영향을 미치므로 비용의 성격을 갖는다. 즉 충분한 대가가 없으면 해당 생산요소의 공급이 감소하는바 이에 따라 생산이 감소될 수 있으므로 비용의 성격이 된다.

③ 평가 : 지대의 개념을 토지 이외의 단기적인 변동이 불가능한 고정적 자본까지 확장하여 응용하였다. 이때 준지대는 사적가치의 성격을 가지며, 공공가치적 성격을 가지는 공공발생지대와 구분된다.

(3) 공공발생지대 : 공공가치

① 의의 : 토지소유자의 노력과 희생 없이 주로 공공에 의해 발생하는 지대로서, 사회전체의 노력에 의해 창출된 이익이라고 해서 공공가치라고 불렀고, 상대적으로 유리한 장소에서 획득 가능한 추가소득을 의미한다.

② 내용 : 부지가 가지는 가치는 농업용 가치와 위치가치의 합으로 파악되는바, 위치지대의 대부분은 공공발생지대이고, 개발이익·우발이익이라고도 하며, 불로소득으로서 분배의 문제를 야기시킨다.

③ 평가 : 농업용 토지를 기준으로 이와 비교해서 특정 부지가 누리는 모든 비교우위를 금전화한 것으로 도시지가이론을 설명하는 단서를 제공한다.

4. 도시지가이론

위치의 유용성을 중시하여 지가는 "토지의 위치적 유용성의 화폐가치의 총액"으로 표현된다고 보고, 어떤 부지가 누리는 모든 측면의 비교우위를 금전화한 가치를 이 부지의 위치가치라고 한다.

5. 감정평가에 미친 영향

① 그가 정의한 비농업용 토지의 지대 중 공공가치는 소유자의 노력과 무관하게 발생하는 것이므로 개발이익의 범주에 포함되는 것이고, 이것 또한 토지의 가치를 구성하는 것이다.

② 토지는 그 특성 중 지리적 위치의 고정성으로 인하여 위치가격의 성격을 가짐을 비농업용(상업용, 공업용) 토지의 지가와 관련하여 논의하였다.

③ 기타 그의 지대·지가론은 소득을 환원하여 토지가치를 구하는 방법, 감가상각이 토지수익률에 미치는 영향 등에 있어서 감정평가론의 발전에 기여한 바가 크다.

> **➕ 알아보기** 집약적 한계와 조방적 한계
>
> 1. 집약적 한계 : 어떤 주어진 토지에 생산요소가 한 단위 더 추가됨으로 인한 한계생산과 추가로 발생하는 비용이 일치하는 한계를 집약적 한계라 하며, 토지이용의 집약도, 추가투자의 적부판정, 최유효이용의 축소 판정 등과 관련하여 수익체증체감의 원칙으로 감정평가에서 활용된다.

> 2. 조방적 한계 : 어떤 특정 용도에 이용되는 토지 중 생산된 생산물로부터의 수익이 간신히 생산비를 충당하는 토지를 조방적 한계라 하며 부동산의 손익분기점, 한계지 등의 개념으로 감정평가에서 활용된다.
> 3. 리카르도의 논리 : 이에 의하면 집약적 한계는 주어진 토지에 있어 지대를 발생시키지 않으면서 투입된 생산요소의 투여분, 즉 마지막으로 투입된 생산요소의 투여분이다. 조방적 한계는 지대를 지불하지 않으면서 이용되는 토지, 즉 마지막으로 특정 용도에 이용된 토지를 말한다.

제3절 도시토지 지가이론

I 개요

도시지가이론, 도시성장 구조이론은 도시 생태학의 측면에서 지가형성 및 도시성장에 관하여 일정한 법칙성, 논리성을 부여하려는 학문적 접근 논의를 의미한다. 도시화, 산업화로 인한 지가고 문제는 부동산가격에 대한 관심을 제고시킴으로써 지가이론의 중심을 농경지 지대이론에서 도시토지에 대한 지가이론으로 옮기게 하였다.

II 마샬의 도시토지 지가이론

1. 의 의

마샬은 농토에 적용되는 원리가 그대로 비농업용 토지에도 적용된다고 하면서 특히 도시의 토지와 관련하여 상세히 논의하였다. 지가는 "위치의 유리성에 대한 화폐가치의 총액"이라 하여 위치의 중요성을 강조하였다.

2. 내 용

① 유리한 위치에 있는 기업은 덜 유리한 위치에 있는 기업보다 운송비, 정보접근 등 여러 가지 측면에서 비교우위를 누리게 된다. 마샬은 이를 부지의 위치가치라고 불렀다. 그러므로 어떤 가치의 부지는 이 부지의 농업용 가치와 위치가치의 합이 될 것이다.
② 공업지의 가치는 생산비의 절약에 있으며, 상업지의 가치는 매상고의 증가에 있다고 한다.
③ 또한 비농업용 토지의 지대결정을 설명함에 있어서도 마샬은 철저하게 수확체감의 현상, 그리고 이로 인한 이익의 한계(집약적 한계)의 개념에 의거한다.

3. 평 가

결국 종래의 지대이론이 농지를 중심으로 하였던 데 비하여 마샬은 도시의 토지에도 역시 위치에 따라 초과이윤의 차가 생기게 된다고 보았던 것이다. 즉 도시지가의 중요한 요인의 하나로 "위치"의 중요성을 파악하였는바, 실제 지역분석에 있어 위치는 지가수준의 결정적 지표중의 하나가 된다.

Ⅲ 허드(Herd)의 지가이론

1. 의 의
도시토지의 지가는 접근성(위치)에 의존한다고 하였는데 이는 시간적·생태적 거리의 개념을 동시에 표현하고 있다.

2. 내 용
① 지가의 바탕은 경제적 지대이고, 지대는 위치에, 위치는 편리에, 편리는 가까움에 의존하므로 지가는 결국 접근성에 의존한다는 것이다.
② 접근성은 부동산의 용도에 따라 차이가 나고, 접근대상(혐오, 편의)에 따라 차이가 난다.

3. 평 가
① 접근성 즉 위치가 지가결정의 주요요인임을 설명하고 있다. 도시성장에 있어 접근성은 중요한 동인이며 감정평가와 관련하여 실제로 지역분석, 노선가평가방식 등에서 활용되는 개념이다.
② 마샬, 허드, 헤이그, 알론소 등은 유사한 시각을 보인다.

Ⅳ 헤이그(Haig)의 마찰비용이론

1. 의 의
지대란 토지의 이용자가 교통비를 절약할 수 있고 상대적 도달가능성을 갖는 경우에 토지의 소유자가 이용자에게 과하는 요금이라고 하여 지대에 있어서 교통비를 강조하였다.

2. 내 용
① 마찰비용은 지대와 교통비로 구성되는바, '지대=마찰비용-교통비'로서 지대는 교통비의 절약분이라는 것이다.

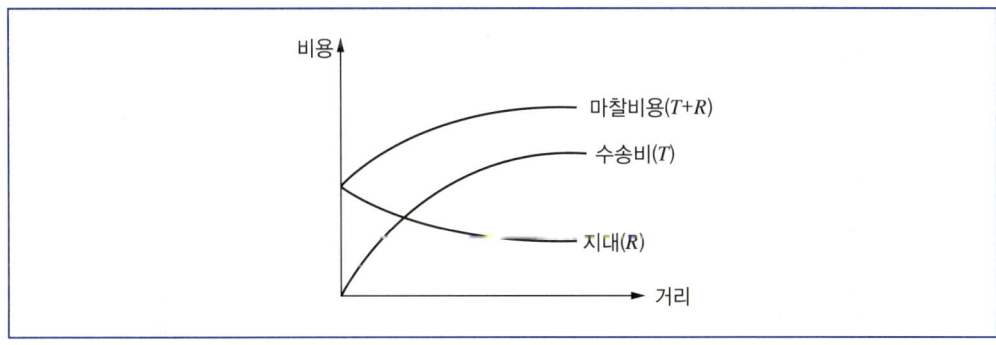

② 교통수단은 공간의 마찰을 줄이기 위해 고안된 것으로 교통수단이 양호하면 마찰은 적어지지만 지대는 높아진다.

3. 평가
① 지역분석에서 지가수준의 판정요인으로 작용하며, 마샬, 허드, 알론소 등과 유사한 시각을 보인다.
② 판단기준이 마찰비용이면 주택은 도시중심부에 위치하여야 하나 실제로는 그렇지 않다는 문제가 있으며, 현대 도시지가의 다양한 가격형성요인을 반영하는 데 한계가 있다.

Ⅴ 알론소(Alonso, Wingo, Mill)의 Penalty 이론

1. 의의
도시의 각종 집적시설이 도심지에 있는 것으로 가정할 경우 도심지와의 거리와 함수관계에 있는 수송비에 의해 지가가 결정된다는 이론이다.

2. 내용
① 고용, 시장, 시설 등이 도심지에 있는 것으로 가정하고 V＝지가, T＝시간이라고 할 때 $V=f(T)$가 성립하여 도심에서의 거리함수인 수송비에 의해 지가가 결정된다는 것으로 튀넨의 입지교차지대설을 일반화한 이론이 Penalty 이론이다. 지가는 도심에서 멀어짐에 따라 감소한다는 이론으로 결국 지가는 접근성에 의존함을 보이고 있다.
② **주택의 입지결정과 Penalty 이론** : 직주분리에 있어서 도심에서 얼마나 먼 곳에 주택을 마련할 것인가의 결정은 ㉠ 도심과의 교통관계(시간·비용 기타), ㉡ 거주하려는 지역의 지가수준, ㉢ 필요한 면적의 확보 가능성 등을 종합적으로 고려하여 가장 유리한 곳으로 선택될 것이다.

3. 평가
페널티 이론은 지가는 결국 접근성에 의존함을 나타내며, 지역분석 등에서 지가수준의 파악의 근거가 되고 노선가 등 평가방식의 근거가 된다. 또한 단기 수요자경쟁 중심의 토지이용을 중시하고 있다.

Ⅵ 토피카(Topeka) 연구(소도시의 지가구배현상)

1. 의의
도시의 지가구조와 토지의 이용도와의 관계를 미국의 소도시 토피카를 대상으로 노스(D. S. Knos)가 행한 분석적 연구를 말한다.

2. 내용
1) 토지이용의 집약화와 조방화
도시가 성장할수록 중심지는 토지이용이 집약적이 되므로 중심지의 지가는 다른 어떤 지역보다도 우뚝 치솟는다는 것이다. 그러나 중심지에서 벗어나서 접근성이 나쁜 도시 외부에 이르면 지가는 급격히 낮아지고 토지이용도 역시 조방적인 것이 되며, 이를 '토피카 현상'이라고 부른다.

2) Feed-back 원리

노스의 연구는 지가의 변동에 따라 토지이용의 집약도가 달라지고, 다시 그 집약도에 의해 지가구조가 복잡해진다는 피드백원리도 지적하고 있다. 즉 지가가 높은 곳은 거기에 맞는 토지이용이 이루어지고 토지이용밀도가 높은 곳은 거기에 맞는 부동산 가격이 형성된다는 것이다.

3. 평가

① 지가단계의 불연속적 현상을 공간적 차원에서 파악하였다.
② 지가는 위치 및 유용성에 의해서 형성됨을 입증하였다.
③ 지가구배현상을 실증한 것으로 평가된다.

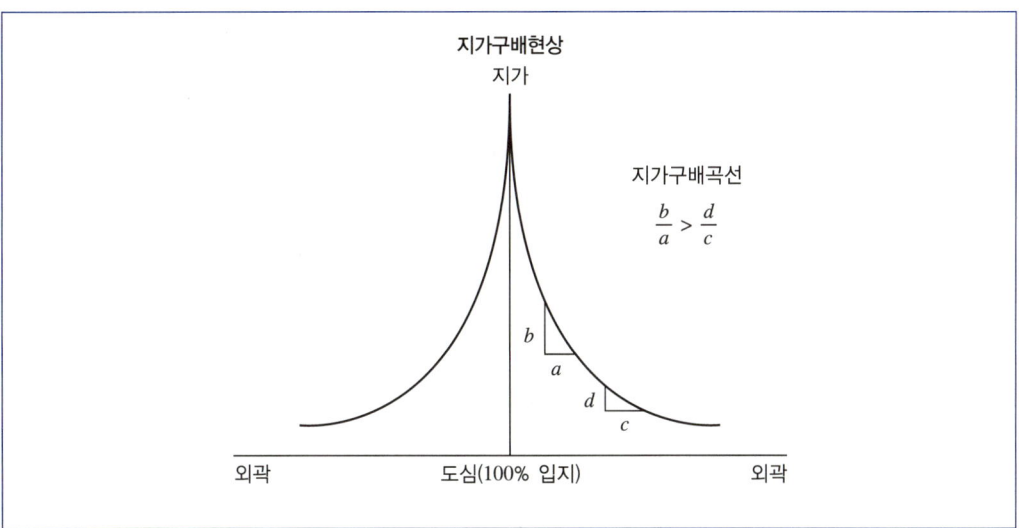

Ⅶ 입찰지대곡선

1. 의의

윌리엄 알론소(William Alonso)가 도출한 것으로 소비자 효용 극대화 모형을 이용해서 도심으로부터 지대가 0인 한계점까지 각 토지이용자가 지불하는 최고가격을 이은 곡선이다. 즉, 도심에서부터 한계점까지 각 지점의 토지를 경매에 붙인다고 했을 때 토지이용자가 부를 수 있는 최고가격을 반영한다는 의미에서 입찰지대라 한다.

2. 가정

다른 조건은 모두 일정하고 모든 직장은 도심에 집중되어 있다고 가정한다.

3. 내용

1) 입찰지대 곡선(토지의 용도간 경합과 도시형태)

도심지의 토지는 그 면적이 협소하고 지대를 지불할 용의는 많으므로 기울기가 가팔라질 것이고, 도심에서 멀어지면서 용도를 달리하고 이에 따라 기울기는 점차 완만해져 갈 것이다. 이러한 각 용도별 입찰지대곡선을 합성하면 점 E, F와 같은 용도전환점을 갖는 $AEFC'$의 도시 전체의 입찰지대곡선을 얻을 수 있게 된다.

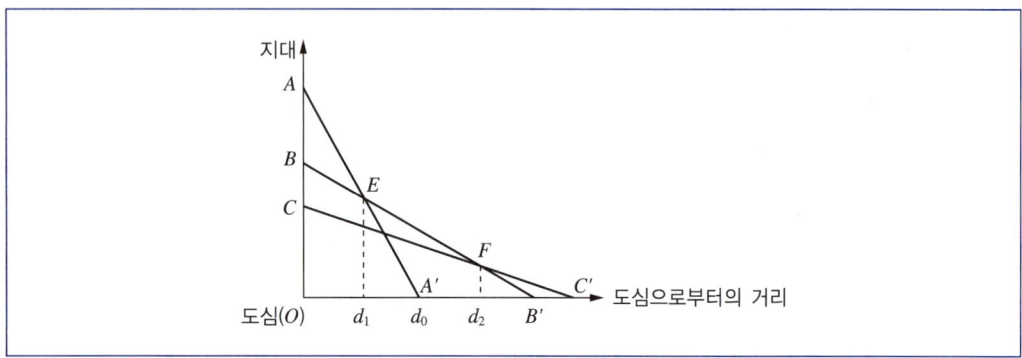

2) 기술진보와 교외화 현상

첫 번째 그림에서 d_0 지점은 교통비가 너무 높아 지대가 0인 점으로 곧 도시주거의 한계가 된다. 도심 O에서는 AB만큼 지대를 지불한다. 이는 마샬의 위치지대와 리카르도의 차액지대 개념과 유사하다.

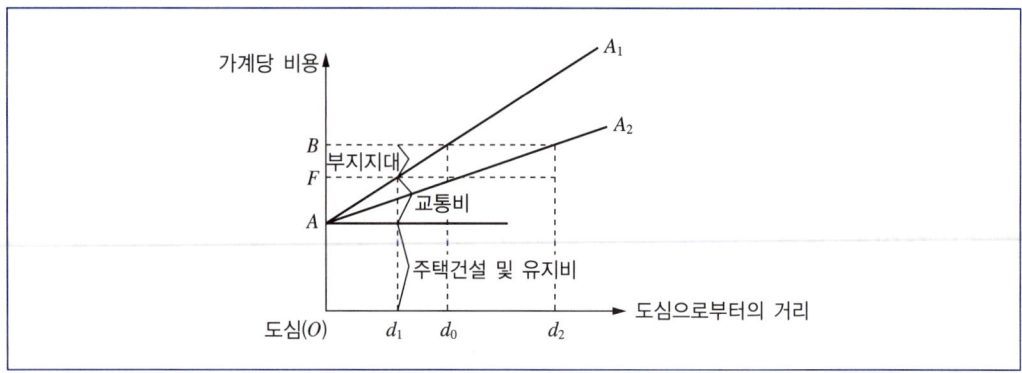

여기서 교통수단의 기술진보가 있게 되면 AA_1의 기울기가 완만하게 AA_2로 되어 주거의 한계는 d_2까지 넓어진다. 이로써 교외화현상을 설명하고 있다.

4. 평가

① 토지의 용도간 경합과 도시형태에 대한 설명이 가능하다.
② 지대자체의 발생과정은 설명하지 못하고 현상 기술적이다.
③ 이 곡선으로 도시내부구조이론에서 동심원이론을 유도할 수 있다.

Ⅷ 인간생태학적 이론(Park, Burgess)

1. 의 의
토지경제학자들이 도시토지가격에 대해 경제학과 도시계획적 측면에 관심을 갖는데 비하여, 생태학자들은 사회학적 측면에 관심을 갖고 사회적 측면에서 접근하고 있다.

2. 내 용
생태학자들은 지가를 잠재토지이용자의 호가과정의 소산이라고 규정짓고, 그 과정에서 토지이용의 유형이 결정된다고 한다. 이는 지역의 분리나 용도의 결정에 있어서 지가가 미치는 결정적인 영향을 강조하는 것이다. 즉 지가는 도시 내의 입지선정활동에 영향을 미치는 동시에 입지선정활동의 결과를 반영한다는 것이다.

3. 평 가
① 동심원이론 등에 의해서 영향 받았으며 객관적인 증거제시에 있어서는 미흡한 주관적인 요인이 많다.
② 지가는 경제적 요인 측면의 인간의 문제로서 사회적 요인을 반드시 고려해야 할 것이다.
③ 이 이론으로 인근지역의 Age cycle을 설명할 수 있다.

Ⅸ 라트클리프(Ratcliff)의 수익가격

1. 의 의
라트클리프는 토지시장을 완전경쟁시장이라 보고, 장기균형하에서 이용경쟁의 결과 토지이용패턴과 지가가 결정된다고 하였다. 즉 토지소유자나 기업가는 토지를 최유효로 이용하려 하기 때문에 토지와 건물의 결합으로 최대수익을 얻으려 하는 중에 경쟁하게 되고, 거기서 지가가 결정된다고 하였다.

2. 내 용
① 지가나 지대를 결정하는 것은 당해 건물의 경제적 내용연수라 보고 내용연수 만료시 대상부동산의 수익은 토지분만의 수익이라 하여, 그것을 경제지대라 하였다. 그래서 지가란 결국 경제지대의 자본환원적 표현에 지나지 않는다고 하였다. 말하자면 그는 지가를 지대의 수익환원으로 본 것이다.
② 한편 그는 교통 정비가 어떤 한 지역에 위치편익을 부여하여 지가나 지대를 상승시키나, 미국의 여러 도시는 교통개선으로 일어나는 스피드 증가나 수송비 저하가 토지공급을 증대시켜 지가와 지대를 하락시킨다고 하였다.

3. 평 가
① 불안정적인 현실의 토지시장 설명은 미흡하다.
② 수익적 사고방식에서 지가를 파악함은 평가측면에서 고려의 대상이라 하겠다.
③ 수익가격이론 역시 위치 내지 접근성 사고의 일환으로 볼 수 있다.

X 매도인·매수인의 주관적 가격조정곡선(Ross)

1. 의의
부동산의 매도인·매수인이 부동산에 부여하는 주관적인 가격은 불완전경쟁의 제요인 때문에 공개시장에서 형성되는 가격과는 차이가 있을 수 있다. 따라서 부동산의 개별·구체적인 거래가격은 매도인의 요구가격과 매수인의 제안가격의 상호조정과정에서 형성된다는 것이다.

2. 내용

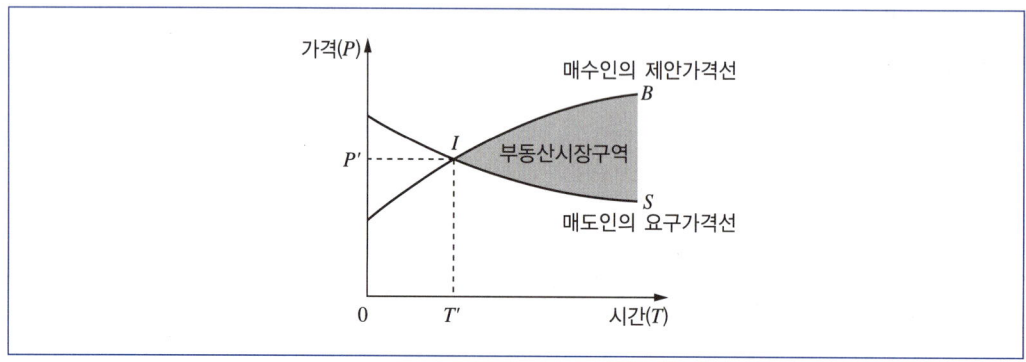

1) I점의 의미
그림에서 볼 때, 점 I에서 이루어지는 거래는 매도인·매수인이 다 같이 이익이 없고 다만 교환만 할 뿐이다.

2) 부동산시장구역 및 감정평가사 활동구역
IB와 IS로 둘러싸인 공간은 부동산시장구역으로, 가격조정이 계속되면 이 범위내로 한정되어 가격이 결정된다. 부동산시장구역 어느 곳에서나 불완전경쟁의 제 요인으로 매도인·매수인 모두가 주관적인 이익이 발생하여 거래가 이루어질 수 있으므로 감정평가사는 정상가격인 I점을 구해야 한다. 즉, IB와 IS의 부분이 감정평가사의 활동구역이다. 대부분의 거래는 매도인이 보다 저가의 가격으로 희망할 때 그리고 매수인이 보다 고가의 가격을 제안할 때에만 성립되는 것이 일반적이다.

3) 가격조정과정에 영향을 미치는 요소
매도인·매수인 가격조정과정에서 매도인은 은행이자율·양도소득세 등에 영향을 받고, 매수인은 대출이자율·재산세 등의 영향을 받는다.

3. 평가
구체적 가격설명을 위한 도구의 하나이나, 실제로는 매도자·매수자 구간 추정 자체가 곤란하다. 또한 경기변동과 관련하여 시장국면에 따라 매도인 중심시장, 매수인 중심시장 등으로 나타나는바 협상력이 달라지고, 이러한 협상력의 차이에 의해 가격이 결정되는 경향이 있다.

XI 지가고등이론

1. 의의
여러 나라가 지가고등으로 고심하고 있으며, 여러 학자에 의해 지가 상승원인이 규명되고 있지만, 그에 관한 이론은 아직 확실한 구축을 못 보고 있다. 일본에서는 고도 경제성장하의 지가고등에 관한 세 가지 설을 논의하고 있다.

2. 내용

1) 제1설 : 한계지규정설
도시근교 농가가 장래의 가격상승을 기대하여 처분하지 않고, 토지의 공급을 제한시켜 온 것이 지가고등의 주요원인이라는 설이다. 도시토지의 팽배한 수요에도 불구하고 도시 내 농지가 농지의 세제혜택을 받으면서, 처분시는 택지가격으로 처분할 수 있고, 농민은 농지보유의 혜택을 향유하였기 때문에 소유할수록 지가상승의 차익을 볼 수 있었던 것이 사실이다. 그래서 도시 내 농지는 택지로 간주하여 과세하자는 논의가 많았다.

2) 제2설 : 토지의 생산성과 한계대체율의 상승에 원인을 두는 설
2차대전 후의 고도 성장과정에서 자본의 급격한 축적이 진행되고, 노동의 질도 향상되어 그에 수반하여 토지의 가치도 상승하였다. 이 때문에 토지가 갖는 가치(한계생산성)도 국민총생산의 증대와 함께 증대하고, 게다가 인구의 도시집중과 소득수준 향상에 따라 공공용지, 주택지, 별장지 등의 수요도 증대한다. 이리하여 토지가 타 재화서비스에 대하여 상대적가치(한계대체율)도 높아져 지대와 지가도 고등한다는 것이다.

3) 제3설 : 지가고등이 고도성장의 필연적 소산이라는 설
고도성장기의 이상한 지가고등은 단지 장래의 지대수입의 상승과 농지의 공급제한만으로는 설명할 수 없다는 것이다. 오히려 제1·2설에서 주장되고 있는 원인을 포함하고 있는 고도경제성장이야말로 지가상승의 원인이며, 모체라는 것이다. 고도성장은 자본축적을 주원인으로 하는 생산성의 비약적인 증대에 있으며, 그것을 지탱하기 위하여 광대한 공장, 도로, 항만, 나아가서는 주택용지를 필요로 한다. 이러한 팽배한 토지수요가 있을 때에는 공급자측의 비용에 관계없이 수요자측이 지급할 수 있는 최고액으로 지가가 형성되게 된다. 즉, 공급자측의 판단으로 지가가 결정되기 쉽고, 그것이 지가상승에 박차를 가하는 결과가 되는 것이다.

XII 거품지가 이론

1. 의 의
토지의 자연적 특성인 고정성·부증성·영속성·개별성으로 인해 그 균형가격이 시장에서 형성되기 어려울 뿐만 아니라 현대 산업사회의 발전과 인구의 증가 등으로 희소성이 증가되어 부동산가격은 다른 물가에 비해 크게 상승하였다. 그러나 우리나라 토지시장을 보건데 그러한 요인뿐만 아니라 부동산의 투기적 거래에 의해 부동산가격이 상승하게 되었는바, 이를 거품지가 현상이라 한다. 즉 거품지가란 토지 등 실물자산의 거래가격이 자산으로부터 기대되는 임대료 수입 등에 의해 결정되는 시장의 자본가치를 크게 상회하는 지가를 말한다.

2. 토지투기와 거품가격
투기란 양도차익을 얻는 것을 목적으로 스스로의 위험부담을 안고 금전을 투입하는 행위로써 투기적 수요는 현재가격과 미래가격의 함수라고 할 수 있다. 거품지가는 바로 이 투기에 의해 형성되는바, 일단 투자자들이 어느 자산의 장래가격이 높을 것이라는 믿음에 의해 그 자산의 현재가격이 높게 형성되었다면 그 자산의 가격에는 거품이 있다고 할 수 있다. 특히 경제주체들이 장래가격이 높을 것으로 예상하면 수요·공급에 영향을 미치는 다른 경제변수들과는 무관하게 현재가격이 상승하는 이른바 거품현상이 발생하게 될 것이고 이렇게 발생한 거품은 상당기간 지속될 것이다.

3. 토지특성에 따른 거품가격
거품가격 창출요인은 우선 재화의 내구성과 희소성이며, 그러하리라는 공통의 믿음이 있어야 하는바, 토지는 내구재이며, 물리적 공급량이 고정되고 경제적 공급량도 한정적이므로 희소성이 크고, 토지시장은 지리적 위치의 고정성과 개별성으로 인해 다른 자본시장에 비해 지역시장성과 정보의 비대칭성이 훨씬 크며, 토지가격은 주로 인구 및 산업의 동향, 사회자본의 정비 등 외부적요인에 의해 상승하므로 토지에 거품의 현상이 나타날 수 있다.

4. 거품의 유형

1) 성장하는 합리적 거품
일정한 배당을 보장하는 자산의 공급이 고정되어 있고, 모든 거래자들이 똑같은 정보, 판단력, 투자의 위험에 대한 민감도가 동일할 때 현재의 자산가격이 시장자본가치(장래이익의 현재가치)와 같게 되어 시간이 지남에 따라 일정한 비율로 자산가치가 지속적으로 상승하는 현상을 말한다.

2) 비합리적 정보거품
경제변수들간의 관계에 대해 지니고 있는 견해나 정보가 서로 다를 때 자산가격이 그 내재된 가치와 괴리 되는 것을 말한다.

3) 유행에 의한 거품
비합리적 투자자 또는 군중심리에 의해 자산가격이 시장가치로부터 격리되고 그 격리가 시간의 흐름에 따라 0에 서서히 접근하는 현상을 말한다.

제4절 도시성장 구조이론 기출 21

I 개요

각 도시의 성장형태는 각 도시에 따라 다르지만 많은 도시에서 어느 정도 공통적으로 되풀이되는 질서가 있고, 각 도시의 인적·물적 구조 또한 각 도시마다 서로 다르지만 거시적으로 볼 때에는 유사한 점이 있으므로 도시성장 구조이론을 도출할 수 있다. 이러한 도시성장 구조이론은 도시의 성장과정 및 앞으로의 성장방향 예측에 도움을 주고, 도시구조 파악에 도움을 주므로 결국 감정평가시 장래 예측기능과 인근지역 분석에 도움을 주는 이론이라 할 수 있으며, 따라서 감정평가사는 도시성장 구조이론에 대한 지식을 습득하여야 한다.

II 동심원이론

1. 의의 및 전제

동심원이론이란 도시는 그 중심지에서 동심원상으로 확대되어 성장하는 경향이 있다는 것으로 버제스(E. W. Burgess) 등이 전개한 이론이다. 이 이론은 튀넨의 농촌토지 이용구조를 도시토지 이용구조에 적용시킨 것으로, 여기에는 토양의 균일성, 균질적인 지형, 운송비 조건의 동일성 등이 전제된다고 볼 수 있다.

2. 내용

① 도시는 중심지로부터 원을 그리면서 성장하며, 중심지에서 멀면 멀수록 접근성, 지대 및 인구밀도가 낮아진다. 그리고 중심지에서 거리가 멀면 멀수록 범죄, 인구이동, 빈곤 및 질병 등 도시문제가 적어지는 경향을 보인다.
② 이러한 도시토지 이용원리에 따르면 중심지로부터 도시의 정치, 경제, 문화적인 중심적 관리 기능이 집합되어 있는 상업지역, 상공업에 의해 침입되는 전이지역, 공업근로자들이 직주접근으로 모여 사는 저소득지역, 고급 아파트 및 독립 주택들이 들어서 있는 고소득지역, 상업지역에 통근하는 직장인이 거주하는 통근지역이 형성된다.
③ 동심원이론은 알론소의 지대지불이론(Penalty 이론)과 유사한 이론으로서 높은 지대를 지불할 수 있는 지역에서 토지이용이 높아진다는 것이다.

> **+ 알아보기** 동심원 이론상 토지이용과 지대
>
>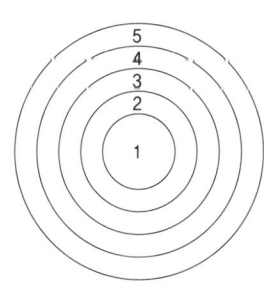
>
> 중심지에서 멀어질수록 접근성, 지대, 인구밀도가 낮아진다.
> 1. 제1지대 : 중심업무지대(CBD ; central business district)
>   중추기능인 산업·문화·교통의 중심핵을 이루는 지역이다.
> 2. 제2지대 : 전이지대(zone in transition)
>   중심업무지대를 둘러싼 지역으로 중심지역의 확산으로 중심시로 변화되는 지역을 말한다.
> 3. 제3지대 : 근로자 주택지대(zone of low income housing)
>   직장 가까이에 살려는 동기로 옮겨진 층이 많다.
> 4. 제4지대 : 중산층 주택지대(zone of middle income housing)
>   비교적 소득이 높은 경영자, 전문인들이 모여 사는 곳으로 비교적 높은 소득으로 살아가는 주거지대이다.
> 5. 제5지대 : 통근자지대(commuter's zone)
>   도심으로 통근 가능한 거리에 위치한 통근자 지역이다.

3. 평가

1) 유용성
도심에서 멀어질수록 접근성, 지대, 인구밀도가 낮아지는 과정을 잘 반영하여 현실적으로 도심주변의 피폐화와 도시근교의 쾌적한 주거환경, 교통거리가 잘 반영되고 있다.

2) 문제점
① 같은 지역 내 토지이용군일지라도 토지이용도는 이질적이므로 이상적인 토지이용 모형과 일치하지 않는다.
② 주택지에서는 접근성이란 그렇게 중요한 입지요건이 아니며, 상업지역의 집적은 상호경쟁 때문에 이익보다는 손해가 더 많음을 볼 수 있다.
③ 상업지역은 불규칙적인 크기를 가지며 그 형상은 원형이라기보다는 정방형이거나 장방형이다.
④ 직선거리 개념만을 도입하여 생태학적 거리의 개념이 제외되어 있고 시장환경 내의 경제력의 작용에만 의존하고 있다. 즉 지형이나 도로망의 영향을 소홀히 하고 있다.

Ⅲ 선형이론

1. 의 의

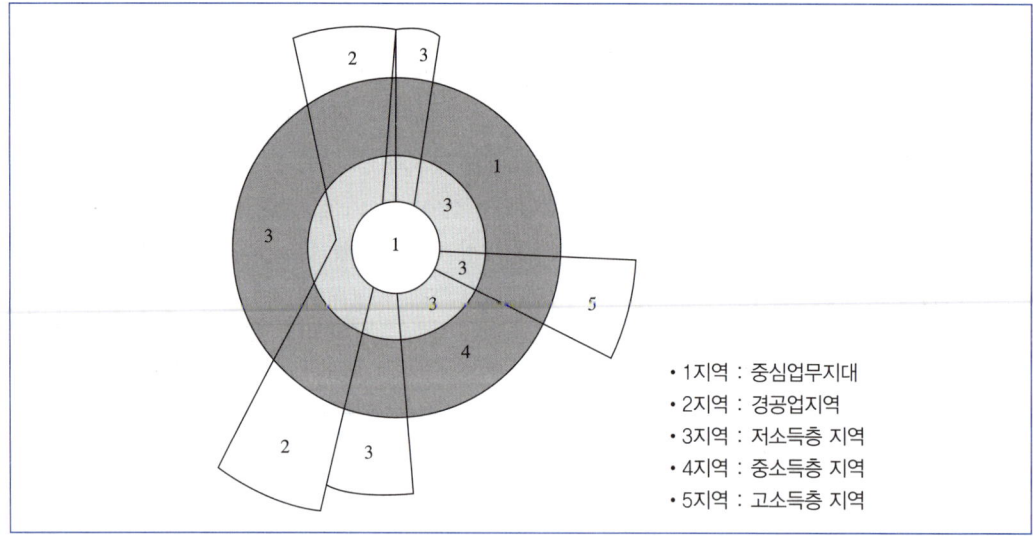

- 1지역 : 중심업무지대
- 2지역 : 경공업지역
- 3지역 : 저소득층 지역
- 4지역 : 중소득층 지역
- 5지역 : 고소득층 지역

선형이론이란 도시가 교통망의 축에 따라서 확대·성장되는 현상을 중시하며 호머 호이트(Homer Hoyt)가 전개한 이론이다. 이 이론은 동질적인 토지이용은 도심에서 시작되어 점차 교통망을 따라 확대·성장하며 이에 따라 원을 변형한 부채꼴 모형으로 도시가 성장한다는 것이다.

2. 내용
① 주거지역은 사회적 지위에 따라 분리된 주거군을 형성하는바 고수준의 주택은 도로망의 축에 가까이 입지하고, 중수준의 주택은 고수준의 주택의 인근에 입지하는 것이 보통이며, 저수준의 주택은 최고급수준 주택의 반대편에 입지하는 경향이 있다고 한다. 또한 제조업지역과 저소득지역은 보완적으로 입지하고 고소득지역과 제조업지역은 상반된 지역에 입지하는 경향이 있다.
② 도시중심지에서 고소득층이 교외로 이동하면 저소득층이 그곳을 점유하게 된다.
③ 선형이론은 지역의 경제성장 및 인구증가에 따른 확산과정에 관한 이론으로서 동심원이론과 유사한 점이 많다.

3. 평가

1) 유용성
동질적인 토지이용부분은 도심에서 시작하여 교통망을 따라 확대·성장한다는 점에서 동심원이론을 현실감 있게 수정·보완하고 주택입지 등을 설명한 것에 유용성이 있다.

2) 문제점
① 단순히 과거의 경향을 말하는 것일 뿐 도시성장의 추세분석을 유도하기에는 미진하다.
② 지역에 대한 명확한 정의를 결하고 있고, 도시가 교통량의 최소 저항의 방향으로 성장하여 성장도시를 형성한다는 '축상발달이론'에 불과하다.
③ 주택입지의 이동을 설명 또는 예측하기 위해서 고급주택의 역할을 강조한 것에 불과하다.
④ 동일수준의 주택이 집적하는데 대한 설명은 있으나 그 원인에 대한 설명은 없다.

Ⅳ 다핵심이론

1. 의의
다핵심이론이란 도시에 있어서 이용형태는 어떤 지역 내에서 여러 개의 핵을 형성하면서 지역공간을 구성해 간다는 이론이다. 이 이론은 해리스(C. Harris)와 울먼(E. Ullman)에 의해 전개되었다.

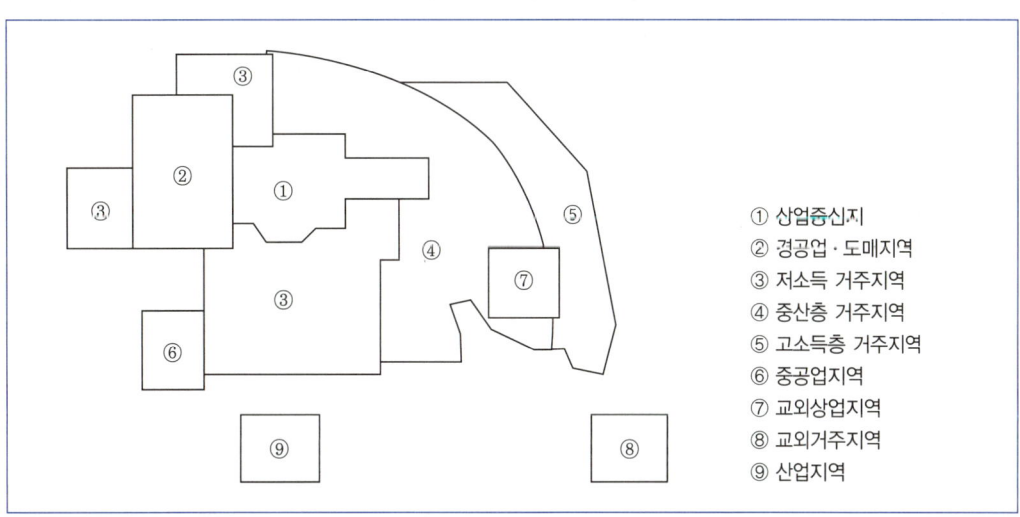

① 산업중심지
② 경공업·도매지역
③ 저소득 거주지역
④ 중산층 거주지역
⑤ 고소득층 거주지역
⑥ 중공업지역
⑦ 교외상업지역
⑧ 교외거주지역
⑨ 산업지역

2. 내용

① 도시는 유사토지 이용군별로 여러개의 핵을 형성하면서 지역공간을 형성해간다는 이론으로 유사토지 이용군은 서로 흡인력을 가지고 동질적인 집단을 형성한다. 예를 들면, 저소득층이 거주하는 지역은 경공업지역과 인접하게 되며, 중공업지역과 고소득층 주거지역은 정반대의 지역에 입지하게 된다. 그리하여 각각의 핵을 이루고 있는 집락은 각 지역의 특성에 알맞게 전문화된다.

② 하나의 핵을 이루고 있는 곳에서 교통망 등이 모이고 주거지역과 상업지역 등 토지이용군이 형성된다.

3. 핵의 출현사유

동종의 활동은 전문화의 이익과 집적이익을 추구하므로 그 기능을 중심으로 핵이 생성되고 이질적 기능이 분리되어 또 다른 핵이 생성된다. 또한 우발적 집적에 의해 핵이 생성되기도 하고 업종별 지대지불능력의 차이에 의해 핵이 분산되기도 한다.

① **특정위치나 특정시설의 필요성** : 유사활동은 집적의 이익이 있기 때문에 특정 지역에 서로 응집하여 입지한다는 것이다.

② **유사활동 간의 집중지향성** : 유사활동은 집적 이익이 있기 때문에 특정 지역에 서로 응집하여 입지한다는 것이다.

③ **이질활동 간의 입지적 비양립성** : 어떤 이질활동들은 이해가 상반되므로 서로 다른 핵에 분리하여 입지한다는 것이다.

④ **지대지불능력의 차이** : 어떤 활동들은 지대지불능력에서 차이가 나기 때문에 특정 위치를 원한다고 하더라도 그곳에 입지하지 못하고 분리된다는 것이다.

4. 평가

1) 유용성

도시지역 내의 유사토지이용군은 서로 흡인력을 가지고 동질적인 집단을 형성한다는 점에서 동심원, 선형이론의 미흡한 점을 보완하고 있다. 현대도시의 토지이용과 성장구조를 살펴보면 대부분이 다핵적인 면을 인정할 수 있다.

2) 문제점

이 이론은 지역구조에서 가장 중요한 토지이용의 공간적 배치가 경시되고, 도시핵이 발생·분화과정이 확실하지 못하다는 비판을 받고 있다.

Ⅴ 유상도시이론

베리(Berry)가 전개한 도시성장 구조이론으로 교통기관의 현저한 발달에 따라 종래의 도시 내부에 집결되어 있던 각종 업무시설이나 주택이 간선도로에 연하여 확산·입지하는 경향이 있고, 그 모양이 마치 띠(ribbon)와 같다는 것을 일컫는 이론이다.

Ⅵ 다차원이론

1. 의의
시몬스(Simmons)는 토지이용의 공간적 분포를 기술함에 있어 서로 받아들일 수 없는 다핵심이론, 동심원이론, 선형이론을 동시에 적용하여 왔다고 지적하고, 도시의 내부구조는 인종별 분산, 도시화, 사회계층 등 3개 차원에서 파악해야 한다는 이론을 제시하였다.

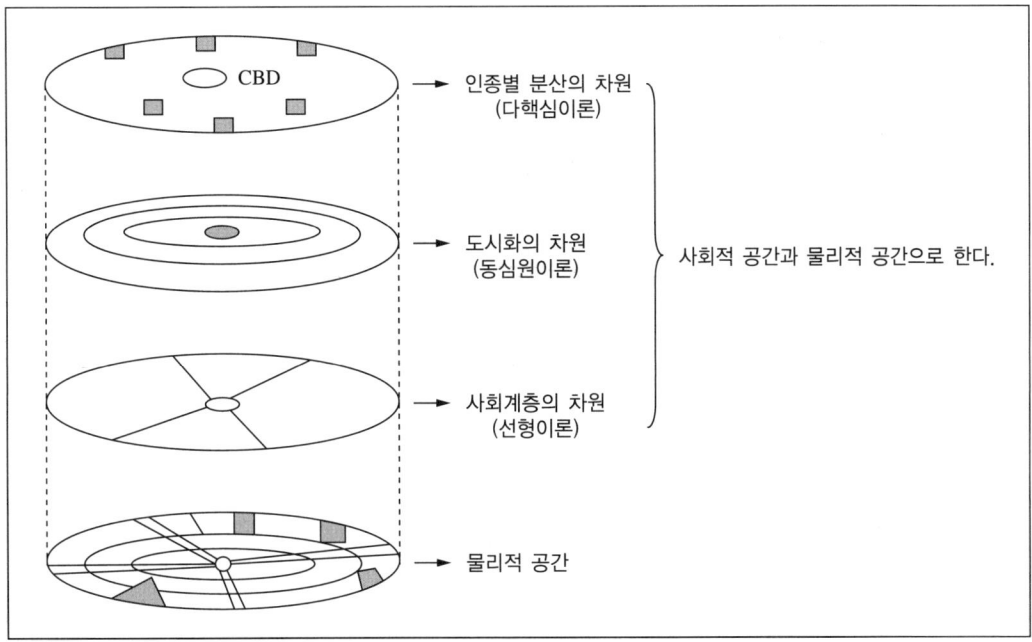

2. 내용
① 인종별 분산의 차원은 인종 또는 민족의 구성과 관련하여 나타나는 차원으로 해리스와 울먼의 이론 가운데 토지이용상의 핵과 같이 본질적으로 무질서하게 분포하여 다핵심을 이룬다.
② 도시화의 차원은 가족구성, 세대의 유형, 노동력 등을 반영하며, 도시주민의 생활양식과 관련된 이 차원의 구조적 패턴은 버제스의 주장처럼 동심원을 이룬다.
③ 사회계층의 차원은 인구의 교육, 경제 등의 수준을 뜻하며, 이 차원의 구조적 패턴은 호이트가 예측한 것처럼 고급주택과 저급주택지역이 선형을 이룬다.
④ 이상의 3차원, 또는 3패턴은 서로 밀접한 관련을 맺으면서 물리적 도시공간에 조직되어 있으며, 이는 도시의 전체적인 사회·경제적인 특징을 표출한다.

3. 모델화
레스(P. Ress)는 실제로 이 세 가지의 공간적 분포패턴을 중첩시켜 시카고시의 지역구조를 모델화하였다. 그는 소득의 차이에 따른 선형적 패턴과 연령, 가족구성에 따른 동심원적 패턴, 그리고 인종에 따른 거주지 패턴을 중첩시킨 뒤에 시간의 흐름에 따라 도시가 성장하면서 sector별, 차별적 성장이 나타나게 될 것을 감안하였으며 대도시화됨에 따라 나타나는 다핵구조패턴을 덧붙여 시카고 도시의 총체적인 지역구조를 모델화하였다.

CHAPTER 06 실전문제

제2편 | 부동산학 각론

01 도시공간구조이론에 관한 설명으로 옳지 않은 것은? 기출 21

CHECK
○△×

① 동심원이론은 도시공간구조의 형성을 침입, 경쟁, 천이 과정으로 설명하였다.
② 동심원이론에 따르면 중심지에서 멀어질수록 지대 및 인구밀도가 낮아진다.
③ 선형이론에서의 점이지대는 중심업무지구에 직장 및 생활터전이 있어 중심업무지구에 근접하여 거주하는 지대를 말한다.
④ 선형이론에 따르면 도시공간구조의 성장 및 분화가 주요 교통노선을 따라 부채꼴모양으로 확대된다.
⑤ 다핵심이론에 따르면 하나의 중심이 아니라 몇 개의 분리된 중심이 점진적으로 통합됨에 따라 전체적인 도시공간구조가 형성된다.

> **해설**

③ (×) 선형이론이 아니라 동심원이론에 대한 설명이다.
　버제스의 동심원이론에 따르면,
　　㉠ 도시의 확장은 침입과 경쟁, 천이의 과정에서 확장된다.
　　㉡ 고용기회가 많고, 접근성이 양호한 지역은 저소득계층이 차지한다.
　　㉢ 범죄, 질병 등이 많이 발생하는 지역은 도심 안쪽에 위치한다.

 ③

02 다음과 같은 지대이론을 주장한 학자는? 기출 20

- 지대는 자연적 기회를 이용하는 반대급부로 토지소유자에게 지불하는 대가로 보았다.
- 토지지대는 토지이용으로부터 얻는 순소득을 의미하며, 이 순소득을 잉여라고 하였다.
- 토지의 몰수가 아닌 지대의 몰수라고 주장하면서 토지가치에 대한 조세 이외의 모든 조세를 철폐하자고 하였다.

① 리카도
② 알론소
③ 헨리 조지
④ 마르크스
⑤ 튀넨

해설

③ 헨리 조지의 토지 단일세에 대한 설명이다. 토지 단일세란 오직 토지만 세금을 부과하고 토지 이외는 세금을 부과하지 않는다는 것으로 지대인 불로소득에 대하여 세금을 부과하면 세금이 임차인에게 전혀 전가되지 않는다는 내용이다.

답 ③

03 컨버스의 분기점모형에 따르면 상권은 거리의 제곱에 반비례하고 인구에 비례한다. 다음의 조건에서 A, B도시의 상권 경계지점은 A시로부터 얼마나 떨어진 곳에 형성되는가? (단, 주어진 조건에 한함) 기출 19

- A시의 인구 : 16만명, B시의 인구 : 4만명
- 두 도시 간의 거리 : 15km
- 두 도시의 인구는 모두 구매자이며, 두 도시에서만 구매함

① 8km
② 9km
③ 10km
④ 11km
⑤ 12km

해설

컨버스의 분기점모형에서 상권분리의 경계점 파악은 다음과 같은 공식을 활용한다.

$$\text{A도시에서 상권 경계지점} = \frac{\text{거리}(15)}{1+\sqrt{\frac{1+\text{상대면적}(4만명)}{\text{기준면적}(16만명)}}} = 10$$

답 ③

04 지대이론 및 도시공간구조이론에 관한 설명으로 옳지 <u>않은</u> 것은? 기출 19

① 리카도는 비옥한 토지의 희소성과 수확체감의 법칙으로 인해 지대가 발생한다고 보았다.
② 마샬은 일시적으로 토지와 유사한 성격을 가지는 생산요소에 귀속되는 소득을 준지대로 보았다.
③ 알론소는 각 토지의 이용은 최고의 지대지불의사가 있는 용도에 할당된다고 보았다.
④ 호이트는 저급주택지가 고용기회가 많은 도심지역과의 교통이 편리한 지역에 선형으로 입지한다고 보았다.
⑤ 해리스와 울만은 도시 내부의 토지이용이 단일한 중심이 아니라 여러 개의 전문화된 중심으로 이루어진다고 보았다.

해설

④ (×) 호이트는 고급주택지가 고용기회가 많은 도심지역과의 교통이 편리한 지역에 선형으로 입지한다고 보았다. 반면에 버제스의 동심원이론은 저급주택지가 고용기회가 많고 접근성이 양호한 도심지역에 위치한다.

답 ④

05 지대이론에 관한 설명으로 옳은 것은 모두 몇 개인가?

- 튀넨(J.H. von Thünen)은 자연조건이 동일한 고립국을 가정하여 상업활동의 공간적 분포를 통한 토지이용을 설명한다.
- 리카도(D. Ricardo)는 각 토지마다 다른 비옥도의 차이와 생산요소 투입에 따라 한계생산성이 증가하는 수확체감현상을 적용한다.
- 마샬(A. Marshall)은 생산요소에 귀속되는 소득으로서 생산품의 총판매수익에서 가변비용을 제외한 잉여분을 절대지대라고 주장한다.
- 알론소(W. Alonso)는 해당 토지의 지대를 지대입찰과정에서 토지이용자가 지불하고자 하는 최고 지불용의액으로서 초과이윤이 0(zero)이 되는 지대로 보았다.
- 해리스(C. Harris)와 울만(E. Ullman)은 토지이용자가 공간의 마찰비용으로 지대와 교통비를 함께 지불한다고 보았다.

① 1개
② 2개
③ 3개
④ 4개
⑤ 5개

해설

- 리카도는 한계생산성이 감소하는 수확체감현상을 적용한다.
- 절대지대는 마르크스의 이론이다.
- 알론소의 입찰지대곡선은 도심과 지대가 0인 한계점까지 토지이용자가 지불하는 최고가격을 이은 곡선을 용도별로 구분하여 제시한다.
- 마찰비용곡선은 헤이그의 이론이고, 해리스와 울만은 다핵심이론을 제시한 학자이다.

답 ①

CHAPTER 07 부동산 입지론

제1절 부동산 입지의 이해

Ⅰ 부동산 입지의 이해

1. 부동산 입지분석의 의의
입지란 "어떤 현상이 지표상에서 점하고 있는 위치 또는 지점"을 말하는 것으로 단순한 위치만을 가리키는 것이 아니라, 다른 지점과의 관계에서 보면 상대적으로서 입지는 고정되어 있는 부지로서의 속성과 언제든 변할 수 있는 관계적, 상황적 속성을 동시에 가진다. 따라서 위치뿐만 아니라 그것이 위치한 장소적 성격, 다른 입지와의 관계에 의해 결정되는 분포의 개념들을 포함한다. 따라서 입지분석은 경제적 관점에서 입지요소를 분석함으로써 지리적 공간현상을 파악하고 특정활동을 위한 최적의 입지를 선정하거나 특정 입지의 최적 활동을 모색하는 작업이라 할 수 있다.

2. 입지분석의 중요성
입지분석이 부동산을 이용하는 활동에서 중요한 이유는 입지에 영향을 미치는 경제적 요인이 개발업자, 대출업자, 기타 부동산개발과 관련된 사람들에게는 사실상 통제할 수 없는 것이기 때문이다. 그리고 부동산의 위치는 고정되어 있지만 그것의 입지는 고정되어 있지 않다. 즉 해당입지에 영향을 미치는 각종 요인에 의해 변하기 때문이다. 또한 부동산 소유자는 상황에 부합하도록 부동산을 개조할 수는 있어도 그 부동산의 입지를 임의로 바꿀 수는 없다. 입지는 부동산의 이용에 있어서 가장 중요한 요소이면서 통제할 수 있는 변수가 아니다.

3. 입지경쟁의 원인

(1) 입지조건의 차이
입지조건이란, 토지가 점하는 위치의 자연적, 인문적 여건의 상태를 말하는데, 이러한 조건이 해당기능에 대한 적합성과 이용기능의 효율성을 최대화시킬 수 있는 환경이 서로 다르기 때문에 입지조건의 차이가 발생한다.

(2) 용도 및 효용의 차별화
① 토지의 용도는 사용목적에 따라 구별되고 목적의 성취도는 효용으로 측정된다.
② 일반적으로 주거지의 입지조건은 쾌적성이 좋은 곳, 상업지는 수익성이 높은 곳, 공업지는 생산비와 수송비가 절약되는 곳, 농업지와 임업지는 기상상태와 토양이 양호하여 생산성이 좋은 곳을 의미한다.

(3) 사회구조 및 경제공간의 변화

과학기술의 발달과 함께 사회구조와 인간의 정주체계, 생산환경이 변화한 결과, 전통적인 주거 및 생산공간이 탈락하고 새로운 거주 및 생산공간이 새롭게 조성 또는 재편되게 되었다.

Ⅱ 부동산 용도별 입지조건

입지론은 전통적으로 도시 부동산을 대상으로 하는바 이에 따라 주거지, 상업지, 공업지로 분류 설명한다.

1. 주거지의 입지조건(쾌적성, 편리성, 안정성)

① 환경 조건적 측면에서 주거지는 공해, 재해가 없으며 정신병원 내지 쓰레기 매립장과 같은 혐오·위험시설이 없는 것이 좋다. 주민의 사회·경제적 수준이 높을수록 환경 조건은 중요시된다.
② 생활 조건의 측면에서 볼 때 주거지는 학교, 공원, 병원, 관공서 등의 사회복지 시설과 시장, 슈퍼마켓 등의 편의 시설이 인접할수록 편리성이 높아지므로 유리하게 된다.
③ 통근 조건에 있어서는 도심과의 거리, 도심에 이르는 대중교통 수단의 상태 및 발차의 빈도 등이 중요시되며 특히 도심에의 의존도가 높은 지역일수록 교통 관계가 더욱 중요시된다.

2. 상업지의 입지조건

① **배후지의 양과 질** : 상업활동은 고객을 대상으로 하므로 고객이 존재하는 배후지의 규모는 넓고 인구밀도가 높을수록 유리하다. 한편 인구 구조도 및 소득수준과 구매 관습 또한 중요 요소가 된다.
② **교통수단의 상태** : 고객을 유인할 수 있는 교통수단, 가로의 상태는 배후지 못지않게 중요한 입지조건이다. 고객의 통행 패턴, 접근방법 등에 대한 면밀한 조사는 입지 선정시 필수 확인 사항이며 오늘날에는 차량의 보급으로 인해 교외에 상업지역이 발달하는 경우를 흔히 볼 수 있다.
③ **영업의 종류 및 경쟁의 상태** : 어떤 종류의 상업이 그 지역의 주체로 되어 있는지, 경쟁의 정도는 어떠한지 등의 문제는 대상 지역의 수익성을 판단하는데 있어서 매우 중요하며 당해 상업지역이 현재 Life-cycle에 있어서 어떠한 국면에 있는지를 파악하는 것도 필요시 된다.

3. 공업지의 입지선정

전통적인 공업입지론에 따라 시장, 원료, 교통 지향형 공업으로 세분하여 살펴본다.
① **시장 지향형(소비지지향형)** : 원료보다 제품 중량이 큰 가구업 등은 시장 가까이에 입지함으로써 교통비용을 절약할 수 있다. 생산품의 파괴 위험이 있는 유리공장이나 소비지와 긴밀한 접촉이 요구되는 제조업도 시장 지향형이다.
② **원료 지향형** : 가공을 통한 제품 생산과정에서 중량이 감소하는 목재, 제철 등의 산업은 원료 지향형 입지를 선호하게 된다. 이는 중량의 감소분이 운반비용의 절약으로 이어지기 때문이며 식품 가공업이나 특산품을 생산하는 공업들도 원료 산지에 입지하는 경우가 많다.
③ **교통 지향형** : 공업에 있어서 생산물의 운반비용은 중요한 입지 조건이 된다. 신속하고 저렴한 운반을 가능케 하는 공항, 항만, 철도 등에 인접할수록 유리하다 할 수 있으며 철강공업단지 등이 그 예이다.

제2절 상업입지론

I 상권의 이해

1. 상권(배후지, Hinterland)의 이해

(1) 배후지의 개념
① 배후지(Hinterland)란, 대상 부동산의 소유활동 또는 이용활동에 영향을 미치는 제 요인이 존재하는 권역으로, 상업지의 경우 해당 상업지구가 재화나 용역을 제공하는 공간적 범위인 상권(trade area) 또는 시장지역(market area)을 의미한다. 크리스탈러는 이를 '보완구역'이라고 했다.
② 가로가 고객이 통행하는 곳(동적)이라면, 배후지는 고객이 정주(정적)하는 곳이라 할 수 있다. 상업지와 관련하여 중요한 지역・개별요인이 된다.

(2) 배후지의 조건과 범위
① 지역규모, 인구밀도, 고객의 소득수준・교육수준이 크거나 높은 곳이 좋은 배후지 조건
② 정주 인구의 양적인 측면(잠재적수요)보다는 질적인 측면(구매력을 지닌 유효수요)이 더 중요하다.
③ 고객의 양과 질이 좋아도 상업지에 이르는 교통수단, 즉 접근성이 나쁘면 고객의 접근성을 저하시켜 배후지와 차단되므로 유의해야 한다.
④ 배후지의 범위는 점포의 크기와 시간의 변화 등에 따라 상권의 범위는 고정되어 있지 않고 유동적이며, 보통 상권의 판매에 따라 1차 상권(판매액의 75%), 2차 상권(15%), 3차 상권(그 외)이다.

(3) 배후지 분석의 필요성
상업용 부동산의 경우, 배후지의 크기(인구수, 인구밀도)는 잠재적 수요를 의미하고, 배후지의 성격(인구구성, 소득・교육수준, 구매성향)은 구매력을 지닌 유효수요를 의미하여 수익성에 지대한 영향을 미치는 지역요인인 동시에 개별요인이 되는 바, 지역・개별분석의 일환으로 상권분석을 통해 배후지의 범위를 파악해야 한다.

(4) 배후지의 확장요인
① 교통수단의 발달, ② 교통비용 감소, ③ 상품가격하락, ④ 소득수준의 증가 등을 들 수 있다.

(5) 배후지 분석시 유의사항
① 배후지의 양적 측면뿐만 아니라, 수익성과 밀접한 관련이 있는 질적 측면을 중시 필요
② 하천, 철도 등 자연적・인공적 경계와 소득・문화수준 등 인문적 경계의 구분에 의해 배후지가 저해・차단될 수 있음을 유의
③ 최근 인터넷을 통한 온라인 구매 활성화로 인해 전통적인 배후지의 조건과 이를 통한 상업지의 입지가 변화하고 있음에 유의

2. 상권확정방법과 상권분포이론

(1) 상권확정의 방법
① 공간독점법 : 거리제한을 두거나 면허가 필요한 업종으로서 지역독점력이 인정되는 업종에 적용된다.
② 시장침투법 : 대부분의 업종이 이에 속하며, 상권 간의 중첩을 인정하는 경우이다.
③ 분산시장접근법 : 고급 가구점 등 매우 전문화된 상품이나 특정 소득계층만을 대상으로 하는 점포이다.

구 분	공간독점법	시장침투법	분산시장접근법
상권형태	지역독점에 의한 확정 상권	중첩부분 인정	특정 지역의 불연속 상권
공간획정	• 상권다각형 • 동일 시간대, 1차 상권	총매출액의 60%를 기준으로 1·2차 상권 구분	시장분화를 전제로 동일 지역 내에서도 그룹별로 차이를 둠
응용	• 편의품 • 표준적인 쇼핑센터	• 선매품 • 경쟁점포	• 매우 전문화된 상품 • 특정소득·그룹 대상
적용상점	주류판매점, 우체국	백화점, 슈퍼마켓	고급 가구점

(2) 고전적 상점분포 이론(크리스탈러, 뢰쉬)

1933년 독일의 크리스탈러(W. Christaller)가 제안하고, 뢰쉬(A. Lösch)에 의해 발전되었다.

① 일용품과 같은 비내구재 상품의 단위가격이 쌀수록, 소비단위가 많을수록, 보관비용이 클수록 구매주기는 단축되며 구매빈도는 높아진다.

② 근린상가에서는 구매빈도가 높은 상품, 저장비용이 높고 신선도를 요구하는 식품을 취급하는 상점이 많은 편이고, 지역상가에서는 구매빈도가 낮고 보관하기 쉬운 준내구재를 취급하는 상점이 많은 편이다.

③ 장기균형 조건하에서 구매빈도가 높은 상품을 취급하는 점포의 밀도는 높아지고, 점포의 고정비용이 높을수록 점포의 밀도는 낮아진다.

Ⅱ 크리스탈러의 중심지 이론

1. 의의

크리스탈러에 의해 처음 제시된 중심지 이론은 도시의 수와 규모 및 분포간에는 일정한 법칙이 존재한다는 것으로 공간체계의 구성원리를 밝히고 있기에 도시 및 지역계획은 물론 도시세력권의 분석, 상권 분석 등 많은 공간조직 분석에 유용하다. 중심지 이론은 공간적 경제활동들이 하나의 핵(중심) 둘러싸면서 배치된다는 중심극화의 원리를 전제로 한다. 이에 대한 연구는 중심지와 배후지의 관계를 밝히는 것에 중점을 두고 있다.

2. 중심지이론의 기본가정

① 등고평탄한 지역
② 등질적으로 분포된 인구와 교통망
③ 소비자들은 유사한 구매력을 가지고, 가장 가까운 market 선호
④ 교통비용은 거리에 비례(거리가 멀수록 교통비용은 비례적으로 증가)
⑤ 완전경쟁시장이며, 소비자들은 동일 소비패턴 보유

3. 중심지이론의 주요 개념

(1) 중심지
주변지역에 재화와 서비스를 공급하는 기능(상업기능)을 제공하는 지역

(2) 배후지(보완지역)
한 중심지로부터 재화나 서비스를 제공받는 공간으로 중심지에서 도달범위의 공간을 말한다. 배후지는 중심지의 상권이라고 할 수 있다.

(3) 최소 요구치
중심기능이 존립하기 위해서는 그 기능을 지지할 수 있는 최소한도의 시장수요가 있어야 한다. 예를 들어 어느 소매업 점포가 수지균형을 이루며 경영을 계속하기 위해서는 그 점포 주변에 최소한 어느 수준 이상의 고객을 확보하고 있어야 한다. 이 최소한의 시장규모(수요)를 최소 요구치 또는 성립규모라 한다.

(4) 재화의 도달범위
중심지 기능이 미치는 한계거리로 재화의 도달범위는 중심지가 형성한 상권을 의미한다.

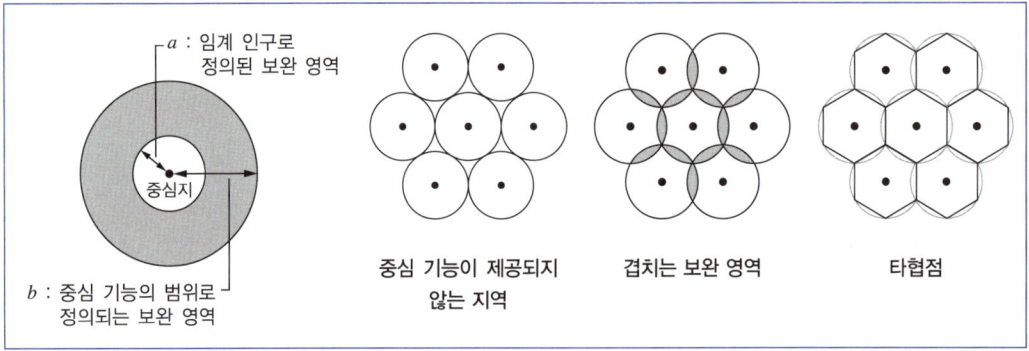

4. 중심지의 성립요건

중심지 성립	재화의 도달범위 ≥ 최소 요구치 범위
중심지 불성립	재화의 도달범위 ≤ 최소 요구치 범위

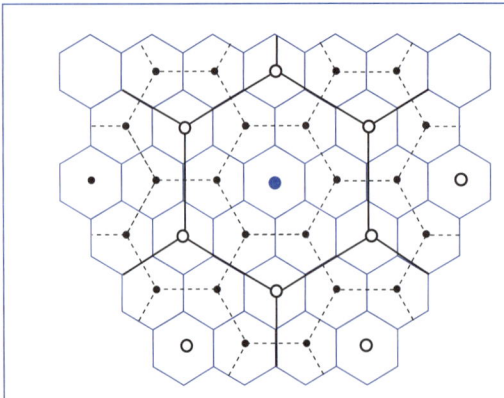

계층수준	중심지	상권
3계층 수준	●	───
2계층 수준	○	………
1계층 수준	●	───

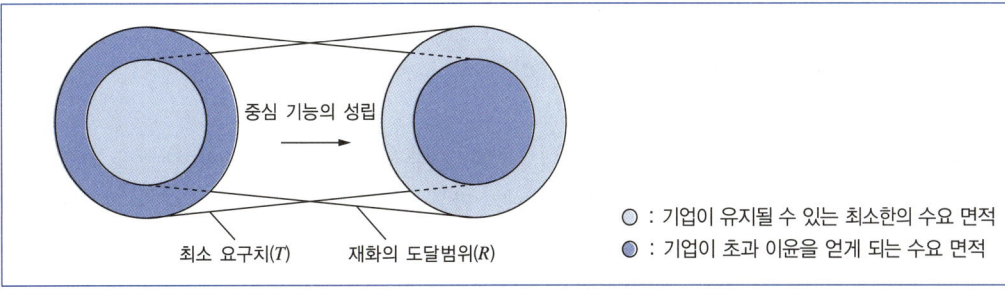

5. 중심지이론의 내용
① 고차중심지일수록 거리가 멀고 저차중심지일수록 가깝다.
② 고차중심지일수록 상호간 간격은 커지고 저차중심지일수록 작아진다.
③ 저차원중심지에서 고차원중심지로 갈수록 피라미드형을 이룬다.
④ 고차중심지는 저차중심지의 기능을 모두 포함한다.

6. 중심지이론의 한계
중심지이론은 인구 밀도의 증가는 중심지 기능 간 공간 경쟁에 의해 중심지 이격(spacing) 효과가 완전히 발휘되지 못하는 결과를 초래하고 교외화와 같은 현상 또한 중심지이론으로 설명하기 어렵다. 또한 유사점포가 집적을 이룸으로써 얻는 집적이익을 고려하지 않는다.

Ⅲ 중력모형

1. 중력모형(Gravity Model)

1) 의 의
① 이는 두 물체간의 인력은 거리의 제곱에 반비례하고, 질량의 크기에 비례한다는 만유인력의 법칙을 원용한 것으로서 물리학의 원리로 공간적인 사회현상을 설명하는 데에 응용하였다는 점에서 사회물리학적 접근으로 이해되기도 한다.
② 즉, 이 방법은 두 지역(또는 시설)간의 상호작용의 정도 내지 상호유인력의 크기는 각 지역의 인구나 규모의 크기에 비례하고, 두 지역간의 거리에 반비례한다는 것이다.
③ 중력모형은 거리라는 공간적(입지적)요소 이외에도 규모나 이미지 등의 비공간적(비입지적)요소도 고려함으로써 설득력이 더 있는 것으로 평가받고 있다.

2) 산 식

$$F_{ij} = A \frac{S_i \cdot S_j}{d_{ij}^{\sigma}}$$

*F_{ij} : 두 지역(시설)간의 상호작용의 정도 내지 상호유인력의 크기
A : 상수
S_i 및 S_j : 지역(시설) i와 j의 규모나 인구
d_{ij} : 두 지역(시설)간의 거리에 의한 마찰의 정도를 나타내는 지표
σ : 모수(Parameter)의 값도 원래는 실증분석을 통해서 추정되어야 하나 통상적으로 뉴턴의 법칙에서와 마찬가지로 "$\sigma=2$"의 값을 사용한다.

2. 중력모형을 응용한 상권분석의 기법

(1) 레일리(W. Reilly)의 소매인력 법칙 기출 20·23

1) 의 의

① 1930년대에 레일리가 고안한 것이며, 소매시설의 상권분석에 중력모형의 적용가능성을 최초로 보여준 이론이다. 그는 도시간 소매시설의 영향분석에서 많은 인구를 가진 도시가 더 많은 쇼핑매력도를 지닐 가능성이 많으므로 원거리에 위치한 고객들도 기꺼이 쇼핑통행을 하게 된다고 가정하고 있다.

② 이 이론의 핵심은 상가들의 집중(예컨대 중심상업지구)이 상가의 매력도를 증가시키는 경향이 있다는 것인데 즉, 보다 많은 인구를 가진 중심지에 위치한 상가들은 변두리에 위치한 상가들보다 더 먼 거리로부터 고객을 유치할 수 있다는 것이다.

③ 두 소매상가 사이의 상권의 경계는 두 상가 사이의 거리와 상가의 상대적 크기에 의해 결정된다.

2) 산 식

$$\frac{R_a}{R_b} = \frac{P_a}{P_b} \cdot \frac{D_b^2}{D_a^2}$$

* R_a : a 도시의 상권의 크기
R_b : b 도시의 상권의 크기
P_a : a 도시의 인구
P_b : b 도시의 인구
D_a : a 도시까지의 거리
D_b : b 도시까지의 거리

(2) 컨버스(Converse)의 분기점 모형 기출 19·25

1) 의 의

① 1949년 컨버스가 레일리의 법칙을 수정한 것으로, 2개의 경합도시 사이에 위치한 소비자를 유인함에 있어 두 도시간(상권)의 경계를 구하는 데에 사용한 공식이다.

② 이 방법은 계산이 용이하며, 특히 다른 자료를 이용할 수 없거나 자료를 입수하는 데에 드는 비용이 과다할 경우 이를 이용하여 간편하게 상권을 추정할 수 있다는 장점이 있다.

2) 산 식

$$SH_b = \frac{D_{ab}}{1+\sqrt{\frac{P_a}{P_b}}}$$

* SH_b : b 상권의 경계
D_{ab} : 상권 a, b 간의 거리
P_a : 상권 a의 인구
P_b : 상권 b의 인구

(3) 허프(D. Huff)의 확률모형

1) 의의

① 허프는 기존의 중력모형에 효용이론을 도입하여 상권의 영역이 확정적인 것이 아닌 확률적 개념으로 설명될 수 있음을 최초로 설명하였다.

② 아래의 수식을 이용하여 상권 내 각 소비자의 위치로부터 특정상업시설에 대한 방문확률을 구하고, 동일한 방문확률을 보이는 지역을 연결하면 해당 상업시설의 등확률선을 도출할 수 있는데 이것이 상권의 경계가 된다는 것이다.

2) 산식

$$H_{ij} = \frac{\dfrac{S_j^\alpha}{D_{ij}^\beta}}{\sum_{j=1}^{n} \dfrac{S_j^\alpha}{D_{ij}^\beta}}$$

* H_{ij} : 소비자 i가 상가 j를 방문할 확률
  S_j : 상가 j의 매장면적
  D_{ij} : 소비자 i로부터 상가 j까지의 거리
  α : 매장면적에 대한 소비자의 민감도계수
  β : 거리에 대한 소비자의 민감도계수

Ⅳ 소매입지이론

1. 공간균배의 원리

① 공간균배의 원리(R. M. Futter)
  ㉠ 의의 : 경쟁관계에 있는 점포들은 공간을 서로 균등 배분하여 입지한다.
  ㉡ 내용

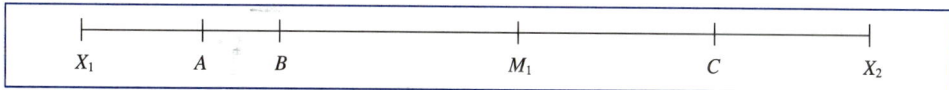

  ⓐ 그림에서 점포 甲이 먼저 A지점에 입지하였으나 새로운 점포 乙이 나타나서 B지점에 다시 입지하였다고 하자. 그 결과 대세가 불리해진 甲은 다시 M_1쪽, 즉 상권을 중심부로 옮기게 된다. 그러자 종전에는 유리한 위치에 있던 乙이 불리하게 되자 다시 M_1쪽으로 이전한다. 두 점포가 다툰다면 서로 나란히 중앙에 입지할 수밖에 없는 경우가 생기기도 한다. 그러나 수요의 탄력성이 0인 경우에만 해당된다.

  ⓑ 탄력성이 큰 경우 : 현실적으로 수요의 탄력성은 0보다 크기 때문에 두 점포가 중앙에 있는 경우는 모두 불리하다. 따라서 수요의 탄력성이 0이 아닌 한 甲과 乙은 다시 M_1에서 헤어져서 B나 C에 각각 분산입지하기에 이를 것이다.

  ⓒ 결론
    • 시장이 좁고 수요의 탄력성이 작은 경우 : 중앙에서 집심적 입지의 현상이 나타남
    • 시장이 넓고 수요의 탄력성이 큰 경우 : 분산입지의 현상이 나타남

② **입지유형별 점포의 종류** : 공간균배의 원리에 따라 점포를 유형별로 분류하면 다음과 같다.
　㉠ 집심성 점포 : 배후지의 중심부에 입지하는 유형으로 도심부에 입지한다.
　㉡ 집재성 점포 : 동일업종의 점포가 서로 한 곳에 입지하는 것이 유리한 점포의 유형이다.
　㉢ 산재성 점포 : 서로 분산 입지해야 유리한 점포의 유형이다.
　㉣ 국부적 집중성점포 : 동일업종의 점포끼리 국부적 중심지에 입지한다.

③ **상품에 따른 상점의 종류(구매관습에 의한 상점의 분류)** : 구매습관을 통해서 편의품점·선매품점·전문품점 등으로 구분된다.
　㉠ 편의품점(便宜品店) : 가정용품과 같은 일상생활용품을 판매하는 상점이다.
　㉡ 선매품점(先買品店) : 고객이 상품의 가격, 스타일, 품질 등을 여러 상점과 비교하여 구매하는 것을 말하며 취급품은 가구, 부인용 의상, 보석류 등이다.
　㉢ 전문품점(專門品店) : 고급유명상품을 판매하는 상점으로 제품을 구매하기 위하여 시간과 노력을 아끼지 않는 상품을 말한다.

2. 넬슨(Nelson)의 소매입지이론

넬슨은 점포가 최대의 이익을 얻기 위해서 점포입지가 가져야 할 8가지 원칙을 다음과 같이 제시하였다.

현재 입지후보 지역의 적합지점	인구·소득·소비·지출내역 등을 조사 후, 그 지역의 예상성장률 등을 고려하여 선정한다.
상권의 잠재적 발전성	지역의 인구 및 소득수준이 증대되는 사업지역 내에 입지하여야 한다.
고객의 중간유인	소비자와의 접근성이 양호한 지역에 입지하여야 한다.
상거래지역에 대한 적합지점	배후지와 기존 점포의 중간지점에 입지하여 기존점포의 고객을 유인하고 경쟁력을 확보해야 한다.
집중 흡인력	여러 점포가 모여서 집적이익을 최대한 누릴 수 있도록 한다.
양립성	상호 보완관계가 있는 상점들이 인접하여 입지하여야 한다.
경합성의 최소화	동일업종과의 과다경쟁을 최소화할 수 있는 장소에 입지하여야 한다.
용지의 경제성	투입비용대비 더 큰 생산성과 성장성을 지닌 용지에 입지하여야 한다.

3. 호텔링의 이론(동종업종 밀집현상)

(1) 의 의

상업입지 경쟁에 있어 입지의 상호 의존성 관계를 분석한 것으로 과점상황하의 직선형의 상권에서 두 업체가 입지이윤을 극대화하기 위한 균형점을 찾는 과정을 제시한 이론이다. 주로 산재성 점포의 입지에 적용된다.

(2) 내 용

직선형의 상권하에서 각 공급자는 최대의 매출을 올리고자 할 경우 상권의 중심 쪽으로 이동하려 한다. 그래야 자산의 배후지를 넓힐 수 있기 때문이다. 이러한 이동이 계속 진행되면 중간점에서 두 공급자가 만나서 양쪽의 배후지를 대상으로 치열한 경쟁을 벌이고, 이러한 경쟁의 결과가 서로에게 불리하다는 결론을 얻게 되므로 양자는 중간점을 기준으로 대칭적으로 상권을 분할 장악하게 된다.

(3) 시사점
시장참여자의 전략적 행동과정을 시사한다. 즉 내쉬의 입지충돌 후 균형을 보여준다. 시장참여자의 자발적 입지경쟁에 의해서는 사회적으로 가장 바람직한 입지 패턴을 보이지 않는다는 것을 시사한다.

4. 예상 시장점유율의 추계
(1) 개 요
① 시장점유율이란 부동산이 속한 상권에 대한 전체수요 중 대상부동산이 차지하는 수요의 비율을 의미한다.
② 시장점유율은 기존 상업용 부동산의 대상상권에 대한 영향의 정도를 측정하기 위해서 이용되기도 하지만 보다 중요한 목적으로는 상업용 부동산의 대안적 부지의 선정에 있어 그 매출액의 추정에 이용된다.

(2) 시장점유율을 이용하여 대상상업용 부동산의 매출액 규모를 측정하는 방법
① 대상상업용 부동산의 상권을 파악한다.
② 그 상권을 몇 개의 영역으로 나누어, 구분된 영역별로 1인당 소비지출액에 인구수를 곱하여 구분된 영역별 총소비지출액을 구한다.
③ 이에 아래에서 구한 대상상업용 부동산의 시장점유율을 곱하여 대상사업용 부동산의 총매출액을 구한다.

(3) 예상 시장점유율 추계방법
1) 적정점유에 의한 방법
시장점유율을 추정하는 가장 간단한 방법으로는 "적정점유"의 정의에 따르는 방법인데 즉, 대상 부동산의 시장점유율은 상권 내 매장 전체의 면적 중 대상 부동산의 매장면적의 비율과 같다는 것이다.

2) 유추법(Analog Method)
동일한 상권 또는 유사한 상권 내에 있는 다른 상업용 부동산의 시장점유율을 비교하여 대상 상업용 부동산의 시장점유율을 유추하는 방법이다.

3) 허프(Huff)의 확률모형을 이용한 추정
① 시장점유율분석에 있어서의 허프 모형 적용의 유용성 : 허프의 확률모형은 현대의 상권은 다수의 상업 시설이 경쟁적으로 입지하고 있어 그 경계는 연속적이며 확률적이라는 점을 강조하고 있는바 이를 시장점유율의 분석에 이용한다면 이러한 현대 상권의 특징을 고려한 시장점유율의 추정이 가능하다는 것이다.
② 산 식

$$A_j = \frac{\sum_{i=1}^{m} H_{ij}}{\sum_{j=1}^{n} \sum_{i=1}^{m} H_{ij}}$$

* A_{ij} : 상업시설 j의 시장점유율
H_{ij} : 소비자 i가 상업시설 j를 방문할 확률

5. 매장용 부동산 가능매상고의 추계방법

(1) 개 요
매장용 부동산의 부지선정을 위해 부지별 가능매상고를 비교하여 입지가능한 대안부지를 선택한다. 가능매상고는 거래지역(trade area)의 크기, 접근성, 소비자의 지출 가능액, 경쟁력, 통행량, 가시성, 매장이미지, 시장점유율 등 여러 요인과 밀접한 관계에 놓인다.

(2) 비율법(Ratio Method)

1) 의 의
대상부지가 소재하는 거래가능지역(상권)의 주민소득, 인구수 등을 토대로 가능매상고를 추계하는 방법으로 주관성이 가장 많이 개입된다.

2) 산정절차
① 상권의 확정 : 거리(실제거리, 시간거리), 도로, 교통장애, 경쟁점포의 위치 등을 고려하여 대상부지에 대한 거래 가능지역(상권)을 확정한다.
② 지출 가능액의 추계 : 도소매업의 센서스 자료나 유사점포의 자료를 분석하여 대상점포에서 판매하는 물품이나 서비스에 관한 거래지역 내 가구들의 지출 가능액을 조사한다.
③ 일인당(가구당) 주민소득의 추계 : 센서스 자료 등을 이용하여 지역 내 가구당 소득을 구하고 이를 가구당 평균인수로 나누면 주민 일인당 소득(가처분소득)이 산정된다.
④ 가능매상고의 산출
  ㉠ 경쟁점포가 없을 경우 : 가능매상고＝{②/③}×가구수(또는 인구수)
  ㉡ 경쟁점포가 있는 경우 : 가능매상고＝㉠×(대상점포면적/상권 내 전체점포면적)

(3) 유추법(Analog Method)

1) 의 의
같은 회사 내의 다른 점포나 유사점포를 대상으로 거래지역과 고객에 대한 분석을 하고 이를 토대로 대상점포의 가능매상고를 추계하는 방법이다.

2) 산정절차
① 유사점포의 가능매상고의 산정
  ㉠ 기존점포를 대상으로 하여 각각 고객표본을 선정하고 그로부터 주소, 쇼핑빈도, 품목, 구매량, 인구 등의 고객별 특성을 조사한다.
  ㉡ 기존점포를 중심으로 지도상에 일정한 격자망을 만든다.
  ㉢ 격자당 고객수의 산정
  ㉣ 표본고객 일인당 매상고(기존점포의 매상고/표본 고객수)의 산정
② 대상점포의 가능매상고의 산정
  ㉠ 대상점포가 입점할 시장지역을 격자망으로 구분한다.
  ㉡ 각 격자별로 인구수를 계산한다.
  ㉢ 각 격자별 가능매상고의 산정(①의 ㉣×②의 ㉡).
  ㉣ 대상점포의 가능매상고의 산정(㉢의 합계)

(4) 애플봄(William Applebaum)의 소비자분포기법(CST)

1) 의 의
방문한 고객을 샘플링하여 주소지분포를 통해 상권을 파악하는 방법으로 상권의 범위를 실무적으로 확정하기 위한 기법이다. 주로 CST 지도의 기법을 이용하여 상권 범위를 1차, 2차, 3차(한계상권)으로 구분하여 분석한다.

2) 활 용
① 상권의 규모를 가시적으로 파악할 수 있다.
② 고객의 소비특성, 가계소득 등을 조사할 수 있다.
③ 광고 및 판매촉진전략 수립에 이용할 수 있다.
④ 경쟁업체와의 경쟁 정도를 측정할 수 있다.
⑤ 신규점포 개설, 기존점포의 확장계획에 유용하게 활용할 수 있다.

(5) 허프(David Huff)의 중력모형

1) 의 의
논리와 개념은 앞의 시장점유율의 추정에서 설명한 것과 같고, 시장점유율은 비율의 개념이었는데 이를 금액의 개념으로 전환시키면 대상상업시설의 가능매상고가 된다.

2) 산 식

$$S_{ij} = E_i \frac{\dfrac{F_j}{T_{ij}^b}}{\sum \dfrac{F_j}{T_{ij}^b}}$$

* S_{ij} : 점포 j에 대한 격자(또는 근린지역) i의 매상고
 E_i : 격자 i의 지출가능액
 F_j : 점포 j의 면적
 T_{ij} : 격자 i에서 점포 j까지의 거리
 b : 지수(exponent)

① 점포의 면적 이외에 점포의 이미지, 주차공간, 가시성 등을 다른 요인이나 이들 각 요인들을 혼합한 것을 유인력 지수로 사용할 수 있다.
② b값은 시간과 공간 및 점포의 성격이나 교통의 편리성 등에 영향을 받는다.
③ 중력모형도 앞의 유추법과 마찬가지로 상권을 몇 개의 격자로 나누어 그 개개의 값을 합산한다.

3) 특 징
① 중력모형은 같은 지역사회에 다수의 경쟁업체가 입지하고 있을 때 각 점포에 대한 이론적인 매상고를 결정해 준다. 따라서 이에 의한 가능매상고는 예상치에 해당된다.
② 지역사회전체의 매상고가 이론적인 실제매상고와 차이가 난다는 것은 지역사회의 경계 밖으로 매상고가 유출되고 있다는 것을 의미하는 것이고, 특정 점포의 실제매상고와 기대치가 달라지는 것은 점포의 이미지나 접근성 등 점포의 유인력에 차이가 나기 때문이다.
③ 지역사회전체의 예상치와 실제치의 차이는 지역사회를 구성하고 있는 개별근린지역별로 인구비율이나 면적비율에 따라 할당하고, 개별점포의 그 차이는 수정이미지계수를 이용하여 조정한다.

(6) 회귀모형(Regression Model)

1) 의 의
점포의 매상고를 종속변수로, 거래지역 내의 인구수, 소득, 지출가능액, 경쟁업체의 규모, 임차자의 질, 점포의 디자인, 주차장, 접근성, 가시도 등의 매상고에 영향을 미치는 여타의 요인을 독립변수로 한 회귀식을 이용하여 대상점포의 가능매상고를 산정하는 방법

2) 산정절차
① **회귀모형의 구축**: 유한 기존의 점포들에 대한 자료를 이용하여 다음과 같은 회귀모형을 설정한다.

$$S = a + b + c + d$$

*S : 대상점포의 가능매상고
 a : 컴퓨터에 의해 계산되는 상수항
 b, c, d : 독립변수 한 단위가 변할 때 종속변수가 변화하는 정도를 나타내는 "회귀계수"로 매상고에 영향을 미치는 요인

② **수정 및 적용**: 위의 회귀모형에 대한 적절한 수정을 가하여 현실적으로 대상점포에 적용이 가능한 것으로 판단되면 이를 이용하여 대상점포의 가능매상고를 산정한다.

제3절 공업입지론 기출 22

Ⅰ 공업입지 이론의 개관

공장의 최적입지를 분석하는 이론으로 최소비용이론을 주장한 대표적인 사람은 베버이며, 최대수요이론을 주장한 대표적인 사람은 뢰쉬이다. 근래에는 수요와 공급을 함께 고려하는 공간이론인 통합이론이 그린허트(Greenhut)와 아이사드(Isard) 등에 의하여 제기되고 있다.

Ⅱ 베버(A. Weber)의 최소비용이론-공급자 측면

최적의 공장입지는 생산과 판매에 있어 비용이 최소화되는 지점으로 즉 최소비용으로 제품을 생산할 수 있는 곳을 기업의 최적입지지점으로 본다. 공업입지는 생산과 판매에 있어 최소운송비가 드는 지점에서 이루어진다는 이론으로 수송비는 원료와 제품의 무게, 원료와 제품이 수송되는 거리에 의해 결정된다.

1. 특 징
① 베버는 원료수송비에 따른 공업입지이론을 전개하였다. 다른 생산여건이 동일하다면 공업입지는 생산비와 수송비가 가장 적게 드는 곳에 입지한다는 것이다.
② 공업입지 요인으로 수송비, 임금수준 및 집약력 등을 고려하였으며, 수송비를 가장 강조하였다.

③ 수송비는 수송수단은 동일하며, 원료과 제품의 무게, 원료와 수송되는 거리에 비례 하여 결정된다는 원칙을 적용한 이론이다.
④ 기업은 먼저 수송비를 최소화하는 곳에 입지하여 노동이나 집적비용을 줄이는 지역을 선호한다. 즉, 최소생산비지점의 결정은 '최소운송비지점 → 노동비 절약지점 → 집적 이익이 큰 지점' 순이다.
⑤ 공간은 등질적 평면이며, 원료산지 및 소비시장은 특정장소에 고정되어 있으며, 노동력은 비유동적으로 무한히 공급됨을 가정하고 있다.

2. 입지삼각형

입지삼각형은 두 개의 원료산지와 하나의 시장에서 최소운송비지점을 구하기 위해 베버가 고안한 도해모형이다. 이는 운송비와 노동비를 고려한 비용최소화의 관점에서, 최적공장입지를 구하는 모형이다.

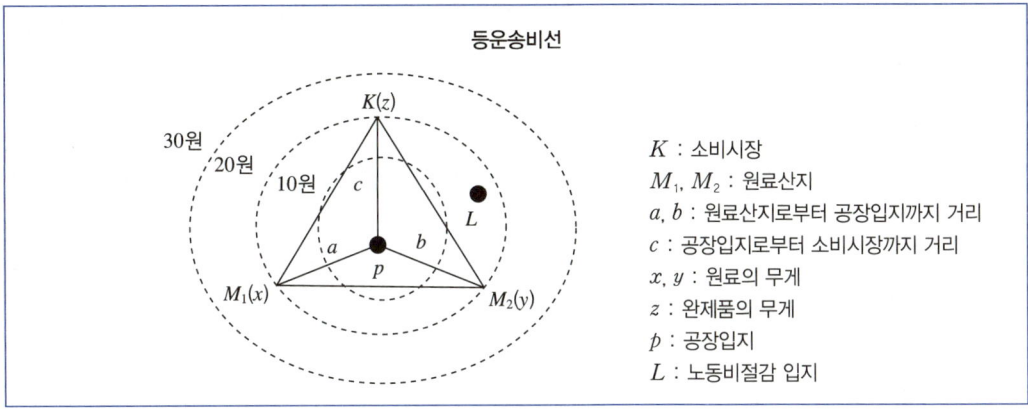

① 총운송비가 최소인 지점 'p': 이상적인 평면상에 두 개의 원료산지와 하나의 시장이 있을 경우, 총운송비가 최소가 되는 지점은 입지삼각형 안에 있게 된다. 이 점을 p점이라 한다. 총운송비란 원료를 공장으로 이동하는 데 드는 비용과 제품을 시장지역으로 이동하는 데 드는 비용의 합이다.

② 최적입지의 변화의 과정
  ㉠ 단위당 운송비는 p지점에서 멀어질수록 증가한다. 등운송비곡선은 총운송비가 동일한 비용이 지불되는 지역을 연결한 선이다. 즉, 그림에서 10원, 20원, 30원으로 표시되는 지역의 원은 동일한 총운송비가 드는 지역을 표시한 것이다.
  ㉡ 총운송비 관점에서는, 원료의 중량과 제품의 중량을 비교하고 거리를 고려하여 비용최소화입지를 찾을 수 있다. 즉, 운송비 변수만을 고려할 때, 최적공장입지는 ($ax+by+cz$) 값이 최소인 지점으로 결정된다.
  ㉢ 베버는 집적경제, 저렴한 노동비 등의 요인으로 최적입지가 최소운송비지점(p지점)에서 벗어날 가능성도 설명하고 있다. 그림에서 보면 L지점은 노동력이 풍부한 지점이다. 만약 L지점의 단위당 노동비가 p지점보다 20원 싸다면 최적입지는 p에서 L지점으로 이동한다. 왜냐하면 L지점은 단위당 운송비가 10원이 더 들지만, 단위당 노동비는 20원이 싸기 때문에 L지점이 단위당 총생산비는 더 유리하다.

Ⅲ 베버이론의 공업입지론의 수정이론

1. 뢰쉬의 최대수요이론(A. Lösch)-수요측면

(1) 의 의

베버의 입지론이 생산비에만 치우쳐 있는 문제점을 지적하고 기업의 궁극적 목적은 이윤극대화에 있으므로 총소득이 최대가 되는 지점, 즉 수요를 최대로 하는 지점이 시장확대가능성이 가장 풍부한 곳으로 이곳에 공장이 입지해야 한다고 주장했다.

(2) 내 용

① 소비자 지불가격=제품의 시장가격+수송비
② 수송거리가 멀면 수송비증가로 소비자 지불가격의 증가로 제품수요는 감소한다.
③ 뢰쉬의 최대수요이론은 생산비용은 어디서나 동일하나 수요가 다르다는 전제하에 결국 최대의 수익을 올릴 수 있는 곳이 공업의 최적입지가 된다는 논리다.

2. 후버의 운송비 이론

① 하역비를 최대로 절약할 수 있는 수송 적환지가 최적의 공장입지이며, 적환지란 공항, 항구, 역 등 수송과정에서 수송수단이 바뀌는 지점을 말한다.
② 운송수단이 바뀔시 발생되는 하역비를 운송수단이 변경되는 적환지에 공장을 입지하면 하역비 절감을 할 수 있기에 최소운송비지점이 될 수 있음을 설명하였다.

3. 통합이론

그린허트와 아이사드, 스미스(D. Smith) 등의 통합이론은 공급측면의 최소비용이론과 수요측면의 최대수요이론을 통합시킨 것으로 공업입지는 총수입과 총비용의 차이가 가장 크게 되는 이윤극대화 지점이 최적공업입지라는 이론이다.

① **그린허트의 이론** : MR=MC일 때 최적입지
② **아이사드의 이론** : 최적입지에 영향을 주는 요인과 관련되는 다양한 생산요소들의 비용을 서로 대체화함으로써 최적 입지가 결정
③ **스미스의 이론** : 비용과 수입의 공간적 상호작용에 따라 매우 가변적이며, '준최적입지' 입지내에 입지

Ⅳ 산업입지특성과 입지지향성

① 원료지향형 산업과 시장지향형 산업
　㉠ 원료지향형 산업
　　ⓐ 원료생산지에 입지하여 생산 활동하는 산업을 말한다.
　　ⓑ 원료가 편재되거나 원료수송비가 제품수송비에 비해서 상대적으로 비싼 경우이다.
　　ⓒ 많은 부피나 무게의 원료를 사용하는 산업 가운데 제조과정에서 제품의 부피나 무게를 감소시키는 산업이다(중량감소산업).
　　ⓓ 원료지수(M)>1 산업의 경우이다.

ⓒ 시장지향형 산업
  ⓐ 단위당 원료수송비가 단위당 제품 수송비보다 작은 경우이다(중량증가산업).
  ⓑ 원료가 도처에 산재되어 있는 산업이다(보편원료, 일반원료).
  ⓒ 원료지수(M)<1 산업의 경우이다.

$$원료지수(M) = \frac{국지원료중량}{제품중량}$$

*M>1 : 원료지 지향입지
 M=1 : 자유입지 지향입지
 M<1 : 시장지 지향입지

$$입지중량 = \frac{국지원료의\ 무게 + 제품의\ 무게}{제품의\ 무게} = 원료지수 + 1$$

➕ 알아보기 **수송비지향 입지결정**

원료지향형 입지	시장(소비지)지향형 입지
중량감소산업	중량증가산업
부패하기 쉬운 원료생산공업(통조림공업 등)	부패하기 쉬운 완제품생산공업
편재원료(국지원료 : 광물자원 등) 사용공장	보편원료(물, 공기 등) 사용공장
제품수송비가 원료수송비보다 적은 산업	원료수송비가 제품수송비보다 적은 산업
원료지수>1	원료지수<1

② 노동지향형 입지
  ㉠ 노동집약적 산업은 노동력이 풍부하고 임금이 저렴한 노동력 밀집지역에 입지한다.
  ㉡ 노동지향형 입지요건은 저임금과 노동력의 밀집도가 결정한다.
③ 집적지향형 입지
  ㉠ 기술연관성이 높은 산업으로 이들이 한곳에 입지하여 기술, 정보, 시설, 그리고 원료 등을 공동으로 이용하여 비용 등을 절감할 수 있다.
  ㉡ 기계공업, 자동차 등의 공업은 연관성이 높고, 많은 자본과 고도의 기술이 필요하므로 집적지역에 입지하려는 특성이 있다.
④ 중간지점지향 산업
  ㉠ 소비시장과 원료산지 사이에 수송체계를 달리하는 이적지점이 있는 경우를 말한다.
  ㉡ 이적지점에서 이적비용이 급격히 변화가 있는 경우에 이적지점에 공장이 입지한다.

제4절 주거입지론

I. 효용극대화를 위한 재화의 결합비율

① 개별가구의 도시내 입지점은 주택서비스의 가격(임대료)과 교통비에 의해 결정된다. 임대료는 도심에 가까울수록 증가한다. 따라서 도심에 가까울수록 소비가능한 주택서비스의 양은 적어진다.
② 소비자는 주어진 소득하에서 자신의 주택서비스에 대한 선호도를 반영하여 효용을 극대화하는 방법을 선택한다.
③ 도시거주자는 주택을 적게 소비하고 비주택재화를 많이 소비하는 선택을, 교외거주자는 상대적으로 저렴한 주택을 많이 소비하고 비주택재화를 적게 소비하는 선택을 하는 셈이다.

II. 한계교통비용과 한계주거비용에 의한 최적주거입지 결정

1. 한계교통비용과 한계주거비용

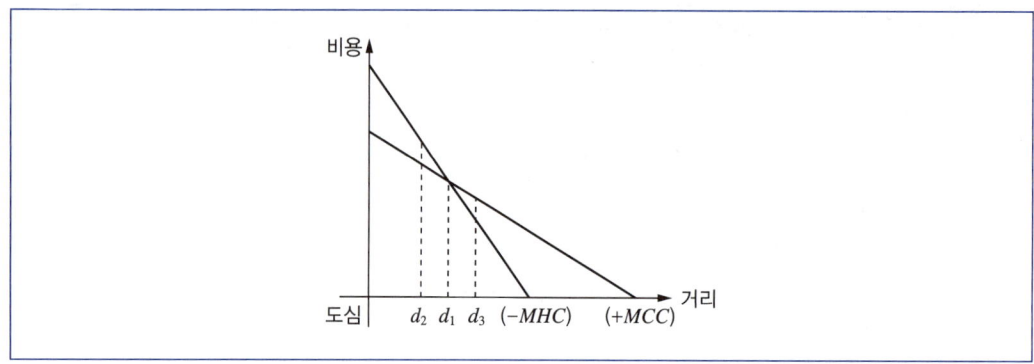

그림에서 MHC는 한계주거비용곡선으로 도심에서 외곽으로 나아감에 따라 유발되는 주거비용의 감소분을, MCC는 한계교통비용곡선으로 도심에서 외곽으로 나아감에 따라 유발되는 교통비용의 증가분을 의미한다. 도심으로 갈수록 교통혼잡이 심하여 단위거리당 교통비용이 증가하는 것을 가정할 경우, 외곽으로 갈수록 전체 교통비용은 증가하지만, 단위거리당 교통비용은 감소하여 한계교통비용곡선은 우하향한다.

2. 최적주거입지의 균형조건

MHC와 MCC가 일치하는 점에서, 도심에서 외곽으로 갈수록 절약되는 주거비용과 증가되는 교통비용이 일치하는 지점으로 최적 주거 입지점이 된다.

3. 교외화 현상

MHC가 0인 지점은 도시에서 멀어져 주택이 나타나지 않는 지점으로서, 자본이 완전히 토지로 대체되는 지점을 의미한다. 교통수단이 발달할수록 MCC는 점점 작아지므로 MCC의 곡선의 기울기는 완만해진다. 이는 MCC가 0이 되는 지점이 더욱 멀어지게 됨을 의미하며, 교통수단이 점점 발달함에 따라 도심에서 외곽지역으로 주거지역이 확장되는 현대적 경향(교외화 현상)을 잘 보여주고 있다.

한계주거비용 > 한계교통비용	한계주거비용 = 한계교통비용	한계주거비용 < 한계교통비용
외곽쪽으로 입지(d_2)	최적 입지(d_1)	도심쪽으로 입지(d_3)

Ⅲ 주택의 여과과정 기출 19·25

1. 의 의

주택의 여과과정은 상위계층이 사용하던 기존 주택이 하위계층의 사용으로 전환되는 하향여과와 하위계층이 사용하던 기존 주택이 상위계층의 사용으로 전환되는 상향여과가 있다. 주거분리란 도시에서 고소득층 주거지역과 저소득층 주거지역이 서로 분리되어있는 현상을 말한다. 저소득층 주거지역이 도심 주변에 많이 형성되는 것은 도시의 역사적 개발의 산물이다. 산업화에 따른 도시의 인구집중과 도심지역의 공간적 확장에 따라 과거 도심 주변에 위치했던 주택 중 일부는 접근성 등이 좋아 다른 용도로 전환되었지만 그렇지 못한 나머지 주택들은 하향여과되어 현재의 저소득층 밀집주거지역으로 변화된 것이다.

2. 주택여과과정

(1) 하향여과과정

1) 가 정

다른 조건이 동일하다면 고소득층 주거지역의 정(+)의 외부효과가 크므로 고소득층 가구들은 서로 인접해 살기를 선호하며, 저소득층 가구들도 가능한 고소득층 가구들과 인접해 위치하기를 선호하는 경향이 있다고 가정할 수 있다.

2) 소득계층간의 주거분리

가정에 의해 어느 지역을 선호도에 따라 가장 높은 고소득층 주거지역과 가장 낮은 저소득층 주거지역, 그리고 그 사이에 어느 계층도 살고 있지 않은 경제지역으로 구분할 수 있다. 경계지역을 기준으로 저소득층 가구는 고소득층 지역에 근접하여 위치하려 할 것이므로 경계지역으로 이동하려 할 것이며, 고소득층은 반대의 경향을 보이게 된다. 따라서 경계지역에 근접한 저소득층 주거지역 토지는 할증되어 거래되며, 고소득층 주거지역 토지는 할인되어 거래된다.

3) 하향여과과정 분석

① 침입 : 경계지역에 근접한 고소득층 주거지역 주택의 쇠락이 진행됨에 따라 주택수리비용이 주택가치의 상승분을 초과하는 시점부터 주택소유자는 수리를 하지 않게 된다. 주택을 수리하지 않게 되면 주택가치는 점차 하락하여 저소득층에 의한 주택구입이 가능하게 된다. 이렇게 고소득층 주거지역으로 저소득층 가구가 들어오는 현상은 생태학적 용어로 '침입'에 해당된다.

② 계승 : 침입이 일어나서 하향여과과정이 반복됨에 따라 고소득층 주거지역은 점점 저소득층의 주거지역으로 변화가 진행되는 계승(천이, 승계)의 과정을 겪는다.

(2) 상향여과과정

경계지역에 근접한 저소득층 주거지역의 주택을 개량을 통한 가치증가분이 개량비용보다 크다면, 저소득층 주거지역에 대한 재개발이 이루어져 고소득층 주거지역으로 변화하는 상향여과과정이 진행될 것이다.

(3) 주거분리현상이 유지되는 이유

1) 개 설
부동산 가치는 주변 부동산의 영향을 강하게 받는다. 부동산은 의도하지 않은 경제적 혜택이나 손해를 끼치면서도 그 대가를 치르지 않는 외부효과가 강한 재화이다. 주택은 그 효용을 유지하기 위해서는 계속적인 수선이 필요하다. 합리적인 경제인이라면 수선에 앞서 수선에 투입되는 비용과 수선 후의 가치상승분을 비교하여 의사결정을 할 것이다.

2) 고급주택지역
고급주택지역에서는 수선 후의 가치상승분이 투입비용보다 크다면 고소득층들은 비용을 투입하여 계속해서 주택을 수선한다.

3) 저급주택지역
저급주택지역에서는 수선에 따른 주택가치 상승분이 투자비용에 미치지 못하는 경향이 있다. 따라서 수선을 하는 것보다는 그대로 사용하는 것이 더 유리하다. 결국 이와 같은 이유로 고급주택지역과 저급주택지역의 분리현상이 계속적으로 유지되는 것이다.

(4) 결 론
일정수준 이상의 주택을 소비할 수 없는 저소득층은 그들에게 적합한 새로운 주택이 시장에 공급되지 않으므로 기존의 주택을 소비할 수밖에 없는데, 이것은 저소득층이 소비하는 주택서비스가 그보다 상위계층의 주택으로부터 공급된다는 것을 의미한다. 이러한 여과작용은 원하는 만큼의 주택서비스를 원하는 사람들에게 할당하는 시장의 메커니즘이다. 즉, 주택시장에서 저가주택이 발생하는 것은 시장이 하향여과작용이라는 메커니즘을 통하여 자원할당기능을 원활하게 수행하고 있기 때문이지, 결코 시장이 실패하고 있기 때문인 것은 아니라는 점이다.

제5절 부동산입지 분석

I 최고최선의 이용(최유효이용)

1. 정 의

(1) 미국 AI(Appraisal Institute, 부동산 평가사 협회)의 정의
최고최선의 이용이란 "공지나 개량부동산에 대해서 합리적이며 합법적으로 이용이 가능한 대안 중에서, 물리적으로 채택이 가능하고, 경험적인 자료에 의해서 적절히 지지될 수 있고, 경제적으로도 타당성이 있다고 판명된 것으로서 최고의 가치를 창출하는 이용"을 말한다.

> "the reasonably probable and legal use of vacant land or an improved property that is physically possible, appropriately supported, financially feasible and that results in the highest value."
> – 미국 AI

(2) 최고최선의 이용(Highest and Best use)의 개념

1) highest use(최고의 이용)
여러 가지 대안적 이용 중에서 "최고의 가치를 창출하는 이용"을 의미한다.

2) best use(최선의 이용)
"합리적이고, 합법적이고, 물리적으로 채택이 가능하고, 경험적인 자료에 의해서 지지될 수 있고, 경제적으로도 타당성이 있다고 판명된 이용"을 의미한다.

(3) 최고최선의 이용이 되기 위한 조건

1) 최고최선의 이용의 조건
최고최선의 이용이 되기 위해서 다음과 같은 4가지 조건을 충족해야 한다.
① 합법적 이용
② 물리적 채택가능성
③ 경제적 타당성
④ **최대의 생산성** : 위에서 언급한 합법성, 물리적 채택가능성, 경제적 타당성이라는 요건을 충족시키는 토지이용은 대상부지에 대한 "최선의 이용"은 될지는 모르지만, 그것 자체가 바로 최고의 이용이 되는 것은 아니다. 평가사는 여러 가지 대안적 용도를 검토하여 최고의 가치를 창출할 수 있는 토지이용을 선택한다.

2. 최고최선의 이용 조건에 대한 판단

(1) 합법적 이용
지역지구제에 적합하거나 여러 가지 환경기준, 생태기준과 같은 개발에 대한 각종 규제요건도 충족시킬 수 있는 이용일 것이 요구된다. 합법적 이용이긴 하나 합리적 이용이 되지 못하거나, 합법적 이용은 아니나 합리적 이용이 될 수도 있으므로 평가사는 확률분석을 통해 이같은 문제를 해결하기도 한다. 평가사는 관련자료 등을 통해 지역지구제 등이 변경될 가능성을 검토하고, 확률분석과 같은 기법을 통해 이같은 가능성이 대상부동산의 가치에 어떻게 반영되고 있는가를 판단할 수 있는 능력을 구비해야 할 것이다.

(2) 물리적 채택가능성
대상부지가 의도하는 토지이용이 물리적으로 적합한가의 여부를 판단하여야 하는데 토지의 하중지지력, 공공편익시설의 유용성 등은 물리적 채택가능성을 판단하는 중요한 고려사항이 된다. 특정용도의 이용이 합리적이고 합법적이라고 하더라도 물리적·기술적 측면에서 실현불가능하거나 곤란하다면 최고최선의 이용이 될 수 없다.

(3) 경제적 타당성
경제적으로 타당성이 있는 이용으로서 대상부농산으로부터 창출되는 수익이 "정(+)의 순현가"를 실현할 수 있는 이용이어야 한다. 즉 대상부동산의 기대이윤이나 가치증진이 그 비용을 초과해야만 경제적으로 타당성이 있는 이용이 된다. 합리적으로 가능한 이용으로서 "투기목적의 비합리적 이용이나 먼 장래의 불확실한 이용"은 합리적 이용이 될 수 없다. 대상토지에 대한 이용이 합리적 이용인지를 알기 위해서는 해당 용도에 대한 "토지이용 흡수율 분석"을 행할 필요가 있다.

(4) 최대의 생산성

특정한 토지이용이 최고최선의 이용이 되기 위해서 평가사는 대안적 용도를 검토하여, 최고의 수익을 올릴 수 있는 토지이용을 선택하는데, 대상부동산이 창출하는 수익은 적어도 그 용도에 대한 유사부동산의 시장수익률과 일치하는 수준은 되어야 한다. 즉 최고최선의 이용이란 합리적이고, 합법적이고, 물리적으로 채택 가능한 여러 가지 대안적 이용 중에서 그 이용이 최고의 가치를 창출할 수 있어야 한다.

3. 최고최선의 이용(최유효이용) 여부의 판단방법

(1) 일반적인 최유효이용의 판단방법
① 내부판정 : 토지와 건물, 건물 구성요소간 결합상태 등을 기여·수익배분·균형·수익체증체감의 원칙을 기준으로 판정한다.
② 외부판정 : 인근지역의 표준적사용을 중심으로 적합·경쟁·변동의 원칙을 기준으로 판정한다.
③ 시계열적 판정 : 최유효이용의 지속가능성 및 전환가능성 등을 예측·변동의 원칙을 기준으로 판정한다.

4. 최고최선의 이용(최유효이용)의 검토 기준
① 최유효이용은 어떤 것인가
② 현재는 최유효이용에 있는가
③ 만일 최유효이용의 상태에 있지 않다면 전환이 가능한가
④ 전환이 가능하다면 그에 소요되는 시간과 비용은 어떠한가
⑤ 그 후 최유효이용의 안정성과 계속성은 어떠한가

5. 최고최선의 이용(최유효이용)판단시 유의사항
① 객관적인 양식과 통상의 사용능력 가진 자의 합리적, 합법적인 사용방법일 것
② 사용수익이 장래 상당기간 지속될 수 있는 안정적인 방법일 것
③ 효용 발휘 시점이 예측할 수 없는 장래가 아닐 것
④ 단순한 사용자가 아닌 소유자에 의한 이용일 것

6. 표준적사용과의 관계

(1) 의 의
표준적사용이란 대상부동산이 소재한 인근지역 내 개별부동산의 일반적·평균적사용방법으로 이는 지역 내 개별부동산의 개별성에 근거한 최유효이용의 집약적인 이용방법을 말한다.

(2) 관련되는 이유
부동산은 다른 부동산과 함께 지역을 구성하고 그 지역의 구성분자로서 그 지역 및 그 지역 내의 다른 부동산과 상호 의존·보완·협동·대체·경쟁의 관계를 이루며 이 관계를 통해 사회적·경제적 위치가 정해진다(지역성과 관련).

(3) 양자의 관계

① 개개 부동산의 최유효이용은 그 지역의 지역특성에 의해 결정되는 경향이 있다. 즉 인근지역특성의 제약하에서의 개별적인 최고최선의 방법이 최유효이용이 되는 피결정성의 관계가 있다.
② 최유효이용의 판정은 표준적사용과의 관련에 의하여 결정되는 피결정성은 있으나 대상부동산의 개별적 요인 제약하에서의 최유효이용 판정이므로 표준적사용과 반드시 일치하지는 않는다.
③ 최유효이용의 판정은 표준적사용의 판단이 선행된 후에 이루어짐이 일반적이며, 또한 지역의 변화에 따라 표준적사용이 변화하면 부동산의 지역성에 따라 최유효이용도 변화하는 선후관계를 보인다.
④ 창조적 토지이용이 침입·계승한 경우는 이러한 이용이 최유효이용이 되고 이는 표준적사용의 변화를 초래하는 Feed Back 관계가 있다.

7. 최고최선의 이용과 토지할당

① 토지이용이 끊임없이 변하는 이유는 토지를 둘러싸고 있는 환경이 변화함에 따라, 대상토지가 최고최선의 이용이 될 수 있도록 토지할당이 이루어지기 때문이다. 즉, 토지소유자는 합리적인 선택을 바탕으로 최대의 이윤을 획득할 수 있는 이용으로 토지를 할당하려고 하기 때문이다.
② 주어진 시장상황이나 법적 환경에서, 특정용도로 개발하는 것보다는 오히려 공지인 채로 있는 것이 "비교우위가 극대화되거나 비교열위가 극소화"된다면 공지의 상태도 최고최선의 이용이 될 수 있다.
③ 완전경쟁 하에서는 토지와 자본이 최적의 결합상태를 유지하며 이때 토지는 최고최선의 이용에 할당되고 개량물은 토지의 최고최선의 이용과 일치한다.

8. 두 가지 유형의 분석

(1) 개 요

개량물이 설치되어 있는 토지를 다른 용도로 전환하기 위해서는, 일단 그것을 철거하고 새로운 건축물을 세워야 하므로 최고최선의 이용에 대한 분석도 두 가지 유형으로 나뉜다.
① 개량물이 있다고 하더라도 없는 것으로 간주해서 최고최선의 이용을 분석하는 것으로, 최고의 토지가치를 창출하는 이용을 의미한다.
② 개량물이 있는 상태 그대로 분석하는 것으로 기존 개량물을 그대로 사용해야 할지, 용도전환해야 할지에 대한 판단의 근거를 제공하는 것이다.

(2) 토지에 대한 분석

1) 개 요
공지로 가정할 경우에는 최고의 토지가치를 창출하는 이용이 최고최선의 이용이 되며, 이는 대상부지의 이용이 수익을 창출하는 경우와 그렇지 않은 경우로 나누어 볼 수 있다.

2) 비수익성부동산일 경우
① 먼저 대상부지를 개발할 것인지 또는 그대로 둘 것인지를 결정할 필요가 있는데, 아무런 개량물을 건립하지 않고 공지상태로 두는 소극적 이용도 최고최선의 이용이 될 수 있기 때문이다.
② 만약 개량물을 건립하는 것이 최고최선의 이용이라면 "대상부동산의 시장가치"에서 건축비용과 개발업자수수료를 제한 토지가치가 최인 이용방안이 최고최선의 이용이라고 할 수 있다.

3) 수익성 부동산일 경우

여러 개발대안에 대해 건설비용과 매년 예상되는 영업소득을 비교하여, 토지에 할당되는 소득의 토지비용의 비(토지소득/토지비용), 즉 토지비용에 대한 수익률이 가장 높은 이용이 최고최선이용(최유효이용)이 된다. 수익성 부동산에 대한 최고최선의 이용 분석에는 두 가지가 있는데 하나는 직접환원법, 다른 하나는 잔여환원법이다.

① **직접환원법** : 순영업소득을 종합환원율로 할인하여 시장가치를 구하고 이같은 자본환원가치에서 대상부동산의 개발비용을 뺀 토지가치가 최고인 이용방안을 구하는 것이다. 이때 대상부동산의 위험에 따라 종합환원율을 달리 적용한다.

② **잔여환원법** : 대상부동산의 순영업소득에서 건물소득을 차감한 토지소득을 토지환원이율로 환원한 토지가치가 최고인 이용방안을 구하는 것이다. 이러한 토지잔여법은 최고최선이용의 대안 분석시에는 유용하나 토지가치 추계시는 거의 사용되지 않는다.

4) 감정평가 과정에서의 기능

① 비교부동산을 선정확인하는데 도움을 준다. 이는 비교부동산의 최고최선의 이용이 대상부동산의 그것과 유사해야 함을 의미한다.

② 토지할당 소득을 산출하여 토지가치를 구하기 위해서 기존개량물이 대상부동산의 최고최선의 이용과 일치하는지를 확인하여 외부적 퇴화에 의한 경제적 감가를 결정하기 위해서이다.

(3) 개량부동산에 대한 분석

1) 개 요

개량부동산에 대한 최고최선의 이용 분석은 토지가치가 극대화되는 것을 기준으로 삼지 않고, 대상부동산의 전체가치가 극대화되는 것을 기준으로 삼으며, 다음의 두 유형이 있다.

2) 자본비지출이 필요없을 경우

기존의 부동산은 시장상황이 변동됨에 따라 아무런 자본비지출을 투입하지 않고서도 다양한 형태로 운영할 수 있는바, 기존의 부동산에 대한 대안적 이용에 대해 아무런 자본비지출이 필요하지 않을 경우에는 그중에서 최고의 자본환원가치를 창출하는 이용이 최고최선의 이용이다. 각 대안적 이용의 순영업소득을 종합환원율로 환원하여 자본환원가치를 구한다.

3) 자본비지출이 필요한 경우

용도전환을 위해서 개축이나 신축이 필요할 경우에는 추가적 비용을 투입해야 하는바, 자본비지출이 필요한 경우에도 개량부동산의 가치가 극대화되는 이용이 최고최선의 이용이 되며, 각 대안별 개량부동산의 가치는 각각의 자본환원가치에서 전환비용을 제한 값이다.

4) 감정평가과정에서의 기능

비교부동산을 선정하고 확인하기 위해서며, 대상물건을 현재상태로 그대로 두어야 할지, 개축하여야 할지, 타용도로 전환하여야 할지를 결정할 수 있다.

9. 분석시 유의사항

최고최선의 이용 분석은 시장가치 추계시 외에도 특정목적상 즉 컨설팅보고서 작성시에도 그것만이 별도로 요구되는 수도 있는데 이때에는 통상 두 가지 분석이 모두 요구되며, 소득과 지출, 수익률 등에 대한 상세한 계산 및 추론과정이 제시된다. 동일한 부동산이라도 이 두 가지 최고최선의 이용에 대한 분석결과가 다르게 나타날 수 있는데 이는 개량부동산의 최고최선의 이용 분석에는 기존구조물에 대한 철거비용, 건설과정에서 발생하는 임대료 손실 등이 계산에 포함되기 때문이다. 그러나 현재의 용도가 최고최선의 이용 상태로 개발된 것이라면 이 두 가지 분석은 하나로 결합될 수 있다.

10. 특수상황의 최고최선 이용(최유효 이용)

(1) 단일이용(single use)

1) 의 의
일반적으로 특정부지에 대한 최고최선의 이용은 주의의 용도와 일치하거나 유사한 용도가 되는 수가 많다. 그러나, 경우에 따라서는 주의의 용도와 전혀 다른 이용이 최고최선의 이용이 되는바, 그것이 단일이용이다.

2) 최고최선의 분석방법
예를 들어, 쇼핑센터가 단 한 개인 지역사회의 경우, 주변에 이런 이용이 없다고 하여 최고최선의 이용이 되지 않는 것이 아니다. 이 경우 수요와의 관계에서 최고최선의 이용을 분석해야 한다.

(2) 중도적 이용(interim use)

1) 의의 및 예
가까운 미래에 대상부지나 개량부동산에 대한 최고최선이용이 도래할 것으로 예측될 때, 그 이용을 대기하는 과정상 현재에 할당되는 이용을 의미한다. 시가지 내 주차장, 화원, 오래된 건물, 가건물 등 비집약적인 토지이용이나, 외곽지역의 공터, 논과 밭들의 상당수가 중도적 이용이다.

2) 유의사항
토지로 하여금 최고최선의 이용을 갖지 못하도록 하는 개량물은 비록 상당한 물리적 수명이 남아있다고 하더라도 아무런 가치를 가지지 못하는 수도 있고, 경우에 따라서는 철거비용 등으로 인해서 오히려 부(−)의 가치를 가질 수도 있다.

(3) 비적법적 이용

1) 의 의
비적법적 이용(Legally nonconforming use)이란 한때는 적법하게 설립되고 유지되던 이용이었으나, 현재는 더 이상 지역지구제의 규성에 부합하지 않는 이용으로, 주로 지역지구제 등 법규의 변경으로 발생한다.

2) 내 용

① 지역지구제 변경시 기득권을 보호한다는 의미에서 기존 이용의 지속을 허용하는 수가 많은데 비적법적 이용은 지역지구제의 규정에는 부합되지 않지만, 법적으로 현재 이용상태의 지속이 허용되므로 법률적 이용과는 다르다(예 G.B. 내의 기존주택이나 구조물).

② 지역지구제의 변경은 과대개량되거나 과소개량된 부동산을 발생시킨다.

　예 주거지역이 상업지역으로 변경되면 다수의 부동산은 과소개량된 상태로 있게 되고 상당기간 주동적 이용상태로 머무르게 된다. 또는 상업지역이 주거지역으로 재지정되면 과대개량된 부동산을 발생시키기도 한다.

③ 비적법적 이용은 용도지역의 변경에 의해서뿐만 아니라 조경, 주차시설, 용적률, 건폐율 등에 관한 세부적인 개발기준의 변경에 의해서도 발생한다.

3) 유의사항

때때로 지역지구제의 규정에 부합되는 비교 부동산보다 높은 가치를 지니는 수가 있으므로 주의를 요한다. 개발제한구역 내에서의 상업용 이용이 허용되는 부동산의 경우, 평가사는 높은 소득을 가치에 반영해야 한다. 이때 그 높은 가치는 개량물에 의한 것이지, 토지에 의한 것은 아니므로, 토지가치는 법적으로 허용되는 용도를 기준으로 산출해야 한다. 따라서 개량물의 가치는 전체가치에서 토지가치를 제하여 추계하며, 할증금이 포함된다. 또한 비적법이용이 한시적으로 허용된다면, 허용되는 기간 동안의 소득 증분이 할증분이 된다. 결국 비적법이용으로 할당되는 부동산의 가치는 일반적으로 토지가치, 개량물가치, 할증금을 각각 분리하여 산출한다.

(4) 복합적 이용(multiple use)

1) 의 의

동일한 부동산이라 할지라도, 동시에 여러 가지 복합적 이용에 할당될 수 있다. 일단의 넓은 토지는 동시에 여러 가지 용도가 혼합되는 것이 최고최선의 이용이 될 수가 있다. 건물의 경우에도 여러 가지 용도가 혼합되어 사용될 때 최고최선의 이용이 될 수 있다.

2) 유 형

① **계획단위개발(PUD ; planned unit development)** : 아파트단지는 아파트건물뿐만 아니라 위락시설, 쇼핑시설, 스포츠시설 등이 하나의 계획된 단위로서 개발되었을 때 최고최선의 이용이 될 수가 있다.

② **다용도건물** : 고층건물의 최고최선의 이용은 단일용도로 사용될 때 보다 여러 가지 용도가 혼합되어 사용될 때 달성되는 수가 많다.

3) 유의사항

복합적 이용에 할당되고 있는 부동산의 경우, 각 구성부분의 가치는 전체 가치에 대한 기여도에 의해 결정된다. 그리고, 부동산의 전체 가치는 각 구성부분들이 하나의 단위로서 상호간에 얼마나 조화를 이루고 있느냐에 따라 결정된다.

(5) 특수목적의 이용(special-purpose use)

1) 의 의
특수목적의 부동산이란 호텔, 극장, 대학, 교회, 공공건물 등과 같이 특정한 활동을 위해서 설계되고 운영되는 부동산이다. 특수목적의 부동산은 단지 하나의 목적이나 또는 극히 제한된 목적에만 적합하도록 설계되기 때문에, 그것의 최고최선이용을 확인하기가 곤란한 경우가 많이 있다.

2) 분석방법
① 특수이용의 지속정도가 가능한 경우(특수목적에 대한 수요가 충분) : 개량 부동산에 대한 수요가 충분하여, 현재의 이용이 그대로 지속될 것으로 판단되는 경우에 행해진다. 이러한 특수목적 부동산은 교환가치가 아닌 사용가치에 의해 평가되는 경우가 많다. 특수목적 부동산이 제공하는 서비스는 특수하고 제한적이기 때문에 시장에서 정당한 교환가치가 성립될 수 없기 때문이다. 사용가치는 대상 부동산이 제공하는 서비스의 효율성에 의해 평가된다.

② 특수이용이 지속불가능한 경우 : 이 경우 개량물이 쇠락하여 더 이상 충분한 서비스를 제공하지 못하는 경우에 행해진다. 토지의 최고최선의 이용이 현재의 이용이 아니라 대안적 이용인 경우에 개량물의 가치는 사용가치가 아닌 시장에서의 교환가치로 평가한다. 교환가치로 평가되는 경우 개량물의 가치는 잔재가치 또는 폐기가치 밖에 지니지 못한다.

(6) 투기적 이용(speculative investment)

1) 의 의
부동산투자에는 취득, 운영, 처분 세 단계가 있는데, 이 중에서 운영단계가 없는 투자행위, 시세차익을 목적으로 토지를 취득하는 행위를 투기라 한다.

2) 유의사항
투기적 이용은 장래의 사용이 무엇인지 예측하기 어려운 불확실성이 있기 때문에 무엇이 최고최선의 이용인지를 예측하기란 용이하지 않다. 이 경우 최고최선의 이용을 판정하는 것이 아니라, 미래 사용에 대한 일반적 유형을 상정한다. 이는 주변토지 이용상황이나 지역지구제 등에 시사되고 있는 이용을 참고하여 결정한다.

(7) 초과토지(excess land)와 잉여토지(surplus land)

1) 의 의
기존 개량물의 최고최선의 이용에 비해 필지 이상의 넓은 토지를 초과토지(excess land)라 하며, 단순히 대상 토지가 저밀도로 이용되고 있다고 해서 또는 대상부지가 정상적으로 필요한 이상의 토지를 과다 보유하고 있다고 하여 항상 초과토지가 되는 것은 아니다.

2) 판정 시 유의사항
단순한 저밀도 이용만으로는 초과토지에 해당되지 않는다. 즉, 사무실 건물의 주차장이나 학교의 운동장처럼 주된 사용목적에 적합하게 할당되고 있을 때에는 초과토지로 판정되지 않는다. 또한 대상부지가 필요 이상으로 토지를 과다보유하고 있다 하더라도, 그것을 특정한 용도로 분리하여 이용할 수 없는 것일 때에는 초과토지의 범주에 해당되지 않는다(예 학교 운동장, 주차장).

3) 초과토지에 대한 최고최선의 이용 판단

평가사는 초과토지에 대한 최고최선의 이용 분석도 행하는데, 초과토지의 최고최선의 이용은 녹지공간으로 이용하거나 미개발 공간으로 존속시키는 것이 될 수도 있고, 경우에 따라서는 기존의 건물이나 미래의 예상되는 건물의 확장을 위해 유보공간이나, 하나의 별개의 다른 형태로 개발하는 것이 최고최선의 이용이 될 수 있다.

4) 잉여토지와의 관계

잉여토지란 독립적으로 분리되어 사용될 수 없고 별도의 최고최선의 이용을 가지지 못하는 부가적인 토지를 말한다. 초과토지와 잉여토지와의 구별은 유사토지이용에 대한 시장자료의 분석 및 특정용도로의 분리이용 가능성 여부 등으로 판정한다. 초과토지와 잉여토지의 구별은 세제목적상 구분실익이 있다. 잉여토지는 그 자체로서 별도의 최고최선의 이용을 가지지 못하므로 기존 개량물의 확장 이외의 용도로는 사용될 수 없다.

II 경제기반 분석

1. 경제기반 분석의 의의

경제기반이란 지역주민의 생계를 유지시켜주는 경제활동이며, 그 지역의 수출활동으로서 다른 지역으로부터 자금을 끌어들이는 산업을 말한다. 이러한 지역의 경제기반이 현재의 고용·인구·부동산가치에 어떤 영향을 미치는가를 분석하는 것을 경제기반분석이라 한다.

2. 분석방법

경제기반의 추세를 면밀히 분석해야 하며, 지역의 경제기반에 대한 전망에 따라 부동산의 가치는 상승하기도 하고 하락하기도 한다. 즉, 기반산업의 확대 및 활성화는 고용과 인구의 증가로 이어지고 이는 지역발전과 부동산 가치의 상승을 가져온다. 경제기반이론에서는 지역사회의 성장은 기반활동에 달려있다고 가정한다. 즉, 기반활동이 번창해야 그 지역사회가 발전한다는 것이다. 이 논리를 수식으로 표현하면 다음과 같다.

$$\varDelta T = \frac{1}{1-n} \varDelta B$$

여기서 $\varDelta T$는 지역사회 전체인구의 증가분이며, $\varDelta B$는 기반활동인구의 증가분이다. 따라서 지역사회 전체 인구의 성장은 기반산업 인구증가의 함수가 된다. 물론 인구 대신에 소득이나 생산량과 같은 다른 지표를 사용할 수도 있다. 이때 $1/(1-n)$을 경제기반승수라 한다. 그리고 n은 비기반활동이 지역사회의 전체 활동에서 차지하는 비기반활동비율이다. 따라서 $(1-n)$은 기반활동비율이 된다. 만약 경제기반승수가 단기적으로 고정되어 있다면, 기반활동부문의 성장이 지역사회 전체의 소득이나 고용에 미치는 영향을 분석할 수 있다.

3. 분석의 중요성 및 활용
① 부동산의 가치는 지역의 경제기반에 따라 상승 또는 하락하기도 한다.
② 경제기반분석 결과는 부동산개발의 형태결정이나 시설규모 산정 등의 근거자료가 된다.
③ 쇼핑센터나 주거단지와 같은 대규모 개발사업 평가시 활용되며 특히 중요한 의미를 갖는다.

4. 기반산업(수출산업)과 지역산업의 분류방법

(1) 직접조사방법
해당지역의 모든 기업의 고용인구를 조사하는 방법으로 가장 정확하게 추계될 수 있으나 시간·비용 측면에서 활용가능성이 낮은 방법이다.

(2) 간접조사방법

1) 가정에 의한 방법
특정범주의 산업을 기반산업으로 가정하고, 실증적으로 검증하는 방법으로 그 신뢰성에 다소 문제가 있는 한계가 있다.

2) 최소요구치법
지역의 인구를 지지하는데 필요한 최소한 규모의 산업을 비기반산업으로 상정하고, 이를 초과하는 산업을 그 지역의 기반산업으로 설정하는 방법이다.

3) 입지상법(LQ법 : Locational Quotient Method)
① 의의 : 입지상법이란 어떤 지역의 산업이 전국의 동일 산업에 대한 상대적 중요도를 측정하는 것으로, LQ는 그 산업의 특화 정도를 나타내는 지수이다.
② 내용 : "LQ=해당지역의 특정산업 구성비/전국의 특정산업 구성비"로서, LQ>1이면 다른 지역으로 수출되는 기반산업을, LQ=1은 전국수준과 동일함을, LQ<1은 열위적 위치에 있음을 의미한다.

5. 경제기반분석의 문제점
① 기반, 비기반 활동의 구분이 모호하다.
② 분석대상이 되는 지역사회의 단위가 국가·도·군 등 분석단위에 따라 그 구분이 달라진다(즉 군 단위의 기반산업이 도 단위일 때에는 비기반산업으로 될 수 있다).
③ 지역의 성장은 기반산업에 의해서만 좌우되는 것이 아니라 비기반 활동에 의해서도 좌우된다. 예를 들어 상·하수도와 같은 편익시설은 성장에 중요한 역할을 한다.
④ 경험적인 연구에 의하면, 경제기반승수가 크다고 해서 기반부문의 동일한 투자분에 대한 효과가 타 지역보다 큰 것은 아니다. 즉 경제기반승수가 크다고 해서 투자효과가 큰 것은 아니다.

Ⅲ 타당성분석(Feasibility Analysis)

1. 의 의

계획하고 있는 개발사업이 투하자본에 대한 투자자의 요구수익률을 확보할 수 있는지 여부를 분석하는 것을 말한다. 만약 계획하고 있는 투자사업의 수익성이 투자자의 요구수익률에 미치지 못할 때에는, 평가사는 다른 대안적 투자사업을 제시할 수도 있다. 타당성분석은 객관적인 시장자료에 의해 경험적인 사실로 지지될 수 있는 것이어야 하고 결코 주관적인 해석이나 판단을 토대로 타당성분석을 해서는 안 된다.

> **➕ 알아보기**   요구수익률(Required rate of return)
> 투자자가 다른 대안에 투자를 하더라도 얻을 수 있는 수익률로서, 투하자본에 대한 기회비용을 의미한다.

2. 타당성 분석의 분야

① **경제적 타당성 분석(Economic Feasibility Analysis)** : 투자사업에 대한 매년의 현금수입과 지출을 비교하여, 투자자의 요구수익률을 충족시킬 수 있는지 여부를 분석하는 것을 말한다.
② **물리적 타당성 분석(Physical Feasibility Analysis)** : 주어진 토지의 자연적 성격이나 기술적인 측면이 대상투자사업에 적합한 것인가를 분석하는 것을 말한다.
③ **법적 타당성 분석(Legal Feasibility Analysis)** : 대상투자사업과 관련된 여러 가지 법적 환경을 분석하는 것을 말한다.

3. 경제적 타당성 분석의 중요성

① 경제적 타당성 분석은 결국은 대상투자사업이 투자자의 요구수익률을 충족시킬 수 있느냐 하는 경제적 타당성 문제로 귀착된다.
② 경제적 타당성 분석은 부동산투자분석의 중심을 이룬다.
③ 대상투자사업이 물리적으로나 법적으로 많은 어려움이 있다 하더라도, 경제성만 충분하다고 하면 그 투자사업은 타당성이 있는 것이다.

Ⅳ 흡수율 분석과 추세분석

1. 의 의

시장흡수율이란 해당 시장지역이 신규로 공급하는 특정 부동산을 일정기간 동안에 흡수, 소화하는 수량의 비율이다. 흡수율 분석은 이러한 시장흡수율을 통해 대상부동산의 매매가능성 및 임대가능성을 분석하는 것이다.

2. 내용

(1) 산식

> 흡수면적 = 지역성장률 × 수요 패러미터 × 점유율

흡수율 분석의 핵심과정은 지역성장예측, 수요매개변수분석, 시장점유율분석이다.

(2) 내용

① 수요공급의 추세분석 : 흡수율 분석은 개발업자나 평가사가 부동산시장의 수요와 공급의 추세를 구체적으로 파악하는 유용한 도구로서 사용되는데, 예를 들어 도시 주변지역의 농지가 해마다 얼마의 비율이 택지로 흡수되는지를 분석해볼 수 있다.

② 부동산의 유형별 분석 : 흡수율 분석은 부동산의 유형별, 질별, 지역별로 행해지는 수가 많다. 예를 들어 지난 5년간 공급된 아파트가 질별로, 유형별로, 지역별로 어떠한 차이를 보이면서 흡수되었는지를 분석해 볼 수 있다.

③ 추세를 야기하는 원인분석 : 흡수율 분석으로 과거의 추세만을 파악하는 것은 충분하지 못한데 이는 과거추세가 앞으로도 계속될 것이라고 장담할 수 없기 때문이다. 그 지역의 또는 대상부동산의 어떤 요인이 그와 같은 추세를 야기시켰는가 하는 원인에 대한 분석이 더 중요한 의미를 가진다.

(3) 오류 가능성의 원인

시장흡수율 분석은 시장분석에서 오류 가능성이 가장 많은 부분이다. 첫 번째 오류 가능성은 '과거의 흡수율'을 그대로 채용하는 것이다. 과거의 경향이 미래에도 지속될 것이라고 단정할 수 없기 때문이다. 두 번째 오류 가능성은 '평균적인 비율'을 채용하는 것이다. 예를 들어 오피스 빌딩 전체에서 흡수율이 낮을 수 있으나, 특정의 오피스 빌딩에 대해서는 높을 수 있기 때문이다. 세 번째는 단일 임차자 공간을 흡수율 체계에서 어떻게 처리할 것인가와 관련된다.

(4) 흡수율 분석시 유의사항

① 단위면적으로 측정한 '기간당 임대차공간'의 순변동을 흡수율이라고 한다. 따라서 '총임대차활동'에 대한 측정과 구분하여야 한다.

② 순흡수율의 해석시 잠재수요와 실현수요를 구분하는 것이 중요하다. 낮은 흡수율이 항상 낮은 수요를 의미하는 것이 아니며 수요가 강력하더라도 사용가능한 경쟁공간이 적은 시장에서 낮은 흡수율이 발생할 수 있다. 따라서 임대공간의 변동을 반영하여야 한다.

(5) 추세분석

시장지역의 과거와 현재의 자료를 분석하여 시장의 추세를 파악하는 것으로 추세의 방향, 속도, 강도, 지속기간, 한계 등은 특히 중요한 사항이 된다. 단순히 추세만을 파악하는 것이 아니라 추세를 야기시키는 원인과 그것이 시장지역의 부동산 수요에 미치는 영향을 파악한다. 즉, 관련 변수들의 상호관계를 분석함으로써 추세의 원인과 그것이 가치에 미치는 영향을 파악한다. 시장분석의 중요한 한 도구이다.

Ⅴ 시장분석(Market Analysis) 기출 23

1. 의의

미국 AI에서는 시장분석을 최고최선 이용 분석의 전단계로 설정하고 있다. 이는 과거 지역분석, 개별분석을 시장분석과정에 포함시키고, 시장성 분석 단계를 추가한 것이다. 즉, 시장분석은 최고최선 이용 분석의 전단계로서 요구된다 하겠다. 시장지역을 획정하고 특정부동산에 대한 시장의 수요와 공급상황을 분석하는 것을 말하며, 시장지역의 공간적 크기는 경쟁부동산이 위치하는 지역사회나 근린지역수준이 되며 또는 도시전체지역이 될 수도 있다. 시장분석에는 제품의 특성에 따라 대상부동산을 범주화하여 다른 부동산과 차별화하는 시장차별화와 소비자의 특성에 따라 가능사용자를 범주화시켜 다른 사람과 차별화하는 시장세분화를 포함한다. 예를 들어 도심지역의 주상복합아파트를 제품의 특성에 따라 몇 개의 집단으로 나누어 시장차별화를 시키고, 이에 대한 수요층을 인구 경제적 특성에 따라 전체가구로부터 시장세분화할 수 있다.

2. 생산성분석(Productivity Analysis)

(1) 의의

생산성분석이란 물리적 법적 입지적 특성으로 대상부동산의 능력을 확인하고 대상부동산이 공급할 수 있는 부동산서비스를 결정하는 것으로서, 대상부동산의 여러 특성을 조사하여 시장성있는 대안적 용도를 선정하는 것이다.

(2) 내용

① 물리적 특성은 자연적 특성과 인공적 특성을 포함하며 대상부동산에 적합한 용도를 결정해 주기도 하지만 용도를 제한하는 조건으로도 작용한다.
② 법적 특성도 경제적 이용가능성에 영향을 미치는데, 특히 지역지구제가 가장 중요한 영향을 미친다.
③ 위치적 특성에 따라 가능수요 및 임대료 등의 차이가 있으며, 주변지역의 경제활동, 대상부동산과의 상호관계, 접근성 등은 부동산가치에 많은 영향을 준다.

3. 시장획정(Market Delineation)

부동산을 제품차별화시키고 대상제품에 대한 시장을 획정한다. 부동산시장이 여러 변수에 따라 작은 단위시장으로 나누어지는 것을 시장의 분화라 하며, 부분시장을 확인하고 인위적으로 획정하는 것을 시장세분화라 한다. 특정부동산에 대한 부분시장을 획정하기 위해서는 대상부동산과 대체·보완관계에 있는 부동산과의 관계에 유의해야 한다.

4. 수요분석(Demand Analysis)

일반자료(확인자료, 요인자료), 특수자료(개별자료, 사례자료), 경쟁수급자료를 이용하여 구체적으로 수요분석과 공급분석을 한다. 수요분석의 목적은 대상부동산의 가능수요자를 확인하는데 있다.

5. 공급분석(Supply Analysis)

공급분석에는 신규부동산뿐만 아니라 유용한 기존부동산, 예정부동산이 포함된다. 기존 부동산의 멸실량과 전환량, 예정부동산의 시장공급확률 등을 분석함에 유의해야 한다.

6. 균형분석(Equilibrium Analysis)

부동산의 특성으로 인해 단기적으로 부동산의 수요와 공급은 불균형을 이룬다. 따라서 현재와 미래의 수급상황을 면밀히 검토하여 시장수급량이 균형을 이루고 있는지 수요초과인지 공급초과인지 등을 분석한다.

7. 포착률의 추계

대상부동산의 경쟁력을 파악하여 예상포착률을 추계한다. 포착률이란 특정유형의 부동산의 전체가능시장에서 대상부동산이 차지하고 있거나 차지할 것으로 예상되는 비율을 말한다. 단기포착률을 시장흡수율이라 하고, 장기포착률을 시장점유율이라 한다.

8. 부동산의 생산성과 도시성장

(1) 개 요

부동산의 물리적·법적·위치적 특성은 부동산의 생산성에 많은 영향을 주고 있다. 이 중에서 특히 위치적 특성은 근린지역의 토지이용이나 도시의 공간구조와 밀접한 관계가 있다.

(2) 접근성

접근성은 대상부동산이 위치하고 있는 장소에서 다른 장소에 도달하는데 소요되는 시간, 경비, 노력 등으로 측정되는 상대적 비용으로 정의된다. 2가지 측면에서 보면, 미시적 접근성은 대상부동산의 접근성을 주변 지역의 측면에서 본 것이며, 거시적 접근성은 도시 전체적 측면에서 본 것이다.

(3) 도시성장과의 관계

거시적 접근성은 도시의 성장과 밀접한 관계가 있다. 도심지역은 다른 지역과의 거리가 상대적으로 짧기 때문에, 다른 조건이 일정할 경우 전체도시지역 중 유인력이 가장 큰 곳이 된다. 따라서, 도심지역은 입지경쟁이 가장 치열한 곳이 되며, 이에 따라 부지임대료와 매매가격이 상승한다.

(4) 분석시 유의사항

부동산의 물리적 위치는 고정되어 있지만, 경제적 위치는 그렇지 않다. 생산성분석을 함에 있어, 평가사는 부동산의 가치가 도시구조상의 공간적 위치와 시간적 변화요인과 밀접하게 관련된다는 사실을 명심해야 한다.

Ⅵ 시장성분석(Marketability Analysis)

1. 의 의
시장성분석이란 개발된 부동산이 현재나 미래의 시장상황에서 매매되거나 임대될 수 있는 능력을 조사하는 것을 말한다. 특정부지 자체와 입지적 특성에 대한 분석이 포함되며 부동산의 위치·유형·질·양에 따라 구체적으로 행해져야 한다.

2. 시장성분석의 방법
흡수율이나 흡수시간 등을 분석하여 부동산의 수요와 공급을 조사하는 것으로서 부동산시장의 추세를 파악하는데 많은 도움을 준다. 그러나 이는 단순히 과거의 추세를 파악하는데 있는 것이 아니라 이를 기초로 미래의 흡수율을 파악하여 대상지역이나 대상부동산의 어떤 요인이 그러한 추세를 야기시켰는지에 대한 원인을 분석하고 이러한 추세가 앞으로도 지속될지 여부를 파악해야 한다.

Ⅶ 투자분석(Investment Analysis)

1. 의 의
전형적인 보유기간을 기준으로 매기간의 세후현금수지와 기간말 세후지분복귀액을 추계하여 위험과 수익의 상쇄관계에서 이를 평가하고, 받아들일 수 있는 위험수준에서 최고의 수익을 창출하는 대안을 선택하는 것을 말한다. 최고최선의 이용이 되기 위해서는 경제적 타당성이 있어야 하는데, 투자분석이란 대상토지나 개량물의 여러 가지 이용대안 중에서 최고최선의 이용을 확인하는 과정이라고 할 수 있다.

2. 현금수지분석(Cash Flow Analysis)
투자분석은 주로 현금의 유입과 유출의 흐름을 비교·분석하여 진행하는 것으로 부동산의 소득(순영업소득)에서 저당지불액(원금+이자) 및 세금 등을 공제한 세후현금수지와 기간말 대상부동산을 처분시 기대되는 자본이득 등을 고려하여 분석한다. 이는 투자자들은 대상부동산 자체의 수익률보다는 투자자 자신에게 최종적으로 주어지는 세후현금수지의 수익률에 관심이 있기 때문이다.

3. 유의점
동일한 투자사업이라 하더라도, 투자자에게 적용되는 저당조건, 감가상각방법, 세율 등이 달라지면 세후현금수지도 달라질 수 있음에 유의해야 한다.

Ⅷ 기타 관련 문제

1. 입지잉여

(1) 의 의
① 입지잉여란 입지조건이 양호한 경우에 발생하는 특별한 이익을 말한다. 입지잉여는 이용하는 산업이 달라지면 그에 따라 달라질 수도 있다. 이는 우수한 입지를 가장 효과적으로 이용할 수 있는 업체가 이용하여야 한다는 것을 의미한다.
② 한계입지란 입지잉여가 0으로 되는 위치를 말한다. 최악의 입지조건이 되면 입지잉여는 0 또는 (−)가 되는 것이다.

(2) 지가의 지불능력
입지잉여는 지가의 지불능력을 증대시키고, 같은 위치라도 이용하는 업체에 따라서 지가에 커다란 영향을 미친다.

(3) Feed Back 원리의 적용
지가와 토지이용 사이에는 Feed Back 원리가 작용하므로 지가수준이 높으면 토지이용이 집약화되고 지가수준이 낮으면 조방화된다. 따라서 지가수준이 높은 토지는 집약적으로 이용할 수 있는 업체만이 입지할 수 있으므로 어떤 업체가 입지하고 있는가에 따라 지가수준을 어느 정도 파악할 수 있게 된다. 이때 1차산업보다는 2차산업, 2차산업보다는 3차산업이 더 집약적이다.

(4) 입지경쟁을 통한 가격상승
입지잉여가 높은 토지는 한정되어 있고 그러한 입지를 원하는 업체는 많이 있다. 여기서 입지경쟁이 생긴다. 입지경쟁에서 승리할 수 있는 업체는 지가의 지불능력이 가장 우수한 토지집약적 업체가 될 것이다. 그러므로 입지잉여가 높은 토지의 지가는 자꾸 높아지게 된다.

> **➕ 알아보기** Feed Back 원리
>
> 토지의 가격은 그 토지의 이용상태에 따라서, 토지의 이용양태는 부동산의 가격에 따라 각각 영향을 주고받는다는 원리를 말한다. 이 원리에 의하면 지가가 높은 곳은 거기에 맞는 토지이용이 이루어지고, 토지이용밀도가 높은 곳은 그에 맞는 부동산가격이 형성된다는 것이다. 피드백 원리에 의해 부동산의 창조적 이용, 창조적 판매 등의 개념도 생기며 부동산의 손익분기점에 관한 과제도 발생한다.

2. 집약적 한계와 조방적 한계

(1) 집약적 한계
어떤 주어진 투지에 생산요소가 한 단위 더 추가됨으로 인한 한계생산과 추가로 발생하는 비용이 일치하는 한계를 집약적 한계라 하며, 토지이용의 집약도, 추가투자의 적부판정, 최유효이용의 축소 판정 등과 관련하여 수익체증체감의 원칙이 적용된다.

(2) 조방적 한계
어떤 특정 용도에 이용되는 토지 중 생산된 생산물로부터의 수익이 간신히 생산비를 충당하는 토지를 조방적 한계라 하며 부동산의 손익분기점, 한계지 등의 개념과 동일하다.

(3) 침입과 계승

1) 의의

이는 인간생태학이 개발한 침입과 계승의 논리를 응용하여 창조적 토지이용을 전개하는 것으로, 적합적 토지이용과는 구별되는 개념이다. 적합적 토지이용이어야 최유효이용이 된다는 관점에서 보면 침입적 토지이용은 다소 불합리하게 보일 것 같으나 이를 훌륭히 개발하여 효과적으로 개발하는 것도 유익한 경우가 된다.

2) 침입·계승의 논리

① 침입 : 침입이란 어떤 지역기능에 새로운 이질적인 지역기능이 개입되는 현상을 말한다. 이 경우에는 대개 지가상승을 수반한다. 예컨대 기존주택가에 빌라가 신축되기 시작하는 현상을 침입이라 하고, 이때 상당폭으로 지가가 상승하는 것을 볼 수 있다.

② 계승 : 계승은 그러한 침입의 결과 새로운 차원의 인구집단 또는 토지이용이 종래의 것을 교체하는 결과를 말한다.

3) 침입적 토지이용의 유의사항

① 확대적 침입과 축소적 침입 : 이는 규모의 면에서 종래의 부동산 지역보다 큰 규모의 것으로 하느냐 작은 것으로 하느냐에 따른 구별로서, 통상 확대적 침입이 유리하다. 그러나 지가수준이 너무 높은 경우에는 불합리한 경우도 있다.

② 낮은 지가수준 : 침입적으로 토지이용을 위해서는 지가수준이 낮은 곳이 유리하다. 낮은 곳에 침입 이용함으로써 지가상승의 효과가 발생하기 때문이다.

③ 행정규제와의 관계 : 행정규제 등으로 침입이 용이하지 않은 경우에는 그 계획을 변경하거나 침입 이용을 보류한다.

3. 직주분리와 직주접근

(1) 직주분리

① 의의 : 직장과 주거지가 다른 것을 말하는데, 주로 직장을 도심에 두고 있는 근로자가 그 거처를 도심에서 멀리 두는 현상을 가리킨다.

② 원인 : 도심의 환경악화, 지가고, 도심의 재개발, 공적규제, 교통의 발달 등을 들 수 있다.

③ 결과 : 인구의 시외이주로 상주인구가 감소함으로써 도심의 주야간 인구차가 커지는 공동화현상이 나타난다.

(2) 직주접근

① 의의 : 회귀현상이라고도 하며, 직장과 주거지를 가급적 가까운 곳에 두려는 현상이다.

② 원인 및 결과 : 이는 주로 교통난 때문이며, 도심 쪽의 건물을 고층화하는 결과를 가져온다.

4. 도넛 현상(공동화 현상)

직주분리의 결과로서 도심의 주·야간 인구의 차가 한층 커가고 있어, 도심의 상대적인구가 보합 또는 감소되는 한편 교외의 인구는 증가하는 현상을 말한다. 그 주요원인은 근로자들의 가처분소득 증가율보다 높은 지가상승률에 있다고 할 수 있으며, 그 외에도 도심지의 환경악화·토지이용계획의 영향·교통수단의 발달과 정비, 한계지의 저지가 등을 들 수 있다. 반대의 현상으로 직주근접현상이 있다.

5. 도시 스프롤 현상

(1) 의 의

도시 스프롤 현상이란 도시가 불규칙하고 무질서하게 확대되는 현상으로, 산발적, 무계획적 확대현상을 말하며 여러 가지 부동산 문제를 발생시킨다. 이러한 현상은 주거지역뿐만 아니라 상업지역, 공업지역에서도 발생하며, 각 지역별 개발계획이 없다면 직주분리 현상은 곧 스프롤을 가져오게 된다. 이는 산발적인 도시의 확대이고 대도시 외곽부에서 발달하는 무계획적 시가지 현상이다. 따라서 대도시의 도심지보다는 외곽부에서 더욱 발생한다.

(2) 스프롤의 유형

① 원시적인 자연발생적 형태
② 지역개발을 무질서하게 함으로써 나타난 형태
③ 개발허가기준이 일정한 종합개발계획(master plan)을 결한 저수준의 산발적인 경우 나타나며, 이러한 요인이 가장 크다.
④ 또한 사회가 발전하면 과거에 적법하게 개발된 지역이 스프롤지역으로 격하될 수도 있다.

> **+ 알아보기** 각국의 스프롤의 유형
>
> 1. 미국의 유형
>   ① 저밀도 연쇄개발현상 : 합리적 밀도수준 이하의 수준을 유지하면서 인접지를 잠식해 가는 현상
>   ② 비지적 현상 : 개구리가 뛰는 것처럼 도시에서 중간중간에 상당한 공지를 남기면서 교외로 확산되는 현상
>   ③ 간선도로를 따라 스프롤이 전개되는 현상을 보인다.
> 2. 일본의 유형
>   ① micro적인 유형 : 철도역을 중심으로 반경 2km정도 범위의 농경지를 잠식하면서 택지화되어 가는 유형
>   ② macro적인 유형 : micro적인 것이 하나의 단위가 되어 철도를 중심으로 여러 개의 중간역을 형성하면서 스프롤이 연장되어 가는 유형
> 3. 우리나라의 유형
>   ① 고밀도 연쇄개발현상 : 합리적 밀도수준 이상의 수준을 유지하면서 인접지를 잠식해가는 현상을 말하며, 일반적으로 우리나라는 이 유형에 해당
>   ② 지역개발을 무질서하게 함으로써 나타나는 현상, 개발허가기준이 기본적인 종합계획을 결한 데서 나타나는 현상을 보임

(3) 스프롤지대의 지가수준
이는 그 지대의 지역특성에 따라 다양하다. 그러나 예외적인 경우를 제외하고는 일반적으로 표준적 지가수준 이하일 것이다.

(4) 스프롤의 방지
① 계획적이고 장기적인 도시개발이 필요하다.
② 부동산활동의 비가역성, 악화성향으로 인해 그 개선이 어렵겠지만 토지이용의 전환으로 스프롤을 개선할 수 있다. 이때 건물의 재활용 문제도 함께 취급되어야 한다.

6. 전이현상

(1) 전이의 의의
부동산 현상이 지역 상호간에 옮겨 다니는 운동을 말한다. 전이는 부동산의 종류, 규모, 지역특성 기타 요인에 따라 그 정도에 상당한 차이가 있다. 통상적으로 부동산투기현상, 개발현상, 새로운 입지선정 현상 등은 전이성이 높고, 빌딩의 수요현상은 전이성이 낮은 것이 보통이다.

1) 전이의 유형
① 확대현상 : 어떤 부동산현상이 그 발생지역에서 다른 지역으로 이동하는 현상을 말한다.
② 수축현상 : 부동산현상이 광역적으로 확대된 후에 그 지역적 규모가 점점 축소되는 현상을 말한다.

2) 전이의 요인
① 우선 그 부동산현상에 이전성이 있어야 한다.
② 대내적(push) 요인으로 그 지역의 지가수준이 가격상한선에 도달한 경우, 택지 등 개발할 공지가 부족한 경우, 환경의 악화로 쾌적성을 결한 경우가 있다.
③ 대외적(pull) 요인은 확대하여 갈 다른 지역의 상태에 따라 결정된다.

CHAPTER 07 실전문제

제2편 | 부동산학 각론

01 A도시와 B도시 사이에 있는 C도시는 A도시로부터 5km, B도시로부터 10km 떨어져 있다. 각 도시의 인구 변화가 다음과 같을 때, 작년에 비해 금년에 C도시로부터 B도시의 구매활동에 유인되는 인구수의 증가는? (단, 레일리(W. Reilly)의 소매인력법칙에 따르고, C도시의 모든 인구는 A도시와 B도시에서만 구매하며, 다른 조건은 동일함) 기출 23

CHECK ○△✕

구 분	작년 인구수	금년 인구수
A도시	5만명	5만명
B도시	20만명	30만명
C도시	2만명	3만명

① 6,000명
② 7,000명
③ 8,000명
④ 9,000명
⑤ 10,000명

해설

③ 특정 도시에 갈 고객의 유인력은 인구(크기)에 비례하고, 거리(시간)에 반비례한다는 논리이다. 주어진 지문은 작년과 금년의 인구수가 변화했을 때 B도시의 구매활동에 유인되는 고객수의 변화분을 묻는 것이다. 공식은 다음과 같다.

$$\frac{인구수}{거리^2} = \frac{B}{A+B}$$

㉠ 작년 인구수 $= \dfrac{B\left(\dfrac{20만}{10^2}\right)}{A\left(\dfrac{5만}{5^2}\right)+B\left(\dfrac{20만}{10^2}\right)} \times$ C도시 인구(2만명) = 10,000명

㉡ 금년 인구수 $= \dfrac{B\left(\dfrac{30만}{10^2}\right)}{A\left(\dfrac{5만}{5^2}\right)+B\left(\dfrac{30만}{10^2}\right)} \times$ C도시 인구(3만명) = 18,000명

㉢ B도시의 고객유인력 변화분 = 금년 인구수(18,000명) − 작년 인구수(10,000명) = 8,000명
㉣ 작년보다 금년에 B도시의 고객 유인은 8,000명이 증가되었다.

답 ③

02 부동산시장세분화에 관한 설명으로 옳지 않은 것은?

① 시장세분화는 가격차별화, 최적의사결정, 상품차별화 등에 기초하여 부동산시장을 서로 다른 둘 또는 그 이상의 상위시장으로 묶는 과정이다.
② 시장을 세분화하는데 주로 사용되는 기준으로는 지리적 변수, 인구통계학적 변수, 심리적 변수, 행동적 변수 등이 있다.
③ 시장세분화전략은 세분된 시장을 대상으로 상품의 판매 지향점을 명확히 하는 것을 말한다.
④ 부동산회사가 세분시장을 평가할 때, 우선해야 할 사항으로 적절한 시장규모와 성장성을 들 수 있다.
⑤ 세분시장에서 경쟁력과 매력도를 평가할 때 기존 경쟁자의 위협, 새로운 경쟁자의 위협, 대체재의 위협, 구매자의 협상력 증가 위협, 공급자의 협상력 증가 위협 등을 고려한다.

해설

① (×) 시장세분화는 가격차별화, 최적의사결정, 상품차별화 등에 기초하여 부동산시장을 서로 다른 둘 또는 그 이상의 하위시장으로 묶는 과정이다. 즉, 시장을 동질적인 성격의 시장은 군집하고 이질적인 시장을 분리하는 것을 시장세분화라고 한다.
② (○) 시장을 세분화하는데 주로 사용되는 기준으로는 지리적 변수, 인구통계학적 변수, 계층적 변수, 심리적 변수, 행동적 변수 등으로 구분한다.
③ (○) 시장세분화전략은 세분된 시장을 대상으로 상품의 판매 지향점을 명확히 하여 적절한 고객을 잡기 위한 선수작업이다.
④ (○) 부동산회사가 세분시장을 평가할 때, 우선해야 할 사항으로 적절한 시장규모와 성장성 등을 들 수 있다.
⑤ (○) 세분시장에서 경쟁력과 매력도를 평가할 때 마이클 포터의 5 force의 모형을 적용하여 기존 경쟁자의 위협, 새로운 경쟁자의 위협, 대체재의 위협, 구매자의 협상력 증가 위협, 공급자의 협상력 증가 위협 등을 고려한다.

답 ①

03 산업입지이론에 관한 설명으로 옳지 <u>않은</u> 것은?

① 베버(A. Weber)는 운송비의 관점에서 특정 공장이 원료지향적인지 또는 시장지향적인지 판단하기 위해 원료지수(material index)를 사용하였다.
② 베버(A. Weber)의 최소비용이론에서는 노동비, 운송비, 집적이익 가운데 운송비를 최적입지 결정에 가장 우선적으로 검토한다.
③ 뢰쉬(A. Lösch)의 최대수요이론에서는 입지분석에 있어 대상지역 내 원자재가 불균등하게 존재한다는 전제하에, 수요가 최대가 되는 지점이 최적입지라고 본다.
④ 아이사드(W. Isard)는 여러 입지 가운데 하나의 입지를 선정할 때 각 후보지역이 가지고 있는 비용최소 요인을 대체함으로써 최적입지가 달라질 수 있다는 대체원리(substitution principle)를 입지이론에 적용하였다.
⑤ 스미스(D. Smith)의 비용수요통합이론에서는 이윤을 창출할 수 있는 공간한계 내에서는 어디든지 입지할 수 있다는 준최적입지(suboptimal location) 개념을 강조한다.

해설

③ (×) 뢰쉬(A. Lösch)의 최대수요이론은 생산비용은 어디서나 동일하나 수요가 다르다는 전제하에 결국 최대의 수익을 올릴 수 있는 곳이 공업의 최적입지가 된다는 논리다. 뢰쉬는 공업의 최적입지장소는 제품을 가장 많이 팔 수 있는 소비시장, 즉 수요극대화지점이라고 주장하여, 비용인자보다는 수요 곧 시장인자에 중점을 두었다.

답 ③

04 CHECK ○△×

A도시와 B도시 사이에 C도시가 있다. 레일리의 소매인력법칙을 적용할 경우, C도시에서 A도시, B도시로 구매 활동에 유입되는 비율은? (단, C도시의 인구는 모두 A도시 또는 B도시에서 구매하고, 주어진 조건에 한함)

기출 20

- A도시 인구수 : 45,000명
- B도시 인구수 : 20,000명
- C도시에서 A도시 간의 거리 : 36km
- C도시에서 B도시 간의 거리 : 18km

	A	B
①	36%	64%
②	38%	62%
③	40%	60%
④	42%	58%
⑤	44%	56%

해설

레일리의 B도시에 대한 A도시의 구매지향비율

$$\frac{R_A}{R_B} = \frac{P_A}{P_B} \times \left(\frac{D_B}{D_A}\right)^2 = \frac{\text{A도시의 인구}}{\text{B도시의 인구}} \times \left(\frac{\text{B도시까지의 거리}}{\text{A도시까지의 거리}}\right)^2 = \frac{45,000}{20,000} \times \left(\frac{18}{36}\right)^2 = \frac{9}{4} \times \frac{1}{4} = \frac{9}{16}$$

∴ A도시로의 인구유인비율 : B도시로의 인구유인비율 = 36% : 64%

답 ①

05 주거분리와 여과과정에 관한 설명으로 옳지 <u>않은</u> 것은?　　　기출 19

① 저가주택이 수선되거나 재개발되어 상위계층의 사용으로 전환되는 것을 상향여과라 한다.
② 민간주택시장에서 저가주택이 발생하는 것은 시장이 하향여과작용을 통해 자원할당기능을 원활하게 수행하고 있기 때문이다.
③ 주거입지는 침입과 천이현상으로 인해 변화할 수 있다.
④ 주거분리는 도시 전체에서뿐만 아니라 지리적으로 인접한 근린지역에서도 발생할 수 있다.
⑤ 하향여과는 고소득층 주거지역에서 주택의 개량을 통한 가치상승분이 주택개량비용보다 큰 경우에 발생한다.

해설

⑤ (×) 상향여과는 고소득층 주거지역에서 주택의 개량을 통한 가치상승분이 주택개량비용보다 큰 경우에 발생한다.

답 ⑤

06 여과과정과 주거분리에 관한 설명으로 옳지 <u>않은</u> 것은? (단, 주어진 조건에 한함)　　　기출 25

① 여과과정이란 시간의 흐름에 따라 특정 주택의 질적 변화와 외부성이 복합적으로 작용해 주택가치가 변하게 되면서 상이한 소득계층들의 전·출입이 진행되는 것을 말한다.
② 고소득층 주거지역에 인접한 저소득층 주거지역에서 주택개량을 통한 가치상승분이 주택개량비용보다 작은 경우, 상향여과과정이 발생한다.
③ 상향여과과정은 소득증가 등의 이유로 인해 저가주택의 수요가 감소할 때 나타날 수 있다.
④ 주거분리현상은 지리적으로 인접한 근린지역에서 뿐만 아니라 도시 전체에서도 발생할 수 있다.
⑤ 침입과 계승의 현상으로 인해 주거입지의 변화가 나타날 수 있다.

해설

② (×) 고소득층 주거지역에 인접한 저소득층 주거지역에서 주택개량을 통한 가치상승분이 주택개량비용보다 작은 경우, 주택개량을 하지 않는 경향이 발생하여 결과적으로 하향여과과정이 발생한다.

답 ②

07 어느 지역에 A점포와 B점포가 있다. A점포의 면적은 1,200m²이고, B점포의 면적은 10,800m²이다. A점포와 B점포 사이의 직선거리는 4km이다. 컨버스(P. Converse)의 분기점 모형에 기초할 때, A점포와 B점포의 상권 경계지점은 B점포로부터 얼마만큼 떨어진 지점인가? (단, A점포와 B점포는 동일 직선상에 위치하며, 주어진 조건에 한함) 기출 25

① 1km ② 2km
③ 3km ④ 4km
⑤ 5km

해설

B도시에서 상권 경계지점 $= \dfrac{거리(4)}{1+\sqrt{\dfrac{상대면적(1,200)}{기준면적(10,800)}}} = 3$

답 ③

CHAPTER 08 부동산 개발론 등

제2편 | 부동산학 각론

제1절 부동산 개발론

1. 부동산개발의 개요

(1) 부동산개발의 의의 기출 19·20

부동산개발이란 인간에게 생활·일·쇼핑·레저 등의 공간을 제공하기 위하여 토지를 개량하는 활동이다. 또한 토지 개량을 통해서 토지의 유용성을 증가시킨다.

> **➕ 알아보기** 부동산개발업의 관리 및 육성에 관한 법률
> 1. 부동산개발이란 토지를 건설공사의 수행 또는 형질변경으로 조성하는 행위나, 건축물을 건축·대수선·리모델링 또는 용도변경하거나 공작물을 설치하는 행위 중 어느 하나에 해당하는 행위이지만, 시공을 담당하는 행위를 제외한다.
> 2. 부동산개발업이란 타인에게 공급할 목적으로 부동산개발을 수행하는 업을 말한다.

(2) 부동산개발의 주체

① 공적주체(제1개발업자) : 국가, 지방자치단체, 정부투자기관인 각종 공사를 말한다.
② 사적주체(제2개발업자) : 개인, 주택건설업자, 토지소유자조합 등을 말한다.
③ 제3섹터(제3개발업자) : 공적주체와 사적주체에 의한 공동개발의 형태를 띤다.

(3) 부동산개발의 형태

① 기본형 : 계획단계 → 협의단계와 계획인가단계 → 시행단계 → 처분단계로 이루어진다.
② 시행·처분병행형 : 계획단계 → 협의단계 및 계획인가단계 → 시행단계 및 처분단계로 이루어진다.
③ 직렬형 : 계획단계 → 협의단계 → 계획인가단계 → 시행단계 → 처분단계로 이루어진다.

2. 부동산개발의 과정과 위험 및 타당성분석

(1) 부동산개발과정 기출 19

> ① 구상단계(아이디어단계) → ② 전실행 가능성 분석단계(사전타당성분석단계) → ③ 부지구입단계 → ④ 실행 가능성 분석단계(사업타당성분석단계) → ⑤ 금융단계 → ⑥ 건설단계 → ⑦ 마케팅단계(매매·임대)

부동산개발과정은 7가지의 단계로 구성되어 있다. 부동산개발업자의 목적이나 개발사업의 성격에 따라 이 과정은 달라질 수도 있다. 그러나 통상적으로 다음과 같은 과정을 거친다.

① 아이디어단계(구상단계) : 부동산개발과정의 첫 단계로 입지장소, 이용방법, 법률상의 조건, 부지의 매입방법 등에 관한 체계적인 계획을 세우는 단계이다.
② 예비적 타당성분석단계(전실행 가능성 분석단계) : 예비적 사업타당성이란 개발사업이 완성되었을 때 예상되는 수입과 비용을 개략적으로 계산하여 수익성을 검토해 보는 것을 의미한다.

③ **부지모색과 확보단계** : 부지의 모색은 사업에 대안적 부지들을 서로 비교하여 최선의 부지를 선택하여야 한다.
④ **타당성분석의 단계(실행 가능성분석 단계)**
  ㉠ 완전한 사업타당성분석 실시 : 개발사업의 모든 분석, 완전한 타당성분석을 해야 한다. 완전한 타당성분석은 제한된 개발사업에 대한 법적·물리적·경제적 타당성 등을 모두 포함한다.
  ㉡ 법적·물리적·경제적 타당성분석의 내용
    ⓐ 법적 분석 : 대상부지에 대한 각종 규제가 개발업자로 하여금 어떤 종류의 공간을 어느 정도만큼 유용하게 사용할 수 있느냐를 법적인 측면에서 분석하는 것이다.
    ⓑ 물리적 분석 : 대상부지가 가지고 있는 물리적 요소들이, 개발사업의 구조물들을 지지할 수 있는지 등 건설시 어떤 특별한 기술적인 문제를 야기하는지 등을 분석한다.
    ⓒ 경제적 분석 및 재무적 분석(financial analysis) : 개발사업에 소요되는 비용과 수익, 시장의 수요와 공급 등을 분석하는 것을 말한다. 일반적으로 가장 중요한 분석은 경제적 타당성분석이다.
  ㉢ 개발사업의 채택 또는 기각 : 타당성분석으로부터 나온 결과가 비록 동일하다고 하더라도 개발업자에 따라 채택될 수도 있고 그렇지 않을 수도 있다.
⑤ **금융단계** : 개발사업의 타당성이 확보되면 금융기관으로부터 택지조성비, 건설자금 등의 개발에 필요한 자금을 융자받는다.
⑥ **건설단계** : 이 단계는 물리적인 공간을 구체적으로 창조하는 단계이며 택지조성의 경우에는 토지의 형질변경을 통해 개량하여 택지화한다.
⑦ **마케팅단계** : 부동산개발사업이 궁극적으로 성공하느냐 그렇지 않느냐의 여부는 개발사업의 시장성(marketability)에 달려 있다. 개발사업의 마케팅에는 임대와 매도가 있다.
  ㉠ 개발공간의 임대
    ⓐ 임대활동은 개발의 초기단계에서부터 이루어진다. 임대완료기간이 길면 길수록 개발업자들은 그 만큼 추가적인 비용을 부담해야 한다.
    ⓑ 임대활동은 개발된 부동산의 종류에 따라서 그 유형을 달리 한다.
      • 쇼핑센터나 대규모의 사무실 건물 등의 경우 : '중요임차자'를 사전에 확보해야 한다.
      • 임대용 아파트와 같은 주거용 부동산은 적절한 마케팅계획을 수립해야 한다. 임대아파트와 같은 주거용 부동산은 사전에 임차자를 얻는다는 것이 쉬운 일이 아니다.
  ㉡ 개발사업의 매도 : 개발업자가 부동산을 매도하려고 할 때에는 언제 어떠한 가격으로 매도할 것인지를 결정해야 한다.

(2) 부동산개발의 위험 기출 19·20·21·23

여러 가지 위험 요소를 파악하고 분석하고 있어야 하며, 이것을 개발사업의 의사결정에 적절히 반영하여야 한다.

> **➕ 알아보기** 학자들의 견해
> • 카드만(O. Cadman) : 사업의 진행과정에 있어서 발생할 수 있는 위험부담으로 인플레이션, 자금부족, 인간관계의 파탄 등을 들고 있다.
> • 월포드(Worfford) : 법률적 위험, 비용위험, 시장위험을 들고 있다.

① 법률적 위험
   ㉠ 원인 : 개발에 대한 인가를 신청한 경우에 만일 인가되지 않고 반려당한 경우 등의 위험을 말한다.
   ㉡ 대책 : 위험부담을 최소화하기 위해서 이미 이용계획이 확정된 토지를 구입한다.
② 비용위험
   ㉠ 개념 : 개발기간이 길면 길수록 또는 인플레이션이 심할수록 비용위험도 커진다.
   ㉡ 대책 : 개발업자는 비용을 줄이기 위해 최대가격 보증계약을 맺기도 한다.
③ 시장위험
   ㉠ 개념 : 부동산시장은 항상 끊임 없이 변화하기 때문에 개발업자에게 위험을 증가시킨다. 이와 같이 시장의 불확실성이 개발업자에게 지우는 부담을 시장위험이라고 한다.
   ㉡ 대책 : 시장성 연구
      ⓐ 시장성 연구 : 시장성 연구(marketability study)란 개발된 부동산이 시장에서 매매되거나 임대될 수 있는 능력을 조사하는 것을 말한다. 시장성 연구는 부동산의 위치·유형·질·양에 따라 구체적으로 행해져야 한다.
      ⓑ 시장연구 : 시장연구(market analysis)란 특정 부동산에 대한 시장의 수요와 공급상황을 분석하는 것을 말한다. 시장연구의 한 방법으로 흔히 쓰이는 것으로 흡수율분석이 있다.
      ⓒ 흡수율분석 : 흡수율분석이란 일정기간 동안 소비(분양)되는 비율을 말한다. 흡수율분석은 부동산의 질과 양적인 측면에서 지역별·유형별로 구체적으로 행해진다.

> **＋ 알아보기** 흡수율분석의 활용
> 1. 흡수율분석이란 일정기간 동안 재화(부동산 등)가 소비(매매, 임대)되는 비율을 말한다.
> 2. 흡수율분석은 부동산시장의 추세를 파악하는 데 많은 도움을 준다.
> 3. 흡수율분석의 목적은 단순히 과거의 추세를 파악하는 데 있는 것이 아니라, 이를 기초로 대상개발사업에 대한 미래의 흡수율을 파악하는 데 있다.

   ㉢ 시장위험과 개발사업의 가치
      ⓐ 개발기간 중 매수자의 시장위험과 가치와의 관계 : 개발사업의 완성에 가까울수록 시장위험은 줄어드는 반면 개발사업의 가치는 증대되고 있다. 따라서 대상부동산을 초기에 매도 또는 임대하는 것은 개발업자가 부담하는 시장위험은 줄일 수 있으나 가격은 낮게 형성될 수밖에 없다.
      ⓑ 개발사업의 착공전 또는 초기 : 사전에 부동산을 매도하거나 임대하는 것은 개발에 따르는 위험을 줄일 수 있는 이점이 있다.

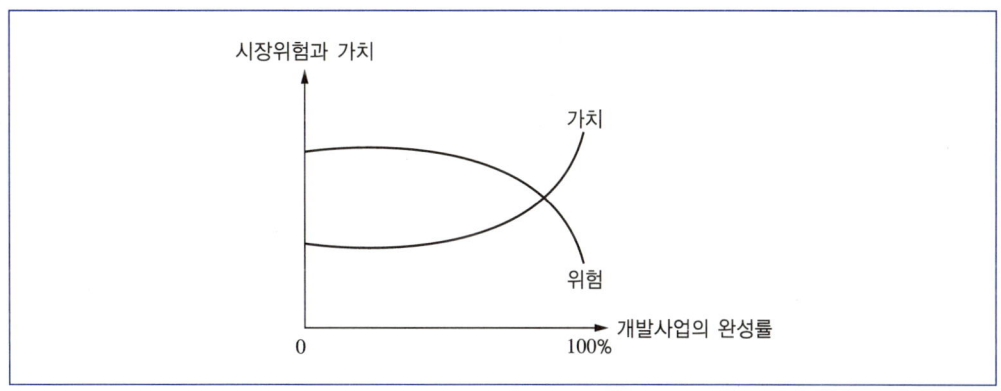

(3) 부동산개발의 타당성분석 기출 22

> (A) 지역경제분석 < 시장분석 < 시장성분석 < 타당성분석 < 투자분석
> (B) 시장분석(선행분석) ◄──────► 경제성분석(후행분석)

학자들에 따라 부동산개발의 타당성분석을 하는 단계가 위의 표와 같이 (A)와 (B)로 다르게 표현되지만, 실상은 둘 다 동일한 표현으로 설명된다.

① **부동산분석의 유형─(A)** : 시장분석에는 그보다 하위계층의 지역경제분석과 시장분석이 포함된다는 것이며, 최상위의 투자분석에는 타당성분석을 포함하여 그 이하 하위계층의 모든 분석이 포함된다는 것이다. 전자에 속하는 연구인 지역경제분석, 시장분석, 시장성분석은 시장에 초점을 둔 것이며, 후자에 속하는 연구인 타당성분석, 투자분석은 개발업자에 초점을 둔 것이다.

㉠ 지역경제분석 : 특정지역이나 도시의 모든 부동산에 대한 기본적인 수요요인을 분석한다. 인구, 가구, 소득, 교통망 등은 지역경제분석의 필수적 요인이 된다.

㉡ 시장분석 : 시장분석은 특정부동산에 대한 시장지역의 수요와 공급상황을 분석하는 것을 말한다.

㉢ 시장성분석
  ⓐ 개념 : 개발된 부동산이 현재나 미래의 시장상황에서 매매되거나 임대될 수 있는 능력을 조사하는 것을 시장성분석이라 한다.
  ⓑ 시장성분석은 부동산의 위치, 유형, 질, 양에 따라 구체적으로 행해져야 한다. 시장성분석의 한 방법으로 흔히 쓰이는 것으로 흡수분석(absorption analysis)이 있다.

㉣ 타당성분석 : 타당성분석이란 대상개발사업이 성공적으로 수행될 수 있을지 여부를 분석하는 것이다. 대상개발사업의 수익성은 세후현금수지를 기준으로 판단한다.

㉤ 투자분석 : 투자분석에서는 전형적인 보유기간을 기준으로 매 기간의 세후현금수지와 기간 말의 세후지분복귀액을 추계한다. 투자자나 개발업자는 순현가, 내부수익률, 수익성 지수 등 여러 가지 척도를 사용한다.

② **부동산분석의 유형─(B)** : 타당성분석은 시장분석에서부터 시작되고 다음에는 경제성분석을 실시한다.

시장분석	경제적 타당성분석(경제성분석)
• 개발사업이 안고 있는 물리적·법적·경제적·사회적 제약조건에 대한 분석도 포함한다. • 목적 : 투자결정을 하기 위한 자료를 제공하는 것이다.	• 주어진 자료를 토대로 하여 개발사업에 대한 최종적인 투자결정을 하는 것이다. • 개발사업의 수익성 여부를 평가하는 것이다.

㉠ 시장분석 : 특정한 개발사업에 대한 개발업자가 투자결정을 하기 위해 필요한 모든 정보를 제공하는 데 목적이 있는 시장분석에는 개발사업이 안고 있는 물리적·법적·경제적·사회적 제약조건에 대한 분석도 포함된다. 시장분석은 어떤 개발사업의 시장에서의 채택가능성을 평가하기 위해 고안된 것이다.
  ⓐ 시장분석의 역할 : 시장분석은 분석목적에 따라 다음 4가지 역할을 수행하고 있는 것으로 평가되고 있다.

> • 주어진 부지를 어떤 용도로 이용할 것인가를 결정하는 역할을 한다.
> • 특정용도에 따라 어떠한 부지가 적합한가를 결정해 주는 역할을 한다.
> • 시장분석 또는 타당성분석은 자본을 투자할 대안을 찾는 투자자를 위해 수행한다.
> • 타당성분석은 새로운 개발사업뿐만 아니라 기존의 개발사업에 대해서도 행해진다.

ⓑ 시장분석의 구성요소

구 분	지역(도시)분석	근린분석	부지분석	수요분석	공급분석
개 념	어떤 개발사업이 시장에 영향을 미칠 수 있는 공간적 범위를 분석하는 것	개발대상이 되는 부지를 중심으로 둘러싸고 있는 인접지역 분석 등	대상부지 자체를 분석하는 것	유효수요를 추계하기 위하여 시장을 평가하는 것	기존의 공급과 장래 기대되는 공급을 조사하는 것
분석 사항	• 국가 경제 • 경제기반 분석 • 인구분석	• 지방경제가 부지에 미치는 영향 • 교통의 흐름	• 지역 지구제 • 편익시설 • 접근성	• 경쟁력 • 인구분석 • 추세분석	• 공실률 및 임대료 추세 • 정부서비스 • 도시 및 지역계획

ⓒ 경제성분석

ⓐ 개념 : 시장분석 이후에 경제성분석을 행한다. 경제성분석은 개발사업에 대한 최종적인 투자를 결정하는 것으로 개발사업의 수익성 여부를 평가하기 위한 분석이다.

- 세전현금수지
- 세금현금수지 분석
- 시장가치 및 투자가치
- 내부수익률
- 투자결정

ⓑ 경제성분석의 과정 : 개발사업으로부터 예상되는 영업소득과 영업경비를 분석하고, 순현가법이나 내부수익률법을 적용하여 최종의 투자결정을 내린다.

3. 개발사업분류 기출 23·25

(1) 신개발과 재개발

토지개발은 일반적으로 신개발과 재개발로 나뉜다.

부동산 개발	신개발 : 토지개발사업, 아파트지구개발사업, 토지의 형질변경사업
	재개발 : 도심재개발, 주택재개발, 공장재개발

① **신개발** : 신개발이란 기존의 용도를 바꾸어 새로운 용도로 전환하는 개발형태를 말한다. 건물의 신축, 대지의 조성, 도시개발사업, 택지개발사업 등이 있다.

㉠ 도시개발사업이란 「도시개발법」 제1장 제2조 정의에 의해 "도시개발구역에서 주거, 상업, 산업, 유통, 정보통신, 생태, 문화, 보건 및 복지 등의 기능이 있는 단지 또는 시가지를 조성하기 위하여 시행하는 사업을 말한다." 여기서 '도시개발구역'이란 도시개발사업을 시행하기 위하여 지정·고시된 구역을 말한다.

㉡ 택지개발사업이란 「택지개발촉진법」 제2조 정의에 의해 일단(一團)의 토지를 활용하여 주택건설 및 주거생활이 가능한 택지를 조성하는 사업을 말한다.

② **재개발** : 기존 건물의 증축이나 개축, 대수선, 리모델링, 정비사업 등이 있다. 「도시 및 주거환경정비법」 제1장 제2조 정의에 의해 "정비사업"이란 도시기능을 회복하기 위하여 정비구역에서 정비기반시설을 정비하거나 주택 등 건축물을 개량 또는 건설하는 사업을 말한다. 정비사업에는 주거환경개선사업, 재개발사업, 재건축사업이 있다.

㉠ 주거환경개선사업이란 도시저소득 주민이 집단거주하는 지역으로서 정비기반시설이 극히 열악하고 노후·불량건축물이 과도하게 밀집한 지역의 주거환경을 개선하거나 단독주택 및 다세대주택이 밀집한 지역에서 정비기반시설과 공동이용시설 확충을 통하여 주거환경을 보전·정비·개량하기 위한 사업이다.
㉡ 재개발사업이란 정비기반시설이 열악하고 노후·불량건축물이 밀집한 지역에서 주거환경을 개선하거나 상업지역·공업지역 등에서 도시기능의 회복 및 상권활성화 등을 위하여 도시환경을 개선하기 위한 사업이다.
㉢ 재건축사업이란 정비기반시설은 양호하나 노후·불량건축물에 해당하는 공동주택이 밀집한 지역에서 주거환경을 개선하기 위한 사업이다.

> **➕ 알아보기** 도시재개발 시행방법에 의한 분류
>
> 도시재개발 유형별 분류방법에는 철거재개발, 개량재개발, 수복재개발, 보전재개발이 있다.
> 1. 철거재개발 : 철거재개발은 부적당한 기존환경을 완전히 제거하고 새로운 환경, 즉 새로운 시설물로 대체시키는 대표적인 도시재개발의 유형이다.
> 2. 수복재개발 : 도시시설 및 건물의 불량·노후상태가 관리나 이용부실로 발생된 경우 본래의 기능을 회복하기 위하여 현재의 대부분 시설을 그대로 보존하면서, 노후 및 불량화의 요인만을 제거시키는 소극적인 도시재개발 방법이다.
> 3. 개량재개발 : 수복개발의 일종으로서 기존 도시환경의 시설기준 및 구조 등이 현재의 수준에 크게 미달되는 경우 기존시설의 확장, 개선 또는 새로운 시설의 첨가를 통하여 기존 물리적 환경의 질적 수준을 높여 도시기능을 제고시키고자 하는 도시재개발의 한 형태이다.
> 4. 보전재개발 : 도시지역이 아직 불량·노후 상태가 발생되지는 않았으나 앞으로 노후·불량화가 야기될 우려가 있을 때, 사전에 불량·노후화의 진행을 방지하기 위하여 채택하는 가장 소극적인 도시재개발 사업이다.

> **➕ 알아보기** 도시 및 주거환경정비법 용어 정의
>
> **제2조(정의)**
>
> 이 법에서 사용하는 용어의 뜻은 다음과 같다.
> 1. "정비구역"이란 정비사업을 계획적으로 시행하기 위하여 제16조에 따라 지정·고시된 구역을 말한다.
> 2. "정비사업"이란 이 법에서 정한 절차에 따라 도시기능을 회복하기 위하여 정비구역에서 정비기반시설을 정비하거나 주택 등 건축물을 개량 또는 건설하는 다음 각 목의 사업을 말한다.
>   가. 주거환경개선사업 : 도시저소득 주민이 집단거주하는 지역으로서 정비기반시설이 극히 열악하고 노후·불량건축물이 과도하게 밀집한 지역의 주거환경을 개선하거나 단독주택 및 다세대주택이 밀집한 지역에서 정비기반시설과 공동이용시설 확충을 통하여 주거환경을 보전·정비·개량하기 위한 사업
>   나. 재개발사업 : 정비기반시설이 열악하고 노후·불량건축물이 밀집한 지역에서 주거환경을 개선하거나 상업지역·공업지역 등에서 도시기능의 회복 및 상권활성화 등을 위하여 도시환경을 개선하기 위한 사업. 이 경우 다음 요건을 모두 갖추어 시행하는 재개발사업을 "공공재개발사업"이라 한다.
>   1) 특별자치시장, 특별자치도지사, 시장, 군수, 자치구의 구청장(이하 "시장·군수등"이라 한다) 또는 제10호에 따른 토지주택공사등(조합과 공동으로 시행하는 경우를 포함한다)이 제24조에 따른 주거환경개선사업의 시행자, 제25조 제1항 또는 제26조 제1항에 따른 재개발사업의 시행자나 제28조에 따른 재개발사업의 대행자(이하 "공공재개발사업 시행자"라 한다)일 것

2) 건설·공급되는 주택의 전체 세대수 또는 전체 연면적 중 토지등소유자 대상 분양분(제80조에 따른 지분형주택은 제외한다)을 제외한 나머지 주택의 세대수 또는 연면적의 100분의 20 이상 100분의 50 이하의 범위에서 대통령령으로 정하는 기준에 따라 특별시·광역시·특별자치시·도·특별자치도 또는 「지방자치법」 제198조에 따른 서울특별시·광역시 및 특별자치시를 제외한 인구 50만 이상 대도시(이하 "대도시"라 한다)의 조례(이하 "시·도조례"라 한다)로 정하는 비율 이상을 제80조에 따른 지분형주택, 「공공주택 특별법」에 따른 공공임대주택(이하 "공공임대주택"이라 한다) 또는 「민간임대주택에 관한 특별법」 제2조 제4호에 따른 공공지원민간임대주택(이하 "공공지원민간임대주택"이라 한다)으로 건설·공급할 것. 이 경우 주택 수 산정방법 및 주택 유형별 건설비율은 대통령령으로 정한다.

다. 재건축사업 : 정비기반시설은 양호하나 노후·불량건축물에 해당하는 공동주택이 밀집한 지역에서 주거환경을 개선하기 위한 사업. 이 경우 다음 요건을 모두 갖추어 시행하는 재건축사업을 "공공재건축사업"이라 한다.
   1) 시장·군수등 또는 토지주택공사등(조합과 공동으로 시행하는 경우를 포함한다)이 제25조 제2항 또는 제26조 제1항에 따른 재건축사업의 시행자나 제28조 제1항에 따른 재건축사업의 대행자(이하 "공공재건축사업 시행자"라 한다)일 것
   2) 종전의 용적률, 토지면적, 기반시설 현황 등을 고려하여 대통령령으로 정하는 세대수 이상을 건설·공급할 것. 다만, 제8조 제1항에 따른 정비구역의 지정권자가 「국토의 계획 및 이용에 관한 법률」 제18조에 따른 도시·군기본계획, 토지이용 현황 등 대통령령으로 정하는 불가피한 사유로 해당하는 세대수를 충족할 수 없다고 인정하는 경우에는 그러하지 아니하다.

> **+ 알아보기** 빈집 및 소규모주택 정비에 관한 특례법 용어 정의

제2조(정의)

① 이 법에서 사용하는 용어의 뜻은 다음과 같다.
1. "빈집"이란 특별자치시장·특별자치도지사·시장·군수 또는 자치구의 구청장(이하 "시장·군수등"이라 한다)이 거주 또는 사용 여부를 확인한 날부터 1년 이상 아무도 거주 또는 사용하지 아니하는 주택을 말한다. 다만, 미분양주택 등 대통령령으로 정하는 주택은 제외한다.
2. "빈집정비사업"이란 빈집을 개량 또는 철거하거나 효율적으로 관리 또는 활용하기 위한 사업을 말한다.
3. "소규모주택정비사업"이란 이 법에서 정한 절차에 따라 노후·불량건축물의 밀집 등 대통령령으로 정하는 요건에 해당하는 지역 또는 가로구역(街路區域)에서 시행하는 다음 각 목의 사업을 말한다.
   가. 자율주택정비사업 : 단독주택, 다세대주택 및 연립주택을 스스로 개량 또는 건설하기 위한 사업
   나. 가로주택정비사업 : 가로구역에서 종전의 가로를 유지하면서 소규모로 주거환경을 개선하기 위한 사업
   다. 소규모재건축사업 : 정비기반시설이 양호한 지역에서 소규모로 공동주택을 재건축하기 위한 사업. 이 경우 도심 내 주택공급을 활성화하기 위하여 다음 요건을 모두 갖추어 시행하는 소규모재건축사업을 "공공참여 소규모재건축활성화사업"(이하 "공공소규모재건축사업"이라 한다)이라 한다.
      1) 제10조 제1항 제1호에 따른 토지주택공사등이 제17조 제3항에 따른 공동시행자, 제18조 제1항에 따른 공공시행자 또는 제56조에 따른 사업대행자(이하 "공공시행자등"이라 한다)일 것
      2) 건설·공급되는 주택이 종전 세대수의 대통령령으로 정하는 비율 이상일 것. 다만, 제27조에 따른 통합심의를 거쳐 「국토의 계획 및 이용에 관한 법률」 제18조에 따른 도시·군기본계획 또는 정비기반시설 등 토지이용 현황 등을 고려하여 대통령령으로 정하는 비율 이상 건축할 수 없는 불가피한 사정이 있다고 인정하는 경우에는 그러하지 아니하다.
   라. 소규모재개발사업 : 역세권 또는 준공업지역에서 소규모로 주거환경 또는 도시환경을 개선하기 위한 사업
9. "소규모주택정비 관리지역"(이하 "관리지역"이라 한다)이란 노후·불량건축물에 해당하는 단독주택 및 공동주택과 신축 건축물이 혼재하여 광역적 개발이 곤란한 지역에서 정비기반시설과 공동이용시설의 확충을 통하여 소규모주택정비사업을 계획적·효율적으로 추진하기 위하여 제43조의2에 따라 소규모주택정비 관리계획이 승인·고시된 지역을 말한다.

> ➕ **알아보기** 국토의 계획 및 이용에 관한 법률상 "기반시설"
>
> 1. 교통시설 : 도로, 철도, 공항, 주차장, 자동차정류장, 궤도, 차량 검사 및 면허시설
> 2. 공간시설 : 광장, 공원, 녹지, 유원지, 기타 공공공지
> 3. 유통·공급시설 : 유통업무설비, 수도·전기·가스·열공급설비,방송·통신시설, 공동구, 유류저장 및 송유설비
> 4. 공공·문화체육시설 : 학교, 공공청사, 문화시설, 공공 필요성이 인정되는 체육시설, 연구시설·사회복지시설·공공직업훈련시설, 청소년수련시설
> 5. 방재시설 : 하천, 유수지, 저수지, 방화설비, 방풍설비, 방수설비, 사방설비, 방조설비
> 6. 보건위생시설 : 화장시설·공동묘지·봉안시설·자연장지·장례식장·도축장·종합의료시설
> 7. 환경기초시설 : 하수도, 폐기물처리 및 재활용시설, 빗물저장 및 이용시설,수질오염방지시설, 폐차장

(2) 용지취득방법에 따른 개발유형 기출 20·21·22·24

① 단순개발방식 : 토지형질변경 등 토지소유자에 의한 자력개발을 의미하는 것으로 전통적인 개발방식이다.

② 환지방식 : 환지방식은 택지화가 되기 전의 토지의 위치·지목·면적·등급·이용도 등 기타 필요사항을 고려하여 택지개발 후 개발된 토지를 토지소유주에게 재분배하는 방식이다.

③ 매수방식 : 대상 토지의 전면매수를 원칙으로 하여 개발하는 방식이기 때문에 사업시행자에 의한 수용절차가 필요하다. '택지개발예정지구의 지정에 의한 택지공영개발사업'이 대표적이다.

④ 혼합방식 : 도시계획법에 의한 도시재개발사업, 주택건설촉진법에 의한 대지조성사업 등과 같이 대상 토지를 전면매수 또는 환지하는 것을 혼합방식이라 한다.

(3) 부동산 공영개발

① 개념 : 공공에 의한 토지개발 및 공급방식은 계획적이고 효율적인 토지이용, 부동산가격의 안정 및 원활한 택지 공급 등의 목적을 달성하고자 한다.

② 공공개입의 필요성
 ㉠ 시장의 실패를 수정하기 위함이다.
 ㉡ 효율성과 형평성을 추구하기 위함이다.

③ 공영개발의 장·단점
 ㉠ 장 점
  ⓐ 토지의 계획적 이용을 통해 토지이용의 효율성을 제고할 수 있다.
  ⓑ 택지의 대량 공급이 가능하다.
  ⓒ 개발이익의 사회적 환수가 가능하다.
  ⓓ 공공사업으로 재투자가 가능하다.
  ⓔ 토지 투기를 방지할 수 있으며, 지가안정을 기할 수 있다.
 ㉡ 단 점
  ⓐ 공영개발사업은 막대한 투자자금이 소요된다.
  ⓑ 공영개발사업은 토지의 취득을 위하여 주로 매수 방식을 취한다.
  ⓒ 공영개발사업은 초기에 투자되는 막대한 자본금의 신속한 회수가 불가능하다.

(4) 택지의 민간개발의 유형과 방식

민간의 부동산개발에서 사업방식은 지주자체사업, 지주공동사업, 토지신탁개발, 그리고 컨소시엄 구성 방식이 있다. 이밖에도 일본에서는 신차지방식의 개발이 있다.

① **지주자체개발방식**
  ㉠ 개념 : 토지소유자가 사업을 기획하고 직접 자금조달을 하여 건설을 시행하는 방식이며 통상적으로 가장 많은 형태이다. 자금조달은 토지소유자가 직접조달하고 건설 또한 토지소유자가 직접 하거나 도급발주를 하는 형태이다.
  ㉡ 장·단점
    ⓐ 장점 : 개발사업의 이익이 모두 토지소유자에게 귀속되고, 사업시행자의 의도대로 사업추진이 가능하며, 사업시행의 속도가 빠르다.
    ⓑ 단점 : 사업의 위험성이 높고, 자금조달의 부담이 크며, 위기관리능력이 요구된다.

② **지주공동개발사업** : 토지소유자와 개발업자 간에 부동산개발을 공동으로 시행하는 것으로서 토지소유자는 토지를 제공하고, 개발업자는 개발의 노하우를 제공하여 서로의 이익을 추구하는 형태이다. 지주공동사업의 가장 큰 장점은 불확실하고 위험도가 큰 부동산개발사업에 대한 위험을 지주와 개발업자 간에 분산하는 데 있다.
  ㉠ 공사비 대물변제방식 : 토지소유자가 건설공사의 도급발주시에 공사비의 변제를 준공된 건축물의 일부로 받는 방식이다.
  ㉡ 분양금 공사비 지급방식 : 토지소유자가 사업을 시행하면서 건설업체에 공사를 발주하고 공사비 지급은 분양 수입금으로 지급하는 방식이다.
  ㉢ 투자자모집형(syndicate) : 개발사업자가 투자자로부터 사업자금을 마련하여 사업을 시행하고 투자자에게는 일정의 투자수익 또는 지분을 보장하는 방법이다.
  ㉣ 사업수탁방식 : 건물의 기획설계에서부터 완공 후 관리·운영까지의 사업실시에 대한 전반을 개발업자가 담당하는 부동산개발방식을 말한다. 개발업자는 시행을 대행하는 것에 대한 수수료를 취하는 형태이다. 사업주체는 토지소유자이므로, 자금조달과 개발 후 분양이나 임대는 토지소유자 명의로 한다. 토지소유권과 건물의 소유권도 토지소유자에게 귀속된다.

> **➕ 알아보기** 등가교환방식
>
> 1. 개념 : 토지소유자가 토지를 제공하고 개발업자가 건물의 건설비를 부담하여 토지와 완성된 건물을 토지의 평가액과 건설비의 비율(출자비율)에 따라 분배하는 방식을 등가교환방식이라 한다. 즉, 토지소유자의 토지 위에 건설업자가 건물을 건설하고, 토지의 일부와 건물의 일부를 교환하고, 각각 취득한 토지·건물을 자신이 관리·운영하는 것이다.
> 2. 양도방식 : 양도범위에 따라 부분양도방식과 전부양도방식으로 나누어진다. 일반적으로 부분양도방식이 많이 사용된다.
>   ① 부분양도방식 : 지주의 토지소유권과 개발업자의 건물소유권을 부분적으로 등가교환하여 구분소유하는 방식이다.
>   ② 전부양도방식 : 토지와 건물 전체를 등가교환하여 공동소유하는 방식이다.

③ 토지신탁방식
  ㉠ 자신의 토지를 신탁회사에 위탁하여 개발·관리·처분하는 방식이며, 사업수탁방식과 유사하나 가장 큰 차이점은 신탁회사에 형식상의 소유권이 이전된다는 것이다.
  ㉡ 토지소유자는 우선 신탁회사에 토지소유권을 이전하고 신탁회사는 지주와의 약정에 의해 신탁수익증권을 수익자에게 발행하며, 이후 신탁회사는 금융기관으로부터 자금을 차입하여 건설회사에 공사를 발주한다.
  ㉢ 건물이 준공되면 신탁회사가 입주자를 모집하고 임대수익금에서 제세공과금을 공제한 후에 수익증권의 소유자에게 수익을 배당한다.

토지개발신탁(토지신탁)	사업수탁방식
토지소유권이 형식적으로 이전된다.	토지소유권이 이전되지 않는다.
신탁대상 : 토지	신탁대상 : 개발사업
개발사업주체 및 개발비용부담 → 신탁회사(수탁자)	개발사업주체 및 개발비용부담 → 토지소유자
개발 후 건물의 분양·임대가 수탁자(신탁회사)의 명의로 이루어진다.	개발 후 건물의 소유권이 토지소유자에게 귀속되므로 건물의 분양 및 임대가 토지소유자의 명의로 이루어진다.

④ 컨소시엄 구성형 : 대규모 개발사업에 있어서 사업자금의 조달 혹은 기술보완 등의 필요에 의해 법인 간에 컨소시엄을 구성하여 사업을 수행하는 방식이다.

> **+ 알아보기** 차지권(借地權) 설정방식
>
> 1. 구차지방식 : 차지인이 권리금을 주고 타인의 토지 위에 차지권을 설정하고 제3자(건설회사)에 의뢰하여 자신의 비용으로 건물을 건립한 후, 차지권부 건물을 분양하거나 임대하는 방식을 취한다.
> 2. 신차지방식(新借地方式)
>   ① 차지권의 기한이 도래했을 때에는 토지를 무상으로 원래 지주에게 반환하고 건물에 대해서는 일정한 금액으로 지주에게 양도하는 방식이다.
>   ② 신차지방식의 특징은 다음과 같다.
>   ㉠ 차지계약의 체결시에 권리금을 주고 받지 않는다.
>   ㉡ 차지계약기간 중 토지소유자에게 고액의 지대가 지불된다.
>   ㉢ 차지계약 종료시점에 토지는 무상으로 반환되고 건물은 시가로 양도된다.

(5) 부동산신탁 기출 21·23

① 신탁의 개념
  ㉠ 신탁의 의의 : 위탁자(신탁 설정자)와 수탁자(신탁을 인수하는 자)와의 특별한 신임관계에 의거하여 위탁자가 특정의 재산권을 수탁자에게 이전하거나 기타의 처분을 하고 수탁자로 하여금 일정한 자(수익자)의 이익을 위하여 또는 특정의 목적을 위하여 그 재산권을 관리·처분하게 하는 법률관계를 말하며, 신탁법에 그 기초를 두고 있다.
  ㉡ 부동산신탁의 의의 : 위탁자가 수탁자에게 부동산을 위탁하면 부동산의 소유권은 신탁회사 앞으로 이전되고 당해 부동산을 효율적으로 관리·처분하거나 최유효이용을 도모할 수 있도록 개발하여 그 성과를 토지소유자 또는 위탁자가 지정한 사람이나 단체(수익자)에게 되돌려주는 제도를 말한다.

신탁의 구조 및 요건

신탁 설정자(위탁자)	재산권의 관리·처분위임	신탁 인수인(수탁자)
자연인의 경우 원칙적으로 누구나 가능하지만 신탁행위능력에 필요한 행위능력은 있어야 함 → 행위 무능력자는 법정대리인이나 후견인의 동의가 필요함	**특별한 신임관계** 신탁이익교부 **수익자** 신탁법의 경우 수익자의 자격에는 아무런 제한이 없음	권리능력 및 행위능력을 갖추어야 함 → 행위무능력자 및 파산자는 될 수 없다고 신탁법에서 규정하고 있음

② **부동산신탁의 범위** : 신탁계약 당시의 신탁재산이 토지와 토지 위의 정착물 등 부동산을 포함한 경우를 부동산신탁이라고 한다. 부동산신탁의 성립조건은 신탁계약 당시 신탁재산이 부동산일 경우를 말하므로 신탁계약 당시에는 신탁대상 자산이 유가증권 등과 같이 부동산이 아닌 경우였지만, 그 재산을 신탁목적으로 운용하는 과정에서 부동산으로 변화되었다고 하더라도 이는 부동산신탁이 아니다. 반면에 신탁계약 당시에는 신탁대상 자산이 부동산이었지만 그 재산을 신탁목적으로 운용하는 과정에서 금전 등으로 전환된 경우에도 원칙적으로 부동산신탁이 된다.

③ **부동산신탁의 종류**
  ㉠ 관리신탁
   ⓐ 갑종 관리신탁 : 부동산소유자가 맡긴 부동산을 총체적으로 관리·운용하여 그 수익을 부동산소유자 또는 부동산소유자가 지정한 사람(수익자)에게 배당하는 것을 말한다.
   ⓑ 을종 관리신탁 : 일명 명의신탁이라고도 하며, 관리의 일부(소유권 관리) 만을 위임받아 신탁업무를 수행하는 것을 말한다.
  ㉡ 처분신탁
   ⓐ 갑종 처분신탁 : 부동산소유자가 맡긴 부동산에 대하여 처분시까지의 총체적 관리행위 및 처분행위를 신탁회사가 행하며, 처분대금을 부동산소유자 또는 수익자에게 교부하는 것을 말한다.
   ⓑ 을종 처분신탁 : 처분시까지의 소유권 관리 및 단순한 처분행위만을 수행하며, 처분 대금을 부동산소유자 또는 수익자에게 교부하는 것을 말한다.
  ㉢ 토지개발신탁 : 토지소유자가 토지를 신탁회사에게 위탁하면 신탁회사는 그 토지를 개발시킨 다음 임대하거나 분양하는 방식으로서 토지신탁이라고도 한다. 이 방식은 토지소유자가 경험이 없거나 개발자금이 없는 경우에 활용될 수 있다. 방식에는 임대형과 분양형이 있는데, 임대형 토지신탁이 일반적이다.
   ⓐ 임대형 토지신탁 : 위탁자가 토지의 최유효이용을 도모하여 수익을 올릴 목적으로 그 토지를 수탁자에게 신탁하고 신탁회사는 신탁계약에서 정한대로 선축사금 등의 조달, 건물의 건설, 임차인의 모집, 건물의 유지·관리 등을 행하여 그 관리 및 운영의 성과를 신탁배당으로 토지소유자에게 교부하는 것이다.
   ⓑ 분양형 토지신탁 : 토지 소유자를 대신하여 신탁회사가 택지조성·아파트 건설에서 분양까지의 일체의 업무를 대행하여 주는 제도이다.
  ㉣ 부동산담보신탁 : 부동산을 담보로 하여 금융기관에서 자금을 차용하려는 경우에 이용하는 방법으로서 담보신탁을 의뢰하면 신탁회사는 부동산감정평가의 범위 내에서 수익증권을 발급하고 부동산소유자는 이를 해당 은행에 제출하여 자금의 대출을 받는 방식이다.

(6) 사회간접자본시설에 활용되는 프로젝트 파이낸싱의 유형 [기출] 19·20·24

① BOT(Build-Operate-Transfer) 방식 : BOT방식은 특정 프로젝트 시설을 건설한 민간사업자가 투자비용을 회수할 때까지 이를 관리·운영한 후 계약기간 종료 시에 정부에 당해 시설을 양도하는 방식이다.

② BTO(Build-Transfer-Operate) 방식 : 사업시행자가 사회간접자본시설(SOC시설)을 건설하여 소유권을 주무관청에 양도하고 사업시행자에게 일정기간 시설관리 운영권을 부여하여 시설을 운영하는 방식이다.

③ BOO(T)(Build-Own-Operate-Transfer) 방식 : 사업시행자가 SOC시설을 건설하여 사업시행자가 당해 시설의 소유권을 갖고 시설을 운영하는 방식이다.

④ BTL(Build-Transfer-Lease) 방식 : BTL 방식은 시설의 준공(B)과 동시에 해당 시설의 소유권이 국가 또는 지방자치단체에 귀속(T)된다. 이후 사업시행자에게 일정기간의 시설관리 운영권을 인정하면서도 그 시설에 대한 일정 기간의 임차를 약속함으로서 국가 또는 지방자치단체(필요시 이용자도)가 시설임대료와 사용료를 지불하게 된다.

⑤ BLT(Build-Lease-Transfer) 방식 : 사업시행자가 SOC시설을 건설하여 일정기간 동안 시설을 주무관청에 리스하고, 리스기간 종료 후에 시설의 소유권을 주무관청에 양도하는 방식이다.

⑥ ROT(Rehabilitate-Operate-Transfer) 방식 : 사업시행자가 SOC시설을 개량·소유하고 운영하여 계약기간 종료 시에 시설 소유권을 주무관청에 양도하는 방식이다.

⑦ ROO(Rehabilitate-Own-Operate) 방식 : 사업시행자가 SOC시설을 개량하여 사업시행자가 당해 시설의 소유권을 갖고 시설을 운영하는 방식이다.

4. 개발과 보존(상품자원과 현장자원)

(1) 의 의

① **현장자원(現場資源)으로서의 토지** : 현장자원으로서의 토지란 생산과정을 거치지 않고 자연상태로 현장에 존재하면서 직접 어떤 효용을 발생시키는 토지를 말한다.

② **상품자원(商品資源)으로서의 토지** : 상품자원으로서의 토지란 자연적으로 주어진 토지에 노동과 자본의 투입을 통한 인위적 노력을 가함으로써 어떤 사회적 이익을 발생시키는 토지를 말한다.

(2) 현장자원과 상품자원의 비교

① **수요측면** : 소득증가, 교육수준 향상, 여가증대, 인구증가는 현장자원에 대한 수요를 크게 증가시킨다. 기술진보가 진전되고 소득수준이 향상됨에 따라 현장자원의 상품자원에 대한 상대적인 희소성과 사회적 가치는 점차 증대할 것이다.

② **공급측면** : 대체재의 동원 및 개발, 기술진보 등에 의해 크게 증가될 수 있는데 현장자원의 공급이 한정적이고 대체재가 부족하므로 일단 다른 용도로 전용되면 원상태로의 복귀가 어렵다.

③ **시장가격측면** : 상품자원으로서의 토지는 사회적 가치를 잘 반영하는 시장가격이 존재하는 반면, 공공재적 성격을 띠고 있는 현장자원의 경우에는 거래가격이 사회적 가치를 그대로 반영하지 못한다.

④ **공공재적 성격** : 일반적으로 공공재적 성격을 띠고 있는 현장자원의 경우에는 토지의 자연적 특성으로 인해 결정의 비가역성, 선택수요 등 수요추정이 곤란한 특수한 문제들이 있다.

⑤ **현장자원의 정책적 배려** : 수도권의 그린벨트나 공원녹지 등의 단순한 확산 억제에 국한시키는 것은 현장자원으로서의 사회적 가치를 크게 과소평가하는 것이다. 그러므로 현장자원은 사회적 가치에 상응하는 정부의 정책적 배려에 의해 보존되어야 한다.

> **➕ 알아보기** 현장자원과 상품자원으로서의 토지
>
> | 구 분 | 현장자원으로서의 토지 | 상품자원으로서의 토지 |
> |---|---|---|
> | 의 미 | 생산과정을 거치지 않고 자연상태로 현장에서 존재하면서 사회적 이익을 발생 | 노동과 자본의 투입을 통한 인위적 노력을 가함으로써 어떤 사회적 이익을 발생시키는 토지 |
> | 공 급 | • 한정적이고, 대체재가 부족하다.
• 불가역성 | 대체재의 동원 및 개발, 기술진보 등에 의해 크게 증가될 수 있다. |
> | 수 요 | • 소득증가, 여가증대로 수요가 증가한다(소득이 탄력적이다).
• 공공재적 성격상 그 사회적 가치를 충분히 반영하는 시장의 힘을 갖지 못한다. | • 인구증가, 산업의 발달, 도시화
• 상품자원에 대한 개발수요는 구체적으로 그 수요가격에 반영된다.
• 상품자원은 이와 같이 시장의 힘에 의해서 뒷받침된다. |

(3) 이용계획제한으로 인한 손실완화제도

토지이용 및 개발의 계획제한으로 인한 손실보상을 해주든지 손실을 완화시킬 수 있는 제도의 채택이 요청된다.

① **토지매수청구권제도** : 계획제한으로 토지이용이 엄격하게 제한된 결과, 토지소유자에게는 토지소유 자체가 의미없게 되는 경우가 있다. 이 경우에 토지소유자가 타인에게 토지를 매각하는 것도 어려운 때에는 정부에 대하여 매수청구권을 인정하여 정부가 매수하게 하는 제도이다.

② **개발권 선매제도**
  ㉠ 의의 : 토지소유권은 개인에게 인정하되 개발권을 정부가 토지소유자로부터 미리 매입하는 제도이다. 토지소유자는 소유권은 보유하되 개발권은 행사하지 못하는 제도이다.
  ㉡ 장 점
    ⓐ 이해당사자 합의에 입각한 제도이므로 농민의 호감을 살 수가 있다.
    ⓑ 농업에 종사할 사람은 손쉽게 취득함으로써 농지보전 영속성을 높인다.
    ⓒ 농민들의 재정적 안정성을 가져올 수 있다.
    ⓓ 그 지역의 지가안정과 투기를 방지할 수 있다.

③ **개발권이전(양도)제도(TDR ; Transferable Development Right)**
  ㉠ 의의 : 특정지역에 있는 토지의 소유주에게 개발권을 행사하지 못하게 하는(송출지역) 대신 다른 지역에서 그 개발권을 행사(수용지역)하는 제도로서 일종의 공중권이다.
  ㉡ 목적 : 개발권과 소유권을 분리하되 개발권 상실로 인한 우발손실을 시장기구를 통해서 다른 곳의 개발권과 결부된 우발이익을 보상하려는 일종의 형평성문제를 해결할 목적이다.
  ㉢ 도입배경 : 초기에는 도시지역의 역사적 유물이나 문화적 유물을 보존하는 용도로 사용했지만, 현재는 환경보전, 생태계보전, 저소득층 주거지 확보 등 토지이용규제의 수단으로 활용되고 있다.

ⓔ 활용 : 토지개발에 따른 공중이용과 공중권은 대도시에 있어서 토지의 입체적 고도이용 및 공간의 효율적인 활용을 촉진시키기 위해서 외국에서는 널리 활용되고 있다. 이는 토지 상부의 미이용 공간을 그 밑의 토지나 지표와 관계없이 토지소유권과 별개의 독립된 객체로 인정함으로써 그 상부공간에 건축물을 건축하거나 또는 상부공간에 상당하는 용적률 등의 개발허용 한도를 인근의 토지로 이전시켜 본래 정해진 한도를 상회하는 규모의 건축물을 건축할 수 있는 권리로 활용되고 있다.
　㉤ 개발권(TDR)에 대한 수요공급개발권에 대한 수요가 발생하도록 하기 위해서는 토지이용규제 당국은 다음과 같은 조치를 취해야 한다.
　　ⓐ 개발지역에 있어서 토지를 보다 집약적으로 이용하려는 강한 경제적 동기가 팽배하도록 여건을 조성해야 한다(**예** 지가상승 등의 유인인자가 유발될 것).
　　ⓑ 개발권의 취득 없이는 토지개발자가 원하는 정도로 토지를 집약적으로 이용할 수 없도록 개발행위가 효과적으로 규제되고 있어야 한다. 즉, 개발권(TDR)에 대한 수요는 입체적 토지이용규제를 통해서 창출될 수 있다는 것이다. 개발권에 대한 수요에 영향을 주는 또 하나의 요인은 앞에서 언급한 개발권 전환율이다.
　㉥ 결론 : 개발권양도제도가 성공적으로 수행된다면 토지이용규제에 따른 형평의 문제를 어느 정도 해소해주기 때문에 당초 의도한 토지이용규제의 목적을 효과적으로 수행케 할 것이다. 그러나 이 제도는 개발가능지역에서 이미 설정된 규제 상한선 이상으로 토지를 개발할 수 있음을 전제하기 때문에 개발가능지역의 과밀 및 혼잡을 가중시킴으로써 사회적 비용을 발생시키는 토지이용 효율상의 문제와 개발이 만연하여 용도지역지구제 규제의 틀이 와해될 우려가 있다.

5. 도시의 경제기반모형

(1) 경제기반모형의 기본가정

경제기반모형은 도시경제는 기반활동(basic activity)과 비기반활동(non-basic activity)으로 구성된다는 간단한 가정 하에 근거하고 있다.
① 기반활동 : 기반활동은 대상도시의 외부로 수출하기 위하여 재화와 용역을 생산하여 판매하는 활동으로 외부로부터 화폐의 유입을 가져오는 활동이다.
② 비기반활동 : 비기반활동은 대상도시 내부에서 소비되는 재화와 용역을 생산하여 판매하는 활동으로 도시 내부의 화폐유통을 가져오는 활동이다.

(2) 입지계수(LQ ; Location Quotient 또는 입지상)

이 방법은 특정산업의 고용구조를 기준으로 분석대상도시의 산업구조를 전국의 산업구조와 비교하는 것이다. 입지계수(LQ)는 다음과 같다.

$$입지계수(LQ) = \frac{특정산업의\ 지역고용률}{특정산업의\ 전국고용률} = \frac{\dfrac{특정지역의\ 특정산업의\ 고용자수}{특정지역의\ 전체산업의\ 고용자수}}{\dfrac{전국의\ 특정산업의\ 고용자수}{전국의\ 전체산업의\ 고용자수}}$$

① LQ > 1인 경우 해당 산업은 특정도시의 기반산업이다.
② LQ < 1인 경우 해당 산업은 특정도시의 비기반산업이다.

제2절 부동산 권리분석 기출 20·21·22·23

I 권리분석의 이해

1. 권리분석의 의의
권리분석이란 부동산에 관한 권리관계의 태양을 실제로 조사·확인·판단하여 권리상태의 현상을 명확히 인식한 후 안전한 부동산활동을 영위하기 위한 부동산 활동을 말한다.

2. 권리분석의 필요성
① 부동산등기에는 공신력이 없기 때문에 등기 내용은 신뢰하기 어렵다.
② 부동산권리에는 등기하지 아니해도 되는 관습상의 권리가 있다.
③ 부동산권리에는 사법 외에 많은 공법상의 규제가 있기 때문에 이를 모르고 거래한 자는 불의의 손해를 본다.

3. 권리분석의 성격
① 권리관계를 취급하는 활동 : 부동산에 관한 권리관계를 대상으로 하는 활동으로 경제관계를 취급하는 평가활동과 구별된다.
② 권력적 행위 : 권리관계를 취급하지만, 재판이나 수사행위 같은 권력적 행위는 아니다.
③ 사후확인행위 : 권리분석은 등기 이후의 권리관계를 사후적으로 분석하는 활동이다.
④ 주관성과 객관성 : 권리분석은 객관적인 자료와 분석자의 주관적인 판단에 의해 이루어진다.
⑤ 과학성과 기술성 : 권리분석에 필요한 체계적인 지식과 실무적인 경험에 의해 이루어지므로 과학성과 기술성을 지닌다.
⑥ 사회성과 공공성 : 권리분석의 결과가 사회에 미치는 영향이 매우 크기 때문에 사회성과 공공성이 요구된다.

4. 권리분석의 특별원칙 기출 20

(1) 능률성의 원칙
부동산권리분석이 다른 부동산활동에 영향을 주기 때문에 권리분석이 능률적이어야 한다.

(2) 안정성의 원칙
이 원칙은 권리관계에 대한 일련의 조사·확인·판단에 높은 안정성이 있어야 한다는 것이다.
① 하자선제의 원칙 : 모든 권리는 일단 하자가 있는 것으로 가정한다. 이느 권리도 충분히 확인하지 않고 안전하다고 볼 수 없다.
② 완전심증의 원칙 : 의심스러우면 안정성에 따라야 한다. 부동산권리분석의 실무과정에는 조금만 의심스러운 경우가 있어도 충분히 확인하여야 한다.
③ 범위확대의 원칙 : 모든 분석·판단에 있어서 범위를 넓혀서 보도록 노력을 해야 한다. 범위를 넓히는 만큼 안정성이 확보되기 때문이다.
④ 차단의 원칙 : 부동산권리분석의 과정에 있어서 여러 가지 판단에 혼동을 초래할 위험이 있는 모든 원인은 미리 분리시켜야 한다.

⑤ **유동성 대비의 원칙** : 권리분석 결과 얻은 증거나 증인 또는 증언에 대하여 소멸·사망하거나 번복되는 경우에 대비하라는 원칙이다.

(3) 증거주의의 원칙
부동산권리분석사가 행한 일련의 조사·확인·판단은 반드시 증거에 의해서 뒷받침되어야 한다. 이 원칙은 안정성을 지원하는 원칙이라고도 할 수 있다.

(4) 탐문주의의 원칙
탐문활동이란 부동산권리분석활동에 필요한 여러 가지 자료와 정보를 부동산권리분석사가 직접 탐문하여 얻는 것을 말한다.

5. 권리분석의 분류 기출 21·22

(1) 권리관계 분석의 범위에 의한 분류

등기할 수 있는 권리관계	A	→ A : 협의의 권리분석
부동산의 법률적 가치	B	→ A+B : 광의의 권리분석
부동산의 상태 또는 사실관계 등기능력이 없거나 요하지 않는 권리관계	C	→ A+B+C : 최광의의 권리분석

① **협의의 권리분석**
  ㉠ 협의의 권리관계란 부동산등기법에 의해서 등기할 수 있는 권리관계를 의미하며, 협의의 권리관계를 권리분석의 대상으로 삼는 것을 협의의 권리분석이라 한다.
  ㉡ 권리분석의 대상은 사법적 권리관계와 소유권의 완전성(소유권, 지상권, 지역권, 전세권, 저당권, 임차권, 권리변동 등)에 대한 하자를 중심으로 한다.

② **광의의 권리분석**
  ㉠ 광의의 권리관계란 협의의 권리관계에 부동산의 법률적 가치를 포함한 것을 말한다.
  ㉡ 부동산의 법률적 가치에는 법률적 이용가치와 법률적 경제가치가 있다.

> **➕ 알아보기** 부동산의 법률적 가치
>
> 1. 법률적 이용가치 : 부동산의 이용에 관해서 공·사법상 인정되는 실질적 이익(불이익)의 정도를 말함
>   ① 플러스 요인(면세 등)
>   ② 마이너스 요인(이용규제) : 용도지역제, 용적률, 건폐율 등
> 2. 법률적 경제가치 : 사실관계에서의 경제적 이익이나 불이익을 말함
>   예 지상권 → 지상물 매수청구권

③ 최광의의 권리분석이란 광의의 권리관계에 '부동산의 상태 또는 사실관계, 등기능력이 없거나 요하지 않는 권리관계' 등을 포함하여 최광의의 권리관계라 한다.

> **➕ 알아보기** 최광의의 권리관계
>
> 1. 부동산의 상태 또는 사실관계 : 도로관계, 세금관계, 면적 등 표시에 관한 등기관계, 대상부동산이 공·사법상 적합한가에 관한 문제, 분묘의 존재관계(분묘기지권) 등의 개별적 확인사항이 있다.
> 2. 등기능력이 없는 권리관계 : 등기사항전부증명서를 통해 확인할 수 없는 것은 유치권, 점유권, 법정지상권, 분묘기지권, 권리질권이 해당되는 내용이다.
> 3. 등기를 요하지 않는 권리관계 : 상속, 공용징수, 판결, 경매, 법정지상권 등이 있다.

(2) 권리관계의 시점에 의한 분류
　① **현황권리분석** : 현재 권리의 분석으로 공부상 권리가 중심이지만, 공부 외의 권리도 대상이 된다. 다만, 현황이라 하여 과거를 전혀 무시하는 것은 아니다.
　② **소급권리분석** : 부동산권리분석에 대한 안정성을 높이기 위해 과거로 소급해서 행하는 권리분석이다. 현황권리분석에 비하면, 비용·시간·실무면에서의 부담은 늘지만, 안정상에 대한 커버리지(coverage)의 증대가 되는 실익은 크다고 할 수 있다.

6. 부동산 등기 사항 기출 21·23·25

(1) 등기사항전부증명서 내용
부동산 등기부 등본 표시 사항은 표제부, 갑구, 을구로 구성되어 있다.
① **표제부** : 표제부에서는 부동산의 표시와 구조에 관한 사항을 확인할 수 있다.
　㉠ 토지 경우는 지번, 지목, 지적이 표기되고, 건물은 지번, 구조, 용도, 면적이 기재된다.
　㉡ 접수일자, 해당 건물의 소재 지번 및 건물번호, 건물의 내역, 등기원인 및 기타 사항이 기록되어 있고, 토지분할이나 지목의 변경 또는 건물 구조의 변경이나 증축 등에 의한 면적 변경도 표제부에 기재된다.
　㉢ 아파트 등 집합건물의 경우에는 전체 건물에 대한 표제부와 구분된 개개의 건물에 대한 표제부가 따로 있다.
② **갑구** : 갑구에서는 소유권에 관한 사항이 기재된다. 소유권자, 소유권이전이 표시되었는데, 추가로 가압류, 압류, 가처분, 가등기, 예고등기 등과 이들 권리의 변경등기, 말소 및 회복등기 등은 모두 갑구에 등재된다.
③ **을구** : 을구에는 소유권 이외의 권리(담보, 채무 등)가 표시되는 곳이다. 을구에는 소유권 이외의 권리인 저당권, 전세권, 지상권, 지역권, 임차권 등의 사항과 최고 채권 금액이 기재된다.

Ⅱ 부동산등기제도 흠결의 보완

1. 개 설
부동산은 지리적 위치의 고정성으로 인해 부동산의 소유권 기타 권리관계는 '부동산등기'라는 공시방법에 의하여 거래가 이루어지게 된다.

소유권 기타 권리관계 파악	물적 일치 여부 파악
등기사항증명서 기준	토지대장, 건축물 대장 기준

2. 공시의 원칙과 공신의 원칙
공시의 원칙은 부동산의 소유권을 비롯한 물권의 변동은 언제나 외부에서 인식할 수 있는 공시방법을 갖추어야 한다는 원칙이다. 공신의 원칙이란 공시방법을 신뢰해서 거래한 자는 비록 그 공시방법이 진실한 권리관계와 일치하지 않더라도 그 공시된 대로의 권리를 인정하여 보호를 받아야 한다는 원칙을 말한다.

3. 부동산 등기에 관한 입법례

① 독일법주의에서는 등기부는 물적편성주의에 의하며, 등기는 물적변동의 효력요건이면서 공신력이 인정되고, 등기공무원은 실질적 심사권을 갖는다.
② 프랑스법주의에서는 등기부는 인적편성주의에 의하며, 등기는 물권변동의 대항요건일 뿐 공신력이 없고, 등기공무원은 형식적 심사권만을 가질 뿐이다.
③ 미국법상의 토렌스 식은 독일법주의와 유사하나 등기와 같은 내용의 증서를 발행하여 권리자에게 주고 있다.

4. 우리나라 등기제도의 문제점

우리나라의 부동산등기제도는 독일법체계를 따르고 있으나, 등기의 공신력을 인정하지 않고, 등기공무원에게 형식적 심사권만 인정하면서도, 프랑스법주의에서의 공정증서와 같은 제도적 보완장치를 갖추고 있지 못한 제도상의 흠결이 있는 상태이다. 즉, 부동산 소유·이용·매매·저당행위를 관장하는 등기제도를 채택하면서 등기부 기재사실에 대해 공신력은 인정하지만 그 등기부에 기재된 기록을 믿고 부동산거래를 하는 선의의 당사자는 보호하지 않는다. 그 결과 부동산거래에 있어서 당사자는 하자있는 법률행위로 인한 부동산 거래사고의 위험에 노출되어 있으며, 부동산 등기서류의 변조·위조가능성도 항상 존재하며, 이는 외국인 투자자들이 국내 부동산시장을 꺼리는 저해요인이 되고 있다.

5. 거래사고의 유형

① 법률적 거래사고는 부동산의 공·사법적 측면에서 문제가 되는 유형의 사고이다. 권리관계 등에 대한 조사·판단이 미진하여 법률행위의 주체에게 불의의 차질을 가져오는 경우를 말한다.
② 경제적 거래사고는 거래가격이 불합리하게 높거나 반대로 불합리하게 낮은 경우를 말한다.
③ 기술적 거래사고는 견고성, 택지개발상 난이의 정도, 지반의 견고성, 건물의 내용연수 등에 대한 기술적 조사·판단이 미진하여 거래의 주체에게 불의의 손해를 야기시키는 경우이다.
④ 유통적 사고는 부동산의 경제적 가치평가측면에서 파생되는 것으로 부동산이 판매의 목적으로 시장에 출품되었음에도 표준적인 거래시간에 매각되지 못하는 경우를 말한다.

법률적 거래사고	경제적 거래사고	기술적 거래사고
• 권리 취득의 불가능 • 부적법한 건물의 취득 • 이중매매 또는 이중계약서 작성 • 인수 또는 이용 불가능	• 불합리한 거래가격 • 불합리한 임대가격 • 수익성 판단의 오류	• 건물구조물에 대한 판단 오류 • 시설설비에 대한 판단 오류 • 건축물 위치 및 내용에 대한 오류

6. 부동산 등기제도 흠결을 위한 수단

(1) 권원조사

권원조사는 매수인인 변호사, 권원조사자, 권원보험회사에게 조사 의뢰하여 그 결과를 바탕으로 한 권원의견을 기초로 하여 당해 부동산의 권원을 취득함으로써 자기의 권원을 보호하는 것을 말한다.

(2) 권원요약서

권원요약서란 대상부동산에 관한 소유권의 '권원의 연쇄'에 관한 역사적 사실을 요약해 놓은 것이다. 권원요약자는 전문적인 기술과 지식이 필요하므로, 변호사나 요약회사가 담당한다. 권원요약자는 권원보증을 하거나 권원에 대한 의견을 개진하지는 않지만, 권원요약자의 고의·과실로 인한 고객의 손실에 대해 책임을 진다.

(3) 권원증서·권원의견서

권원증서란 권원조사자가 권원요약서에 누락되거나 고려되지 못한 사항, 권원상의 하자와 이의 소유권자의 권리에 미칠 영향 등을 조사하여 이에 대한 견해를 밝힌 문서이다.

(4) 권원보험

권원보험계약은 권원의 하자로 인하여 피보험자가 입게 되는 손실을 보험금으로 전보하는 손해보험계약이다. 권원보험은 부동산권원을 보험의 목적으로 하며, 물리적인 부동산 그 자체나 그 부동산의 가치를 보험의 목적으로 하는 것이 아니다. 권원보험은 권원조사에 의한 권원요약이 권원의 흠결에 보호를 받지 못하는 것을 보완하기 위한 것으로 오늘날 미국의 대부분 지역에서 활용되고 있다.

(5) 토렌스제도

1) 의 의
토렌스제도는 부동산의 권원을 관할법원에 등록하게 하고, 법원이 등록된 부동산에 대한 권원을 보증하는 제도로서, 미국의 일부 주에서 채택하고 있다.

2) 평 가
권원 조사, 권원보험 등이 형식적 심사주의의 미비점을 보완하기 위한 제도인데 비해, 토렌스제도는 실질적 심사주의에 해당된다. 토렌스제도는 권원을 인수받은 사람은 권원증서상에 나타나는 어떠한 사항에 대해 아무런 책임을 지지 않는 대신, 관할법원이 애초의 권원조사시 착오, 누락 등으로 인한 매수인의 손해를 보상해 준다. 이를 위해 관할법원은 등록수수료로 보증기금을 설정한다. 토렌스제도는 시간과 비용이 많이 들고 현재의 소유자보다 미래의 소유자를 지나치게 보호한다는 비판이 있다.

(6) 에스크로우(Escrow) 제도 기출 22

1) 의 의
에스크로우란 제3의 독립기관이 쌍방 대리인의 자격으로 매매에 관련된 보증금이나 보증 또는 그것에 해당하는 재산과 서류일체를 계약조건이 종료될 때까지 보관하는 것을 의미한다. 이를 담당하는 회사를 에스크로우 회사라 한다.

2) 에스크로우의 유효(성립)조건
① 매수인과 매도인 사이에 구속력 있는 계약 : 이 계약은 매매계약, 보증금 영수증, 토지계약, 선택권, 교환계약 또는 다른 법적 구속력을 가지는 것이라 할 수 있다.
② 조건부 인도 : 에스크로우 회사에 이전증서가 조건부로 인도되어야 한다. 여기에는 부동산 매매관련 비용 일체, 매도인의 매수인에 대한 부동산소유권 양도증서, 융자서류 및 기타 관련서류가 포함된다.
③ 제3의 독립적인 당사자 : 매도인과 매수인을 쌍방 대리하는 제3의 독립적인 당사자, 일반적으로는 에스크로우 회사가 된다.

제3절 부동산 관리론

I 부동산관리의 개념 및 이해

1. 부동산관리의 의미
부동산관리란 부동산을 그 목적에 맞게 최유효이용을 할 수 있도록 부동산의 취득·유지·보존·개량과 그 운용에 관한 일체의 행위를 말한다.
① 유지(보존)관리 : 보존관리란 대상부동산의 현상유지를 위한 보존을 통하여 대상부동산의 경제적·물리적 내용연수를 높이는 행위를 말한다.
② 이용(운용)관리 : 이용관리란 대상부동산의 성질을 변화시키지 않는 범위 내에서 그 유용성(쾌적성·수익성·생산성)을 증대시키는 행위를 말한다.
③ 개량활동 : 개량이란 부동산의 경제적·법률적·기술적인 하자를 제거함으로써 그 기능과 이용효율을 높이려는 행위를 말한다.

2. 부동산관리의 필요성
① 도시화 : 인구의 도시집중으로 주택구조를 단독주택에서 공동주택으로 변경시켰고, 그로 인하여 공동주택의 전문적인 관리를 필요로 한다.
② 건축기술의 발달 : 건축기술이 발달함에 따라 도시의 건물이 대형화·고층화되고, 이에 따라 전문적인 관리가 아니고는 그 유지가 불가능하게 되었다.
③ 부재소유자의 요구 : 도시화는 부동산개발이나 투자를 촉진하게 되어 도시지역의 부동산은 대량으로 임대화되고 이와 같은 부재자의 소유현상은 부동산관리를 전문관리인에게 위탁하게 만드는 요인이 되었다. 특히, 근간에는 간접투자의 활성화로 인하여 소유와 경영이 분리되면서 전문적인 자산관리회사의 필요성이 증가되고 있다.

3. 부동산관리의 분류
(1) 관리업무에 따른 분류
부동산관리는 크게 기술적 관리·경제적 관리·법률적 관리로 구분하게 되며, 광의의 부동산관리는 복합적 측면에서의 관리를 의미한다.
① 기술적 관리 : 협의의 부동산관리를 의미하며, 유지관리라고도 한다. 물리적·기능적 하자, 경계측량, 보안관리 등이 있다.
② 경제적 관리 : 경제적 관리는 경영관리라고도 하며 대상부동산으로부터 발생하는 수익이 극대화되도록 하는 관리로 자산가치 측면을 강조한 것이다. 인력관리, 수지관리, 부동산의 운영 현황에 맞는 정확한 회계관리 등이 있다.
③ 법률적 관리 : 법률적 관리란 보존관리라고도 하며, 부동산의 행정적·법률적 하자의 제거와 예방을 위하여 행정상 또는 법률상 절차와 조치를 취하는 관리행위이다. 법률적 관리의 내용으로는 계약관리, 권리분석과 조정 등이 있다.

구 분	기술적 관리(협의의 관리)	경제적 관리	법률적 관리
내 용	• 위생관리 • 설비관리 • 보안관리	• 회계관리 • 수지관리 • 인력관리	• 계약관리 • 권리관리 • 조정관리
토 지	• 경계확정 : 경계표지, 측량 • 사도방지 : 철조망시설 • 경사지대책 : 옹벽, 배수관리	• 공사장의 가건물 • 모델하우스 • 주차공간	• 권리관계 조정 • 토지도난의 대책 • 법률적 이용가치의 개선
건 물	• 위생관리 : 청소, 해충관리 • 설비관리 : 기구의 운전 보수 • 보안관리 : 방범, 방재 • 보전관리 : 건물의 현상 유지	• 손익분기점관리 • 회계관리 • 인력관리	• 임대차계약 • 기타 시설이용에 관한 계약 • 권리보존관계 • 공법상 규제 사항관리

(2) 관리주체에 따른 분류 기출 19·20·22·24

1) 자가관리

자가관리란 단독주택, 연립주택, 소규모 공동주택, 작은 면적의 토지 등을 소유자 자신이 직접 관리하는 방식이다. 이는 부동산소유자가 자기의 부동산을 직접 관리하든가 또는 타인에게 임대한 부동산 및 기타 시설물을 직접 관리하는 방식이다.

① 장 점
   ㉠ 자기가 직접 관리함으로써 관리비가 절약되고, 항상 주의를 집중하여 하자발생을 미연에 방지할 수 있다.
   ㉡ 일반주택이나 소규모 부동산에 유효한 관리방법으로, 기밀유지에 효과적이며 친절한 서비스를 제공할 수 있다.
   ㉢ 항상 부동산에 대한 관심을 가지고 있으므로 종합적이고 보안관리면에서 효율적인 관리가 가능하고, 소유자가 관리업무에 대해 지시 및 통제권한이 강하다.
   ㉣ 기술적인 유지와 환경을 양호하게 보존할 수 있다.

② 단 점
   ㉠ 소유자가 부동산관리의 전문가가 아닌 경우, 전문성을 발휘할 수 없고, 자기소유 부동산의 관리 때문에 직업에 종사하기 어렵다.
   ㉡ 업무가 타성에 젖기 쉽고, 적극적 의욕을 결하기 쉽다.
   ㉢ 인력관리가 비효율적일 수 있고, 인사정체가 심하며, 관리비가 필요 이상으로 상승하고 불합리하게 지출될 수 있다.

2) 위탁관리(외주관리, 간접관리)

부동산의 소유자가 직접 관리하지 않고 전문업자에게 위탁하여 관리하는 방식이다. 공동주택이나 빌딩 관리에 많이 이용하는 방식으로 관리방식 중 가장 진보된 관리방식이다. 이는 인구의 도시집중으로 인해 고층빌딩의 건축과 주택의 집합화, 고층화에 따른 고도의 관리기술의 필요성 때문에 부동산관리의 전문화와 더불어 이 방식의 채용이 점차 증대하는 경향이 있다.

① 장 점
- ㉠ 전문분야 외의 사항을 분리함으로써 소유자는 본업에 전념할 수 있고, 급여체제나 노무가 단순화된다.
- ㉡ 관리업무의 매너리즘화가 방지되고, 전문업자를 활용함으로써 부동산관리가 합리적이다.
- ㉢ 부동산관리를 위탁함으로써 자사의 관리체계를 단순화할 수 있고, 부동산관리 비용이 저렴하고 안정된다.

② 단 점
- ㉠ 관리사 또는 전문관리회사의 신뢰도가 문제시될 수 있고, 위탁수수료 등에 의한 관리비가 지출된다.
- ㉡ 전문관리회사의 관리요원에 대한 인사의 이동이 심할 수 있으며, 부동산 내의 기밀유지 및 보안이 불완전하다.
- ㉢ 부동산관리요원들의 부동산설비에 대한 애호정신이 낮고, 각 부분의 종합적관리가 용이하지 않다.

3) 혼합관리

부동산의 특성에 따라 일부는 소유자가 직접 관리하고 필요한 부분만 전문가에게 위탁하여 관리하는 방식이다. 이는 자가관리와 위탁관리의 장점을 채용한 형태이다.

① 장 점
- ㉠ 관리업무에 대한 강한 지도력을 계속 확보하고, 위탁관리의 이점을 이용할 수 있다.
- ㉡ 부득이한 업무부분만을 위탁관리하므로 자가관리와 위탁관리의 장점을 가질 수 있다.
- ㉢ 자가관리에서 위탁관리로 이행하는 과도기에서 채택할 수 있는 방식이다.

② 단 점
- ㉠ 자가관리와 위탁관리 부분과의 책임소재가 불명확하여 전문업자를 충분히 활용할 수 없다.
- ㉡ 자가관리 종업원과 위탁관리 종업원 사이에 원만한 관계유지가 어렵고, 운영이 잘못되면 두 가지 방식의 단점에 노출될 수 있다.

구 분	장 점	단 점
자가관리 (소규모, 주택건물)	• 입주자에 대한 최대한의 서비스 • 소유자가 강한 지시통제력 발휘 • 관리 각 부분을 종합적으로 운영 • 기밀유지와 보안관리가 양호 • 유사시 협동신속 • 부동산설비에 대한 애호정신이 높음	• 업무의 적극적 의욕결여(안일화, 개혁곤란, 매너리즘화) • 관리의 전문성 결여(소유자 비전문) • 인력관리 비효율적(참모체제 방대) • 인건비가 불합리하게 지불될 우려 • 임료의 결정·수납이 불합리적
위탁관리 (대형건물, 공동주택)	• 전문적인 관리와 서비스를 받을 수 있음 • 소유자는 본업에 전념할 수 있음 • 부동산관리비용의 저렴 및 안정 • 자사의 참모체계 단순화 • 급여체제나 노무관계의 단순화	• 관리요원 설비 애호정신 저하 • 관리요원 인사이동이 많음 • 종합적 관리 애로 • 종업원의 신뢰도 저하 • 기밀유지 및 보안의 불안전
혼합관리 (대형, 고층건물)	• 강한 지도력을 계속 확보하면서 위탁관리의 편리를 이용 • 부득이한 업무부분만을 위탁 • (자가관리 → 위탁관리) 과도기적 방식	• 책임소재가 불명확 • 관리요원 사이의 원만한 협조를 기대하기가 곤란 • 운영 악화시 양방식 결점만 노출됨

(3) 관리목적에 따른 분류 기출 22·25

1) 시설관리(Facility Management)
시설관리는 단순한 부동산의 유지보전을 목적으로 현장에서 문제된 시설을 보수하거나 청소, 방범 등 현실성이 강한 업무에 초점을 둔다. 즉, 시설설계 및 계획, 내부설비, 비용계획 및 최소화, 공간의 쾌적성 및 최유효화 등이 시설관리의 주요 관심대상이다. 부동산 사용자에 관련된 일들을 중점적으로 취급하며, 자산의 성과에 대하여는 직접 관여하지 않는다는 점에서 부동산관리와 구별된다.

2) 부동산관리(Property Management)
시설관리로부터 발전한 부동산관리는 부동산의 유지·보전을 포함하여 부동산공간의 마케팅, 임차인관리, 현금흐름의 관리, 회계 등의 업무까지도 처리한다. 부동산의 관리적 운영에 초점을 두어 가치창출을 도모하는 것으로서, 부동산의 순영업소득 극대화를 목표로 한다. 일반적으로 부동산관리는 개별 부동산의 소유자나 부동산에 투자한 지분소유자들의 관점에서 고려될 수 있으며, 자산관리는 기관투자가나 법인기업의 부동산을 관리하는 목적과 시각의 관점에서 이해하지 않으면 안 된다.

3) 자산관리(Asset Management)
자산관리는 소유자의 목표가 달성되도록 부동산의 가치와 관련된 관리기능을 감독하는 과정이라고 정의할 수 있다. 즉, 단일 부동산 또는 부동산 포트폴리오를 포괄하여 부동산가치 창출을 위한 투자 및 경영전략을 계획하고 적용하는 기능으로, 구체적으로는 투자목적과 전략수립, 시장분석 및 자산분배 실시, 리스크 관리, 부동산 성과의 측정, 매입, 처분의사결정을 내리는 일련의 기능을 담당하는 것이다.

II 부동산 관리활동

관리자들이 행하는 부동산 관리활동은, 다음과 같은 5가지의 업무영역으로 나누어진다.

① 임대차 활동(leasing activity)
② 임대료 수집
③ 대상부동산의 유지활동(maintenance activity)
④ 보 험
⑤ 예산보고서 작성 및 장부처리 활동

(1) 임대차 활동

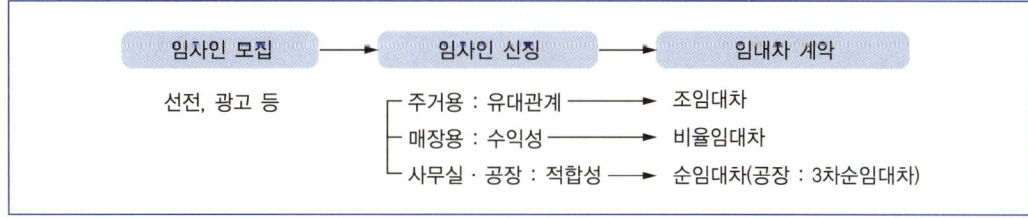

1) 임대차의 선정과 임대차계약
① **임대차 활동의 의의** : 적절한 임대조건으로 적합한 임차자를 선정하는 일은 사업의 성공 여부와 관련되는 매우 중요한 일이다.
② **임차자 선정의 기준** : '임차자의 선정(tenant selection)'은 대상부동산의 성격에 따라 달라진다. 따라서 임차인 선정기준은 용도에 따라 다음과 같이 분류할 수 있다.
  ㉠ 아파트와 같은 주거용 부동산인 경우 : 유대성이 임차인 선정기준이 된다.
  ㉡ 쇼핑센터와 같은 매장용 부동산 : 수익성이 임차자의 선정기준이 된다.
  ㉢ 사무실용 부동산이나 공업용 부동산인 경우 : 적합성이 임차자 선정기준이 된다.

2) 임대차 계약
임대차는 임대료를 어떠한 방법으로 결정하는가에 따라, 세 가지 유형으로 나누어진다.
① **조임대차** : 조임대차(gross lease)는 아파트와 같은 주거용 부동산에 흔히 적용된다. 조임대차는 순임대차에 필요경비가 포함된 임대차계약을 말한다.
② **순임대차** : 순임대차(net lease)란 임차자는 순수한 임대료만을 임대자에게 지불하고 그 외의 영업경비는 임대자와 임차자 간의 사전협상에 따라 지불하는 것을 말한다.
③ **비율임대차** : 비율임대차는(percentage lease)는 매장용 부동산에 일반적으로 적용되는 것으로서 임차자의 총수입의 일정 비율을 임대료로 지불하는 것을 의미한다.

(2) **임대료 수집**
임대료 수집은 부동산관리자가 매월 주기적으로 해야 하는 통상적인 활동이다. 임대료 납입에 관한 상세한 사항은 보통 계약서상에 명시되어 있다.

(3) **부동산 유지활동**
부동산의 유지활동은 다음 세 가지로 나누어진다. 일상적 유지활동, 예방적 유지활동 그리고 대응적 유지활동이 그것이다. 이 중에 가장 중요한 활동은 예방적 유지활동이다.
① **일상적 유지활동** : 잔디를 깎는다든지, 청소를 하든지 등과 같은 통상적으로 늘 수행하는 정기적 유지활동을 말한다.
② **예방적 유지활동**
  ㉠ 예방적 유지활동란 수립된 유지계획에 따라 문제가 발생하기 전에 이를 교환하고 수리하는 사전적 유지활동을 의미한다.
  ㉡ 예방적 유지활동이 중요한 이유는 문제 발생 후에 문제를 제거하는 것보다 주민들의 불만이 적고 또한 문제 해결 비용도 더 감소되기 때문이다.
③ **대응적 유지활동** : 문제가 발생하고 난 후 이에 대처하는 사후적 유지활동을 일컫는다.

(4) **부동산보험**
① **손해보험과 채무보험** : 부동산에 관한 보험은 편의상 손해보험과 채무보험의 두 종류로 나눌 수 있다.
  ㉠ 손해보험 : 대상부동산이 화재나 홍수 등 예기치 못한 사건으로 인하여 손해를 입었을 경우, 대상부동산 그 자체나 그 밖의 동산 등에 대해 보상을 해주는 보험을 말한다.
  ㉡ 채무보험 : 대상부동산의 임차자, 고객, 방문자, 인접부동산 등이 입은 손해에 대해, 관리자나 소유자가 책임을 져야 할 부분을 보상해 주는 보험을 말한다.

② 임대료 손실보험(업무장애보험)
  ㉠ 대체비용(replacement cost) : 사고가 났을 경우, 보험회사에서 보상해 주는 비용으로는 건물을 다시 복원하는데 부족할 수도 있다. 이것을 보전하기 위해서, 손해보험 외에 대체비용을 위한 보험에 들 수도 있다.
  ㉡ 임대료 손실보험(loss of rents insurance) : 사고가 발생하여 건물을 복원하고 수리하는 데에는 상당한 시간이 걸리기 마련이다. 이 기간 동안 소유자가 임대료를 받지 못하는 경우를 대비하여 드는 보험을 말한다.

(5) 장부처리, 보고서작성, 예산관리
① 장부처리와 보고서작성 : 부동산관리자는 소유자의 대리인으로 대상부동산에 관련된 업무를 수행한다. 그는 영업활동에 관해 상세하게 장부처리를 하고, 그 결과를 소유자에게 정기적으로 보고해야 한다.
② 예산관리 : 예산은 보통 부동산관리자와 소유자와의 공동작업으로 작성된다.

(6) 건물의 내용년수와 생애주기 기출 22

1) 건물의 내용년수 유형
건물의 내용년수란 건물의 효용이 지속되는 기간으로, 건물의 효용을 보는 관점에 따라 세부적으로 다음과 같이 나눌 수 있다.

물리적 내용년수	물리적 형태가 지속되는 기간
기능적 내용년수	건물의 기능이 유효하게 지속되는 기간
경제적 내용년수	비용·편익 측면에서 편익이 비용 이상인 기간
행정적 내용년수	법규 및 제도 등에서 규정한 기간

2) 건물의 생애주기
① 전개발단계(pre-development stage) : 전개발단계는 건물이 신축되기 전 용지 상태에 있는 단계를 말한다. 전개발단계는 투자 타당성분석이 이루어지는 단계이다.
② 신축단계
  ㉠ 건물을 건축하여 완공되는 단계를 말한다.
  ㉡ 건물의 물리적, 기능적 유용성이 가장 높은 단계이다.
  ㉢ 신축된 건물의 기능이 사전계획과 완전히 일치하지 않을 수가 있다.
③ 안정단계(middle life stage)
  ㉠ 안정단계는 신축된 건물이 제기능을 발휘하며 본격적으로 운영·이용되어 경제적 유용성이 최고인 단계이다.
  ㉡ 건물의 존속기간 중 가장 장기간에 이른다. 이 단계의 특징은 관리상태가 좋으면, 이 단계가 상당히 연장되는 등 여러 가지 요인의 작용에 따라 건물의 수명이 길고, 짧음이 결정되는 단계이다.
④ 노후단계(old age stage)
  ㉠ 건물의 물리적 상태가 급격히 악화되기 시작하는 단계로서, 새로운 개량비의 지출은 문제를 더욱 악화시킬 소지가 있다.
  ㉡ 개량비의 지출을 억제하는 대신 신규빌딩으로의 교체계획을 수립하는 것이 통상적이다.
⑤ 완전폐물단계(total obsolescence stage) : 이 단계는 노후단계 다음에 오는 마지막 단계로서, 건물의 경제적 가치가 거의 없어지는 단계이다. 그러므로 건물의 교체를 전제로 전개발단계를 향해 모든 일이 전개된다.

제4절 부동산 마케팅론

I 부동산 마케팅의 이해

1. 부동산 마케팅의 의미

부동산 마케팅이란 유효수요를 갖춘 소비자들이 당해 부동산에 대해 원하는 속성을 종합적으로 반영하여 부동산을 개발하고(제품전략), 이를 대상 소비자들의 능력에 맞는 가격에 공급하며(가격전략), 좋은 조건의 융자를 활용하고(유통전략), 널리 알려서 관심을 끌도록 함으로써(공고·홍보전략) 분양을 촉진하고 수익을 극대화하는 과정이라고 할 수 있다. 이러한 마케팅의 중요성은 다른 상품의 경우에도 마찬가지이지만 부동산의 경우는 그동안의 양적부족으로 인한 판매자 주도의 시장(seller's market)으로부터 규제 완화와 소비자 의식의 확산에 따른 구매자주도의 시장(buyer's market)으로의 환경변화에 따라 그 중요성이 더욱 강조되고 있다.

2. 부동산 마케팅의 세 가지 차원

마케팅 이론과 관련하여 부동산 마케팅은 세 가지 차원에서 접근이 가능하다.
① 공급자의 전략차원으로서 표적시장을 선점하거나 틈새시장을 점유하는 시장점유 마케팅을 들 수 있다.
② 소비자행동이론 차원으로서 소비자의 행태·심리적 측면에서 등장하는 고객점유 마케팅이 있다.
③ 최근 새로이 대두되고 있는 공급자와 소비자의 상호작용을 중요시하는 관계 마케팅을 들 수 있다.

II 부동산 마케팅 전략 소개 기출 19·22·24·25

1. 시장점유 마케팅 전략

(1) STP 전략

STP란 시장세분화(Segmentation), 표적시장(Target), 차별화(Positioning)를 표상하는 약자로서 전통적인 전략의 하나이다. 시장세분화 전략이란 수요자 집단을 인구·경제학적 특성에 따라서 세분하고 세분된 시장에 있어서 상품의 판매 지향점을 분명히 하는 전략을 말한다. 표적시장의 선점에 있어서는 세분화된 시장에서 자신의 상품과 일치되는 수요집단을 확인하거나 선정된 표적집단으로부터 신상품을 기획하는 일이 중요하다. 그리고 차별화 전략이란 동일한 표적시장을 갖는 다양한 공급경쟁자들 사이에서 자신의 상품을 어디에 위치시킬 것인가, 어떠한 특성을 부여할 것인가의 문제이다.

(2) 4P MIX 전략

4P MIX 전략이란 제품(Product), 가격(Price), 유통경로(Place), 홍보(Promotion)의 제 측면에 있어서 차별화를 도모하는 전략을 말하며 주로 상업용 부동산의 마케팅에서 사용되고 있다.
① **제품차별화(Product)**: 제품차별화 전략은 구조물과 부대시설 및 배치에 있어서 경쟁력을 가질 수 있도록 하는 전략이다. 예컨대, 아파트 1층에 단독 정원을 둔다든가, 가정 자동화기기 설치, 녹지공간의 극대화 등 다양한 차별화 전략이 현실적으로 채택되고 있는 추세이며, 특히 분양가 자율화 이후 제품 차별화 전략은 매우 중요하다고 하겠으며, 부동산 개발에 있어 시장 차별화(Market disaggregation)의 개념과 일맥상통한다고 할 수 있다.

② **가격전략(Price)** : 가격전략은 품질에 비해서 가격을 저렴하도록 하며, 표적 수요자의 자금동원 능력과 금융을 연계하여 구사되어야 한다. 이는 부동산 개발에 있어 시장 세분화(Market Segmentation)과 유사한 개념이라고 볼 수 있다.
③ **유통전략(Place)** : 유통전략은 직접 분양 혹은 분양대행사를 효과적으로 이용하는 방안으로 구성되며 부동산 중개업자, 현 입주자, 주택금융기관 등을 효과적으로 활용하는 방안이 마련되어야 한다.
④ **광고 홍보 전략(Promotion)** : 광고 홍보 전략은 대부분 매체를 통하여 일반대중에게 전달하는 판촉 활동으로서 최근에는 고지형 광고보다는 이미지형과 설득형 광고가 많이 활용되며, 사외보 발행, 여론 선도자 육성, 주민참여행사 개최 등 다양한 방법이 동원되고 있다.

2. 고객점유 마케팅 전략

전통적인 시장점유 마케팅은 공급자의 일방적인 접근이었다는 반성으로부터 소비자를 중심으로 한 마케팅 패러다임이 도입되기 시작하였으며, 부동산시장의 경우 콘도, 오피스텔과 같은 유행성 상품의 시대에서 소비자의 심리를 이해하고 소비자와의 다양한 접점을 창출하려는 고객 지향적 시도들이 이루어지고 있다. 이는 부동산시장이 공급자 중심에서 수요자 중심으로 재편되어 가는 시대변화에 조응하는 전략이다. 주의(Attention), 관심(Interest), 욕망(Desire), 행동(Action)으로 이어지는 소비자의 구매 의사결정과정의 각 단계에서 소비자와의 심리적 접점을 마련하고 전달하는 메시지의 톤과 강도를 조절하여 마케팅 효과를 극대화하는 것이 바로 고객점유 마케팅의 핵심이다.

3. 관계 마케팅 전략

생산자와 소비자 간의 1회성 거래를 전제로 한 종래의 마케팅 이론에 대한 반성으로 양자 간의 장기적·지속적인 관계유지를 주축으로 하는 관계 마케팅(interactive marketing)이 새로운 개념으로 각광받고 있다. 부동산 마케팅에 있어서 이는 '브랜드'의 문제와 연관된다. 아파트, 주거형 오피스텔 등에서는 이미 다양한 개념의 브랜드가 출현하고 있고, 한 지역에서의 브랜드의 성공은 다른 지역에도 파급되는 경향을 보이며, 최근 franchise하는 경향도 보이고 있다.

구 분	전 략	세부전략	구체적 내용
시장점유 마케팅	STP	Segmentation	시장의 세분화
		Target	목표시장의 선택
		Positioning	경쟁적 위치의 설정 및 차별화
	4P MIX	Product	제품차별화 전략
		Price	가격차별화 전략
		Placement	유통과정의 차별화 전략
		Promotion	분양 또는 임대촉진 전략
고객점유 마케팅	AIDA	Attention	주목을 끄는 단계
		Interest	흥미를 유발시키는 단계
		Desire	구입하고자 욕망을 일으키는 단계
		Action	최종 구매 단계
관계 마케팅		Brand	예)e편한 세상
		Franchise	예)부동산 114

4. 부동산광고

(1) 부동산광고의 의의
부동산광고란 명시된 광고주가 대가를 지불하고 고객의 부동산 의사결정을 도와주는 설득과정의 하나이며, 부동산 마케팅 활동을 수행하기 위한 수단 중의 하나이다.

(2) 부동산광고의 특징
① **지역적 제한성**: 부동산의 위치의 고정성으로 인하여 부동산광고는 지역적으로 행해지고 견본 제시가 어렵다.
② **내용의 개별성**: 부동산은 그 개별성으로 인하여 보편적이고 추상적인 개념적 광고로는 부동산상품이 가지는 특성을 정확히 나타낼 수 없으므로 다양한 광고기법을 사용하여 그 내용을 적절히 표현할 수 있어야 한다.
③ **시간의 제한성**: 부동산은 영속성을 가지므로 장기적인 배려가 필요하다. 따라서 부동산광고는 광고 횟수가 제한될 뿐만 아니라 일정기간이 지나면 그 효과가 소멸된다는 것이다.
④ **광고의 양면성**: 일반광고는 구매할 사람을 대상으로 행하여지는 반면, 부동산광고에서는 살 사람뿐만 아니라 팔 사람까지도 대상이 된다는 양면성을 가지고 있다.

제5절 부동산 중개론

1. 의 의
중개업자는 중개의뢰인으로부터 중개대상물을 의뢰받아 원하는 상대방을 찾아 거래계약을 성립시켜 주는 것을 주업무로 하는 것이다.

2. 부동산중개계약의 형태 기출 19·22·24

(1) 보통중개계약

의 의	중개의뢰인이 불특정다수의 중개업자에게 서로 경쟁적인 중개를 의뢰하는 중개계약의 형태로서 우리나라에서 가장 많이 이용하는 중개계약이다.
특 징	• 중개의뢰를 받은 여러 중개업자 중에서 가장 먼저 거래계약체결을 중개한 중개업자만이 중개수수료를 받는다. • 중개의뢰인이 스스로 발견한 제3자와 거래계약을 체결한 경우에 중개의뢰인은 중개업자에게 어떠한 책임이나 의무를 부담하지 않는다.

(2) 전속중개계약

의 의	중개의뢰인이 특정한 중개업자를 지정하여 그 중개업자의 중개에 의하여만 거래계약을 체결하겠다는 약정을 의미하며, 선진국에서 보편화된 중개계약의 유형이다.
특 징	• 전속중개계약의 유효기간 내에 중개의뢰인이 다른 중개업자 등에게 거래가 체결한 경우에는 중개수수료를 지불해야 한다. • 전속중개계약의 유효기간 내에 중개의뢰인이 스스로 발견한 제3자와 직접 거래계약을 체결한 경우에는 그가 지불해야 할 중개수수료의 50% 범위 내에서 중개업자가 중개를 위하여 지출한 비용을 지불해야 한다. • 특별한 규정이 없으면 법률에서는 3개월로 한다.

(3) 독점중개계약

의 의	특정 중개업자에게 독점적으로 중개의뢰를 함으로써 거래계약이 체결되면 누가 거래를 성립시켰는지를 불문하고 독점중개계약을 체결한 중개업자에게 중개수수료를 지불하기로 하는 중개계약이다.
특 징	중개의뢰인이 스스로 발견한 제3자와 거래계약을 체결해도 독점중개계약을 체결한 중개업자에게 중개수수료를 지불해야 한다.

(4) 공동중개계약

의 의	부동산단체·부동산거래센터 기타 2인 이상의 업자가 공동활동으로 중개업무를 영위하는 제도이다.
특 징	• 부동산중개의 능률화를 위해서 가장 이상적인 중개형태이다. • 공동중개계약은 회원의 자질이 높아야 하고, 계약형태는 독점중개계약이어야 한다.

(5) 순가중개계약

의 의	중개의뢰인이 중개대상물의 가격을 사전에 중개업자에게 제시하고 그 금액을 초과하여 거래계약을 성립시키면 초과하는 부분은 모두 중개수수료로 지불하기로 하는 중개계약이다.
특 징	공인중개사법령에서는 금지하고 있는 중개계약에 해당된다. 그러나 순가중개계약을 체결했다는 자체만으로는 중개업자 등의 금지행위에 해당되지 않고, 중개수수료를 초과하여 받는 경우에만 중개업자 등의 금지행위에 해당된다.

3. 공인중개사법 기출 20·21·23

(1) 목 적

이 법은 공인중개사의 업무 등에 관한 사항을 정하여 그 전문성을 재고하고 부동산중개업을 건전하게 육성하여 국민경제에 이바지함을 목적으로 한다.

(2) 정 의

① "중개"라 함은 중개대상물에 대하여 거래당사자간의 매매·교환·임대차 그 밖의 권리의 득실변경에 관한 행위를 알선하는 것을 말한다.
② "공인중개사"라 함은 이 법에 의한 공인중개사자격을 취득한 자를 말한다.
③ "중개업"이라 함은 다른 사람의 의뢰에 의하여 일정한 보수를 받고 중개를 업으로 행하는 것을 말한다.

④ "개업공인중개사"라 함은 이 법에 의하여 중개사무소의 개설등록을 한 자를 말한다.
⑤ "소속공인중개사"라 함은 개업공인중개사에 소속된 공인중개사(개업공인중개사인 법인의 사원 또는 임원으로서 공인중개사인 자를 포함한다)로서 중개업무를 수행하거나 개업공인중개사의 중개업무를 보조하는 자를 말한다.
⑥ "중개보조원"이라 함은 공인중개사가 아닌 자로서 개업공인중개사에 소속되어 중개대상물에 대한 현장안내 및 일반서무 등 개업공인중개사의 중개업무와 관련된 단순한 업무를 보조하는 자를 말한다.

(3) 중개대상물의 범위
① 토 지
② 건축물 그 밖의 토지의 정착물
③ 그 밖에 대통령령으로 정하는 재산권 및 물권
  ㉠ 입목에 관한 법률에 따른 입목
  ㉡ 공장 및 광업재단 저당법에 따른 공장재단 및 광업재단

(4) 공인중개사 정책심의위원회
① 공인중개사의 업무에 관한 다음 각 호의 사항을 심의하기 위하여 국토교통부에 공인중개사 정책심의위원회를 둘 수 있다.
  ㉠ 공인중개사의 시험 등 공인중개사의 자격취득에 관한 사항
  ㉡ 부동산 중개업의 육성에 관한 사항
  ㉢ 중개보수 변경에 관한 사항
  ㉣ 손해배상책임의 보장 등에 관한 사항
② 공인중개사 정책심의위원회의 구성 및 운영 등에 관하여 필요한 사항은 대통령령으로 정한다. 즉, 위원장 1명 포함하여 7명 이상 11명 이내의 위원으로 구성한다.
③ ①에 따라 공인중개사 정책심의위원회에서 심의한 사항 중 ㉠의 경우에는 특별시장·광역시장·도지사·특별자치도지사(이하 "시·도지사"라 한다)는 이에 따라야 한다.

4. 공인중개사의 업무 기출 22·24

(1) 중개대상물의 확인·설명
개업공인중개사는 중개를 의뢰받은 경우에는 중개가 완성되기 전에 다음의 사항을 확인하여 이를 당해 중개대상물에 관한 권리를 취득하고자 하는 중개의뢰인에게 성실·정확하게 설명하고, 토지대장 등본 또는 부동산종합증명서, 등기사항증명서 등 설명의 근거자료를 제시하여야 한다.

> **➕ 알아보기** 중개대상물의 확인·설명사항
> 개업공인중개사가 매수·임차중개의뢰인 등 권리를 취득하고자 하는 중개의뢰인에게 확인·설명하여야 하는 사항은 다음과 같다.
> ① 중개대상물의 종류·소재지·지번·지목·면적·용도·구조 및 건축연도 등 중개대상물에 관한 기본적인 사항
> ② 소유권·전세권·저당권·지상권 및 임차권 등 중개대상물의 권리관계에 관한 사항
> ③ 거래예정금액·중개보수 및 실비의 금액과 그 산출내역

④ 토지이용계획, 공법상의 거래규제 및 이용제한에 관한 사항
⑤ 수도·전기·가스·소방·열공급·승강기 및 배수 등 시설물의 상태
⑥ 벽면 및 도배의 상태
⑦ 일조·소음·진동 등 환경조건
⑧ 도로 및 대중교통수단과의 연계성, 시장·학교와의 근접성 등 입지조건
⑨ 중개대상물에 대한 권리를 취득함에 따라 부담하여야 할 조세의 종류 및 세율

(2) 개업공인중개사인 법인의 업무(법 제14조)

공인중개사법에서는 법인인 개업공인중개사의 겸업범위에 대해서만 법 제14조에서 규정하고 있고, 개인인 개업공인중개사에 대해서는 명문으로 규정하고 있지 않다.

① **업무의 내용** : 법인인 개업공인중개사는 다른 법률에 규정된 경우를 제외하고는 중개업 및 다음 업무 외에 다른 업무를 함께 할 수 없다. 따라서 중개법인이 법정업무 외의 업무를 수행한 경우 임의적 등록 취소사유에 해당하므로 법정업무 외의 다른 사업과는 겸업할 수 없다고 할 수 있다.

㉠ 중개업

㉡ 상업용 건축물 및 주택의 임대관리 등 부동산의 관리대행 : 상업용 건축물이라 함은 상업에 이용되는 건물로서 이에는 근린생활시설, 판매 및 영업시설 등이 있고 주택에는 단독주택, 공동주택 등이 있는데 이들 건물의 소유자를 대신하여 임대, 대상부동산의 유지·보존하는 등의 운영에 관한 일체의 행위를 말한다.

㉢ 상업용 건축물 및 주택의 분양대행 : 분양대행은 개업공인중개사가 건설회사 등 공급자로부터 상업용 건축물 및 주택에 대하여 분양대행계약을 체결하고 분양을 대신해 주는 용역을 제공하는 것이다. 유의할 것은 토지 및 건축물 등 모든 부동산에 대하여 분양대행을 할 수 있는 것이 아니고 상업용 건축물 및 주택에 한정된다는 점이다.

㉣ 개업공인중개사를 대상으로 한 중개업의 경영기법 및 경영정보의 제공 : 중개사무소에서는 일반적으로 프랜차이즈업체에 가입하여 프랜차이즈업체의 공신력을 이용하여 고객의 확보 등에 유리한 점이 있는 반면 반대급부로 가맹점으로써 프랜차이즈업체에 가입비 등을 납입하여야 한다. 중개업의 프랜차이즈업을 할 수 있으므로 개업공인중개사 아닌 자를 대상으로 한 프랜차이즈업은 할 수 없다.

㉤ 부동산의 이용·개발 및 거래에 관한 상담 : 부동산의 이용·개발에 고도의 전문적인 지식과 경험을 갖춘 전문가들에게 과학적인 사전정보를 토대로 한 상담을 필요로 하게 되었는바 이러한 상담을 부동산 컨설팅이라고 한다. 유의할 것은 일반인을 대상으로 토지 및 건축물에 대하여 컨설팅업무를 할 수 있으나 그 상담의 내용은 이용·개발 및 거래로 제한된다는 점이다.

㉥ 중개의뢰인의 의뢰에 따른 도배·이사업체의 소개 등 주거이전에 부수되는 용역의 알선 : 유의할 것은 개업공인중개사는 용역의 알선업을 할 수 있는 것이지 직접 운송업이나 도배업을 할 수 없다는 점이다.

㉦ 민사집행법에 의한 경매 및 국세징수법 그 밖의 법령에 의한 공매대상 부동산에 대한 권리분석 및 취득의 알선과 매수신청 또는 입찰신청의 대리(법 부칙 제6조 제2항의 개업공인중개사는 제외)

② 개업공인중개사(법 부칙 제6조 제2항의 개업공인중개사는 제외)가 민사집행법에 의한 경매대상 부동산의 매수신청 또는 입찰신청의 대리를 하고자 하는 때에는 대법원규칙이 정하는 요건을 갖추어 법원에 등록을 하고 그 감독을 받아야 한다. 여기에서 유의할 점은 개업공인중개사(공인중개사와 법인)가 대법원규칙이 정하는 요건을 갖추어 법원에 등록을 받아야 수행할 수 있는 것은 경매대상 부동산에 대한 매수신청 또는 입찰신청의 대리업무이다. 그러므로 경·공매대상부동산에 대한 권리 분석 및 취득알선업무나 공매대상부동산의 매수신청 또는 입찰신청대리업무를 수행하고자 하는 경우에는 별도의 요건을 갖추어 법원에 등록을 하지 않아도 개업공인중개사(법 부칙 제6조 제2항의 개업공인중개사는 제외)로서 수행할 수 있다.

(3) 공인중개사의 금지행위의 내용(법 제33조) 기출 19

> **+ 알아보기** 개업공인중개사등의 금지행위(법 제33조)
>
> ① 개업공인중개사등(개업공인중개사, 소속공인중개사, 중개보조원, 개업공인중개사인 법인의 사원 또는 임원)은 다음 각 호의 행위를 하여서는 아니 된다.
>   1. 제3조의 규정에 의한 중개대상물의 매매를 업으로 하는 행위
>   2. 제9조의 규정에 의한 중개사무소의 개설등록을 하지 아니하고 중개업을 영위하는 자인 사실을 알면서 그를 통하여 중개를 의뢰받거나 그에게 자기의 명의를 이용하게 하는 행위
>   3. 사례·증여 그 밖의 어떠한 명목으로도 제32조에 따른 보수 또는 실비를 초과하여 금품을 받는 행위
>   4. 당해 중개대상물의 거래상의 중요사항에 관하여 거짓된 언행 그 밖의 방법으로 중개의뢰인의 판단을 그르치게 하는 행위
>   5. 관계법령에서 양도·알선 등이 금지된 부동산의 분양·임대 등과 관련 있는 증서 등의 매매·교환 등을 중개하거나 그 매매를 업으로 하는 행위
>   6. 중개의뢰인과 직접 거래를 하거나 거래당사자 쌍방을 대리하는 행위
>   7. 탈세 등 관계 법령을 위반할 목적으로 소유권보존등기 또는 이전등기를 하지 아니한 부동산이나 관계 법령의 규정에 의하여 전매 등 권리의 변동이 제한된 부동산의 매매를 중개하는 등 부동산투기를 조장하는 행위
>   8. 부당한 이익을 얻거나 제3자에게 부당한 이익을 얻게 할 목적으로 거짓으로 거래가 완료된 것처럼 꾸미는 등 중개대상물의 시세에 부당한 영향을 주거나 줄 우려가 있는 행위
>   9. 단체를 구성하여 특정 중개대상물에 대하여 중개를 제한하거나 단체 구성원 이외의 자와 공동중개를 제한하는 행위
> ② 누구든지 시세에 부당한 영향을 줄 목적으로 다음 각 호의 어느 하나의 방법으로 개업공인중개사등의 업무를 방해해서는 아니 된다.
>   1. 안내문, 온라인 커뮤니티 등을 이용하여 특정 개업공인중개사등에 대한 중개의뢰를 제한하거나 제한을 유도하는 행위
>   2. 안내문, 온라인 커뮤니티 등을 이용하여 중개대상물에 대하여 시세보다 현저하게 높게 표시·광고 또는 중개하는 특정 개업공인중개사등에게만 중개의뢰를 하도록 유도함으로써 다른 개업공인중개사등을 부당하게 차별하는 행위
>   3. 안내문, 온라인 커뮤니티 등을 이용하여 특정 가격 이하로 중개를 의뢰하지 아니하도록 유도하는 행위
>   4. 정당한 사유 없이 개업공인중개사등의 중개대상물에 대한 정당한 표시·광고 행위를 방해하는 행위
>   5. 개업공인중개사등에게 중개대상물을 시세보다 현저하게 높게 표시·광고하도록 강요하거나 대가를 약속하고 시세보다 현저하게 높게 표시·광고하도록 유도하는 행위

① 개업공인중개사등이 법 제3조 규정에 의한 중개대상물의 매매를 업으로 하는 행위
  ㉠ 중개업이라 함은 일정한 보수를 받고 중개대상물에 대하여 거래당사자 간의 계약이 성립하도록 중개를 업으로 하는 것을 말하므로 그 중개대상물의 매매를 업으로 하는 행위는 중개업의 본질에 반하고 또한 중개대상물의 매매를 업으로 하게 되면 개업공인중개사등이 직접 거래당사자의 지위에 놓여 계속·반복적으로 영리를 목적으로 하게 됨으로서 중개대상물 가격의 왜곡과 중개의뢰인과 개업공인중개사간의 복잡한 법률관계로 거래질서의 문란을 초래할 수 있으므로 금지된다.
  ㉡ 개업공인중개사등이 중개대상물에 대하여 매매를 업으로 하는 것은 금지행위에 해당되나, 업에 이르지 않는 일체의 매매행위까지 금지하는 것은 아니며, 또한 법정중개대상물에 대한 매매업을 금지하고 자동차·건설기계 등의 매매업까지 금지하는 것은 아니다.
  ㉢ 매매를 '업'으로 한다는 것은 중개대상물의 매매행위가 그 태양이나 규모, 횟수, 보유기간 등에 비추어 사회통념상 사업활동으로 볼 수 있을 정도의 계속성·반복성·영리성이 있을 경우에 해당한다고 볼 수 있다(대판 1995.11.7, 94누14025).
  ㉣ 개업공인중개사등의 중개대상물에 대한 매매행위는 가능하나, 중개의뢰인과 직접 거래하는 것을 금지하므로 개업공인중개사등이 매매를 하고자 하는 경우에는 다른 개업공인중개사의 중개행위를 통하여 매수하거나 매도하여야 한다.

② 개업공인중개사등이 중개사무소의 개설등록을 하지 아니하고 중개업을 영위하는 자인 사실을 알면서 그를 통하여 중개를 의뢰받거나 그에게 자기의 명의를 이용하게 하는 행위
  ㉠ 등록을 하지 아니하고 중개업을 하는 무등록개업공인중개사와 개업공인중개사가 협력하여 불법 중개행위를 못하도록 하여 무등록개업공인중개사의 출현을 방지하기 위한 규정이다.
  ㉡ 그러나 이 규정은 무등록 개업공인중개사임을 알고 한 행위는 금지의 대상이 되나 무등록 개업공인중개사임을 모르고 한 중개행위는 제재의 대상이 되지 않는다. 다만, 이때 고의·과실은 없어야 한다.

③ 개업공인중개사등이 사례·증여 그 밖의 어떠한 명목으로도 중개보수 또는 실비를 초과하여 금품을 받는 행위
  ㉠ 중개보수외에 실비를 받는 것은 금지행위에 해당되지 않지만 법정한도를 초과하는 금전 뿐만 아니라 골동품이나 미술품 등과 같이 금전적 가치가 있는 것도 받아서는 아니 된다.
  ㉡ 초과수수금지규정의 취지는 개업공인중개사등이 중개의뢰인으로부터 보수 등의 명목으로 법정한도를 초과하는 금품을 취득함에 있는 것이지 중개의뢰인에게 현실적으로 그 한도초과액 상당의 재산상 손해가 발생함을 요건으로 하는 것이 아니다.
  ㉢ 개업공인중개사가 중개의뢰인으로부터 보수 등의 명목으로 소정의 한도를 초과하는 액면금액의 당좌수표를 교부받았다가 그것이 사후에 부도 처리되거나 중개의뢰인에게 그대로 반환된 경우에도 금지행위에 해당된다(대판 2004.11.12, 2004도4136).

② 개업공인중개사가 부동산의 거래를 중개한 후 사례비나 수고비 등의 명목으로 금원을 받은 경우 그 금액이 소정의 보수를 초과하는 때에는 위 규정을 위반한 행위에 해당한다. 그러나 사례비나 수고비 등의 명목으로 금원을 받은 경우에도 그 금액이 소정의 보수를 초과하지 않는 경우에는 초과수수에 해당하지 않는다.
⑩ 중개계약의 유형(일반·전속·순가중개계약 등) 및 중개계약당사자간의 약정과는 관계없이 중개보수 또는 실비를 초과하여 받는 것은 금지된다.
⑭ 중개업무가 아닌 법 제14조 소정의 겸업을 수행한 대가는 초과수수에 해당하지 않는다(컨설팅, 프랜차이즈, 분양대행 등). 그러므로 중개업무와 구별되는 '분양대행'과 관련하여 교부받은 금원은 공인중개사법 제33조 제3호에 의하여 초과수수가 금지되는 금원에 해당하지 않는다.
ⓢ 개업공인중개사가 토지와 건물의 임차권 및 권리금, 시설비의 교환계약을 중개하고 그 사례 명목으로 포괄적으로 지급받은 금원 중 어느 금액까지가 공인중개사의 업무 및 부동산 거래신고에 관한 법의 규율대상인 중개보수에 해당하는지를 특정할 수 없어 같은 법이 정한 한도를 초과하여 중개보수를 지급받았다고 단정할 수 없다(대판 2006.9.22. 2005도6054).
⊙ 권리금거래를 중개한 것은 공인중개사법상 중개행위에 해당하지 않는다.

④ 개업공인중개사등이 당해 중개대상물의 거래상의 중요사항에 관하여 거짓된 언행 그 밖의 방법으로 중개의뢰인의 판단을 그르치게 하는 행위

㉠ 개업공인중개사등이 거래계약의 체결에만 급급하여 당해 중개대상물의 거래상의 중요사항을 거짓된 언행·가격조작·사술기만·과장광고 등 사위의 방법으로 중개의뢰인의 판단을 그르치게 하는 행위를 하게 되면 당사자간에 부동산거래 사고뿐만 아니라 부동산시장의 왜곡 등 경제·사회질서에 반하는 행위가 되므로 이를 법으로 금하고 있는 것이다.
㉡ 거짓된 언행 기타의 방법이라 함은 서류뿐만 아니라 확인·설명 시 언어로써 표현하는 것도 포함되며 중요한 결함을 설명하지 않은 부작위도 포함된다.
㉢ '거래상 중요사항'에 중개대상물의 '가격'도 포함된다. 당해 중개대상물의 거래상의 중요사항에는 당해 중개대상물 자체에 관한 사항(권리관계나 공법상 제한사항 등)뿐만 아니라 그 중개대상물의 '가격' 등에 관한 사항들도 그것이 당해 거래상의 중요사항으로 볼 수 있는 이상 포함된다고 보아야 할 것이다.
㉣ 개업공인중개사등이 서로 짜고 매도의뢰가격을 숨긴 채 이에 비하여 무척 높은 가액으로 중개의뢰인에게 부동산을 매도하고 그 차액을 취득한 행위는 법 제33조 소정의 금지행위에 해당하고 민사상 불법행위를 구성한다(대판 1991.12.24. 91다25963).

⑤ 관계법령에서 양도·알선 등이 금지된 부동산의 분양·임대 등과 관련 있는 증서 등의 매매·교환 등을 중개하거나 그 매매를 업으로 하는 행위

> **알아보기** 주택법상 주택공급질서교란행위의 대상
>
> ㉠ 입주자저축증서
> ㉡ 주택상환사채
> ㉢ 주택조합원의 지위나 고용주가 건설한 주택을 공급받을 수 있는 지위
> ㉣ 시장 등이 발행한 무허가건물확인서, 건물철거예정증명서 또는 건물철거확인서
> ㉤ 공공사업의 시행으로 인한 이주대책에 의하여 주택을 공급받을 수 있는 지위 또는 이주대책대상자확인서

⑥ 개업공인중개사등이 중개의뢰인과 직접거래를 하거나 거래당사자 쌍방을 대리하는 행위
  ㉠ 직접거래
    ⓐ 직접거래라 함은 개업공인중개사등이 직접 거래당사자가 되어 중개의뢰인과 거래계약을 체결하는 것으로 이는 중개를 업으로 한다는 개업공인중개사의 본질에 반할 뿐 아니라 부동산 투기를 조장하고 부동산 거래질서를 문란시킬 수 있기 때문에 금지하는 것이다.
    ⓑ 직접거래는 민법상의 자기계약과 유사한 것으로서 민법에서는 원칙적으로 자기계약은 금지하되 본인이 허락하면 가능하지만 공인중개사법에서는 중개의뢰인의 동의가 있어도 예외없이 금지된다.
    ⓒ 개업공인중개사등이 중개의뢰인이 아닌 자와 거래한 것은 직접거래에 해당되지 않는다.
  ㉡ 쌍방대리
    ⓐ 쌍방대리라 함은 한사람이 거래당사자 쌍방 모두로부터 대리권을 수여받아 계약을 체결하는 것으로 이는 거래당사자 중 일방의 이익에 손해를 줄 가능성이 있으므로 민법에서는 원칙적으로 금지하나 본인이 허락하면 쌍방대리도 허용된다. 그러나 공인중개사법에서는 개업공인중개사등이 거래당사자로부터 동의를 얻은 경우에도 예외없이 금지된다.
    ⓑ 개업공인중개사가 거래당사자의 일방만을 대리하여 계약을 체결하는 일방대리는 가능하다. 개업공인중개사등이 거래당사자로부터 계약 체결에 관한 대리권을 수여받은 경우 이에 대한 보수는 이 법에서 정한 법정 중개보수에 따르지 않고 당사자간의 합의로 정하면 된다.

➕ **알아보기** 쌍방대리

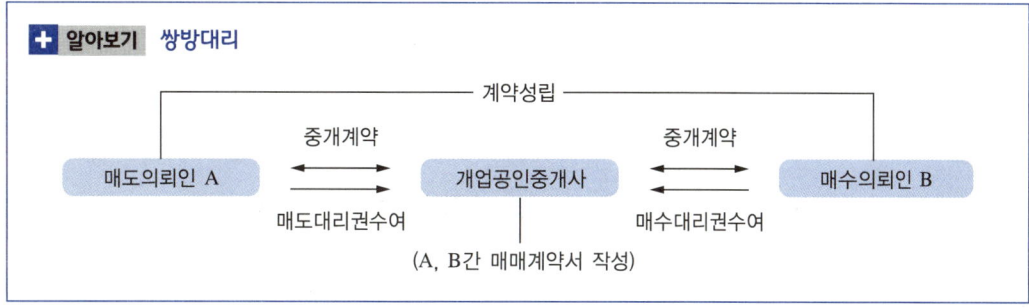

⑦ 개업공인중개사등이 탈세 등 관계법령을 위반할 목적으로 소유권보존등기 또는 이전등기를 하지 아니한 부동산이나 관계법령의 규정에 의하여 전매 등 권리의 변동이 제한된 부동산의 매매를 중개하는 등 부동산투기를 조장하는 행위

CHAPTER 08 실전문제

제2편 | 부동산학 각론

01 다음 설명에 모두 해당하는 부동산개발방식은? 기출 23

CHECK
O △ X

- 사업부지를 소유하고 있는 토지소유자가 개발이 완료된 후 개발업자나 시공사에게 공사대금을 완공된 일부의 건물로 변제하고, 나머지는 분양하거나 소유하는 형태이다.
- 토지소유자는 대상 부지의 소유권을 소유한 상태에서 개발사업이 진행되도록 유도할 수 있고, 그 결과 발생되는 부동산가치의 상승분을 취득할 수 있는 이점이 있다.

① 공영개발방식
② 직접개발방식
③ 대물교환방식
④ 토지신탁방식
⑤ BTL사업방식

해설

③ 주어진 지문은 대물교환방식(공사비대물변제방식)에 대한 내용이다. 대물교환방식은 토지소유자가 개발사업을 발주하고 개발업자는 공사비를 준공된 건축물의 일부로 변제받는 방식이다.
- 공영개발방식 : 협의매수에 따른 도시개발사업으로 개발대상지역을 매수하고 개발한 후 분양 또는 임대하는 사업이다. 토지소유자의 토지소유권의 양도의사를 전제하지 않으며 토지소유권이 완전 소멸된다.
- 직접개발(지주자체)방식 : 자금조달은 토지소유자가 직접 조달하고 건설 또한 토지소유자가 직접하든 도급발주를 하는 형태이다. 이 방식의 장점은 개발사업의 이익이 모두 토지소유자에게 귀속되고, 사업시행자의 의도대로 사업추진이 가능하며, 사업시행의 속도가 빠르다. 단점으로는 사업의 위험성이 매우 높고, 자금조달의 부담이 크며, 위기관리능력이 요구된다.
- 토지신탁방식 : 토지소유자는 우선 신탁회사에 토지소유권을 신탁을 원인으로 이전하고 신탁회사는 지주와의 약정에 의해 신탁 수익증권을 발행하여, 이후 신탁회사는 금융기관으로부터 자금을 차입하여 건설회사에 공사를 발주한다.
- BTL사업방식 : 민간사업자가 SOC시설과 공공시설을 건립한 뒤 해당 시설의 소유권을 정부나 지방자치단체에 양도 후에 정부나 자치단체는 임대료를 민간사업자에게 계약기간 동안에 지불하는 제도이다.

 ③

02 부동산개발사업의 위험에 관한 설명이다. ( )에 들어갈 내용으로 옳은 것은? 기출 23

- (ㄱ)은 추정된 토지비, 건축비, 설계비 등 개발비용의 범위 내에서 개발이 이루어져야 하는데, 인플레이션 및 예상치 못한 개발기간의 장기화 등으로 발생할 수 있다.
- (ㄴ)은 용도지역제와 같은 토지이용규제의 변화와 관계기관 인허가 승인의 불확실성 등으로 야기될 수 있다.
- (ㄷ)은 개발기간 중 이자율의 변화, 시장침체에 따른 공실의 장기화 등이 원인일 수 있다.

	ㄱ	ㄴ	ㄷ
①	시장위험	계획위험	비용위험
②	시장위험	법률위험	비용위험
③	비용위험	계획위험	시장위험
④	비용위험	법률위험	시장위험
⑤	비용위험	법률위험	계획위험

해설

- (비용위험)은 추정된 토지비, 건축비, 설계비 등 개발비용의 범위 내에서 개발이 이루어져야 하는데, 인플레이션 및 예상치 못한 개발기간의 장기화 등으로 발생할 수 있다.
- (법률위험)은 용도지역제와 같은 토지이용규제의 변화와 관계기관 인허가 승인의 불확실성 등으로 야기될 수 있다.
- (시장위험)은 개발기간 중 이자율의 변화, 시장침체에 따른 공실의 장기화 등이 원인일 수 있다.

답 ④

03 도시 및 주거환경정비법령상 다음에 해당하는 정비사업은?

> 도시저소득 주민이 집단거주하는 지역으로서 정비기반시설이 극히 열악하고 노후·불량건축물이 과도하게 밀집한 지역의 주거환경을 개선하거나 단독주택 및 다세대주택이 밀집한 지역에서 정비기반시설과 공동이용시설 확충을 통하여 주거환경을 보전·정비·개량하기 위한 사업

① 도시환경정비사업
② 주거환경개선사업
③ 주거환경관리사업
④ 가로주택정비사업
⑤ 재정비촉진사업

해설

② 주어진 지문은 주거환경개선사업에 대한 설명이다.

➕ 알아보기 재개발사업과 재건축사업

㉠ 재개발사업 : 정비기반시설이 열악하고 노후·불량건축물이 밀집한 지역에서 주거환경을 개선하거나 상업지역·공업지역 등에서 도시기능의 회복 및 상권활성화 등을 위하여 도시환경을 개선하기 위한 사업
㉡ 재건축사업 : 정비기반시설은 양호하나 노후·불량건축물에 해당하는 공동주택이 밀집한 지역에서 주거환경을 개선하기 위한 사업

답 ②

04 빈집 및 소규모주택 정비에 관한 특례법상 소규모주택정비사업에 해당하지 않는 것은? 기출 24

① 빈집정비사업
② 자율주택정비사업
③ 가로주택정비사업
④ 소규모재건축사업
⑤ 소규모재개발사업

해설

① (×) 빈집 및 소규모주택 정비에 관한 특례법상 소규모주택정비사업에 해당하는 것은 자율주택정비사업, 가로주택정비사업, 소규모재건축사업, 소규모재개발사업만을 의미한다.

답 ①

05 부동산신탁에 관한 설명으로 옳지 않은 것은? 기출 23

① 신탁회사의 전문성을 통해 이해관계자들에게 안전성과 신뢰성을 제공해 줄 수 있다.
② 부동산신탁의 수익자란 신탁행위에 따라 신탁이익을 받는 자를 말하며, 위탁자가 지정한 제3자가 될 수도 있다.
③ 부동산신탁계약에서의 소유권 이전은 실질적 이전이 아니라 등기부상의 형식적 소유권 이전이다.
④ 신탁재산은 법률적으로 수탁자에게 귀속되지만 수익자를 위한 재산이므로 수탁자의 고유재산 및 위탁자의 고유재산으로부터 독립된다.
⑤ 부동산담보신탁은 저당권 설정보다 소요되는 경비가 많고, 채무불이행 시 부동산 처분 절차가 복잡하다.

해설

② (○) 부동산신탁의 수익자란 신탁행위에 따라 신탁이익을 받는 자를 말하며, 위탁자는 당사자가 될 수도 있고 제3자가 될 수도 있다.
④ (○) 신탁재산은 법률적으로 수탁자에게 귀속되지만 수익자를 위한 재산이므로 수탁자의 고유재산 및 위탁자의 고유재산으로부터 독립된다. 즉, 신탁이란 소유권의 이전이므로 독립된 재산이 된다.
⑤ (×) 부동산담보신탁은 저당권 설정이 소요되는 경비가 적지만, 채무불이행 시 부동산 처분 절차가 복잡하다.

답 ⑤

06 공인중개사법령상 개업공인중개사가 인터넷을 이용하여 중개대상물인 건축물에 관한 표시·광고를 할 때 명시하여야 하는 사항이 아닌 것은?

기출 23

① 건축물의 방향
② 건축물의 소유자
③ 건축물의 총 층수
④ 건축물의 준공검사를 받은 날
⑤ 건축물의 주차대수 및 관리비

> **해설**

② (×) 건축물의 소유자는 중개대상물인 건축물에 관한 표시광고에 명시할 내용이 아니다.
①·③·④·⑤ (○)
인터넷을 이용하여 중개대상물인 건축물에 관한 표시·광고를 할 때 명시하여야 하는 사항은 다음과 같다.
㉠ 중개대상물 소재지
㉡ 중개대상물 면적
㉢ 중개대상물 가격
㉣ 중개대상물 종류
㉤ 거래형태
㉥ 건축물 및 그 밖의 토지의 정착물인 경우 다음 각 목의 사항
ⓐ 총 층수
ⓑ 건축법, 주택법 등 관련 법률에 따른 사용승인·사용검사·준공검사 등을 받은 날
ⓒ 해당 건축물의 방향, 방의 개수, 욕실의 개수, 입주가능일, 주차대수 및 관리비

답 ②

07 공인중개사법령상 중개계약 시 거래계약서에 기재하여야 하는 사항은 모두 몇 개인가? 기출 23

- 물건의 표시
- 권리이전의 내용
- 물건의 인도일시
- 거래당사자의 인적 사항
- 거래금액·계약금액 및 그 지급일자 등 지급에 관한 사항
- 계약의 조건이나 기한이 있는 경우에는 그 조건 또는 기한

① 2개　　② 3개
③ 4개　　④ 5개
⑤ 6개

해설

⑤ 주어진 지문은 모두 옳은 내용이다.
중개계약 시 거래계약서에 기재해야 할 사항은 다음과 같다.
㉠ 물건의 표시
㉡ 권리이전의 내용
㉢ 물건의 인도일시
㉣ 거래당사자의 인적사항
㉤ 계약일
㉥ 중개대상물 확인설명서 교부일자
㉦ 거래금액·계약금액 및 그 지급일자 등 지급에 관한 사항
㉧ 계약의 조건이나 기한이 있는 경우에는 그 조건 또한 기한
㉨ 그 밖의 약정 내용

답 ⑤

08 우리나라의 부동산등기제도와 권리분석에 관한 설명으로 옳지 않은 것은? 기출 23

① 소유권이전등기 청구권을 확보하기 위해 처분금지가처분의 등기가 가능하다.
② 현재 환매(특약)등기제와 예고등기제는 「부동산등기법」상 폐지되었다.
③ 등기의 순서는 같은 구(區)에서 한 등기 상호간에는 순위번호에 따른다.
④ 근저당권과 담보가등기는 부동산경매에서 말소기준권리가 된다.
⑤ 부동산임차권은 부동산물권이 아니지만 등기할 수 있다.

해설

① (○) 소유권이전등기 청구권을 확보하기 위해 처분금지가처분의 등기가 가능하다.
② (×) 현재 환매(특약)등기제는 존재하지만 예고등기제는 2011년도에 「부동산등기법」상 폐지되었다.
③ (○) 부동산등기법 제4조 참조

> **부동산등기법 제4조(권리의 순위)**
> ① 같은 부동산에 관하여 등기한 권리의 순위는 법률에 다른 규정이 없으면 등기한 순서에 따른다.
> ② 등기의 순서는 등기기록 중 같은 구(區)에서 한 등기 상호간에는 순위번호에 따르고, 다른 구에서 한 등기 상호간에는 접수번호에 따른다.

④ (○) 부동산경매에서 말소기준권리는 크게 7가지로 경매개시결정등기, 가압류, 압류, 전세권, 근저당, 저당권, 담보가등기가 있다.
⑤ (○) 부동산등기법 제3조 참조

> **부동산등기법 제3조(등기할 수 있는 권리 등)**
> 등기는 부동산의 표시(表示)와 다음 각 호의 어느 하나에 해당하는 권리의 보존, 이전, 설정, 변경, 처분의 제한 또는 소멸에 대하여 한다.
> 1. 소유권(所有權)
> 2. 지상권(地上權)
> 3. 지역권(地役權)
> 4. 전세권(傳貰權)
> 5. 저당권(抵當權)
> 6. 권리질권(權利質權)
> 7. 채권담보권(債權擔保權)
> 8. 임차권(賃借權)

답 ②

09 등기사항전부증명서의 갑구(甲區)에서 확인할 수 없는 내용은?

① 가압류
② 가등기
③ 소유권
④ 근저당권
⑤ 강제경매개시결정

해설

④ (×) 근저당권은 을구 사항에서 확인할 수 있다.

➕ 알아보기 　등기사항전부증명서 내용

표제부, 갑구, 을구로 구성된다.
㉠ 표제부 : 부동산의 표시와 구조에 관한 사항을 확인
　　ⓐ 토지 경우는 지번, 지목, 지적이 표기되고, 건물은 지번, 구조, 용도, 면적이 기재됨
　　ⓑ 아파트 등 집합건물의 경우에는 전체 건물에 대한 표제부와 개개 건물에 대한 표제부가 구분하여 기재됨
㉡ 갑구 : 소유권에 관한 사항이 기재
　소유권자, 소유권이전, 가압류, 압류, 가처분, 가등기, 예고등기 등과 이들 권리의 변경등기, 말소 및 회복등기 등
㉢ 을구 : 소유권 이외의 권리(담보, 채무 등)가 표시
　소유권 이외의 권리인 저당권, 전세권, 지상권, 지역권, 임차권 등의 사항과 최고 채권 금액이 기재

답 ④

10 토지에 관한 강제경매절차에서 토지의 부합물로서 낙찰자가 소유권을 취득할 수 있는 경우를 모두 고른 것은? (다툼이 있으면 판례에 의함)

기출 23

> ㄱ. 토지소유자가 마당에 설치한 연못
> ㄴ. 타인이 토지소유자의 동의 없이 임의로 심은 조경수
> ㄷ. 토지에 지상권을 가진 자가 경작을 위해 심은 감나무
> ㄹ. 기둥, 지붕 및 주벽의 공사가 완료되어 건물로서의 외관을 갖추었으나 사용승인을 받지 못한 건물

① ㄱ, ㄴ
② ㄴ, ㄷ
③ ㄱ, ㄴ, ㄷ
④ ㄱ, ㄷ, ㄹ
⑤ ㄱ, ㄴ, ㄷ, ㄹ

해설

ㄱ. (○) 토지소유자가 마당에 설치한 연못
ㄴ. (○) 타인이 토지소유자의 동의 없이 임의로 심은 조경수는 토지의 부합물로 취급된다. 즉, 일반적으로 토지에 식재된 수목은 토지의 부합물로 취급하게 된다. 토지를 구성하는 일부분이라는 것이다. 따라서 경매로 토지소유권이 바뀌면 그 부합물인 수목 역시 낙찰자에게 귀속되곤 한다. 다만, 특별히 입목등기 등의 공시조치를 해 놓았다면 이때는 토지와 별개가 되어 낙찰자에게 귀속되지 않는다. 또한 임차권 등 적법한 토지사용권한을 가지고 수목을 식재했다면 경매 후에도 여전히 토지와 별개가 되는 것이고, 권원 없는 무단식재였다면 이때의 수목은 토지에 부합되어 최종 토지소유인 낙찰자에게 넘어간다.
ㄷ. (×) 토지에 지상권을 가진 자가 경작을 위해 심은 감나무는 지상권이 설정되어 있으므로 토지의 부합물이 아니다.
ㄹ. (×) 기둥, 지붕 및 주벽의 공사가 완료되어 건물로서의 외관을 갖추었으나 사용승인을 받지 못한 건물일지라도 건축물로 보기 때문에 토지의 부합물이 아니다.

➕ 알아보기 부동산의 부합물

부동산의 부합물이란 본래의 부동산과는 별개의 물건이지만 부동산에 결합하여 거래관념상 부동산과 하나의 물건이 됨으로써 부동산소유자에게 귀속되는 물건을 말한다.
또한 이런 부합물은 부동산뿐 아니라 동산도 포함이 된다. 이런 부합의 정도를 판단하는 기준은,
㉠ 훼손하지 않으면 분리할 수 없는 경우
㉡ 분리에 과다한 비용을 요하는 경우
㉢ 분리할 경우 경제적 가치가 심하게 감손되는 경우에 해당된다.

예를 들어 토지의 경우 정원수, 정원석, 토지상에 권원 없이 식재한 수목은 토지소유자에게 귀속된다. 또한, 건물의 경우 기존 건물에 부합된 증축 부분을 포함하여 방, 창고, 본채에서 떨어져 축조되어있는 화장실 등은 설령 감정가격에 포함되지 않았다고 할지라도 소유권을 취득하는 것이다.

답 ①

11 부동산관리와 생애주기에 관한 설명으로 옳지 않은 것은?

① 자산관리(Asset Management)란 소유자의 부를 극대화시키기 위하여 대상부동산을 포트폴리오 관점에서 관리하는 것을 말한다.
② 시설관리(Facility Management)란 각종 부동산시설을 운영하고 유지하는 것으로 시설 사용자나 건물주의 요구에 단순히 부응하는 정도의 소극적이고 기술적인 측면의 관리를 말한다.
③ 생애주기상 노후단계는 물리적·기능적 상태가 급격히 악화되기 시작하는 단계로 리모델링을 통하여 가치를 올릴 수 있다.
④ 재산관리(Property Management)란 부동산의 운영수익을 극대화하고 자산가치를 증진시키기 위한 임대차관리 등의 일상적인 건물운영 및 관리뿐만 아니라 부동산 투자의 위험관리와 프로젝트 파이낸싱 등의 업무를 하는 것을 말한다.
⑤ 건물의 이용에 의한 마멸, 파손, 노후화, 우발적 사고 등으로 사용이 불가능할 때까지의 기간을 물리적 내용연수라고 한다.

해설

④ (×) 주어진 지문은 자산관리(Asset Management)에 대한 설명이다.
재산관리(Property Management)란 건물 및 임대차관리라고 하는데, 이는 임대 및 수지관리로서 수익목표의 수립, 자본적, 수익적 지출계획 수립, 연간 예산 수립, 임대차 유치 및 유지, 비용통제 등을 수행하는 것을 말한다.

답 ④

12 건물의 관리방식에 관한 설명으로 옳은 것은? 기출 22

① 위탁관리방식은 부동산관리 전문업체에 위탁해 관리하는 방식으로 대형건물의 관리에 유용하다.
② 혼합관리방식은 필요한 부분만 일부 위탁하는 방식으로 관리자들간의 협조가 긴밀하게 이루어진다.
③ 자기관리방식은 관리업무의 타성(惰性)을 방지할 수 있다.
④ 위탁관리방식은 외부 전문가가 관리하므로 기밀 및 보안 유지에 유리하다.
⑤ 혼합관리방식은 관리문제 발생시 책임소재가 명확하다.

해설

② (×) 혼합관리방식은 필요한 부분만 일부 위탁하는 방식으로 관리자들간의 불협화음이 자주 발생한다.
③ (×) 자기관리방식은 관리업무의 타성에 빠지기 쉽다. 그러나 위탁관리방식은 타성화를 방지할 수 있다.
④ (×) 위탁관리방식은 외부전문가가 관리하므로 기밀 및 보안 유지에 불리하다.
⑤ (×) 혼합관리방식은 관리문제 발생시 책임소재가 불명확하다.

답 ①

13 부동산관리의 위탁관리방식에 관한 설명으로 옳지 않은 것은? 기출 24

① 신뢰도가 높은 업체를 선정하는 것이 중요하다.
② 관리업무의 전문성과 효율성을 제고할 수 있다.
③ 오피스빌딩과 같은 대형건물의 관리에 유용하다.
④ 관리환경 변화에 대한 예측과 적응에 유리하다.
⑤ 자기관리방식보다 기밀유지 측면에서 유리하다.

해설

⑤ (×) 위탁관리는 타인에게 관리를 위탁시키는 방법이다 보니 전문성, 효율성을 높이고, 대형건물 등 전문적 관리가 필요할 경우 유용하겠지만, 기밀유지 측면에서 불리하다.

답 ⑤

14 부동산개발에 관한 설명으로 옳은 것을 모두 고른 것은?

ㄱ. 부동산개발업의 관리 및 육성에 관한 법률상 부동산개발은 토지를 건설공사의 수행 또는 형질변경의 방법으로 조성하는 행위 및 건축물을 건축, 대수선, 리모델링 또는 용도를 변경하거나 공작물을 설치하는 행위를 말하며, 시공을 담당하는 행위는 제외한다.
ㄴ. 혼합방식은 개발전의 면적·등급·지목 등을 고려하여, 개발된 토지를 토지 소유주에게 종전의 토지 위치에 재분배하는 것을 말한다.
ㄷ. 흡수율분석은 수요·공급분석을 통하여 대상부동산이 언제 얼마만큼 시장에서 매각 또는 임대될 수 있는지를 파악하는 것이다.
ㄹ. 개발권양도제(TDR)는 일정하게 주어진 개발허용한도 내에서 해당 지역의 토지이용규제로 인해 사용하지 못하는 부분을 다른 지역에 양도할 수 있는 것이다.

① ㄱ, ㄷ
② ㄷ, ㄹ
③ ㄱ, ㄴ, ㄹ
④ ㄱ, ㄷ, ㄹ
⑤ ㄴ, ㄷ, ㄹ

해설

토지의 취득방식에 따른 개발방식
ㄱ. (○) 단순개발방식 - 지주에 의한 자력개발방식
ㄴ. (×) 환지방식 - 택지화되기 전의 토지의 위치, 면적, 지목, 등급, 이용도 등을 고려하여 개발 후 개발된 토지를 토지소유자에게 재분배하는 개발방식, 토지구획정리사업
ㄷ. (○) 매수(수용)방식 - 공공부문이 토지를 전면 매수하여 개발하는 방식, 택지공영개발방식, 주택지조성사업 등 개발사업 후 개발사업 전 토지소유권자의 권리는 소멸된다. 수용절차가 필요하고 사업시행자와 주민의 갈등 발생, 초기에 막대한 토지 구입비용발생
ㄹ. (○) 혼용방식 - 환지방식과 매수(수용)방식을 혼합한 방식, 도시개발사업, 산업단지개발사업 등

답 ④

15 부동산마케팅에 관한 설명으로 옳지 않은 것은? 기출 22

① STP란 시장세분화(Segmentation), 표적시장(Target market), 포지셔닝(Positioning)을 말한다.
② 마케팅믹스 전략에서의 4P는 유통경로(Place), 제품(Product), 가격(Price), 판매촉진(Promotion)을 말한다.
③ 노벨티(novelty) 광고는 개인 또는 가정에서 이용되는 실용적이며 장식적인 물건에 상호·전화번호 등을 표시하는 것으로 분양광고에 주로 활용된다.
④ 관계마케팅 전략은 공급자와 소비자 간의 장기적·지속적인 상호작용을 중요시하는 전략을 말한다.
⑤ AIDA 원리에 따르면 소비자의 구매의사결정은 행동(Action), 관심(Interest), 욕망(Desire), 주의(Attention)의 단계를 순차적으로 거친다.

해설

⑤ (×) AIDA 원리에 따르면 소비자의 구매의사결정은 주의(Attention) → 관심(Interest) → 욕망(Desire) → 행동(Action)의 단계를 순차적으로 거친다.

답 ⑤

16 부동산 마케팅활동에 관한 설명으로 옳지 않은 것은? 기출 24

① 시장세분화란 부동산시장에서 마케팅활동을 수행하기 위하여 구매자의 집단을 세분화하는 것이다.
② 세분시장은 그 규모와 구매력 등의 특성이 측정될 수 있어야 한다.
③ 세분시장은 개념적으로 구분될 수 있으며 마케팅 믹스 요소에 대해 동일하게 반응한다.
④ 표적시장이란 세분화된 시장 중 가장 효과적인 성과가 기대되어 마케팅활동의 수행대상이 되는 시장을 말한다.
⑤ 포지셔닝은 표적시장에서 고객의 욕구를 파악하여 경쟁제품과 차별화된 자사제품의 개념을 정해 이를 소비자의 지각 속에 적절히 위치시키는 것이다.

해설

③ (×) 세분화된 시장이란, 구매자의 집단을 세부화하는 것인데 상식적으로 마케팅 전략에 대해 세분화된 집단이 동일하게 반응할 리가 없을 것이다. 세분시장의 개념만 알고 있으면 무난하게 풀 수 있는 문제이다.

답 ③

17 부동산개발의 타당성분석 유형을 설명한 것이다. ( )에 들어갈 내용으로 옳게 연결된 것은?

- (ㄱ)은 부동산이 현재나 미래의 시장상황에서 매매 또는 임대될 수 있는 가능성을 분석하는 것이다.
- (ㄴ)은 개발업자가 대상부동산에 대해 수립한 사업안들 중에서 최유효이용을 달성할 수 있는 방식을 판단할 수 있도록 자료를 제공해 주는 것이다.
- (ㄷ)은 주요 변수들의 초기 투입값을 변화시켜 적용함으로써 낙관적 또는 비관적인 상황에서 발생할 수 있는 수익성 및 부채상환능력 등을 예측하는 것이다.

	ㄱ	ㄴ	ㄷ
①	시장성분석	민감도분석	투자분석
②	민감도분석	투자분석	시장성분석
③	투자분석	시장성분석	민감도분석
④	시장성분석	투자분석	민감도분석
⑤	민감도분석	시장성분석	투자분석

해설

ㄱ : 시장성분석에 대한 설명이다. 주의할 것은 시장분석과 혼동해서는 안 된다. 시장분석은 특정 부동산에 대한 시장지역의 수요와 공급상황을 분석하는 것을 말한다.
ㄴ : 투자분석에 대한 설명이다. 대상개발사업의 타당성이 충분하다고 해서, 언제나 투자자에게 채택되는 것은 아니다. 투자자의 입장에서 대상개발사업은 투자 가능한 대안 중의 하나일 뿐이다.
ㄷ : 민감도분석에 대한 설명이다. 민감도는 투입요소가 변화하여 그 결과치의 변화를 파악하고자 하는 분석이다.

답 ④

18 에스크로우(Escrow)에 관한 설명으로 옳지 않은 것은? 기출 22

① 부동산매매 및 교환 등에 적용된다.
② 권리관계조사, 물건확인 등의 업무를 포함한다.
③ 매수자, 매도자, 저당대출기관 등의 권익을 보호한다.
④ 은행이나 신탁회사는 해당 업무를 취급할 수 없다.
⑤ 에스크로우 업체는 계약조건이 이행될 때까지 금전·문서·권원증서 등을 점유한다.

해설

① (○) 에스크로우는 부동산의 매매에 한정하지 않고, 교환·매매예약 등의 업무도 하는 부동산거래계약의 이행행위를 대행하는 부동산업의 한 종류이다.
② (○) 권리관계조사, 물건확인 등의 업무를 포함한다. 이외에도 에스크로우업은 대금의 회수, 소유권 이전 업무대행 이외에 부동산거래를 완결짓는 세금·금융이자·보험료·임료 등의 청산도 대행한다.
③ (○) 매수자, 매도자, 저당대출기관 등의 권익을 보호한다. 즉, 에스크로우 대행업자는 공정한 제3자적 입장에서 등기증서를 기록하고 권원조사를 지시하고, 권원상에 하자가 없을 경우에는 대금을 매도자에게 전달하는 역할을 한다.
④ (×) 에스크로우 회사는 은행이나 권원보험회사, 신탁회사 등도 산하에 별도의 에스크로우 부서를 설치하여 에스크로우 대행업자로서의 역할을 하기도 한다.

답 ④

19 부동산 중개계약에 관한 설명으로 옳지 않은 것은? 기출 22

① 순가중개계약에서는 매도자가 개업공인중개사에게 제시한 가격을 초과해 거래가 이루어진 경우 그 초과액을 매도자와 개업공인중개사가 나누어 갖는다.
② 일반중개계약에서는 의뢰인이 다수의 개업공인중개사에게 동등한 기회로 거래를 의뢰한다.
③ 공인중개사법령상 당사자간에 다른 약정이 없는 경우 전속중개계약의 유효기간은 3월로 한다.
④ 공동중개계약에서는 부동산거래정보망 등을 통하여 다수의 개업공인중개사가 상호 협동하여 공동으로 거래를 촉진한다.
⑤ 독점중개계약에서는 의뢰인이 직접 거래를 성사시킨 경우에도 중개보수 청구권이 발생한다.

해설

① (×) 순가중개계약은 중개의뢰인이 중개대상물의 가격을 사전에 중개업자에게 제시하고 그 금액을 초과하여 거래계약을 성립시키면 초과하는 부분은 모두 중개수수료로 지불하기로 하는 중개계약이다. 즉 초과액은 개업공인중개사가 가져간다. 순가중개계약은 공인중개사법령에서는 금지하고 있는 중개계약에 해당된다. 그러나 순가중개계약을 체결했다는 자체만으로는 중개업자 등의 금지행위에 해당되지 않고, 중개수수료를 초과하여 받는 경우에만 중개업자 등의 금지행위에 해당된다.

답 ①

20 부동산 중개계약에 관한 설명으로 ( )에 들어갈 것으로 옳은 것은? 기출 24

> (ㄱ) : 중개의뢰인이 특정한 개업공인중개사를 정하여 그 개업공인중개사에게 한정하여 해당 중개대상물을 중개하도록 하는 중개계약
> (ㄴ) : 중개의뢰인이 해당 중개대상물의 중개를 불특정 다수의 개업공인중개사에게 의뢰하고 먼저 거래를 성사시킨 개업공인중개사에게 보수를 지급하는 중개계약

	ㄱ	ㄴ
①	일반중개계약	전속중개계약
②	일반중개계약	공동중개계약
③	전속중개계약	공동중개계약
④	공동중개계약	일반중개계약
⑤	전속중개계약	일반중개계약

해설

공동중개계약이란 2인 이상의 업자가 공동활동으로 중개업무를 영위하는 제도를 의미한다.

답 ⑤

21 공인중개사법령상 개업공인중개사에 관한 내용으로 옳지 않은 것은? 기출 24

① 개업공인중개사는 그 사무소의 명칭에 "공인중개사사무소" 또는 "부동산중개"라는 문자를 사용하여야 한다.
② 개업공인중개사가 아닌 자는 중개대상물에 대한 표시·광고를 하여서는 아니 된다.
③ 개업공인중개사는 「민사집행법」에 의한 경매 및 「국세징수법」 그 밖의 법령에 의한 공매대상 부동산에 대한 권리분석 및 취득의 알선과 매수신청 또는 입찰신청의 대리를 할 수 있다.
④ 개업공인중개사는 대통령령으로 정하는 기준과 절차에 따라 등록관청의 허가를 받아 그 관할 구역 외의 지역에 분사무소를 둘 수 있다.
⑤ 개업공인중개사는 다른 사람에게 자기의 성명 또는 상호를 사용하여 중개업무를 하게 하거나 자기의 중개사무소등록증을 양도 또는 대여하는 행위를 하여서는 아니 된다.

해설

④ (×) 개업공인중개사 중 법인공인중개사만이 대통령령으로 정하는 기준과 절차에 따라 등록관청의 허가를 받아 그 관할 구역 외의 지역에 분사무소를 둘 수 있다.

답 ④

22

공인중개사법령상 개업공인중개사가 주택을 중개하는 경우 확인·설명해야 할 사항으로 옳은 것의 개수는?

> ㄱ. 일조·소음·진동 등 환경조건
> ㄴ. 소유권·전세권·임차권 등 권리관계
> ㄷ. 주택공시가격·중개보수 및 실비의 금액
> ㄹ. 권리를 취득함에 따라 부담하여야 할 조세의 종류 및 세율
> ㅁ. 토지이용계획, 공법상의 거래규제 및 이용제한에 관한 사항

① 1 ② 2
③ 3 ④ 4
⑤ 5

해설

ㄱ, ㄴ, ㄷ, ㄹ, ㅁ 모두 확인·설명해야 할 사항이다.
개업공인중개사가 매수·임차중개의뢰인 등 권리를 취득하고자 하는 중개의뢰인에게 확인·설명하여야 하는 사항은 다음과 같다.

- 중개대상물의 종류·소재지·지번·지목·면적·용도·구조 및 건축연도 등 중개대상물에 관한 기본적인 사항
- <u>소유권·전세권·저당권·지상권 및 임차권 등 중개대상물의 권리관계에 관한 사항</u>
- 거래예정금액·중개보수 및 실비의 금액과 그 산출내역
- <u>토지이용계획, 공법상의 거래규제 및 이용제한에 관한 사항</u>
- 수도·전기·가스·소방·열공급·승강기 및 배수 등 시설물의 상태
- 벽면 및 도배의 상태
- <u>일조·소음·진동 등 환경조건</u>
- 도로 및 대중교통수단과의 연계성, 시장·학교와의 근접성 등 입지조건
- <u>중개대상물에 대한 권리를 취득함에 따라 부담하여야 할 조세의 종류 및 세율</u>

답 ⑤

23 부동산 권리분석에 관한 설명으로 옳지 않은 것은?

① 권리분석의 원칙에는 능률성, 안전성, 탐문주의, 증거주의 등이 있다.
② 건물의 소재지, 구조, 용도 등의 사실관계는 건축물대장으로 확인·판단한다.
③ 임장활동 이전 단계 활동으로 여러 가지 물적 증거를 수집하고 탁상으로 검토하여 1차적으로 하자의 유무를 발견하는 작업을 권리보증이라고 한다.
④ 부동산의 상태 또는 사실관계, 등기능력이 없는 권리 및 등기를 요하지 않는 권리관계 등 자세한 내용까지 분석의 대상으로 하는 것이 최광의의 권리분석이다.
⑤ 매수인이 대상부동산을 매수하기 전에 소유권을 저해하는 조세체납, 계약상 하자 등을 확인하기 위해 공부 등을 조사하는 일도 포함된다.

해설

③ (×) 권리분석 활동의 절차는 다음과 같다.

> 자료의 수집(각종 공부 등의 자료수집) → 자료판독 → 임장활동 → 권리상태의 인식

주어진 지문은 권리보증이 아니라 자료판독에 해당되는 내용이다.

답 ③

24 부동산 권리분석 시 등기능력이 없는 것으로 묶인 것은?

① 지역권, 지상권
② 유치권, 점유권
③ 전세권, 법정지상권
④ 가압류, 분묘기지권
⑤ 저당권, 권리질권

해설

- 등기능력이 없는 권리관계 : 등기사항전부증명서를 통해 확인할 수 없는 것은 유치권, 점유권, 법정지상권, 분묘기지권, 권리질권이 해당되는 내용이다.
- 등기를 요하지 않는 권리관계 : 상속·공용징수·판결·경매, 법정지상권 등이 있다.

답 ②

25 부동산신탁에 있어 위탁자가 부동산의 관리와 처분을 부동산신탁회사에 신탁한 후 수익증권을 발급받아 이를 담보로 금융기관에서 대출을 받는 신탁방식은? 기출 21

① 관리신탁
② 처분신탁
③ 담보신탁
④ 개발신탁
⑤ 명의신탁

해설

① (×) 관리신탁은 부동산소유자가 맡긴 부동산을 총체적으로 관리·운용하여 그 수익을 부동산소유자 또는 부동산소유자가 지정한 사람(수익자)에게 배당하는 것을 말한다.
② (×) 처분신탁은 부동산소유자가 맡긴 부동산에 대하여 처분시까지의 총체적 관리행위 및 처분행위를 신탁회사가 행하며, 처분대금을 부동산소유자 또는 수익자에게 교부하는 것을 말한다.
③ (○) 주어진 지문은 담보신탁에 대한 설명이다.
　담보신탁은 부동산을 담보로 하여 금융기관에서 자금을 차용하려는 경우에 이용하는 방법으로서 담보신탁을 의뢰하면 신탁회사는 부동산감정평가의 범위 내에서 수익증권을 발급하고 부동산소유자는 이를 해당 은행에 제출하여 자금의 대출을 받는 방식이다.
④ (×) 토지개발신탁은 토지소유자가 토지를 신탁회사에게 위탁하면 신탁회사는 그 토지를 개발시킨 다음 임대하거나 분양하는 방식으로서 토지신탁이라고도 한다.
⑤ (×) 명의신탁(을종 관리신탁)은 관리의 일부(소유권 관리)만을 위임받아 신탁업무를 수행하는 것을 말한다.

답 ③

26

감정평가사 A는 단독주택의 감정평가를 의뢰받고 관련 공부(公簿)를 통하여 다음과 같은 사항을 확인하였다. 이 단독주택의 건폐율(ㄱ)과 용적률(ㄴ)은? (단, 주어진 자료에 한함) 기출 21

- 토지대장상 토지면적 : $240m^2$
- 대지 중 도시·군계획시설(공원)저촉 면적 : $40m^2$
- 건축물의 용도 : 지하1층(주차장), 지상1층(단독주택), 지상2층(단독주택)
- 건축물대장상 건축면적 : $120m^2$
- 건축물대장상 각 층 바닥면적 : 지하1층($60m^2$), 지상1층($120m^2$), 지상2층($120m^2$)

	ㄱ	ㄴ
①	50.00%	100.00%
②	50.00%	120.00%
③	50.00%	150.00%
④	60.00%	120.00%
⑤	60.00%	150.00%

해설

ㄱ. 건폐율 = $\dfrac{건축면적(120)}{대지면적(200)} \times 100 = 60\%$

ㄴ. 용적률 = $\dfrac{지상1층(120) + 지상2층(120)}{바닥면적(200)} \times 100 = 120\%$

용적률에 지하면적은 포함되지 않는다.

답 ④

27 토지개발방식으로서 수용방식과 환지방식의 비교에 관한 설명으로 옳지 <u>않은</u> 것은? (단, 사업구역은 동일함) 기출 21

① 수용방식은 환지방식에 비해 종전 토지소유자에게 개발이익이 귀속될 가능성이 큰 편이다.
② 수용방식은 환지방식에 비해 사업비의 부담이 큰 편이다.
③ 수용방식은 환지방식에 비해 기반시설의 확보가 용이한 편이다.
④ 환지방식은 수용방식에 비해 사업시행자의 개발토지 매각부담이 적은 편이다.
⑤ 환지방식은 수용방식에 비해 종전 토지소유자의 재정착이 쉬운 편이다.

해설

① (×) 환지방식은 수용방식에 비해 종전 토지소유자에게 개발이익이 귀속될 가능성이 큰 편이다.
② (○) 수용방식은 환지방식에 비해 토지매입비가 수반되기 때문에 사업비의 부담이 큰 편이다.
③ (○) 수용방식은 환지방식에 비해 개발이익환수가 용이하기 때문에 기반시설의 확보가 용이한 편이다.
④ (○) 환지방식은 수용방식에 비해 토지소유주에 개발 후에 각종 비용을 제외하고 돌려주기 때문에 사업시행자의 개발토지 매각부담이 적은 편이다.
⑤ (○) 환지방식은 수용방식에 비해 원소유주에게 토지를 재분배하기 때문에 종전 토지소유자의 재정착이 쉬운 편이다.

답 ①

28 부동산개발사업에 관련된 설명으로 옳은 것을 모두 고른 것은? 기출 21

ㄱ. 개발기간의 연장, 이자율 인상, 인플레이션의 영향으로 개발비용이 증가하는 위험은 비용위험에 속한다.
ㄴ. 개발부동산의 선분양제도는 후분양제도에 비해 사업시행자가 부담하는 시장위험을 줄일 수 있다.
ㄷ. 민감도분석에 있어 주요 변수로는 토지구입비, 개발기간, 분양가격 등이 있다.
ㄹ. 수익성지수가 1보다 크다는 것은 순현가가 '0(zero)'보다 크다는 뜻이다.

① ㄱ, ㄴ
② ㄴ, ㄷ
③ ㄱ, ㄷ, ㄹ
④ ㄴ, ㄷ, ㄹ
⑤ ㄱ, ㄴ, ㄷ, ㄹ

해설

ㄱ, ㄴ, ㄷ, ㄹ 모두 옳은 표현이다.

답 ⑤

29 공인중개사법령상 공인중개사 정책심의위원회에서 공인중개사의 업무에 관하여 심의하는 사항으로 명시되지 않은 것은?

기출 21

① 개업공인중개사의 교육에 관한 사항
② 부동산 중개업의 육성에 관한 사항
③ 공인중개사의 시험 등 공인중개사의 자격취득에 관한 사항
④ 중개보수 변경에 관한 사항
⑤ 손해배상책임의 보상 등에 관한 사항

해설

① (×) 교육에 관한 업무는 시·도지사의 업무로서 정책심의위원회의 심의사항에 해당하지 않는다.

> **공인중개사법 제2조의2(공인중개사 정책심의위원회)**
> ① 공인중개사의 업무에 관한 다음 각 호의 사항을 심의하기 위하여 국토교통부에 공인중개사 정책심의위원회를 둘 수 있다.
>   1. 공인중개사의 시험 등 공인중개사의 자격취득에 관한 사항
>   2. 부동산 중개업의 육성에 관한 사항
>   3. 중개보수 변경에 관한 사항
>   4. 손해배상책임의 보장 등에 관한 사항

답 ①

30 공인중개사법령상 공인중개사의 중개대상물이 <u>아닌</u> 것은? (다툼이 있으면 판례에 따름)

① 토지거래허가구역 내의 토지
② 가등기가 설정되어 있는 건물
③ 「입목에 관한 법률」에 따른 입목
④ 하천구역에 포함되어 사권이 소멸된 포락지
⑤ 「공장 및 광업재단 저당법」에 따른 광업재단

해설

④ (×) 하천구역에 포함되어 사권이 소멸된 포락지는 개인소유재산이 아니므로 중개대상물이 될 수 없다.

답 ④

31 부동산 권리분석에 관련된 설명으로 옳지 <u>않은</u> 것은?

① 부동산 권리관계를 실질적으로 조사·확인·판단하여 일련의 부동산활동을 안전하게 하려는 것이다.
② 대상부동산의 권리관계를 조사·확인하기 위한 판독 내용에는 권리의 하자나 거래규제의 확인·판단이 포함된다.
③ 매수인이 대상부동산을 매수하기 전에 소유권이전을 저해하는 사항이 있는지 여부를 확인하기 위하여 공부(公簿) 등을 조사하는 일도 포함된다.
④ 우리나라 등기는 관련 법률에 다른 규정이 있는 경우를 제외하고는 당사자의 신청 또는 관공서의 촉탁에 따라 행하는 신청주의 원칙을 적용한다.
⑤ 부동산 권리분석을 행하는 주체가 분석대상권리의 주요한 사항을 직접 확인해야 한다는 증거주의의 원칙은 권리분석활동을 하는 데 지켜야 할 이념이다.

해설

⑤ (×) 증거주의에 대한 설명이 아니라 탐문주의에 대한 설명이다. 증거주의란 부동산권리분석사가 행한 일련의 조사·확인·판단은 반드시 증거에 의해서 뒷받침되어야 한다는 것을 말한다. 탐문주의란 부동산권리분석활동에 필요한 여러 가지 자료와 정보를 부동산권리분석사가 직접 탐문하여 얻는 것을 말한다.

답 ⑤

32

다음 중 부동산 권리분석 시 등기사항전부증명서를 통해 확인할 수 없는 것은 몇 개인가? 기출 21

- 유치권
- 지역권
- 전세권
- 분묘기지권
- 점유권
- 법정지상권
- 구분지상권
- 근저당권

① 3개
② 4개
③ 5개
④ 6개
⑤ 7개

해설

② 등기사항전부증명서를 통해 확인할 수 없는 것은 유치권, 점유권, 법정지상권, 분묘기지권이다.

답 ②

33

다음의 부동산 권리분석 특별원칙은? 기출 20

- 하자전제의 원칙
- 범위확대의 원칙
- 차단의 원칙
- 완전심증의 원칙
- 유동성 대비의 원칙

① 능률성의 원칙
② 탐문주의 원칙
③ 증거주의 원칙
④ 안정성의 원칙
⑤ 사후확인의 원칙

해설

④ 부동산 권리분석의 특별원칙은 능률성, 안정성, 증거주의, 탐문주의가 있는데 주어진 제시문은 안정성의 하위원칙에 대한 설명이다.

답 ④

34 ( )에 들어갈 내용으로 옳은 것은? 기출 20

- ( )이란 임장활동의 전 단계 활동으로 여러 가지 물적 증거를 수집하고 탁상 위에서 검토하여 1차적으로 하자의 유무를 발견하려는 작업이다.
- ( )의 과정은 위험사례를 미리 발견하기 위한 노력 또는 그 기초 작업이다.

① 보정
② 심사
③ 판독
④ 면책사항
⑤ 권리보증

해설

③ 여러 가지 증거를 가지고 판독하는 작업으로서 판독에 대한 설명이다.

답 ③

35 다음에서 설명하는 개발방식은? 기출 20

- 대지로서의 효용증진과 공공시설의 정비를 목적으로 하며, 택지개발사업에 주로 활용되는 방식이다.
- 사업 후 개발토지 중 사업에 소요된 비용과 공공용지를 제외한 토지를 당초의 토지소유자에게 되돌려주는 방식이다.
- 개발사업 시 사업재원으로 확보해 놓은 토지를 체비지라고 한다.

① 환지방식
② 신탁방식
③ 수용방식
④ 매수방식
⑤ 합동방식

해설

① 주어진 제시문은 환지방식에 대한 설명이다. 환지방식은 사업 후에 개발토지 중에 각종 비용을 공제한 후에 원소유자에게 되돌려 주는 방식이다.

답 ①

36 토지이용계획과 용도지역지구제에 관한 설명으로 옳지 않은 것은? 기출 20

① 용도지역지구제는 토지이용규제의 대표적인 예로 들 수 있다.
② 용도지역지구제는 특정 토지를 용도지역이나 용도지구로 지정한 후 해당 토지의 이용을 지정목적에 맞게 제한하는 제도이다.
③ 토지이용계획은 토지이용규제의 근간을 이루지만 법적 구속력을 가지고 있지는 않다.
④ 용도지역지구제는 토지이용계획의 내용을 실현하는 수단으로서, 도시·군관리계획의 내용을 구성한다.
⑤ 용도지역지구제에 따른 용도 지정 후, 관련법에 의해 사인의 토지이용이 제한되지 않는다.

해설

⑤ (×) 용도지역지구제에 따른 용도 지정 후, 관련법에 의해 사인의 토지이용이 제한된다.

답 ⑤

37 건물의 관리방식에 관한 설명으로 옳지 않은 것은? 기출 20

① 자가관리방식은 일반적으로 소유자의 지시와 통제 권한이 강하다.
② 위탁관리방식은 부동산관리를 전문적으로 하는 대행업체에게 맡기는 방식으로 사회적으로 신뢰도가 높고 성실한 대행업체를 선정하는 것이 중요하다.
③ 혼합관리방식은 자가관리에서 위탁관리로 이행하는 과도기적 조치로 적합하다.
④ 자가관리방식에 있어 소유자가 전문적 관리지식이 부족한 경우 효율적 관리에 한계가 있을 수 있다.
⑤ 혼합관리방식에 있어 관리상의 문제가 발생할 경우, 책임소재에 대한 구분이 명확하다.

해설

⑤ (×) 혼합관리방식에 있어 관리상의 문제가 발생할 경우, 책임소재에 대한 구분이 불명확하다.

답 ⑤

38 개발업자 '갑'이 직면한 개발사업의 시장위험에 관한 설명으로 옳지 않은 것은? 기출 20

① 개발기간 중에도 상황이 변할 수 있다는 점에 유의해야 한다.
② 개발기간이 장기화될수록 개발업자의 시장위험은 높아진다.
③ 선분양은 개발업자가 부담하는 시장위험을 줄일 수 있다.
④ 금융조달비용의 상승과 같은 시장의 불확실성은 개발업자에게 시장위험을 부담시킨다.
⑤ 후분양은 개발업자의 시장위험을 감소시킨다.

해설

⑤ (×) 후분양은 개발업자의 시장위험을 증가시키는 반면에 선분양제도가 개발업자의 시장위험을 감소시킨다.

답 ⑤

39 부동산개발업의 관리 및 육성에 관한 법률상 부동산개발에 해당하지 않은 행위는? 기출 20

① 토지를 건설공사의 수행으로 조성하는 행위
② 토지를 형질변경의 방법으로 조성하는 행위
③ 시공을 담당하는 행위
④ 건축물을 건축기준에 맞게 용도변경하는 행위
⑤ 공작물을 설치하는 행위

해설

③ (×) 「부동산개발업의 관리 및 육성에 관한 법률」 제2조에 따르면 "부동산개발"이란 다음 각 목의 어느 하나에 해당하는 행위를 말한다. 다만, 시공을 담당하는 행위는 제외한다.
　가. 토지를 건설공사의 수행 또는 형질변경의 방법으로 조성하는 행위
　나. 건축물을 건축·대수선·리모델링 또는 용도변경 하거나 공작물을 설치하는 행위

답 ③

40

다음 민간투자사업방식을 바르게 연결한 것은?

기출 20

ㄱ. 사업주가 시설준공 후 소유권을 취득하여, 일정 기간 동안 운영을 통해 운영수익을 획득하고, 그 기간이 만료되면 공공에게 소유권을 이전하는 방식
ㄴ. 사업주가 시설준공 후 소유권을 공공에게 귀속시키고, 그 대가로 받은 시설 운영권으로 그 시설을 공공에게 임대하여 임대료를 획득하는 방식
ㄷ. 사업주가 시설준공 후 소유권을 공공에게 귀속시키고, 그 대가로 일정 기간 동안 시설 운영권을 받아 운영수익을 획득하는 방식
ㄹ. 사업주가 시설준공 후 소유권을 취득하여, 그 시설을 운영하는 방식으로, 소유권이 사업주에게 계속 귀속되는 방식

	ㄱ	ㄴ	ㄷ	ㄹ
①	BOT방식	BTL방식	BOT방식	BOO방식
②	BOT방식	BTL방식	BTO방식	BOO방식
③	BOT방식	BTO방식	BOO방식	BTL방식
④	BTL방식	BOT방식	BOO방식	BTO방식
⑤	BOT방식	BOO방식	BTO방식	BTL방식

해설

ㄱ. BOT방식 : 사업주가 시설준공(B) 후 소유권을 취득하여, 일정 기간 동안 운영(O)을 통해 운영수익을 획득하고, 그 기간이 만료되면 공공에게 소유권을 이전(T)하는 방식
ㄴ. BTL방식 : 사업주가 시설준공(B) 후 소유권을 공공에게 귀속(T)시키고, 그 대가로 받은 시설 운영권으로 그 시설을 공공에게 임대(L)하여 임대료를 획득하는 방식
ㄷ. BTO방식 : 사업주가 시설준공(B) 후 소유권을 공공에게 귀속(T)시키고, 그 대가로 일정 기간 동안 시설 운영권(O)을 받아 운영수익을 획득하는 방식
ㄹ. BOO방식 : 사업주가 시설준공(B) 후 소유권을 취득(O)하여, 그 시설을 운영(O)하는 방식으로, 소유권이 사업주에게 계속 귀속되는 방식

답 ②

41 다음에서 설명하는 민간투자 사업방식은? 기출 24

- 시설의 소유권은 시설의 준공과 함께 정부 등에 귀속
- 사업시행자는 일정기간의 시설관리 운영권을 획득
- 사업시행자는 시설의 최종수요자로부터 이용료를 징수하여 투자비를 회수
- SOC시설 소유권을 민간에 넘기는 것이 부적절한 경우에 주로 사용

① BOT(build-operate-transfer)방식
② BTO(build-transfer-operate)방식
③ BLT(build-lease-transfer)방식
④ LBO(lease-build-operate)방식
⑤ BOO(build-own-operate)방식

해설

② Build는 준공, Transfer는 소유권 이전, Operate는 운영권을 의미한다.

답 ②

42 공인중개사법령에 관한 설명으로 옳은 것은?

① 공인중개사법에 의한 공인중개사자격을 취득한 자를 개업공인중개사라고 말한다.
② 선박법 및 선박등기법에 따라 등기된 20톤 이상의 선박은 공인중개사법에 의한 중개대상물이다.
③ 개업공인중개사에 소속된 공인중개사인 자로서 중개업무를 수행하는 자는 소속공인중개사가 아니다.
④ 중개업은 다른 사람의 의뢰에 의하여 일정한 보수를 받고 중개를 업으로 행하는 것을 말한다.
⑤ 중개보조원이란 공인중개사가 아닌 자로서 중개업을 하는 자를 말한다.

해설

① (×) 공인중개사법에 의한 공인중개사자격을 취득한 자를 공인중개사라고 하고, 공인중개사법에 의하여 중개사무소의 개설등록을 한 자를 개업공인중개사라고 말한다.
② (×) 선박법 및 선박등기법에 따른 선박은 등기여부를 불문하고 공인중개사법에 의한 중개대상물에 해당하지 않는다.
③ (×) 개업공인중개사에 소속된 공인중개사로서 중개업무를 수행하거나 중개업무를 보조는 자는 소속공인중개사에 해당한다.
⑤ (×) 중개보조원이란 공인중개사가 아닌 자로서 중개대상물에 대한 현장안내 및 일반서무 등 개업공인중개사의 중개업무와 관련된 단순한 업무를 보조하는 자를 말한다.

답 ④

43 부동산 거래신고 등에 관한 법률상 옳지 않은 것은? (단, 주어진 조건에 한함)

① 거래당사자 중 일방이 지방자치단체인 경우에는 지방자치단체가 신고를 하여야 한다.
② 공동으로 중개한 경우에는 해당 개업공인중개사가 공동으로 신고하여야 하며, 일방이 신고를 거부한 경우에는 단독으로 신고할 수 있다.
③ 거래당사자는 그 실제 거래가격 등을 거래계약의 체결일부터 30일 이내에 공동으로 신고해야 한다.
④ 누구든지 개업공인중개사에게 부동산 거래의 신고를 하지 아니하게 하거나 거짓으로 신고하도록 요구하는 행위를 하여서는 아니 된다.
⑤ 거래당사자가 부동산의 거래신고를 한 후 해당 거래계약이 취소된 경우에는 취소가 확정된 날부터 60일 이내에 해당 신고관청에 공동으로 신고하여야 한다.

해설

⑤ (×) 거래당사자가 부동산의 거래신고를 한 후 해당 거래계약이 취소된 경우에는 취소가 확정된 날부터 30일 이내에 해제 등의 신고를 하여야 한다.

답 ⑤

44 우리나라의 부동산정보 관리 정책에 관한 설명으로 옳은 것은?

① 부동산거래 계약과 신고 등에 관한 정보체계 구축의 법적 근거는 「공간정보의 구축 및 관리 등에 관한 법률」이다.
② 국토교통부장관 또는 시장·군수·구청장은 정보의 관리를 위하여 관계 행정기관이나 그 밖에 필요한 기관에 필요한 자료를 요청할 수 있으며, 이 경우 관계 행정기관 등은 특별한 사유가 없으면 요청에 따라야 한다.
③ 광역시장·도지사는 적절한 부동산정책의 수립 및 시행을 위하여 부동산 거래상황, 외국인 부동산 취득 현황, 부동산 가격 동향 등에 관한 정보를 종합적으로 관리하고, 이를 관련 기관-단체 등에 제공해야 한다.
④ 광역시장·도지사는 효율적인 정보의 관리 및 국민 편의 증진을 위하여 대통령령으로 정하는 바에 따라 부동산거래의 계약·신고·허가 관리 등의 업무와 관련된 정보체계를 구축·운영해야 한다.
⑤ 국토교통부 장관은 정보체계에 구축되어 있는 정보를 수요자에게 제공할 수 있으며, 이 경우 제공하는 정보의 종류와 내용을 제한할 수 없다.

해설

① (×) 부동산거래 계약과 신고 등에 관한 정보체계 구축의 법적 근거는 「공간정보의 구축 및 관리 등에 관한 법률」이 아니라 「부동산거래신고 등에 관한 법률」이다.
③ (×) 국토교통부장관 또는 시장·군수·구청장은 적절한 부동산정책의 수립 및 시행을 위하여 부동산 거래상황, 외국인 부동산 취득현황, 부동산 가격 동향 등 이 법에 규정된 사항에 관한 정보를 종합적으로 관리하고, 이를 관련 기관·단체 등에 제공할 수 있다.
④ (×) 국토교통부장관은 효율적인 정보의 관리 및 국민편의 증진을 위하여 대통령령으로 정하는 바에 따라 부동산거래의 계약·신고·허가·관리 등의 업무와 관련된 정보체계를 구축·운영할 수 있다.
⑤ (×) 국토교통부장관은 정보체계에 구축되어 있는 정보를 수요자에게 제공할 수 있다. 이 경우 정보체계 운영을 위하여 불가피한 사유가 있거나 개인정보의 보호를 위하여 필요하다고 인정할 때에는 제공하는 정보의 종류와 내용을 제한할 수 있다.

답 ②

45 개업공인중개사의 금지행위에 해당하지 않는 것은?　　기출 19

① 경매대상 부동산의 권리분석 및 취득을 알선하는 행위
② 중개대상물의 매매를 업으로 하는 행위
③ 중개의뢰인과 직접 거래를 하거나 거래당사자 쌍방을 대리하는 행위
④ 당해 중개대상물의 거래상의 중요사항에 관하여 거짓된 언행 그 밖의 방법으로 중개의뢰인의 판단을 그르치게 하는 행위
⑤ 중개사무소의 개설등록을 하지 아니하고 중개업을 영위하는 자인 사실을 알면서 그를 통하여 중개를 의뢰 받는 행위

해설

① (×) 경매·공매대상 부동산에 대한 권리분석 및 취득알선업무는 개업공인중개사(법 부칙 제6조 제2항의 개업공인중개사는 제외)의 겸업업무로서 금지행위에 해당하지 않는다.

답 ①

46 민간투자사업의 추진방식에 관한 설명으로 옳지 않은 것은?　　기출 19

① 사회기반시설의 준공과 동시에 해당 시설의 소유권이 국가 또는 지방자치단체에 귀속되며, 사업시행자에게 일정기간의 시설관리운영권을 인정하는 방식을 BTO방식이라고 한다.
② 사회기반시설의 준공과 동시에 해당 시설의 소유권이 국가 또는 지방자치단체에 귀속되며, 사업시행자에게 일정기간의 시설관리 운영권을 인정하되, 그 시설의 국가 또는 지방자치단체 등이 협약에서 정한 기간 동안 임차하여 사용, 수익하는 방식을 BTL방식이라고 한다.
③ 사회기반시설의 준공 후 일정기간 동안 사업시행자에게 해당 시설의 소유권이 인정되며 그 기간이 만료되면 시설소유권이 국가 또는 지방자치단체에 귀속되는 방식을 BOT방식이라고 한다.
④ BTO방식은 초등학교 교사 신축사업에 적합한 방식이다.
⑤ BTL방식은 사업시행사가 최종수요지에게 사용료를 직접 부과하기 어려운 경우 적합한 방식이다.

해설

④ (×) 초등학교 교사 신축사업이나 군인 아파트 사업은 민간이 운영하면 수익이 창출되지 않으므로 BTL과 BLT방식이 효과적이다.

답 ④

47 부동산관리방식에 관한 설명으로 옳지 않은 것은? 기출 19

① 자기관리방식은 소유자가 직접 관리하는 방식으로 단독주택이나 소형빌딩과 같은 소규모 부동산에 주로 적용된다.
② 위탁관리방식은 부동산관리 전문업체에 위탁해 부동산을 관리하는 방식으로 대형건물의 관리에 유용하다.
③ 혼합관리방식은 관리 업무 모두를 위탁하지 않고 필요한 부분만 따로 위탁하는 방식이다.
④ 자기관리방식은 전문성 결여의 가능성이 높으나 신속하고 종합적인 운영관리가 가능하다.
⑤ 위탁관리방식은 관리 업무의 전문성과 효율성을 제고할 수 있으며 기밀유지의 장점이 있다.

해설

⑤ (×) 위탁관리방식은 관리 업무의 전문성과 효율성을 제고할 수 있으나, 기밀유지가 되지 않는다는 단점이 있다.

답 ⑤

48 부동산개발의 시장위험에 해당하지 않는 것은? (단, 다른 조건은 불변임) 기출 19

① 이자율 상승
② 행정인허가 불확실성
③ 공실률 증가
④ 공사자재 가격급등
⑤ 임대료 하락

해설

② (×) 행정인허가 불확실성은 법률적 위험에 해당되고, 나머지는 시장위험에 속한다.

답 ②

49 워포드의 부동산개발 7단계의 순서로 올바르게 나열한 것은? 기출 19

ㄱ. 사업구상   ㄴ. 마케팅
ㄷ. 예비타당성분석   ㄹ. 부지확보
ㅁ. 금융   ㅂ. 건설
ㅅ. 타당성분석

① ㄱ-ㄴ-ㄷ-ㄹ-ㅅ-ㅁ-ㅂ
② ㄱ-ㄴ-ㄷ-ㅅ-ㅁ-ㄹ-ㅂ
③ ㄱ-ㄷ-ㄴ-ㅅ-ㄹ-ㅁ-ㅂ
④ ㄱ-ㄷ-ㄹ-ㅅ-ㅁ-ㅂ-ㄴ
⑤ ㄱ-ㄹ-ㄷ-ㅁ-ㅅ-ㅂ-ㄴ

해설

④ 워포드의 부동산개발 7단계는 사업구상-예비타당성분석-부지확보-타당성분석-금융-건설-마케팅의 순서로 진행된다.

답 ④

50 부동산개발의 개념에 관한 설명으로 옳지 않은 것은? 기출 19

① 「부동산개발업의 관리 및 육성에 관한 법률」상 부동산개발은 시공을 담당하는 행위를 포함한다.
② 부동산개발은 온전하게 운용할 수 있는 부동산을 생산하기 위한 토지와 개량물의 결합이다.
③ 부동산개발이란 인간에게 생활, 일, 쇼핑, 레저 등의 공간을 제공하기 위한 토지, 노동, 자본 및 기업가적 능력의 결합과정이다.
④ 부동산개발은 토지조성활동과 건축활동을 포함한다.
⑤ 부동산개발은 토지 위에 건물을 지어 이익을 얻기 위해 일정 면적의 토지를 이용하는 과정이다.

해설

① (×) 「부동산개발업의 관리 및 육성에 관한 법률」상 부동산개발이란 토지를 건설공사의 수행 또는 형질변경으로 조성하는 행위나, 건축물을 건축·대수선·리모델링 또는 용도변경하거나 공작물을 설치하는 행위 중 어느 하나에 해당하는 행위이지만, 시공을 담당하는 행위를 제외한다.

답 ①

51 부동산마케팅 전략에 관한 설명으로 옳은 것은?

① 시장점유마케팅전략은 AIDA원리에 기반을 두면서 소비자의 욕구를 파악하여 마케팅 효과를 극대화하는 전략이다.
② 고객점유마케팅전략은 공급자 중심의 마케팅 전략으로 표적시장을 선정하거나 틈새시장을 점유하는 전략이다.
③ 관계마케팅전략은 생산자와 소비자의 지속적인 관계를 통해서 마케팅효과를 도모하는 전략이다.
④ STP전략은 시장세분화, 표적시장 선정, 판매촉진으로 구성된다.
⑤ 4P-MIX 전략은 제품, 가격, 유통경로, 포지셔닝으로 구성된다.

해설

① (×) 시장점유마케팅전략이 아니라 고객점유마케팅의 전략에 대한 설명이다.
② (×) 고객점유마케팅전략이 아니라 시장점유마케팅전략에 대한 설명이다.
④ (×) STP전략은 시장세분화, 표적시장 선정, 차별화로 구성된다.
⑤ (×) 4P-MIX 전략은 제품, 가격, 유통경로, 촉진으로 구성된다.

답 ③

52 부동산 중개계약에 관한 설명으로 옳은 것은?

① 순가중개계약은 중개의뢰인이 다수의 개업공인중개사에게 의뢰하는 계약의 행태이다.
② 독점중개계약을 체결한 개업공인중개사는 자신이 거래를 성립시키지 않았을 경우 중개보수를 받지 못한다.
③ 전속중개계약을 체결한 개업공인중개사는 누가 거래를 성립시켰는지에 상관없이 중개보수를 받을 수 있다.
④ 공동중개계약은 다수의 개업공인중개사가 상호 협동하여 공동으로 중개 역할을 하는 것이다.
⑤ 일반중개계약은 거래가격을 정하여 개업공인중개사에게 제시하고, 이를 초과한 가격으로 거래가 이루어진 경우 그 초과액을 개업공인중개사가 중개보수로 획득하는 방법이다.

해설

① (×) 순가중개계약이 아니라 일반중개계약에 대한 설명이다.
② (×) 독점중개계약을 체결한 개업공인중개사는 자신이 거래를 성립시키지 않았을 경우 중개보수를 받지 못한다.
③ (×) 전속중개계약이 아니라 독점중개계약에 대한 설명이다.
⑤ (×) 일반중개계약이 아니라 순가중개계약에 대한 설명이다.

답 ④

53 부동산개발방식에 관한 설명으로 옳은 것을 모두 고른 것은?

> ㄱ : 토지소유자와의 약정에 의해 수익증권을 발행하고 수익증권의 소유자에게 수익을 배당하는 방식
> ㄴ : 원래의 토지소유자에게 사업 후 사업에 소요된 비용 등을 제외하고 면적비율에 따라 돌려주는 방식
> ㄷ : 공익성이 강하고 대량공급이 가능한 택지개발사업에서 주로 수행하는 방식

	ㄱ	ㄴ	ㄷ
①	신탁방식	환지방식	공영개발방식
②	신탁방식	수용방식	공영개발방식
③	사업위탁방식	환지방식	민간개발방식
④	사업위탁방식	수용방식	민간개발방식
⑤	컨소시엄방식	수용방식	민관협력개발방식

해설

① ㄱ : 신탁방식, ㄴ : 환지방식, ㄷ : 공영개발방식이 문제의 개념에 적합한 정의를 기술하였다.

답 ①

54 부동산마케팅활동에 관한 설명으로 옳지 않은 것은?

① 부동산마케팅은 소비자들이 원하는 필요와 욕구를 반영하여 시장을 세분화하고 이를 바탕으로 부동산의 제품화, 가격산정, 입지선정 및 촉진활동 등 마케팅 전략을 세워서 부동산을 매매하고 임대차하는 일련의 과정을 말한다.
② 시장세분화란 전체 시장을 일정한 기준에 의해 동질적인 세분시장으로 구분하는 과정을 말한다.
③ 표적시장이란 마케팅 환경변화에 대응하여 경쟁사와의 관계에서 자사가 보유한 역량과 자원으로 최대한의 시장성과를 얻을 수 있는 최적의 시장을 말한다.
④ 포지셔닝이란 경쟁우위 달성을 위해 경쟁제품과 다르게 인식되도록 마케팅믹스를 사용하여 고객의 마음속에 제품의 위치를 심어주는 과정을 말한다.
⑤ AIDA 원리는 고객의 구매의사 결정단계를 심리적 발전단계에 맞춘 것으로 행동(Action), 관심(Interest), 욕망(Desire), 주목(Attention)의 순서를 거친다.

해설

⑤ (×) AIDA 원리는 고객의 구매의사 결정단계를 심리적 발전단계에 맞춘 것으로 주목(Attention), 관심(Interest), 욕망(Desire), 행동(Action)의 순서를 거친다.

답 ⑤

55 도시 및 부동산개발에 관한 설명으로 옳지 <u>않은</u> 것은?

① 「도시 및 주거환경정비법」상 "재개발사업"이란 정비기반시설이 열악하고 노후·불량 건축물이 밀집한 지역에서 주거환경을 개선하거나 상업지역·공업지역 등에서 도시기능의 회복 및 상권 활성화 등을 위하여 도시환경을 개선하기 위한 사업을 말한다.
② 「개발이익 환수에 관한 법률」상 "개발이익"이란 개발사업의 시행이나 토지이용계획의 변경, 그 밖에 사회적·경제적 요인에 따라 정상지가(正常地價)상승분을 초과하여 개발사업을 시행하는 자나 토지 점유자에게 귀속되는 토지 가액의 증가분을 말한다.
③ 「국토의 계획 및 이용에 관한 법률」상 "공동구"란 전기·가스·수도 등의 공급설비, 통신시설, 하수도시설 등 지하매설물을 공동 수용함으로써 미관의 개선, 도로구조의 보전 및 교통의 원활한 소통을 위하여 지하에 설치하는 시설물을 말한다.
④ 「부동산개발업의 관리 및 육성에 관한 법률」상 "부동산개발업"이란 타인에게 공급할 목적으로 부동산개발을 수행하는 업을 말한다.
⑤ 「도시개발법」상 "도시개발사업"이란 도시개발구역에서 주거, 상업, 산업, 유통, 정보통신, 생태, 문화, 보건 및 복지 등의 기능이 있는 단지 또는 시가지를 조성하기 위하여 시행하는 사업을 말한다.

해설

② (×) 「개발이익 환수에 관한 법률」상 "개발이익"이란 개발사업의 시행이나 토지이용계획의 변경, 그 밖에 사회적·경제적 요인에 따라 정상지가(正常地價)상승분을 초과하여 개발사업을 시행하는 자나 토지 소유자(점유자×)에게 귀속되는 토지 가액의 증가분을 말한다.

답 ②

56

다음에 모두 해당되는 부동산관리방식은?

- 소유주나 기업의 부를 극대화시키기 위하여 부동산의 가치를 증진시킬 수 있는 다양한 방법을 모색하는 적극적인 관리
- 위험분산 차원에서 부동산의 유형과 지역의 혼합, 보유부동산의 개량 및 매각, 개별 부동산의 특성을 고려한 보유기간산정, 레버리지 활용 등
- 포트폴리오(portfolio) 관점에서의 종합적인 관리

① 신탁관리
② 시설관리
③ 자산관리
④ 수탁관리
⑤ 직접관리

해설

③ (○) 부동산의 유지보수, 현금흐름 관리는 부동산관리(Property Management)이고, 가치증진이나 포트폴리오관점에서의 관리는 자산관리(Asset Management)이다.

답 ③

57

공인중개사법상 중개사무소의 개설등록을 취소하여야 하거나 취소할 수 있는 경우에 해당하지 않는 것은?

① 개인인 개업공인중개사가 사망하거나 개업공인중개사인 법인이 해산한 경우
② 거짓이나 그 밖의 부정한 방법으로 중개사무소의 개설등록을 한 경우
③ 업무정지기간 중에 중개업무를 하거나 자격정지처분을 받은 소속공인중개사로 하여금 자격정지기간 중에 중개업무를 하게 한 경우
④ 천막 그 밖에 이동이 용이한 임시 중개시설물을 설치하여서는 아니된다는 규정을 위반하여 임시 중개시설물을 설치한 경우
⑤ 최근 1년 이내에 이 법에 의하여 2회 이상 업무정지 또는 과태료의 처분을 받고 다시 과태료의 처분에 해당하는 행위를 한 경우

해설

⑤ (×) 최근 1년 이내에 이 법에 의하여 2회 업무정지 처분을 받고 다시 업무정지 처분에 해당하는 행위를 한 경우.

답 ⑤

58 공인중개사의 매수신청대리인 등록 등에 관한 규칙상 매수신청대리의 대상물에 해당하지 <u>않는</u> 것은? 기출 25

① 토 지
② 건물 그 밖의 토지의 정착물
③ 「입목에 관한 법률」에 따른 입목
④ 「건설기계관리법」에 따른 건설기계
⑤ 「공장 및 광업재단 저당법」에 따른 공장재단, 광업재단

해설

④ (×) 「건설기계관리법」에 따른 건설기계는 공인중개사의 매수신청대리의 대상물이 아니다.

> **공인중개사의 매수신청대리인 등록 등에 관한 규칙 제3조**
> 공인중개사의 매수신청대리의 대상물은 토지, 건물 그 밖의 토지의 정착물, 「입목에 관한 법률」에 따른 입목, 「공장 및 광업재단 저당법」에 따른 공장재단·광업재단이다.

답 ④

59 취득세 부과 대상물건의 취득은 승계취득·원시취득·간주취득으로 분류하는 바, 원시취득에 해당하지 <u>않는</u> 것은? 기출 25

① 간척에 의한 토지의 취득
② 증축에 의한 건축물의 취득
③ 제조에 의한 항공기의 취득
④ 종류변경에 의한 차량의 취득
⑤ 공유수면매립에 의한 토지의 취득

해설

④ (×) 종류변경에 의한 차량의 취득은 간주취득이다

답 ④

60 부동산경매에서 말소기준권리에 해당하지 <u>않는</u> 것은? 기출 25

① 압 류
② 가압류
③ 전세권
④ 저당권
⑤ 지상권

> 해설

⑤ (×) 부동산경매에서 말소기준권리는 압류, 가압류, 전세권, 저당권으로 지상권은 해당되지 않는다.

답 ⑤

할 수 있다고 믿어라.
그러면 이미 반은 성공한 것이다.

-시어도어 루즈벨트-

제3편

감정평가이론

2026 시대에듀 감정평가사 1차 부동산학원론 한권으로 끝내기

CHAPTER 01 　감정평가론
CHAPTER 02 　감정평가의 3방식
CHAPTER 03 　부동산 가격공시제도

CHAPTER 01 감정평가론

제1절 감정평가의 개념

I 개요

감정평가란 토지 등의 경제적 가치를 판정하여 그 결과를 가액으로 표시하는 것을 말한다. 감정평가의 본질은 대상부동산에 대해 합리적인 시장이 있다면 거기에서 형성될 시장가치를 지적하는 데에 있다.

II 감정평가의 기능

1. 정책적 기능

(1) 부동산의 효율적인 이용·관리
평가과정에서 최유효이용 방법을 모색하여 개개 부동산 및 국토공간의 효율적 이용관리를 지원하고 평가결과는 지역분석 자료나 사업성 분석 자료로 활용되어 부동산의 이용과 관리에 실질적인 도움을 준다.

(2) 적정한 가격형성 유도
평가된 가격은 비정상적인 가격형성을 억제하며 지가상승을 억제하는 기능을 한다. 나아가 부동산 가격의 적정화에 이바지한다.

(3) 합리적인 손실보상
감정평가는 공용수용 등에 있어서 피침해 재산의 적정한 가치를 평가하여 피침해자의 권리보호 및 원활한 공익목적 사업의 수행에 이바지한다.

(4) 과세의 합리화
재산권 가치에 따른 적정한 세금을 부과할 수 있도록 감정평가는 부동산의 적정한 가치를 평가하여 합리적인 과세부과의 기준을 마련한다.

2. 일반 경제적 기능

(1) 부동산 자원의 효율적 배분
불완전한 부동산시장에 적정한 균형가격을 제시함으로써 시장기능에 의한 효율적 배분을 지원한다.

(2) 거래질서의 확립과 유지
공정한 가격 지적은 부동산 거래활동을 합리적이고 능률적으로 처리하도록 지원한다.

(3) 부동산 관련 의사결정의 판단기준 제시
감정평가의 결과는 부동산 이용 및 개발은 물론이고 소비자와 공급자의 행동결정의 중요지표가 된다.

Ⅲ 감정평가의 필요성

1. 부동산의 특성으로 인한 감정평가의 필요성

부동산은 고정성, 부증성 등의 자연적 특성으로 균형가격 성립이 제한되며 개별성의 특성으로 일물일가의 법칙이 적용되지 않는다. 이러한 특성은 부동산 가격의 특징으로 연결되며 따라서 전문가에 의한 평가의 필요성을 낳게 된다.

2. 감정평가가 필요한 구체적 이유

(1) 합리적 시장의 결여로 인한 필요성

부동산시장은 구체적이고 합리적 시장의 결여로 인해 누구나 활용할 수 있는 적정가격이 쉽게 식별되지 않으므로 전문가에 의한 인위적인 가격지적이 필요하다고 할 수 있다.

(2) 부동산 가격형성요인의 복잡성 및 다양성

부동산 가격은 효용·상대적 희소성·유효수요의 상호작용에 의해 발생하고, 이에 영향을 미치는 일반적 요인·지역 요인·개별 요인의 형성요인에 의해 변화하며, 이러한 과정에 작용하는 가격 제원칙 또한 일반 재화에 비해 복잡·다양하여 일반인이 그 가격을 파악하기가 곤란하다. 따라서 전문적 지식을 갖춘 자에 의한 감정평가가 필요하다.

(3) 부동산의 사회성·공공성

부동산은 그 자체로서 국토공간을 구성하며, 용도가 다양하고, 환경성이 있으며, 상대적으로 경제적 비중이 큰 이른바 사회성·공공성이 있다. 따라서 적정한 지가를 산정하는 감정평가는 국토의 합리적 개발 및 이용을 유도하며, 토지의 최유효이용에 기여하고 적정한 환경의 형성 및 거래사고 방지에 이바지하는 바가 크다고 볼 수 있다.

(4) 가격형성의 기초

적정한 가격형성을 유도하여 합리적인 부동산 활동을 촉진하며, 전문가에 의한 감정평가 가격은 균형가격의 역할을 수행하여 가격형성의 기초가 된다.

(5) 부동산 거래의 특수성

부동산 거래는 개별적 사정의 개입이 쉽고 이러한 사정의 파악이 어렵다는 부동산 거래의 특수성에 기인한다. 그 밖에 부동산 가격의 다원성에 기인하여 평가목적이나 가격형성동기에 따라 다양한 가격형성이 가능하므로 전문가에 의한 평가가 필요하다.

Ⅳ 부동산 감정평가의 특별원칙

1. 능률성의 원칙

부동산평가활동, 평가이론의 개발, 그 전달과정도 고도로 능률적이어야 한다는 원칙이다.

2. 안전성의 원칙

합리적인 안전성을 유지해야 한다는 원칙으로 감정평가의 사회성·공공성에서 근거가 된다.

3. 전달성의 원칙

대상부동산에 대한 감정평가가 충분히 합리적이고 현실적인 근거에 기초하여 객관적·논리적으로 진행되어야 한다. 전달성의 원칙은 평가서의 작성에서 중요시된다.

4. 합리성의 원칙

감정평가된 부동산가치는 감정평가사의 합리적인 추론과정을 통하여 산출되어야 한다.

Ⅴ 부동산 감정평가의 분류

1. 제도적 측면의 분류

(1) 평가주체에 의한 분류
  ① 공적평가 : 공공기관에 의한 감정평가로 업무수행력은 강하다.
  ② 공인평가 : 국가기관으로부터 공인된 자격을 가진 개인에 의한 감정평가를 말한다.

(2) 강제성 여부에 따른 분류
  ① 필수적 평가 : 일정한 사유가 발생하면 반드시 관련 평가기관의 평가를 받아야 하는 의무적으로 강제된 평가이다. 토지수용, 협의매수, 법원 경매평가, 과세 시의 평가, 공시지가 등이 있다.
  ② 임의적 평가 : 이해관계인의 임의의사에 의한 평가를 말한다.

(3) 평가 목적에 따른 분류
  ① 공익평가 : 공적기관에 의한 공익목적의 평가로 보상평가, 공시지가 등이 있다.
  ② 사익평가 : 사적기관에 의한 사익목적의 평가이다. 담보평가, 일반거래를 위한 평가 등이 이에 속한다.
  ③ 법정평가 : 일정한 평가대상물에 대하여 법규에서 정한 대로 행하는 평가를 법정평가라고 한다.

2. 업무기술상의 분류

(1) 평가조건에 따른 분류 기출 21
  ① 현황평가 : 대상부동산의 상태, 구조, 이용방법, 제한물권의 부착, 점유상태 등을 현황대로 유지할 것을 전제로 하는 평가하는 것을 말한다.
  ② 조건부평가 : 장래 불확실하게 발생하는 새로운 사태의 발생을 상정하여 그 상황을 성취되는 것을 전제로 부동산의 증·감가 요인을 적절히 참작하여 평가하는 것이다.
  ③ 기한부평가 : 장래에 도달할 확실한 일정시점을 기준으로 해서 행하는 평가이다.
  ④ 소급평가 : 과거의 어느 시점을 기준으로 기준시점을 정하여 부동산을 평가하는 것을 말한다.

> **＋ 알아보기** 감정평가에 관한 규칙
> ① 감정평가는 기준시점에서의 대상물건의 이용상황(불법적이거나 일시적인 이용은 제외한다) 및 공법상 제한을 받는 상태를 기준으로 한다.
>   ㉠ 대상물건이 일시적인 이용 등 최유효이용에 미달되는 경우에는 최유효이용을 기준으로 감정평가하되, 최유효이용으로 전환하기 위해 수반되는 비용을 고려한다.
>   ㉡ 대상물건이 불법적인 이용인 경우에는 합법적인 이용을 기준으로 감정평가하되, 합법적인 이용으로 전환하기 위해 수반되는 비용을 고려한다.

> ② 감정평가법인등은 제1항에도 불구하고 다음 각 호의 어느 하나에 해당하는 경우에는 기준시점의 가치형성요인 등을 실제와 다르게 가정하거나 특수한 경우로 한정하는 조건을 붙여 감정평가할 수 있다.
>   ㉠ 법령에 다른 규정이 있는 경우
>   ㉡ 의뢰인이 요청하는 경우
>   ㉢ 감정평가의 목적이나 특성에 비추어 사회통념상 필요하다고 인정되는 경우
> ③ 감정평가법인등은 제2항에 따라 감정평가조건을 붙일 때에는 감정평가조건의 합리성, 적법성 및 실현가능성을 검토해야 한다.

(2) 우리나라의 감정평가 규칙상의 평가 기출 23

① **원칙 : 개별평가** (「감정평가에 관한 규칙」 제7조 제1항)

「감정평가에 관한 규칙」에 따르면 평가는 대상물건마다 개별로 평가하여야 한다.

② **일괄평가** (「감정평가에 관한 규칙」 제7조 제2항)
  ㉠ 2개 이상의 평가대상물건이 일체로 거래되거나 대상물건 상호 간에 용도상 불가분의 관계에 있는 경우에는 일괄하여 평가할 수 있다(일단지 평가).
  ㉡ 2필지의 토지가 1획지로 이용될 경우에 2필지를 일괄하여 평가한다.
  ㉢ 산림은 임지와 입목을 일괄평가할 수 있다.

③ **구분평가** (「감정평가에 관한 규칙」 제7조 제3항)
  ㉠ 하나의 대상물건이라도 가치를 달리하는 부분은 이를 구분하여 평가할 수 있다.
  ㉡ 산림은 산지와 입목을 구분해서 평가하여야 한다.
  ㉢ 1개의 토지가 전면부는 상업용, 후면부는 주거용으로 이용되는 경우, 즉 1필지가 2획지로 이용되는 경우 구분평가를 한다.

④ **부분평가** (「감정평가에 관한 규칙」 제7조 제4항)
  ㉠ 일체로 이용되고 있는 대상물건의 일부분에 대하여 감정평가하여야 할 특수한 목적이나 합리적인 이유가 있는 경우에는 그 부분에 대하여 감정평가할 수 있다.
  ㉡ 복합부동산의 경우 그 상태를 주어진 것으로 그 구성부분을 평가대상으로 하는 것이 부분평가이다. 따라서 일종의 현황평가이다.
  ㉢ 복합부동산의 경우 건부지 상태로 토지와 건물을 각각 평가하는 것이다.

> **➕ 알아보기 독립평가**
>
> 1. 부동산이 토지 및 건물 등의 결합으로 구성되어 있는 경우, 토지만을 독립한 부동산으로 보고 평가하는 경우이다.
> 2. 복합부동산에서 토지만을 평가하는 경우이다.
> 3. 독립평가는 건부지를 나지로 상정해서 평가하는 것으로 건부지를 최유효이용상태로 평가하는 것이다. 따라서 건부감가를 고려하지 않는다.

> **➕ 알아보기 일단지평가**
>
> 1. 두 필지 이상의 토지가 일단지를 이루어 "용도상 불가분"의 관계에 있는 경우의 일괄감정평가
> 2. 다만, 지목·용도지역 등을 달리하여 가치가 명확히 구분되거나 소유자 등이 달라 이를 필지별로 감정평가할 사유나 조건이 있는 경우에는 해당되지 아니한다.

3. "용도상 불가분의 관계에 있는 경우"란 일단지로 이용되고 있는 상황이 사회적·경제적·행정적 측면에서 합리적이고 해당 토지의 가치형성 측면에서도 타당하여 서로 불가분성이 인정되는 관계에 있는 경우를 말한다.
4. 두 필지 이상 토지의 소유자가 서로 다른 경우에는 일단지로 보지 아니한다. 다만, 하나의 건축물(부속건축물을 포함한다)의 부지로 이용되고 있거나 건축 중에 있는 토지 등과 같이 사실상 공유관계가 성립되어 있는 경우에는 이를 일단지로 본다.

제2절 부동산 가격론

I 가치와 가격

1. 가치의 정의

가치란 "장래 기대되는 편익을 현재가치로 환원한 값"이다. 이러한 정의는 부동산과 같은 내구재에 대한 가치의 정의로 적합하며 부동산학에서는 일반적으로 사용되고 있는 정의이다. 이러한 정의에 의할 때 장래 기대되는 편익은 단순히 금전적인 것만을 의미하는 것이 아니라 비금전적인 것도 포함한다는 사실에 주목해야 한다.

2. 가치와 가격의 구별

(1) 경제학에서의 구별

경제학에서는 가격이란 가치의 화폐적 표현 형태로서 가격은 수요공급의 변동에 따라 변화하므로 양자가 일시적으로 괴리될 수는 있지만, 장기적으로는 일치한다고 하여 양자를 구별하지 않는다. 그러나 이같은 개념은 재화가 제공하는 효용과 소비자가 지불하는 가격이 동시적으로 1 : 1로 교환되는 비내구재에는 쉽사리 적용될 수 있지만, 전형적인 내구재인 부동산에는 그렇지 않다.

(2) 부동산학에서의 구별

부동산은 전형적인 내구재인바, 부동산을 연구대상으로 하는 부동산학에서는 가격과 가치를 엄격히 구별하고 있다. 가격(Price)과 가치(Value)는 다음과 같은 점에서 차이가 난다.
① "가격"은 특정부동산에 대한 교환의 대가로서 시장에서 매수자와 매도자간에 실제 지불된 금액이나, "가치"는 장래 기대되는 편익을 현재가치로 환원한 값이다.
② 가치란 "가격＋오차"라는 것이다. 부동산시장은 불완전한바, 시장에서의 거래가격이 정확한 가치를 반영하기가 사실상 어렵다. 급매물의 경우 가격이 떨어졌다고 해서 가치가 그 시점을 기준으로 갑자기 하락한 것으로는 볼 수 없다.
③ 가격은 시장에서 실제 지불된 금액이기 때문에 과거의 값이지만 가치는 현재의 입장에서 장래 기대되는 편익을 다양한 목적으로 평가한 현재의 값이다. 가격은 과거의 값이기 때문에 누구나 쉽게 알 수 있지만, 가치는 전문가가 아닌 이상 쉽사리 알 수 없다. 감정평가사는 가치에 대한 전문가이지 가격에 대한 전문가는 아니다.
④ 가치의 다원적 개념 : 특정시점에서 가격은 하나밖에 있을 수 없으나, 가치는 현재의 값이기 때문에 보는 관점에 따라 무수히 많이 있을 수 있다. 이를 "가치의 다원적 개념"이라고 한다.

Ⅱ 가격 다원론

1. 가격 다원론의 근거
부동산은 용도의 다양성으로 인해 소유자 또는 이용자의 요구에 따라 다양한 용도로의 활용이 가능하며 용도의 전환·경합·병존이 이루어지는데 부동산가격은 제 용도로의 사용에 따라 수익과 효용의 창출이 달라지는바, 목적과 조건에 따른 다양한 가격형성이 가능하다.

2. 가격을 다원적으로 파악해야 할 필요성

(1) 가격형성요인의 다양성
부동산은 가격형성요인이 복잡·다양하여 항상 정상가격만이 형성될 수가 없다. 즉, 담보가격, 보상가격, 투자가격 등 다양한 가격이 형성되며, 이는 부동산가격형성요인의 다양성을 반영한 결과이다. 따라서 부동산가격을 일반적 시장원리로 설명하기 어려운 경우가 많다.

(2) 감정평가의 적정성과 안전성
평가목적에 따른 적정한 평가를 위해 다양한 가격 개념이 필요하고, 보상·담보·경매 등 목적에 따라 가격을 유형화함으로써 평가의 안전성을 기할 수 있다.

(3) 감정평가의 사회적 기여
감정평가가 의뢰목적에 부응하는, 즉 의사결정에 유용한 가격을 산출함으로써 경제사회의 복잡·다양성에 따른 의뢰자의 의사결정에 유용한 정보를 제공할 수 있어 궁극적으로 사회발전에 이바지할 수 있다.

3. 가격 다원론에 대한 규정의 입장

(1) 부동산 가격공시에 관한 법률
공시지가제도는 지가체계의 일원화를 의미할 뿐이지 지가의 일원화가 아님에 유의하여야 하며, 부동산 가격공시에 관한 법률 제8조 후단에서는 "필요하다고 인정할 때에는 산정된 지가를 각 호의 목적에 따라 가감조정하여 적용할 수 있다"고 규정하여 가격다원성을 인정하고 있다.

(2) 감정평가에 관한 규칙
제5조에서 "시장가치기준 원칙"를 규정하면서 시장가치를 제외한 기타 다양한 가격을 "시장가치 외의 가치"라는 개념 안으로 포함하여 가격다원성을 인정하고 있다.

(3) 기타 외국의 입장
미국 : AI에서 시장가치, 투자가치, 사용가치, 과세가치, 보험가치, 계속기업가치 등을 인정한다.
일본 : 가격을 정상가격, 한정가격, 특정가격으로 구분하고 있다.

4. 시장가치기준 원칙 기출 19

> **➕ 알아보기** 감정평가에 관한 규칙 중 시장가치 관련 규정
>
> **제2조(정의)**
> 1. 시장가치란 대상물건이 통상적인 시장에서 충분한 기간 거래를 위하여 공개된 후 그 대상물건의 내용에 정통한 당사자 사이에 신중하고 자발적인 거래가 있을 경우 성립될 가능성이 가장 높다고 인정되는 대상물건의 가액을 말한다.

> **제5조(시장가치기준 원칙)**
> ① 대상물건에 대한 감정평가액은 시장가치를 기준으로 결정한다.
> ② 감정평가법인등은 다음 각 호의 어느 하나에 해당하는 경우에는 대상물건의 감정평가액을 시장가치 외의 가치를 기준으로 결정할 수 있다.
> ㉠ 법령에 다른 규정이 있는 경우
> ㉡ 감정평가 의뢰인(이하 "의뢰인"이라 한다)이 요청하는 경우
> ㉢ 감정평가의 목적이나 대상물건의 특성에 비추어 사회통념상 필요하다고 인정되는 경우
> ③ 감정평가법인등은 시장가치 외의 가치를 기준으로 감정평가할 때에는 다음 각 호의 사항을 검토하여야 한다.
> ㉠ 해당 시장가치 외의 가치의 성격과 특징
> ㉡ 시장가치 외의 가치를 기준으로 하는 감정평가의 합리성 및 적법성
> ④ 감정평가법인등은 시장가치 외의 가치를 기준으로 하는 감정평가의 합리성 및 적법성이 결여되었다고 판단할 때에는 의뢰를 거부하거나 수임을 철회할 수 있다.

(1) 의 의

시장가치란 대상물건이 통상적인 시장에서 충분한 기간 거래된 후 그 대상물건의 내용에 정통한 거래당사자간에 신중하고 자발적인 거래가 있을 경우 성립될 가능성이 가장 높다고 인정되는 대상물건의 가액을 말한다.

(2) 시장가치의 요건

1) 개 요

정상가격은 ① 대상물건의 시장성 ② 통상적인 시장의 존재 ③ 출품기간의 합리성 ④ 거래의 자연성 ⑤ 당사자의 정통성의 조건을 요구한다.

2) 대상물건의 시장성

정상가격은 시장성 즉 매매가능성 또는 임대가능성이 있는 물건에 대한 가격이다. 공공용지나 교회 등 일반적으로 시장성이 없는 물건은 그 물건의 유효수요가 제한된 탓으로, 거래의 대상이 되지 못하며 가격 형성이 되지 않을 것이므로 정상가격을 구할 수 없으며, 특수한 조건을 수반하는 경우에 한하여 그 성격 및 조건에 부응하는 특정가격을 구할 수 있을 뿐이다.

3) 통상적인 시장의 존재

통상적인 시장이란 통상의 다수매도인과 다수매수인이 합리적·합법적 사고를 가지고, 경제원칙에 입각하여 행동함에 따라 형성되는 일반적인 시장을 의미한다고 할 수 있다.

4) 출품기간의 합리성

정상가격은 매수인의 발견을 위하여 통상적인 시장에서 충분한 기간 방매된 후 합의되는 가격이다. 충분한 기간이란 무한한 장기간을 의미하는 것이 아니라 부동산의 경우 종별과 규모 등에 따라 차이가 있다. 너무 장기적인 방매는 오히려 특별한 동기가 개재되기 쉬우므로 유의하여야 한다.

5) 거래의 자연성

정상가격은 거래가격을 불합리하게 만드는 대내·외적인 자극(영향)이 없는 상태에서 성립하는 가격이다. 이러한 거래의 자연성을 저해하는 요인으로는 당사자의 개별적 동기·거래에 대한 공사법적 규제·강요에 의한 거래 등이 있다.

6) 당사자의 정통성

거래의 당사자가 대상물건, 수급동향 기타 부동산시장의 추이에 정통할 것, 거래의 당사자가 대상물건의 적정용도에 정통할 것, 거래의 당사자가 대상물건의 효용 및 경제가치에 정통할 것 등이 요구된다.

5. 몇 가지 가치의 개념

(1) 보험가치(Insurable Value)
① 보험가치란 보험금 산정과 보상에 대한 기준으로 사용되는 가치의 개념으로서, 이것은 보험약관의 규정에 따라 결정되는 것으로서, 부동산 전체의 가치가 아니라 그것의 일부분인 감가상각 된 가치를 의미한다.
② "감가상각 된 가치"란 부동산의 전체 가치에서 토지가치를 뺀 개량물의 가치에서, 이미 감가상각 된 부분을 제외하고 남은 나머지 부분을 의미한다.

(2) 과세가치(Assessed Value)
중앙정부나 지방정부에서 소득세나 재산세를 부과하는 데 사용되는 기준으로서, 관련법규에 의해 조정된 부동산의 가치를 말한다.

(3) 장부가치(Book Value, 재고가치)
대상부동산의 애초의 취득가격에서 법적으로 허용되는 방법에 의한 감가상각분을 제외한 나머지로서, 장부상의 잔존가치를 의미한다.

(4) 사용가치(Use Value)
① 개념 : 경제재의 생산성에 근거하고 있는 개념으로서 대상부동산이 특정한 용도로 사용될 때 가질 수 있는 가치를 지칭한다. 이는 대상부동산이 해당기업이나 소유자에 대해 기여하는 가치로서 교환 가치와는 상관이 없다.
② 사용가치로 평가하는 예 : 사용가치는 수용시, 기업의 합병시, 법원의 판결 등에서 평가기준으로 채택되기도 하고, 비용접근법에서 대체비용 추계시 사용되기도 하며, 공학적 감가상각에서 사용되기도 한다. 부동산평가란 대상부동산의 시장가치를 추계하는 것이나 평가사는 특별한 경우에는 특정 용도를 전제로 사용가치를 평가하기도 한다.

(5) 공익가치(Public Interest Value)
① 개념 : 어떤 부동산의 최고최선의 이용이 사적목적의 경제적 이용에 있는 것이 아니라 보존이나 보전과 같은 공공목적의 비경제적 이용에 있을 때 대상부동산이 지니는 가치를 지칭한다.
② 공익평가 : 공익가치는 일단의 부동산을 공용으로 사용하기를 원하는 공공기관에 대한 대상부동산의 시장가치이며 공공가치(public value)라고도 하고, 이를 추계하는 것을 공익평가라고 한다. 공익평가에는 대상부동산에 대한 유·무형의 자산가치가 추계되는데, 유형부분의 가치는 공공기관이나 민간부분에서 행해진 유사 매매사례의 분석이나 기타 방법을 통해 추계된다. 무형부분의 가치는 공공기관이 그것의 매수, 사용 또는 통제를 위하여 지불하려고 하는 할증분이 되는데 흔히들 유형부분 가치의 일정비율로 표시된다.
③ 공익가치로 평가하는 예 : 자연경관이 수려한 해변, 희귀 동·식물이 서식하는 산악, 역사적 유적지, 국립공원 등에 인접한 사유지 등이 바로 그 대상이 된다.

(6) 투자가치(Investment Value)

① 개념 : 대상부동산이 특정한 투자자에게 부여하는 주관적 가치이다. 즉 시장가치가 시장에서의 객관적인 가치라면 투자가치는 투자자가 대상부동산에 갖는 주관적인 가치이다.

② 투자가치의 추계 : 투자가치는 투자에 소요되는 비용과 창출되는 편익을 분석함으로써 추계된다. 즉 투자가치가 시장가치보다 클 경우에 투자자는 투자를 결정할 것이며, 시장가치보다 비용편익분석으로 측정되는 투자가치가 오히려 작다고 하면 투자하기를 주저할 것이다.

(7) 계속기업가치(Going-concern Value, 존속가치)

1) 의 의

유·무형의 기업자산을 개별적으로가 아니라 총체적으로 매도한다고 했을 때의 계속기업이 가질 수 있는 시장가치이다. 계속기업이란 이미 설립되어 영업을 하고 있는 회사이다. 그리고 미래수명이 무기한적인 회사로서 가까운 장래에는 결코 청산되지 않을 것이 거의 확실한 회사이다.

2) 구 성

이때 계속기업가치는 두 가지로 구성된다. 하나는 동산, 부동산과 같은 유형자산의 가치이며, 다른 하나는 상호, 명성, 집단노동력, 계약권, 특허권, 상표권과 같은 무형자산의 가치이다. 이와 같은 무형자산은 기업이 존속할 경우에는 가치를 지니지만, 청산할 경우에는 대부분 아무런 가치를 지니지 못한다.

(8) 청산가치(Liquidation Value, 처분가치)

청산가치 또는 처분가치란 도산한 금융회사의 부동산을 매각할 때의 가치를 의미하며 이는 시장가치의 조건과 유사하나, 청산가치는 ① 가격시점이 현재가 아니라 일정시간이 경과된 미래이며, ② 출품시간이 평가시점부터 개시되며, ③ 매매가격이 평가시점 현재 아직 현금이나 현금등가의 형태로 지불되지 않고 있다는 점에서 다르다.

(9) 공정가치(Fair Value)

합리적인 판단력과 거래의사가 있는 독립된 당사자사이의 거래에서 대상물건이 교환될 수 있는 가치를 말한다. 시장가치보다 광범위한 개념이라 할 수 있다.

(10) 한정가격

일본에서 도입된 개념으로 부동산이 병합·분할로 인하여 시장이 상대적으로 한정될 때, 정상적인 시장가치와 괴리됨으로써 형성되는 가격을 말한다.

Ⅲ 부동산 가격발생요인 기출 20

1. 개 요

부동산은 자연적, 인문적 특성으로 인해 그 가격형성과정이 복잡·다양하여 사회구조와 함께 계속적으로 변화해 가는 과정 중에 있으며, 이러한 부동산의 특성은 완전경쟁시장의 조건을 와해하여 합리적 균형가격의 형성을 저해한다. 부동산가격은 부동산이 지니는 고유한 것이 아니라 수요를 결정하는 요소인 효용과 유효수요, 공급을 결정하는 요소인 상대적 희소성의 상호작용에 의해 발생하게 되는바, 이들을 부동산 가격발생의 3요소라 한다.

2. 효용(utility, 또는 유용성)

(1) 개 요
부동산의 효용이란 수익성·쾌적성·생산성 등을 통해 인간(수요자)의 욕구를 만족시켜줄 수 있는 재화의 능력으로 이는 수요측면에 영향을 미치는 가격발생요인이며 대체로 주거지는 쾌적성, 상업지는 수익성, 공업지는 생산성에 의해 그 부동산의 유용성이 좌우된다.

(2) 일반재화의 효용과의 차이
일반재화의 효용은 부동산에 비해 일회적이고 소멸성적인 반면, 부동산의 효용은 부동산의 자연적·인문적 특성으로 다용도적·영속적이며 시간의 경과에 따라 가치가 증가하는 차이가 있다.

(3) 효용의 형태

1) 쾌적성(amenities)
① 어떤 물건을 소유하고 이용함으로써 느끼는 정신적 만족도로서, 주거용 부동산에 대한 효용으로 나타난다.
② 내적 쾌적성의 요소로는 설계·시공·재료 등의 우수성 등을, 외적 쾌적성의 요소로는 외부환경에의 적합·환경 및 경관의 우수성·편의시설 등에 대한 접근성 등을 들 수 있다.
③ 어떤 주거용 부동산이 사람이 살기에 쾌적한 환경을 갖추고 있다면 수요자의 그 부동산에 대한 효용이 증가할 것이고, 이는 결국 시장에서의 수요를 증가시켜 가격이 상승하는 결과를 초래한다. 이러한 쾌적성이 가격에 많은 영향을 미쳤을 경우 그 가격을 특히 '쾌적가격'이라 하기도 한다.

2) 수익성(profitability)
① 수익성이란 어떤 부동산을 소유 또는 이용함으로 인하여 얻어지는 경제적 이익으로서, 상업용 부동산에 대한 효용으로 나타난다.
② 수익성의 요소로는 배후지의 우수성, 다수의 구매력 인구의 존재 등이 있다.
③ 어떤 상업용 부동산의 배후지가 우수성을 지니는 등 수익성의 요소를 갖추고 있다면 대상의 수익성 정도가 상승하고 이에 따른 효용의 증가로 수요가 늘어나 대상 상업용 부동산의 가격이 상승하게 된다.

3) 생산성
① 어떤 부동산을 이용하여 생산을 할 경우의 경제적 타당성으로서, 이는 농업용 또는 공업용 부동산의 효용으로 나타난다.
② 생산성의 요소로는 판매지와의 접근성, 원료조달의 용이성, 양호한 노동력, 양호한 기후 등이 있다.
③ 가령 공업용 부동산을 살펴보면 판매지와의 접근성이 양호한 경우 대상의 생산성이 향상되고 이에 따른 효용의 증가는 수요의 증가를 가져와 대상부동산의 가격 상승을 초래하게 된다.

3. 상대적 희소성

(1) 개 요
희소성이란 인간의 욕망에 비해 그 수가 부족한 상태를 말하며, "상대적"의 의미에 대해서는 ① 부동산의 물리적 측면이 아닌 용도적 측면에서의 양에 대한 상대적 희소성으로 보는 견해와 ② 수요에 비해 공급이 상대적으로 한정적이기 때문에 상대적 희소성이라는 견해가 있다.

(2) 일반재화와의 비교
① 동일한 규모, 구조의 부동산 일지라도 당해 지역 내의 상대적 희소성에 따라 다른 가격수준을 형성시키는 것을 볼 때 상대적 희소성 그 자체가 가격형성요인으로 보는 것이 타당하다는 견해가 된다.
② 일반재화의 경우 공급제한 정도가 심하지 않고 가격 시그널에 즉각적 반응이 가능한 반면, 부동산의 경우 그렇지 못해 상대적 희소성에 따른 가격 변화가 크고 투기적 요소가 개재되기 쉽다.
③ 부동산은 지역간, 용도간 문제에 따른 상대적 희소성이 문제되나, 동산은 재화의 완전이동성에 의한 대체가 가능하므로 그 절대적 희소성이 문제된다.

4. 유효수요

(1) 개 념
유효수요란 부동산에 대한 실질적인 구매능력을 의미하는 것으로 살 의사(willingness to buy)와 지불능력(ability to pay)을 갖춘 수요를 말한다. 이는 수요에 작용하는 가격발생요인으로 소비자가 돈을 가지고 있어야 수요행위가 이루어지고 따라서 가격이 결정될 수 있기 때문이다.

(2) 부동산에서의 유효수요
부동산의 유효수요는 부동산시장에서 수요의 작용을 하며, 곧 부동산 공급과 부동산가격에 영향을 미쳐 부동산시장의 가격결정기능과 자원배분기능을 발휘하게 된다. 유효수요는 구매력과 관계가 깊으며, 구매력은 경제적 관념으로서 지역과 시기에 따라 변화하며, 사회전반의 임금수준, 관습, 부동산가격수준에 따라 변화한다. 따라서, 부동산가격 파악시 구매력 변동의 관찰이 중요하다.

(3) 다른 일반재화와의 비교
일반재화와는 달리 부동산에서 유효수요를 가격발생요인으로 취급하는 이유는 부동산은 고가의 재화에 해당하므로 효용과 희소성이 있다고 하더라도 소비자가 지불능력을 갖추고 있지 아니하다면 시장에서 수요행위가 이루어지지 않기 때문인 것이다.

5. 이전성

(1) 개 념
이는 링(A. Ring)이 주장한 것으로 앞의 3요인이 경제적인 측면에서의 가격발생요인이라고 한다면, 이전성은 법률적인 측면에서의 가격발생요인으로서, 부동산이 가격을 가지기 위해서는 법률적인 측면에서 그 권리의 이전이 가능해야 한다는 것이다.

(2) 이전성에 대한 비판
부동산의 유형은 다양하다. 예로 공공부동산의 경우 거래가 불가능하나 가치를 가지며, 무주의 부동산이라 할지라도 가격은 성립될 수 있으므로 권리관계가 꼭 부동산가격발생요인이라고 할 수는 없다.

Ⅳ 부동산가격형성요인

1. 개 요
부동산가격은 효용, 상대적 희소성, 유효수요, 이전성 등에 의해 발생하고, 시장에서의 수요와 공급의 상호작용에 의해 결정되며, 가격발생요인에 영향을 미치는 가격형성요인에 의해 변화(발생, 지속, 변동, 소멸)하는 과정을 거치는데, 이처럼 가격발생요인에 영향을 미쳐 부동산가격을 변화시키는 일반적, 지역적, 개별적 요인을 가격형성요인이라 한다. 이러한 가격형성요인의 특성으로는 유동성(dynamic) 및 관련성(combined) 등을 들 수 있는바, 유동성으로 인해 가격형성요인은 고정적인 것이 아니라 시대의 변화, 경기상태의 변화 등에 의해 항상 변동한다는 특징을 가지게 되고 가격 형성의 각 요인들은 독립하여 개별적으로 작용하는 것이 아니라 각 요인들이 유기적인 관련하에 가격을 변화시키게 된다.

2. 일반적 요인

(1) 의 의

일반적 요인이란 공간적으로 볼 때 특정 지역이나 개별부동산에만 영향을 미치는 것이 아니라 일반 경제 사회 전반에 있어서 모든 부동산가격에 영향을 미치는 제 요인을 말하는데, 이는 지역적 요인 및 개별적 요인에 비해 광범위성, 추상성의 특징을 지니고 있다.

(2) 일반적 요인의 지역편향성(지역지향성)

일반적 요인의 지역지향성이란 일반적 요인이 전국적으로 동일하게 영향을 미치는 것이 아니라 용도적 지역에 따른 지역 차원에서 동일지역에서는 동질적인 영향을, 다른 지역에서는 그 지역대로 영향을 미치는 것을 말한다.

(3) 일반적 요인이 지역지향성을 갖는 이유

부동산은 지역성으로 인해 그 지역의 자연적 조건과 결합하여 지역요인을 이루고 각 지역의 규모, 구성 내용, 기능 등과 결합하여 지역적 특성을 형성하고 그에 의해 각기 다른 지역에 속하는 부동산의 가격 형성에 전반적인 영향을 주기 때문이다.

(4) 종 류

1) 사회적 요인

부동산가격에 영향을 미치는 일련의 사회적 환경 및 현상으로서 다음과 같은 요인 등이 있다.
① 인구의 증감 및 인구구성의 변화
② 도시의 형성 및 공공시설의 정비 상태
③ 교육 및 사회보장의 수준
④ 가족의 구성 및 가구분리의 상태
⑤ 부동산 관련 거래 및 사용수익의 관행
⑥ 건축양식의 변화
⑦ 정보화의 수준과 정보화의 변화
⑧ 생활양식 및 생활수준

2) 경제적 요인

부동산가격에 영향을 미치는 일련의 경제적 상황으로서 다음과 같은 요인 등이 있다.

① 저축·투자·소비수준 및 국제수지 등의 상태

② 국가의 재정 및 금융의 상태

③ 물가·임료 및 고용수준

④ 조세 부담의 정도

⑤ 기술수준 및 산업구조

⑥ 교통체계의 상태

⑦ 국제화의 정도

3) 행정적 요인

부동산가격에 영향을 미치는 공법적 규제 및 기타의 행정적 조치를 말하며 다음과 같은 요인 등이 있다.

① 토지제도

② 토지이용계획 및 규제

③ 토지 및 건축물의 구조 등에 대한 각종 규제

④ 토지정책

⑤ 부동산 관련 세제

⑥ 부동산가격 등에 대한 통제

3. 지역적요인

(1) 의 의

지역적 요인이란 일정한 지역이 다른 지역과 구별되는 지역특성을 형성하는 개개의 요인으로서 지역의 가격수준 및 표준적사용의 결정에 영향을 미치는 지역적 차원의 가격형성요인을 말한다. 즉, 일반적 요인의 지역편향성에 의거 지역적 차원으로 축소된 일반적 제 요인과 지역의 자연적 제 조건의 결합으로 인해 지역요인을 형성하고 나아가 당해 지역이 다른 지역과 구별되는 지역특성을 가지게 되는데 이러한 지역특성은 지역의 표준적사용 및 가격수준으로 표현된다.

(2) 내 용

지역요인의 내용으로는 일반적으로 지역적 차원의 일반적 제 요인과 지역의 고유한 자연적 제 조건이 있다.

1) 지역적 차원으로 축소된 일반적 제 요인

① 사회적 요인 : 지역 내 부동산의 가격형성에 영향을 미치는 일련의 사회적 현상

② 경제적 요인 : 지역 내 부동산의 가격형성에 영향을 미치는 일련의 경제적 현상

③ 행정적 요인 : 지역 내 부동산의 가격형성에 영향을 미치는 일련의 법적·제도적인 규제 및 조치 등

2) 지역의 자연적 제 조건

부동산은 지리적 위치의 고정성으로 인하여 그 가격은 자연적 조건에 많은 영향을 받으며, 가격에 미치는 영향의 정도는 부동산의 종류나 용도 등에 따라 다르게 나타난다.

① **자연적 환경** : 일조·온도·풍향·강수량 등과 홍수나 지진 등

② 자연자원 수량·지하자원 등

4. 개별적 요인

(1) 의 의

개별적 요인이란 지역적 요인의 제약(범위)하에 부동산의 용도나 이용상태 등을 다른 부동산과 구별시켜 그 부동산의 최유효이용 및 구체적 가격형성에 영향을 미치는 개별 부동산 차원의 가격형성요인을 말한다. 이러한 개별요인은 당해 부동산을 다른 부동산과 구별되게 하는 개별특성을 형성시키는데 개별특성은 최유효이용 및 구체적 가격으로 표현된다.

(2) 내 용

1) 토지(택지)의 개별요인
① 위치, 면적, 지세, 지반 등
② 너비, 깊이 등
③ 일조, 통풍, 건습 등
④ 고저, 각지, 접면가로와의 관계 등
⑤ 접면가로의 구조, 계통 등
⑥ 공공시설 등과의 접근성
⑦ 상업시설 등과의 접근성
⑧ 변전소, 폐수처리장 등의 위험, 혐오시설 등과의 접근성
⑨ 공사법상의 규제 및 제약 등

2) 건물의 개별적 요인
① 설계, 설비 등의 양부
② 시공의 질과 양
③ 구조, 면적, 높이 등
④ 공사법상의 규제 및 제약
⑤ 부지 및 주위환경에의 적합의 여부

3) 복합부동산의 개별적 요인
상기 토지, 건물의 요인 외에도 건물의 배치상태, 건물과 부지의 균형의 정도, 건물의 용도와 부지의 용도의 적합의 여부 등

5. 가격발생요인과 가격형성요인의 작용관계

부동산가격 역시 수요·공급이론에 의해 가격이 형성된다. 따라서 수요요인인 효용과 유효수요의 변화는 수요곡선을 이동시켜 가격변화를 초래하고 공급요인인 상대적 희소성의 변화는 공급곡선을 이동시켜 가격변화를 초래한다. 가격형성요인의 일반적 요인 중 사회적 요인인 인구의 증가는 효용과 수요의 증가를 유발하며, 행정적 요인인 토지이용규제는 상대적 희소성에 영향을 주어 공급의 감소를 유발시킨다. 즉, 가격형성요인들은 가격발생요인에 영향을 가하여 수요·공급곡선을 이동시킴으로써 부동산가격의 변동을 초래한다. 그리고 이렇게 변동된 가격은 다시 가격형성요인에 영향을 미쳐 수요·공급을 변화시키는 가격이중성을 갖게 되는 것이다.

Ⅴ 부동산가격형성과정

1. 개요

부동산가격형성과정이란 부동산의 지역성에 따른 그 지역의 가격수준과 개별성에 따른 구체적 가격으로 개별화, 구체화되어가는 과정을 말한다. 이러한 부동산가격형성과정에는 일정한 법칙성이 있는바, 평가사는 이러한 가격형성과정을 이해함으로써 정도 높은 평가가 가능할 것이다.

2. 가격수준의 형성

(1) 부동산의 지역성

부동산의 지역성이란 부동산은 자연적, 인문적 특성을 공유하는 다른 부동산과 함께 지역을 구성하고, 그 지역 및 지역 내 타부동산과 의존, 보완, 협동, 대체, 경쟁의 관계를 통하여 사회적, 경제적, 행정적 위치가 결정되는 특성을 말한다. 이로 인해 그 지역 내의 부동산은 유사한 이용상태를 보이고 따라서 가격도 일정한 수준을 보이게 되는 것이다.

(2) 지역요인

지역요인이란 광역적인 일반적 요인이 지역의 자연적 조건과 결합하여 지역적 범위로 축소되어 지역 내 부동산의 상태 및 가격수준에 영향을 주는 요인을 말한다. 지역요인은 다른 지역과 구별되는 지역특성을 형성하는 개개의 요인으로, 지역특성은 지역의 표준적사용 및 가격수준으로 표현된다.

(3) 가격수준의 형성

부동산의 지역성에 의한 일반적 요인의 지역지향성으로 일반적 요인이 지역적 차원으로 축소되고 자연적 조건과 결합하여 형성된 지역요인은 지역특성을 나타내게 되고, 이 결과 표준적사용과 가격수준이 형성된다.

3. 구체적 가격의 형성

(1) 부동산의 개별성

부동산의 개별성이란 동일한 복수의 부동산은 없다는 것으로, 개별성의 특성은 부동산가격 형성요인을 개별화시키고, 부동산 가격, 수익 등을 개별화시킨다.

(2) 개별요인

개별요인이란 부동산의 개별적 특성을 반영하여 가격을 개별화, 구체화시키는 요인으로, 당해 토지가 속하는 지역의 표준적사용을 전제로 하는 토지의 가격수준과 비교하여 개별적 차이를 발생케 하는 요인을 말한다.

(3) 구체적 가격의 형성

부동산의 표준적사용과 가격수준은 개개 부동산의 개별적 요인과 결합하여 최유효이용을 결정하게 되고 이에 의해 가격수준은 개별화, 구체화되어 구체적 가격을 형성하게 된다.

제3절 부동산 가격 제원칙 기출 19·21·24

I 부동산 가격 제원칙의 의의 및 특징

1. 의의 및 근거
부동산 가격 제원칙이란 부동산의 가격이 어떻게 형성되고 유지되는가에 관한 법칙성을 추출하여 부동산 평가활동의 지침으로 삼으려는 하나의 행위기준이다. 이는 부동산시장에서의 구매자 및 수요자의 행동과 경제적 합리성에 근거하여 성립·도출된다.

2. 부동산 가격 제원칙의 특징

(1) 부동산의 특성반영
부동산의 자연적, 인문적 특성으로 인해 가격형성이 일반 재화와는 다르고 이러한 부동산 가격형성과정의 법칙성 추출이 가격 제원칙이므로 부동산의 특성을 반영하고 있음은 당연한 결과이다.

(2) 상호 유기적 관련성
부동산 가격형성요인의 상호 유기적 관련성이 존재하므로, 이를 반영한 가격 제원칙 또한 유기적으로 상호 밀접한 관계에 놓여있다.

(3) 최유효이용원칙의 기준성
최유효이용원칙을 상위원칙으로 하여 하나의 체계를 형성하고 있다.

(4) 고유성 및 독단성
일반경제원칙이 완전경쟁시장을 전제함에 비하여 부동산시장의 특성상 불완전시장에서 적응되는 경제 법칙을 설명한 점에서 고유성, 독단성이 존재한다.

II 가격 제원칙의 분류

1. 일반경제원칙과 비교한 분류

(1) 일반경제원칙과 비교하여 동질적인 것
부동산 가격형성원리와 경제현상이 동일하게 적용되어 경제적 특성을 잘 반영하는 원칙으로서 ① 대체의 원칙 ② 수익체증·체감의 원칙 ③ 기여의 원칙이 있다.

(2) 일반경제원칙과 유사한 것
일반재화의 가격형성과정에서도 적용되나 부동산의 특성으로 변형되어 나타나는 원칙으로서 다음과 같다.
① 수요공급의 원칙
② 변동·예측의 원칙
③ 수익배분의 원칙
④ 균형의 원칙
⑤ 경쟁의 원칙

(3) 부동산 고유의 것
용도의 다양성, 부증성에 근거한 '최유효이용의 원칙'과 고정성에서 파생된 '적합의 원칙'이 있다.

2. 최유효이용의 원칙을 기준한 분류

(1) 내부측면의 원칙
① 균형의 원칙 ② 수익체증·체감의 원칙 ③ 수익배분의 원칙 ④ 기여의 원칙 등이 있다.

(2) 외부측면의 원칙
① 대체의 원칙 ② 적합의 원칙 ③ 경쟁의 원칙 ④ 외부성의 원칙 ⑤ 기여의 원칙 ⑥ 수요공급의 원칙 등이 있다.

(3) 토대가 되는 원칙(시계열적 원칙)
① 변동의 원칙 ② 예측의 원칙이 있다.

Ⅲ 토대가 되는 원칙(시계열적 원칙)

1. 변동의 원칙

(1) 의 의
부동산 현상 및 가격형성과정의 각 요인은 고정적인 것이 아니라 시간의 경과에 따라 항상 변화하는 과정에 있으므로 이의 영향으로 부동산가격 또한 이러한 변동의 과정에서 형성되고 변화한다는 가격 제원칙으로, 예측의 원칙과 함께 모든 가격 제원칙의 토대가 되는 원칙이다.

(2) 성립근거
자연적 특성으로서 영속성·개별성을, 인문적 특성으로서 용도의 다양성, 병합분할의 가능성, 위치의 가변성 등을 들 수 있다.

(3) 내 용
지역 내의 일반적 요인과 자연적 조건은 끊임없이 변동한다. 부동산이 속하는 지역도 확대·축소·집중·확산·발전·쇠퇴의 변화과정에 있으므로 지역요인도 부단히 변한다. 지역요인의 변화는 지역특성을 변동시키고 이는 지역의 가격수준에 영향을 주게 된다. 따라서, 가격시점 확정의 필요성이 대두되며, 시점수정의 가능성을 고려하여 사례는 가능한 한 최근의 사례를 이용하여야 한다.

2. 예측의 원칙

(1) 의 의
부동산의 가격형성요인과 지역특성, 가격수준은 부단히 변화하고 이에 따라 부동산가격도 변동되기 때문에 평가활동에 있어서는 그 요인의 추이나 동향에 대한 예측을 하여야 한다는 원칙이다.

(2) 성립근거
부동산의 자연적 특성으로서 영속성을 들 수 있고, 사회적·경제적·행정적 위치의 가변성을 들 수 있는바, 부동산가격형성요인 및 발생요인이 어떻게 변동하고 있는지를 파악하여야 한다. 또한 부동산 가격은 장기적 배려하에서 형성된다는 가격의 특징과 투자자의 투자행태에서 그 근거를 찾을 수 있다.

(3) 내 용
① 재화의 가격은 그 재화에 대한 장래의 수익성 등을 예측·반영함으로써 창출된다. 즉, 유사부동산의 최근판매가격은 시장사정에 정통한 구매자 또는 투자자가 그들에게 가져오리라고 예측한 이익에 대한 현재의 가치를 표시하는 것이다.
② 부동산가격은 부동산의 소유에서 비롯되는 장래이익에 대한 현재가치이다. 그런데 모든 사상(事象)은 끊임없이 변화의 과정에 있으므로 부동산의 정확한 가치를 파악하기 위해서는 장래에 대한 예측이 필요한 것이다.

Ⅳ 최유효이용 원칙을 내부적으로 지원하는 제원칙

1. 균형의 원칙

(1) 의 의
부동산의 가치가 최고로 되기 위해서는 부동산의 내부구성요소들이 적절한 균형을 이루고 있어야 한다는 가격 제원칙을 말한다.

(2) 성립근거
부동산은 다른 일반재화와는 달리 내부적으로 여러 가지 요소가 복합적으로 구성되어 이루어진 재화에 해당되므로 그 구성요소간의 균형이 전체가치에 끼치는 영향은 큰 것이며, 따라서 균형이 성립되고 있어야 최유효이용이 되는 것이다.

(3) 내 용
구성요소라 함은 단순한 토지, 자본, 경영 등에 국한되지 않는다.
① 토지의 경우는 접면너비, 획지의 깊이, 고저 등의 관계에 균형이 있어야 한다.
② 건물의 경우는 건축면적, 높이, 칸막이, 복도, 층, 계단의 배치 등의 관계에서 각각의 최적의 이용을 위한 균형을 이루어야 한다.
③ 복합부동산의 경우는 토지, 건물에 대한 것 이외에 건물과 부지의 배치 및 크기 등의 관계에서 균형이 있어야 한다.
④ 구성요소의 균형여부의 판정은 건물의 용도에 따라서 다르다. 예컨대, 주택인 경우는 생활기능의 편리성, 쾌적성, 경제성 등이 함께 고려되어야 한다.

(4) 감정평가상 활용
개별분석에 유효한 기준이 되며, 재조달원가의 적정화 및 내부균형상실에 따른 기능적 감가요인 파악의 시침이 된다. 수익분석에서도 내부적 요소의 균형에 유의하여야 한다.

2. 수익체증·체감의 원칙

(1) 의 의
부동산에 대한 투자단위당 수익은 체증하다가 일정수준을 넘으면 체감하게 된다는 원칙이다. 즉, 투자와 관련하여 부동산의 가치가 최대로 되는 경우는 한계비용과 한계수입이 일치하는 수준까지 비용을 투입했을 때이다.

(2) 성립근거
부동산은 부증성으로 인하여 공급량은 유한한데 인구증가, 산업화 등으로 인하여 수요는 계속 증가하므로, 토지이용효율의 극대화를 위한 추가투자의 한계점을 판단해야 한다는 점에서 부증성, 용도의 다양성과 관련하여 성립한다.

(3) 내 용
① 수익체증·체감의 원칙은 추가투자에 대한 적정성 판정에 있어 유용하게 활용된다.
② 부동산의 투자에 있어서 한계수익점을 찾기 위하여 활용된다. 감정평가사는 예상수익·예상비용과 다양한 계층별 투자액을 종합하여 가정수익을 산출하여 볼 수 있는데 이때 "토지공간의 입체이용률"과 "입체이용저해율"의 개념이 유효하게 적용될 수 있을 것이다.

3. 수익배분의 원칙

(1) 의 의
부동산의 자연적 특성으로 인하여 부동산의 수익은 자본, 노동, 경영 등에 배분되고 남는 잔여수익이 배분되는바, 이러한 잔여수익의 크기가 토지가치의 형성에 영향을 미친다는 것이다.

(2) 성립근거
부동산은 지리적 위치의 고정성으로 인하여 유동성 있는 타 생산요소에 배분되고 남는 수익이 최종적으로 토지에 배분된다.

(3) 내 용
토지가 토지 이외의 생산요소에 대한 배분을 끝낸 후 최종배분을 받는 이유는 토지에는 고정성의 특성이 있고 그 투자가 고정적이어서 이동이 곤란한데 비하여, 토지 이외의 생산요소는 유동성이 있어서 평균수준의 배분이 없으면 곧 다른 곳으로 이동함으로써 토지의 이용을 위협하기 때문이다.

(4) 감정평가상 활용

1) 수익방식의 성립근거
다른 생산요소에 대한 비용을 제외하고 남은 잔여수익을 환원하여 가격을 구하는바, 이는 수익방식의 논리적 근거가 된다.

2) 토지잔여법
토지에 귀속되는 잔여수익을 자본환원하여 토지의 가격을 구하므로 토지잔여법의 논리적 근거가 된다.

3) 기업용부동산의 평가
기업용부동산을 평가함에 있어 노동, 자본, 경영 등의 다른 생산요소에 배분되는 수익을 정확히 제거하여야 순수하게 부동산에 배분되는 수익을 산정할 수 있고 정확한 가격을 구할 수 있다. 이에 수익배분의 원칙의 논리를 이해하고 있어야 할 것이다.

4. 기여의 원칙

(1) 의 의
부동산의 가격은 부동산을 구성하고 있는 각 요소가 가격에 기여하는 공헌도의 영향을 받아 결정된다는 원칙이다.

(2) 성립근거
부동산의 구성요소가 전체에 기여하는 정도가 가장 큰 사용방법을 선택해야 한다는 점에서 용도의 다양성, 병합분할의 가능성이 그 근거가 된다.

(3) 내 용
① 이 원칙은 부적정한 획지규모나 부정형의 획지에 인접한 다른 토지를 구입하여 합필함으로써 획지 전체의 가격을 상승시키는 경우나, 건물을 증축하는 경우 등에 있어서 추가투자의 적정성 판정에 유용하게 활용된다.
② 즉, 기여의 정도에 따라 그 부분의 가격을 파악할 수 있으므로 이에 의해 부동산의 일부에 대한 추가투자가 대상부동산 전체의 가격에 어떻게 기여하는가를 알 수 있다.
③ 유의할 점은 부동산의 전체 가치는 각 구성부분의 전체가치에의 기여도를 합한 것이지 구성부분의 생산비의 합은 아니라는 것이다.

(4) 감정평가상 활용

1) 추가투자의 적정성 여부의 판단
건물의 구조변경이나 부가물의 설치시 당해 투자로 인한 전체가치의 증가가 있다면 당해 투자는 경제적 타당성이 있는 것이 되는데 이때 기여의 원칙이 활용된다.

2) 배분법 및 잔여법
토지나 건물이 복합부동산 전체의 가치나 수익에 기여하는 정도에 따라 가격이나 수익을 분리해 낸다.

3) 합병 및 분할시 한정가격의 결정
인접토지와의 합병이나 분할시 한정가격을 결정하여야 하는데, 이때 기여의 원칙이 활용된다.

Ⅴ 최유효이용 원칙을 외부적으로 지원하는 제원칙 기출 19

1. 적합의 원칙

(1) 의 의
최유효이용의 원칙을 부동산이 외부적 차원에서 지원하는 원칙으로 부동산의 효용이 최고로 발휘되기 위해서는 그 이용방법이 주위환경에 적합하여야 한다는 가격 제원칙이다.

(2) 성립근거
부동산은 그 특성 중 지리적 위치의 고정성으로 인하여 일정한 지역을 이루고, 지역성으로 인해 그 지역 내의 부동산은 용도, 이용방법, 가격 등이 유사해지는 경향이 있는데 이에 따라 개별부동산의 가격 등은 지역의 가격수준의 범위 내에서 결정된다.

(3) 내 용

1) 적합성의 판단
적합성의 판정은 사회적·경제적·행정적 제 측면에서 고려되어야 할 것이다. 특히 용도지역의 표준적 사용과의 적합성이 중요하다고 할 수 있는데 반드시 일치되지는 않더라도, 합리적인 유사성이 인정되면 적합성을 인정할 수도 있다. 반면 설비의 과잉 또는 과소, 부적정한 개량물 등은 적합성을 저해한다.

2) 적합성판단에 있어서 유의할 점
환경이란 항상 가변적인 것이므로 적합 여부에 대한 판단기준도 당연히 변화한다. 따라서 적합성의 판정에 있어서는 현재의 적합 여부도 중요하지만 현재의 적합이 장래에도 계속될 수 있는가 또는 현재의 부적합한 상태가 장래에는 적합에 도달할 수 있는가 등을 판단하여야 한다. 또한 예측의 원칙에 입각하여 장래에 대한 수급상황도 고찰해야 한다.

(4) 감정평가상 활용

1) 지역분석·개별분석
부동산은 주변 부동산의 이용상황과 어울릴 때 최유효이용이 되므로 지역분석을 통해 당해 부동산이 속한 지역의 표준적사용을 판정하고 개별분석을 통해 당해 부동산이 표준적사용에 적합한 이용인지를 규명할 필요가 있다.

2) 경제적 감가
원가방식 적용시 지역·개별분석의 결과 외부 부적합의 경우에는 경제적 감가의 대상이 된다.

3) 전진의 원칙과 후퇴의 원칙
부동산의 가치는 동유형의 보다 나은 부동산과 결합할 때 가치가 상승하고(전진의 원칙), 저가부동산과 결합할 때 가치가 하락되는(후퇴의 원칙) 점에 유의할 필요가 있다.

2. 대체의 원칙

(1) 의 의
최유효이용의 원칙을 부동산 외부적 차원에서 지원하는 원칙으로서, 부동산의 가격은 대체·경쟁관계에 있는 유사한 부동산 또는 다른 재화의 영향을 받아 형성된다는 가격 제원칙을 말한다.

(2) 성립근거
효용이 같으면 가격이 낮은 것을, 가격이 같으면 효용이 큰 것을 선택한다는 것으로 부동산가격도 대체 가능한 다른 부동산이나 재화의 가격과 상호영향으로 형성된다는 원칙이다. 부동산은 물리적으로는 비대체적이나, 인문적 특성과 지역성으로 인해 용도적 측면, 토지이용 측면에서 어느 정도 대체성이 인정된다.

(3) 내 용

1) 대체의 조건
대체의 관계가 성립하기 위해서는 부동산 상호간 또는 부동산과 일반재화 상호간에 용도, 효용, 가격에 있어서 동일성 또는 유사성이 있어야 한다.

2) 대체의 대상
① 지역성에 기인하여 동일지역 내 소재하는 부동산 상호간에 대체가 가능하다.
② 인근지역과 유사지역은 지역특성 면에서 상호 대체가 이루어지는 지역으로 이는 지역간의 대체에 해당한다.
③ 부동산과 일반재화 상호간 대체도 성립하는바, 투자대상으로서의 부동산이 투자자가 느끼는 효용이나 가격면에서 다른 투자대상 예컨대 주식 등과 유사성이 있다면 양 재화 사이에는 대체의 관계가 성립할 수 있는 것이다.

(4) 감정평가상 활용

1) 지역분석시
대상부동산과 대체관계가 성립하는 다른 부동산이 존재하는 권역인 동일수급권 파악 및 인근지역과 지역특성 면에서 대체가 이루어지는 유사지역 파악에 활용한다.

2) 개별분석시
개별분석을 통한 최유효이용의 판정시, 대상부동산과 대체관계에 있는 부동산의 이용이나, 대상부동산의 현재의 용도와 대체관계에 있는 다른 용도를 고려하여야 한다.

3) 3방식에서의 활용
① 비교방식 : 합리적인 거래당사자는 대체가능한 부동산의 가격을 기준으로 부동산의 가격을 결정한다는 점에서 비교방식의 성립근거가 된다.
② 원가방식 : 두 개 이상의 동유형 부동산이 있는 경우에 대체성이 있는 다른 부동산의 원가 또는 건설사례는 대상부동산 가격의 기준이 된다. 즉 대상부동산과 동등한 효용을 갖는 부동산을 신규로 조달할 수 있다면 기존 부동산가격은 결국 재조달에 소요되는 비용을 상한으로 하여 결정된다.
③ 수익방식 : 기존의 부동산가격은 그 부동산이 산출하는 순수익과 동등한 순수익을 기대할 수 있는 대체수익부동산을 취득하기 위한 투자액과 일치하게 된다. 수익방식에서 순수익이나 환원이율을 구할 때 간접법은 대상부동산과 사례부동산의 대체를 전제로 한다.

3. 경쟁의 원칙

(1) 의 의
일반경제활동과 같이 부동산도 이용으로 인한 초과이윤을 얻기 위해 시장참가자들의 경쟁관계에 의해 그 가격이 형성된다는 원칙이다. 부동산 가격은 경쟁에 의해서 결정되는데, 경쟁이 있음으로 인해 초과이윤이 없어지고 부동산은 그 가치에 적합한 가격이 형성된다는 것이다.

(2) 성립근거
용도의 다양성으로 인하여 경쟁이 인정되며, 고정성·부증성의 특성으로 인하여 강한 수요의 의존성을 나타낸다.

(3) 내 용
① 부동산은 그 특성 중 지리적 위치의 고정성 및 부증성으로 인해 생산에 장기간이 소요되므로 수요자 경쟁이 주를 이룬다.
② 부동산은 그 자연적 특성면에서 엄격한 의미에서 경쟁이 불가능하지만 용도의 다양성이라는 인문적 특성으로 인해 경쟁이 가능해지는바, 용도간의 경쟁이 활발하게 나타난다.

(4) 감정평가상 활용

1) 지역 및 개별분석
부동산은 고정성 및 지역성으로 인해 지역 내의 경쟁관계에 있는 다른 부동산과의 관계를 통하여 가격이 형성되는바, 이의 파악을 위해 지역분석이 필요하고, 개별분석의 과정에서도 이러한 사실을 고려하여야 한다. 또한 인근지역의 경계설정에 있어서도 경쟁의 원칙을 고려하여야 하며, 동일수급권과 유사지역 파악시에도 경쟁의 원칙을 고려하여야 한다.

2) 3방식에서의 활용
① 비교방식 : 사례의 수집 및 선택시 인근지역이나 대상부동산과 대체·경쟁이 인정되는 동일수급권 내의 유사지역의 것을 선택하여야 하고, 지역 및 개별요인의 비교시 경쟁관계를 고려하여야 한다.
② 원가방식 : 재조달원가의 산정시 상한이 되는 가격의 판정에 대체·경쟁의 원칙을 고려한다.
③ 수익방식 : 순수익의 산정시 초과이윤은 경쟁에 의해 소멸되므로 제외시켜야 하고, 환원이율의 산정시 대상부동산과 경쟁관계에 있는 다른 부동산이나 다른 투자대안의 수익률 등을 고려하여 산정한다.

4. 외부성의 원칙

(1) 의 의
외부성의 원칙이란 대상부동산에 대한 외부의 경제적 또는 비경제적 환경요소가 그 부동산의 가치에 긍정적 또는 부정적 영향을 미친다는 원칙이다.

(2) 성립근거
부동산 또한 경제재이므로 사회·경제적 환경의 영향을 받아 그 가격이 형성되며, 특히 부동산은 지리적 위치의 고정성이라는 자연적 특성으로 인해 다른 일반재화에 비해 상대적으로 더 많은 외부환경의 영향을 받게 되는 것이다.

(3) 내 용

1) 외부경제
다른 사정에 의해 의도하지 않은 혜택을 받고도 그에 상응하는 대가를 지불하지 아니하는 경우에 해당된다. 예컨대 주거지역에 병원이 건립되어 주민의 복지가 향상되고 지가가 상승하는 경우를 상정할 수 있다.

2) 외부비경제
외부비경제라 함은 다른 사정에 의해 의도하지 않은 손해를 받고도 이에 대한 보상을 받지 못하는 것으로, 주거지역의 인근에 공장 건립으로 인한 매연 등이 주민의 건강을 해치고 지가를 하락시키는 경우를 상정할 수 있다.

3) 부동산에 있어서 외부요인의 범위
부동산은 물리적으로 이동할 수 없기 때문에 타 경제재보다 외부성이 따른 영향이 크다고 할 수 있다. 그러한 영향은 국가적 환경과 같이 광범위할 수도, 특정지역의 부동산환경처럼 좁은 범위일 수도 있다.

(4) 감정평가상 활용

1) 가격형성요인의 분석시
지역분석 및 개별분석을 함에 있어서 대상지역이나 대상부동산에 미치는 외부적인 제 요인의 관찰에 특히 주의하여야 한다.

2) 경제적 감가의 이론적 근거
외부성의 원칙은 경제적 감가의 이론적 근거가 되며 경제적 감가를 외부적 감가라 하기도 한다.

3) 3방식에서의 활용
비교방식 적용시 사례와 대상은 외부적 영향이 서로 다른바, 이를 보정하기 위한 지역요인의 비교가 필요하고, 원가방식 적용시 경제적 감가의 이론적 근거가 된다. 수익방식을 적용함에 있어서 순수익의 산정시 외부적 영향을 고려하고, 간접법에 의한 순수익산정시 지역요인의 비교가 필요하다.

5. 기회비용의 원칙

(1) 의 의
어떤 대안을 선택함으로 인하여 선택되지 않은 다른 대안 중 가장 큰 비용을 기회비용이라 하는데, 부동산의 가격은 이러한 기회비용을 반영하고 있다는 원리이다.

(2) 성립근거
부동산은 용도의 다양성으로 인하여, 시장참가자는 생산비보다는 "부동산이 제공하는 효용"과 "차선의 기회가 제공하는 효용"을 비교하여 가격을 결정하게 된다는 것이다.

(3) 내 용

1) 투자분석의 근거
투자자에게 둘 이상의 대체투자 기회가 주어졌을 때 투자자는 수익적 측면이나 자본적 측면에서 최대의 경제적 효과를 얻을 수 있는 투자안을 선택할 것이다. 이 경우 기회비용의 원칙은 각 투자대상부동산의 장래수익, 투자이득, 효용 등을 객관적으로 비교·분석하는 근거가 된다.

2) 대상부동산의 수익률 판단
선택한 부동산(투자대상부동산)과 선택되지 않은 부동산 또는 타 재화(기회비용)의 수익률을 비교·분석함으로써 대상부동산의 적정한 수익률을 객관적으로 판단할 수 있다.

(4) 감정평가상 활용

1) 비교방식 및 수익방식
시장참가자는 대상부동산의 생산비를 근거로 거래가격을 결정하기보다는 그것이 제공하는 효용과 차선의 기회가 제공하는 효용 내지 경제성을 비교하여 가격을 결정하는 경향이 있다. 따라서 비교방식이나 수익방식에서 유사부동산의 관련 자료를 분석하는 것은 사라진 기회의 고찰을 통해 그 기회와 대체관계에 있는 대상부동산의 가격을 산정할 수 있다는 기회비용의 개념에서 비롯된다.

2) 요구수익률의 측정기준
요구수익률이라 함은 투자에 대한 위험이 주어졌을 때, 투자자가 대상부동산에 투자하기 위하여 요구하는 최소한의 수익률을 말한다. 요구수익률은 다른 곳에 투자했을 때 대안적으로 얻을 수 있는 수익률로서 투자에 대한 기회비용이 되는 것이다. 평가사는 여러 가지 투자대안에서 제공되는 상대적 수익률 즉 기회비용을 서로 비교함으로써, 대상부동산에 대한 투자자의 요구수익률을 산정할 수 있다.

6. 수요공급의 원칙

(1) 의 의
일반재화의 가격이 수요 공급에 의해 결정되고 동시에 그 가격은 수요, 공급에 영향을 미치게 되는바 이를 부동산에 적용시킨 것으로서, 부동산의 가격은 최유효이용을 전제로 시장에서의 수요와 공급의 상호작용에 의해 결정되며 이렇게 결정된 가격은 다시 수요와 공급에 영향을 미친다는 가격 제원칙을 말한다. 그러나 부동산의 특성상 일반재화와는 약간 달리 적용된다.

(2) 성립근거
부동산은 자역적 특성으로 인하여 대체가 불가능하나 용도적 관점에서 대체성이 인정되므로 수요공급의 원칙이 적용된다고 볼 수 있다. 그러나 부증성의 특성으로 공급이 경직적이므로 수요에 의존하게 된다. 또한 부동산의 유형에 따라 수요 공급은 다르게 나타난다.

(3) 내용(일반재화의 수요, 공급과의 차이)

1) 균형가격의 성립문제
부동산의 고정성 등의 특성으로 인하여 부동산시장은 위치중심적, 추상적 시장이며 그 가격형성과정 또한 복잡하여 균형가격의 식별이 극히 곤란하다. 이에 전문인에 의한 인위적인 가격지적, 즉 감정평가제도가 필요하게 된다.

2) 공급의 비탄력성
부동산은 부증성과 고정성의 특성으로 공급이 비탄력적이므로 수요에 강한 의존성을 갖게 된다.

3) 가격 이중성의 차이
모든 재화의 가격은 그 재화의 수요 공급의 관계에서 결정되고 일단 결정된 가격은 다시 수요 공급에 영향을 미쳐 자동적으로 수급을 조절하나, 부동산의 가격은 단순한 수급원리에 의하지 않고 가격형성 제 요인의 상호작용과정 속에서 형성된다.

(4) 감정평가상 활용
비교방식 적용시 수요공급의 동향은 중요한 지역요인이므로 지역요인 비교시 지침으로 활용되며, 원가방식의 적용시 공급가격으로서 상한가격의 의미를 갖는 재조달원가 산정에 적용된다. 또한 수익방식의 적용에 있어서 토지에 대한 단기간의 투기목적을 위한 수요는 가수요로 볼 수 있는바, 미실현 수익의 반영 정도를 파악하는데 유의하여야 한다.

➕ 알아보기 제합사용의 원칙

1. 의의 및 근거
   제합사용의 원칙은 중도적 이용에 있는 부동산을 평가할 때 토지와 개량물을 각각 분리된 용도로 평가해서는 안 된다는 원칙으로, 이는 토지의 영속성과 건물의 토지에의 종속성, 토지의 의존성 등에 근거한다.
2. 적용방법
   ① 용도상의 제합성 : 건부지는 나지에 비해 감가가 발생하기 쉬우므로 개량물이 토지와 함께 가치를 구성할 경우 현 상태에서의 가치를 증대시키기 위해서는 토지와 개량물의 용도를 일치시켜야 한다.
   ② 시계열상 제합성 : 용도상 제합성을 판단하기 위해서는 장기적 관점에서 해당 용도지역의 전환여부, 성숙도, 전환의 난이도 등을 종합적으로 판단하여야 한다.

3. 감정평가상 활용
   후보지, 이행지 지역에서의 개별분석시 최유효이용의 필수적 전제 개념이며 원칙이다.
   즉 성숙도가 높은 경우는 전환 후의 용도지역을, 성숙도가 낮은 경우는 전환 전의 용도지역을 기준해야 한다. 또한 특수상황하의 최유효이용분석과 관련하여 중도적 이용, 비최고최선이용 분석시 활용된다.
4. 적용시 유의사항
   개량물은 독자적 가치를 갖기보다는 토지에 기여하는 만큼의 가치를 가짐이 일반적이다. 따라서 최고최선의 이용이 아닌 개량물은 경우에 따라 철거비용 등으로 인해 (-)가치를 가질 수도 있음에 유의하여 평가해야 할 것이다.

➕ 알아보기 전진의 원칙, 후진의 원칙

1. 개 요
   부동산은 개개의 것이 단독으로 독립하는 것이 아니고 다른 부동산과 용도적으로 동일성 있는 일정한 지역을 구성하여 이에 속하는 것이 통상인바, 부동산의 수익성, 쾌적성을 최고로 발휘하기 위해서는 당해 부동산이 그 환경에 적합하여야 하며, 주변환경과의 적합성과 관련되어 가격이 형성된다.
2. 의 의
   ① 전진의 원칙 : 적합의 원칙은 언제나 일률적으로 강조되는 것이 아니라 다소 신축성이 있는바, 그 적합의 관계로 인해 어떤 유리한 영향을 받을 경우, 즉 가치가 적은 부동산의 가치는 동종의 더 나은 부동산과 결합될 때 그 가치가 상승한다는 것을 말한다.
   ② 후진의 원칙 : 적합의 관계로 인해 불리한 영향을 받을 경우, 즉, 동일한 수준의 부동산이 있는 지역에 수준이 떨어지는 부동산이 소재하면 수준이 낮은 부동산이 악영향을 미친다는 것을 말한다.
3. 감정평가에의 적용
   부동산이 속한 지역은 고정적이 아니라 항상 변동하는 과정에 있어 부동산의 위치 역시 항상 가변적이라 할 수 있으므로 지역 주기의 국면이 성장기에 있으면 과대설비와 초과비용에 속하는 부동산이 후일에 적합한 부동산으로 전진하게 된다. 또한, 지역 주기의 국면이 쇠퇴기에 있으면 적합한 토지이용이 후일에 불리한 결과로 후퇴하기도 하는바, 지역의 표준적사용과 부동산의 최유효이용 판정에 있어 정확한 예측이 필요함에 유의해야 한다.

➕ 알아보기 추가투자와 관련된 제원칙

1. 개 요
   추가투자는 부동산의 가격에 영향을 미치는 부동산 활동이며, 가격 제원칙이란 부동산가격 형성상의 법칙성을 말한다. 이는 감정평가의 지침이 되므로 추가투자 또한 가격 제원칙의 지침하에 행해져야 한다.
2. 추가투자의 기준이 되는 제원칙
   ① 최유효이용의 원칙 : 최유효이용의 원칙이란 부동산가격은 최유효이용을 전제로 파악되는 가격을 표준으로 하여 형성된다는 원칙으로 추가투자는 인간의 합리적 경제행위를 바탕으로 최대의 효용을 올릴 수 있도록 결정되어야 할 것이다.
   ② 균형의 원칙 : 부동산의 가치가 최고로 되기 위해서는 부동산의 내부구성요소들이 적절한 균형을 이루고 있어야 한다는 가격 제원칙으로 추가투자로 인해 내부 구성요소간 균형이 이루어지는지에 대한 판단의 기준이 된다.
   ③ 기여의 원칙 : 부동산의 가격은 부동산을 구성하고 있는 각 요소가 가격에 기여하는 공헌도의 영향을 받아 결정된다는 원칙으로 기여의 원칙에 의거 추가투자의 비용과 그 기여의 정도를 판단하여 경제성을 판단하여야 할 것이다.
   ④ 수익체증·체감의 원칙 : 부동산에 대한 투자단위당 수익은 체증하다가 일정 수준을 넘으면 체감하게 된다는 원칙이다. 즉, 투자와 관련하여 부동산의 가치가 최대로 되는 경우는 한계비용과 한계수입이 일치하는 수준까지 비용을 투입했을 때이다.
   ⑤ 기타 : 예측·변동의 원칙에 의거 추가투자로 인해 가격형성요인이 장래 어떻게 변동할 것인가에 대한 배려가 있어야 하며, 수익배분의 원칙하에 잔여수익이 최대가 되는 점이 추가투자의 기준이 될 것이다.

제4절 지역분석과 개별분석 기출 21·24

I 지역분석

1. 지역분석의 개관

대상부동산이 속한 지역 내 부동산의 가격형성에 영향을 미치는 지역요인의 분석을 통해 당해 지역의 지역특성 및 장래동향을 명백히 하여 그 지역 내 부동산의 표준적사용과 가격수준을 판정하는 작업을 말한다.

2. 지역분석의 필요성

(1) 부동산의 지역성

부동산의 사회적·경제적·행정적 위치는 지역 또는 지역 내 부동산과의 상호관계에 의하여 결정되는 지역성을 갖는다.

(2) 지역특성

부동산의 지역은 그 규모, 구성내용, 기능 등에 따라 여러 종류가 있으며 각기 다른 지역과 구별되는 특성을 갖는바 이를 지역특성이라 한다.

(3) 지역의 변화

지역은 대상부동산의 가격에 전반적인 영향을 미치며, 이 지역은 고정적인 것이 아니라 항상 변화한다.

3. 지역분석의 목적

(1) 가격수준의 파악

대상지역이 지니는 객관적 가치에 대한 수준을 파악할 수 있다.

(2) 최유효이용의 판정방향제시

표준적사용을 밝힘으로써 대상부동산의 최유효이용을 어떻게 판정할 것인가에 대한 판정방향을 제시한다.

(3) 사례수집범위 파악과 선택범위 결정

지역분석을 행함으로써 평가를 위한 사례자료 수집범위가 밝혀진다.

(4) 상대적 위치파악

동일수급권 내의 분석을 통하여 대상지역의 상대적 위치를 파악할 수 있다.

4. 지역분석의 방법

(1) 대상지역의 획정

같은 용도지역이라도 규모에 따라 가격형성에 미치는 영향이 다르다. 따라서 인근지역의 범위는 자료의 수집정리와 현장답사를 통하여 명확히 해야 한다.

대상부동산의 가격형성에 직접 영향을 미치는 용도적 공통성, 기능적 동질성을 지닌 인근지역의 획정시 ① 일반적 기준 ② 자연적 기준 ③ 인위적 기준을 활용하고, 그 밖에 상대적 위치를 파악하기 위해 유사지역, 동일수급권역도 파악해야 한다.

(2) 지역요인 분석

지역요인은 용도지역별로 그 의미가 다르므로, 사회적, 경제적, 행정적 관점에서 정확한 용도지역의 판단과 그에 따른 요인(가로·접근·환경·행정·기타)의 분석이 필요하다.

(3) 표준적사용 및 가격수준의 파악

① 표준적사용이란 인근지역에 속하는 개별 부동산의 최유효이용의 집약적, 평균적인 사용방법으로, 지역분석의 요체인 지역특성은 그 지역 내 부동산의 일반적이고 표준적인 사용에 의해 나타나고 표준적사용은 최유효이용을 판정하는 유력한 기준이 되므로 정확히 판정되어야 한다.

② 가격수준이란 개개의 부동산의 가격이 아니고, 지역 내의 부동산의 평균가격을 의미하며 지역간의 격차를 나타내 준다. 부동산의 개별적, 구체적 가격은 그 부동산이 속한 지역의 가격수준 내에서 형성되고, 가격수준은 지역 내 부동산의 일반적, 표준적사용의 상태와 장래동향을 파악함으로써 그 판정이 가능하다.

5. 지역분석의 대상지역

지역분석의 대상지역은 ① 대상부동산이 속해있는 지역이면서 대상부동산과 용도적, 기능적 동질성이 있어 상호 대체 경쟁관계에 있는 부동산이 존재하는 인근지역이 원칙적으로 분석대상 지역이 된다. 또한 인근지역과 지역특성 면에서 용도적 기능적 유사성이 있어 상호 대체 경쟁관계가 성립하는 지역인 ② 동일수급권 내 유사지역이 있으며 대상부동산과 가격형성에 있어 서로 영향을 미치고 대체관계가 성립하는 부동산의 존재권역인 ③ 동일수급권이 지역분석의 주요 분석대상이 된다.

6. 지역분석시 유의사항

(1) 일반적 요인의 지역지향성

일반적 요인은 부동산의 지역성으로 인해 자연적 조건과 결합하는 지역지향성을 갖는바 따라서 지역범위로 축소된 일반적 요인이 지역분석의 대상이 됨에 유의한다.

(2) 명확한 인근지역의 경계설정

같은 용도지역이라도 규모에 따라 가격형성에 미치는 영향은 다르다. 따라서 1차적인 가격수준을 결정하고 사례자료의 수집범위를 결정해 주는 인근지역의 명확한 경계설정이 중요한바 유의토록 한다.

(3) 동태적 분석의 필요성

지역요인이 부단히 변화하므로 부동산가격도 장기적 배려하에 형성됨을 인식하고 지역분석을 하는 경우 동태적 분석을 행할 필요가 있다.

(4) 유사지역 및 동일수급권의 분석 병행

인근지역의 상대적 위치 및 가격수준을 명확히 하기 위해 동일수급권역 내의 유사지역 등의 분석이 병행되어야 함을 유념토록 한다.

7. 지역분석의 대상지역

(1) 인근지역

1) 의 의
인근지역이란 당해 부동산이 속해있는 지역으로 대상부동산과 용도적인 공통성과 기능적 동질성이 있어 상호 대체, 경쟁관계에 있는 부동산이 존재하는 지역으로 당해 지역의 특성이 대상부동산의 가격형성에 직접 영향을 미치는 지역을 의미한다.

2) 특 징
① 대상부동산이 속한 지역이다.
② 대상부동산의 가격형성에 직접 영향을 준다.
③ 지역 내 부동산은 대상부동산과 상호 대체, 경쟁관계를 갖는다.
④ 지역 내 부동산은 대상부동산과 용도적 공통성, 기능적 동질성을 갖는다.
⑤ 인근지역의 지역요인은 부단히 변화과정에 있다.

3) 인근지역 분석의 필요성
인근지역 내 부동산의 이용상황 및 지가수준은 대상부동산의 가격과 이용형태에 직접적으로 영향을 미치게 된다. 즉 대상부동산의 최유효이용은 인근지역의 지역특성에 따른 제약을 받아 형성되는 것이며, 인근지역에서 수집한 사례는 신뢰성이 높아 자료수집 및 활용의 제1기준이 되는바 인근지역의 분석이 필수적으로 요청된다.

4) 인근지역 경계와 범위

일반적 기준		기본적인 토지이용형태, 이용상의 편리성, 교통체계 등		
구체적 기준	자연적 경계	강, 산, 구릉, 지질, 지반		
	인위적 경계	유형적 측면	철도, 도로, 공원	
		무형적 측면	사회적 측면	언어, 종교 등
			경제적 측면	소득수준, 문화수준 등
			행정적 측면	행정구역, 용도지역지구구역 등

(2) 유사지역

1) 의 의
① 인근지역의 지역특성과 유사한 특성을 갖는 지역으로서, 대상부동산이 속하지 않은 지역이다. 이때의 지역은 원근개념에 아닌 지가형성 제 요인이 유사성을 갖는 범위이다.
② 인근지역과 지리적 위치는 다르지만 인근지역과 용도적·기능적으로 동질적이고 양 지역의 부동산은 서로 대체·경쟁의 관계가 성립한다.

2) 유사지역 분석의 필요성
① 인근지역의 상대적 위치와 지역특성을 명백히 한다.
② 인근지역의 사례수집 곤란시 유사지역의 사례자료를 활용할 수 있으며, 사례자료가 있는 경우 적정한 가격수준을 파악하여 감정평가의 정도를 높일 수 있다.

3) 유사지역 분석시 유의사항
① 인근지역의 지역특성을 기준으로 하여 그와 동일, 유사한 지역특성을 가진 지역적 범위를 찾되 원칙적으로 유사지역은 인근지역과의 지리적 인접성과는 무관하다.
② 동일수급권의 범위 내에 있는 유사지역이어야 하며 그 외 지역의 경우 대체, 경쟁의 관계가 성립되지 아니하므로 지역 분석의 대상이 되지 아니한다.
③ 인근지역의 수명주기를 파악하여 그와 유사한 수명주기를 가진 유사지역을 선택하여야 한다.

(3) 동일수급권

1) 의 의
대상부동산과 가격형성에 영향을 미치고 대체·경쟁관계가 성립하는 부동산이 존재하는 권역으로 인근지역과 유사지역을 포함하는 광역적인 지역을 말한다.

2) 특 징
① 부동산의 고정성의 특성으로 인하여 수요·공급이 일정한 지역범위로 제약됨을 의미하며, 그 한계는 종별, 규모, 성격에 따라 다르다.
② 대상부동산과 물적 유사성·위치적 유사성을 지닌 부동산이 존재하는 권역이다.
③ 각 지역을 구성하는 부동산 상호간에 대체, 경쟁관계가 성립하고 가격에 영향을 미칠 수 있어야 한다.
④ 인근지역, 유사지역뿐 아니라 순수하게 동질적이라고 볼 수 없는 주변 용도지역을 포함하는 광역적인 지역이다.

3) 동일수급권의 분석의 필요성
동일수급권은 인근지역의 지역특성과 대체 가능한 지역의 한계권역으로 대체의 원칙 적용 및 사례수집의 한계를 가늠하여 주므로 동일수급권의 분석은 인근지역의 상대적 위치를 명확히 하고 감정평가 자료의 선택범위를 확정하기 위하여 필요하다.

4) 동일수급권 파악시 유의사항
① 대상부동산의 종별에 따라서 동일수급권의 범위가 상이하다.
② 지리적 연접성은 원칙적으로 무관하나 실제로는 무시할 수 없는 요소로 작용한다.
③ 후보지, 이행지 지역을 포함하므로 절대적 용도적 동질성을 고수하는 것은 아니다.

II 개별분석

1. 의의
개별분석이란 지역분석에 의해 판정된 지역의 표준적사용과 가격수준을 전제로, 부동산의 개별성에 근거하여 부동산가격에 영향을 미치는 가격형성요인 중 개별적 요인을 분석하므로 대상부동산의 최유효이용을 판정하는 작업을 말한다.

2. 개별분석의 필요성
① 부동산의 가격은 토지할당, 경제주체의 합리성 추구를 전제할 때 최유효이용을 전제로 형성되므로 개별분석을 통해 최유효이용을 판정하여야 한다.
② 부동산은 그 개별성 때문에 유형마다 개별요인을 달리하고 최유효이용은 지역 내 부동산의 표준적 사용과 항상 일치하지는 않으므로 개별분석 작업이 필요하게 된다.

3. 개별분석에 의한 최유효이용의 판정

(1) 최유효이용의 의의
최유효이용이란 객관적으로 보아 양식과 통상의 이용능력을 가진 사람에 의한 합리적이고 합법적인 최고최선의 사용방법을 말한다.

(2) 최유효이용이 되기 위한 4가지 조건
최유효이용이 되기 위해서 다음과 같은 4가지 조건을 충족해야 한다.

> ① 합법적 이용
> ② 물리적 채택가능성
> ③ 합리적 이용
> ④ 최대의 생산성

위에서 언급한 합법성, 물리적 채택가능성, 합리성이라는 요건을 충족시키는 토지이용은 대상부지에 대한 "최선의 이용"은 될지는 모르지만, 그것 자체가 바로 "최고의 이용"이 되는 것은 아니다. 평가사는 여러 가지 대안적 용도를 검토하여 최고의 가치를 창출할 수 있는 토지이용을 선택한다.

(3) 최유효이용의 판단기준
부동산의 최유효이용은 기술적·법률적·경제적 측면이 고려된 사용인바 이의 판정에 있어서도 복합적이고 유기적인 분석이 수행되어야 할 것이다. 일반적으로 물리적으로 채택가능한 이용일 것, 합법적 이용일 것, 합리적 이용일 것과 최고가치에 대한 경험적 증거가 시장에서 구체적으로 증명되는 이용일 것 등 최유효이용의 개념요소가 판단기준이 된다.

(4) 표준적사용과의 관계

1) 의 의

대상부동산이 소재한 인근지역 내 개별부동산의 일반적·평균적 사용방법으로 이는 지역 내 개별부동산의 개별성에 근거한 최유효이용의 집약적인 이용방법을 말한다.

2) 양자의 관계

① 개개 부동산의 최유효이용은 그 지역의 지역특성에 의해 결정되는 경향이 있다. 즉 인근지역특성의 제약하에서의 개별적인 최고최선의 방법이 최유효이용이 되는 피결정성의 관계가 있다.
② 최유효이용의 판정은 표준적사용과의 관련에 의하여 결정되는 피결정성은 있으나 대상부동산의 개별적 요인의 제약하에 있어서의 최고최선의 사용방법의 판정이므로 표준적사용과 반드시 일치하지는 않는다.
③ 선후관계 : 최유효이용의 판정은 표준적사용의 판단이 선행된 후에 이루어짐이 일반적이며, 또한 지역의 변화에 따라 표준적사용이 변화하면 부동산의 지역성에 따라 최유효이용도 변화한다.
④ 피드백 관계 : 창조적 토지이용이 침입·계승한 경우는 이러한 이용이 최유효이용이 되고 이는 표준적 사용의 변화를 초래한다.

4. 개별분석의 내용(개별요인)

(1) 토지의 개별요인
① 주거지 : 면적, 형상, 일조, 건습, 접근성, 공급·처리시설의 상태 등
② 상업지 : 접면너비 및 획지형상, 면적, 지반, 지세, 접면가로 관계, 공사법상의 제한 등
③ 공업지·공업지 : 면적, 형상, 지반, 지세, 수송시설, 공급처리시설, 일조, 관개배수, 재해위험성 정도, 공사법상의 제한 등

(2) 건물의 개별요인
면적, 높이, 구조, 재질, 설계, 시공의 질과 양, 공사법적 규제 등

(3) 복합부동산의 개별요인
토지의 개별요인, 건물의 개별요인, 건물과 부지의 적응상태 등

5. 지역분석과 개별분석과의 관계

구 분	지역분석	개별분석
대상범위	거시적, 전체적	미시적, 국지적
선후관계	선행분석	후행분석
목 적	표준적사용과 가격수준 판정	최유효이용과 구체적 가격 판정
종별관계	종별에 따른 표준적사용과 가격수준	유형에 따른 최유효이용과 구체적 가격
일치여부	최유효이용은 개별성으로 인해 표준적사용과 반드시 일치하지는 않음	
최유효이용의 피결정성	최유효이용은 표준적사용에 의한 피결정성	
피드백 관계	양자는 피드백 관계로 서로 영향 미침	

Ⅲ 인근지역의 수명주기(Age Cycle)

1. 개 요
인근지역의 수명주기이란 인근지역의 연령성이라고도 하며 지역의 성쇠현상을 생태학적 측면에서 파악하여 각 국면의 여러 가지 현상의 특징을 나타낸 것으로 서구에서는 숲 단계가 약 100년을 1주기로 변화한다는 것이 일반적이다. 수명주기 형성의 전제조건으로 지역이 하나의 개발계획에 의해 동시에 개발되어야 하고, 지역에 동질성이 있어야 한다.

2. 성장기

(1) 의 의
성장기란 개발기라고도 하며, 어떤 지역이 새로 개발되거나 과거 존재하던 건물이 새로운 건물로 교체됨으로써 지역의 특성 및 기능이 달라지는 시기이다. 이 단계의 기간은 뉴타운 규모의 경우 약 15년~20년 정도이고, 작은 규모의 경우는 수년 정도인 것도 있다.

(2) 특 징
① 지역 내의 입지경쟁이 치열하고 지역기능이 새로이 형성된다.
② 지가의 상승이 계속된다. 성장기 초기에는 지가가 개발계획단계, 개발사업착수단계, 개발사업완성단계 등의 3단계에 따라 상승한다는 '가격상승 3단계설'이 작용한다.
③ 투기현상이 개재되기 쉽다.
④ 입주하는 주민의 교육수준이 높고 젊은 계층이 많다.

(3) 감정평가시 유의사항
① 과거의 사례가격은 새로운 거래의 하한선이다.
② 건물신축시기로 재조달원가의 신뢰성이 인정된다.
③ 투기현상이 개재된 경우 투기가격에 대한 사정보정 작업이 필요하다.
④ 지속적 수익상승 정도의 예측이 필요하다.

3. 성숙기

(1) 의 의
지역개발이 점차 진행됨에 따라 지역은 점차로 단절되어 가고, 지역특성 및 기능이 자리잡혀가는 단계가 성숙기이다. 이 단계의 기간은 보통 20년 내지 25년 정도로 보지만, 지역의 크기, 거주자의 수준, 정부지원의 내용 등에 따라 다양한 기간을 나타내고 있다.

(2) 특 징
① 지가는 가벼운 상승을 보이며 안정된다.
② 부동산의 가격이나 지역기능이 최고조에 이른다.
③ 주민의 사회적·경제적 수준이 최고로 높다.
④ 입지경쟁이 안정된다.

(3) 감정평가시 유의사항
① 부동산거래가 활발하여 사례자료수집이 용이하다.
② 순수익이 최고이다.

③ 쇠퇴기 전 단계로서 언제 쇠퇴기가 도래할 것인지 예측이 중요하다.
④ 과거의 사례가격은 새로운 거래의 기준 또는 하한선이다.

4. 쇠퇴기

(1) 의 의

시간이 흐름에 따라 지역의 건물이 점차 노후화하여 지역기능이 감소하는 단계로서, 지역의 경제적 내용연수가 다 되어가는 시기를 말한다.

(2) 특 징

① 개발기나 성숙기에 들어온 높은 계층의 주민들이 다른 지역으로 이동한다.
② 지가는 하락하는 추세에 있어 과거에 비해 낮은 수준이다.
③ 사회적, 경제적 수준이 낮은 주민들이 이주해 온다.
④ 지역에 따라 재개발이 이루어진다.

(3) 소생기와의 관계

AI는 쇠퇴기 이후 소생기를 들어 설명하고 있는데, 쇠퇴기가 지나면 인근지역은 ① 다른 용도로 전이 ② 건축유산을 보존하기 위해 단행되는 조직된 재건축 ③ 수요의 자연적 회복으로 수명주기가 다시 회복되기도 한다.

(4) 감정평가시 유의사항

① 과거의 사례가격은 새로운 거래의 상한선이다.
② 건물의 경제적 수명이 다해가면서 감가액의 정도가 커진다.
③ 수익하락이 예상된다.

5. 천이기

(1) 의 의

고소득층의 전출과 저소득층의 전입이 이루어지는 과도기적 단계로 필터링(filtering) 현상이 매우 활발해지는 단계이다.

(2) 특 징

① 저소득층의 주민들이 활발하게 전입하면서 수요가 일시적으로 자극되어 부동산가격은 가벼운 상승을 나타낸다.
② 이러한 순환적 행동은 지역이 악화상태에 이르기까지 소유자의 이동에 따라 반복되고, 그 후 슬럼화된다.
③ 재개발이나 재건축이 천이기에 일어나지 않으면 슬럼화되어 물리적 내용연수를 다하게 된다. 재개발이나 재건축은 새로운 주기의 시작을 의미한다.

6. 악화기

아무런 개선의 노력이 없으면 지역은 계속 악화되어 악화기에 이르며, 이는 슬럼화 직전의 단계이다. 쇠퇴기와 천이기의 기간은 재개발·재건축의 지역개선을 위한 노력 유무에 따라 정도의 차이가 있다.

CHAPTER 01 실전문제

제3편 | 감정평가이론

01 감정평가에 관한 규칙의 내용으로 옳지 <u>않은</u> 것은? 기출 23

CHECK ☐△✕

① 시장가치란 감정평가의 대상이 되는 토지등이 통상적인 시장에서 충분한 기간 동안 거래를 위하여 공개된 후 그 대상물건의 내용에 정통한 당사자 사이에 신중하고 자발적인 거래가 있을 경우 성립될 가능성이 가장 높다고 인정되는 대상물건의 가액을 말한다.
② 일체로 이용되고 있는 대상물건의 일부분에 대하여 감정평가하여야 할 특수한 목적이나 합리적인 이유가 있는 경우에는 그 부분에 대하여 감정평가할 수 있다.
③ 감정평가는 대상물건마다 개별로 하여야 하되, 가치를 달리하는 부분은 이를 구분하여 감정평가할 수 있다.
④ 감정평가법인등은 과수원을 감정평가할 때에 공시지가기준법을 적용해야 한다.
⑤ 감정평가는 기준시점에서의 대상물건의 이용상황(불법적이거나 일시적인 이용은 제외한다) 및 공법상 제한을 받는 상태를 기준으로 한다.

해설

① (○) 감정평가에 관한 규칙 제2조(정의) 제1호에 따르면 시장가치란 감정평가의 대상이 되는 토지등이 통상적인 시장에서 충분한 기간 동안 거래를 위하여 공개된 후 그 대상물건의 내용에 정통한 당사자 사이에 신중하고 자발적인 거래가 있을 경우 성립될 가능성이 가장 높다고 인정되는 대상물건의 가액을 말한다.
② (○) 감정평가에 관한 규칙 제7조(개별물건기준 원칙 등) 제4항에 따르면 일체로 이용되고 있는 대상물건의 일부분에 대하여 감정평가하여야 할 특수한 목적이나 합리적인 이유가 있는 경우에는 그 부분에 대하여 감정평가할 수 있다.
③ (○) 감정평가에 관한 규칙 제7조 참조

> **감정평가에 관한 규칙 제7조(개별물건기준 원칙 등)**
> ① 감정평가는 대상물건마다 개별로 하여야 한다.
> ③ 하나의 대상물건이라도 가치를 달리하는 부분은 이를 구분하여 감정평가할 수 있다.

④ (✕) 감정평가에 관한 규칙 제18조(과수원의 감정평가)에 따르면 감정평가법인등은 과수원을 감정평가할 때에 거래사례비교법을 적용해야 한다.
⑤ (○) 감정평가에 관한 규칙 제6조(현황기준원칙) 제1항에 따르면 감정평가는 기준시점에서의 대상물건의 이용상황(불법적이거나 일시적인 이용은 제외한다) 및 공법상 제한을 받는 상태를 기준으로 한다.

답 ④

02 주거분리와 여과과정에 관한 설명으로 옳은 것은? 기출 22

① 여과과정이 원활하게 작동하면 신규주택에 대한 정부지원으로 모든 소득계층이 이득을 볼 수 있다.
② 하향여과는 고소득층 주거지역에서 주택의 개량을 통한 가치상승분이 주택개량비용보다 큰 경우에 발생한다.
③ 다른 조건이 동일할 경우 고가주택에 가까이 위치한 저가주택에는 부(−)의 외부효과가 발생한다.
④ 민간주택시장에서 불량주택이 발생하는 것은 시장실패를 의미한다.
⑤ 주거분리현상은 도시지역에서만 발생하고, 도시와 지리적으로 인접한 근린지역에서는 발생하지 않는다.

해설

② (×) 상향여과는 고소득층 주거지역에서 주택의 개량을 통한 가치상승분이 주택개량비용보다 큰 경우에 발생한다.
③ (×) 다른 조건이 동일한 경우 고가주택에 가까이 위치한 저가주택에는 정(+)의 외부효과가 발생한다.
④ (×) 민간주택시장에서 불량주택이 발생하는 것은 시장성공, 즉 자원이 할당효율적 배분되는 시장을 의미한다.
⑤ (×) 주거분리현상은 도시지역 전체뿐만 아니라, 도시와 지리적으로 인접한 근린지역에서도 발생한다.

답 ①

03 감정평가의 지역분석에 관한 내용으로 옳은 것은? 기출 24

① 인근지역이란 감정평가의 대상이 된 부동산이 속한 지역으로서 부동산의 이용이 동질적이고 가치형성요인 중 지역요인을 공유하는 지역을 말한다.
② 유사지역이란 대상부동산이 속한 지역으로서 인근지역과 유사한 특성을 갖는 지역을 말한다.
③ 동일수급권이란 대상부동산과 수요·공급 관계가 성립하고 가치 형성에 서로 영향을 미치지 않는 관계에 있는 다른 부동산이 존재하는 권역을 말한다.
④ 지역분석은 대상지역 내 토지의 최유효이용 및 대상부동산의 가격을 판정하는 것이다.
⑤ 지역분석은 개별분석 이후에 실시하는 것이 일반적이다.

해설

② (×) 유사지역은 대상부동산이 속하지 않는 지역이나 인근지역과 유사한 특성을 갖는 지역을 의미한다.
③ (×) 동일수급권은 대상부동산과 수요·공급 관계가 성립하고, 가치 형성에 서로 영향을 미치는 다른 부동산이 존재하는 권역을 의미한다.
④, ⑤ (×) 지역분석은 표준적 사용과 가격수준을 판정하는 것으로, 개별분석 이전에 실시하는 것이 일반적이다.

답 ①

04 감정평가 과정상 지역분석과 개별분석에 관한 설명으로 옳지 <u>않은</u> 것은?   기출 21

① 지역분석을 통해 해당 지역 내 부동산의 표준적 이용과 가격수준을 파악할 수 있다.
② 지역분석은 개별분석보다 먼저 실시하는 것이 일반적이다.
③ 인근지역이란 대상부동산이 속한 지역으로 부동산의 이용이 동질적이고 가치형성요인 중 개별요인을 공유하는 지역을 말한다.
④ 유사지역이란 대상부동산이 속하지 아니하는 지역으로서 인근지역과 유사한 특성을 갖는 지역을 말한다.
⑤ 지역분석은 대상지역에 대한 거시적인 분석인 반면, 개별분석은 대상부동산에 대한 미시적인 분석이다.

해설

③ (×) "인근지역"이란 감정평가의 대상이 된 부동산(이하 "대상부동산"이라 한다)이 속한 지역으로서 부동산의 이용이 동질적이고 가치형성요인 중 지역요인을 공유하는 지역을 말한다(감정평가에 관한 규칙 제2조 제13호).

답 ③

05 부동산 평가활동에서 부동산 가격의 원칙에 관한 설명으로 옳지 <u>않은</u> 것은?   기출 21

① 예측의 원칙이란 평가활동에서 가치형성요인의 변동추이 또는 동향을 주시해야 한다는 것을 말한다.
② 대체의 원칙이란 부동산의 가격이 대체관계의 유사 부동산으로부터 영향을 받는다는 것을 말한다.
③ 균형의 원칙이란 부동산의 유용성이 최고도로 발휘되기 위해서는 부동산의 외부환경과 균형을 이루어야 한다는 것을 말한다.
④ 변동의 원칙이란 가치형성요인이 시간의 흐름에 따라 지속적으로 변화함으로써 부동산 가격도 변화한다는 것을 말한다.
⑤ 기여의 원칙이란 부동산의 가격이 대상부동산의 각 구성요소가 기여하는 정도의 합으로 결정된다는 것을 말한다.

> **해설**

③ (×) 균형의 원칙이 아니라 적합의 원칙에 대한 설명이다. 균형의 원칙이란 부동산의 유용성이 최고도로 발휘되기 위해서는 내부적 구성요소(생산요소) 간의 결합비율이 균형을 이루어야 한다는 것을 말한다.

답 ③

06 부동산 가격의 제원칙에 관한 내용으로 옳지 않은 것은? 기출 24

① 부동산의 가격이 대체·경쟁관계에 있는 유사한 부동산의 영향을 받아 형성되는 것은 대체의 원칙에 해당된다.
② 부동산의 가격이 경쟁을 통해 초과이윤이 없어지고 적합한 가격이 형성되는 것은 경쟁의 원칙에 해당된다.
③ 부동산의 가격이 부동산을 구성하고 있는 각 요소가 기여하는 정도에 영향을 받아 형성되는 것은 기여의 원칙에 해당된다.
④ 부동산의 가격이 내부적인 요인에 의하여 긍정적 또는 부정적 영향을 받아 형성되는 것은 적합의 원칙에 해당된다.
⑤ 부동산 가격의 제원칙은 최유효이용의 원칙을 상위원칙으로 하나의 체계를 형성하고 있다.

> **해설**

④ (×) 적합의 원칙은 부동산의 이용방법이 주위환경에 적합하여야 한다는 가격 제원칙으로 외부적 차원에서 지원하는 원칙이다.

답 ④

07

감정평가에 관한 규칙상 현황기준 원칙에 관한 내용으로 옳지 <u>않은</u> 것은? (단, 감정평가조건이란 기준시점의 가치형성요인 등을 실제와 다르게 가정하거나 특수한 경우로 한정하는 조건을 말함)

기출 21

① 감정평가법인등은 감정평가조건의 합리성, 적법성이 결여되거나 사실상 실현 불가능하다고 판단할 때에는 의뢰를 거부하거나 수임을 철회할 수 있다.
② 현황기준 원칙에도 불구하고 법령에 다른 규정이 있는 경우에는 감정평가조건을 붙여 감정평가 할 수 있다.
③ 현황기준 원칙에도 불구하고 대상물건의 특성에 비추어 사회통념상 필요하다고 인정되는 경우에는 감정평가조건을 붙여 감정평가할 수 있다.
④ 감정평가의 목적에 비추어 사회통념상 필요하다고 인정되어 감정평가조건을 붙여 감정평가하는 경우에는 감정평가조건의 합리성, 적법성 및 실현가능성의 검토를 생략할 수 있다.
⑤ 현황기준 원칙에도 불구하고 감정평가 의뢰인이 요청하는 경우에는 감정평가조건을 붙여 감정 평가할 수 있다.

해설

④ (×) 감정평가법인등은 법령에 다른 규정이 있는 경우, 의뢰인의 요청이 있는 경우, 감정평가의 목적에 비추어 사회통념상 필요하다고 인정되는 경우에 감정평가조건을 붙여 감정평가할 수 있다. 감정평가조건을 붙일 때에는 감정평가조건의 합리성, 적법성 및 실현가능성을 검토하여야 한다. 다만, 법령에 다른 규정이 있는 경우라서 감정평가조건을 붙여 감정평가하는 경우에는 감정평가조건의 합리성, 적법성 및 실현가능성을 검토를 생략할 수 있다(감정평가에 관한 규칙 제6조 제2항, 제3항).

답 ④

08

감정평가에 관한 규칙상 용어의 정의로 옳지 <u>않은</u> 것은?

기출 20

① 기준시점이란 대상물건의 감정평가액을 결정하는 기준이 되는 날짜를 말한다.
② 가치형성요인이란 대상물건의 경제적 가치에 영향을 미치는 일반요인, 지역요인 및 개별요인 등을 말한다.
③ 동일수급권이란 대상부동산과 대체·경쟁관계가 성립하고 가치 형성에 서로 영향을 미치는 관계에 있는 다른 부동산이 존재하는 권역을 말하며, 인근지역과 유사지역을 포함한다.
④ 임대사례비교법이란 대상물건과 가치형성요인이 같거나 비슷한 물건의 임대사례와 비교하여 대상물건의 현황에 맞게 사정보정, 시점수정, 가치형성요인 비교 등의 과정을 거쳐 대상물건의 임대료를 산정하는 감정평가방법을 말한다.
⑤ 수익분석법이란 대상물건이 장래 산출할 것으로 기대되는 순수익이나 미래의 현금흐름을 환원 하거나 할인하여 대상물건의 가액을 산정하는 감정평가방법을 말한다.

> 해설

⑤ (×) 수익분석법이 아니라 수익환원법에 대한 설명이다.
　수익분석법이란 일반기업 경영에 의하여 산출된 총수익을 분석하여 대상물건이 일정한 기간에 산출할 것으로 기대되는 순수익에 대상물건을 계속하여 임대하는 데에 필요한 경비를 더하여 대상물건의 임대료를 산정하는 감정평가방법을 말한다.

답 ⑤

09 부동산가치의 발생요인에 관한 설명으로 옳지 않은 것은?　　기출 20

① 유효수요는 구입의사와 지불능력을 가지고 있는 수요이다.
② 효용(유용성)은 인간의 필요나 욕구를 만족시킬 수 있는 재화의 능력이다.
③ 효용(유용성)은 부동산의 용도에 따라 주거지는 쾌적성, 상업지는 수익성, 공업지는 생산성으로 표현할 수 있다.
④ 부동산은 용도적 관점에서 대체성이 인정되고 있기 때문에 절대적 희소성이 아닌 상대적 희소성을 가지고 있다.
⑤ 이전성은 법률적인 측면이 아닌 경제적인 측면에서의 가치발생요인이다.

> 해설

가치발생요인은 다음과 같다.
- 부동산의 유용성(효용성) : 부동산이 제공하는 여러 가지 유용한 편익을 통칭하는 것이다.
- 상대적 희소성 : 토지는 사람들이 요구하는 특정 토지에 대한 공급은 상대적으로 제한(상대적 희소성)되어 있기 때문에 가치를 지닌다.
- 유효수요 : 어떤 물건을 구입할 의사와 대가를 지불할 능력을 갖춘 유효수요가 있어야 한다.
- 이전성 : 법적 개념으로 어떤 재화가 가치가 있으려면 그 재화의 권리 등이 이전이 될 수 있어야 한다.
⑤ (×) 이전성은 법률적인 측면에서의 가치발생요인이다.

답 ⑤

10 지역분석과 개별분석에 관한 설명으로 옳은 것은? 기출 19

① 지역분석은 일반적으로 개별분석에 선행하여 행하는 것으로 그 지역 내의 최유효이용을 판정하는 것이다.
② 인근지역이란 대상부동산이 속한 지역으로 부동산의 이용이 동질적이고 가치형성요인 중 개별요인을 고유하는 지역이다.
③ 유사지역이란 대상부동산이 속하지 아니하는 지역으로서 인근지역과 유사한 특성을 갖는 지역이다.
④ 개별분석이란 지역분석의 결과로 얻어진 정보를 기준으로 대상부동산의 가격을 표준화, 일반화시키는 작업을 말한다.
⑤ 지역분석 시에는 균형의 원칙에, 개별분석 시에는 적합의 원칙에 더 유의해야 한다.

해설

① (×) 지역분석은 일반적으로 개별분석에 선행하여 행하는 것으로 그 지역 내의 표준적 이용을 판정하는 것이다.
② (×) 인근지역이란 대상부동산이 속한 지역으로 부동산의 이용이 동질적이고 가치형성요인 중 지역요인을 고유하는 지역이다.
④ (×) 개별분석이란 지역분석의 결과로 얻어진 정보를 기준으로 대상부동산의 가격을 구체화, 개별화시키는 작업을 말한다.
⑤ (×) 지역분석 시에는 적합의 원칙에, 개별분석 시에는 균형의 원칙에 더 유의해야 한다.

답 ③

11. 감정평가에 관한 규칙상 가치에 관한 설명으로 옳지 않은 것은?

① 대상물건에 대한 감정평가액은 시장가치를 기준으로 결정하는 것을 원칙으로 한다.
② 법령에 따른 규정이 있는 경우에는 시장가치 외의 가치를 기준으로 감정평가 할 수 있다.
③ 대상물건의 특성에 비추어 사회통념상 필요하다고 인정되는 경우에는 시장가치 외의 가치를 기준으로 감정평가 할 수 있다.
④ 시장가치란 대상 물건이 통상적인 시장에서 충분한 기간 방매된 후 매수인에 의해 제시된 것 중에서 가장 높은 가격을 말한다.
⑤ 감정평가 의뢰인이 요청하여 시장가치 외의 가치로 감정평가하는 경우에는 해당 시장가치 외의 가치의 성격과 특징을 검토하여야 한다.

해설

④ (×) "시장가치"란 감정평가의 대상물건이 통상적인 시장에서 충분한 기간 동안 거래를 위하여 공개된 후 그 대상물건의 내용에 정통한 당사자 사이에 신중하고 자발적인 거래가 있을 경우 성립될 가능성이 가장 높다고 인정되는 대상물건의 가액(價額)을 말한다(감정평가에 관한 규칙 제2조 제1호).

답 ④

12. 최유효이용에 관한 설명으로 옳지 않은 것은?

① 토지이용흡수율 분석은 경제적 타당성 여부 판단에 활용되지 않는다.
② 인근지역의 용도와는 전혀 다른데도 불구하고 최유효이용이 되는 경우가 있다.
③ 중도적 이용에 할당되고 있는 부동산을 평가할 때는 토지와 개량물을 같은 용도로 평가해야 한다.
④ 단순히 최고의 수익을 창출하는 잠재적 용도가 아니라 적어도 그 용도에 대한 유사부동산의 시장수익률과 동등 이상의 수준이 되어야 한다.
⑤ 투기적 목적으로 사용되고 있는 토지에 대한 최유효이용분석에 있어서는 특정한 용도를 미리 상정해서는 안 되며 미래 사용에 대한 일반적 유형을 상정해야 한다.

해설

① (×) 토지이용흡수율 분석은 경제적 타당성 여부 판단에 활용되어야 한다.

답 ①

CHAPTER 02 감정평가의 3방식

제1절 감정평가 3방식의 접근의 원리 기출 20

1. 감정평가 3방식

(1) 감정평가의 3방식의 성립과정

① 고전학파의 생산비설 → 원가방식

비용성의 원리는 생산비가 부동산의 가치를 결정한다는 공급측면을 중시한 고전학파의 생산비설(아담 스미스 등)에 입각한 것으로 원가방식의 성립근거가 된다.

② 한계효용학파의 효용가치설 → 수익방식

수익성의 원리는 한계효용에 의하여 부동산가치가 결정된다는 수요측면을 중시한 한계효용학파의 한계효용가치설(맹거 등)에 입각한 것으로 수익방식의 성립근거가 된다.

③ 신고전학파의 수요·공급 균형가치설 → 비교방식

시장성의 원리는 생산비와 한계효용의 상호작용에 의하여 단기에는 수요측면, 장기에는 공급측면이 부동산가치를 결정한다는 수요·공급측면을 동시에 중시한 신고전학파의 균형가치설(마샬)에 입각한 것으로 비교방식의 성립근거가 된다.

(2) 감정평가 3방식 6방법

감정평가의 3방식이란 비용성에 입각한 원가방식, 시장성에 입각한 비교방식, 수익성에 입각한 수익방식을 말한다. 또한 부동산의 경제적 가치는 교환의 대가인 가격뿐만 아니라 용익의 대가인 임료를 포함하여 평가하므로 가격추계방식인 감정평가 3방식에 가 임료추계방식을 가산하여 감정평가 6방법이라 한다.

> **감정평가에 관한 규칙 제11조(감정평가방식)**
> 감정평가법인등은 다음 각 호의 감정평가방식에 따라 감정평가를 한다.
> 1. 원가방식 : 원가법 및 적산법 등 비용성의 원리에 기초한 감정평가방식
> 2. 비교방식 : 거래사례비교법, 임대사례비교법 등 시장성의 원리에 기초한 감정평가방식 및 공시지가기준법
> 3. 수익방식 : 수익환원법 및 수익분석법 등 수익성의 원리에 기초한 감정평가방식

① 비용접근법(원가방식) : 비용성의 사고방식에 따라 대상부동산의 재생산비용에 주목하여 부동산가격이나 임료를 구하는 방법으로 일종의 공급가격의 특성을 가진다.
  ㉠ 부동산의 가격을 구하는 방법 : 원가법
  ㉡ 부동산의 임료를 구하는 방법 : 적산법

② **시장접근법(비교방식)** : 시장성의 원리에 따라 평가하는 비교방식은 시장거래를 기준으로 한 가격이기 때문에 수요와 공급가격의 특징을 갖는다. 일반적으로 재화의 경제가치는 그 재화가 어느 정도의 가격으로 거래되고 있는가(시장성) 또는 동종 유사물건의 가격수준은 어떤가(대체성)에 따라 결정된다.
  ㉠ 부동산의 가격을 구하는 방법 : 거래사례비교법
  ㉡ 부동산의 임료를 구하는 방법 : 임대사례비교법
  ㉢ 토지의 가격을 구하는 방법 : 공시지가기준법
③ **소득접근법(수익방식)** : 수익성의 사고방식에 따라 대상물건의 장래 산출할 것으로 거래되는 순수익을 환원이율로 환원함으로써 대상물건의 가격이나 임료를 구하는 방법이다. 이 방법에 의한 감정평가 가격은 수요가격의 특징을 갖고 있다.
  ㉠ 부동산의 가격을 구하는 방법 : 수익환원법
  ㉡ 부동산의 임료를 구하는 방법 : 수익분석법

〈감정평가의 3방식 6방법〉

가격의 3면성	3방식	특 징	평가조건	6방식	시산가격·임료
비용성	원가방식 (비용접근법)	공급자가격	가 격	원가법	적산가격
			임 료	적산법	적산임료
시장성	비교방식 (시장접근법)	수요공급자가격	가 격	거래사례비교법	비준가격
				공시지가기준법	
			임 료	임대사례비교법	비준임료
수익성	수익방식 (소득접근법)	수요자가격	가 격	수익환원법	수익가격
			임 료	수익분석법	수익임료

(3) 시산가격의 조정 기출 19·25
  ① **3방식의 병용의 필요성**
    ㉠ 3면 등가성의 원리 불일치 → 시산가격의 불일치
      현실적으로 부동산시장은 불완전경쟁시장이기 때문에 3면 등가성 원리가 달성되지 못한다. 따라서 감정평가 3방식이 병용될 수밖에 없다.
    ㉡ 대책 → 3방식의 병용
      3방식은 가격 3면성의 성격상으로 보아 상호보완관계에 있다. 그러나 부동산은 각각 성격이나 조건에 있어 차이가 있으며, 3방식도 이러한 차이로 인하여 그 적용대상에 제한을 받는다. 즉, 시산가격 조정의 필요성이 제기되고 있다.
  ② **시산가격의 조정**
    ㉠ 의의 : 시산가격은 감정평가액을 산정하는 중간과정으로서 감정평가 3방식에 의한 가격을 말한다. 감정평가 3방식의 적용에 의해 산정된 시산가격을 상호 관련시켜 재검토함으로써 각 방식에 의한 시산가격 상호 간에 발생하는 격차를 축소시키는 작업을 시산가격 조정이라 한다. 이때 시산가격 조정된 값이 대상부동산의 최종가격이다.

ⓒ 시산가격 조정방법 : 시산가격 조정은 단순히 3가격을 산술평균하는 것이 아니라, 대상물건의 특정 용도, 성격이나 평가목적, 평가조건 등을 검토하여 그 중요도에 따라 가중치를 설정하고 이를 근거로 가중평균하여 시산가액을 조정한다.
  ⓒ 조정기준 : 시산가격을 조정함에 있어 어느 곳에 더 많은 비중을 두어야 할 것인가를 결정하기란 쉽지 않다. 이때 그 비중을 두는 근거를 '조정기준'이라 한다. 평가사는 다음과 같은 세 가지 기준을 토대로 각 시산가치의 상대적 중요성을 판단하여 비중을 결정한다.
    ⓐ 적절성 : 평가방법이 평가목적이나 사용처 등 평가방법이 적절한가, 사용된 자료의 적절성 등을 검토하여 시산가격의 적절성을 측정한다.
    ⓑ 정확성 : 평가사는 자료의 정확성, 계산의 정확성, 그리고 수정의 정확성 등을 검토하여 시산가치의 정확성을 측정한다. 이때 정확성에는 지료의 정확성, 수정의 정확성, 계산의 정확성이 포함된다.
    ⓒ 증거의 양 : 앞에서 언급한 적절성이나 정확성은 질적인 기준이 되는 지표들이다. 그러나 이 같은 질적인 기준은 증거자료의 양과 밀접한 관련이 있다. 적절성이나 정확성과 같은 질적인 기준들이 풍부한 증거자료에 의해 지지되고 있다면 신뢰성이 있는 것으로 판단할 수 있다.

> **감정평가에 관한 규칙 제12조(감정평가방법의 적용 및 시산가액 조정)**
> ① 감정평가법인등은 제14조부터 제26조까지의 규정에서 대상물건별로 정한 감정평가방법(이하 "주된 방법"이라 한다)을 적용하여 감정평가해야 한다. 다만, 주된 방법을 적용하는 것이 곤란하거나 부적절한 경우에는 다른 감정평가방법을 적용할 수 있다.
> ② 감정평가법인등은 대상물건의 감정평가액을 결정하기 위하여 제1항에 따라 어느 하나의 감정평가방법을 적용하여 산정(算定)한 가액[이하 "시산가액(試算價額)"이라 한다]을 제11조 각 호의 감정평가방식 중 다른 감정평가방식에 속하는 하나 이상의 감정평가방법(이 경우 공시지가기준법과 그 밖의 비교방식에 속한 감정평가방법은 서로 다른 감정평가방식에 속한 것으로 본다)으로 산출한 시산가액과 비교하여 합리성을 검토해야 한다. 다만, 대상물건의 특성 등으로 인하여 다른 감정평가방법을 적용하는 것이 곤란하거나 불필요한 경우에는 그렇지 않다.
> ③ 감정평가법인등은 제2항에 따른 검토 결과 제1항에 따라 산출한 시산가액의 합리성이 없다고 판단되는 경우에는 주된 방법 및 다른 감정평가방법으로 산출한 시산가액을 조정하여 감정평가액을 결정할 수 있다.

제2절 원가법(비용접근법) 기출 21·22·23·24·25

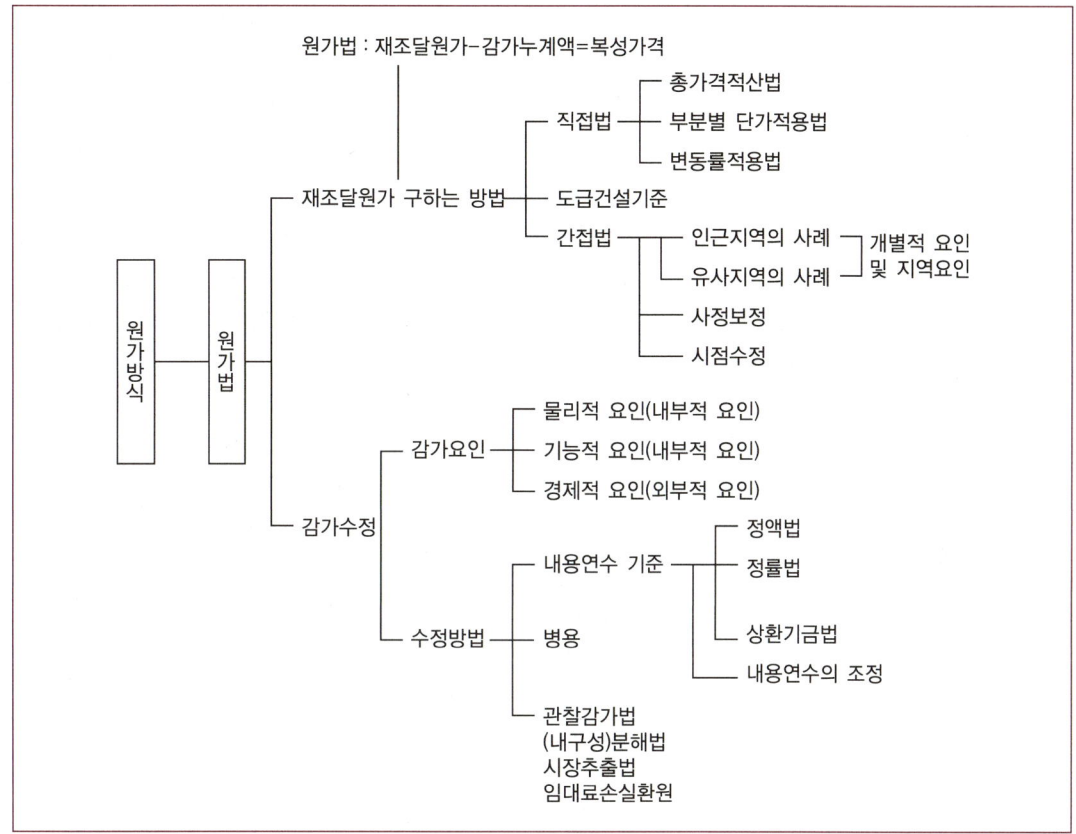

1. 원가법

(1) 원가법(복성식 평가법)의 개요

① **원가법의 개념** : 원가법이란 기준시점 현재 대상물건의 재조달원가에 감가수정(減價修正)을 하여 대상물건의 가액을 산정하는 감정평가방법을 말한다. 이때의 시산가격을 적산가격이라 한다.

> 재조달원가 − 감가누계액 = 적산가격

② 장·단점

㉠ 장 점

ⓐ 대상 : 부동산이 건물 또는 건물 및 그 부지인 경우에는 재조달원가 파악 및 감가수정을 정확히 할 수 있을 때 유효한 방법이다.

ⓑ 재생산 또는 대체 가능한 모든 상각자산에 사용할 수 있다(기계장치·건물·구축물 등).

ⓒ 특수목적의 부동산(공공건물, 공항, 교회 등)은 매매사례가 빈번하지 않고, 수익이 발생하지 않기 때문에 거래사례비교법이나 수익환원법을 사용하기 곤란한 경우이다.

ⓒ 단점
  ⓐ 재생산이 불가능한 자산에 대하여는 적용할 수 없다.
  ⓑ 정확한 재조달원가의 파악이 어렵고, 완전하고 정확한 감가수정을 반영할 수 없다.

(2) 재조달원가(재생산비용)

① 의의
  ㉠ 재조달원가란 대상물건을 기준시점에 재생산하거나 재취득하는 데 필요한 적정원가의 총액을 말한다.
  ㉡ 재조달원가는 대상물건을 일반적인 방법으로 생산하거나 취득하는 데 드는 비용으로 하되, 제세공과금 등과 같은 일반적인 부대비용을 포함한다.

② 재조달원가의 종류 : 재조달원가를 구하는 방식은 복조원가(복제원가, 복성원가, 재생산비용, reproducts cost)와 대치원가(대체비용, replacements cost)이다.
  ㉠ 복조원가(복제원가, 복사원가, 재생산비용)
    ⓐ 복조원가란 현재 대상부동산과 동일 또는 유사한 자재를 사용하여 신규의 복제부동산을 재조달 또는 재생산하는 데 소요되는 물리적 측면의 원가를 말한다.
    ⓑ 주로 신규부동산일 때 사용하는 것이 좋다.
  ㉡ 대치원가(대체비용, 대체원가)
    ⓐ 대치원가란 대상부동산과 동일한 효용을 갖는 부동산을 최신의 자재와 디자인에 의해 신축하는 데 소요되는 원가를 말하며, 이는 효용적 측면에 착안한 원가이다.
    ⓑ 오래된 건물은 복조원가보다 대치원가를 하는 것이 유리하다.
    ⓒ 대치원가는 재조달원가에 이미 기능적 감가가 반영되어서 기능적 감가를 하지 않는다.

③ 재조달원가 구하는 방법

건물의 재조달원가(도급가격 기준) = 표준적 건설비용 + 통상의 부대비용

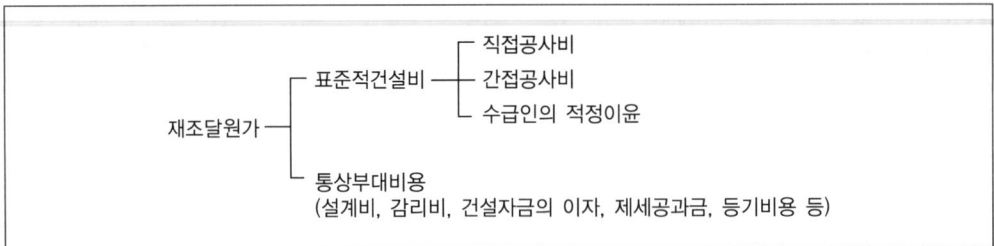

  ㉠ 건물의 재조달원가를 구하는 경우
    ⓐ 건물의 재조달원가는 '표준적 건설비용'에 '통상의 부대비용'을 더하여 산정한다.
    ⓑ 표준적 건설비용에는 직접공사비·간접공사비·수급인의 적정이윤이 포함된다.
    ⓒ 통상의 부대비용에는 이자·감독비·조세공과금·등기비용 등이 포함된다.
    ⓓ 수급인의 적정이윤이 표준적 건설비용에 포함된다는 점에 유의하여야 한다.

> **➕ 알아보기** 직접비용 및 간접비용 그리고 수급인의 적정이윤
>
> 1. 직접비용이란 개량물의 건축에 사용되는 노동과 원자재에 대한 지출경비를 말한다.
> 2. 간접비용이란 노동과 원자재 이외의 항목에 대한 지출경비를 말한다.
> 3. 수급인의 적정이윤은 부동산의 가치에서 개발비용을 차감한 금액을 말한다.

　ⓒ 토지의 재조달원가를 구하는 경우

> (토지의) 재조달원가＝소지가격＋표준적 건설비＋통상부대비용

　　토지의 경우는 재생산이 불가능하여 재조달원가를 파악하기 곤란하므로 원칙적으로 원가법을 적용할 수 없다. 따라서 토지의 평가가격은 비교방식에 의한「공시지가기준법」을 적용하여야 한다. 그러나 예외적으로 조성지, 매립지 등 비교방식 결정이 곤란한 경우에는 원가법으로 결정할 수 있다.
　ⓒ 재조달원가는 실제로 자가건설했든 도급건설했든 이를 구별하지 않고 도급건설에 준하여 재조달원가를 산정한다. 자가건설의 경우에도 기회비용을 고려해야 하므로 도급으로 의제하여 수급인의 적정이윤을 포함하여 계산한다.
④ **추계방법** : 대상부동산의 재조달원가를 추계하는 방법은 총량조사법, 구성단위, 단위비교법, 비용지수법 등이 있다.
　㉠ 직접법 : 직접법이란 대상부동산의 구성부분 또는 전체를 직접 확인·조사하여 표준적인 건설비를 구하고 여기에 통상의 부대비용을 가산하여 구하는 방법을 말한다.
　　ⓐ 총가격적산법(총량조사법) : 대상부동산의 전체에 소요된 재료비, 노무비, 경비 등을 합산하여 구하는 방법이다.
　　ⓑ 부분별 단가적용법(구성단위법) : 대상부동산에 대한 중요 구성부분별(벽, 바닥, 지붕, 기둥 등)로 표준단가를 구하여 이를 기초로 재조달원가를 구하는 방법이다.
　　ⓒ 단위비교법 : 평방미터(m^2)단위를 기준으로 재조달원가를 산정하는 방법이다. 실제적으로 가장 많이 사용되고 있다.
　　ⓓ 변동률적용법(비용지수법) : 대상부동산의 최초의 건축비를 명백히 알 수 있는 경우에 적용되는 방법으로 건물비용지수를 사용하여 재조달원가를 구하는 방법이다.
　㉡ 간접법 : 간접법이란 대상부동산과 경쟁관계에 있는 유사부동산의 재조달원가와 비교하여 재조달원가를 구하는 방법이다.

(3) 감가수정

감가수정이란 대상물건에 대한 재조달원가를 감액하여야 할 요인이 있는 경우에 물리적 감가, 기능적 감가 또는 경제적 감가 등을 고려하여 그에 해당하는 금액을 재조달원가에서 공제하여 기준시점에 있어서의 대상물건의 가액을 적정화하는 작업을 말한다(「감정평가에 관한 규칙」제2조 제12호).

> **➕ 알아보기** 감가수정
>
> ① 감가수정을 할 때에는 경제적 내용연수를 기준으로 한 정액법, 정률법 또는 상환기금법 중에서 대상물건에 가장 적합한 방법을 적용하여야 한다.
> ② 제2항에 따른 감가수정이 적절하지 아니한 경우에는 물리적·기능적·경제적 감가요인을 고려하여 관찰감가 등으로 조정하거나 다른 방법에 따라 감가수정할 수 있다.

① 감가수정과 감가상각과의 차이

구 분	감가상각(회계목적상 감가상각)	감가수정(평가목적상 감가수정)
목 적	취득가격을 적정배분(할당)	기준시점의 현존 가격의 적정화
기 초	취득(장부)가격을 기초로 함	재조달원가를 기초로 함
내용연수	법정 내용연수를 근거하되 경과연수에 중점을 둠	경제적 내용연수를 기초로 하되 잔존 내용연수 중점
고려사항	시장성은 고려할 필요 없음	비용성, 수익성, 시장성을 고려함
상각자산	상각자산에만 인정	비상각자산인 토지에도 인정함
감가대상	자산으로 계산되면 멸실되어도 상각은 계속됨	현존 물건만을 대상으로 함
관찰감가법	인정되지 않음	인정됨
감가요인	물리적·기능적 감가요인만 포함	물리적·기능적·경제적 감가요인 포함
실제감가액	감가액이 실제감가액과 일치하지 않음	감가액이 실제감가액과 일치함

② 감가요인

물리적 감가	마멸, 파손, 노후화, 시간의 경과에 의한 손상, 재해로 인한 손상
기능적 감가	건물과 부지의 부적응, 설비 부족, 설계의 불량, 형의 구식화
경제적 감가	인근 환경과의 부적합, 인근 지역의 쇠퇴, 대상부동산의 시장성 감퇴

㉠ 물리적 감가요인
  ⓐ 물리적 : 감가상각은 건물의 물리적 상태에 따른 가치손실을 의미한다.
  ⓑ 물리적 감가요인은 마모·파손, 노후화, 재해에 의한 손괴와 기타요인 등이 있다.
  ⓒ 치유가능감가와 치유불가능한 감가로 구성되어 있다.
  ⓓ 치유(보수)비용＞가치상승분 : 치유불가능한 감가, 치유(보수)비용＜가치상승분 : 치유가능한 감가가 된다.
㉡ 기능적 감가요인
  ⓐ 기능적 감가상각은 건물의 기능적 효용이 변화함으로써 발생하는 가치손실을 의미한다.
  ⓑ 기능적 감가요인은 건축물과 그 부지와의 부적응, 설계의 불량, 형식의 구식화, 기타 설비의 부족 등으로 유용성 및 능률 저하 등이 이에 속한다.
  ⓒ 기능적 감가는 치유가능감가와 치유불가능감가가 존재한다.
㉢ 경제적 감가요인
  ⓐ 경제적 감가는 대상부동산과 그 부동산이 위치한 인근 지역의 부조화(경제적 부적합)로 인하여 나타나는 감가의 현상을 말한다.
  ⓑ 경제적 감가로 인근 지역의 쇠퇴, 대상부동산과 인근 환경과의 부적합, 인근의 타 부동산에 비하여 시장성의 감퇴 등이 이에 속한다.
  ⓒ 경제적 감가는 지역분석과 관련이 있고, 치유불가능감가만 존재한다.
  ⓓ 경제적 감가는 대상부동산과는 별개로 외부적 환경에 의한 감가 등을 의미하므로, 부동산 소유자가 스스로 치유할 수 없는 오직 치유가 불가능한 감가로만 인정된다.

③ **감가수정의 방법** : 감가수정방법으로 대상부동산으로부터 직접 구하는 직접법으로는 내용연수에 의한 방법, 관찰감가법, 분해법이 있으며, 대상부동산과 상호대체·경쟁관계에 있는 유사부동산으로부터 구하는 간접법으로는 시장추출법, 임대료손실환원법이 있다.

구 분	유 형
직접법	내용연수에 의한 방법, 관찰감가법, 분해법
간접법	시장추출법(거래사례비교법), 임대료손실환원법(소득환원법)

㉠ **내용연수에 의한 감가수정** : 내용연수란 시간이 흐름에 따라 가치가 소멸되는 상각자산의 수명을 말한다. 내용연수에는 물리적 내용연수와 경제적 내용연수로 구분되어 진다. 감정평가활동에서는 경제적 내용연수가 중시된다.

ⓐ 정액법(균등상각법, 직선법, 실제연수법)
- 의의 : 대상물건의 감가형태가 매년 일정액씩 감가된다는 가정하에 대상물건의 감가총액을 단순히 경제적 내용연수(N)로 평분하여 매년 감가액을 구하는 방법으로 감가누계액이 경과연수에 정비례하여 증가하므로 직선법이라 한다.
- 산 식

  - 매년감가액(D) = $\dfrac{\text{재조달원가}(C) - \text{잔존가격}(S)}{\text{경제적내용연수}(N)}$ = $\dfrac{\text{재조달원가}(1 - \text{잔가율})}{\text{경제적내용연수}}$
  - 감가누계액(D_n) = 매년 감가액 × 경과연수
  - 적산가격(P_n) = 재조달원가 − 감가누계액

- 특 징
  - 건물과 구축물 등의 평가에 적용되며, 감가누계액이 경과년수에 정비례한다.
  - 계산이 용이한 장점이 있는 반면, 실제의 감가와 불일치한다는 단점이 있다.

ⓑ 정률법(체감상각법, 잔고점감법)
- 의의 : 대상물건의 감가형태가 매년 일정률로 감가된다는 가정하에 매년말의 잔존가격에 일정한 감가율을 곱하여 매년 감가액을 구하는 방법으로서 상각이 시간이 경과함에 따라 진행되면 잔고는 점점 감소하고 상각률은 일정한데 상각액은 감소한다. 따라서 체감상각법, 잔고점감법이라고 한다.
- 산 식

  - 매년 감가액 = 전년말 미상각액 × 감가율(정률)
  - 감가누계액 = 재조달원가 × (1 − 전년대비 잔가율)^m (m : 경과연수)
  - 적산가격 = 재조달원가 − 감가누계액
            = 재조달원가 × (전년대비 잔가율)^m
            = 재조달원가 × (1 − 매년 감가율)^m
  - 매년감가율 + 전년대비 잔가율 = 1(원본가격)

- 특 징
  - 기계와 기구 등의 동산과 같은 상각자산에 유용하며, 감가액이 첫해가 가장 크고 시간이 갈수록 감가액도 체감한다.
  - 장점 : 능률이 높은 초기에 많이 감가되어 비교적 자본을 안전하게 회수할 수 있다.
  - 단점 : 매년의 감가액이 상이하여 계산이 복잡하다.

구 분	정액법	정률법
정 의	대상 물건의 감가총액을 단순한 내용연수로 평분하여 매년의 감가액으로 삼는 방법	대상 물건의 매년말(전년도)의 잔존가격에 일정한 감가율을 곱하여 매년의 감가액을 함
감가액	매년 일정하다(정액) (균등상각법).	감가액은 매년변화하여 초년도가 가장 크고, 시간이 경과함에 따라 재산가치가 체감되어 상각액도 갈수록 체감한다.
감가누계액 및 감가율	감가누계액이 경과연수에 정비례하여 증가한다(직선법).	감가누계액이 경과연수에 따라 증가하나 정비례하지는 않는다(잔고점감법). 주의 : 다만 감가율은 매년 일정하다.
장 점	• 매년 감가액이 일정하므로 사용정도가 매년 동일한 물건에 적합한 방법으로, 계산식이 간단하고 용이하다. • 최종잔가율이 0인 무형고형자산 등 모든 상각자산에 사용할 수가 있다.	• 능률이 높은 초기에 많이 감가하여 안전하게 자본회수 • 기계·기구는 내용연수 이전에 발명이나 새로운 고안으로 무용화될 염려가 있으므로 정률법의 적용이 합리적이다.
단 점	감가액이 일정하여 감가액이 매년 일정하지 않는 자산에 적용하는 경우에는 감가수정액이 실제의 감가와 일치하지 않는다.	매년 감가액이 상이하여 계산이 복잡하며, 잔존가격이 0인 경우 적용할 수 없다.
적용대상	건물·구축물 등의 평가에 적용	기계·기구 등의 동산

ⓒ 상환기금법(감채기금법)
- 의의 : 대상물건의 내용연수가 만료시의 감가누계액과 그에 대한 복리계산의 이자상당액의 합계액을 감가수정액으로 한다. 이는 감가상각액에 해당하는 금액을 내부에 유보하지 않고, 예금 등의 방식으로 외부에 투자한다고 가정한다. 즉, 매년의 감가상각액이 복리로 이자를 발생한다는 것을 전제로 하여, 계산된 원리금의 합계를 건물 등의 내용연수 만료시의 총감가상각액과 일치시키는 방식으로 감가상각을 하는 것이다.
- 산 식

  - 매년감가액＝(재조달원가－잔존가격)×상환기금률(축적이율)
  - 감가누계액＝경과연수×재조달원가×(1－잔가율)×상환기금률

- 특징 : 광산 등의 평가에 적용하며, 감가액이 복리이율에 의한 축적이자 때문에 정액법의 경우보다 적고, 적산가격은 정액법의 경우보다 많다.

➕ 알아보기 | 정액법·정률법·상환기금법 비교

1. 그래프를 통한 비교

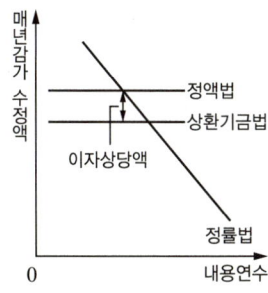 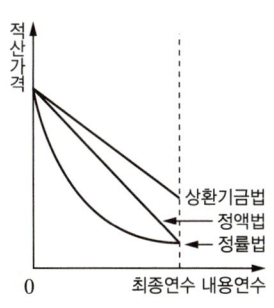 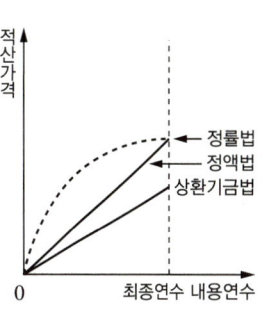

2. 순서상 비교
   ① 감가누계액이 큰 순서 : 정률법 > 정액법 > 상환기금법
   ② 적산가격이 큰 순서 : 정률법 < 정액법 < 상환기금법

ⓒ 관찰감가법
  ⓐ 의의 : 관찰감가법이란 감정평가의 주체가 대상물건을 관찰하여, 그 결과를 가지고 물리적·기능적·경제적 감가요인과 감가액을 직접 구하는 방법이다.
  ⓑ 장점 : 대상부동산의 개별구성 요소를 세밀히 관찰하여 감가하므로 실제 감가액에 근접할 수 있다.
  ⓒ 단점 : 평가주체의 개별적 능력에 좌우되고, 평가사의 주관이 개입되기 쉽다.

ⓒ 분해법(내구성 분해방식)
  ⓐ 의의 : 대상부동산에 대한 감가상각 요인을 물리적·기능적·경제적 감가요인으로 세분한 다음, 이에 대한 감가상각액을 각각 별도로 측정하고 이것을 전부 합산하여 감가수정액을 산출하는 방식이다.
  ⓑ 방 법
   • 감가상각의 유형을 물리적·기능적·경제적 감가상각으로 나누고 이것을 다시 치유가능한 것과 치유 불가능한 것으로 나눈 다음, 치유가능한 결함은 치유비용으로 감가상각치를 사용하고, 치유불가능한 것은 그 손실가치를 계산하는 방법으로 한다. 단, 주의할 것은 경제적 감가상각은 치유불가능 감가상각만 있지 치유가능 감가상각은 존재하지 않는다는 것이다.

   — 물리적 감가 : 치유가능 감가, 치유불가능 감가
   — 기능적 감가 : 치유가능 감가, 치유불가능 감가
   — 경제적 감가 : 치유불가능 감가

   • 치유가능 감가상각은 그 대상부동산의 치유할 시에 수선비보다 치유 후의 가치증분이 더 큰 경우를 말하고, 치유불가능 감가상각은 그 대상부동산의 치유할 시에 수선비보다 치유 후의 가치증분이 더 작은 경우를 말한다.

ⓒ 장단점
- 장점 : 대상부동산을 감가요인별로 세분하므로 감가액을 충분히 반영할 수 있다.
- 단점 : 감정평가사의 주관이 개입될 가능성이 크고, 물리적 감가와 기능적 감가를 정확히 구분하기가 어렵다.

ⓓ 시장추출법(거래사례비교법) : 시장추출법은 대상부동산과 상호대체·경쟁관계에 있는 유사부동산과 비교분석·수정하여 감가수정하는 방법이다. 이는 매매사례가 많은 부동산의 경우에 적용하면 유리하고 매매사례가 적으면 채택하기가 곤란하다.

ⓔ 임대료손실환원법(소득환원법) : 임대료손실환원법은 대상부동산과 사례부동산의 감가요인이 확연히 구분되는 경우에 대상부동산의 감가요인에 의해 발생한 임대료손실분을 자본환원율로 할인하여 감가수정액을 산정한다.

2. 적산법

(1) 적산법의 의의

"적산법(積算法)"이란 대상물건의 기초가액에 기대이율을 곱하여 산정된 기대수익에 대상물건을 계속하여 임대하는 데에 필요한 경비를 더하여 대상물건의 임대료[(貸貸料), 사용료를 포함한다. 이하 같다]를 산정하는 감정평가방법을 말한다(제2조 제6호).

- 적산임료 = 기대이윤 + 필요제경비
- 적산임료 = (기초가격 × 기대이율) + 필요제경비

(2) 기초가액

① 의의(감정평가 실무기준 3.2.2.2)
  ㉠ 기초가액이란 적산법으로 감정평가하는 데 기초가 되는 대상물건의 가치를 말한다.
  ㉡ 기초가액은 비교방식이나 원가방식으로 감정평가한다. 이 경우 사용 조건·방법·범위 등을 고려할 수 있다.

② **시장가치와의 차이** : 우리나라 감정평가에 관한 규칙에서는 대상물건에 대한 평가가액은 시장가치로 결정함을 원칙으로 하고 있다.

구 분	기초가액	시장가치
의 의	적산임료를 구하는 데 기초가 되는 가격	감정평가 규칙에 따른 부동산 가치
산정방법	적산가격, 비준가격을 참작하여 구함 (단, 수익가격으로는 기초가액 산정 불가)	적산가격, 비준가격, 수익가격으로 구함
전제 조건	임대차 계약조건을 고려	최유효이용을 전제로 파악
범 위	임대 해당부분	부동산 전체

(3) 기대이율(감정평가 실무기준 3.2.2.3)

① 기대이율이란 기초가액에 대하여 기대되는 임대수익의 비율을 말한다.
② 기대이율은 시장추출법, 요소구성법, 투자결합법, CAPM을 활용한 방법, 그 밖의 대체·경쟁 자산의 수익률 등을 고려한 방법 등으로 산정한다.

③ 기초가액을 시장가치로 감정평가한 경우에는 해당 지역 및 대상물건의 특성을 반영하는 이율로 정하되, 한국감정평가사협회에서 발표한 '기대이율 적용기준율표', 「국유재산법 시행령」・「공유재산 및 물품관리법 시행령」에 따른 국・공유재산의 사용료율(대부료율) 등을 참고하여 실현가능한 율로 정할 수 있다.

④ **환원이율과의 차이** : 기대이율은 수익환원법에 있어서의 환원이율과 유사하나, 다음과 같은 차이가 있다.

〈기대이율과 환원이율의 비교〉

기대이율	환원이율
적산법과 관계	수익환원법과 관계
투하자본(기초가격)에 대한 수익의 비율	대상물건의 가격에 대한 순수익의 비율
임대차기간에 적용되는 단기적 이율	전기간에 적용되는 장기적 이율
종합기대이율이 없다(이설 있음).	개별, 종합환원이율이 있다.
계약조건을 전제	최유효사용을 전제
금융기관의 정기예금이율 등이 기초	순수이율＋위험률을 가산한 이율
항상 상각후, 세공제전	상각전후, 세공제전후 구별 있다.
계약조건을 전제로 하며 물건의 종별에 따라 차이가 거의 없다. 따라서 투자대상은 중요하지 않고 투하자본만 중요하다.	물건의 최유효이용을 전제로 하며 물건의 종별에 따라 차이가 있어서 환원이율이 높은 투자대상은 그만큼 가격도 높아진다.

(4) 필요제경비

필요제경비란 임대차 계약에서 일정기간에 대상부동산을 임대하여 투자수익을 확보하는 데 필요로 하는 제경비를 말한다.

① **감가상각비** : 건물에서 발생하는 감가상각액을 임대료에 포함시켜 회수한다.
② **조세공과** : 대상물건에 직접 부과되는 세금과 공과금을 의미한다. 즉, 대상부동산의 소유로부터 발생하는 재산세, 종합부동산세, 도시계획세, 소방공동시설세 등을 포함한다. 그러나 대상부동산의 운영에서 발생하는 소득세, 법인세는 포함되지 않는다.
③ **유지관리비** : 대상부동산의 유용성을 유지하기 위하여 또는 관리를 하기 위하여 소요되는 비용인 일반수선비, 관리비 등과 수익적 지출도 필요제경비에 포함시킨다. 그러나 대수선비와 같은 자본적 지출과 수도료, 전기료, 청소비, 냉온방비 등은 부가사용료(부동산임대 시에 전용부분에 소요되는 비용으로 전기료・가스료・수도료・냉난방비 등) 또는 공익비(부동산의 공용부분에 소요되는 비용으로 수도광열비・위생비・공용설비비 등)로 필요제경비에 포함되지 않는다.
④ **손해보험료** : 대상부동산과 관련된 화재보험료 등과 같은 소멸성 보험료만 포함하고, 만기가 되면 상환받는 비소멸성 보험료는 제외한다.
⑤ **결손준비금** : 임차인이 임대료지불을 불이행할 경우 손실보전을 위하여 표준적 일정액을 계상하는 것이다. 그러나 임대보증금을 일시금으로 받은 경우에는 결손준비금을 계상하지 않는다.
⑥ **공실 등의 손실상당액** : 대상부동산의 신축 후 임대 시까지의 공실, 중도해약 계약 만료 후 새로 계약을 체결하기까지의 공실 등에 의한 손실금액을 말한다.
⑦ **정상운전자금에 대한 이자** : 임대영업을 하기 위하여 소요되는 정상적인 운전자금에 대한 이자를 말한다. 그러나 장기차입금이자, 건설자금이자, 자기출자금이자 등은 제외한다.

➕ 알아보기 필요제경비에 포함될 항목

필요제경비에 포함되는 항목	감가상각비, 유지관리비, 조세공과금, 손해보험료, 대손준비금, 공실손실 상당액, 정상운영자금이자 등
필요제경비에 포함되지 않는 항목	소득(법인)세, 자본적 지출, 부가사용료, 공익비, 비소멸성보험료, 장기차입이자, 건설자금이자, 자기출자금이자 등

제3절 거래사례비교법(시장접근법) 기출 20

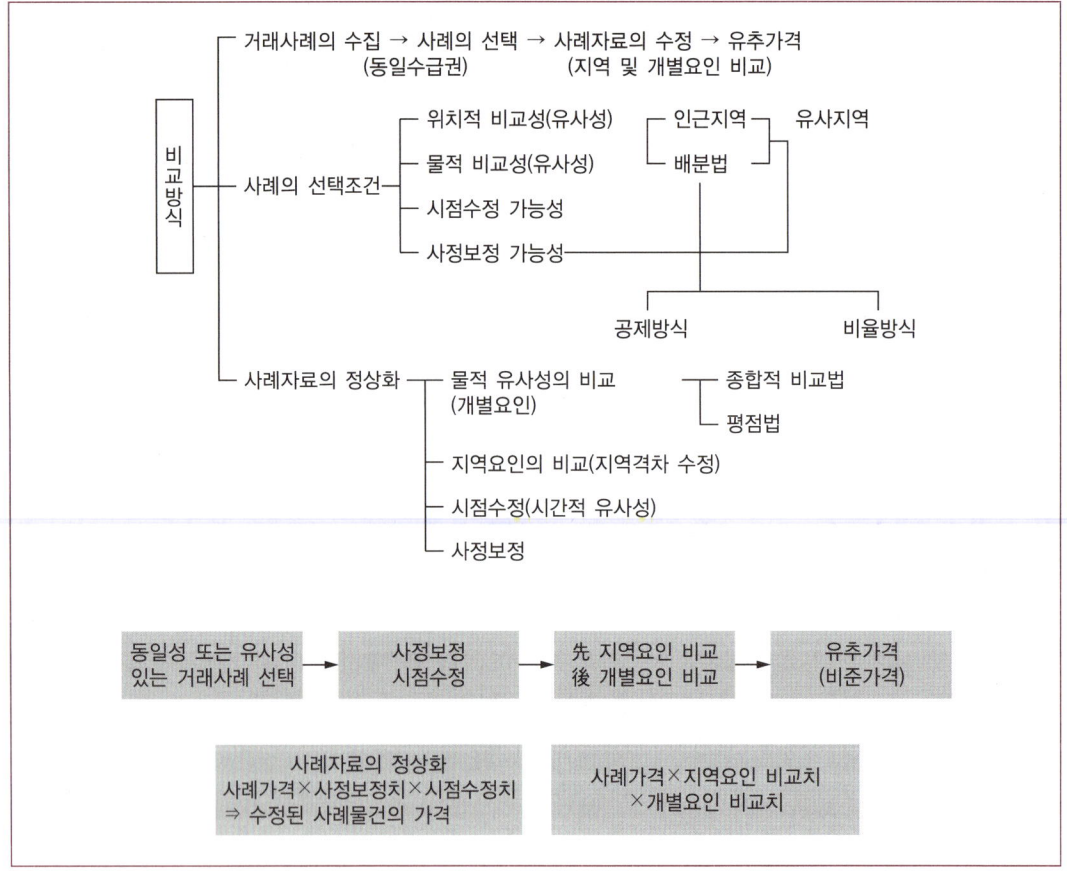

1. 거래사례비교법 기출 20·22·23·25

(1) 거래사례비교법의 개요
   ① 의 의
      ㉠ "거래사례비교법"이란 대상물건과 가치형성요인이 같거나 비슷한 물건의 거래사례와 비교하여 대상물건의 현황에 맞게 사정보정(事情補正), 시점수정, 가치형성요인 비교 등의 과정을 거쳐 대상물건의 가액을 산정하는 감정평가방법을 말한다(제2조 제7호).
      ㉡ 비교방식은 인근지역 또는 동일수급권 내의 유사지역 등에서 대상부동산과 유사한 부동산의 거래가 이루어지고 있는 경우에 유효하다.
   ② 장·단점
      ㉠ 장 점
         ⓐ 실제 거래되는 가격을 근거로 하기 때문에 현실성 있고, 설득력이 풍부하다.
         ⓑ 3방식 중 모든 부동산에 적용할 수 있는 중추적 역할을 한다.
         ⓒ 적절한 거래사례가 있으면 모든 물건에 적용가능하다.
      ㉡ 단 점
         ⓐ 평가사의 경험에 의존도가 높으므로 가격편차가 크다.
         ⓑ 시장성 없는 부동산은 적용 곤란, 불완전시장이나 투기지역 사례는 적용이 곤란하다.
         ⓒ 호·불황기에는 적용이 곤란하다.

(2) 적 용

> **➕ 알아보기** 거래사례의 수집 및 선택
>
> 거래사례비교법으로 감정평가할 때에는 거래사례를 수집하여 적정성 여부를 검토한 후 다음 각 호의 요건을 모두 갖춘 하나 또는 둘 이상의 적절한 사례를 선택하여야 한다.
> 1. 거래사정이 정상이라고 인정되는 사례나 정상적인 것으로 보정이 가능한 사례
> 2. 기준시점으로 시점수정이 가능한 사례
> 3. 대상물건과 위치적 유사성이나 물적 유사성이 있어 지역요인·개별요인 등 가치형성요인의 비교가 가능한 사례

   ① 사례자료의 선택(채택)기준 : 사례자료는 다음의 기준에 의하여 수집되어야 한다.
      ㉠ 위치의 유사성(지역적 요인의 비교가능성)
         ⓐ 지역요인의 비교란 사례부동산과 대상부동산이 존재하는 지역의 표준적 이용을 비교하는 것이므로 거래사례는 대상부동산과 동일성 또는 유사성이 있는 지역에 존재하여 지역 간의 표준적 이용이 비교가능한 사례이어야 한다.
         ⓑ 거래사례는 대상부동산과 대체·경쟁의 관계가 성립하는 인근지역 또는 동일수급권 내의 유사지역에 존재하여야 한다.
      ㉡ 물적 유사성(개별적 요인의 비교가능성)
         ⓐ 개별요인의 비교란 대상부동산과 사례부동산의 개별적인 물적 요인을 비교하는 작업이므로 거래사례자료는 대상부동산과 개별적 요인이 동일성 또는 유사성이 있는 사례이어야 한다.
         ⓑ 단, 동 유형의 부동산이 없는 경우에는 원칙적으로 사례선택을 하지 못하지만, 예외적으로 사례부동산의 일부만이 대상부동산과 유사성(비교성)이 있는 경우에는 배분법을 통하여 사례를 선택할 수가 있다. 즉, 나지인 사례로서 건부지를 선택할 수 있다. 이때 사례부동산은 최유효이용인 사례만 선택한다.

ⓒ 시점수정의 가능성(시간의 유사성)
  ⓐ 시점수정이란 가격산정에 있어서 거래사례의 거래시점과 대상부동산의 기준시점이 시간적으로 불일치하여 가격 수준의 변동이 있을 경우에 거래시점의 거래사례 가격을 기준시점의 가격으로 정상화하는 작업을 말한다.
  ⓑ 거래시점과 기준시점의 시간적 차이가 적은 사례일수록 유효하다.
② 사정보정의 가능성
  ⓐ 사정보정이란 가격산정에 있어서 수집된 거래사례에 거래관계자의 특수한 사정, 개별적 동기(절박한 사정, 연고자 간의 거래 등)가 개입되면 그러한 사정이 없었을 경우의 가격으로 정상화하는 작업을 말한다.
  ⓑ 특수한 사정이나 동기의 개재가 없는 사례가 있으면 그것을 선택하고 그렇지 못할 경우에는 그러한 사정이나 동기가 없는 경우의 가격으로 정상화가 가능한 것이어야 한다.

> **알아보기 배분법**
>
> 거래사례가 대상부동산과 동유형(同類型)의 부동산부분을 포함하는 복합부동산의 거래사례를 선택하고, 대상부동산과 다른 유형부분의 가격을 공제하여 같은 유형에 귀속되는 부분의 가격을 추출해 내는 방법을 말한다. 이러한 배분법은 대상부동산과 그 유형을 달리하는 거래사례를 채택할 수 있기 때문에 거래사례의 활용범위를 넓혀준다.
> 사례부동산의 일부만이 대상부동산과 비교성이 있을 때 배분법을 적용하는 경우 거래사례는 부지가 최유효사용인 경우를 선택해야 한다.
> 1. 공제방식 : 복합부동산에 대한 거래사례의 가격에서 대상부동산과 같은 유형 이외의 부분가격은 공제하고 대상부동산과 동유형만의 가격을 구하는 방식이다.
> 2. 비율방식 : 복합부동산에 대하여 각 구성부분의 가격의 비율이 판명되어 있을 경우에 당해 사례의 가격에 대상부동산과 같은 유형의 부분의 구성비율을 곱하여 사례자료의 가격을 구하는 방식이다.

② 사례자료의 정상화
  ㉠ 사정보정
    ⓐ 의의 : 사정보정이란 가격의 산정에 있어서 수집된 거래사례에 거래당사자의 특수한 사정 또는 개별적인 동기가 개재되어 있거나 대표성이 없는 매매사례인 경우, 그러한 사정이 없었을 경우의 가격수준, 즉 정상적인 가격수준으로 정상화하는 작업을 의미한다. 표준지인 사례자료이거나 정상적인 거래사례인 경우 사정보정은 할 필요가 없다.
    ⓑ 사정개입의 정도를 정상화하는 작업

    - 대상물건만 보정을 하는 경우 → 사정보정치 $= \dfrac{\text{대상부동산}}{\text{사례부동산}} = \dfrac{100 \pm a\%}{100\%}$

    - 사례물건만 보정을 하는 경우 → 사정보정치 $= \dfrac{\text{대상부동산}}{\text{사례부동산}} = \dfrac{100\%}{100 \pm a\%}$

    - 대상물건과 사례물건 모두 보정을 하는 경우 → 사정보정치 $= \dfrac{\text{대상부동산}}{\text{사례부동산}} = \dfrac{100 \pm a\%}{100 \pm a\%}$

ⓒ 시점수정의 의미
  ⓐ 의의 : 대상물건의 가격을 산정함에 있어서 거래사례의 거래시점과 기준시점이 시간적으로 불일치하는 경우에는 가격수준의 차이가 발생한다. 이 경우 거래사례의 가격을 기준시점의 수준으로 정상화하는 작업을 시점수정이라고 한다. 거래시점과 기준시점 사이에 시간적으로 불일치하더라도 가격수준에 영향을 미치는 시장상황이 변화가 없으면 시점수정을 할 필요가 없다.
  ⓑ 시점수정방법 : 시점수정의 방법에는 물가지수를 이용하는 지수적용법과 물가변동률을 이용하는 변동률적용법이 있다.

> - 지수적용법(물가지수법)시점수정치 = $\dfrac{\text{기준시점의 가격(물가)지수}}{\text{거래시점의 가격(물가)지수}}$
> - 변동률적용법(물가변동률법)시점수정치 = $(1+R)^n$
>
> *R : 가격변동률, n : 변동횟수

ⓒ 지역요인 및 개별요인의 비교
  ⓐ 의의 : 각 지역은 그 지역적 특성에 따라 표준적 사용과 일정한 가격수준이 형성되므로 이 지역적 특성으로 인한 사례부동산과 대상부동산의 가격수준의 차이를 판정하고, 다시 개별적 요인을 비교하여 대상부동산의 가격을 유추해야 한다.
  ⓑ 비교방법 : 대상부동산이 속한 지역의 표준적 이용과 사례부동산이 속한 표준적 이용을 기준으로 비교하여야 한다. 사례부동산이 대상부동산과 인근 지역 내의 것일 때에는 지역적 요인은 동일하므로 지역요인은 비교하지 않고 개별적 요인만을 비교하여 그 개별격차를 판정하여야 한다.
  ⓒ 지역요인과 개별요인의 비교수정방법 : 지역요인 및 개별요인을 비교하는 방법에는 종합적 비교법과 평점법이 있다.
    • 종합식 접근법(종합적 비교법) : 거래사례부동산과 대상부동산의 개별적 제요인 등을 포괄적으로 비교하여 얻은 비율을 거래사례가격에 곱하여 감정가격을 구하는 방법이다.

$$\dfrac{\text{대상부동산의 비교요인}}{\text{사례부동산의 비교요인}} = \dfrac{100 \pm \alpha}{100 \pm \beta}$$

> **➕ 알아보기** 매매사례의 수정방법
>
> 매매사례 분석이 끝나면 평가사는 대상부동산과 사례부동산과의 각 특성별 차이가 가치에 미치는 영향을 계산하여 가감하게 되는데, 이를 '수정'이라 한다. 다음과 같은 방법으로 사례를 수정한다.
> 1. 비율수정법 : 비율수정법은 대상부동산과 비교부동산과의 우월성과 열등성의 차이를 백분율로 치환하여 특성별 차이를 수정하는 방법이다.
> 2. 금액수정법 : 금액수정법은 비율수정법이 가지는 여러 가지 약점을 극복할 수 있는 방법으로 대상부동산과 비교부동산과의 특성별 차이를 실제의 화폐가치로 수정하는 방법이다.
> 3. 연속수정법
>   ① 연속수정법은 비율수정법과 금액수정법의 혼합형으로 각 방법의 장점을 절충한 것이다.
>   ② 연속수정법은 비율과 절대금액의 2가지를 모두 사용해서 시산가치를 산출하고 있기 때문에 고객이 이해하기 쉬우며, 현재 미국에서 가장 널리 사용되는 방법이다.

2. 임대사례비교법 기출 19·23·24

(1) 임대사례비교법의 의의

① "임대사례비교법"이란 대상물건과 가치형성요인이 같거나 비슷한 물건의 임대사례와 비교하여 대상물건의 현황에 맞게 사정보정, 시점수정, 가치형성요인 비교 등의 과정을 거쳐 대상물건의 임대료를 산정하는 감정평가방법을 말한다(제2조 제8호).

> 비준임료＝사례임료×시점수정치×사정보정치×지역요인비교치×개별요인비교치

② 감정평가법인등은 임대료를 감정평가할 때에 임대사례비교법을 적용하여야 한다(제22조).

(2) 임대사례의 선택기준

임대사례비교법은 인근 지역 또는 동일수급권 내의 유사지역 등에서 대상부동산과 유사한 부동산의 임대차가 이루어지고 있는 경우에 유효하다.

① 위치의 유사성
② 물적 유사성
③ 시점수정의 가능성
④ 사정보정의 가능성
⑤ 계약내용의 유사성

임대사례는 계약자유의 원칙에 따라 체결되는 것으로서, 임대차에 제공되는 물건의 사용방법이나 수리에 관한 상황, 임료의 지불방법 등 계약내용이 다양하므로 계약내용에 있어 동일성 내지 유사성을 갖는 사례를 선택해야 한다.

> **＋ 알아보기** 임료기준
>
> 1. 임대사례에 의한 임료의 기준
>   임료는 계약의 내용·조건·명목여하에 관계없이 신규계약에 의해 초일에 지불되는 실질임료를 기준으로 한다.
> 2. 기준시점 현재 신규계약으로 체결된 임대사례를 수집하여야 한다.
>   그 이유는 임대차계약기간 동안 지불되고 있는 계약임료는 일정하지만, 그때의 임대시장을 반영하는 시장임료는 항상 변동하기 때문이다. 그런데 평가의 자료로서 파악하여야 하는 임료는 기준시점의 시장임료인데 반하여 감평자료로서 파악하여야 하는 임료는 계약임료이므로 두 목적을 동시에 달성하기 위해서는 계약임료와 시장임료가 일치되는 기준시점 현재 신규계약의 임대사례를 수집해야 한다.

(3) 임료 산정방법

① 실질임료(實質賃料)와 지불임료

　㉠ 실질임료 : 실질임료란 임료의 종류가 어떤 것이냐에 상관없이 임대인에게 지급되는 임료 산정기간에 대응하는 적정한 모든 경제적 대가를 말한다. 실질임료는 순임료에 필요제경비를 합한 금액이다. 다음은 실질임료에 포함되는 경비들이다.

　　ⓐ 보증금의 운용이익 : 보증금에 운용이율을 곱하여 계산한다.
　　ⓑ 선불적 성격을 지니는 일시금의 상각액 : 선불적 성격을 지니는 일시금이란 임대차 기간이 만료되어도 임차인에게 반환되지 않는 것으로 사글세와 같은 일시금을 말하며, 실질임료를 구하는 경우에는 일시금의 상각액과 미상각액에 대한 운용이익을 합산하여 구한다.

ⓒ 선불적 성격을 지니는 일시금의 미상각액에 대한 운용이익
ⓓ 각 지불시기에 지불하는 지불임료
ⓔ 필요제경비

> - 실질임료=순임료(상각 후 순이익의 성격)+필요제경비
> - 순임료=실질임료-필요제경비
> - 필요제경비=감가상각비+유지관리비+공조공과+손해보험료+대손준비금+공실 등의 손실 상당액 등
> - 실질임료=보증금 운용이익 등+지불임료(필요제경비 포함)

ⓛ 지불임료 산정방법
ⓐ 지불임료는 임차인이 각 지급시기에 지급되는 임료로서, 1년 단위로 계산하게 된다.
ⓑ 계약시 일시금이 수수되는 경우의 지급임료는 실질임료에서 당해 일시금에 대해 임료의 선불적(先拂的) 성격을 갖는 일시금의 운용익, 상각액 및 예금적 성격을 갖는 일시금의 운용익을 공제하여 구한다.
ⓒ 지불임료에는 임대차에 따른 수도비, 광열비, 위생비, 냉온방비 등 소위 공익비와 부가사용료 중에서 실제 소요된 비용을 초과하는 부분도 임료에 포함된다.

② 순임료의 산정방법 : 순임료란 실제로 지불되는 임료에서 필요제경비(감가상각비, 유지관리비, 조세공과, 손해보험료, 결손준비금, 공실 등 손실상당액)를 공제하여 구할 수 있다.

〈실질임료 구하는 산식〉

A	① 예금적 성격을 갖는 일시금의 운용익 ② 선불적 성격을 갖는 일시금의 상각액 ③ 선불적 성격을 갖는 일시금의 미상각액에 대한 운용익	실질임료 : A+B+C 순임료 : A+B 지불임료 : B+C
B	④ 각 지불시기에 지불되는 순지불임료액 ⑤ 공익비, 부가사용료 중 실비초과액	
		C 필요제경비

3. 공시지가기준법 기출 22·25

(1) 의의
① 감정평가법인등은 토지를 감정평가할 때에 "공시지가기준법"을 적용해야 한다.
② "공시지가기준법"이란 감정평가의 대상이 된 토지(이하 "대상토지"라 한다)와 가치형성요인이 같거나 비슷하여 유사한 이용가치를 지닌다고 인정되는 표준지(이하 "비교표준지"라 한다)의 공시지가를 기준으로 대상토지의 현황에 맞게 시점수정, 지역요인 및 개별요인 비교, 그 밖의 요인의 보정(補正)을 거쳐 대상토지의 가액을 산정하는 감정평가방법을 말한다(제2조 제9호).

(2) 절차

감정평가법인등은 공시지가기준법에 따라 토지를 감정평가할 때에 다음 순서에 따라야 한다.

① **비교표준지의 선정** : 인근지역에 있는 표준지 중에서 대상토지와 용도지역·이용 상황·주변환경 등이 같거나 비슷한 표준지를 선정할 것. 다만, 인근 지역에 적절한 표준지가 없는 경우에는 인근 지역과 유사한 지역적 특성을 갖는 동일수급권 안의 유사지역에 있는 표준지를 선정할 수 있다.

② **시점수정** : 「국토의 계획 및 이용에 관한 법률」 제125조에 따라 국토교통부장관이 조사·발표하는 비교표준지가 있는 시·군·구의 같은 용도지역 지가변동률을 적용할 것. 다만, 다음 어느 하나의 경우에는 그러하지 아니하다.

  ㉠ 같은 용도지역의 지가변동률을 적용하는 것이 불가능하거나 적절하지 아니하다고 판단되는 경우에는 공법상 제한이 같거나 비슷한 용도지역의 지가변동률·이용 상황별, 또는 해당 시·군·구의 평균지가변동률을 적용할 것

  ㉡ 지가변동률을 적용하는 것이 불가능하거나 적절하지 아니한 경우에는 「한국은행법」 제86조에 따라 한국은행이 조사·발표하는 생산자물가지수에 따라 산정된 생산자물가상승률을 적용할 것

③ 지역요인 비교

④ 개별요인 비교

⑤ 그 밖의 요인 보정

> **➕ 알아보기** 감정평가에 관한 규칙
>
> **제14조(토지의 감정평가)**
> ① 감정평가법인등은 법 제3조 제1항 본문에 따라 토지를 감정평가할 때에는 공시지가기준법을 적용하여야 한다.
> ③ 감정평가법인등은 법 제3조 제1항 단서에 따라 적정한 실거래가를 기준으로 토지를 감정평가할 때에는 거래사례비교법을 적용하여야 한다.
> ④ 감정평가법인등은 법 제3조 제2항에 따라 토지를 감정평가할 때에는 제1항부터 제3항까지의 규정을 적용하되, 해당 토지의 임대료, 조성비용 등을 고려하여 감정평가할 수 있다.
>
> **제2조(정의)**
> 12의 2. '적정한 실거래가'란 「부동산 거래신고 등에 관한 법률」에 따라 신고된 실제 거래가격(이하 '거래가격'이라 한다)으로서 거래시점이 도시지역(「국토의 계획 및 이용에 관한 법률」 제36조 제1항 제1호에 따른 도시지역을 말한다)은 3년 이내, 그 밖의 지역은 5년 이내인 거래가격 중에서 감정평가법인등이 인근 지역의 지가수준 등을 고려하여 감정평가의 기준으로 적용하기에 적정하다고 판단하는 거래가격을 말한다.

제4절 수익환원법(소득접근법) 기출 20·21·23

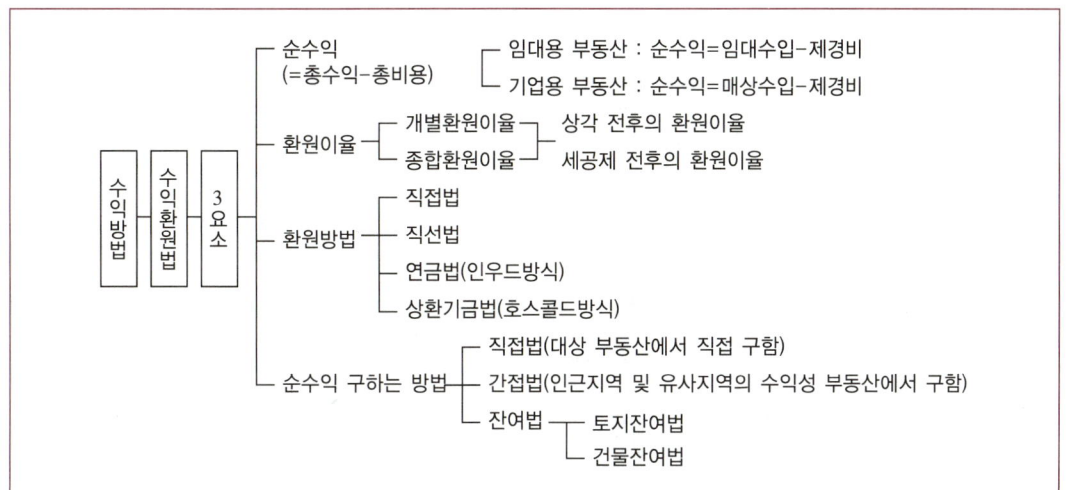

1. 수익환원법 기출 22·24

(1) 수익환원법 개요

① 의의 : "수익환원법(收益還元法)"이란 대상물건이 장래 산출할 것으로 기대되는 순수익이나 미래의 현금흐름을 환원하거나 할인하여 대상물건의 가액을 산정하는 감정평가방법을 말한다(제2조 제10호). 이 방법으로 구하는 시산가격을 수익가격이라 한다.

② 장·단점

　㉠ 장 점
　　ⓐ 임대용, 기업용 등 수익성 부동산평가에 유용하다.
　　ⓑ 장래 발생할 것으로 기대되는 순수익의 현재가치를 구하므로 가장 이론적이다.
　　ⓒ 안정된 시장에서 그 자료가 정확하면 그 가격도 정확하게 산정할 수 있다.

　㉡ 단 점
　　ⓐ 교육용, 주거용, 공공용 부동산과 같이 비수익성 부동산에는 적용한계가 있다.
　　ⓑ 수익의 차이가 없는 물건은 신규 부동산과 기존의 부동산이 동일한 가격을 형성한다. 그러나 현실에 있어서는 양자의 가격이 일치하지 않는 것이 보통이다.
　　ⓒ 불안정한 시장에서는 순수익, 환원이율의 파악이 곤란하다.
　　ⓓ 부동산시장이 안정되어 있지 못한 곳, 즉 상·하향시장이 극단적인 경우에는 적용이 곤란하다.
　　ⓔ 순수익 산정에 필요한 요소들이 장래 예측적 요소가 많아 신뢰도가 떨어진다.

③ 수익방식(소득접근법)의 분류

> 1. 환원대상소득에 따라
>   ① 조소득승수법(총수익승수법)
>   ② 전통적 소득접근법과 잔여환원법
>   ③ 저당지분환원법
>   ④ 할인현금수지분석법(DCF)

2. 대상소득의 기간에 따라
   ① 직접환원법
   ② 수익환원법
3. 자본회수의 방법에 따라
   ① 감가상각액으로 자본회수 : 직선(환원)법, (평준)연금환원법, 감채(상환)기금(환원)법
   ② 재매도가격으로 자본회수 : 저당지분환원법, 할인현금수지분석법

㉠ 환원대상소득에 따라

```
소득의 종류                                            환원방법
PCI(잠재 총수익, 가능조소득)
-공실 및 불량부채에 대한 총당금
+기타소득(자판기수입, 주차비 등)

EGI(유효총수익, 유효조소득) -------------------→   조소득승수법(GIM)
-영업경비(기타 필요제경비)

NOI(순수익, 순영업소득) ----------------------→   전통적 소득환원법, 잔여환원법
-저당지불액

BTCF(before-tax cash flow, 세전현금수지) -------→   저당지분환원법
-t(tax : 영업소득세)

ATCF(after-tax cash flow, 세후현금수지) --------→   할인현금수지분석(DCF)법
```

ⓐ 조소득승수법(총수익승수법) : 조소득에는 가능조소득과 유효조소득의 두 가지가 있다. 따라서 조소득승수도 '가능조소득승수'와 '유효조소득승수'의 두 가지가 있다. 평가사는 필요에 따라 이 둘을 동시에 사용하기도 한다.

ⓑ 전통적 소득접근법과 잔여환원법

전통적 소득접근법	순영업소득을 바로 적절한 환원율로 할인하여 대상 부동산의 가치를 구하는 것이다.
잔여환원법	순영업소득을 다시 토지귀속소득과 건물귀속소득으로 나누고, 이 귀속소득을 각각 토지환원율과 건물환원율로 할인하는 방법으로 대상 부동산의 가치를 구하고 있다.

ⓒ 저당지분환원법 : 순영업소득에서 저당지불액을 공제한 나머지인 세전현금수지를 할인하여 부동산 가치를 구하고 있다. 저당지분환원법에서는 순영업소득을 지분귀속소득과 건물귀속소득으로 나누는데, 지분귀속소득을 지분수익률로 할인하여 지분가치를 구한 후 여기에 저당가치를 합산하여 대상부동산 가치를 구한다.

ⓓ 할인현금수지분석법 : 세전현금수지에서 영업소득세를 제한 세후현금수지를 세후수익률로 할인하여 지분가치를 구한 후, 여기에 저당가치를 합산하여 대상부동산의 가치를 구한다. 현재 가장 일반적으로 사용하는 방법이 할인현금수지방법이다.

ⓛ 대상소득의 기간에 따라

유 형	소득접근법 유형	소득의 기간의 근거
직접환원법 (소득률)	전통적 소득접근법	한해의 소득(income)
	잔여환원법	한해를 기준으로 추계된 안정화된 순영업소득을 근거
수익환원법 (수익률)	저당지분환원법	여러 해 동안의 소득(yield)
	할인현금수지분석법	여러 해의 장래소득을 현재가치로 환원하는 방식

ⓒ 자본회수의 방법에 따라

구 분	환원 방법
감가상각액으로 자본회수하는 방법	• 직선법 • 연금법(Inwood법) • 감채(상환)기금법(Hoskold법)
재매도가격으로 자본회수하는 방법	• 저당지분환원법 • 할인현금수지분석법

ⓐ 감가상각에 의한 자본회수방법
- 대상부동산의 가치감소는 시간의 흐름에 따라 발생하는 것이고, 가치가 감소한다는 것은 곧 투자자본의 손실을 의미하기 때문에 대상부동산의 투자자는 대상부동산의 경제적 수명이 다하기 전에 이를 회수하여야 한다.
- 대상부동산의 투자자는 대상부동산을 경제적 내용연수 동안에 보유한다는 것을 전제로 하며, 투자자본의 회수는 매 기간 일정한 비율로 회수하기 때문에 자본회수율을 별도로 고려하여야 한다.
- 감가상각에 의한 자본회수방법에는 직선법, 연금법, 상환기금법이 있다.
- 전통적 소득접근법과 잔여환원법은 위의 방법에 의해서 투자자본을 회수한다.

ⓑ 보유기간 말의 재매도가치에 의한 자본회수방법
- 대상부동산을 일정기간 동안에 보유하고 보유기간 말에 처분함으로써 투자자본을 회수하는 것으로 가정하기 때문에 자본회수율을 별도로 고려할 필요가 없다. 저당지분환원법과 할인현금수지분석법이 이 방법에 속한다.
- 이 방법에 의한 자본회수의 원리는 기간 말의 재매도가치와 기간 초의 매수가치를 비교하여 다음과 같이 자본회수율을 조정한다.

  − 재매도가치＜매수가치 : 자본회수율＞0
  − 재매도가치＞매수가치 : 자본회수율＜0
  − 재매도가치＝매수가치 : 자본회수율＝0

(2) 전통적 소득접근법

전통적 소득접근법은 순영업소득을 바로 적절한 환원율로 환원하여 대상부동산의 가치를 구하는 방법이다. 매년 산출되는 순수익이 동일하고 영원하게 나온다는 전제를 두고 있다. 수익환원법의 적용에 있어서 중요한 요소는 순수익, 환원이율, 수익환원방법인데 이 3가지를 수익환원법의 3요소라고 한다.

$$PV = \frac{R(순수익)}{i(환원이율)}$$

*R : 순수익 = 순영업소득

> **➕ 알아보기** **수익환원법의 3요소**
> 1. 순수익 추계
> 2. 환원이율 결정방법
> 3. 자본환원방법

① 순수익
  ㉠ 의 의
    ⓐ 순수익이란 대상부동산을 통하여 일정기간 동안에 획득할 총수익에서 그 수익을 발생시키는데 소요될 총비용을 공제한 금액을 말한다. 일반적으로 순수익은 통상 연간단위로 산정한다.
    ⓑ 전통적 소득접근법과 잔여환원법은 매년 동일한 수익이 나온다는 가정을 두기 때문에 '안정화된 순영업소득'을 구해야 한다.
  ㉡ 요 건
    ⓐ 안전·확실한 순수익이어야 한다.
    ⓑ 내용연수기간 동안에 계속적·규칙적으로 발생하는 것이어야 한다.
    ⓒ 순수익은 합리적이고 합법적으로 산출된 것이어야 한다.
    ⓓ 순수익이란 보통·일반적 이용능력과 방법으로 얻어지는 중용적 수익을 의미한다.
  ㉢ 종류 : 순수익은 영속적인 것과 비영속적인 것, 상각 전의 것과 상각 후의 것 그리고 세공제 전의 것과 세공제 후의 것으로 구분되며, 각각 환원이율 및 수익환원방법과 밀접한 관련이 있음에 유의해야 한다.
  ㉣ 순수익의 산정
    ⓐ 임대용 부동산 : 임대수입에서 필요제경비(유지관리비, 공실손실상당액 등)를 공제하여 구한다.

순수익 = 임대수입 - 필요제경비

    ⓑ 기업용 부동산 : 매상수입에서 제비용(매출원가, 판매비, 일반관리비, 정상 운영자금의 이자 상당액 기타 순수익을 올리기 위한 필요한 비용)을 공제하여 순수익을 구한다.

순수익 = 매상수입 - 제경비

> **➕ 알아보기** **순수익 등의 산정**
> 1. 순수익이란 대상물건에 귀속하는 적절한 수익으로서 유효총수익에서 운영경비를 공제하여 산정한다.
> 2. 제1항의 유효총수익은 다음 각 호의 사항을 합산한 가능총수익에 공실손실상당액 및 대손충당금을 공제하여 산정한다.
>   ① 보증금(전세금) 운용수익 ② 연간 임대료 ③ 연간 관리비 수입 ④ 주차수입, 광고수입, 그 밖에 대상물건의 운용에 따른 주된 수입

3. 제1항의 운영경비는 다음 각 호의 사항을 더하여 산정한다.
   ① 용역인건비·직영인건비 ② 수도광열비 ③ 수선유지비 ④ 세금·공과금 ⑤ 보험료 ⑥ 대체충당금 ⑦ 광고선전비 등 그 밖의 경비
4. 할인현금흐름분석법의 적용에 따른 복귀가액은 보유기간 경과 후 초년도의 순수익을 추정하여 최종환원율로 환원한 후 매도비용을 공제하여 산정한다.

➕ 알아보기 안정화된 영업경비 추계

일반 회계에서 사용되는 영업경비 항목과 부동산에서 취급되는 영업경비의 항목들은 차이가 있다. 따라서 부동산 평가를 목적으로 사용하기 위해서는 평가사는 회계기록을 검토하여 삭제해야 할 항목과 첨가해야 할 항목을 조정하는 것이 안정화된 영업경비를 추계하는 데 상당히 중요하다.

영업경비의 추계와 안정화	
첨가해야 할 항목	삭제해야 할 항목
① 예상되는 연간수선비 ② 장비 및 비품에 대한 대체준비금 ③ 유지비와 재장식비 ④ 관리비(소유주가 직접 관리할 경우)	① 저당지불액 ② 소득세, 법인세 ③ 부가물과 증치물의 설치비용 ④ 개인적인 업무비 ⑤ 소유자의 봉급과 인출금 계정 ⑥ 감가상각비 ⑦ 공실 및 대손충당금

ⓜ 구하는 방법
  ⓐ 직접법 : 대상부동산으로부터 직접 총수익과 총비용을 파악하여 그 내용을 객관적으로 검토하고 과거의 실적 및 장래의 동향 등을 분석하여 순수익을 구하는 방법이다.
  ⓑ 간접법 : 간접법은 인근지역 또는 동일수급권 내 유사지역에 존재하는 대상부동산과 유사한 부동산의 순수익을 통하여 대상부동산의 순수익을 간접적으로 구하는 방법이다.
  ⓒ 잔여법(잔여환원법) : 잔여법이란 복합부동산의 순수익에서 대상부동산 이외의 재산에 귀속될 순수익을 공제하여 대상부동산에 귀속될 순수익을 구하는 방법을 말한다.

➕ 알아보기 배분법과 잔여법의 비교

구 분	배분법	잔여법
평가방식	거래사례비교법	수익환원법
산정기준	복합부동산의 사례가액을 기준	복합부동산의 순수익을 기준
산정목적	대상부동산과 같은 유형의 사례가액을 구함	복합부동산을 구성하는 개별물건의 순수익을 구함
산정종류	비율방식·공제방식	토지잔여법·건물잔여법·부동산잔여법
가격원칙	기여의 원칙	수익배분의 원칙

② 환원이율(종합환원율) 기출 19·24

> **➕ 알아보기** 환원이율과 할인율의 산정(감정평가 실무기준 3.4.1.4)
> ① 직접환원법에서 사용할 환원율은 시장추출법으로 구하는 것을 원칙으로 한다. 다만, 시장추출법의 적용이 적절하지 않은 때에는 요소구성법, 투자결합법, 유효총수익승수에 의한 결정방법, 시장에서 발표된 환원율 등을 검토하여 조정할 수 있다.
> ② 할인현금흐름분석법에서 사용할 할인율은 투자자조사법(지분할인율), 투자결합법(종합할인율), 시장에서 발표된 할인율 등을 고려하여 대상물건의 위험이 적절히 반영되도록 결정하되 추정된 현금흐름에 맞는 할인율을 적용한다.
> ③ 복귀가액 산정을 위한 최종환원율은 환원율에 장기위험프리미엄·성장률·소비자물가상승률 등을 고려하여 결정한다.

㉠ 의의 : 환원이율이란 순수익을 환원하여 원본가격(수익가격)을 구하는 데 쓰이는 이율을 말한다.

$$환원이율 = \frac{순수익}{원본가격} \times 100$$

㉡ 환원이율의 성격 : 환원이율이란 부동산의 시장가치에 대한 순영업소득의 비율로서 대상부동산을 경제적 수명까지 보유한다고 가정할 때, 예상되는 전형적인 자본수익률에 자본회수율을 합한 것이다.

$$자본환원율(환원이율) = 자본수익률 + 자본회수율(상각률) = 할인율(기대수익률) + 자본회수율$$

ⓐ 자본수익률(할인율) : 투하한 자본에 대한 대가로 얻을 수 있는 수익률로서 이자율을 의미하나, 부동산에서 수익가격은 장래 소득의 현재가치이므로 할인율도 의미한다.

ⓑ 자본회수율(상각률) : 자본회수율은 최초 원금이 감가상각된 것을 회수하는 것을 말한다.

$$자본회수율(상각률) = \frac{1}{경제적내용연수} \times 100$$

㉢ 종 류
ⓐ 개별환원이율과 종합환원이율
- 개별환원이율 : 토지와 건물의 환원이율이 각각 다를 경우에 그 각각의 환원이율을 말한다.
- 종합환원이율 : 복합부동산에 적용되는 환원이율로, 토지와 건물의 개별환원이율을 토지가격과 건물가격의 구성비율에 따라 가중평균하여 구한 환원이율을 말한다.

ⓑ 상각 전 환원이율과 상각 후 환원이율

- 상각 전 환원율(상각률 포함) : 상각 후 환원이율 + 상각률 $\left(\dfrac{1}{잔존내용연수}\right)$
- 상각 전 환원율(상각률 불포함) : 상각 후 환원이율 − 상각률 $\left(\dfrac{1}{잔존내용연수}\right)$

ⓒ 세공제 전 환원이율과 세공제 후 환원이율 : 세금공제여부에 따라 환원이율을 구분하는 것으로, 여기서의 세금은 법인세·소득세를 의미하는 것이다.

ⓔ 환원이율을 구하는 방법

> 1. 시장추출법
> 2. 조성법(요소구성법)
> 3. 투자결합법
>   ① 물리적 투자결합법
>   ② 금융적 투자결합법
> 4. 엘우드법(저당지분환원법)
> 5. 부채감당률법

ⓐ 시장추출법 : 시장추출법은 최근에 부동산시장에서 대상부동산과 유사한 거래사례 부동산으로부터 순수익을 구하여 부동산가격으로 나누어 환원이율을 직접 추출하는 것이다.

ⓑ 조성법(요소구성법) : 조성법이란 대상부동산에 관한 위험을 여러 가지 구성요소로 분해하고, 개별적인 위험에 따라 위험할증률을 더해감으로써 자본환원율을 구하는 방법이다.

> 환원이율＝순수이율±위험률

ⓒ 투자결합법(이자율합성법) : 투자결합법은 대상부동산에 대한 투자자본과 그것의 구성비율을 결합하여 환원이율을 구하는 방법이다.

- 물리적 투자결합법(물리적 이자율합성법)
  - 의의 : 소득을 창출하는 부동산의 능력은 토지와 건물이 다르며, 복합부동산의 순영업소득은 토지소득과 건물소득으로 분리할 수 있다는 가정에서 환원이율도 건물과 토지에 대하여 분리하여 종합환원이율을 구하는 방법이다.
  - 구하는 방법 : 토지환원이율과 건물환원이율을 구분하고 토지와 건물의 각각의 구성비에 따라 가중산술평균하여 복합부동산의 종합환원이율을 구한다.

> 종합환원이율＝(토지가격구성비×토지환원이율)＋(건물가격구성비×건물환원이율)

- 금융적 투자결합법(금융적 이자율합성법 : Kazdin)
  - 의의 : 금융적 투자결합법은 부동산의 순영업소득은 지분소득과 저당소득으로 분리될 수 있으며, 저당투자자의 요구수익률과 지분투자자의 요구수익률은 서로 다르다는 인식에 출발한 이론이다.
  - 구하는 방법

> 환원이율＝지분비율×지분배당율＋대부비율×저당상수(MC)

ⓓ Ellwood(엘우드)법 – 저당지분환원법
- 의의 : 일반투자자는 부동산의 전체수익에 관심이 있는 것이 아니라, 투자한 지분에 얼마의 수익이 할당되는가에 관심이 있다는 인식에서 출발한 이론으로서 이 방식은 저당가치와 지분가치를 합산하여 대상부동산의 가치를 구하고 있다.

- 전제조건

    - 부동산을 구입할 때 투자자들은 자기자본과 타인자본을 이용한다.
    - 부동산의 보유기간은 경제적 수명 동안이 아니라 비교적 짧은 기간만 보유한다. 즉 일정기간 후에 처분한다.
    - 처분시 부동산시장의 변화로 부동산가치는 상승 또는 하락한다.
    - 투자자가 관심을 가지고 있는 순수익은 순영업소득이 아니라, 세전현금수지에 관심이 있다.

- 공 식

    종합환원율=자본수익률−(저당비율×엘우드계수)±보유기간 가치증가율(하락률)×감채기금계수

- 적 용

    - 종합환원율을 산출하기 위해서는 매기간 소득변화율(세전현금수지), 기간말까지의 지분형성누적분(1−잔금비율), 기간말 부동산가치변화율, 저당이자율, 지분수익률, 저당상수(원리금상환), 저당계수 등을 고려한다.
    - 저당가치는 매 기간의 저당지불액을 저당상수로 할인하여 구하고, 지분가치는 ① 매기간 동안의 현금수지, ② 보유기간 동안의 부동산가치의 변화, ③ 보유기간 동안의 지분형성분을 합산하여 구한다.

- 장·단점

장 점	• 이자율, 저당대부조건, 보유기간 등이 시장에서 확인될 수 있기 때문에 평가사의 주관을 배제할 수 있다. • 투자결합법의 단점을 보완한 방법으로 매기간 소득변화율(세전현금수지), 기간말까지의 지분형성 누적분(1−잔금비율), 기간말 부동산가치변화율, 저당이자율, 지분수익률, 저당상수(원리금상환), 저당계수 등을 고려한다.
단 점	• 세금이 부동산의 가치에 미치는 영향을 고려하지 않기 때문에 전형적인 투자자들의 형태를 반영하지 못한다. • 지나치게 지분투자자의 입장에서 환원이율을 결정했다.

➕ 알아보기 | 저당지분환원법의 특징

공 식	대상부동산 가치=저당가치+지분가치	
	종합자본환원율=지분수익률+지분형성분±가치변화율	
저당가치	매 기간의 저당지불액을 저당상수로 할인하여 구함	
지분가치	① 매 기간의 현금수지 ② 기간말의 부동산의 가치상승(하락) ③ 보유기간 동안의 지분형성분	①+②+③=지분가치
지분형성분	보유기간 동안 저당대부에 대한 원금과 이자를 정기적으로 지불함으로 인하여 기간말에 지분투자자의 몫으로 돌아가는 지분가치의 증분을 의미함	
순수익	순영업소득이 아니라, 세전현금수지를 근거로 함	
단 점	세금을 고려하지 아니함	

ⓔ 부채감당률법(1975, Ronard E. Gettel)
- 의의 : 대출자가 관심을 가지는 차입자의 상환능력에 근거를 둔 이론이다. 즉, 저당투자자의 입장에서 대상부동산의 순수익이 과연 매 기간 원금과 이자를 지불할 수 있는가 하는 부채감당률에 근거하여 종합환원이율을 구하는 방법이다.
- 구하는 방법

$$부채감당률 = \frac{순영업소득}{부채서비스액} = \frac{순영업소득}{저당대부액 \times 저당상수}$$

$$= \frac{순영업소득}{부동산의 가치 \times 대부비율 \times 저당상수}$$

$$= 부채감당률 \times 대부비율 \times 저당상수$$

- 부채감당법의 장·단점 : 종합환원이율을 객관적이고 간편하게 구할 수 있는 장점이 있다. 그러나 대출자의 입장에 치우치고 있다는 단점이 있다.

➕ 알아보기 기대이율과 환원이율의 비교

구 분	기대이율	환원이율
적 용	적산법	수익환원법
목 적	적산임대료 산정	수익가액 산정
개 념	투하자본에 대한 수익률	대상물건의 가격에 대한 순이익 비율로 순수익을 환원하는 이율
조 건	당해 계약조건을 전제함	최유효이용을 전제함
기 간	임대차 기간에 적용되는 단기간의 이율	내용연수 만료 시까지 적용되는 장기적 이율
이율기준	정기예금이 산정의 기초	순수이율에 위험률 고려함
물건별 적용	물건의 종류에 따라 차이가 없음	물건의 종류에 따라 차이가 있음
종합이율	종합이율의 개념이 없음	2개 이상의 물건으로 구성된 물건에는 종합이율의 개념이 있음
상각률과 세율	항상 상각 후, 세공제 전	상각 전·후, 세공제 전·후 구별함

③ 환원방법(자본회수방법에 따른 환원방법)

➕ 알아보기 환원방법

1. 직접환원법은 단일기간의 순수익을 적절한 환원율로 환원하여 대상물건의 가액을 산정하는 방법을 말한다.
2. 할인현금흐름분석법은 대상물건의 보유기간에 발생하는 복수기간의 순수익(이하 "현금흐름"이라 한다)과 보유기간 말의 복귀가액에 적절한 할인율을 적용하여 현재가치로 할인한 후 더하여 대상물건의 가액을 산정하는 방법을 말한다.
3. 수익환원법으로 감정평가할 때에는 직접환원법이나 할인현금흐름분석법 중에서 감정평가 목적이나 대상물건에 적절한 방법을 선택하여 적용한다. 다만, 부동산의 증권화와 관련한 감정평가 등 매기의 순수익을 예상해야 하는 경우에는 할인현금흐름분석법을 원칙으로 하고 직접환원법으로 합리성을 검토한다.

㉠ 직접법(直接法)
  ⓐ 의의 : 직접법이란 대상부동산의 순수익을 상각률을 별도로 고려하지 않고 환원이율로 직접 수익환원하여 수익가격을 구하는 방법이다. 이 방법은 대지・농지・염전 등과 같이 내용연수가 무한하여 수익이 영속적인 부동산의 감정평가에 적용된다.
  ⓑ 산식 : 상각률은 고려하지 않는다.

$$P = \frac{R}{i}$$

*P : 수익가격, R : 순수익, i : 환원이율

㉡ 직선법(直線法)
  ⓐ 의의 : 매년 일정한 액수를 순영업소득에서 자본회수분으로 할당한다. 이유는 소유자에 의해 재투자되지 않고 대상부동산의 경제적 수명 동안 적립된다고 가정을 하기 때문이다.
  ⓑ 적용대상 : 대상물건이 건물, 구축물, 기계장치 등과 같이 내용연수가 한정되어 상각자산과 순영업소득이 점점 감소할 것으로 예상되는 부동산에 적용하는 것이 좋다.
  ⓒ 공식

$$수익가액 = \frac{상각\ 전\ 순수익}{상각\ 전\ 환원이율} = \frac{상각\ 전\ 순수익}{상각\ 후\ 환원이율 + 상각율} = \frac{상각\ 전\ 순수익}{자본수익률 + 1/잔존내용연수}$$

㉢ 연금법(年金法 ; Inwood방식)
  ⓐ 의의 : 연금법이란 토지와 상각자산 건물 등이 종합되어 있는 복합부동산에 적용하는 방식으로 매년 말에 균등한 순수익이 발생한다는 것을 전제로 한다. 또한 매년 회수된 자본회수분을 당해 투자대상에 재투자한다는 것을 전제로 한다. 이때 재투자에 대한 재투자율은 자본수익률이 된다.
  ⓑ 산식

• 수익가액 = 상각 전 순수익 × 복리연금현가율(연금의 현가계수) = (상각 전) 순수익 ÷ 저당상수
• 복리연금현가율 = $\dfrac{(1+r)^n - 1}{r(1+r)^n}$

*r : 상각 후 종합환원이율, n : 잔존내용연수

  ⓒ 적용대상 : 상각자산이 포함된 복합부동산에 적용하되 재투자시 내용연수를 연장할 수 있는 부동산에 적합한 방식이다. 즉, 수익이 확실한 임대용 부동산 또는 어업권 등의 평가에 사용된다.

㉣ 상환기금법(감채기금법 ; Hoskold 방식)
  ⓐ 의의 : 상환기금법이란 순영업소득은 매 기간마다 일정하고, 자본회수분은 재투자되는 것으로 간주하고 있다. 매 기간 자본회수분을 당해 사업에 재투자를 하는 것이 아니라, 원금을 안전하게 회수할 수 있는 곳에 재투자를 한다는 전제이다. 즉, 자본회수에 대한 재투자율은 안전율을 전제로 한다.
  ⓑ 매 기간의 일정한 자본회수액을 복리로 계산된 무위험률(축적이율)로 재투자를 한다고 할 때, 기간 말의 원리금의 합계가 건물가치와 동일하다고 하면, 건물에 투자된 전체 금액은 무사히 회수가 되는 셈이다.

ⓒ 공식

- 수익가액 = 상각 전 순수익 × 수익현가율
- 수익현가율 = $\dfrac{1}{r+\dfrac{i}{(1+i)^n-1}}$

*r : 상각 후 종합환원이율, i : 축적이율, n : 잔존내용연수

ⓓ 적용대상 : 상환기금법은 건물소득이 매년 일정하다는 것을 전제로 하며 재투자가 불가능한 부동산에 적합한 방식이다. 따라서 매년 소득이 일정한 목재를 생산하는 산림이나, 광산 같은 경우에 적합한 방식이다.

ⓔ 특징
- 연금법과 상환기금법은 모두 상각자산이 있는 복합부동산에 적용하지만, 연금법은 재투자하면 당해 투자대상의 내용연수가 연장이 가능한 것에, 상환기금법은 내용연수를 연장할 수 없는 것에 적용된다.
- 매 기간 산출된 자본수익분을 상환기금법은 안전한 은행 등에 예치하므로 재투자율은 축적이율(안전율, 무위험률)을 얻는 반면에, 연금법은 당해투자대상에 재투자를 하므로 동일한 자본수익율을 얻을 수 있다. 따라서 환원율은 상환기금법이 연금법보다 높기 때문에 수익가격은 연금법이 높다.

➕ 알아보기   연금법과 상환기금법의 비교

구분	연금법	상환기금법
공통점	① 매 기간 회수되는 상각액이 이자를 발생시킨다. ② 비상각자산과 상각자산이 결합된 복합부동산에 적용한다. ③ 상각전 순수익과 상각후 환원이율을 적용한다. ④ 내용연수 만료 시까지 가격을 구하고 여기에 잔존가액과 처분처리비용의 현가액을 가감하여 수익가액을 구한다. ⑤ 상각액의 재투자를 전제로 하고 있다.	
차이점	① 상각액에 대해 동일한 이자율을 적용하여 1종의 이율을 사용한다. ② 수익성이 확실한 임대용 부동산, 어업권 등의 평가에 적용한다.	① 환원이율보다 낮은 이율(축적이율)을 적용하므로 2종의 이율을 사용한다. ② 수익성이 불확실한 광산 등의 평가에 적용한다.
	③ 연금법의 환원이율 < 상환기금법의 환원이율 ④ 연금법의 수익가액 > 상환기금법의 수익가액	

➕ 알아보기   환원이율의 크기와 수익가액의 크기순

환원이율의 크기순서	직선법 > 상환기금법 > 연금법
수익가액의 크기순서	직선법 < 상환기금법 < 연금법

(3) 잔여환원법 기출 22

잔여환원법에서는 순영업소득을 건물소득과 토지소득으로 나눈다. 건물소득은 다시 자본수익분과 자본회수분으로 나눈다. 토지는 감가상각의 대상이 되지 않기 때문에 토지소득을 둘로 나누지 않는다. 따라서 토지소득은 모두 자본수익분이 되는 셈이다. 순영업소득은 토지와 건물로 할당하는 방법으로 토지잔여법과 건물잔여법이 있다.

$$순영업소득 = 토지소득(=자본수익분) + 건물소득(=자본수익분 + 자본회수분)$$

① 토지잔여법
  ㉠ 의의 : 건물의 가치는 알고 있으나 토지가치를 모르고 있을 때 사용하는 기법이다.
  ㉡ 공식 : 복합부동산 전체 순수익에서 건물에 귀속하는 순수익을 공제하여 토지에 귀속하는 순이익을 구하는 방법이다.

$$전체\ 순수익 - 건물귀속순수익 = 토지순수익$$

$$\therefore 부동산가치 = 건물가치 + 토지가치\left(= \frac{토지순수익}{자본수익률}\right)$$

  ㉢ 토지잔여법을 주로 사용하는 경우
    ⓐ 건축비용을 정확히 추계할 수 있는 신규건물
    ⓑ 감가상각이 거의 없는 건물
    ⓒ 토지에 관한 비교매매사례가 없어 토지가치를 독립적으로 추계할 수 없는 부동산
    ⓓ 건물이 최고최선의 이용 상태 하에 있는 부동산
    ⓔ 건물가치가 토지가치에 비해 상대적으로 적은 부동산

② 건물잔여법
  ㉠ 의의 : 토지가치는 알지만 건물가치를 모를 때 사용하는 기법이다.
  ㉡ 공식 : 복합부동산의 전체 순수익에서 토지에 귀속되는 순수익을 공제하여 건물에 귀속하는 순수익을 구하는 방법이다.

$$전체\ 순수익 - 토지귀속순수익 = 건물순수익$$

$$\therefore 부동산가치 = 토지가치 + 건물가치\left(= \frac{건물순수익}{자본수익률 + 자본회수율}\right)$$

  ㉢ 건물잔여법이 선호되는 경우
    ⓐ 감가상각의 정도가 심한 부동산
    ⓑ 최근의 매매사례로부터 토지가치를 정확하게 추계할 수 있는 부동산
    ⓒ 전체가치 중에서 토지가치가 차지하는 비율이 적은 부동산

③ 부동산잔여법
  ㉠ 부동산잔여법에서는 순영업소득이 토지와 건물에 의해 복합적으로 산출되는 것으로 간주한다.
  ㉡ 부동산잔여법에서는 순영업소득을 토지소득과 건물소득으로 할당하지 않는다.
  ㉢ 부동산잔여법에서는 기간 말의 건물가치는 0이 되는 것으로 가정한다.
  ㉣ 토지는 감가상각이 되지 않으며 토지가치는 불변이라고 가정하며 토지가치는 기간 초에 시장의 유사매매사례로부터 구한다.

> 부동산의 가치＝순영업소득의 현가＋토지가치의 현가
> 　　　　　　＝순영업소득×연금현가계수＋기간 말 토지가치×일시불현가계수

(4) 할인현금수지분석법 기출 24

① 의의 : 여러 해를 기준으로 추계된 미래 현금흐름을 수익률로 할인하여 현재가치(부동산 가치)를 산정하는 방법이다. 할인현금수지분석법에는 저당지분환원법과 할인현금수지분석법이 있다.

② 저당지분환원법(Ellwood법)
  ㉠ 의의 : 엘우드법은 대상부동산이 창출할 것으로 기대되는 매기의 세전현금수지, 기간 말 원금상환으로 인한 지분형성분, 매도 후 지분복귀액을 현가화하여 지분가치를 구하고 여기에 저당가치를 합산하여 부동산 가치를 구하는 방법이다.

> 부동산가치＝저당가치＋지분가치(세전수지현가합, 지분형성분, 가치증분)

  ㉡ 전제조건
    ⓐ 투자자는 타인자본과 혼합하여 부동산을 매입한다.
    ⓑ 투자자는 부동산을 일정기간 후에 처분한다. 즉 보유기간이 비교적 짧다.
    ⓒ 투자자는 부동산의 가치증감을 고려해 지불가치를 결정한다.
    ⓓ 투자자는 전체 수익률보다 지분수익률에 관심이 높다.
    ⓔ 세금의 영향을 고려하지 않는다.
  ㉢ 저당지분환원법과 잔여환원법의 비교

비교요소	저당지분환원법	잔여환원법
보유기간	단기간	건물의 경제적 수명기간
대상가액	세전현금수지	순영업소득
구성요소	저당, 지분, 가치변화	토지와 건물
가치변화	고려하고 있음	고려하지 않음
저당조건	영향을 주는 것으로 가정	영향이 없는 것으로 가정

③ 할인현금수지분석법(DCF ; Discounted Cash Flow analysis)
  할인현금수지분석법이란 매 기간 기대되는 현금수지를 현재가치로 환원하여 대상부동산의 시장가치를 구하는 방법이다. 이것은 ⓐ 순영업소득모형, ⓑ 세전현금수지모형, ⓒ 세후현금수지모형의 3가지로 나누어진다. 별다른 언급없이 그냥 할인현금수지분석법이라고 하면, 통상적으로 세후현금수지모형을 지칭한다.

㉠ 모형의 특징
   ⓐ 순영업소득모형 : 순영업소득모형에서는 매기간의 순영업소득과 기간 말 대상부동산의 재매도가치를 현재가치로 할인하여 대상부동산의 시장가치를 구한다. 부동산잔여법은 순영업소득모형의 특수한 형태에 해당된다.

   > 시장가치 = 순영업소득의 현가합 + 기간 말 재매도가치의 현가

   ⓑ 세전현금수지모형 : 세전현금수지모형에서는 매 기간의 세전현금수지와 기간 말 세전지분복귀액을 현재가치로 할인하여 지분가치를 계산하고, 여기에 저당가치를 더하여 시장가치를 계산한다. 저당지분환원법은 세전현금수지모형의 특수한 형태이다.

   > 시장가치 = 지분가치 + 저당가치
   > - 지분가치 = 매 기간 세전현금수지의 현가합 + 기간 말 세전지분복귀액의 현가
   > - 저당가치 = 매 기간 저당지불액의 현가합 + 기간 말 미상환저당잔금의 현가 = 애초의 저당대부액

   ⓒ 세후현금수지모형 : 세후현금수지모형에서는 매 기간 세후현금수지와 기간 말 세후지분복귀액을 현재가치로 할인하여 지분가치를 계산한다. 저당가치의 계산과정은 세전현금수지모형의 경우와 동일하다.

   > 시장가치 = 지분가치 + 저당가치
   > - 지분가치 = 매 기간 세후현금수지의 현가합 + 기간 말 세후지분복귀액의 현가
   > - 저당가치 = 매 기간 저당지불액의 현가합 + 기간 말 미상환저당잔금의 현가 = 애초의 저당대부액

   - 지분가치는 매 기간 세후현금수지 및 기간 말 세후지분복귀액의 지분수익률에 의한 현재가치의 합이다.
   - 저당가치는 매 기간의 저당상환액 및 기간 말 미상환저당 잔금의 저당수익률에 의한 현재가치의 합이다. 즉, 기간 초의 저당대부액이다.

㉡ 기간 말 재매도가치의 추계 : 할인현금수지법에서는 2가지 방법으로 기간 말 재매도가치를 추계한다. ⓐ 내부추계법, ⓑ 외부추계법이 있다. 재매도가치를 복귀가치 또는 잔여가치라고도 한다.
   ⓐ 내부추계법 : 기간 말이나 기간 말 다음 해의 순영업소득을 적절한 자본환원율로 할인하여 재매도가치를 추계하는 것이다. 여기에는 기간 말의 순영업소득을 자본환원율로 바로 할인하는 방법과, 기간 말 1년 후의 순영업소득을 자본환원으로 할인한 값에서 매도경비를 빼는 방법의 2가지가 있다.

   > - 기간 말 순영업소득 : 시장가치 $= \dfrac{\text{순영업소득}}{\text{기출환원율}}$
   > - 기간 말 1년 후의 순영업소득 : 시장가치 $= \dfrac{\text{순영업소득}_{(n+1)}}{\text{기출환원율}} - \text{매도경비}$

> **➕ 알아보기**   **재매도환원율**
>
> ① 기간 말 재매도가치를 추계하기 위해 순영업소득에 적용되는 종합환원율을 재매도환원율로 적용한다.
> ② 재매도환원율을 다른 말로 잔여환원율, 종말환원율 또는 기출환원율(going-out capitalization)이라 한다. 이 용어와 대립되는 개념으로 기간 초의 순영업소득에 적용되는 통상적인 자본환원율을 기입환원율(going-in capitalization)이라 한다.

2. 수익분석법

(1) 수익분석법의 개요

① **의의** : "수익분석법"이란 일반기업 경영에 의하여 산출된 총수익을 분석하여 대상물건이 일정한 기간에 산출할 것으로 기대되는 순수익에 대상물건을 계속하여 임대하는 데에 필요한 경비를 더하여 대상물건의 임대료를 산정하는 감정평가방법을 말한다(제2조 제11호). 수익분석법은 기업용에 제공되고 있는 부동산에 귀속할 순수익의 금액을 적절히 구할 수 있는 경우에 유효하다.

> 수익임대료 = 순수익 + 필요제경비

② **이론적 근거** : 순수익은 각 생산요소의 유기적 결합에 의해 발생하므로 그 기여도에 따라 각 생산요소로 배분되기 때문에 수익배분의 원칙에 근거를 둔다.

③ **적용대상**
  ㉠ 수익분석법은 기업용 부동산에만 적용한다.
  ㉡ 수익성 부동산 중 임대용 부동산의 경우에는 임대료를 이미 알고 있기 때문에 다시 분석하여 임대료를 구한다는 것은 논리상 맞지 않다. 주거용 부동산은 임대료가 발생하지 않는 부동산이다.

(2) 수익임대료의 산정방법

> **➕ 알아보기**   **순수익과 필요제경비**
>
> 1. 순수익은 대상물건의 총수익에서 그 수익을 발생시키는 데 드는 경비(매출원가, 판매비 및 일반관리비, 정상운전자금이자, 그 밖에 생산요소귀속 수익 등을 포함한다)를 공제하여 산정한 금액을 말한다.
> 2. 필요제경비에는 대상물건에 귀속될 감가상각비, 유지관리비, 조세공과금, 손해보험료, 대손준비금 등이 포함된다.

① **순수익의 산정** : 순수익을 산정하기 위해서는 일반기업경영에 의한 표준적인 연간 순이익을 구해야 하는데 그 방법은 수익환원법에서 구하는 순수익과 같다. 즉, 기업경영에 의한 순수익은 판매수입에서 매출원가 및 수익을 올리기 위해 소요된 판매비나 일반관리비, 정상운전자금이자 상당액을 차감하여 구한다.

② **필요제경비** : 필요제경비는 적산법의 필요제경비와 같다.
　㉠ 감가상각비
　㉡ 조세공과
　㉢ 유지관리비
　㉣ 손해보험료
　㉤ 대손준비금(불량부채)
　㉥ 공실 및 손실상당액
　㉦ 정상운전자금의 이자상당액
③ **수익임대료의 산정** : 수익임대료는 상각후·세공제전 순수익에 필요제경비를 가산하여 구한다.

제5절 물건별 평가방법 기출 20·21·24

물건별	조 문	감정평가 주방식
토 지	제14조	공시지가
건 물	제15조	원가법
건물과 토지의 일괄평가 등	제16조	건물부분과 대지사용권을 일괄평가 : 거래사례비교법
산 림	제17조	• 산지 : 공시지가 • 입목 : 거래사례비교법 • 산지와 입목의 일괄평가 : 거래사례비교법
과수원	제18조	거래사례비교법
공 장	제19조	유형자산＋무형자산(일괄평가 : 수익환원법)
자동차 등	제20조	• 자동차 : 거래사례비교법 • 건설기계, 선박, 항공기 : 원가법 • 효용가치가 없는 경우 : 해체처분가격
동 산	제21조	거래사례비교법
임대료	제22조	임대사례비교법
무형자산	제23조	• 광산 : 수익가격－장래소요기업비 현가액 • 광업권 : 광산가격－현존시설가격 • 어업권 : 수익환원법 • 영업권, 특허권, 실용신안권, 디자인권, 상표권, 저작권, 전용측선 이용권등 : 수익환원법
유가증권	제24조	• 주식 : 상장주식(거래사례비교법), 비상장주식(수익환원법) • 채권 : 상장채권(거래사례비교법), 비상장채권(수익환원법) • 기업가치 : 수익환원법

1. 토지의 감정평가

(1) 절 차

감정평가법인등은 토지를 감정평가할 때에는 공시지가기준법을 적용하여야 한다. 공시지가기준법을 통하여 감정평가할 때는 다음의 절차를 통한다.

> 비교표준지 선정 → 시점수정 → 지역요인 비교 → 개별요인 비교 → 그 밖의 요인 보정

※ 공시지가 표준지를 기준으로 토지가격을 산정할 때는 사정보정을 할 필요가 없다(다만, 시점수정 등 다른 비교작업은 하여야 한다).

(2) 예 외

감정평가법인등은 적정한 실거래가를 기준으로 토지를 감정평가할 때에는 거래사례비교법을 적용하여야 한다.

> **➕ 알아보기** 특수토지의 감정평가-감정평가 실무기준
>
> 1.7.1 광천지
>   광천지는 그 광천의 종류, 광천의 질과 양, 부근의 개발상태 및 편익시설의 종류와 규모, 사회적 명성, 그 밖에 수익성 등을 고려하여 감정평가하되, 토지에 화체되지 아니한 건물, 구축물, 기계·기구 등의 가액은 포함하지 아니한다.
> 1.7.2 골프장용지 등
>   ① 골프장용지는 해당 골프장의 등록된 면적 전체를 일단지로 보고 감정평가하되, 토지에 화체되지 아니한 건물, 구축물, 기계·기구 등(골프장 안의 클럽하우스·창고·오수처리시설 등을 포함한다)의 가액은 포함하지 아니한다. 이 경우 하나의 골프장이 회원제골프장과 대중골프장으로 구분되어 있을 때에는 각각 일단지로 구분하여 감정평가한다.
>   ② 제1항은 경마장 및 스키장시설, 그 밖에 이와 비슷한 체육시설용지나 유원지의 감정평가에 준용한다.
> 1.7.3 공공용지
>   ① 도로·공원·운동장·체육시설·철도·하천의 부지, 그 밖의 공공용지는 용도의 제한이나 거래제한 등을 고려하여 감정평가한다.
>   ② 공공용지가 다른 용도로 전환하는 것을 전제로 의뢰된 경우에는 전환 이후의 상황을 고려하여 감정평가한다.
> 1.7.5 공법상 제한을 받는 토지
>   ① 도시·군계획시설 저촉 등 공법상 제한을 받는 토지를 감정평가할 때(보상평가는 제외한다)에는 비슷한 공법상 제한상태의 표준지 공시지가를 기준으로 감정평가한다. 다만, 그러한 표준지가 없는 경우에는 선정기준을 충족하는 다른 표준지 공시지가를 기준으로 한 가액에서 공법상 제한의 정도를 고려하여 감정평가할 수 있다.
>   ② 토지의 일부가 도시·군계획시설 저촉 등 공법상 제한을 받아 잔여부분의 단독이용가치가 희박한 경우에는 해당 토지 전부가 그 공법상 제한을 받는 것으로 감정평가할 수 있다.
>   ③ 둘 이상의 용도지역에 걸쳐있는 토지는 각 용도지역 부분의 위치, 형상, 이용상황, 그 밖에 다른 용도지역 부분에 미치는 영향 등을 고려하여 면적 비율에 따른 평균가액으로 감정평가한다. 다만, 용도지역을 달리하는 부문의 면적비율이 현저하게 낮아 가치형성에 미치는 영향이 미미하거나 판련 밥팅에 따라 주된 용도지역을 기준으로 이용할 수 있는 경우에는 주된 용도지역의 가액을 기준으로 감정평가할 수 있다.
> 1.7.6 일단(一團)으로 이용 중인 토지
>   2필지 이상의 토지가 일단으로 이용 중이고 그 이용 상황이 사회적·경제적·행정적 측면에서 합리적이고 대상 토지의 가치형성 측면에서 타당하다고 인정되는 등 용도상 불가분의 관계에 있는 경우에는 일괄감정평가를 할 수 있다.
> 1.7.7 지상 정착물과 소유자가 다른 토지
>   토지 소유자와 지상의 건물 등 정착물의 소유자가 다른 토지는 그 정착물이 토지에 미치는 영향을 고려하여 감정평가한다.

1.7.8 제시 외 건물 등이 있는 토지

의뢰인이 제시하지 않은 지상 정착물(종물과 부합물을 제외한다)이 있는 토지의 경우에는 소유자의 동일성 여부에 관계없이 [610-1.7.7]을 준용하여 감정평가한다. 다만, 타인의 정착물이 있는 국·공유지의 처분을 위한 감정평가의 경우에는 지상 정착물이 있는 것에 따른 영향을 고려하지 않고 감정평가한다.

1.7.9 공유지분 토지

① 1필지의 토지를 2인 이상이 공동으로 소유하고 있는 토지의 지분을 감정평가할 때에는 대상토지 전체의 가액에 지분비율을 적용하여 감정평가한다. 다만, 대상지분의 위치가 확인되는 경우에는 그 위치에 따라 감정평가할 수 있다.

1.7.10 지상권이 설정된 토지

① 지상권이 설정된 토지는 지상권이 설정되지 않은 상태의 토지가액에서 해당 지상권에 따른 제한정도 등을 고려하여 감정평가한다.

② 저당권자가 채권확보를 위하여 설정한 지상권의 경우에는 이에 따른 제한 등을 고려하지 않고 감정평가한다.

1.7.11 규모가 과대하거나 과소한 토지

토지의 면적이 최유효이용 규모에 초과하거나 미달하는 토지는 대상물건의 면적과 비슷한 규모의 표준지 공시지가를 기준으로 감정평가한다.

1.7.12 맹 지

지적도상 도로에 접한 부분이 없는 토지는 「민법」 제219조에 따라 공로에 출입하기 위한 통로를 개설하기 위해 비용이 발생하는 경우에는 그 비용을 고려하여 감정평가한다. 다만, 다음 각 호의 어느 하나에 해당하는 경우에는 해당 도로에 접한 것으로 보고 감정평가할 수 있다.

㉠ 토지소유자가 그 의사에 의하여 타인의 통행을 제한할 수 없는 경우 등 관습상 도로가 있는 경우
㉡ 지역권(도로로 사용하기 위한 경우) 등이 설정되어 있는 경우

1.7.13 고압선 등 통과 토지

① 고압선 등이 통과하는 토지는 통과전압의 종별, 고압선 등의 높이, 고압선 등 통과부분의 면적 및 획지 안에서의 위치, 철탑 및 전선로의 이전 가능성, 지상권설정 여부 등에 따른 제한의 정도를 고려하여 감정평가할 수 있다.

② 고압선 등 통과부분의 직접적인 이용저해율과 잔여부분에서의 심리적·환경적인 요인의 감가율을 파악할 수 있는 경우에는 이로 인한 감가율을 각각 정하고 고압선 등이 통과하지 아니한 것을 상정한 토지가액에서 각각의 감가율에 의한 가치감소액을 공제하는 방식으로 감정평가한다.

1.7.14 택지 등 조성공사 중에 있는 토지

① 건물 등의 건축을 목적으로 농지전용허가나 산지전용허가를 받거나 토지의 형질변경허가를 받아 택지 등으로 조성 중에 있는 토지는 다음 각 호에 따라 감정평가한다.

㉠ 조성 중인 상태대로의 가격이 형성되어 있는 경우에는 그 가격을 기준으로 감정평가한다.
㉡ 조성 중인 상태대로의 가격이 형성되어 있지 아니한 경우에는 조성 전 토지의 소지가액, 기준시점까지 조성공사에 실제 든 비용상당액, 공사진행정도, 택지조성에 걸리는 예상기간 등을 종합적으로 고려하여 감정평가한다.

② 「도시개발법」에서 규정하는 환지방식에 따른 사업시행지구 안에 있는 토지는 다음과 같이 감정평가한다.

㉠ 환지처분 이전에 환지예정지로 지정된 경우에는 환지예정지의 위치, 확정예정지번(블록·롯트), 면적, 형상, 도로접면상태와 그 성숙도 등을 고려하여 감정평가한다. 다만, 환지면적이 권리면적보다 큰 경우로서 청산금이 납부되지 않은 경우에는 권리면적을 기준으로 한다.
㉡ 환지예정지로 지정 전인 경우에는 종전 토지의 위치, 지목, 면적, 형상, 이용상황 등을 기준으로 감정평가한다.

③ 「택지개발촉진법」에 따른 택지개발사업시행지구 안에 있는 토지는 그 공법상 제한사항 등을 고려하여 다음과 같이 감정평가한다.

㉠ 택지개발사업실시계획의 승인고시일 이후에 택지로서의 확정예정지번이 부여된 경우에는 제2항 제1호 본문을 준용하되, 해당 택지의 지정용도 등을 고려하여 감정평가한다.
㉡ 택지로서의 확정예정지번이 부여되기 전인 경우에는 종전 토지의 이용상황 등을 기준으로 그 공사의 시행정도 등을 고려하여 감정평가하되, 「택지개발촉진법」 제11조 제1항에 따라 용도지역이 변경된 경우에는 변경된 용도지역을 기준으로 한다.

1.7.15 석 산
① 「산지관리법」에 따른 토석채취허가를 받거나 채석단지의 지정을 받은 토지, 「국토의 계획 및 이용에 관한 법률」에 따른 토석채취 개발행위허가를 받은 토지 또는 「골재채취법」에 따른 골재채취허가(육상골재에 한함)를 받은 토지(이하 "석산"이라 한다)를 감정평가할 때에는 수익환원법을 적용하여야 한다. 다만, 수익환원법으로 감정평가하는 것이 곤란하거나 적절하지 아니한 경우에는 토석의 시장성, 유사 석산의 거래사례, 평가사례 등을 고려하여 공시지가기준법 또는 거래사례비교법으로 감정평가할 수 있다.
② 수익환원법을 적용할 때에는 허가기간 동안의 순수익을 환원한 금액에서 장래 소요될 기업비를 현가화한 총액과 현존 시설의 가액을 공제하고 토석채취 완료시점의 토지가액을 현가화한 금액을 더하여 감정평가한다.
③ 제2항에서의 토석채취 완료시점의 토지가액을 현가화한 금액은 허가기간 말의 토지현황(관련 법령 또는 허가의 내용에 원상회복·원상복구 등이 포함되어 있는 경우는 그 내용을 고려한 것을 말한다)을 상정한 기준시점 당시의 토지 감정평가액으로 한다. 이 경우 [610-1.5.1]을 따른다.
④ 석산의 감정평가액은 합리적인 배분기준에 따라 토석(석재와 골재)의 가액과 토지가액으로 구분하여 표시할 수 있다.

2. 건물의 감정평가

① 건물을 감정평가할 때에는 원가법을 적용하여야 한다. 이 경우 [400-4]를 따른다.
② 원가법으로 감정평가할 때 건물의 재조달원가는 직접법이나 간접법으로 산정하되, 직접법으로 구하는 경우에는 대상건물의 건축비를 기준으로 하고, 간접법으로 구하는 경우에는 건물신축단가표와 비교하거나 비슷한 건물의 신축원가 사례를 조사한 후 사정보정 및 시점수정 등을 하여 대상 건물의 재조달원가를 산정할 수 있다.
③ 거래사례비교법으로 감정평가할 때에는 적절한 건물의 거래사례를 선정하여 사정보정, 시점수정, 개별요인비교를 하여 비준가액을 산정한다. 다만, 적절한 건물만의 거래사례가 없는 경우에는 토지와 건물을 일체로 한 거래사례를 선정하여 토지가액을 빼는 공제방식이나 토지와 건물의 가액구성비율을 적용하는 비율방식 등을 적용하여 건물가액을 배분할 수 있다.
④ 수익환원법으로 감정평가할 때에는 전체 순수익 중에서 공제방식이나 비율방식 등으로 건물귀속순수익을 산정한 후 이를 건물의 환원율로 환원하여 건물의 수익가액을 산정한다.
⑤ 건물의 일반적인 효용을 위한 전기설비, 냉·난방설비, 승강기설비, 소화전설비 등 부대설비는 건물에 포함하여 감정평가한다. 다만, 특수한 목적의 경우에는 구분하여 감정평가할 수 있다.

3. 건물과 토지의 일괄평가 등

① 감정평가법인등은 「집합건물의 소유 및 관리에 관한 법률」에 따른 구분소유권의 대상이 되는 건물부분과 그 대지사용권을 일괄하여 감정평가하는 경우에는 거래사례비교법을 적용하여야 한다.
② **토지가액과 건물가액의 구분** : 감정평가액은 합리적인 기준에 따라 토지가액과 건물가액으로 구분하여 표시할 수 있다.

4. 산림의 평가

① 감정평가법인등은 산림을 감정평가할 때에 산지와 입목(立木)을 구분하여 감정평가하여야 한다. 이 경우 입목은 거래사례비교법을 적용하되, 소경목림(지름이 작은 나무·숲)인 경우에는 원가법을 적용할 수 있다.

② 감정평가법인등은 제7조 제2항에 따라 산지와 입목을 일괄하여 감정평가할 때에 거래사례비교법을 적용하여야 한다.

5. 과수원의 평가

감정평가법인등은 과수원을 감정평가할 때에 거래사례비교법을 적용하여야 한다.

6. 공장재단, 광업재단의 평가

① 감정평가법인등은 공장재단을 감정평가할 때에 공장재단을 구성하는 개별 물건의 감정평가액을 합산하여 감정평가하여야 한다. 다만, 계속적인 수익이 예상되는 경우 등 일괄하여 감정평가하는 경우에는 수익환원법을 적용할 수 있다.

② 감정평가법인등은 광업재단을 감정평가할 때에 수익환원법을 적용하여야 한다.

7. 자동차 등의 감정평가

① 감정평가법인등은 자동차를 감정평가할 때에 거래사례비교법을 적용하여야 한다.

② 감정평가법인등은 건설기계를 감정평가할 때에 원가법을 적용하여야 한다.

③ 감정평가법인등은 선박을 감정평가할 때에 선체·기관·의장(艤裝)별로 구분하여 감정평가하되, 각각 원가법을 적용하여야 한다.

④ 감정평가법인등은 항공기를 감정평가할 때에 원가법을 적용하여야 한다.

⑤ 감정평가법인등은 제1항부터 제4항까지에도 불구하고 본래 용도의 효용가치가 없는 물건은 해체처분가액으로 감정평가할 수 있다.

8. 동산의 감정평가

감정평가법인등은 동산을 감정평가할 때에는 거래사례비교법을 적용하여야 한다. 다만, 본래 용도의 효용가치가 없는 물건은 해체처분가액으로 감정평가할 수 있다.

9. 임대료의 감정평가

감정평가법인등은 임대료를 감정평가할 때에 임대사례비교법을 적용하여야 한다.

10. 무형자산의 감정평가 기출 20

① 감정평가법인등은 광업권을 감정평가할 때에 제19조 제2항에 따른 광업재단의 감정평가액에서 해당 광산의 현존시설 가액을 빼고 감정평가하여야 한다. 이 경우 광산의 현존시설 가액은 적정 생산규모와 가행조건(稼行條件) 등을 고려하여 산정하되 과잉유휴시설을 포함하여 산정하지 아니한다.

② 감정평가법인등은 어업권을 감정평가할 때에 어장 전체를 수익환원법에 따라 감정평가한 가액에서 해당 어장의 현존시설 가액을 빼고 감정평가하여야 한다. 이 경우 어장의 현존시설 가액은 적정 생산 규모와 어업권 존속기간 등을 고려하여 산정하되 과잉유휴시설을 포함하여 산정하지 아니한다.

③ 감정평가법인등은 영업권, 특허권, 실용신안권, 디자인권, 상표권, 저작권, 전용측선이용권(專用側線利用權), 그 밖의 무형자산을 감정평가할 때에 수익환원법을 적용하여야 한다.

> **➕ 알아보기 권리금평가-감정평가 실무기준**
>
> 1. 권리금의 감정평가 원칙
>   ① 권리금을 감정평가할 때에는 유형·무형의 재산마다 개별로 감정평가하는 것을 원칙으로 한다.
>   ② 제1항에도 불구하고 권리금을 개별로 감정평가하는 것이 곤란하거나 적절하지 아니한 경우에는 일괄하여 감정평가할 수 있다. 이 경우 감정평가액은 합리적인 배분기준에 따라 유형재산가액과 무형재산가액으로 구분하여 표시할 수 있다.
> 2. 유형재산의 감정평가
>   ① 유형재산을 감정평가할 때에는 원가법을 적용하여야 한다.
>   ② 제1항에도 불구하고 원가법을 적용하는 것이 곤란하거나 부적절한 경우에는 거래사례비교법 등으로 감정평가할 수 있다.
> 3. 무형재산의 감정평가방법
>   ① 무형재산을 감정평가할 때에는 수익환원법을 적용하여야 한다.
>   ② 제1항에도 불구하고 수익환원법을 적용하는 것이 곤란하거나 부적절한 경우에는 거래사례비교법이나 원가법 등으로 감정평가할 수 있다.

11. 유가증권 등의 감정평가

(1) 주식의 평가
① 상장주식(증권거래소 등의 시세 있는 주식에 한정) : 거래사례비교법을 적용
② 비상장주식(상장주식으로서 증권거래소 등의 시세가 없는 주식을 포함) : 해당 회사의 자산·부채 및 자본 항목을 평가하여 수정대차대조표를 작성한 후 기업가치에서 부채의 가치를 빼고 산정한 자기자본의 가치를 발행주식 수로 나눌 것

(2) 채권의 평가
① 상장채권(증권거래소의 시세가 있는 채권) : 거래사례비교법 적용
② 비상장채권(증권거래소의 시세가 없는 채권) : 수익환원법 적용

12. 소음 등으로 인한 대상물건의 가치하락분에 대한 감정평가

감정평가법인등은 소음·진동·일조침해 또는 환경오염 등(이하 "소음 등"이라 한다)으로 대상물건에 직접적 또는 간접적인 피해가 발생하여 대상물건의 가치가 하락한 경우 그 가치하락분을 감정평가할 때에 소음 등이 발생하기 전의 대상물건의 가액 및 원상회복비용 등을 고려하여야 한다.

13. 조언·정보 등의 제공

감정평가법인등이 토지 등의 이용 및 개발 등에 대한 조언이나 정보 등의 제공에 관한 업무를 수행할 때에 이와 관련한 모든 분석은 합리적이어야 하며 객관적인 자료에 근거하여야 한다.

제6절 감정평가의 절차 기출 19·20·21·22·23·24·25

감정평가에 관한 규칙 제8조에서는 다음과 같이 감정평가 절차를 제시하고 있다. 감정평가법인등은 다음의 순서에 따라 평가를 하여야 한다. 다만, 합리적 또는 능률적인 평가를 위하여 필요한 때에는 순서를 조정하여 평가할 수 있다.

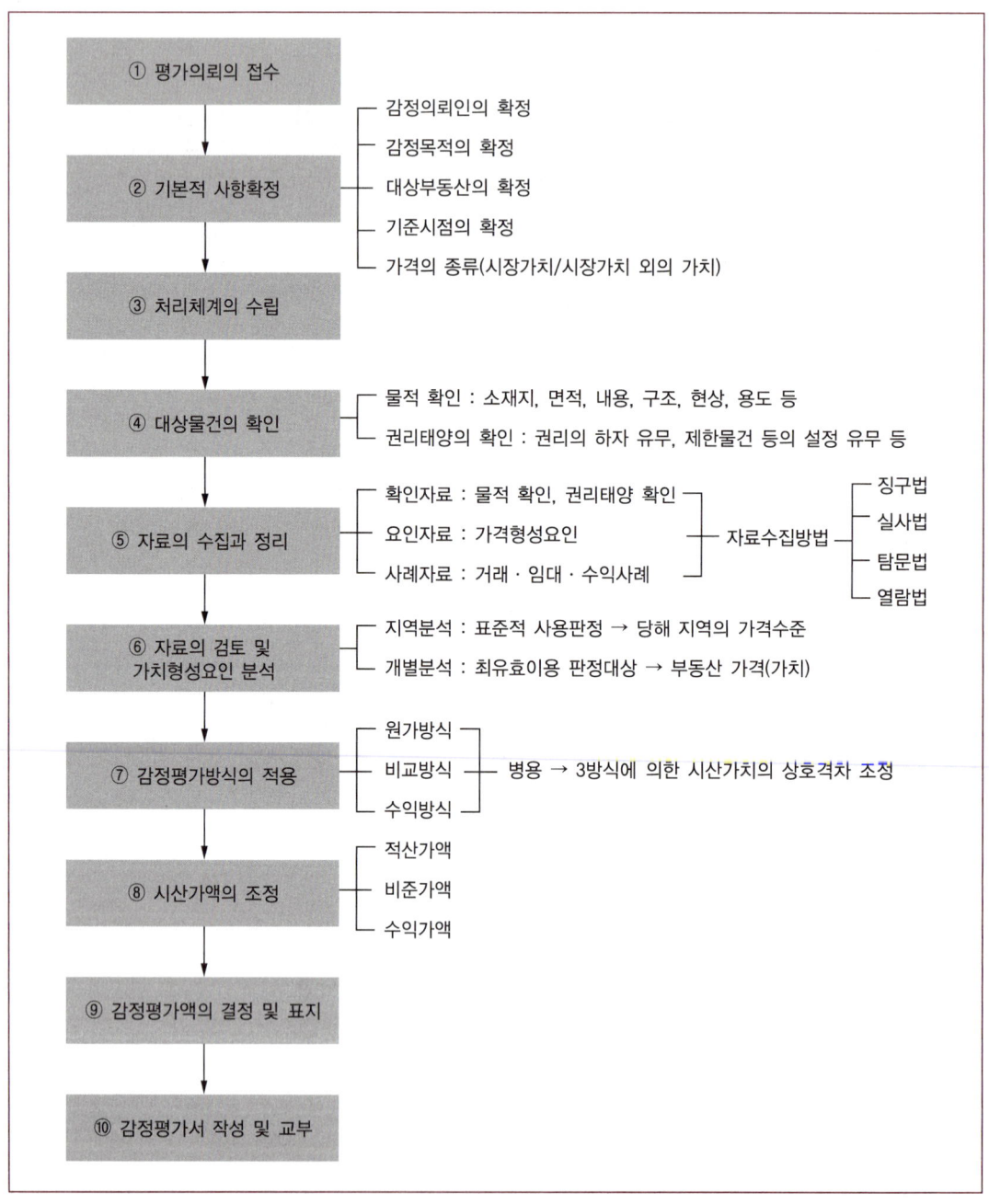

1. 제1단계 : 기본적 사항의 확정

감정평가법인등은 감정평가를 의뢰받았을 때에는 의뢰인과 협의하여 다음의 사항을 확정하여야 한다.

(1) 의뢰인
(2) 대상물건
① 목적물의 확정 : 소재지, 지번, 지목, 면적, 용도, 건축연도 등
② 권리종류의 확정 : 소유권 이외의 권리를 평가시 권리종류도 명시

(3) 감정평가 목적
어떤 목적으로 대상부동산을 평가하는지를 규정해야 한다. 즉, 시장가치, 과세가치, 담보가치 등의 목적으로 평가하는지 확정해야 한다.

(4) 기준시점
① 대상물건에 대한 평가의 기준이 되는 시점이다.
② 기준시점은 대상물건의 가격조사를 완료한 날짜로 한다. 다만, 기준시점을 미리 정하였을 때에는 그 날짜에 가격조사가 가능한 경우에만 기준시점으로 할 수 있다(제9조 제2항).
③ 원칙은 가격조사 완료일자로 하되, 과거·미래에도 할 수 있다.
④ 임료의 기준시점은 임료산정기간의 수익성을 반영한 것으로 그 기간의 초일(임대기간이 개시되는 시점)이 된다.

(5) 감정평가조건
부동산의 어떠한 권익을 평가하는지를 결정해야 한다. 즉, 소유권 전체를 평가할 수도 있고, 지역권이나 지상권, 공중권 등이 평가대상이 될 수 있다.

(6) 기준가치
기준가치란 감정평가의 기준이 되는 가치를 말한다. 즉, 감정평가 방식 중에 어느 것이 기준되는가 하는 것이다.

(7) 관련 전문가에 대한 자문 또는 용역에 관한 사항
감정평가법인등은 필요한 경우 관련 전문가에 대한 자문 등을 거쳐 감정평가할 수 있다.

(8) 수수료 및 실비에 관한 사항

2. 제2단계 : 처리계획의 수립

처리계획을 책정할 때는 위와 같이 확정된 감정평가의 기본적 사항을 기초로 하여, 실시해야 할 작업의 성질과 양, 처리능력 등에 따라서 대상부동산의 확인, 자료의 수집 및 정리, 자료의 검토 및 가격형성 요인의 분석, 감정평가방식의 적용, 시산가격 또는 시산임료의 조정, 감정평가액의 결정 등 감정평가 작업의 처리계획을 질서 있게 책정해야 한다.

3. 제3단계 : 대상물건 확인

(1) 기본적 사항의 확정에서 정해진 평가대상물건의 물적 현황 및 여러 권리관계가 부동산의 실제와 부합하는지 여부를 확인
① 감정평가를 할 때에는 실지조사를 하여 대상물건을 확인하여야 한다.
② 실지조사를 하지 아니하고도 객관적이고, 신뢰할 수 있는 자료를 충분히 확보할 수 있는 경우에는 실지조사를 하지 아니할 수 있다.

(2) 대상부동산의 물적 사항의 확인
물적 사항의 확인이란 기본적 사항의 확정에서 확정된 물건의 존부 및 동일성 여부와 증가 또는 감가원인 등 개별적 제 요인을 물적으로 확인하는 것을 말한다.
① 토지 : 소재지, 지번, 지목, 면적, 경계 등
② 건물 : 소재지, 지번, 건축면적, 구조, 용도 등

(3) 대상부동산의 권리상태의 확인
부동산의 가격은 부동산의 소유권 기타 권리·이익의 가격이므로 그 권리의 종류, 내용, 존부 및 진정성을 확인해서 대상부동산의 제반권리상태를 명확히 하여야 한다.

(4) 물적 불일치의 처리
① 물적 불일치란 대상부동산을 확인함에 있어서 대상부동산의 내용이 실제와 일치하지 않는 경우를 말한다.
② 원칙적으로 물적 불일치가 경미하거나 경정될 수 있는 경우에는 불일치의 사유·제한 정도 등을 감정평가서에 기재하고 평가할 수 있으나 동일성이 인정되지 않을 정도의 불일치는 재확인할 필요가 있고 납득할 만한 이유가 없는 경우 의뢰목록이나 조건을 변경시키든지 평가를 거절해야 할 것이다.

4. 제4단계 : 자료 수집 및 정리
감정평가에 필요한 자료에는 대략 다음과 같은 것이 있다.

(1) 확인자료
확인자료란 부동산의 물적 확인 및 권리태양의 확인에 필요한 자료를 말한다. 확인자료는 등기부등본, 토지 또는 건물 등의 도면, 사진, 부동산의 소재지에 관한 지도 등이 있다.

(2) 요인자료
요인자료란 가격형성 요인과 관련되는 자료를 말한다. 요인자료는 일반적 요인에 관한 일반자료, 지역요인에 관한 지역자료 및 개별적 요인에 관한 개별자료로 나뉜다.

(3) 사례자료
사례자료란 감정평가방식의 적용에 필요한 현실의 거래가격, 자료 등에 관한 자료를 말한다. 사례자료로서 건설사례, 거래사례, 수익사례, 임대차사례 등이 있다.

5. 제5단계 : 자료검토 및 가치형성요인의 분석

(1) 자료의 검토
기술한 절차와 방법에 따라 수집·정리된 각종 자료가 대상물건의 평가작업에 필요하고 충분하며 적당한 자료인가를 검토하여야 한다.

(2) 가격형성 요인의 분석
가격형성 요인의 분석이란 수집된 자료에 의하여 가격형성에 영향을 미치는 사회적·경제적·행정적 요인 및 지역요인, 개별적 제요인에 대하여 지역분석 및 개별분석을 실시하는 것을 말한다.

6. 제6단계 : 감정평가방법의 선정 및 적용

감정평가방식을 적용할 때는 감정평가방식을 당해 안건에 따라 적절하게 적용해야 한다. 이 경우 원칙적으로 원가방식, 비교방식 및 수익방식의 3방식을 병용(倂用)해야 한다.

7. 제7단계 : 감정평가액의 결정 및 표시

(1) 감정평가가액의 결정
이상 기술한 절차를 충분히 숙지한 후, 전문직업가로서 양심에 따라 적정하다고 판단되는 감정평가액을 결정해야 한다.

(2) 감정평가보고서의 작성
감정평가액을 결정할 때는 감정평가보고서를 작성한다.

> **➕ 알아보기** 감정평가서 작성(제13조)
>
> ① 감정평가법인등은 법 제32조에 따른 감정평가서를 의뢰인과 이해관계자가 이해할 수 있도록 명확하고 일관성 있게 작성하여야 한다.
> ② 감정평가서에는 다음 각 호의 사항이 포함되어야 한다.
>   1. 감정평가법인등의 명칭
>   2. 의뢰인의 성명 또는 명칭
>   3. 대상물건(소재지, 종류, 수량, 그 밖에 필요한 사항)
>   4. 대상물건 목록의 표시근거
>   5. 감정평가 목적
>   6. 기준시점, 조사기간 및 감정평가서 작성일
>   7. 실지조사를 하지 아니한 경우에는 그 이유
>   8. 시장가치 외의 가치를 기준으로 감정평가한 경우에는 제5조 제3항 각 호의 사항. 다만, 같은 조 제2항 제1호의 경우에는 해당 법령을 적는 것으로 갈음할 수 있다.
>   9. 감정평가조건을 붙인 경우에는 그 이유 및 제6조 제3항의 검토사항. 다만, 같은 조 제2항 제1호의 경우에는 해당 법령을 적는 것으로 갈음할 수 있다.
>   10. 감정평가액
>   11. 감정평가액의 산출근거 및 결정 의견
>   12. 전문가의 자문 등을 거쳐 감정평가한 경우 그 자문 등의 내용
>   13. 그 밖에 이 규칙이나 다른 법령에 따른 기재사항

CHAPTER 02 실전문제

제3편 | 감정평가이론

01
CHECK ☐△✕

감정평가에 관한 규칙과 감정평가 실무기준 상 임대료 감정평가에 관한 설명으로 옳지 **않은** 것은?

기출 23

① 임대사례비교법으로 감정평가 할 때 임대사례에 특수한 사정이나 개별적 동기가 반영되어 수집된 임대사례의 임대료가 적절하지 못한 경우에는 사정보정을 통해 그러한 사정이 없었을 경우의 적절한 임대료 수준으로 정상화하여야 한다.
② 시점수정은 대상물건의 임대료 변동률로 함을 원칙으로 한다.
③ 감정평가법인등은 임대료를 감정평가할 때에 임대사례비교법을 적용해야 한다.
④ 적산법은 원가방식에 기초하여 대상물건의 임대료를 산정하는 감정평가방법이다.
⑤ 수익분석법이란 일반기업 경영에 의하여 산출된 총수익을 분석하여 대상물건이 일정한 기간에 산출할 것으로 기대되는 순수익에 대상물건을 계속하여 임대하는 데에 필요한 경비를 더하여 대상물건의 임대료를 산정하는 감정평가방법을 말한다.

해설

① (○) 감정평가 실무기준(3.3.2.3 사정보정)에 따르면, 임대사례비교법으로 감정평가 할 때 임대사례에 특수한 사정이나 개별적 동기가 반영되어 수집된 임대사례의 임대료가 적절하지 못한 경우에는 사정보정을 통해 그러한 사정이 없었을 경우의 적절한 임대료 수준으로 정상화하여야 한다.
② (×) 감정평가 실무기준(3.3.2.4 시점수정) 참조

> **감정평가 실무기준(3.3.2.4 시점수정)**
> ① 임대사례의 임대시점과 대상물건의 기준시점이 불일치하여 임대료 수준의 변동이 있을 경우에는 임대사례의 임대료를 기준시점의 임대료 수준으로 시점수정하여야 한다.
> ② 시점수정은 사례물건의 임대료 변동률로 한다. 다만, 사례물건의 임대료 변동률을 구할 수 없거나 사례물건의 임대료 변동률로 시점수정하는 것이 적절하지 않은 경우에는 사례물건의 가격 변동률·임대료지수·생산자물가지수 등을 고려하여 임대료 변동률을 구할 수 있다.

③ (○) 감정평가에 관한 규칙 제22조(임대료의 감정평가)에 따르면, 감정평가법인등은 임대료를 감정평가할 때에 임대사례비교법을 적용해야 한다.
④ (○) 감정평가에 관한 규칙 제11조(감정평가방식)에 따르면. 적산법은 원가방식에 기초하여 대상물건의 임대료를 산정하는 감정평가방법이다.
⑤ (○) 감정평가에 관한 규칙 제2조(정의)에 따르면, 수익분석법이란 일반기업 경영에 의하여 산출된 총수익을 분석하여 대상물건이 일정한 기간에 산출할 것으로 기대되는 순수익에 대상물건을 계속하여 임대하는 데에 필요한 경비를 더하여 대상물건의 임대료를 산정하는 감정평가방법을 말한다.

답 ②

02 감정평가방법 중 거래사례비교법과 관련된 설명으로 옳지 않은 것은? 기출 23

① 거래사례비교법은 실제 거래되는 가격을 준거하므로 현실성이 있으며 설득력이 풍부하다는 장점이 있다.
② 거래사례비교법과 관련된 가격원칙은 대체의 원칙이고, 구해진 가액은 비준가액이라 한다.
③ 거래사례비교법은 대상부동산과 동질·동일성이 있어서 비교 가능한 사례를 채택하는 것이 중요하다.
④ 거래사례는 위치에 있어서 동일성 내지 유사성이 있어야 하며, 인근지역에 소재하는 경우에는 지역요인비교를 하여야 한다.
⑤ 거래사례에 사정보정요인이 있는 경우 우선 사정보정을 하고, 거래시점과 기준시점간의 시간적 불일치를 정상화하는 작업인 시점수정을 하여야 한다.

해설

① (○) 거래사례비교법은 실제 거래되는 가격을 준거하므로 현실성이 있으며 설득력이 풍부하다는 장점이 있지만, 매매된 사례가 없거나 호·불경기인 사례로 선택함이 부적절하다.
② (○) 거래사례비교법과 관련된 가격원칙은 대체의 원칙이고, 구해진 가액(시산가액)은 비준가액 또는 유추가액이라 한다.
③ (○) 거래사례비교법은 대상부동산과 동질·동일성이 있어서 비교 가능한 사례를 채택하는 것이 중요하다. 즉, 개별요인의 비교가 가능한 사례를 선택하여야 한다.
④ (×) 거래사례는 위치에 있어서 동일성 내지 유사성이 있어야 하며, 인근지역에 소재하는 경우에는 지역요인비교를 할 필요는 없지만, 개별요인은 비교하여야 한다. 반면에 유사지역에 소재한 사례인 경우에는 지역요인과 개별요인 둘 다 비교를 하여야 한다.
⑤ (○) 감정평가 실무기준(3.3.1.1 정의 제1항)에 따르면, 거래사례비교법이란 대상물건과 가치형성요인이 같거나 비슷한 물건의 거래사례와 비교하여 대상물건의 현황에 맞게 사정보정, 시점수정, 가치형성요인 비교 등의 과정을 거쳐 대상물건의 가액을 산정하는 감정평가방법을 말한다. 즉, 거래사례에 사정보정요인이 있는 경우 우선 사정보정을 하고, 거래시점과 기준시점 간의 시간적 불일치를 정상화하는 작업인 시점수정을 하여야 한다.

답 ④

03 감정평가방식 중 원가방식에 관련된 설명으로 옳은 것은?

① 원가방식은 대체의 원칙, 수요와 공급의 원칙, 균형의 원칙, 외부의 원칙, 예측의 원칙과 밀접한 관련이 있다.
② 재조달원가란 대상물건을 기준시점에 재생산 또는 재취득하는데 필요한 적정원가의 총액으로서 원칙적으로 그 대상물건 값의 상한선을 나타낸다.
③ 대치원가(replacement cost)란 건축자재, 설비공법 등에 있어 신축시점의 표준적인 것을 사용한 적정원가로서 이미 기능적 감가는 반영되어 있다.
④ 재조달원가를 구하는 방법은 직접법으로 총가격적산법(총량조사법), 변동율적용법(비용지수법) 등이 있고, 간접법으로 부분별단가적용법, 단위비교법 등이 있다.
⑤ 감가수정에 있어서 감가요인은 물리적요인, 기능적요인, 경제적요인이 있으며, 감가상각에 있어서 감가요인은 물리적요인, 경제적요인이 있다.

해설

① (×) 원가방식은 대체의 원칙, 수요와 공급의 원칙, 균형의 원칙, 외부성의 원칙, 최유효이용 원칙과 밀접한 관련이 있다. 그러나 예측원칙과는 관련이 없다.
  ㉠ 대체원칙의 근거 : 기존 건물의 가격과 신규건물의 건축비는 상호밀접한 대체관계에 있다. 즉, 기존 건물가격보다 신규 건물 건축비가 낮다면 매수자 스스로 새로운 건물을 지으려고 하지, 기존건물을 기꺼이 사려고 하지 않을 것이다.
  ㉡ 수요와 공급의 원칙의 근거 : 부동산 가격은 수요와 공급에 의해 끊임없이 변화한다. 부동산가격은 단기적으로 수요에 의해 주도되나, 장기적으로 공급에 의해 주도되는 경향이 있다. 따라서 부동산가격은 장기적으로는 그것의 생산비와 일치하는 경향이 있다.
  ㉢ 균형의 원칙의 근거 : 부동산이 시장에서 적정한 가치를 달성하고 이를 계속 유지하기 위해서는 자본과 토지의 결합뿐만 아니라, 부동산의 구성부분들이 서로 적절한 균형을 이루고 있어야 한다.
  ㉣ 외부성 원칙의 근거 : 부동산 가치는 외부적 요인에 의해 그것이 신규비용보다 클 수도 작을 수도 있다. 외부적 요인이 대상부동산의 가치에 (−)적 요인으로 작용하고 있을 때, 이를 조정하는 행위를 경제적 감가라 한다.
  ㉤ 최유효이용의 원칙 근거 : 최유효이용은 부동산의 가치추계에 가장 기본이 되는 원칙이다. 이것은 원가법뿐만 아니라 다른 모든 평가방식에 필수적으로 적용되는 원칙이다.
② (○) 재조달원가란 대상물건을 기준시점에 재생산 또는 재취득하는데 필요한 적정원가의 총액으로서 원칙적으로 그 대상물건 값의 상한선을 나타낸다. 즉, 원가법에서 적산가격은 재조달원가에서 감가수정을 공제한 가격이므로 재조달원가가 대상물건의 상한가가 된다.
③ (×) 재조달원가를 산출하는 방법으로 복제원가(reproduction cost)와 대치원가(replacement cost)가 존재한다. 이때 재조달원가 산출시 신축시점이 아니라 기준시점의 건축비로 산출해야 한다. 또한 대치원가는 이미 기능적 감가는 반영되어 있다.
④ (×) 재조달원가를 구하는 방법
  ㉠ 직접법 : 총가격적산법(총량조사법), 구성단위법(부분별단가적용법), 단위비교법
  ㉡ 간접법 : 변동율적용법(비용지수법) 등
⑤ (×) 감가수정에 있어서 감가요인은 물리적요인, 기능적요인, 경제적요인이 있으며, 감가상각에 있어서 감가요인은 물리적요인, 기능적요인이 있다.

답 ②

04 다음 자료를 활용하여 원가법으로 평가한 대상건물의 가액은? (단, 주어진 조건에 한함) 기출 24

- 대상건물 : 철근콘크리트구조, 다가구주택, 연면적 350m^2
- 기준시점 : 2024.4.5.
- 사용승인시점 : 2013.6.16.
- 사용승인시점의 적정한 신축공사비 : 1,000,000원/m^2
- 건축비지수
  - 기준시점 : 115
  - 사용승인시점 : 100
- 경제적 내용연수 : 50년
- 감가수정방법 : 정액법(만년감가기준)
- 내용연수 만료시 잔존가치 없음

① 313,000,000원 ② 322,000,000원
③ 342,000,000원 ④ 350,000,000원
⑤ 352,000,000원

해설

$1,000,000(신축공사비) \times \dfrac{115}{100}(건축비지수) \times \dfrac{40}{50}(10년 만년감가 : 2013.6.16.\sim2023.6.16.) \times 350(면적) = 322,000,000원$

답 ②

---

05 원가방식에 관한 설명으로 옳은 것을 모두 고른 것은? 기출 24

ㄱ. 원가법과 적산법은 원가방식에 해당한다.
ㄴ. 재조달원가는 실제로 생산 또는 건설된 방법 여하에 불구하고 도급방식을 기준으로 산정한다.
ㄷ. 대상부동산이 가지는 물리적 특성인 지리적 위치의 고정성에 의해서 경제적 감가요인이 발생한다.
ㄹ. 정액법, 정률법, 상환기금법은 대상부동산의 내용연수를 기준으로 하는 감가수정방법에 해당한다.

① ㄱ, ㄴ ② ㄷ, ㄹ
③ ㄱ, ㄴ, ㄹ ④ ㄱ, ㄷ, ㄹ
⑤ ㄱ, ㄴ, ㄷ, ㄹ

해설

ㄱ, ㄴ, ㄷ, ㄹ 모두 옳은 설명이다.

답 ⑤

06

다음 조건을 가진 부동산을 통해 산출한 내용으로 옳지 않은 것은? (단, 주어진 조건에 한함) 기출 23

- 가능총소득(PGI) : 연 150,000,000원
- 공실손실상당액·대손충당금 : 가능총소득의 10%
- 운영경비(OE) : 유효총소득의 30%
- 대출원리금 상환액 : 연 40,000,000원
- 가격구성비 : 토지 40%, 건물 60%
- 토지환원이율 : 연 3%, 건물환원이율 : 연 5%

① 운영경비는 40,500,000원이다.
② 종합환원이율은 연 4.2%이다.
③ 순영업소득(NOI)은 94,500,000원이다.
④ 유효총소득(EGI)은 135,000,000원이다.
⑤ 세전현금흐름(BTCF)은 53,500,000원이다.

해설

- 가능총소득(150,000,000원) - 공실손실상당액·대손충당금(10%, 15,000,000원)
- 유효총소득(135,000,000원) - 영업경비(30%, 40,500,000원)
- 순영업소득(94,500,000원) - 원리금 상환액(40,000,000원)
- 세전현금흐름 = 54,500,000원

① (○) 운영경비는 40,500,000원이다.
② (○) 종합환원이율 = [토지환원이율(3%) × 토지구성비(40%)] + [건물환원이율(5%) × 건물구성비(60%)] = 4.2%이다.
③ (○) 순영업소득(NOI)은 94,500,000원이다.
④ (○) 유효총소득(EGI)은 135,000,000원이다.
⑤ (×) 세전현금흐름(BTCF)은 54,500,000원이다.

답 ⑤

07 감정평가 실무기준상 수익방식에 관한 내용으로 옳은 것은? [기출 24]

① 직접환원법은 복수기간의 순수익을 적절한 환원율로 환원하여 대상물건의 가액을 산정하는 방법을 말한다.
② 수익가액이란 수익분석법에 따라 산정된 가액을 말한다.
③ 순수익은 대상물건에 귀속하는 적절한 수익으로서 가능총수익에서 운영경비를 공제하여 산정한다.
④ 직접환원법에서 사용할 환원율은 투자결합법으로 구하는 것을 원칙으로 한다.
⑤ 할인현금흐름분석법의 적용에 따른 복귀가액은 보유기간 경과 후 초년도의 순수익을 추정하여 최종환원율로 환원한 후 매도비용을 공제하여 산정한다.

해설

① (×) 직접환원법은 한 해의 소득기준으로 환원한다.
② (×) 수익환원법에 의해 산정된 가격을 수익가액이라 한다.
③ (×) 유효총수익(가능총수익에서 공실 및 불량부채 충당금 공제)에서 운영경비를 공제한 것이 순수익이다.
④ (×) 직접환원법은 시장추출법으로 구하는 것을 원칙으로 한다.

답 ⑤

08 감정평가에 관한 규칙상 원가방식에 관한 설명으로 옳지 않은 것은? [기출 22]

① 원가법과 적산법은 원가방식에 속한다.
② 적산법에 의한 임대료 평가에서는 대상물건의 재조달원가에 기대이율을 곱하여 산정된 기대수익에 대상물건을 계속하여 임대하는 데에 필요한 경비를 더한다.
③ 원가방식을 적용한 감정평가서에는 부득이한 경우를 제외하고는 재조달원가 산정 및 감가수정 등의 내용이 포함되어야 한다.
④ 입목 평가 시 소경목림(小徑木林)인 경우에는 원가법을 적용할 수 있다.
⑤ 선박 평가 시 본래 용도의 효용가치가 있으면 선체·기관·의장(艤裝)별로 구분한 후 각각 원가법을 적용해야 한다.

해설

- '적산법(積算法)'이란 기준시점에 있어서의 대상물건의 기초가액에 기대이율을 곱하여 산정된 기대수익에 대상물건을 계속하여 임대하는 데에 필요한 경비를 더하여 대상물건의 임대료를 산정하는 감정평가 방법을 말한다.
- '원가법'이란 기준시점에서 대상물건의 재조달원가에 감가수정(減價修正)을 하여 대상물건의 가액을 산정하는 감정평가 방법을 말한다(감정평가에 관한 규칙 제2조 제5호).

답 ②

09 감정평가에 관한 규칙에 관한 내용으로 옳지 않은 것은?

① 대상물건에 대한 감정평가액은 시장가치를 기준으로 결정한다.
② 감정평가는 기준시점에서의 대상물건의 이용상황(불법적이거나 일시적인 이용은 제외한다) 및 공법상 제한을 받는 상태를 기준으로 한다.
③ 감정평가는 대상물건마다 개별로 하여야 한다.
④ 감정평가법인등이 토지를 감정평가할 때에는 수익환원법을 적용해야 한다.
⑤ 하나의 대상물건이라도 가치를 달리하는 부분은 이를 구분하여 감정평가할 수 있다.

해설

④ (×) 감정평가법인등이 토지를 감정평가할 때에는 공시지가기준법을 적용해야 한다.

답 ④

---

10 할인현금흐름분석법에 의한 수익가액은? (단, 주어진 자료에 한함, 모든 현금흐름은 연말에 발생함)

- 보유기간 5년의 순영업소득 : 매년 9천만원
- 6기 순영업소득 : 1억원
- 매도비용 : 재매도가치의 5%
- 기입환원율 : 4%, 기출환원율 : 5%, 할인율 : 연 5%
- 연금현가계수(5%, 5년) : 4.329
- 일시불현가계수(5%, 5년) : 0.783

① 1,655,410,000원
② 1,877,310,000원
③ 2,249,235,000원
④ 2,350,000,000원
⑤ 2,825,000,000원

해설

할인현금수지분석법의 유형은 순영업소득모형, 세전현금수지모형, 세후현금수지모형으로 구분된다. 이 중에서 주어진 문제는 순영업소득모형에 해당된다.

시장가치＝순영업소득의 현가합＋기간 말 재매도가치의 현가

(1) 순영업소득의 현가합＝순영업소득(9천만원)×연금현가계수(4.329)＝38,961만원
(2) 재매도가치의 현가(∵ 주어진 지문은 기간 말 1년 후의 순영업소득임)

① 재매도가치＝$\dfrac{\text{6기 순영업소득(1억원)}}{\text{기출환원율(5\%)}}$－매도경비(1억원)＝19억원

　(매도경비＝재매도가치(20억원)의 5%＝1억원)

② 재매도가치의 현가합＝기간 말 재매도가치(19억원)×일시불현가(0.783)＝148,770만원

(3) 시장가치＝순영업소득의 현가합(38,961만원)＋재매도가치의 현가(148,770만원)＝187,731만원

답 ②

11 수익환원법에 관한 설명으로 옳지 않은 것은? 기출 22

① 운영경비에 감가상각비를 포함시킨 경우 상각전환원율을 적용한다.
② 직접환원법에서 사용할 환원율은 시장추출법으로 구하는 것을 원칙으로 한다.
③ 재매도가치를 내부추계로 구할 때 보유기간 경과 후 초년도 순수익을 반영한다.
④ 할인 또는 환원할 순수익을 구할 때 자본적지출은 비용으로 고려하지 않는다.
⑤ 요소구성법으로 환원율을 결정할 때 위험요소를 적극적으로 반영하면 환원율은 커진다.

해설

① (×) 운영경비에 감가상각비를 제외시킨 상각전환원율을 적용한다.
② (○) 직접환원법에서 사용할 환원율은 시장추출법으로 구하는 것을 원칙으로 한다. 다만, 시장추출법의 적용이 적절하지 않은 때에는 요소구성법, 투자결합법, 유효총수익승수에 의한 결정방법, 시장에서 발표된 환원율 등을 검토하여 조정할 수 있다.
④ (○) 할인 또는 환원할 순수익을 구할 때 영업경비를 고려하는데 자본적 지출은 영업경비에 포함되지 않지만 수익적 지출은 비용으로 고려한다.

답 ①

12 감정평가사 A는 B토지의 감정평가를 의뢰받고 인근지역 나지 거래사례인 C토지를 활용해 2억원으로 평가했다. A가 C토지 거래금액에 대해 판단한 사항은? (단, 주어진 자료에 한함) 기출 22

- B, C토지의 소재지, 용도지역 : D구, 제2종일반주거지역
- 면적 : B토지 200m², C토지 150m²
- 거래금액 : 1.5억원(거래시점 일괄지급)
- D구 주거지역 지가변동률(거래시점~기준시점) : 10% 상승
- 개별요인 : B토지 가로조건 10% 우세, 그 외 조건 대등

① 정 상
② 10% 고가
③ 20% 고가
④ 21% 고가
⑤ 31% 고가

해설

C토지의 실거래가격과 정상가격과의 차이를 묻는 문제이다.

- 거래가격(1.5억원) × 면적$\left(\dfrac{\text{대상토지}(200)}{\text{사례토지}(150)}\right)$ × 지가변동률(1+0.1) × 개별요인(1+0.1) = 평가액(2.42억원)

  ∴ 주어진 조건에 의하면 C토지의 평가가격은 2.42억원으로 평가된다.

- 그러나 C토지의 실제평가가격은 2억원에 평가되었다. 따라서 B토지의 실제 정상가치와 실거래가격에 오차가 발생한다.

  즉, 사정보정이 요구된다. 따라서 21% 고가 $\left(\dfrac{2.42억원}{2억원}\right)$로 매매된 것으로 판단된다.

답 ④

13 감정평가에 관한 규칙에서 규정하고 있는 내용으로 옳지 않은 것은?

① 기업가치의 주된 평가방법은 수익환원법이다.
② 적정한 실거래가는 감정평가의 기준으로 적용하기에 적정하다고 판단되는 거래가격으로서, 거래시점이 도시지역은 5년 이내, 그 밖의 지역은 3년 이내인 거래가격을 말한다.
③ 시산가액 조정 시, 공시지가기준법과 그 밖의 비교방식에 속한 감정평가방법은 서로 다른 감정평가방식에 속한 것으로 본다.
④ 필요한 경우 관련 전문가에 대한 자문 등을 거쳐 감정평가할 수 있다.
⑤ 항공기의 주된 평가방법은 원가법이며, 본래 용도의 효용가치가 없는 물건은 해체처분가액으로 감정평가할 수 있다.

해설

② (×) "적정한 실거래가"란 「부동산 거래신고에 관한 법률」에 따라 신고된 실제 거래가격(이하 "거래가격"이라 한다)으로서 거래 시점이 도시지역(「국토의 계획 및 이용에 관한 법률」 제36조 제1항 제1호에 따른 도시지역을 말한다)은 3년 이내, 그 밖의 지역은 5년 이내인 거래가격 중에서 감정평가법인등이 인근지역의 지가수준 등을 고려하여 감정평가의 기준으로 적용하기에 적정하다고 판단하는 거래가격을 말한다(감정평가에 관한 규칙 제2조 제12의2호).

답 ②

14 감정평가에 관한 규칙상 주된 평가방법으로 수익환원법을 적용해야 하는 것은 모두 몇 개인가?

• 광업재단	• 상표권
• 영업권	• 특허권
• 전용측선이용권	• 과수원

① 2개　　　　　　　　　　　② 3개
③ 4개　　　　　　　　　　　④ 5개
⑤ 6개

해설

④ 감칙 제19조에 의해 광업재단은 수익환원법으로, 상표권, 영업권, 특허권, 전용측선이용권 등 무형자산의 감정평가방법은 수익환원법으로 평가해야 한다.
과수원은 감칙 제18조에 의거 거래사례비교법으로 평가한다.

답 ④

15 수익환원법(직접환원법)에 의한 대상부동산의 가액이 8억원일 때, 건물의 연간 감가율(회수율)은? (단, 주어진 자료에 한함)   `기출 22`

- 가능총수익 : 월 6백만원
- 공실 및 대손 : 연 1천 2백만원
- 운영경비(감가상각비 제외) : 유효총수익의 20%
- 토지, 건물 가격구성비 : 각각 50%
- 토지환원율, 건물상각후환원율 : 각각 연 5%

① 1%   ② 2%
③ 3%   ④ 4%
⑤ 5%

해설

건물잔여법을 활용한다.
(1) 순영업소득＝가능총수익(7,200만원)－공실 및 대손(1,200만원)－운영경비(1,200만원)＝4,800만원
(2) 토지와 건물의 가격구성비가 50:50이므로 건물가격은 4억원이다.
(3) 건물의 순영업소득＝전체 순영업소득(4,800만원)－[건물가치(4억원)×건물상각후환원율(5%)]＝2,800만원
(4) 건물환원율＝$\dfrac{건물순영업소득(2,800만원)}{건물가치(4억원)}$＝7%
(5) 환원율(7%)＝자본수익률(5%)＋자본회수율(?)
   자본회수율(연간감가율)＝2%

답 ②

16 감정평가에 관한 규칙상 대상물건별 주된 감정평가방법으로 옳지 않은 것은? (단, 대상물건은 본래 용도의 효용가치가 있음을 전제로 함)   `기출 21`

① 선박 － 거래사례비교법
② 건설기계 － 원가법
③ 자동차 － 거래사례비교법
④ 항공기 － 원가법
⑤ 동산 － 거래사례비교법

해설

① (×) 감정평가법인등은 선박을 감정평가할 때에 선체·기관·의장(艤裝)별로 구분하여 감정평가하되, 각각 원가법을 적용하여야 한다(감정평가에 관한 규칙 제20조 제3항).

답 ①

17 다음 자료를 활용하여 원가법으로 평가한 대상건물의 가액은? (단, 주어진 조건에 한함) 기출 21

- 대상건물 현황 : 연와조, 단독주택, 연면적 $200m^2$
- 사용승인시점 : 2016.6.30.
- 기준시점 : 2021.4.24.
- 사용승인시점의 신축공사비 : 1,000,000원/m^2(신축공사비는 적정함)
- 건축비지수
  - 사용승인시점 : 100
  - 기준시점 : 110
- 경제적 내용연수 : 40년
- 감가수정방법 : 정액법(만년감가기준)
- 내용연수 만료시 잔존가치 없음

① 175,000,000원
② 180,000,000원
③ 192,500,000원
④ 198,000,000원
⑤ 203,500,000원

해설

- 재조달원가 = 공사비(100만원) × 연면적(200) × 건축비지수(1.1) = 22,000만원
- 매년감가액 = $\dfrac{\text{재조달원가}(22{,}000\text{만원}) - \text{잔존가격}(0)}{\text{경제적 내용연수}(40\text{년})}$ = 550만원
- 감가누계액 = 매년감가액(550만원) × 경과연수(4년) = 2,200만원
  ※ 승인시점(2016.6.30.)과 기준시점(2021.4.24.)에서 만년감가기준은 4년이 된다.
- 적산가격 = 재조달원가(22,000만원) - 감가누계액(2,200만원) = 198,000,000원

답 ④

18 감정평가 실무기준에서 규정하고 있는 수익환원법에 관한 내용으로 옳지 <u>않은</u> 것은? 기출 21

① 수익환원법으로 감정평가할 때에는 직접환원법이나 할인현금흐름분석법 중에서 감정평가 목적이나 대상물건에 적절한 방법을 선택하여 적용한다.
② 부동산의 증권화와 관련한 감정평가 등 매기의 순수익을 예상해야 하는 경우에는 할인현금흐름분석법을 원칙으로 하고 직접환원법으로 합리성을 검토한다.
③ 직접환원법에서 사용할 환원율은 요소구성법으로 구하는 것을 원칙으로 한다. 다만, 요소구성법의 적용이 적절하지 않은 때에는 시장추출법, 투자결합법, 유효총수익승수에 의한 결정방법, 시장에서 발표된 환원율 등을 검토하여 조정할 수 있다.
④ 할인현금흐름분석에서 사용할 할인율은 투자자조사법(지분할인율), 투자결합법(종합할인율), 시장에서 발표된 할인율 등을 고려하여 대상물건의 위험이 적절히 반영되도록 결정하되 추정된 현금흐름에 맞는 할인율을 적용한다.
⑤ 복귀가액 산정을 위한 최종환원율은 환원율에 장기위험프리미엄·성장률·소비자물가상승률 등을 고려하여 결정한다.

해설

③ (×) 직접환원법에서 사용할 환원율은 시장추출법으로 구하는 것을 원칙으로 한다. 다만, 시장추출법의 적용이 적절하지 않은 때에는 요소구성법, 투자결합법, 유효총수익승수에 의한 결정방법, 시장에서 발표된 환원율 등을 검토하여 조정할 수 있다.

답 ③

19 감정평가 실무기준상 권리금 감정평가방법에 관한 설명으로 옳지 <u>않은</u> 것은? 기출 20

① 권리금을 감정평가할 때에는 유형·무형의 재산마다 개별로 감정평가하는 것을 원칙으로 한다.
② 권리금을 개별로 감정평가하는 것이 곤란하거나 적절하지 아니한 경우에는 일괄하여 감정평가할 수 있으며, 이 경우 감정평가액은 유형재산가액과 무형재산가액으로 구분하지 않아야 한다.
③ 유형재산을 감정평가할 때에는 주된 방법으로 원가법을 적용하여야 한다.
④ 무형재산을 감정평가할 때에는 주된 방법으로 수익환원법을 적용하여야 한다.
⑤ 유형재산과 무형재산을 일괄하여 감정평가 할 때에는 주된 방법으로 수익환원법을 적용하여야 한다.

해설

② (×) 권리금을 개별로 감정평가하는 것이 곤란하거나 적절하지 아니한 경우에는 일괄하여 감정평가할 수 있다. 이 경우 감정평가액은 합리적인 배분기준에 따라 유형재산가액과 무형재산가액으로 구분하여 표시할 수 있다.

> **알아보기** 감정평가 실무기준

4 권리금의 감정평가
4.1 정의
① 권리금이란 임대차 목적물인 상가건물에서 영업을 하는 자 또는 영업을 하려는 자가 영업시설·비품, 거래처, 신용, 영업상의 노하우, 상가건물의 위치에 따른 영업상의 이점 등 유형·무형의 재산적 가치의 양도 또는 이용대가로서 임대인, 임차인에게 보증금과 차임 이외에 지급하는 금전 등의 대가를 말한다.
② 유형재산이란 영업을 하는 자 또는 영업을 하려고 하는 자가 영업활동에 사용하는 영업시설, 비품, 재고자산 등 물리적·구체적 형태를 갖춘 재산을 말한다.
③ 무형재산이란 영업을 하는 자 또는 영업을 하려고 하는 자가 영업활동에 사용하는 거래처, 신용, 영업상의 노하우, 건물의 위치에 따른 영업상의 이점 등 물리적·구체적 형태를 갖추지 않은 재산을 말한다.

4.2 자료의 수집 및 정리
권리금의 가격자료에는 거래사례, 수익자료, 시장자료 등이 있으며, 대상 권리금의 특성에 맞는 적절한 자료를 수집하고 정리한다. 유형재산의 경우에는 해당 물건의 자료의 수집 및 정리 규정을 준용한다.

4.3 권리금의 감정평가방법
4.3.1 권리금의 감정평가 원칙
① 권리금을 감정평가할 때에는 유형·무형의 재산마다 개별로 감정평가하는 것을 원칙으로 한다.
② 제1항에도 불구하고 권리금을 개별로 감정평가하는 것이 곤란하거나 적절하지 아니한 경우에는 일괄하여 감정평가할 수 있다. 이 경우 감정평가액은 합리적인 배분기준에 따라 유형재산가액과 무형재산가액으로 구분하여 표시할 수 있다.

4.3.2 유형재산의 감정평가
① 유형재산을 감정평가할 때에는 원가법을 적용하여야 한다.
② 제1항에도 불구하고 원가법을 적용하는 것이 곤란하거나 부적절한 경우에는 거래사례비교법 등으로 감정평가할 수 있다.

4.3.3 무형재산의 감정평가
4.3.3.1 무형재산의 감정평가방법
① 무형재산을 감정평가할 때에는 수익환원법을 적용하여야 한다.
② 제1항에도 불구하고 수익환원법을 적용하는 것이 곤란하거나 부적절한 경우에는 거래사례비교법이나 원가법 등으로 감정평가할 수 있다.

4.3.3.2 수익환원법의 적용
무형재산을 수익환원법으로 감정평가할 때에는 무형재산으로 인하여 발생할 것으로 예상되는 영업이익이나 현금흐름을 현재가치로 할인하거나 환원하는 방법으로 감정평가한다. 다만, 무형재산의 수익성에 근거하여 합리적으로 감정평가할 수 있는 다른 방법이 있는 경우에는 그에 따라 감정평가할 수 있다.

4.3.3.3 거래사례비교법의 적용
무형재산을 거래사례비교법으로 감정평가할 때에는 다음 각 호의 어느 하나에 해당하는 방법으로 감정평가한다. 다만, 무형재산의 거래사례에 근거하여 합리적으로 감정평가할 수 있는 다른 방법이 있는 경우에는 그에 따라 감정평가할 수 있다.
 1. 동일 또는 유사 업종의 무형재산만의 거래사례와 대상의 무형재산을 비교하는 방법
 2. 동일 또는 유사 업종의 권리금 일체 거래사례에서 유형의 재산적 가치를 차감한 가액을 대상의 무형재산과 비교하는 방법

4.3.3.4 원가법의 적용
무형재산을 원가법으로 감정평가할 때에는 대상상가의 임대차 계약 당시 무형재산의 취득가액을 기준으로 취득 당시와 기준시점 당시의 수익 변화 등을 고려하여 감정평가한다. 다만, 무형재산의 원가에 근거하여 합리적으로 감정평가할 수 있는 다른 방법이 있는 경우에는 그에 따라 감정평가할 수 있다.

4.3.4 유형재산과 무형재산의 일괄감정평가
① 유형재산과 무형재산을 일괄하여 감정평가할 때에는 수익환원법을 적용하여야 한다.
② 제1항에도 불구하고 수익환원법을 적용하는 것이 곤란하거나 부적절한 경우에는 거래사례비교법 등으로 감정평가할 수 있다.

답 ②

20 다음과 같은 조건에서 수익환원법에 의해 평가한 대상부동산의 가액은? (단, 주어진 조건에 한함)

기출 20

- 가능총소득(PGI) : 1억원
- 공실손실상당액 및 대손충당금 : 가능총소득의 5%
- 재산세 : 300만원
- 화재보험료 : 200만원
- 영업소득세 : 400만원
- 건물주 개인업무비 : 500만원
- 토지가액:건물가액＝40%:60%
- 토지환원이율 : 5%
- 건물환원이율 : 10%

① 1,025,000,000원
② 1,075,000,000원
③ 1,125,000,000원
④ 1,175,000,000원
⑤ 1,225,000,000원

해설

- 순영업소득(9,000만원)＝가능조소득(1억원)－공실상당액(5% : 500만원)－영업경비(500만원)
- 영업경비(500만원)＝재산세(300만원)＋화재보험료(200만원)
- 환원이율(8%)＝[토지비율(40%)×토지환원율(5%)]＋[건물비율(60%)×건물환원율(10%)]
- **수익가격**(1,125,000,000원)＝ $\dfrac{순영업소득(9,000만원)}{환원이율(8\%)}$

답 ③

21

다음과 같은 조건에서 대상부동산의 수익가액 산정시 적용할 환원이율(capitalization rate)은? (단, 주어진 조건에 한함)

기출 24

- 가능총소득(PGI) : 연 85,000,000원
- 공실상당액 : 가능총소득의 5%
- 재산관리수수료 : 가능총소득의 2%
- 유틸리티비용 : 가능총소득의 2%
- 관리직원인건비 : 가능총소득의 3%
- 부채서비스액 : 연 20,000,000원
- 대부비율 : 25%
- 대출조건 : 이자율 연 4%로 28년간 매년 원리금균등분할상환(고정금리)
- 저당상수(이자율 연 4%, 기간 28년) : 0.06

① 5.61%
② 5.66%
③ 5.71%
④ 5.76%
⑤ 5.81%

해설

- NOI = 85,000,000 − 85,000,000 × (0.05 + 0.02 + 0.02 + 0.03) = 74,800,000
- R = 부채감당률 × 대부비율 × 저당상수
  여기서, 부채감당률 = NOI / 부채서비스액이므로
  부채감당률은 74,800,000 / 20,000,000 = 3.74
- 따라서, 3.74(부채감당률) × 25%(대부비율) × 0.06(저당상수) = 5.61%

답 ①

22

부동산투자에서 (ㄱ)타인자본을 활용하지 않은 경우와 (ㄴ)타인자본을 40% 활용하는 경우, 각각의 1년간 자기자본수익률(%)은? (단, 주어진 조건에 한함) 기출 24

- 부동산 매입가격 : 10,000만원
- 1년 후 부동산 처분
- 순영업소득(NOI) : 연 500만원(기간 말 발생)
- 보유기간 동안 부동산가격 상승률 : 연 2%
- 대출조건 : 이자율 연 4%, 대출기간 1년, 원리금은 만기일시상환

	ㄱ	ㄴ
①	7.0	7.0
②	7.0	8.0
③	7.0	9.0
④	7.5	8.0
⑤	7.5	9.0

해설

ㄱ. 타인자본을 활용하지 않은 경우
- 500 / 10,000 + 0.02 = 0.07

ㄴ. 타인자본을 활용한 경우
- 매입가격 중 자기자본 6천만원, 타인자본 4천만원
- 연 임대료수익분 = 5백만원 − 4천만원(타인자본) × 4% = 340만원
- 1년 후 처분 1억원 × 0.02 = 200만원
- (340만원 + 200만원) / 6000만원 = 0.09

답 ③

23 다음은 매장의 매출액이 손익분기점 매출액 이하이면 기본임대료만 지급하고, 손익분기점 매출액 초과이면 초과매출액에 대하여 일정 임대료율을 적용한 추가임대료를 기본임대료에 가산하여 임대료를 지급하는 비율임대차(percentage lease) 방식의 임대차계약의 조건이다. 이 임대차계약에서 계약기간 동안 지급할 것으로 예상되는 임대료의 합계는? (단, 주어진 조건에 한함) 기출 24

- 계약기간 : 1년(1월~12월)
- 매장 임대면적 : $200m^2$
- 임대면적당 기본임대료 : 월 5만원/m^2
- 손익분기점 매출액 : 월 2,000만원
- 각 월별 예상매출액
  - 1월~7월 : 8만원/m^2
  - 8월~12월 : 20만원/m^2
- 손익분기점 초과시 초과매출액에 대한 임대료율 : 10%

① 11,000만원
② 11,500만원
③ 12,000만원
④ 12,500만원
⑤ 13,000만원

해설

- 1월~7월 매장 예상 매출액=80,000×200=월 1,600만원<손익분기점 매출액
- 8월~12월 매장 예상 매출액=200,000×200=월 4,000만원>손익분기점 매출액
- [(5만원 기본임대료×7개월×$200m^2$)+(2,000만원 초과매출액×0.1×5개월)+(5만원×$200m^2$×5개월)]
  =7,000만원+1,000만원+5,000만원=13,000만원

답 ⑤

24 다음 자료를 활용하여 거래사례비교법으로 평가한 대상토지의 감정평가액은? (단, 주어진 조건에 한함)

기출 20

- 대상토지 : A시 B대로 30, 토지면적 200m², 제3종 일반주거지역, 주거용 토지
- 기준시점 : 2020.3.1.
- 거래사례의 내역(거래시점 : 2019.9.1.)

소재지	용도지역	토지면적	이용상황	거래사례가격
A시 B대로 29	제3종 일반주거지역	250m²	주거용	6억원

- 지가변동률(2019.9.1.~2020.3.1.) : A시 주거지역은 3% 상승함
- 지역요인 : 대상토지는 거래사례의 인근지역에 위치함
- 개별요인 : 대상토지는 거래사례에 비해 8% 우세함
- 그 밖의 다른 조건은 동일함
- 상승식으로 계산할 것

① 531,952,000원
② 532,952,000원
③ 533,952,000원
④ 534,952,000원
⑤ 535,952,000원

해설

대상토지가격 = $\dfrac{\text{대상토지}(200)}{\text{사례토지}(250)}$ × 거래가격(6억원) × 지가변동율(1.03) × 개별요인(1.08) = 533,952,000원

답 ③

25

감정평가에 관한 규칙상 주된 감정평가방법 중 거래사례비교법을 적용하는 것은? 기출 20

가. 토 지	나. 건 물
다. 토지와 건물의 일괄	라. 임대료
마. 광업재단	바. 과수원
사. 자동차	

① 가, 나, 바 ② 가, 마, 사
③ 나, 마, 사 ④ 다, 라, 마
⑤ 다, 바, 사

해설

⑤ 토지와 건물의 일괄, 과수원, 자동차는 거래사례비교법을 적용한다.
가·나·라. (×) 토지는 공시지가기준법을 적용하고, 건물은 원가법, 임대료는 임대사례비교법을 적용한다.

답 ⑤

26 다음과 같은 조건에서 대상부동산의 수익가액 산정시 적용할 환원이율(capitalization rate)은? (단, 소수점 셋째자리에서 반올림하여 둘째자리까지 구함) 기출 20

- 유효총소득(EGI) : 80,000,000원
- 재산세 : 2,000,000원
- 화재보험료 : 1,000,000원
- 재산관리 수수료 : 1,000,000원
- 유틸리티 비용(전기, 가스, 난방 등 공익시설에 따른 비용) : 1,000,000원
- 소득세 : 2,000,000원
- 관리직원 인건비 : 2,000,000원
- 부채서비스액(debt service) : 연 40,000,000원
- 대부비율 : 30%
- 대출조건 : 이자율 연 4%로 15년간 매년 원리금균등분할상환(고정금리)
- 저당상수(이자율 연 4%, 기간 15년) : 0.09

① 3.93% ② 4.93%
③ 5.93% ④ 6.93%
⑤ 7.93%

해설

- 순영업소득 = 유효총소득(8,000만원) − 영업경비(700만원) = 7,300만원
- 부채감당율 = $\dfrac{\text{순영업소득(7,300만원)}}{\text{부채서비스액(4,000만원)}}$ = 1.825
- 환원이율 = 저당상수(0.09) × 부채감당율(1.825) × 대부비율(30%) = 0.049275

답 ②

27 다음은 투자 예정 부동산의 향후 1년 동안 예상되는 현금흐름이다. 연간 세후 현금흐름은? (단, 주어진 조건에 한함)

기출 20

- 단위 면적당 월 임대료 : 20,000원/m^2
- 임대면적 : 100m^2
- 공실손실상당액 : 임대료의 10%
- 영업경비 : 유효총소득의 30%
- 부채서비스액 : 연 600만원
- 영업소득세 : 세전현금흐름의 20%

① 4,320,000원
② 6,384,000원
③ 7,296,000원
④ 9,120,000원
⑤ 12,120,000원

해설

- 가능조소득＝연 임대료(24만원)×임대면적(100)＝2,400만원
- 유효총소득＝가능조소득(2,400만원)－공실손실상당액(240만원)＝2,160만원
- 순영업소득＝유효총소득(2,160만원)－영업경비(648만원)＝1,512만원
- 세전현금수지＝순영업소득(1,512만원)－부채서비스액(600만원)＝912만원
- 세후현금수지＝세전현금수지(912만원)－소득세(182.4만원)＝729.6만원

답 ③

28. 토지에 관한 설명으로 옳지 않은 것은?

① 빈지는 일반적으로 바다와 육지 사이의 해변 토지와 같이 소유권이 인정되며 이용실익이 있는 토지이다.
② 맹지는 타인의 토지에 둘러싸여 도로에 어떤 접속면도 가지지 못하는 토지이며, 건축법에 의해 원칙적으로 건물을 세울 수 없다.
③ 법지는 택지경계와 접한 경사된 토지부분과 같이 법률상으로는 소유를 하고 있지만 이용이익이 없는 토지이다.
④ 후보지는 부동산의 주된 용도적 지역인 택지지역, 농지지역, 임지지역 상호간에 전환되고 있는 지역의 토지이다.
⑤ 이행지는 부동산의 주된 용도적 지역인 택지지역, 농지지역, 임지지역의 세분된 지역 내에서 용도전환이 이루어지고 있는 토지이다.

해설

① (×) 빈지는 일반적으로 바다와 육지 사이의 해변 토지와 같이 소유권이 인정되지 않으며 이용실익이 있는 토지이다. 반면에 법지란 법률상 존재하지만, 활용실익이 적거나 없는 토지를 말한다.

답 ①

29. 다음의 자료를 활용하여 평가한 A부동산의 연간 비준임료(원/m^2)는? (단, 주어진 조건에 한함)

- 유사임대사례의 임료 : 월 1,000,000원/m^2 (보증금 없음)
- 임대료 상승률 : 유사임대사례의 계약일로부터 기준시점까지 10% 상승
- A부동산이 유사임대사례보다 개별요인에서 5% 우세

① 13,200,000
② 13,540,000
③ 13,560,000
④ 13,800,000
⑤ 13,860,000

해설

주어진 조건은 연간이다. 따라서 월 조건을 연으로 변환하여야 한다.
비준임료 = 연 임료(1,200만원) × 임대료상승률(1.1) × 개별요인(1.05) = 13,860,000

답 ⑤

30 자본환원율에 관한 설명으로 옳지 <u>않은</u> 것은?　　　기출 19

① 자본환원율이란 대상부동산이 장래 산출할 것으로 기대되는 표준적인 순영업소득과 부동산가격의 비율이다.
② 감가상각 전의 순영업소득으로 가치를 추계하는 경우 감가상각률을 제외한 자본환원율을 사용해야 한다.
③ 할인현금흐름분석법에서는 별도로 자본회수율을 계산하지 않는다.
④ 부채감당법에 의한 자본환원율은 부채감당률에 저당비율과 저당상수를 곱하여 구한다.
⑤ 지분수익률은 매기간 세전현금수지의 현가와 기말지분복귀액의 현가의 합을 지분투자액과 같게 만드는 내부수익률이다.

해설

② (×) 감가상각 전의 순영업소득으로 가치를 추계하는 경우 감가상각률을 포함한 자본환원율을 사용해야 한다. 그러나 감가상각 후의 순영업소득으로 가치를 추계하는 경우 감가상각률을 제외한 자본환원율을 사용해야 한다.

답 ②

---

31 토지와 건물로 구성된 대상건물의 연간 감가율(자본회수율)은? (단, 주어진 조건에 한함) 기출 24

- 거래가격: 20억원
- 순영업소득: 연 1억 8천만원
- 가격구성비: 토지 80%, 건물 20%
- 토지환원율, 건물상각후환원율: 각 연 8%

① 4%　　　　　　　　　　② 5%
③ 6%　　　　　　　　　　④ 7%
⑤ 8%

해설

- 전체 환원율 = 1.8억/20억원 = 9%
- 9% = 0.8 × (토지환원율 8%) + 0.2 × (건물상각후환원율 8% + 자본회수율)
- 따라서, 자본회수율은 5%

답 ②

32 감정평가에 관한 규칙상 시산가액 조정에 관한 설명으로 옳지 않은 것은? 기출 19

① 평가대상물건별로 정한 감정평가방법을 적용하여 산정한 가액을 시산가액이라 한다.
② 평가대상물건의 시산가액은 감정평가 3방식 중 다른 감정평가방식에 속하는 하나 이상의 감정평가방법으로 산정한 시산가액과 비교하여 합리성을 검토하여야 한다.
③ 시산가액 조정시 공시지가기준법과 거래사례비교법은 같은 감정평가방식으로 본다.
④ 대상물건의 특성 등으로 인하여 다른 감정평가방법을 적용하는 것이 곤란하거나 불필요한 경우에는 시산가액 조정을 생략할 수 있다.
⑤ 산출한 시산가액의 합리성이 없다고 판단되는 경우에는 주된 방법 및 다른 감정평가방법으로 산출한 시산가액을 조정하여 감정평가액을 결정할 수 있다.

해설

③ (×) 시산가액 조정 시 공시지가기준법과 거래사례비교법은 다른 감정평가방식으로 본다. 즉, 공시지가기준법은 산술평균으로 하지만, 거래사례비교법은 가중평균을 통해서 한다.

답 ③

33

다음의 조건을 가진 A부동산에 관한 설명으로 옳지 않은 것은? (단, 주어진 조건에 한함) 기출 19

- 가능총소득 : 연 1억원
- 공실 및 대손 : 가능총소득의 10%
- 운영경비 : 유효총소득의 30%
- 가격구성비 : 토지 40%, 건물 60%
- 토지환원율 : 연 3%, 건물환원율 : 연 5%

① 유효총소득은 연 9천만원이다.
② 순영업소득은 연 6천 3백만원이다.
③ 자본환원율은 연 4%이다.
④ 수익가격은 15억원이다.
⑤ 운영경비는 연 2천 7백만원이다.

해설

① (○) 유효총소득 = 가능총소득(1억원) − 공실 및 대손(10%, 1,000만원) = 9,000만원
②·⑤ (○) 순영업소득 = 유효총소득(9천만원) − 운영경비(30% : 2,700만원) = 6,300만원
③ (×) 자본환원율 = [토지비율(40%) × 토지환원율(3%)] + [건물비율(60%) × 건물환원율(5%)] = 4.2%
④ (○) 수익가격 = $\dfrac{\text{순영업소득(6,300만원)}}{\text{자본환원율(4.2%)}}$ = 15억원이다.

답 ③

34 대상물건에 관한 감정평가방법으로 옳지 않은 것은? (단, 주어진 조건에 한함) 기출 24

① 주택으로 쓰는 층수가 4개 층으로 1개 동의 바닥면적의 합계가 700제곱미터인 건물에서 구분소유 부동산의 감정평가액은 합리적인 배분기준에 따라 토지가액과 건물가액으로 구분하여 표시할 수 있다.
② 주택으로 쓰는 층수가 3개 층으로 15세대가 거주할 수 있고 주택으로 쓰이는 바닥면적의 합계가 600제곱미터인 1개 동이며 구분소유가 아닌 건물의 감정평가는 토지와 건물을 일괄평가하는 것을 원칙으로 한다.
③ 주택으로 쓰는 층수가 6개 층인 건물에서 구분소유 부동산의 감정평가는 거래사례비교법으로 하는 것을 원칙으로 한다.
④ 주택으로 쓰는 층수가 4개 층으로 1개 동의 바닥면적의 합계가 500제곱미터인 건물에서 구분소유 부동산의 감정평가는 토지와 건물을 일괄평가하는 것을 원칙으로 한다.
⑤ 구분소유 부동산을 감정평가할 때에는 층별·위치별 효용요인을 반영하여야 한다.

해설

② (×) 현재 한국의 감정평가제도에서 토지와 건물을 일괄평가하는 것은 구분건물일 때만 가능한 것으로 일단 머리에 각인하고, 예외사항을 학습하도록 하자.

답 ②

35 공작기계 1대를 취득원가 8,000,000원에 2년 전에 구입하였다. 현재 기준시점의 재조달원가는 10,000,000원 이다. 원가법으로 평가한 현재 가액은? (단, 감가수정은 정률법을 적용하되, 연간 감가율은 0.2이고, 내용연수는 8년이고, 잔존가치는 없으며, 주어진 조건에 한함) 기출 25

① 5,120,000원
② 6,400,000원
③ 7,500,000원
④ 8,000,000원
⑤ 10,000,000원

해설

적산가격 = 재조달원가 − 감가누계액
= 재조달원가 × (전년대비 잔가율)^m
= 재조달원가 × (1 − 매년 감가율)^m
= 10,000,000원 × (1 − 0.2)^2 = 6,400,000원

답 ②

36 다음은 2025년 공시된 표준지공시지가를 열람한 내역을 표로 나타낸 것이다. 이에 관한 설명으로 옳지 않은 것은?

기출 25

일련번호	2001	2002	2003
소재지	○○리 20	○○리 90	○○리 125
면적(m^2)	576.0	2,645.0	470.0 일단지
지목	대	전	전
공시지가(원/m^2)	92,800 평가기초자료	31,000 평가기초자료	81,100 평가기초자료
지리적 위치	○○ 마을내	초등학교 북측근거리	○○○ 내
이용상황	단독주택	전	단독주택
용도지역	계획관리	농림지역	계획관리
주위환경	순수 농촌지대	지방도주변 농경지대	농어촌지대
도로접면	세로 (가)	맹지	세로 (가)
형상지세	부정형 평지	사다리 평지	사다리 완경사

① 일련번호 2001과 2003은 승용차의 통행이 가능하다.
② 일련번호 2001과 2003의 표준지공시지가는 나지상태를 상정한 것이다.
③ 매년 1월 1일의 표준지공시지가는 당해 필지의 개별공시지가와 다른 경우가 있다.
④ 일련번호 2003에서 '일단지'라 함은 지상의 단독주택이 다른 필지와도 연계되어 있음을 의미한다.
⑤ 표준지공시지가는 구체화된 개발이익이 반영된 것이다.

해설

③ (×) 매년 1월 1일의 표준지공시지가는 당해 필지의 개별공시지가이다.

답 ③

37

다음은 토지와 건물로 구성된 대상부동산을 감정평가하기 위하여 수집한 자료이다. 유사한 성격의 자료만으로 묶인 것은?

기출 25

ㄱ. 환지예정지증명원	ㄴ. 건축물대장
ㄷ. 설계도서	ㄹ. 임대사례
ㅁ. 감정평가선례	ㅂ. 건설·조성사례
ㅅ. 실거래사례	ㅇ. 지역개황자료

① ㄱ, ㄴ, ㄷ, ㅇ
② ㄱ, ㄷ, ㄹ, ㅁ
③ ㄴ, ㄷ, ㅁ, ㅂ
④ ㄹ, ㅁ, ㅂ, ㅅ
⑤ ㅁ, ㅂ, ㅅ, ㅇ

해설

ㄹ, ㅁ, ㅂ, ㅅ은 사례자료이다.
ㄱ, ㄴ, ㄷ은 확인자료이다.
ㅇ은 요인자료이다.

➕ 알아보기

- 사례자료: 감정평가 3방식의 적용에 필요한 현실의 거래가격, 자료 등에 관한 자료
- 확인자료: 부동산의 물적 확인 및 권리태양의 확인에 필요한 자료
- 요인자료: 대상물건의 가치형성에 영향을 주는 자료
  - 자연적·사회적·경제적·행정적 제요인의 분석에 필요한 일반자료
  - 대상물건이 속해 있는 지역의 분석에 필요한 지역자료
  - 대상물건의 개별요인 분석에 필요한 개발자료로 구분된다.

 ④

38 대상물건의 감정평가는 주된 방법의 감정평가방법을 적용하되, 다른 감정평가방식에 속한 하나 이상의 방법으로 산출한 시산가액과 비교해 합리성을 검토하여야 한다. 이러한 시산가액조정의 유의사항에 관한 설명으로 옳지 <u>않은</u> 것은? 기출 25

① 단가와 총액의 관계는 시장증거(market evidence)를 바탕으로 분석한다.
② 관련 자료의 활용 적부를 검토한다.
③ 가치형성요인의 분석에서 누락이 있었는지 검토한다.
④ 각각의 시산가액에 가중치를 두어 조정이 가능하다.
⑤ 시산가액 조정 시 공시지가기준법과 거래사례비교법은 같은 감정평가방식으로 본다.

해설

⑤ (×) 시산가액 조정 시 공시지가기준법과 거래사례비교법은 다른 감정평가방식으로 본다.

답 ⑤

---

39 거래사례비교법의 적용을 위하여 다음과 같은 조건의 거래사례를 수집하였다. 거래사례의 정상화를 위해 사정보정한 가격은? (단, 기간의 금융비용은 고려하지 아니하며, 주어진 조건에 한함) 기출 25

> A씨는 건물을 신축하기 위하여 토지를 50,000,000원에 구입하였다. 구입한 토지에는 임차인이 임의로 설치한 철재 임시창고가 있었고, 이를 철거하기 위해 아래 금액이 소요되었다.
> - 임차인 이주비 : 2,000,000원
> - 철거인건비 : 1,500,000원
> - 폐기물처리비 : 1,000,000원
> - 폐자재 매각수입 : 500,000원

① 45,000,000원
② 46,000,000원
③ 47,000,000원
④ 48,000,000원
⑤ 50,000,000원

해설

소요비용 = 임차인이주비 + 철거인건비 + 폐기물처리비 − 폐자재매각수입
= 2,000,000원 + 1,500,000원 + 1,000,000원 − 500,000원 = 4,000,000원
∴ 사정보정한 가격 = 거래가격(50,000,000원) − 소요비용(4,000,000원) = 46,000,000원

답 ②

40 감정평가에 관한 규칙상 '적정한 실거래가'에 관한 설명으로 옳은 것은?

① 도시지역의 경우, 거래시점이 4년 이내의 것이어야 한다.
② 도시지역이 아닌 경우, 거래시점이 6년 이내의 것이어야 한다.
③ 적정한 실거래가의 기준이 되는 도시지역에 계획관리지역이 포함된다.
④ 「부동산 거래신고 등에 관한 법률」에 따라 신고된 실제 거래가격이어야 한다.
⑤ 실거래가는 인근지역 지가수준과의 차이와 관계없이 적정한 실거래가로 인정되어야 한다.

해설

① (×) 도시지역의 경우, 거래시점이 3년 이내의 것이어야 한다.
② (×) 도시지역이 아닌 경우, 거래시점이 5년 이내의 것이어야 한다.
③ (×) 적정한 실거래가의 기준이 되는 도시지역은 주거지역, 상업지역, 공업지역, 자연녹지지역을 말한다.
⑤ (×) 실거래가는 인근지역 지가수준을 고려한 적정한 실거래가만 인정된다.

답 ④

CHAPTER 03 부동산 가격공시제도

제1절 공시지가제도 기출 21·23

공시가격의 종류			적용대상
공시지가		표준지공시지가	토지
		개별공시지가	
주택가격	단독주택	표준주택공시가격	단독주택
		개별주택공시가격	
	공동주택	공동주택공시가격	공동주택
비주거용 부동산가격	비주거용 일반부동산	비주거용 표준부동산가격	비주거용 일반부동산
		비주거용 개별부동산가격	
	비주거용 집합부동산	비주거용 집합부동산가격	비주거용 집합부동산

부동산의 적정가격(適正價格) 공시에 관한 기본적인 사항과 부동산시장·동향의 조사·관리에 필요한 사항을 규정함으로써 부동산의 적정한 가격형성과 각종 조세·부담금 등의 형평성을 도모하고 국민경제의 발전에 이바지함을 목적으로 한다(부동산 가격공시에 관한 법률 제1조).

1. 표준지공시지가

(1) 의의

표준지공시지가는 토지이용상황이나 주변 환경, 그 밖의 자연적·사회적 조건이 일반적으로 유사하다고 인정되는 일단의 토지 중에서 선정한 표준지에 대하여 매년 공시기준일 현재의 단위면적당 적정가격을 말한다.

① 적정가격이란 토지, 주택 및 비주거용 부동산에 대하여 통상적인 시장에서 정상적인 거래가 이루어지는 경우 성립될 가능성이 가장 높다고 인정되는 가격을 말한다.

② 국토교통부장관은 토지이용상황이나 주변환경 그 밖의 자연적·사회적 조건이 일반적으로 유사하다고 인정되는 일단의 토지 중에서 선정한 표준지에 대하여 매년 공시기준일 현재의 적정가격을 조사·평가하고, 중앙부동산평가위원회의 심의를 거쳐 이를 공시하여야 한다.

③ 공시기준일은 1월 1일로 한다.

(2) 공시절차

> 표준지의 선정 → 표준지공시지가의 조사·평가 → 토지소유자의 의견 청취 → 중앙부동산가격공시위원회의 심의 → 표준지공시지가의 공시 → 표준지공시지가의 열람 → 표준지공시지가에 대한 이의신청

① **표준지의 선정**
  ㉠ 의의 : 표준지란 토지이용상황이나 주변환경, 그 밖의 자연적·사회적 조건이 일반적으로 유사하다고 인정되는 일단의 토지 중에서 당해 일단의 토지를 대표할 수 있는 토지를 말한다.
  ㉡ 선정기준
    ⓐ 지가의 대표성 : 표준지선정단위구역 내에서 지가수준을 대표할 수 있는 토지 중 인근 지역 내 가격의 층화를 반영할 수 있는 표준적인 토지이어야 한다.
    ⓑ 토지특성의 중용성 : 표준지선정단위구역 내에서 개별토지의 토지이용상황·면적·지형·지세·도로조건·주위환경 및 공적규제 등이 동일 또는 유사한 토지 중 토지특성빈도가 가장 높은 표준적인 토지이어야 한다.
    ⓒ 토지용도의 안정성 : 표준지선정단위구역 내에서 개별토지의 주변 이용상황으로 보아 그 이용 상황이 안정적이고 장래 상당기간 동일 용도로 활용될 수 있는 표준적인 토지이어야 한다.
    ⓓ 토지구별의 확정성 : 표준지선정단위구역 내에서 다른 토지와 구분이 용이하고 위치를 쉽게 확인할 수 있는 표준적인 토지이어야 한다.

② **표준지공시지가의 조사·평가**
  ㉠ 둘 이상의 감정평가법인등에게 의뢰 : 국토교통부장관이 표준지공시지가를 조사·평가할 때에는 업무실적, 신인도 등을 고려하여 둘 이상의 감정평가법인등에게 이를 의뢰하여야 한다.
  ㉡ 감정평가 3방식의 적용 : 국토교통부장관이 표준지공시지가를 조사·평가하는 경우에는 인근 유사 토지의 거래가격·임대료 및 해당 토지와 유사한 이용가치를 지닌다고 인정되는 토지의 조성에 필요한 비용추정액 등을 종합적으로 참작하여야 한다.
  ㉢ 표준지에 건물 또는 그 밖의 정착물이 있거나 지상권 또는 그 밖의 토지의 사용·수익을 제한하는 권리가 설정되어 있을 때에는 그 정착물 또는 권리가 존재하지 아니하는 것으로 보고 표준지공시지가를 평가하여야 한다.
  ㉣ 표준지공시지가 조사·평가에 필요한 세부기준
    ⓐ 실제용도
    기준 평가 : 표준지의 평가는 공부상의 지목에도 불구하고 공시기준일 현재의 이용상황을 기준으로 평가하되, 일시적인 이용상황은 이를 고려하지 아니한다.
    ⓑ 표준지공시지가는 감정평가법인등이 제출한 보고서에 따른 조사·평가액의 산술평균치를 기준으로 한다.

③ **표준지 소유자의 의견청취**
  ㉠ 국토교통부장관은 표준지 소유자의 의견을 들으려는 경우에는 부동산공시가격시스템에 다음의 사항을 20일 이상 게시하여야 한다.
  ㉡ 국토교통부장관은 게시사실을 표준지 소유자에게 개별 통지하여야 한다.

④ **중앙부동산가격공시위원회의 심의**: 국토교통부장관은 일련의 절차를 거쳐 조사·평가된 표준지의 가격에 대하여 중앙부동산가격공시위원회의 심의를 거쳐야 한다.
⑤ **표준지공시지가의 공시**
   ㉠ 표준지의 지번
   ㉡ 표준지의 단위면적당 가격
   ㉢ 표준지의 면적 및 형상
   ㉣ 표준지 및 주변토지의 이용상황
   ㉤ 그 밖에 대통령령으로 정하는 사항

〈공시사항〉

표준지공시지가의 공시사항	표준주택가격의 공시사항
① 표준지의 지번 ② 표준지의 단위면적당 가격 ③ 표준지의 면적 및 형상 ④ 표준지 및 주변토지의 이용상황 ⑤ 지목, 용도지역, 도로 상황	① 표준주택의 지번 ② 표준주택가격 ③ 표준주택의 대지면적 및 형상 ④ 표준주택의 용도, 연면적, 구조 및 사용승인일 (임시사용승인일을 포함) ⑤ 지목, 용도지역, 도로 상황

⑥ **표준지공시지가에 대한 이의신청**
   ㉠ 표준지공시지가에 대한 이의신청은 토지소유자, 토지 이용자 그 밖에 법률상 이해관계를 가진 자는 할 수가 있다.
   ㉡ 이의신청은 표준지공시지가의 공시일부터 30일 이내에 서면(전자문서를 포함)으로 국토교통부장관에게 신청할 수 있다.
   ㉢ 국토교통부장관은 이의신청 기간이 만료된 날부터 30일 이내에 이의신청을 심사하여 그 결과를 신청인에게 서면으로 통지하여야 한다.

〈이의신청-토지소유자, 토지의 이용자 그 밖에 법률상 이해관계를 가진 자〉

표준지공시지가에 대한 이의신청	개별공시지가에 대한 이의신청
① 표준지공시지가의 공시일부터 30일 이내에 서면으로 국토교통부장관에게 이의를 신청할 수 있다. ② 이의신청기간이 만료된 날부터 30일 이내에 이의신청을 심사하여 그 결과를 신청인에게 서면으로 통지하여야 한다.	① 개별공시지가의 결정·공시일부터 30일 이내에 서면으로 시장·군수 또는 구청장에게 이의를 신청할 수 있다. ② 이의신청기간이 만료된 날부터 30일 이내에 이의신청을 심사하여 그 결과를 신청인에게 서면으로 통지하여야 한다.

(3) 적용

① 공공용지의 매수 및 토지의 수용·사용에 대한 보상
② 국·공유토지의 취득 또는 처분
③ 조성된 공업용지·주거용지·관광용지 등의 공급 또는 분양
④ 도시개발사업, 도시 및 주거환경 정비사업, 농업생산기반 정비사업을 위한 환지·체비지의 매각 또는 환지신청
⑤ 토지의 관리·매입·매각·경매·재평가

〈적용범위〉

표준지공시지가	개별공시지가
① 공공용지의 매수 및 토지의 수용·보상 ② 국유·공유 토지의 취득 또는 처분 ③ 공업용지·주거용지·관광용지 등의 공급 또는 분양 ④ 환지·체비지의 매각 또는 환지신청 ⑤ 토지의 매입·매각·경매·재평가 ⑥ 토지가격비준표 작성의 기준	① 재산세 과세표준액 결정 ② 종합부동산세 과세표준액 결정 ③ 개발부담금 부과를 위한 지가 산정 ④ 국유지의 사용료 산정기준

(4) 효 력

① 토지시장의 지가정보 제공
② 일반적인 토지거래의 지표
③ 국가 등의 행정목적을 위한 지가산정의 기준
  ㉠ 공시지가는 국가·지방자치단체 등의 기관이 그 업무와 관련하여 지가를 산정하는 경우 그 기준이 된다.
  ㉡ 예컨대, 공공용지의 매수 또는 수용에 대한 보상, 국·공유지의 취득 및 처분, 선매토지매수 등에 있어서 표준지공시지가를 기준으로 지가를 산정한다.
④ 감정평가법인등의 토지평가의 기준 : 감정평가법인등이 타인의 의뢰에 의해 개별적으로 토지를 평가하는 경우에 기준이 된다.

2. 개별공시지가

(1) 의 의

개별공시지가는 시장·군수 또는 구청장이 국세·지방세 등 각종 세금의 부과, 그 밖의 다른 법령에서 정하는 목적을 위한 지가산정에 사용되도록 하기 위하여 시·군·구 부동산가격공시위원회의 심의를 거쳐 매년 공시지가의 공시기준일 현재 관할 구역 안의 개별토지의 단위면적당 가격을 말한다.

① 표준지로 선정된 토지, 조세 또는 부담금 등의 부과대상이 아닌 토지, 그 밖에 대통령령으로 정하는 토지에 대하여는 개별공시지가를 결정·공시하지 아니할 수 있다. 이 경우 표준지로 선정된 토지에 대하여는 해당 토지의 표준지공시지가를 개별공시지가로 본다.
② 시장·군수 또는 구청장은 공시기준일 이후에 분할·합병 등이 발생한 토지에 대하여는 대통령령으로 정하는 날을 기준으로 하여 개별공시지가를 결정·공시하여야 한다.

> 「부동산 가격공시에 관한 법률 시행령」 제16조(개별공시지가 공시기준일을 다르게 할 수 있는 토지)
> 제10조 제3항에서 "대통령령으로 정하는 날"이란 다음 각 호의 구분에 따른 날을 말한다.
>   1. 1월 1일부터 6월 30일까지의 사이에 제1항 각 호의 사유가 발생한 토지 : 그 해 7월 1일
>   2. 7월 1일부터 12월 31일까지의 사이에 제1항 각 호의 사유가 발생한 토지 : 다음 해 1월 1일

(2) 결정·공시 절차

> 개별공시지가의 조사·산정 → 개별공시지가 산정의 검증 및 토지소유자 등의 의견 청취 → 시·군·구 부동산 가격공시위원회의 심의 → 개별공시지가의 공시 → 개별공시지가에 대한 이의신청 → 개별공시지가의 정정

① 개별공시지가의 조사·산정 : 시장·군수 또는 구청장이 개별공시지가를 결정·공시하는 경우에는 해당 토지와 유사한 이용가치를 지닌다고 인정되는 하나 또는 둘 이상의 표준지의 공시지가를 기준으로 토지가격비준표를 사용하여 지가를 산정하되, 해당 토지의 가격과 표준지공시지가가 균형을 유지하도록 하여야 한다.

② 개별공시지가 산정의 검증 및 의견 청취
  ㉠ 시장·군수 또는 구청장은 개별공시지가를 결정·공시하기 위하여 개별토지의 가격을 산정할 때에는 그 타당성에 대하여 감정평가법인등의 검증을 받고 토지소유자, 그 밖의 이해관계인의 의견을 들어야 한다.
  ㉡ 시장·군수 또는 구청장이 검증을 받으려는 때에는 해당 지역의 표준지의 공시지가를 조사·평가한 감정평가법인등 또는 대통령령으로 정하는 감정평가실적 등이 우수한 감정평가법인등에게 의뢰하여야 한다.

③ 시·군·구 부동산가격공시위원회의 심의 : 시장·군수 또는 구청장은 일련의 절차를 거쳐 조사·산정된 개별공시지가에 대해 시·군·구 부동산가격공시위원회의 심의를 거쳐야 한다.

④ 개별공시지가의 공시 : 시장·군수 또는 구청장은 매년 5월 31일까지 개별공시지가를 결정·공시하여야 한다.

⑤ 이의신청
  ㉠ 개별공시지가에 이의가 있는 자는 그 결정·공시일부터 30일 이내에 서면으로 시장·군수 또는 구청장에게 이의를 신청할 수 있다.
  ㉡ 시장·군수 또는 구청장은 이의신청 기간이 만료된 날부터 30일 이내에 이의신청을 심사하여 그 결과를 신청인에게 서면으로 통지하여야 한다.

(3) 개별공시지가의 적용범위

① 국세 및 지방세의 부과기준이다.
② 부담금의 부과기준
③ 개별공시지가는 개발부담금, 개발제한구역훼손부담금 등 각종 부담금의 부과기준이 된다.
④ 국·공유재산의 사용료의 산정기준

(4) 개별공시지가를 공시하지 아니할 수 있는 토지

① 표준지로 선정된 토지
② 농지보전부담금 또는 개발부담금 등의 부과대상이 아닌 토지
③ 국세 또는 지방세 부과대상이 아닌 토지(국공유지의 경우에는 공공용 토지만 해당)

〈표준지공시지가와 개별공시지가 비교〉

구 분	표준지공시지가	개별공시지가
공 시	① 국토교통부장관이 공시 ② 공시기준일 : 1월 1일, 공시일 : 2월 말까지	① 시, 군, 구청장이 공시 ② 공시기준일 : 1월 1일, 공시일 : 5월 31일까지
평가객체	표준지 약 54만 필지	개별토지 약 3,050만 필지
평가기준	① 적정가격기준(정상적 거래) ② 나지상정기준(조건부, 독립평가) ③ 실제지목 및 실제용도기준 ④ 공법상 제한 받는 상태 기준 ⑤ 개발이익으로 인한 지가상승분 등 고려	① 표준지공시지가를 기준으로 한 비교방식 적용 ② 개별공시지가 산정 　＝표준지공시지가×토지가격비준표상의 가격배율 ※ 토지가격비준표는 국토교통부장관이 작성하여 시, 군, 구에 제공
효 력	① 토지시장의 지가정보 제공 ② 일반적인 토지거래의 지표 ③ 국가 등의 행정목적을 위한 지가산정의 기준 ④ 감정평가법인등의 토지평가의 기준	① 국세, 지방세 등 과세가격 산정기준 ② 각종 부담금 부과 기준 ③ 사용료 산정을 위한 토지가격 기준

※ 개별공시지가는 전국의 약 3,850만 필지 중 조세부과 등에 필요한 약 3,050만 필지(약 80%, 국공유지 제외)만 공시한 것이므로, 개별공시지가의 총액이 전국의 모든 땅값을 나타내는 것은 아니다.

> **➕ 알아보기**　**토지가격비준표**
>
> 1. 개념 : 표준지와 지가산정 대상토지의 지가형성 요인에 관한 표준적인 비교표로서 대량의 토지에 대한 가격을 간편하게 산정할 수 있도록 계량적으로 고안된 간이지가산정표이다.
> 2. 토지가격비준표는 개별공시지가를 산정하는데 있어 토지특성조사, 비교표준지 선정과 함께 개별필지의 가격을 결정하는 매우 중요한 항목으로 비교표준지의 가격에 토지가격비준표로부터 추출된 가격배율을 곱하여 개별공시지가가 결정된다.

제2절　주택가격공시

1. 단독주택가격의 공시

(1) 표준주택가격

① 의의 : 표준주택가격은 용도지역·건물구조 등이 일반적으로 유사하다고 인정되는 일단의 단독주택 중에서 선정한 표준주택에 대해 매년 공시기준일 현재의 적정가격을 말한다.

　㉠ 국토교통부장관은 용도지역, 건물구조 등이 일반적으로 유사하다고 인정되는 일단의 단독주택 중에서 선정한 표준주택에 대하여 매년 공시기준일 현재의 적정가격을 조사·평가하고, 중앙부동산평가위원회의 심의를 거쳐 이를 공시하여야 한다.

　㉡ 표준주택공시기준일은 1월 1일로 한다.

② **공시절차**

> 표준주택의 선정 → 표준주택의 조사·산정 → 시장·군수 또는 구청장의 의견 청취 → 중앙부동산가격공시위원회의 심의 → 표준주택가격의 공시 → 표준주택가격의 열람 → 표준주택가격에 대한 이의신청

㉠ 표준주택가격의 조사·산정
  ⓐ 국토교통부장관은 표준주택가격을 조사·산정하고자 할 때에는 「한국감정원법」에 따른 한국감정원(이하 "감정원"이라 한다)에 의뢰한다.
  ⓑ 국토교통부장관이 표준주택가격을 조사·산정하는 경우에는 인근 유사 단독주택의 거래가격·임대료 및 해당 단독주택과 유사한 이용가치를 지닌다고 인정되는 단독주택의 건설에 필요한 비용추정액 등을 종합적으로 참작하여야 한다.
㉡ 표준주택가격 조사·산정 기준 : 국토교통부장관이 표준주택가격을 조사·산정하는 경우 참작하여야 하는 사항의 기준은 다음과 같다.
  ⓐ 표준주택에 전세권 또는 그 밖에 단독주택의 사용·수익을 제한하는 권리가 설정되어 있을 때에는 그 권리가 존재하지 아니하는 것으로 보고 적정가격을 산정하여야 한다.
  ⓑ 해당 단독주택과 유사한 이용가치를 지닌다고 인정되는 단독주택의 건축에 필요한 비용추정액의 경우 : 공시기준일 현재 해당 단독주택을 건축하기 위한 표준적인 건축비와 일반적인 부대비용으로 할 것
㉢ 시장·군수 또는 구청장의 의견 청취 : 감정원이 표준주택가격을 조사·산정보고서를 작성하는 경우에는 미리 해당 표준주택 소재지를 관할하는 시장·군수 또는 구청장의 의견을 들어야 한다.
㉣ 중앙부동산가격공시위원회의 심의 : 국토교통부장관은 일련의 절차를 거쳐 조사·산정된 표준주택가격에 대해 중앙부동산가격공시위원회의 심의를 거쳐야 한다.
㉤ 표준주택가격의 공시 : 표준주택가격의 공시에는 다음의 사항이 포함되어야 한다.
  ⓐ 표준주택의 지번
  ⓑ 표준주택가격
  ⓒ 표준주택의 대지면적 및 형상
  ⓓ 표준주택의 용도, 연면적, 구조 및 사용승인일(임시사용승인일을 포함한다)
  ⓔ 그 밖에 대통령령으로 정하는 사항
㉥ 표준주택가격에 대한 이의신청
  ⓐ 이의신청은 표준주택가격의 공시일부터 30일 이내에 서면(전자문서를 포함)으로 국토교통부장관에게 신청할 수 있다(부동산 가격공시에 관한 법률 제16조 제7항).
  ⓑ 국토교통부장관은 이의신청 기간이 만료된 날부터 30일 이내에 이의신청을 심시하여 그 결과를 신청인에게 서면으로 통지하여야 한다.
③ **표준주택가격의 효력** : 표준주택가격은 국가·지방자치단체 등이 그 업무와 관련하여 개별주택가격을 산정하는 경우에 그 기준이 된다.

(2) 개별주택가격

① **의의** : 개별주택가격은 시장·군수 또는 구청장이 시·군·구 부동산가격공시위원회의 심의를 거쳐 결정·공시하는 매년 표준주택가격의 공시기준일 현재 관할 구역 안의 개별주택의 가격을 말한다.

㉠ 표준주택으로 선정된 단독주택, 그 밖에 대통령령으로 정하는 단독주택에 대하여는 개별주택가격을 결정·공시하지 아니할 수 있다.

㉡ 표준주택으로 선정된 주택에 대하여는 해당 주택의 표준주택가격을 개별주택가격으로 본다.

㉢ 시장·군수 또는 구청장은 공시기준일 이후에 토지의 분할·합병이나 건축물의 신축 등이 발생한 경우에는 대통령령으로 정하는 날을 기준으로 하여 개별주택가격을 결정·공시하여야 한다.

> **부동산 가격공시에 관한 법률 시행령 제34조(개별주택가격 공시기준일을 다르게 할 수 있는 단독주택)**
> 법 제17조 제4항에서 "대통령령으로 정하는 날"이란 다음 각 호의 구분에 따른 날을 말한다.
> 1. 1월 1일부터 5월 31일까지의 사이에 제1항 각 호의 사유가 발생한 단독주택 : 그 해 6월 1일
> 2. 6월 1일부터 12월 31일까지의 사이에 제1항 각 호의 사유가 발생한 단독주택 : 다음 해 1월 1일

② **공시절차**

> 개별주택가격의 조사·산정 → 개별주택가격 산정의 검증 및 토지소유자 등의 의견 청취 → 시·군·구 부동산 가격 공시위원회의 심의 → 개별주택가격의 공시 → 개별주택가격에 대한 이의신청 → 개별주택가격의 정정

㉠ 개별주택가격의 조사·산정 : 시장·군수 또는 구청장이 개별주택가격을 결정·공시하는 경우에는 해당 주택과 유사한 이용가치를 지닌다고 인정되는 표준주택가격을 기준으로 주택가격비준표를 사용하여 가격을 산정하되, 해당 주택의 가격과 표준주택가격이 균형을 유지하도록 하여야 한다.

㉡ 개별주택가격 산정의 검증 및 의견 청취 : 시장·군수 또는 구청장은 개별주택가격을 결정·공시하기 위하여 개별주택의 가격을 산정할 때에는 표준주택가격과의 균형 등 그 타당성에 대하여 대통령령으로 정하는 바에 따라 감정원의 검증을 받고 토지소유자, 그 밖의 이해관계인의 의견을 들어야 한다.

㉢ 시·군·구 부동산가격공시위원회의 심의 : 시장·군수 또는 구청장은 일련의 절차를 거쳐 조사·산정된 개별주택가격에 대해 시·군·구 부동산가격 공시위원회의 심의를 거쳐야 한다.

㉣ 개별주택가격의 공시 : 시장·군수 또는 구청장은 매년 4월 30일까지 개별주택가격을 결정·공시하여야 한다.

㉤ 개별주택가격에 대한 이의신청

ⓐ 개별주택가격에 이의가 있는 자는 그 결정·공시일부터 30일 이내에 서면으로 시장·군수 또는 구청장에게 이의를 신청할 수 있다.

ⓑ 시장·군수 또는 구청장은 이의신청 기간이 만료된 날부터 30일 이내에 이의신청을 심사하여 그 결과를 신청인에게 서면으로 통지하여야 한다.

③ **개별주택가격의 효력**

㉠ 주택시장의 가격정보제공

㉡ 국가·지방자치단체 등의 기관이 과세 등의 업무와 관련하여 주택의 가격을 산정하는 경우에 그 기준으로 활용될 수 있다.

2. 공동주택가격의 공시

(1) 의 의

공동주택가격은 국토교통부장관이 중앙부동산가격공시위원회의 심의를 거쳐 공시하는 공동주택에 대한 매년 공시기준일 현재의 적정가격을 말한다.

① 공시기준일은 1월 1일로 한다.
② 국토교통부장관은 공시기준일 이후에 토지의 분할·합병이나 건축물의 신축 등이 발생한 경우에는 대통령령으로 정하는 날을 기준으로 하여 공동주택가격을 결정·공시하여야 한다.

(2) 공시절차

> 공동주택가격의 조사·산정 → 공동주택소유자 등의 의견 청취 → 중앙부동산가격공시위원회의 심의 → 공동주택가격의 공시 → 공동주택가격에 대한 이의신청 → 공동주택가격의 정정

① 공동주택가격의 조사·산정
  ㉠ 국토교통부장관이 공동주택가격을 조사·산정하는 경우에는 인근 유사 공동주택의 거래가격·임대료 및 해당 공동주택과 유사한 이용가치를 지닌다고 인정되는 공동주택의 건설에 필요한 비용추정액 등을 종합적으로 참작하여야 한다.
  ㉡ 국토교통부장관이 공동주택가격을 조사·산정하고자 할 때에는 감정원에 의뢰한다.
  ㉢ 공동주택에 전세권 또는 그 밖에 공동주택의 사용·수익을 제한하는 권리가 설정되어 있을 때에는 그 권리가 존재하지 아니하는 것으로 보고 적정가격을 산정하여야 한다.
② **중앙부동산가격공시위원회의 심의** : 국토교통부장관은 일련의 절차를 거쳐 조사·산정된 공동주택가격에 대하여 중앙부동산가격공시위원회의 심의를 거쳐야 한다.
③ **공동주택가격의 공시** : 국토교통부장관은 매년 4월 30일까지 공동주택가격을 산정·공시하여야 한다.
④ **공동주택가격에 대한 이의신청**
  ㉠ 공동주택가격에 이의가 있는 자는 그 공시일부터 30일 이내에 서면(전자문서를 포함한다)으로 국토교통부장관에게 이의를 신청할 수 있다.
  ㉡ 국토교통부장관은 이의신청 기간이 만료된 날부터 30일 이내에 이의신청을 심사하여 그 결과를 신청인에게 서면으로 통지하여야 한다.
⑤ **공동주택가격의 효력** : 공동주택가격은 주택시장의 가격정보를 제공하고, 국가·지방자치단체 등이 과세 등의 업무와 관련하여 주택의 가격을 산정하는 경우에 그 기준으로 활용될 수 있다.

제3절 비주거용 부동산 가격공시

1. 비주거용 일반부동산가격 공시

(1) 비주거용 표준부동산

① **의의** : 비주거용 표준부동산가격은 용도지역, 이용상황, 건물구조 등이 일반적으로 유사하다고 인정되는 일단의 비주거용 일반부동산 중에서 선정한 비주거용 표준부동산에 대해 매년 공시기준일 현재의 적정 가격을 말한다.

② **공시절차**

> 비주거용 표준부동산의 선정 → 비주거용 표준부동산가격의 조사·산정 → 시장·군수 또는 구청장의 의견청취 → 중앙부동산가격공시위원회의 심의 → 비주거용 표준부동산가격의 공시 → 비주거용 표준부동산가격의 열람 → 비주거용 표준부동산가격에 대한 이의신청

㉠ 비주거용 표준부동산의 선정 : 국토교통부장관은 용도지역, 이용상황, 건물구조 등이 일반적으로 유사하다고 인정되는 일단의 비주거용 일반부동산 중에서 선정한다.

㉡ 비주거용 표준부동산가격의 조사·산정

ⓐ 국토교통부장관은 비주거용 표준부동산가격을 조사·산정하려는 경우 감정평가법인등 또는 대통령령으로 정하는 부동산 가격의 조사·산정에 관한 전문성이 있는 자(감정원)에게 의뢰한다.

ⓑ 국토교통부장관이 비주거용 표준부동산가격을 조사·산정하는 경우에는 인근 유사 비주거용 일반부동산의 거래가격·임대료 및 해당 비주거용 일반부동산과 유사한 이용가치를 지닌다고 인정되는 비주거용 일반부동산의 건설에 필요한 비용추정액 등을 종합적으로 참작하여야 한다.

ⓒ 비주거용 표준부동산가격 조사·산정의 기준 : 비주거용 일반부동산에 전세권 또는 그 밖에 비주거용 일반부동산의 사용·수익을 제한하는 권리가 설정되어 있을 때에는 그 권리가 존재하지 아니하는 것으로 보고 적정가격을 조사·산정하여야 한다.

㉢ 중앙부동산가격공시위원회의 심의 : 국토교통부장관은 일련의 절차를 거쳐 조사·산정된 비주거용 표준부동산가격에 대해 중앙부동산가격공시위원회의 심의를 거쳐야 한다.

㉣ 비주거용 표준부동산가격의 공시 : 비주거용 표준부동산가격의 공시에는 다음의 사항이 포함되어야 한다.

ⓐ 비주거용 표준부동산의 지번

ⓑ 비주거용 표준부동산가격

ⓒ 비주거용 표준부동산의 대지면적 및 형상

ⓓ 비주거용 표준부동산의 용도, 연면적, 구조 및 사용승인일(임시사용승인일을 포함한다)

ⓔ 그 밖에 대통령령으로 정하는 사항

㉤ 비주거용 표준부동산가격에 대한 이의신청 : 표준지공시지가의 이의신청에 준용한다.

③ **비주거용 부동산가격공시의 효력** : 비주거용 표준부동산가격은 국가·지방자치단체 등이 그 업무와 관련하여 비주거용 개별부동산가격을 산정하는 경우에 그 기준이 된다.

(2) 비주거용 개별부동산가격의 공시

① **의의** : 비주거용 개별부동산가격은 시장·군수 또는 구청장이 시·군·구 부동산가격공시위원회의 심의를 거쳐 결정·공시하는 매년 비주거용 표준부동산가격의 공시기준일 현재 관할 구역 안의 비주거용 개별부동산을 말한다.

  ㉠ 비주거용 표준부동산으로 선정된 비주거용 일반부동산 등 대통령령으로 정하는 비주거용 일반부동산에 대하여는 비주거용 개별부동산가격을 결정·공시하지 아니할 수 있다.

  ㉡ 비주거용 표준부동산으로 선정된 비주거용 일반부동산에 대하여는 해당 비주거용 표준부동산가격을 비주거용 개별부동산가격으로 본다.

  ㉢ 시장·군수 또는 구청장은 공시기준일 이후에 토지의 분할·합병이나 건축물의 신축 등이 발생한 경우에는 대통령령으로 정하는 날을 기준으로 하여 비주거용 개별부동산가격을 결정·공시하여야 한다.

② **공시절차**

> 비주거용 개별부동산가격의 조사·산정 → 비주거용 개별부동산가격 산정의 검증 및 토지소유자 등의 의견 청취 → 시·군·구 부동산가격공시위원회의 심의 → 비주거용 개별부동산가격의 공시 → 비주거용 개별부동산가격에 대한 이의신청 → 비주거용 개별부동산가격의 정정

  ㉠ 비주거용 개별부동산가격의 조사·산정 : 시장·군수 또는 구청장이 비주거용 개별부동산가격을 결정·공시하는 경우에는 해당 비주거용 일반부동산과 유사한 이용가치를 지닌다고 인정되는 비주거용 표준부동산가격을 기준으로 비주거용 부동산가격비준표를 사용하여 가격을 산정하되, 해당 비주거용 일반부동산의 가격과 비주거용 표준부동산가격이 균형을 유지하도록 하여야 한다.

  ㉡ 시·군·구 부동산가격공시위원회의 심의 : 시장·군수 또는 구청장은 일련의 절차를 거쳐 조사·산정된 비주거용 개별부동산가격에 대해 시·군·구 부동산가격공시위원회의 심의를 거쳐야 한다.

  ㉢ 비주거용 개별부동산가격의 공시 : 시장·군수 또는 구청장은 매년 4월 30일까지 비주거용 개별부동산가격을 결정·공시하여야 한다.

  ㉣ 비주거용 개별부동산가격에 대한 이의신청

    ⓐ 비주거용 개별부동산가격에 이의가 있는 자는 그 결정·공시일부터 30일 이내에 서면으로 시장·군수 또는 구청장에게 이의를 신청할 수 있다.

    ⓑ 시장·군수 또는 구청장은 이의신청 기간이 만료된 날부터 30일 이내에 이의신청을 심사하여 그 결과를 신청인에게 서면으로 통지하여야 한다.

③ **비주거용 개별부동산가격의 효력** : 비주거용 개별부동산가격은 비주거용 부동산시장에 가격정보를 제공하고, 국가·지방자치단체 등이 과세 등의 업무와 관련하여 비주거용 부동산의 가격을 산정하는 경우에 그 기준으로 활용될 수 있다.

④ **비주거용 개별부동산가격비준표의 활용** : 시장·군수 또는 구청장이 비주거용 개별부동산가격을 결정·공시하는 경우에는 해당 비주거용 개별부동산가격과 유사한 이용가치를 지닌다고 인정되는 비주거용 표준부동산가격을 기준으로 비주거용 부동산가격비준표를 사용하여 가격을 산정한다.

2. 비주거용 집합부동산가격의 공시

(1) 의 의
비주거용 집합부동산가격은 국토교통부장관이 중앙부동산가격공시위원회의 심의를 거쳐 공시하는 비주거용 집합부동산에 대한 매년 공시기준일 현재의 적정가격을 말한다.
① 공시기준일은 1월 1일로 한다.
② 국토교통부장관은 공시기준일 이후에 토지의 분할·합병이나 건축물의 신축 등이 발생한 경우에는 대통령령으로 정하는 날을 기준으로 하여 비주거용 집합부동산가격을 결정·공시하여야 한다.

(2) 공시절차

> 비주거용 집합부동산가격의 조사·산정 → 비주거용 집합부동산소유자 등의 의견 청취 → 중앙부동산가격공시위원회의 심의 → 비주거용 집합부동산가격의 공시 → 비주거용 집합부동산가격에 대한 이의신청 → 비주거용 집합부동산가격의 정정

① 비주거용 집합부동산가격의 조사·산정
  ㉠ 국토교통부장관이 비주거용 집합부동산가격을 조사·산정하는 경우에는 인근 유사 비주거용 집합부동산의 거래가격·임대료 및 해당 비주거용 집합부동산과 유사한 이용가치를 지닌다고 인정되는 비주거용 집합부동산의 건설에 필요한 비용추정액 등을 종합적으로 참작하여야 한다.
  ㉡ 국토교통부장관은 비주거용 집합부동산가격을 조사·산정할 때에는 감정원 또는 대통령령으로 정하는 부동산 가격의 조사·산정에 관한 전문성이 있는 자(감정평가법인등)에게 의뢰한다.
  ㉢ 비주거용 집합부동산가격 조사·산정의 기준 : 국토교통부장관은 비주거용 집합부동산가격을 조사·산정할 때 그 비주거용 집합부동산에 전세권 또는 그 밖에 비주거용 집합부동산의 사용·수익을 제한하는 권리가 설정되어 있는 경우에는 그 권리가 존재하지 아니하는 것으로 보고 적정가격을 산정하여야 한다.
② 중앙부동산가격공시위원회의 심의 : 국토교통부장관은 일련의 절차를 거쳐 조사·산정된 비주거용 집합부동산가격에 대하여 중앙부동산가격공시위원회의 심의를 거쳐야 한다.
③ 비주거용 집합부동산가격의 공시 : 국토교통부장관은 매년 4월 30일까지 비주거용 집합부동산가격을 산정·공시하여야 한다.
④ 비주거용 집합부동산가격에 대한 이의신청
  ㉠ 비주거용 집합부동산가격에 이의가 있는 자는 그 공시일부터 30일 이내에 서면(전자문서를 포함한다)으로 국토교통부장관에게 이의를 신청할 수 있다.
  ㉡ 국토교통부장관은 이의신청 기간이 만료된 날부터 30일 이내에 이의신청을 심사하여 그 결과를 신청인에게 서면으로 통지하여야 한다.

(3) 비주거용 집합부동산가격의 효력
비주거용 집합부동산가격은 비주거용 부동산시장에 가격정보를 제공하고, 국가·지방자치단체 등이 과세 등의 업무와 관련하여 비주거용 부동산의 가격을 산정하는 경우에 그 기준으로 활용될 수 있다.

CHAPTER 03 실전문제

제3편 | 감정평가이론

01 다음 자료를 활용하여 공시지가기준법으로 평가한 대상토지의 시산가액(m^2당 단가)은? 기출 23

- 대상토지 현황 : A시 B구 C동 101번지, 일반상업지역, 상업나지
- 기준시점 : 2023.4.8.
- 비교표준지 : A시 B구 C동 103번지, 일반상업지역, 상업나지
  2023.1.1. 기준 표준지공시지가 10,000,000원/m^2
- 지가변동률 : 1) 2023.1.1.~2023.3.31. : -5.00%
  2) 2023.4.1.~2023.4.8. : -2.00%
- 지역요인 : 비교표준지는 대상토지의 인근지역에 위치함
- 개별요인 : 대상토지는 비교표준지 대비 획지조건에서 4% 열세하고, 환경조건에서 5% 우세하며, 다른 조건은 동일함
- 그 밖의 요인 보정 : 대상토지 인근지역의 가치형성요인이 유사한 정상적인 거래사례 및 평가사례 등을 고려하여 그 밖의 요인으로 20% 증액 보정함
- 상승식으로 계산할 것
- 산정된 시산가액의 천 원 미만은 버릴 것

① 11,144,000원
② 11,168,000원
③ 11,190,000원
④ 11,261,000원
⑤ 11,970,000원

해설

대상도지의 시산가액=표주지공시지가(1,000만원)×지가변동률[(1-0.05)×(1-0.02)]×개별요인[획지조건(1-0.04)×환경조건(1+0.05)]×그 밖의 요인 보정(1+0.2)=11,261,376원
주어진 지문에서 천원 미만은 버릴 것을 전제함으로써 11,261,000원이 된다.

답 ④

02 다음 중 현행 부동산가격공시제도에 관한 설명으로 옳은 것은 몇 개인가? 기출 21

- 표준주택가격의 조사·평가는 감정평가사가 담당한다.
- 개별주택가격의 공시기준일이 6월 1일인 경우도 있다.
- 공동주택가격의 공시권자는 시장·군수·구청장이다.
- 표준지공시지가는 표준지의 사용·수익을 제한하는 사법상의 권리가 설정되어 있는 경우 이를 반영하여 평가한다.
- 개별공시지가는 감정평가법인등이 개별적으로 토지를 감정평가하는 경우에 기준이 된다.

① 없음 ② 1개
③ 2개 ④ 3개
⑤ 4개

해설

- 표준주택가격의 조사·평가는 한국부동산원이 담당한다.
- 공동주택가격의 공시권자는 국토교통부장관이다.
- 표준지공시지가는 표준지의 사용·수익을 제한하는 사법상의 권리가 설정되어 있는 경우 이를 반영하지 않고 평가한다.
- 표준지공시지가는 감정평가법인등이 개별적으로 토지를 감정평가하는 경우에 기준이 된다.

답 ②

03 감정평가사 A는 표준지공시지가의 감정평가를 의뢰받고 현장조사를 통해 표준지에 대해 다음과 같이 확인하였다. 표준지조사평가보고서상 토지특성 기재방법의 연결이 옳은 것은? 기출 21

> ㄱ. 지형지세 : 간선도로 또는 주위의 지형지세보다 높고 경사도가 15°를 초과하는 지대의 토지
> ㄴ. 도로접면 : 폭 12m 이상 25m 미만 도로에 한면이 접하고 있는 토지

	ㄱ	ㄴ
①	급경사	광대한면
②	급경사	중로한면
③	고지	광대한면
④	고지	중로한면
⑤	고지	소로한면

해설

ㄱ. 경사도가 15도 이하인 경우는 완경사이고 15도 초과 시에는 급경사라 한다.
ㄴ. 광대 1면 : 폭 25m 이상 도로에 1면이 접한 토지
　중로 1면 : 폭 12m 이상~25m 미만 도로에 1면이 접한 토지
　소로 1면 : 폭 8m 이상~12m 미만 도로에 1면이 접한 토지

답 ②

04 다음 자료를 활용하여 공시지가기준법으로 평가한 대상토지의 단위면적당 가액은? (단 주어진 조건에 한함)

기출 21

- 대상토지 현황 : A시 B구 C동 175번지, 일반상업지역, 상업나지
- 기준시점 : 2021.4.24.
- 비교표준지 : A시 B구 C동 183번지, 일반상업지역, 상업용
  2021.1.1. 기준 공시지가 6,000,000원/m^2
- 지가변동률(2021.1.1.~2021.4.24.) : A시 B구 상업지역 2% 상승함
- 지역요인 : 비교표준지와 대상토지는 인근 지역에 위치하여 지역요인 동일함
- 개별요인 : 대상토지는 비교표준지에 비해 가로조건에서 5% 우세하고, 환경조건에서 10% 열세하며, 다른 조건은 동일함(상승식으로 계산할 것)
- 그 밖의 요인 보정 : 대상토지 인근 지역의 가치형성요인이 유사한 정상적인 거래사례 및 평가사례 등을 고려하여 그 밖의 요인으로 50% 증액 보정함

① 5,700,000원/m^2
② 5,783,400원/m^2
③ 8,505,000원/m^2
④ 8,675,100원/m^2
⑤ 8,721,000원/m^2

해설

대상토지 가액＝기준 공시지가(6,000,000원)×시점수정(1.02)×가로조건(1.05)×환경조건(0.9)×그 밖의 요인(1.5)
＝8,675,100원/m^2

답 ④

2026 시대에듀 감정평가사 1차 부동산학원론 한권으로 끝내기

개정2판1쇄 발행	2025년 10월 15일(인쇄 2025년 09월 10일)
초 판 발 행	2024년 01월 05일(인쇄 2023년 09월 25일)
발 행 인	박영일
책 임 편 집	이해욱
저 자	윤지현・시대감정평가연구소
편 집 진 행	김현지
표지디자인	박종우
편집디자인	손설이・임창규
발 행 처	(주)시대고시기획
출 판 등 록	제10-1521호
주 소	서울시 마포구 큰우물로 75 [도화동 538 성지 B/D] 9F
전 화	1600-3600
팩 스	02-701-8823
홈 페 이 지	www.sdedu.co.kr
I S B N	979-11-383-8908-2(13320)
정 가	40,000원

※ 이 책은 저작권법의 보호를 받는 저작물이므로 동영상 제작 및 무단전재와 배포를 금합니다.
※ 잘못된 책은 구입하신 서점에서 바꾸어 드립니다.

지식에 대한 투자가 가장 이윤이 많이 남는 법이다.
– 벤자민 프랭클린 –

 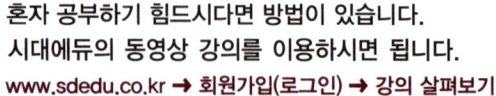 

시대에듀 감정평가사 1·2차 시리즈

1차 라인업

감정평가사 1차
민법 한권으로 끝내기

감정평가사 1차
경제학원론 기본서

감정평가사 1차
부동산학원론 한권으로 끝내기

감정평가사 1차
감정평가관계법규 한권으로 끝내기

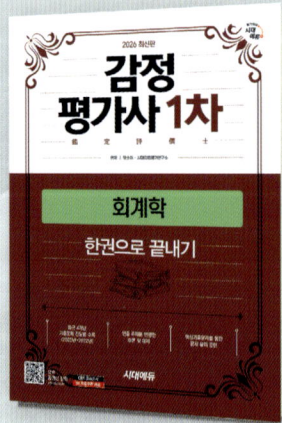

감정평가사 1차
회계학 한권으로 끝내기

감정평가사 1차
기출문제집

단기합격을 위한 최적의 시리즈!
감정평가사 기출이 충실히 반영된 시리즈!

2차 라인업

감정평가사 2차
감정평가 및 보상법규

감정평가사 2차
감정평가이론

감정평가사 2차
감정평가실무

※ 도서의 이미지 및 세부사항은 변경될 수 있습니다.

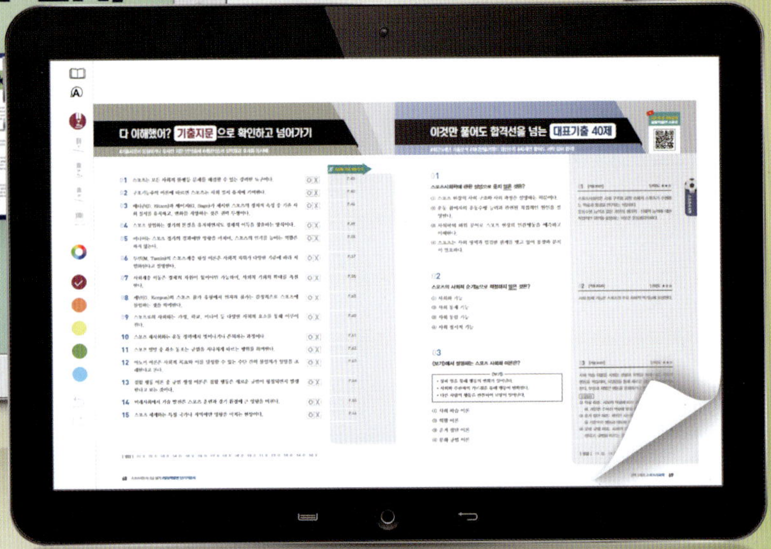